新版

中国海关
通关业务指导

——《中国海关通关业务指导》编写组◎编著——

ZHONGGUO HAIGUAN
TONGGUAN YEWU ZHIDAO

中国海关出版社有限公司
中国 · 北京

图书在版编目（CIP）数据

中国海关通关业务指导：新版/《中国海关通关业务指导》编写组编著.
—北京：中国海关出版社有限公司，2022.7
ISBN 978－7－5175－0592－1

Ⅰ.①中…　Ⅱ.①中…　Ⅲ.①海关—业务—中国　Ⅳ.①F752.5

中国版本图书馆 CIP 数据核字（2022）第 128508 号

中国海关通关业务指导（新版）
ZHONGGUO HAIGUAN TONGGUAN YEWU ZHIDAO（XINBAN）

作　　者：《中国海关通关业务指导》编写组
责任编辑：熊　芬
出版发行：中国海关出版社有限公司
社　　址：北京市朝阳区东四环南路甲 1 号　　邮政编码：100023
网　　址：www.hgcbs.com.cn
编 辑 部：01065194242-7528（电话）
发 行 部：01065194221/4238/4246（电话）
社办书店：01065195616（电话）
https://weidian.com/?userid=319526934（网址）
印　　刷：北京盛通印刷股份有限公司　　经　　销：新华书店
开　　本：787mm×1092mm　1/16
印　　张：40.75　　字　　数：1068 千字
版　　次：2022 年 7 月第 1 版
印　　次：2022 年 7 月第 1 次印刷
书　　号：ISBN 978－7－5175－0592－1
定　　价：280.00 元

编写组 WRITING GROUP

主　编：杨艳光

编　者（按姓氏笔画排序）：

王立功　孔步群　田书军　李继宇

杨艳光　佟延军　宗慧民　顾佩军

郭　强　焦　阳

统　稿（按姓氏笔画排序）：

孔步群　田书军　杨艳光　佟延军

目 录 CONTENTS

第五章　国境卫生检疫

第六章　进出境动植物检疫

第七章　进出口食品、化妆品安全监管

第八章　进出口商品检验

第九章　进出口商品归类

第一章 海关管理概述

1

第一节
海关概述

一、 我国海关的性质与任务

1987 年 7 月 1 日实施的《中华人民共和国海关法》（以下简称《海关法》），以法律的形式确立了海关具有监管、征税、查私和统计 4 项基本职能。2018 年，根据国家机构改革要求，进出境检验检疫管理职能和队伍划入海关总署，在监管、征税、缉私、统计 4 大传统职能的基础上，海关增加了商品检验、动植物检疫、卫生检疫和食品安全管理等职能。

（一）海关的性质

1. 海关是国家行政机关

我国的国家机关包括享有立法权的立法机关、享有司法权的司法机关和享有行政管理权的行政机关。国务院是我国最高行政机关，海关总署是国务院直属机构。

2. 海关是国家进出境监督管理机关

海关履行国家行政制度中的进出境监督管理职能，是国家宏观管理的一个重要组成部分。海关依照有关法律、行政法规并通过法律赋予的权力，制定具体的行政规章和行政措施，对特定领域的活动开展监督管理，以保证其按国家的法律规范进行。

海关实施监督管理的范围是进出关境及与之有关的活动，监督管理的对象是所有进出关境的运输工具、货物、物品。

关境是世界各国（地区）海关通用的概念，指适用于同一海关法或实行同一关税制度的领域。在一般情况下，关境的范围等于国境，但对于关税同盟的签署国（地区）来说，其成员之间货物进出国境不征收关税，只对来自和运往非同盟国（地区）的货物在进出共同关境时征收关税，因而对于每个成员来说，其关境大于国境，如欧盟。若在国内设立自由港、自由贸易区等特定区域，因进出这些特定区域的货物都是免税的，因而该国的关境小于国境。关境同国境一样，包括其领域内的领水、领陆和领空，是一个立体的概念。我国的关境范围是除享有单独关境地位的地区以外的中华人民共和国的全部领域，包括领水、领陆和领空。目前我国的单独关境有香港、澳门和台、澎、金、马单独关税区。在单独关境内，其各自实行单独的海关制度。因此，我国关境小于国境。本教材所称的“进出境”除特指外均指进出我国关境。

3. 海关的监督管理是国家行政执法活动

海关通过法律赋予的权力，对特定范围内的社会经济活动进行监督管理，并对违法行为依法实施行政处罚，以保证这些社会经济活动按照国家的法律规范进行。因此，海关的监督管理是保证国家有关法律、法规实施的行政执法活动。海关执法的依据是《海关法》和其他有关法律、行政法规。海关事务属于中央立法事权，立法者为全国人民代表大会及其常务委员会和国务院。海关总署也可以根据法律和国务院的法规、决定、命令，制定规章，作为执法依据的补充。省、自治区、直辖市人民代表大会和人民政府不得制定海关法律规范，地方法规、地方规章不是海关执法的依据。

（二）海关的任务

1. 监管

海关监管是指海关运用国家赋予的权力，通过一系列管理制度与管理程序，依法对进出境运输工具、货物、物品的进出境活动所实施的一种行政管理。海关监管是一项国家职能，其目的在于保证一切进出境活动符合国家政策和法律的规范，维护国家主权和利益。海关监管不是海关监督管理的简称，海关监督管理是海关全部行政执法活动的统称。

根据监管对象的不同，海关监管分为运输工具监管、货物监管和物品监管 3 大体系，每个体系都有一整套规范的管理程序与方法。

监管作为海关基本任务之一，除了通过备案、审单、查验、放行、后续管理等方式对进出境运输工具、货物、物品的进出境活动实施监管外，还要执行或监督执行国家其他对外贸易管理制度的实施，如进出口许可制度、外汇管理制度、进出口商品检验检疫制度、文物管理制度等，从而在政治、经济、文化道德、公众健康等方面维护国家利益。

2. 征税

海关征税，是指海关依法对进出境的货物和物品征收关税、进口环节代征税（增值税、消费税），对进出境或停靠的国际航行船舶征收船舶吨税的行政执法行为。海关征税工作的基本法律依据是《海关法》、《中华人民共和国进出口关税条例》（以下简称《关税条例》）、《中华人民共和国船舶吨税法》（以下简称《船舶吨税法》），以及其他有关法律、行政法规。征税工作包括征收关税、进口环节海关代征税和船舶吨税。

关税是国家中央财政收入的重要来源，是国家宏观经济调控的重要工具，也是世界贸易组织（WTO）允许各缔约方保护其境内经济的一种手段。关税的征收主体是国家，《海关法》明确将征收关税的权力授予海关，由海关代表国家行使征收关税的职能。因此，未经法律授权，其他任何单位和个人均不得行使征收关税的权力。关税的课税对象是进出口货物、进出境物品。海关是我国征收关税的唯一行政机关。国务院关税税则委员会是我国关税政策的制定机构，也是国务院的议事协调机构，主要负责《中华人民共和国进出口税则》（以下简称《税则》）和《中华人民共和国进境物品进口税税率表》的税目、税则号列和税率的调整和解释，报国务院批准后执行。海关参与制定国家进出口税则和进出口税收政策、税目税率的调整及相关对外谈判，拟订进出口关税及其他税费征管规定并组织实施。

进口货物、物品在办理海关手续放行后，允许在国内流通，应与国内货物同等对待，缴纳应征的国内税。为了节省征税人力，简化征税手续，严密管理，进口货物、物品的国内税由海关代征，即我国海关对进口货物、物品征收关税的同时，还负责代其他机关征收若干种类的进口环节税。目前，由海关代征的进口环节税包括增值税和消费税。

海关对自中华人民共和国境外港口进入境内港口的船舶依法征收船舶吨税。

3. 缉私

查缉走私是海关为保证顺利完成监管和征税等任务而采取的保障措施。查缉走私是指海关依照法律赋予的权力，在海关监管场所和海关附近沿海沿边规定的地区，为发现、制止、打击、综合治理走私活动而进行的一种调查和惩处活动。

走私是指进出境活动的当事人或相关人违反《海关法》及有关法律、行政法规，逃避海关监管，偷逃应纳税款，逃避国家有关进出境的禁止性或者限制性管理，非法运输、携带、邮寄国家禁止、限制进出境或者依法应当缴纳税款的货物、物品进出境，或者未经海关许可并且未缴应纳税款、交验有关许可证件，擅自将保税货物、特定减免税货物以及其他海关监管货物、物品、进境的境外运输工具在境内销售的行为。它以逃避监管、偷逃税款、牟取暴利为目的，扰乱经济秩序，冲击民族工业，对国家危害性极大，必须予以严厉打击。

《海关法》规定："国家实行联合缉私、统一处理、综合治理的缉私体制。海关负责组织、协调、管理查缉走私工作。"这一规定从法律上明确了海关打击走私的主导地位以及与有关部门的执法协调。海关是打击走私的主管机关，查缉走私是海关的一项重要任务。海关通过查缉走私，制止和打击一切非法进出境货物、物品的行为，维护国家进出口贸易的正常秩序，保障社会主义现代化建设的顺利进行，维护国家关税政策的有效实施，保证国家关税和其他税、费的依法征收，保证海关职能作用的发挥。为了严厉打击走私犯罪活动，根据党中央、国务院的决定，国家在海关总署设立专司打击走私犯罪的海关缉私警察队伍，负责对走私犯罪案件的侦查、拘留、执行逮捕和预审工作。

根据我国的缉私体制，除了海关以外，公安、工商、税务、烟草专卖等部门也有查缉走私的权力，但这些部门查获的走私案件，必须按照法律规定，统一处理。各有关行政部门查获的走私案件，应当给予行政处罚的，移送海关依法处理；涉嫌犯罪的，应当移送海关侦查走私犯罪公安机构或地方公安机关依据案件管辖分工和法定程序办理。

4. 统计

海关统计以实际进出口货物作为统计和分析的对象，通过搜集、整理、加工处理进出口货物报关单或经海关核准的其他申报单证，对进出口货物的品种、数（重）量、价格、国别（地区）、经营单位、境内目的地、境内货源地、贸易方式、运输方式、关别等项目分别进行统计和综合分析，全面、准确地反映对外贸易的运行态势，及时提供统计信息和咨询，实施有效的统计监督，开展国际贸易统计的交流与合作，促进对外贸易的发展。我国海关的统计制度规定，实际进出境并引起境内物质存量增加或者减少的货物，列入海关统计；进出境物品超过自用合理数量的，列入海关统计。对于部分不列入海关统计的货物和物品，则根据我国对外贸易管理和海关管理的需要，实施单项统计。

海关统计是海关依法对进出口货物贸易的统计，是国民经济统计的组成部分，是国家制定对外经济贸易政策、进行宏观经济调控、实施海关严密高效管理的重要依据，是研究我国对外贸易经济发展和国际经济贸易关系的重要资料。

1992年，海关总署以国际通用的《商品名称及编码协调制度》（Harmonized Commodity Description and Coding System，简称《协调制度》或HS）为基础，编制了《中华人民共和国海关统计商品目录》（以下简称《统计商品目录》），把税则与统计目录的归类编码统一起来，规范了进出口商品的命名和归类，使海关统计进一步向国际惯例靠拢，满足了我国对外开放和建立社会主义市场经济体制的需要。

5. 国境卫生检疫

国境卫生检疫，是指在中华人民共和国国际通航的港口、机场以及陆地边境和国界江河的口岸，海关依法实施进出境卫生检疫、传染病及境外疫情监测、卫生监督、卫生处理及口岸突发公共卫生事件应对等工作，目的是防止传染病的传入或传出，保护包括我国国民在内的全人类的健康安全。国境卫生检疫的作用主要体现在：控制传染病，保护人类健康；开展传染病监测，服务国际旅行健康；维护国家公共卫生安全；提高口岸公共卫生核心能力，保障口岸卫生安全；应对处置突发公共卫生事件，维护社会稳定、促进经济发展，从而保障改革开放和社会主义现代化建设的顺利进行。

根据《中华人民共和国国境卫生检疫法》（以下简称《国境卫生检疫法》）规定，海关总署及所属各级海关依法承担入出境卫生检疫、传染病及境外疫情监测、卫生监督、卫生处理以及口岸突发公共卫生事件应对等工作。国境卫生检疫工作职能主要包括：执行《国境卫生检疫法》及其实施细则和国家有关卫生法规；对境内外有关传染病疫情等公共卫生事件信息进行收集、评估、预警、通报，对口岸传染病疫情和突发公共卫生事件实施预防、控制和应对；对出入境人员、交通工具、集装箱、尸体、骸骨，以及可能传播检疫传染病的行李、货物、邮包等实施检疫查验、传染病监测、卫生监督和卫生处理；对出入境的微生物、生物制品、人体组织、血液及其制品等特殊物品，以及能传播人类传染病的媒介生物实施卫生检疫；对出入境人员进行预防接种、健康检查、医疗服务、国际旅行健康咨询和卫生宣传；签发卫生检疫证件；进行流行病学调查研究，开展科学实验；对国境口岸和停留在国境口岸的出入境交通工具进行卫生监督和卫生宣传；在消毒、除鼠、除虫等卫生处理方面进行技术指导；对出入境口岸及其区域内的食品饮用水生产经营单位、公共场所、储存场地、出入境交通工具及压舱水、集装箱、货物等实施卫生监督；在国境口岸开展出入境核生化有害因子监测与排查处置等。

6. 进出境动植物检疫

进出境动植物检疫是指通过对外行使国家主权、履行国际规则义务，对内执行动植物检疫法律法规，防止动物传染病，寄生虫病和植物危险性病、虫、杂草以及其他有害生物传入、传出国境，保护农林牧渔业生产安全、生态安全、人和动物生命健康安全，以相关法律法规为手段所采取的强制性预防措施。实施强制性的动植物检疫已成为世界各国（地区）的普遍制度。在世界贸易组织运行机制下，进出境动植物检疫与国际贸易特别是农产品国际贸易的关系日趋密切，并发挥了重要的预防性保护作用，同时，它作为技术性贸易措施在贸易保护中被经常使用。在新的历史时期，海关进出境动植物检疫在维护国门安全，防止动植物疫情传入，保护我国农林牧渔业、生态环境和人民群众健康，提升农产品质量，扩大农产品出口，服务国家外交外贸，积极发挥依法把关与促进贸易职能等方面发挥重要作用。

进出境动植物检疫工作职能主要包括：拟订出入境动植物及其产品检疫的工作制度；承担出入境动植物及其产品的检验检疫、注册登记、监督管理，按分工组织实施风险分析和紧急预防措施；承担出入境转基因生物及其产品、生物物种资源的检验检疫工作；管理出入境动植物检疫审批工作。

7. 进出口食品安全监督管理

进出口食品安全监管，是指海关为保证进出口食品安全，保障公众身体健康和生命安全，根据法律法规的规定，对进出口食品生产经营活动、进出口食品生产经营者和输华食品出口国家（地区）食品安全管理体系等实施的行政监督管理，并对其违法行为进行约束的过程。

进出口食品安全监管的主要内容为检验检疫和监督管理，包括：对进出口食品的检验检疫；对进出口食品生产经营企业、进口食品的出口国家官方食品安全管理体系等的监督管理。主要有以下职责：拟定实施进出口食品检验检疫和监督管理工作规章、制度、技术规范和工作计划、规划；对进出口食品检验检疫监督管理；拟定实施进出口食品检验检疫准入制度及相关工作；对进口食品的生产企业实施注册管理；对进口食品收货人，以及向我国境内出口食品的出口商或者代理商实施备案管理；对出口食品生产企业、原料种植、养殖场实施备案管理；对进口食品的检疫审批和管理；对进口食品标签和说明书的审核管理；拟定实施我国进出口食品的安全抽样检验计划；实施进出口食品生产、加工、存储、经营等单位（场所）的日常检验检疫监督管理；对进出口食品安全信息、法规、标准的收集、汇总和相关通报；拟定实施进出口食品风险预警和控制措施；承担重大进出口食品质量安全事故调查、处理工作等。

8. 进出口商品检验

进出口商品检验是指海关依法对列入必须实施检验的进出口商品目录内的商品以及法律、行政法规规定必须经海关检验的其他进出口商品实施的法定检验。必须实施的进出口商品检验，是指确定列入目录的进出口商品是否符合国家技术规范的强制性要求的合格评定活动。进出口商品检验的目的是保护人类健康和安全、保护动物或者植物的生命和健康、保护环境、防止欺诈行为、维护国家安全。

进出口商品检验监管工作职能主要包括：执行《中华人民共和国进出口商品检验法》（以下简称《进出口商品检验法》）及其实施条例和国家有关进出口商品检验法规；对列入法定检验商品目录内的进出口商品实施检验，对《中华人民共和国食品安全法》（以下简称《食品安全法》）、《危险化学品安全管理条例》等法律法规规定需由海关实施检验的进出口食品接触材料、食品添加剂、危险化学品等实施检验，对政府双边协议规定需由海关检验出证的进出口商品实施检验；对目录外进出口商品实施监督管理；对民用商品实施入境验证；对进出口商品实施法定鉴定；对进出口商品检验鉴定机构实施监督管理；打击进出口领域的假冒伪劣，开展出口商品通报召回调查、出口退运追溯调查、进口缺陷消费品召回、进口缺陷汽车召回；对进出口工业品实施风险管理，对进出口重点商品开展质量分析。

二、 我国海关的法律体系

法律体系一般指一个国家的全部现行法律规范按不同部门、层次所组成的有机整体。海关法作为我国现行法律的一个分支，具有相对的独立性和完整性。海关法不仅综合性强、数量多、内容繁杂，而且具有分支清楚、层次明显和相互协调、联系密切的特点。各分支、各层次的海关法既相互区分又相互联系，构成了独立、完整、严密的海关法律体系。海关法律体系根据制定的主体和效力的不同分为法律、行政法规、部门规章、规范性文件。

（一）海关相关法律

1.《海关法》

《海关法》于1987年1月22日由第六届全国人民代表大会常务委员会第十九次会议通过，同年7月1日起实施。为了适应形势发展的需要，2000年7月8日第九届全国人民代表大会常务委员会第十六次会议审议通过了《关于修改〈中华人民共和国海关法〉的决定》，对《海关法》进行了较大范围的修改，修正后的《海关法》于2001年1月1日起实施。《海关法》于2013年6月29日第十二届全国人民代表大会常务委员会第三次会议第二次修正，2013年12月28日第十二届全国人民代表大会常务委员会第六次会议第三次修正，2016年11月7日第十二届全国人民代表大会常务委员会第二十四次会议第四次修正，2017年11月4日第十二届全国人民代表大会常务委员会第三十次会议第五次修正，2021年4月29日第十三届全国人民代表大会常务委员会第二十八次会议第六次修正。《海关法》是我国现行法律体系的一个重要组成部分，是管理海关事务的基本法律规范，以中华人民共和国主席令的形式颁布实施。

2.《进出口商品检验法》

《进出口商品检验法》于1989年2月21日第七届全国人民代表大会常务委员会第六次会议通过，2002年4月28日第九届全国人民代表大会常务委员会第二十七次会议第一次修正，2013年6月29日第十二届全国人民代表大会常务委员会第三次会议第二次修正，2018年4月27日第十三届全国人民代表大会常务委员会第二次会议第三次修正，2018年12月29日第十三届全国人民代表大会常务委员会第七次会议第四次修正，2021年4月29日第十三届全国人民代表大会常务委员会第二十八次会议第五次修正。

3.《中华人民共和国进出境动植物检疫法》（以下简称《进出境动植物检疫法》）

《进出境动植物检疫法》于1991年10月30日第七届全国人民代表大会常务委员会第二十二次会议通过，2009年8月27日第十一届全国人民代表大会常务委员会第十次会议修正。

4.《国境卫生检疫法》

《国境卫生检疫法》于1986年12月2日第六届全国人民代表大会常务委员会第十八次会议通过，2007年12月29日第十届全国人民代表大会常务委员会第三十一次会议第一次修正，2009年8月27日第十一届全国人民代表大会常务委员会第十次会议第二次修正，2018年4月27日第十三届全国人民代表大会常务委员会第二次会议第三次修正。

5.《食品安全法》

在1995年颁布的《中华人民共和国食品卫生法》的基础上，2009年2月28日第十一届全国人民代表大会常务委员会第七次会议通过了《食品安全法》。2015年4月24日第十二届全国人民代表大会常务委员会第十四次会议修订，2018年12月29日第十三届全国人民代表大会常务委员会第七次会议第一次修正，2021年4月29日第十三届全国人民代表大会常务委员会第二十八次会议第二次修正。

（二）行政法规

国务院根据《中华人民共和国宪法》和法律，制定行政法规，以国务院令的形式颁布实施。目前，在海关管理方面主要的行政法规有：《关税条例》、《中华人民共和国海关稽查条例》（以下简称《海关稽查条例》）、《中华人民共和国知识产权海关保护条例》（以下简称《知识产权海关保护条例》）、《中华人民共和国海关行政处罚实施条例》（以下简称《海关行政处罚实施条例》）、《中华人民共和国海关统计条例》（以下简称《海关统计条例》）、《中华人民共和国进出口货物原产地条例》（以下简称《原产地条例》）、《中华人民共和国进出口商品检验法实施条例》（以下简称《进出口商品检验法实施条例》）、《中华人民共和国进出境动植物检疫法实施条例》（以下简称《进出境动植物检疫法实施条例》）、《中华人民共和国国境卫生检疫法实施细则》（以下简称《国境卫生检疫法实施细则》）、《中华人民共和国食品安全法实施条例》（以下简称《食品安全法实施条例》）等。

（三）海关规章

海关规章是海关总署根据海关行使职权、履行职责的需要，依据《中华人民共和国立法法》的规定，单独或会同有关部门制定的，是海关日常工作中引用数量最多、内容最广、操作性最强的法律依据，其效力等级低于法律和行政法规。海关行政规章以海关总署令的形式对外公布，如《中华人民共和国海关报关单位备案管理规定》《进出口乳制品检验检疫监督管理办法》等。

（四）规范性文件

规范性文件，是指海关总署及各直属海关按照规定程序制定的对行政管理相对人权利、义务具有普遍约束力的文件。海关总署制定的规范性文件要求行政管理相对人遵守或执行的，应当以海关总署公告形式对外发布，如《海关总署关于实施〈中华人民共和国海关经核准出口商管理方法〉相关事项的公告》等。规范性文件不得设定对行政管理相对人的行政处罚。直属海关在限定范围内制定的关于本关区某一方面涉及行政管理相对人权利义务的行政管理规范，应当以公告形式对外发布。

此外，属于海关法律渊源之一的我国签订或缔结的海关国际公约或海关行政互助协议也适用于我国海关。海关国际公约是指世界海关组织（WCO）成员方缔结的多边协议，如《关于简化和协调海关业务制度的国际公约》（亦称《京都公约》）、《伊斯坦布尔公约》，以及世界贸易组织的有关公约，如《海关估价协议》等。海关行政互助协议是两国（地区）之间订立的双边协议，我国已与俄罗斯等几十个国家（地区）缔结了海关行政互助协议。

三、 海关的权力

海关法在规定了海关任务的同时，为了保证任务的完成，赋予了海关许多具体权力。海关权力，是指国家为保证海关依法履行职责，通过海关法和其他法律、行政法规赋予海关的对进出境运输工具、货物、物品的监督管理权能，属于公共行政职权，其行使受一定范围和条件的限制，并应当接受执法监督。

（一）海关权力的内容

根据《海关法》《进出口商品检验法》《进出境动植物检疫法》《国境卫生检疫法》《食品安全法》及有关法律、行政法规，海关的权力主要包括：

1. 检查权

海关有权检查进出境运输工具，检查有走私嫌疑的运输工具和有藏匿走私货物、物品嫌疑的场所，检查走私嫌疑人的身体。

海关对进出境运输工具的检查不受海关监管区域的限制；对走私嫌疑人身体的检查，应在海关监管区和海关附近沿海沿边规定地区内进行；对有走私嫌疑的运输工具和有藏匿走私货物、物品嫌疑的场所，在海关监管区和海关附近沿海沿边规定地区内，海关人员可直接检查，超出此范围，在调查走私案件时，须经直属海关关长或者其授权的隶属海关关长批准，才能进行检查，但不能检查公民住处。

2. 检验权

海关负责对列入法定检验商品目录内的进出口商品实施法定鉴定和检验，对《食品安全法》《危险化学品安全管理条例》等法律法规规定需由海关实施检验的进出口食品接触材料、食品添加剂、危险化学品等实施检验，对政府双边协议规定需由海关检验出证的进出口商品实施检验等。对进口缺陷消费品、进口缺陷汽车有权召回。

3. 检疫权

对出入境动植物及其产品的检验检疫；对出入境转基因生物及其产品、生物物种资源的检验检疫；对出入境人员、交通工具、集装箱、尸体、骸骨及可能传播检疫传染病的行李、货物、邮包等的检疫查验；对出入境的微生物、生物制品、人体组织、血液及其制品等特殊物品，以及能传播人类传染病的媒介生物的卫生检疫；对进出口食品、化妆品的检验检疫，以及对进出口食品生产、加工、存储、经营等单位（场所）的日常检验检疫等。

4. 查阅、复制权

查阅进出境人员的证件，查阅、复制与进出境运输工具、货物、物品有关的合同、发票、账册、单据、记录、文件、业务函电、录音录像制品和其他的有关资料。

5. 查问权

海关有权对违反《海关法》或者其他有关法律、行政法规的嫌疑人进行查问，调查其违法行为。

6. 查验权

海关有权查验进出境货物、个人携带进出境的行李物品、邮寄进出境的物品。海关查验货物认为必要时，可以径行提取货样。

7. 查询权

海关在调查走私案件时，经直属海关关长或者其授权的隶属海关关长批准，可以查询案件涉嫌单位和涉嫌人员在金融机构、邮政企业的存款、汇款。

8. 稽查权

海关在法律规定的年限内，对企业进出境活动及与进出口货物有关的账务、记账凭证、单证资料等有权进行稽查。

9. 行政处罚权

海关有权对违法当事人予以行政处罚，包括对走私货物、物品及违法所得处以没收，对有走私行为和违反海关监管规定行为的当事人处以罚款等。

10. 佩带和使用武器权

海关为履行职责，可以依法佩带武器，海关工作人员在履行职责时可以使用武器。

1989 年 6 月，海关总署、公安部联合发布《海关工作人员使用武器和警械的规定》。根据该项规定，海关使用的武器包括轻型枪支、电警棍、手铐以及其他经批准可使用的武器和警械；使用范围为执行缉私任务时；使用对象为走私分子和走私嫌疑人；使用条件必须是在不能制服被追缉逃跑的走私团体或遭遇武装掩护走私，不能制止以暴力掠夺查扣的走私货物、物品和其他物品，以及以暴力抗拒检查、抢夺武器和警械、威胁海关工作人员生命安全非开枪不能自卫时。

11. 行政强制权

海关行政强制，包括海关行政强制措施和海关行政强制执行。

（1）海关行政强制措施

海关行政强制措施，是指海关在行政管理过程中，为制止违法行为、防止证据损毁、避免危害发生、控制危险扩大等情形，依法对公民的人身自由实施暂时性限制，或者对公民、法人或者其他组织的财物实施暂时性控制的行为。包括：

① 限制公民人身自由

A. 在海关监管区和海关附近沿海沿边规定地区，对走私犯罪嫌疑人，经直属海关关长或者其授权的隶属海关关长批准，可以扣留，扣留时间不得超过 24 小时，在特殊情况下可以延长至 48 小时。

B. 个人违抗海关监管逃逸的，海关可以连续追至海关监管区和海关附近沿海沿边规定地区以外，将其带回。

C. 受海关处罚的当事人或者其法定代表人、主要负责人在出境前未缴清罚款、违法所得和依法追缴的货物、物品、走私运输工具的等值价款，又未提供担保的，海关可以通知出境管理机关阻止其出境。

② 扣留财物

A. 对违反海关法的进出境运输工具、货物、物品以及与之有牵连的合同、发票、账册、单据、记录、文件、业务函电、录音录像制品和其他资料，可以扣留。

B. 在海关监管区和海关附近沿海沿边规定地区，对有走私嫌疑的运输工具、货物、物品，经直属海关关长或者其授权的隶属海关关长批准，可以扣留。

C. 在海关监管区和海关附近沿海沿边规定地区以外，对有证据证明有走私嫌疑的运输工具、货物、物品，可以扣留。

D. 有违法嫌疑的货物、物品、运输工具无法或者不便扣留，当事人或者运输工具负责人未提供等值担保的，海关可以扣留当事人等值的其他财产。

E. 海关不能以暂停支付方式实施税收保全措施时，可以扣留纳税义务人其价值相当于应纳税款的货物或者其他财产。

F. 进出口货物的纳税义务人、担保人自规定的纳税期限届满之日起超过 3 个月未缴纳税款的，经直属海关关长或者其授权的隶属海关关长批准，海关可以扣留其价值相当于应纳税款的货物或者其他财产。

G. 对涉嫌侵犯知识产权的货物，海关可以依申请扣留。

③ 冻结存款、汇款

进出口货物的纳税义务人在规定的纳税期限内有明显的转移、藏匿其应税货物以及其他财产迹象，不能提供纳税担保的，经直属海关关长或者其授权的隶属海关关长批准，海关可以通知纳税义务人开户银行或者其他金融机构暂停支付纳税义务人相当于应纳税款的存款。

④ 封存货物或者账簿、单证

A. 海关进行稽查时，发现被稽查人的进出口货物有违反《海关法》和其他法律、行政法规嫌疑的，经直属海关关长或其授权的隶属海关关长批准，可以封存有关进出口货物。

B. 海关进行稽查时，发现被稽查人有可能篡改、转移、隐匿、毁弃账簿和单证等资料的，经直属海关关长或其授权的隶属海关关长批准，在不妨碍被稽查人正常的生产经营活动的前提下，可以暂时封存其账簿、单证等有关资料。

⑤ 其他强制措施

A. 进出境运输工具违抗海关监管逃逸的，海关可以连续追至海关监管区和海关附近沿海沿边规定地区以外，将其带回。

B. 对于海关监管货物，海关可以加施封志。

（2）海关行政强制执行

海关行政强制执行，是指在有关当事人不依法履行义务的前提下，为实现海关的有效行政管理，依法强制当事人履行法定义务的行为。包括：

① 加收滞纳金

A. 进出口货物的纳税义务人逾期缴纳税款的，由海关征收滞纳金。

B. 进出口货物和海关监管货物因纳税义务人违反规定造成少征或者漏征税款的，海关可予追征并加征滞纳金。

② 扣缴税款

进出口货物的纳税义务人、担保人自规定的纳税期限届满之日起超过 3 个月未缴纳税款的，经直属海关关长或者其授权的隶属海关关长批准，海关可以书面通知其开户银行或者其他金融机构从其暂停支付的存款中扣缴税款。

③ 抵缴、变价抵缴

A. 当事人逾期不履行海关的处罚决定又不申请复议或者提起诉讼的，海关可以将其保证金抵缴或者将其被扣留的货物、物品、运输工具依法变价抵缴。

B. 进出口货物的纳税义务人、担保人自规定的纳税期限届满之日起超过 3 个月未缴纳税款的，经直属海关关长或者其授权的隶属海关关长批准，海关可以依法变卖应税货物，或者依法变卖其价值相当于应纳税款的货物或者其他财产，以变卖所得抵缴税款。

C. 海关以扣留方式实施税收保全措施，进出口货物的纳税义务人在规定的期限内未缴纳税款的，经直属海关关长或者其授权的隶属海关关长批准，依法变卖所扣留货物或者其他财产，以变卖所得抵缴税款。

D. 进口货物的收货人自运输工具申报进境之日起超过 3 个月未向海关申报的，其进口货物由海关依法提取变卖处理。

E. 确属误卸或者溢卸的进境货物，原运输工具负责人或者货物的收发货人逾期未办理退运或者进口手续的，由海关依法提取变卖处理。

（二）海关权力行使的基本原则

海关权力作为国家行政权的一部分，一方面，海关权力运行起到了维护国家利益、维护经济秩序、实现国家权能的积极作用；另一方面，由于客观上海关权力的广泛性、自由裁量权较大等因素，以及海关执法者主观方面的原因，海关权力在行使时任何的随意性或者滥用都必然导致管理相对人的合法权益受到侵害，从而对行政法治构成威胁，所以海关权力的行使必须遵循一定的原则。一般来说，海关权力行使应遵循的基本原则如下：

1. 合法原则

权力的行使要合法，这是行政法的基本原则——依法行政原则的基本要求。按照行政法理论，行政权力行使的合法性至少包括：

（1）行使行政权力的主体资格合法，即行使权力的主体必须有法律授权。例如，涉税走私犯罪案件的侦查权，只有缉私警察才能行使，海关其他人员则无此项权力。又如，《海关法》规定海关行使某些权力时应“经直属海关关长或者其授权的隶属海关关长批准”，如未经批准，海关人员不能擅自行使这些权力。

（2）行使权力必须有法律规范为依据。《海关法》第二条规定了海关的执法依据是《海关法》和其他有关法律、行政法规。无法律规范授权的执法行为，属于越权行为，应属无效。

（3）行使权力的方法、手段、步骤、时限等程序应合法。

（4）一切行政违法主体（包括海关及管理相对人）都应承担相应的法律责任。

2. 适当原则

行政权力的适当原则是指权力的行使应该以公平性、合理性为基础，以正义性为目标。因国家管理的需要，海关在验、放、征、减、免、罚的管理活动中拥有很大的自由裁量权，即法律仅规定一定原则和幅度，海关关员可以根据具体情况和自己的意志，自行判断和选择，采取最合适的行为方式及其内容来行使职权。因此，适当原则是海关行使行政权力的重要原则之一。为了防止自由裁量权的滥用，目前我国对海关自由裁量权进行监督的法律途径主要有行政监督（行政复议）和司法监督（行政诉讼）程序。

3. 依法独立行使原则

海关实行高度集中统一的管理体制和垂直领导方式，地方海关只对海关总署负责。海关无论级别高低，都是代表国家行使管理权的国家机关，海关依法独立行使权力，各地方、各部门应当支持海关依法行使职权，不得非法干预海关的执法活动。

4. 依法受到保障原则

海关权力是国家权力的一种，应受到保障，才能实现国家权能的作用。《海关法》规定：海关依法执行职务，有关单位和个人应当如实回答询问并予以配合，任何单位和个人不得阻挠；海关执行职务受到暴力抗拒时，执行有关任务的公安机关和人民武装警察部队应当予以协助。

（三）海关权力的监督

海关权力的监督即海关执法监督，是指特定的监督主体依法对海关行政机关及其执法人员的行政执法活动实施的监察、检查、督促等，以此确保海关权力在法定范围内运行。为确保海关能够严格依法行政，保证国家法律、法规得以正确实施，同时也使当事人的合法权益得到有效保护，《海关法》专门设立“执法监督”一章，对海关行政执法实施监督。海关履行职责，必须遵守法律，依照法定职权和法定程序严格执法，并接受监督。这是海关的一项法定义务。

海关执法监督主要指中国共产党的监督、国家最高权力机关的监督、国家最高行政机关的监督、监察机关的监督、审计机关的监督、司法机关的监督、管理相对人的监督、社会监督，以及海关上下级机构之间的相互监督、机关内部不同部门之间的相互监督、工作人员之间的相互监督等。

四、海关的管理体制与机构

海关机构是国务院根据国家改革开放的形势以及经济发展战略的需要，依照海关法律而设立的。改革开放以来，随着我国对外经济贸易和科技文化交流与合作的发展，海关机构不断扩大，机构的设立从沿海沿边口岸扩大到内陆和沿江、沿边海关业务集中的地点，并形成了集中统一管理的垂直领导体制。

（一）海关的管理体制

海关作为国家的进出境监督管理机关，为了履行其进出境监督管理职能，提高管理效率，维持正常的管理秩序，必须建立完善的管理体制。

《海关法》规定，“国务院设立海关总署，统一管理全国海关”，“海关依法独立行使职权，向海关总署负责”，确定了海关总署作为国务院直属机构的地位，进一步明确了海关机构的隶属关系，将海关集中统一的垂直领导体制以法律的形式予以确立。海关集中统一的垂直领导体制既适应了国家改革开放、社会主义现代化建设的需要，也适应了海关自身建设与发展的需要，有力地保证了海关各项监督管理职能的实施。

《海关法》以法律形式明确了海关的设关原则：“国家在对外开放的口岸和海关监管业务集中的地点设立海关。海关的隶属关系，不受行政区划的限制。”“对外开放的口岸”是指由国务院批准，允许运输工具及所载人员、货物、物品直接出入国（关）境的港口、机场、车站，以及允许运输工具、人员、货物、物品出入国（关）境的边境通道。国家规定，在对外开放的口岸必须设置海关。“海关监管业务集中的地点”是指虽非国务院批准对外开放的口岸，但是海关某类或者某几类监管业务比较集中的地方，如转关运输监管、保税加工监管等。这一设关原则为海关管理从口岸向内地，进而向全关境的转化奠定了基础，同时也为海关业务制度的发展预留了空间。“海关的隶属关系，不受行政区划的限制”，表明了海关管理体制与一般性的行政管理体制的区域划分无必然联系，如果海关监督管理需要，国家可以在现有的行政区划之外考虑和安排海关的上下级关系和海关的相互关系。

（二）海关的组织机构

海关机构的设置为海关总署、直属海关和隶属海关三级。隶属海关由直属海关领导，向直属海关负责；直属海关由海关总署领导，向海关总署负责。

1. 海关总署

海关总署是国务院的直属机构，在国务院领导下统一管理全国海关机构、人员编制、经费物资和各项海关业务，是海关系统的最高领导部门。海关总署下设广东分署，在上海和天津设立特派员办事处，作为其派出机构。海关总署的基本任务是在国务院领导下，领导和组织全国海关正确贯彻实施《海关法》和国家的有关政策、行政法规，积极发挥依法行政、为国把关的职能，服务、促进和保护社会主义现代化建设。

2. 直属海关

直属海关是指直接由海关总署领导，负责管理一定区域范围内海关业务的海关。目前直属海关共有 42 个，除香港、澳门、台湾地区外，分布在全国 31 个省、自治区、直辖市。直属海关就本关区内的海关事务独立行使职权，向海关总署负责。直属海关承担着在关区内组织开展海关各项业务和关区集中审单作业，全面有效地贯彻执行海关各项政策、法律、法规、管理制度和作业规范的重要职责，在海关三级业务职能管理中发挥着承上启下的作用。

3. 隶属海关

隶属海关是指由直属海关领导，负责办理具体海关业务的海关，是海关进出境监督管理职能的基本执行单位，一般都设在口岸和海关业务集中的地点。

4. 海关缉私警察机构

为了更好地适应反走私斗争新形势的要求，充分发挥海关打击走私的整体效能，根据党中央、国务院的决定，由海关总署、公安部联合组建缉私局，设在海关总署。

5. 企事业单位

截至 2022 年 6 月，海关总署直属事业单位共有 57 家，直属企业 1 家，总署主管的社会团体 2 家；各直属海关单位所属事业单位共 331 家。

第二节 报关的海关管理

在国际物流、国际交流和交往活动中，往往存在着运输工具、货物、物品和人员进出境的情况。国际贸易合约的履行是通过国际物流活动来完成的。我国海关规定，进出境运输工具、货物、物品、人员，必须通过设立海关的地点进境或者出境。因此，由设立海关的地点进出境，办理申报、纳税、检验、检疫、鉴定手续及其他规定的海关手续，以获准出入境或取得销售使用的合法凭证及某种公证证明是运输工具、货物、物品进出境的基本规则，也是进出境运输工具负责人、进出口货物收发货人、进出境物品的所有人应履行的一项基本义务。报关是与运输工具、货物、物品进出境密切相关的一个概念。

一、 报关的含义

一般而言，报关是指进出口货物收发货人、进出境运输工具负责人、进出境物品的所有人或者他们的代理人，以及出入境人员向海关办理货物、物品、运输工具进出境手续及相关海关事务的过程。

需要说明的是，在进出境活动中，我们还经常使用“通关”这一概念。通关与报关既有联系又有区别。两者都是针对运输工具、货物、物品的进出境而言的，但报关是从海关行政管理相对人的角度，仅指向海关办理进出境手续及相关手续，而通关不仅包括海关行政管理相对人向海关办理有关手续，还包括海关对进出境运输工具、货物、物品依法进行监督管理，核准其进出境的管理过程。

二、 报关的分类

根据海关行政管理相对人履行报关义务所涉及的报关对象、报关目的及报关行为性质的不同，可将报关分为以下 3 类。

（一）根据报关对象的不同，可分为运输工具报关、货物报关和物品报关

由于海关对进出境运输工具、货物、物品的监管要求各不相同，履行运输工具报关、货物报关、物品报关的具体手续也各不相同。其中，进出境运输工具作为货物、人员及其携带物品的进出境载体，其报关主要是向海关直接交验随附的、符合国际商业运输惯例、能反映运输工具进出境合法性及其所承运货物、物品情况的合法证件、清单和其他运输单证，其报关手续较为简单。进出境物品由于其非贸易性质，且一般限于自用、合理数量，其报关手续也很简单。进出境货物的报关较为复杂，为此，海关根据对进出境货物的监管要求，制定了一系列报关管理规范，并要求必须由具备一定的专业知识和技能且经海关核准的专业人员代表报关单位专门办理。

另外，必要时海关要求出入境人员在出入境口岸向海关进行健康申报，交验健康证书、预防接种证书，配合海关进行流行病学调查、医学排查、传染病监测和检疫等。

（二）根据报关目的的不同，可分为进境报关和出境报关

对于运输工具、货物、物品的进境和出境，海关分别制定了不同的管理规定，运输工具、货物、物品根据进境或出境的目的分别形成了进境报关手续和出境报关手续。

（三）根据报关行为性质的不同，可分为自理报关和代理报关

进出境运输工具、货物、物品的报关是一项专业性较强的工作，尤其是进出境货物的报关比较复杂，一些运输工具负责人、进出口货物收发货人或者物品的所有人，由于经济、时间、地点等方面的原因，不能或者不愿意自行办理报关手续，而委托代理人代为报关，从而形成了自理报关和代理报关 2 种报关类型。《海关法》对接受进出境物品所有人的委托，代为办理进出境物品报关手续的代理人没有特殊要求，但对于接受进出口货物收发货人的委托，代为办理进出境货物报关手续的代理人则有明确的规定。因此，我们通常所称的自理报关和代理报关主要是针对进出境货物的报关而言的。

1. 自理报关

进出口货物收发货人自行办理报关业务称为自理报关。根据我国海关目前的规定，进出口货物收发货人必须依法经海关准予备案后方能自行办理报关业务。

2. 代理报关

代理报关是指接受进出口货物收发货人的委托，代理其办理报关业务的行为。我国海关法律把有权接受他人委托办理报关业务的企业称为报关企业。报关企业必须依法经海关准予备案后方能从事代理报关业务。

根据代理报关法律行为责任承担者的不同，代理报关又分为直接代理报关和间接代理报关。直接代理报关是指报关企业接受委托人（即进出口货物收发货人）的委托，以委托人的名义办理报关业务的行为。间接代理报关是指报关企业接受委托人的委托以报关企业自身的名义向海关办理报关业务的行为。在直接代理中，代理人代理行为的法律后果直接

作用于被代理人；而在间接代理中，报关企业接受进出口货物收发货人的委托，以自己的名义办理报关手续时，应当承担与收发货人相同的法律责任。目前，我国报关企业大多采取直接代理形式报关，经营快件业务的营运人等国际货物运输代理企业适用间接代理报关。

三、报关的基本内容

（一）进出境运输工具报关的基本内容

国际贸易的交货、国家间人员的往来及其携带物品的进出境，除经其他特殊运输方式外，都要通过各种运输工具的国际运输来实现。根据我国海关相关法律规定，所有进出我国关境的运输工具必须经由设有海关的港口、车站、机场、国界孔道、国际邮件互换局（交换站）及其他可办理海关业务的场所申报进出境。进出境申报是运输工具报关的主要内容。根据海关监管的要求，进出境运输工具负责人或其代理人在运输工具抵达或者离开关境前，均应如实向海关申报运输工具的名称、国籍、预定到达时间、员工和旅客人数等信息。

1. 运输工具申报的基本内容

根据海关监管要求的不同，不同种类的运输工具报关时所需递交的单证及所要申明的具体内容也不尽相同。总的来说，运输工具进出境报关时须向海关申明的主要内容有：运输工具的名称、国籍、预定到达时间、航次（车次）、停靠地点等；运输工具进出境时所载运货物情况，包括过境货物、转运货物、通运货物、溢短卸（装）货物的基本情况；运输工具服务人员名单及其自用物品、货币等情况；运输工具所载旅客情况；运输工具所载邮递物品、行李物品的情况；其他需要向海关申报清楚的情况，如由于不可抗力原因，运输工具被迫在未设关地点停泊、降落或者抛掷、起卸货物、物品等情况。除此以外，运输工具报关时还需提交运输工具从事国际合法性运输必备的相关证明文件，如船舶国籍证书、吨税证书、海关监管簿、签证簿等，必要时还需出具保证书或缴纳保证金。

以上情况由进出境运输工具负责人或其代理人向海关申报后，有时还需应海关的要求配合海关检查，配合实施运输工具动植物检疫、卫生检疫，经海关审核确认符合海关监管要求的，可以上下旅客、装卸货物。

进出境运输工具负责人，是指进出境运输工具的所有企业、经营企业，船长、机长、汽车驾驶员、列车长，以及上述企业或者人员授权的代理人。

2. 运输工具舱单申报

近年来，随着我国对外贸易规模的不断扩大和国际物流的不断发展，为适应国际海关合作大趋势的需要，促进国际贸易安全与便利，我国海关将运输工具舱单申报作为进出境运输工具报关的一个重要事项。为配合全国通关一体化改革，进一步便利进出境物流，海关现已全面开展舱单及相关电子数据变更作业无纸化。

进出境运输工具舱单（以下简称“舱单”）是指反映进出境运输工具所载货物、物品及旅客信息的载体，包括原始舱单①、预配舱单②、装（乘）载舱单③。进出境运输工具载有货物、物品的，舱单内容应当包括总提（运）单及其项下的分提（运）单信息。进出境运输工具负责人即舱单电子数据传输义务人应当按照海关备案的范围在规定时限向海关传输舱单电子数据。视运输工具进出境及装载情况的不同，海关管理要求也不尽相同。

进境运输工具载有货物、物品的，舱单传输人应当在规定时限向海关传输原始舱单主要数据，舱单传输人应当在进境货物、物品运抵目的港以前向海关传输原始舱单其他数据。海关接受原始舱单主要数据传输后，收货人、受委托的报关企业方可向海关办理货物、物品的申报手续。进境运输工具载有旅客的，舱单传输人应当在规定时限向海关传输原始舱单电子数据。

出境运输工具预计载有货物、物品的，舱单传输人应当在办理货物、物品申报手续以前向海关传输预配舱单主要数据；以集装箱运输的货物、物品，出口货物发货人应当在货物、物品装箱以前向海关传输装箱清单电子数据。海关接受预配舱单主要数据传输后，舱单传输人应当在规定时限向海关传输预配舱单其他数据。出境货物、物品运抵海关监管场所时，海关监管场所经营人应当以电子数据方式向海关提交运抵报告。运抵报告提交后，海关即可办理货物、物品的查验、放行手续。舱单传输人应当在运输工具开始装载货物、物品前向海关传输装载舱单电子数据。出境运输工具预计载有旅客的，舱单传输人应当在出境旅客开始办理登机（船、车）手续前向海关传输预配舱单电子数据。舱单传输人应当在旅客办理登机（船、车）手续后，运输工具上客以前向海关传输乘载舱单电子数据。运输工具负责人应当在货物、物品装载完毕或者旅客全部登机（船、车）后向海关提交结关申请，经海关办结手续后，出境运输工具方可离境。

已经传输的舱单电子数据需要变更的，舱单传输人可以在原始舱单和预配舱单规定的传输时限以前直接予以变更，但是货物、物品所有人已经向海关办理货物、物品申报手续的除外。

（二）进出境货物报关的基本内容

进出境货物的报关业务包括：按照规定填制报关单，如实申报进出口货物的商品编码、实际成交价格、原产地及相应的优惠贸易协定代码，并办理提交报关单证等与申报有关的事宜；申请办理缴纳税费和退税、补税事宜；申请办理加工贸易合同备案、变更和核销及保税监管等事宜；申请办理进出口货物减税、免税等事宜；办理进出口货物的查验、检验、检疫、结关等事宜；办理应当由报关单位办理的其他事宜。

海关对不同性质的进出境货物规定了不同的报关程序和要求。一般来说，进出境货物报关时，海关要求报关单位及报关人员要做好以下几个方面的工作：

1. 向海关办理货物报关前，进出口货物收发货人接到运输公司或邮递公司寄交的提货通知单后，或根据合同规定备齐出口货物后，采取自理报关方式的应当做好报关准备工作，采取代理报关方式的应与委托报关企业签署委托代理协议。

2. 准备好报关单证，在海关规定的报关地点和报关时限内以电子数据方式向海关申

---

① 原始舱单，是指舱单传输人向海关传输的反映进境运输工具装载货物、物品或者乘载旅客信息的舱单。

② 预配舱单，是指反映出境运输工具预计装载货物、物品或者乘载旅客信息的舱单。

③ 装（乘）载舱单，是指反映出境运输工具实际配载货物、物品或者载有旅客信息的舱单。

报。进出口货物报关单或海关规定的其他报关单（证）是报关单位向海关申报货物情况的法律文书，报关人员必须认真、规范、如实填写，并对其所填内容的真实性和合法性负责，承担相应的法律责任。除此之外，还应准备与进出口货物直接相关的商业和货运单证，如发票、装箱单、提单等；对属于国家限制性的进出口货物，应准备国家有关法律、法规规定的许可证件，如进出口货物许可证等；还要准备好海关可能需要查阅或收取的其他资料、证件，如贸易合同、原产地证明等。

3. 经海关对报关电子数据进行审核后，在海关认为必要时，报关人员要配合海关进行货物的查验、检验，对装载动植物及其产品的运输工具入境、装载非动植物及其产品但有木质包装或植物性铺垫材料的运输工具、装载非应检物的运输工具及集装箱箱体实施动植物检疫及进行消毒、除害处理，对进出境集装箱和货物实施卫生检疫。

4. 属于应纳税、应缴费范围的进出口货物，报关单位应在海关规定的期限内缴纳进出口税费。

5. 进出口货物经海关放行后，报关单位可以安排提取或装运货物。

除了以上工作外，对于保税加工货物、减免税进口货物等，在进出境前还需办理备案申请等手续，进出境后还需在规定的时间以规定的方式向海关办理核销、结案等手续。

（三）进出境物品报关的基本内容

海关监管进出境物品包括行李物品、邮递物品和其他物品，三者在报关要求上有所不同。

《海关法》规定，个人携带进出境的行李物品、邮寄进出境的物品，应当以自用合理数量为限。所谓“自用合理数量”，对于行李物品而言，“自用”是指进出境旅客本人自用、馈赠亲友而非为出售或出租，“合理数量”是指海关根据进出境旅客旅行目的和居留时间所规定的正常数量；对于邮递物品，则指的是海关对进出境邮递物品规定的征、免税限制。自用合理数量原则是海关对进出境物品监管的基本原则，也是对进出境物品报关的基本要求。需要注意的是，对于通过随身携带或邮政渠道进出境的货物要按货物办理进出境报关手续。经海关登记准予暂时免税进境或者暂时免税出境的物品，应当由本人复带出境或者复带进境。享有外交特权和豁免的外国机构或者人员的公务用品或者自用物品进出境，依照有关法律、行政法规的规定办理。

海关依法对进出境旅客携带物、邮寄物实施检疫。

1. 进出境行李物品的报关

当今世界上大多数国家（地区）的海关法律都规定对旅客进出境采用“红绿通道”制度。我国海关也采用了“红绿通道”制度。

我国海关规定，进出境旅客在向海关申报时，可以在分别以红色和绿色作为标记的两种通道中进行选择。带有绿色标志的通道称“无申报通道”（又称“绿色通道”），适用于携运物品在数量和价值上均不超过免税限额，且无国家限制或禁止进出境物品的旅客；带有红色标志的通道称“申报通道”（又称“红色通道”），适用于携带应向海关申报物品的旅客。对于选择“红色通道”的旅客，必须填写“中华人民共和国海关进出境旅客行李物品申报单”（以下简称“申报单”）或海关规定的其他申报单证，在进出境地向海关作出书面申报。

自 2008 年 2 月 1 日起，海关在全国各对外开放口岸实行新的进出境旅客申报制度。

进出境旅客没有携带应向海关申报物品的，无须填写申报单，选择“无申报通道”通关。除海关免予监管的人员以及随同成人旅行的16周岁以下旅客以外，进出境旅客携带应向海关申报物品的，须填写申报单，向海关书面申报，并选择“申报通道”通关。持有中华人民共和国政府主管部门给予外交礼遇签证的进出境旅客，通关时应主动向海关出示本人有效证件，海关予以免验礼遇。

2. 进出境邮递物品的报关

进出境邮递物品的申报方式由其特殊的邮递运输方式决定。我国是《万国邮政公约》的签约国，根据《万国邮政公约》的规定，进出口邮包必须由寄件人填写“报税单”（小包邮件填写绿色标签），列明所寄物品的名称、价值、数量，向邮包寄达国家（地区）的海关申报。进出境邮递物品的“报税单”和绿色标签随同物品通过邮政企业或快递公司呈递给海关。

个人物品以快件形式进出境的，按照个人物品类进出境快件监管。个人物品类进出境快件是指海关法规规定自用合理数量范围内的进出境的旅客分离运输行李物品、亲友间相互馈赠物品和其他个人物品。个人物品类进出境快件报关时，报关单位应当向海关提交“海关进出境快件个人物品报关单”、每一件进出境快件的分运单、进境快件收件人或出境快件发件人身份证件复印件和海关需要的其他单证。

个人邮寄进境物品，海关依法对其征收进口税，但应征进口税税额在人民币50元（含50元）以下的，海关予以免征。

个人寄自或寄往我国港澳台地区的物品，每次限值为人民币800元；寄自或寄往其他国家和地区的物品，每次限值为人民币1000元。

个人邮寄进出境物品超出规定限值的，应办理退运手续或者按照货物规定办理通关手续。但邮包内仅有一件物品且不可分割的，虽超出规定限值，经海关审核确属个人自用的，可以按照个人物品规定办理通关手续。

3. 进出境其他物品的报关

（1）暂时免税进出境物品

个人携带进出境的暂时免税进出境物品须由物品携带者在进境或出境时向海关作出书面申报，并经海关批准登记，方可免税携带进出境，而且应由本人复带出境或进境。

（2）享有外交特权和豁免权的外国机构或者人员进出境物品

享有外交特权和豁免权的外国机构或者人员进出境物品包括外国驻中国使馆和使馆人员，以及外国驻中国领事馆、联合国及其专门机构和其他国际组织驻中国代表机构及其人员进出境的公务用品和自用物品。

外国驻中国使馆和使馆人员进出境公用、自用物品应当以海关核准的直接需用数量为限。其中，公务用品是指使馆执行职务直接需用的进出境物品，包括：使馆使用的办公用品、办公设备、车辆；使馆主办或者参与的非商业性活动所需物品；使馆使用的维修工具、设备；使馆的固定资产，包括建筑装修材料、家具、家用电器、装饰品等；使馆用于免费散发的印刷品（广告宣传品除外）；使馆使用的招待用品、礼品等。自用物品，是指使馆人员和与其共同生活的配偶及未成年子女在中国居留期间的生活必需用品，包括自用机动车辆（限摩托车、小轿车、越野车、9座以下的小客车）。

使馆和使馆人员因特殊需要携运中国政府禁止或者限制进出境物品进出境的，应当事先获得中国政府有关主管部门的批准，并按照有关规定办理。有下列情形之一的，使馆和使馆人员的有关物品不准进出境：携运进境的物品超出海关核准的直接需用数量范围的；未依照规定向海关办理有关备案、申报手续的；未经海关批准，擅自将已免税进境的物品进行转让、出售等处置后，再次申请进境同类物品的；携运中国政府禁止或者限制进出境物品进出境，应当提交有关许可证件而不能提供的；违反海关关于使馆和使馆人员进出境物品管理规定的其他情形。

使馆和使馆人员首次进出境公用、自用物品前，应当到主管海关办理备案手续；使馆和使馆人员进出境公用、自用物品，应当按照海关规定以书面或者口头方式申报。其中，以书面方式申报的，还应当向海关报送电子数据。

使馆和使馆人员运进、运出公用、自用物品，应当填写“中华人民共和国海关外交公/自用物品进出境申报单”，向主管海关提出申请，并附提（运）单、发票、装箱单、身份证件复印件等有关单证材料。其中，运进机动车辆的，还应当递交使馆照会。

使馆运进由使馆主办或者参与的非商业性活动所需物品，应当递交使馆照会，并就物品的所有权、活动地点、日期、活动范围、活动的组织者和参加人、物品的最后处理向海关作出书面说明。活动在使馆以外场所举办的，还应当提供与主办地签订的合同副本。

外交代表随身携带自用物品进境时，应当向海关口头申报，但外交代表每次随身携带进境的超过规定限额的限制性进境物品，应当向海关提出书面申请。

外国驻中国领事馆、联合国及其专门机构和其他国际组织驻中国代表机构及其人员进出境公用、自用物品，由海关按照《中华人民共和国领事特权与豁免条例》、中国已加入的国际公约，以及中国与有关国家或者国际组织签订的协议办理。

外国政府给予中国驻该国的使馆和使馆人员进出境物品的优惠和便利，低于中国政府给予该国驻中国的使馆和使馆人员进出境物品的优惠和便利的，中国海关可以根据对等原则，给予该国驻中国使馆和使馆人员进出境物品相应的待遇。

（3）常驻机构及非居民长期旅客进出境公自用物品

非居民长期旅客及常驻机构的常驻人员可以运进境内居留期间日常生活所必需的物品，但烟草制品、酒精制品除外。

常驻机构是指境外企业、新闻机构、经贸机构、文化团体及其他境外法人经中国政府主管部门批准，在境内设立的常设机构。经海关备案审批，常驻机构可申请进出境办公用品。常驻机构进口办公用品和机动交通工具时，经海关审核，在本机构自用合理数量内，海关依法免征税款。非居民长期旅客是指经公安部门批准进境并在境内连续居留 1 年以上（含 1 年），期满后仍回到境外定居地的外国公民、港澳台地区人员、华侨。

非居民长期旅客取得境内长期居留证件后方可申请自用物品进境，首次进境的自用物品海关予以免税，但按规定准予进境的机动车辆和国家规定应税的 20 种物品除外，再次申请进境的自用物品，一律予以征税。

（4）高层次人才进出境物品

高层次人才是高层次留学人才和海外科技专家的统称。高层次人才的身份由中华人民共和国人力资源和社会保障部、中华人民共和国教育部或者其授权部门明确和认定。高层次人才回国和海外科技专家来华工作连续 1 年以上（含 1 年）的，首次进境的个人生活及工作自用的家用摄像机、照相机、便携式收录机、便携式激光唱机和便携式计算机等，海关予以免税放行。高层次人才可以申请从境外运进自用机动车辆 1 辆（限小轿车、越野车、9 座及以下小客车），海关予以征税验放。

第三节 报关单位海关管理

一、 报关单位的概念

报关单位是指依法在海关备案的报关企业和进出口货物收发货人。除法律、行政法规或者海关规章另有规定外，报关企业、进出口货物收发货人办理报关手续，必须依法向海关办理备案。因此，依法向海关备案是法人、其他组织或者个人成为报关单位的法定要求和前提条件。

二、 报关单位的类型

《海关法》将报关单位划分为报关企业和进出口货物收发货人两种类型。

（一）报关企业

报关企业，是指依法经海关准予备案，接受进出口货物收发货人的委托，以进出口货物收发货人的名义或者以自己的名义，向海关办理代理报关业务，从事报关服务的中华人民共和国关境内的企业法人。

随着对外贸易的快速增长，我国经济的持续发展和国内产业结构、消费结构的不断升级调整，以及经济全球化带来的产品、技术、服务和一些重要的生产要素逐步趋于较大规模的跨国流动，我国报关业务量有了较大幅度的增长。办理货物进出境海关手续是一项专业性较强的工作，海关对这一专业技能提出了较高的要求。有些进出口货物收发货人由于经济、时间、地点等方面的原因不能或者不愿自行办理报关手续，便在实践中产生了委托报关的需求，由此也就产生了接受委托代为办理货物进出境海关手续的报关企业。

目前，我国从事报关服务的报关企业主要有两类：一类是经营国际货物运输代理等业务，兼营进出口货物代理报关业务的国际货物运输代理公司等；另一类是主营代理报关业务的报关公司或报关行。

（二）进出口货物收发货人

进出口货物收发货人，是指依法直接进口或者出口货物的中华人民共和国关境内的法人、其他组织或者个人。

一般而言，进出口货物收发货人指的是依法向国务院对外贸易主管部门（即商务部）或者其委托的机构办理备案登记的对外贸易经营者。除法律、行政法规、部门规章规定不需要备案登记的，对外贸易经营者未依法办理备案登记的，海关不予办理其货物进出境海关手续。

对于未取得对外贸易经营者备案登记表但按照国家有关规定需要从事非贸易性进出口活动的单位，如境外企业、新闻机构、经贸机构、文化团体等依法在中国境内设立的常驻代表机构，少量货样进出境的单位，国家机关、学校、科研院所、红十字会、基金会等组织机构，接受捐赠、礼品、国际援助或者对外实施捐赠、国际援助的单位等，在进出口货物时，海关也视其为进出口货物收发货人。

三、报关单位的备案管理

（一）报关单位及其分支机构的备案管理

报关单位申请备案时，应当向海关提交“报关单位备案信息表”。经海关审核，备案材料齐全，符合报关单位备案要求的，海关应当在3个工作日内予以备案。备案信息应当通过“中国海关企业进出口信用信息公示平台”进行公布。报关单位要求提供纸质备案证明的，海关应当提供。

进出口货物收发货人、报关企业申请备案的，应当取得市场主体资格。其中，进出口货物收发货人申请备案的，还应当取得对外贸易经营者备案。

进出口货物收发货人、报关企业已办理报关单位备案的，其分支机构也可以申请报关单位备案。

海关可以对报关单位备案情况进行监督和实地检查，依法查阅或者要求报关单位报送有关材料。报关单位应当配合，如实提供有关情况和材料。

（二）临时备案管理

按照国家有关规定需要从事非贸易性进出口活动的进出口货物收发货人，应当办理临时备案。办理临时备案的，应当向所在地海关提交“报关单位备案信息表”，并随附主体资格证明材料、非贸易性进出口活动证明材料。

（三）备案变更

报关单位名称、市场主体类型、住所（主要经营场所）、法定代表人（负责人）、报关人员等“报关单位备案信息表”载明的信息发生变更的，报关单位应当自变更之日起30日内向所在地海关申请变更。

报关单位因迁址或者其他原因造成所在地海关发生变更的，应当向变更后的海关申请变更。

（四）备案注销

报关单位有下列情形之一的，应当向所在地海关办理备案注销手续：

1. 因解散、被宣告破产或者其他法定事由终止的；
2. 被市场监督管理部门注销或者撤销登记、吊销营业执照的；
3. 进出口货物收发货人对外贸易经营者备案失效的；
4. 临时备案单位丧失主体资格的；
5. 其他依法应当注销的情形。

报关单位已在海关备案注销的，其所属分支机构应当办理备案注销手续。报关单位未按规定办理备案注销手续的，海关发现后应当依法注销。

报关单位备案注销前，应当办结海关有关手续。

（五）备案有效期

报关单位备案长期有效。临时备案有效期为1年，届满后可以重新申请备案。

四、报关单位的报关行为规则及法律责任

（一）报关单位的报关行为规则

报关单位可以在中华人民共和国关境内办理报关业务。

报关单位在办理备案、变更和注销时，应当对所提交材料的真实性、有效性负责并且承担相应的法律责任。

（二）报关单位的法律责任

报关单位的海关法律责任，是指报关单位违反海关法律规范所应承担的法律后果，并由海关及有关司法机关对其违法行为依法予以追究，实施法律制裁。《海关法》《进出口商品检验法》《进出境动植物检疫法》《国境卫生检疫法》《食品安全法》《海关行政处罚实施条例》等法律法规，以及海关规章等都对报关单位的法律责任进行了规定。《中华人民共和国刑法》关于走私犯罪的规定，《中华人民共和国行政处罚法》（以下简称《行政处罚法》）关于行政处罚的原则、程序、时效、管辖、执行等规定，也都适用于对报关单位海关法律责任的追究。

报关单位在办理报关业务时，应遵守国家有关法律、行政法规和海关的各项规定，并对所申报货物、物品的品名、规格、价格、数量、品质等的真实性、合法性负责，承担相应的法律责任。报关单位有下列情形之一的，海关责令其改正，拒不改正的，海关可以处1万元以下罚款：

1. 报关单位名称、市场主体类型、住所（主要经营场所）、法定代表人（负责人）、报关人员等发生变更，未按照规定向海关办理变更的；
2. 向海关提交的备案信息隐瞒真实情况、弄虚作假的；
3. 拒不配合海关监督和实地检查的。

第四节 海关信用管理

为了建立海关企业信用管理制度，推进社会信用体系建设，促进贸易安全与便利，根据《海关法》《海关稽查条例》《企业信息公示暂行条例》《优化营商环境条例》以及其他有关法律、行政法规的规定，海关按照社会信用体系建设的总体要求，以“诚信守法便利，失信违法惩戒”为原则，根据企业经营管理、内控规范、守法守信等能够反映企业信用的客观情况，科学、公平、公正地明确了高级认证企业和失信企业的认定标准及管理措施。同时，海关向企业提供信用培育服务，帮助企业强化诚信守法意识，提高诚信经营水平。

海关建立企业信用管理系统，运用信息化手段提升海关企业信用管理水平。海关建立企业信用修复机制，依法对企业予以信用修复。

一、 企业信用信息采集和公示

海关根据社会信用体系建设有关要求，与国家有关部门实施守信联合激励和失信联合惩戒，推进信息互换、监管互认、执法互助。

（一）企业信用信息采集

海关可以采集反映企业信用状况的信息，包括：

1. 企业注册登记或者备案信息以及企业相关人员的基本信息；
2. 企业进出口以及与进出口相关的经营信息；
3. 企业行政许可信息；
4. 企业及其相关人员的行政处罚和刑事处罚信息；
5. 海关与国家有关部门实施联合激励和联合惩戒信息；
6. AEO 互认信息；
7. 其他反映企业信用状况的相关信息。

（二）企业信用信息公示

海关应当及时公示企业信用信息，并公布查询方式。公示信息包括：

1. 企业在海关注册登记或者备案信息；
2. 海关对企业信用状况的认证或者认定结果；
3. 海关对企业的行政许可信息；
4. 海关对企业的行政处罚信息；
5. 海关与国家有关部门实施联合激励和联合惩戒信息；
6. 其他依法应当公示的信息。

公示的信用信息涉及国家秘密、国家安全、社会公共利益、商业秘密或者个人隐私的，应当依照法律、行政法规的规定办理。

自然人、法人或者非法人组织认为海关公示的信用信息不准确的，可以向海关提出异议，并且提供相关资料或者证明材料。海关应当自收到异议申请之日起 20 日内进行复核。自然人、法人或者非法人组织提出异议的理由成立的，海关应当采纳。

二、 企业信用的认定标准、程序和信用修复

（一）高级认证企业的认证标准和程序

1. 高级认证企业的认证标准

高级认证企业的认证标准分为通用标准和单项标准。高级认证企业的通用标准包括内部控制、财务状况、守法规范以及贸易安全等内容。高级认证企业的单项标准是海关针对不同企业类型和经营范围制定的认证标准。

高级认证企业应当同时符合通用标准和相应的单项标准。通用标准和单项标准由海关总署另行制定并公布。

2. 高级认证企业的认证程序

企业申请成为高级认证企业的，应当向海关提交书面申请，并按照海关要求提交相关资料。海关依据高级认证企业的通用标准和相应的单项标准，对企业提交的申请和有关资料进行审查，并赴企业进行实地认证。

海关应当自收到申请及相关资料之日起 90 日内进行认证并作出决定。特殊情形下，海关的认证时限可以延长 30 日。

经认证，符合高级认证企业标准的企业，海关制发高级认证企业证书；不符合高级认证企业标准的企业，海关制发未通过认证决定书。高级认证企业证书、未通过认证决定书应当送达申请人，并且自送达之日起生效。

3. 高级认证企业的认证复核

海关对高级认证企业每 5 年复核一次。企业信用状况发生异常情况的，海关可以不定期开展复核。经复核，不再符合高级认证企业标准的，海关应当制发未通过复核决定书，并收回高级认证企业证书。

海关可以委托社会中介机构就高级认证企业认证、复核相关问题出具专业结论。企业委托社会中介机构就高级认证企业认证、复核相关问题出具的专业结论，可以作为海关认证、复核的参考依据。

企业有下列情形之一的，1 年内不得提出高级认证企业认证申请：

（1）未通过高级认证企业认证或者复核的；

（2）放弃高级认证企业管理的；

（3）撤回高级认证企业认证申请的；

（4）高级认证企业被海关下调信用等级的；

（5）失信企业被海关上调信用等级的。

（二）失信企业的认定标准、程序和信用修复

1. 失信企业的认定标准

企业有下列情形之一的，海关认定为失信企业：

（1）被海关侦查走私犯罪公安机构立案侦查并由司法机关依法追究刑事责任的；

（2）构成走私行为被海关行政处罚的；

（3）非报关企业 1 年内违反海关的监管规定被海关行政处罚的次数超过上年度报关单、进出境备案清单、进出境运输工具舱单等单证（以下简称“相关单证”）总票数千分之一且被海关行政处罚金额累计超过 100 万元的；

报关企业 1 年内违反海关的监管规定被海关行政处罚的次数超过上年度相关单证总票数万分之五且被海关行政处罚金额累计超过 30 万元的；

上年度相关单证票数无法计算的，1 年内因违反海关的监管规定被海关行政处罚，非报关企业处罚金额累计超过 100 万元、报关企业处罚金额累计超过 30 万元的；

（4）自缴纳期限届满之日起超过 3 个月仍未缴纳税款的；

（5）自缴纳期限届满之日起超过 6 个月仍未缴纳罚款、没收的违法所得和追缴的走私货物、物品等值价款，并且超过 1 万元的；

（6）抗拒、阻碍海关工作人员依法执行职务，被依法处罚的；

（7）向海关工作人员行贿，被处以罚款或者被依法追究刑事责任的；

（8）法律、行政法规、海关规章规定的其他情形。

失信企业违反进出口食品安全管理规定、进出口化妆品监督管理规定或者走私固体废物被依法追究刑事责任的，非法进口固体废物被海关行政处罚金额超过 250 万元的，海关依照法律、行政法规等有关规定对其实施联合惩戒，将其列入严重失信主体名单。

2. 失信企业的认定程序

海关在作出认定失信企业决定前，应当书面告知企业拟作出决定的事由、其依据和依法享有的陈述、申辩权利。

海关将企业列入严重失信主体名单的，还应当告知企业列入的惩戒措施提示、移出条件、移出程序及救济措施。

企业对海关拟认定失信企业决定或者列入严重失信主体名单决定提出陈述、申辩的，应当在收到书面告知之日起 5 个工作日内向海关书面提出。海关应当在 20 日内进行核实，企业提出的理由成立的，海关应当采纳。

3. 失信企业的信用修复

未被列入严重失信主体名单的失信企业纠正失信行为，消除不良影响，并且符合下列条件的，可以向海关书面申请信用修复并提交相关证明材料：

（1）因构成走私行为被海关行政处罚的以及抗拒、阻碍海关工作人员依法执行职务，被依法处罚而被认定为失信企业满 1 年的；

（2）报关企业和非报关企业因 1 年内违反海关的监管规定被海关行政处罚的次数超过规定比例且被海关行政处罚金额累计超过规定金额，被认定为失信企业满 6 个月的；

（3）因逾期未缴纳税款、罚款、没收的违法所得和追缴的走私货物、物品等值价款，并且超过规定金额被认定为失信企业满 3 个月的。

经审核符合信用修复条件的，海关应当自收到企业信用修复申请之日起 20 日内作出准予信用修复决定。

失信企业连续 2 年未发生认定失信企业规定情形的，海关应当对失信企业作出信用修复决定。

上述失信企业已被列入严重失信主体名单的，海关应当将其移出严重失信主体名单并通报相关部门。

法律、行政法规和党中央、国务院政策文件明确规定不可修复的，海关不予信用修复。

三、 管理措施和原则

海关根据企业申请，按照有关规定的标准和程序将企业认证为高级认证企业的，对其实施便利的管理措施。

海关根据采集的信用信息，按照有关规定的标准和程序将违法违规企业认定为失信企业的，对其实施严格的管理措施。

海关对高级认证企业和失信企业之外的其他企业实施常规的管理措施。

中国海关依据有关国际条约、协定以及法律法规规定，开展与其他国家或者地区海关的“经认证的经营者”（AEO）互认合作，并且给予互认企业相关便利措施。

（一）高级认证企业管理措施

高级认证企业是中国海关 AEO，适用下列管理措施：

1. 进出口货物平均查验率低于实施常规管理措施企业平均查验率的 20%，法律、行政法规或者海关总署有特殊规定的除外；

2. 出口货物原产地调查平均抽查比率在企业平均抽查比率的 20% 以下，法律、行政法规或者海关总署有特殊规定的除外；

3. 优先办理进出口货物通关手续及相关业务手续；
4. 优先向其他国家（地区）推荐农产品、食品等出口企业的注册；
5. 可以向海关申请免除担保；
6. 减少对企业稽查、核查频次；
7. 可以在出口货物运抵海关监管区之前向海关申报；
8. 海关为企业设立协调员；
9. AEO 互认国家或者地区海关通关便利措施；
10. 国家有关部门实施的守信联合激励措施；
11. 因不可抗力中断国际贸易恢复后优先通关；
12. 海关总署规定的其他管理措施。

（二）失信企业管理措施

失信企业适用下列管理措施：
1. 进出口货物查验率 80%以上；
2. 经营加工贸易业务的，全额提供担保；
3. 提高对企业稽查、核查频次；
4. 海关总署规定的其他管理措施。

（三）管理原则

办理同一海关业务涉及的企业信用等级不一致，导致适用的管理措施相抵触的，海关按照较低信用等级企业适用的管理措施实施管理。

高级认证企业、失信企业有分立合并情形的，海关按照以下原则对企业信用状况进行确定并适用相应管理措施：

1. 企业发生分立，存续的企业承继原企业主要权利义务的，存续的企业适用原企业信用状况的认证或者认定结果，其余新设的企业不适用原企业信用状况的认证或者认定结果；

2. 企业发生分立，原企业解散的，新设企业不适用原企业信用状况的认证或者认定结果；

3. 企业发生吸收合并的，存续企业适用原企业信用状况的认证或者认定结果；

4. 企业发生新设合并的，新设企业不再适用原企业信用状况的认证或者认定结果。

高级认证企业涉嫌违反与海关管理职能相关的法律法规被刑事立案的，海关应当暂停适用高级认证企业管理措施。

高级认证企业涉嫌违反海关的监管规定被立案调查的，海关可以暂停适用高级认证企业管理措施。

高级认证企业存在财务风险，或者有明显的转移、藏匿其应税货物以及其他财产迹象的，或者存在其他无法足额保障税款缴纳风险的，海关可以暂停其免除担保的管理措施。

海关注册的进口食品境外生产企业和进境动植物产品国外生产、加工、存放单位等境外企业的信用管理，由海关总署另行规定。

企业主动披露且被海关处以警告或者海关总署规定数额以下罚款的行为，不作为海关认定企业信用状况的记录。

第五节
企业资质海关管理

企业资质就是企业在从事某种行业经营中，应具有的资格及与此资格相适应的质量等级标准。在国家进出口管理中，海关按照中国的、进口国家（地区）的，或与中国签有双边检疫议定书的国家（地区）的，或国际性的法规、标准的规定，对涉及部分重点进出口商品的境外供货商或者境内供货商的企业资质管理实行注册登记制或备案制。

一、 出境商品的境内企业注册登记

（一）出境新鲜水果（含冷冻水果）果园和包装厂的注册登记

我国与输入国家或地区签订的双边协议、议定书等明确规定，或者输入国家或地区法律法规要求对输入该国家或地区的新鲜水果（含冷冻水果）果园和包装厂实施注册登记的，海关应当按照规定对输往该国家或地区的出境水果果园和包装厂实行注册登记。我国与输入国家或地区签订的双边协议、议定书等明确规定，或者输入国家或地区法律法规要求对输入该国家或地区的水果果园和包装厂实施注册登记的，出境水果果园、包装厂应当经海关总署集中组织推荐，获得输入国家或地区检验检疫部门认可后，方可向有关国家输出水果。

申请注册登记的出境水果果园和包装厂应当具备海关规定的相关条件，应当向所在地海关提出书面申请，并提交相关材料。海关按照规定对申请材料进行审核，确定材料是否齐全、是否符合有关规定要求，作出受理或者不受理的决定，并出具书面凭证。提交的材料不齐全或者不规范的，应当当场或者在接到申请后 5 个工作日内一次告知申请人补正。逾期不告知的，自收到申请材料之日起即为受理。受理申请后，海关应当对申请注册登记的出境水果果园和包装厂提交的申请资料进行审核，并组织专家组进行现场考核。

海关应当自受理申请之日起 20 个工作日内，作出准予注册登记或者不予注册登记的决定。隶属海关受理的，应当自受理之日起 10 个工作日内，完成对申请资料的初审工作。初审合格后，提交直属海关，直属海关应当在 10 个工作日内作出准予注册登记或者不予注册登记的决定。直属海关应当将注册登记的果园、包装厂名单报海关总署备案。

注册登记证书有效期为 3 年，注册登记证书有效期满前 3 个月，果园、包装厂应当向所在地海关申请换证。

注册登记的果园、包装厂出现果园种植面积扩大，果园承包者或者负责人、植保员发生变化，包装厂法人代表或者负责人发生变化，向包装厂提供水果货源的注册登记果园发生改变，包装厂加工水果种类改变等情况时，应当向海关办理申请变更手续。

注册登记的果园、包装厂出现果园位置及种植水果种类发生变化，包装厂改建、扩建、迁址等情况时，应当向海关重新申请注册登记。

（二）出境水生动物养殖场、中转场的注册登记

对输入国家或地区要求中国对向其输出水生动物的生产、加工、存放单位注册登记的，海关总署对出境水生动物养殖场、中转场实施注册登记制度。

申请注册登记的出境水生动物养殖场、中转场，出境食用水生动物非开放性水域养殖场、中转场，出境食用水生动物开放性水域养殖场、中转场，出境观赏用和种用水生动物养殖场、中转场应当符合海关规定的相关条件，并向所在地直属海关申请注册登记，并提交相关材料，直属海关应当对申请材料及时进行审查，根据下列情况在5日内作出受理或者不予受理决定，并书面通知申请人。

每一注册登记养殖场或者中转场使用一个注册登记编号。

同一企业所有的不同地点的养殖场或者中转场应当分别申请注册登记。

直属海关应当在受理申请后组成评审组，对申请注册登记的养殖场或者中转场进行现场评审。评审组应当在现场评审结束后向直属海关提交评审报告。直属海关应当自受理申请之日起20日内对申请人的申请事项作出是否准予注册登记的决定；准予注册登记的，颁发“出境水生动物养殖场/中转场检验检疫注册登记证”（以下简称“注册登记证”），并上报海关总署。

直属海关自受理申请之日起20日内不能作出决定的，经直属海关负责人批准，可以延长10日，并应当将延长期限的理由告知申请人。

进口国家或地区有注册登记要求的，直属海关评审合格后，报海关总署，由海关总署统一向进口国家或地区政府主管部门推荐并办理有关手续。进口国家或地区政府主管部门确认后，注册登记生效。

“注册登记证”自颁发之日起生效，有效期5年。经注册登记的养殖场或者中转场的注册登记编号专场专用。

出境水生动物养殖场、中转场变更企业名称、法定代表人、养殖品种、养殖能力等的，应当在30日内向所在地直属海关提出书面申请，填写“出境水生动物养殖场/中转包装场检验检疫注册登记申请表”，并提交与变更内容相关的资料。

变更养殖品种或者养殖能力的，由直属海关审核有关资料并组织现场评审，评审合格后，办理变更手续。

养殖场或者中转场迁址的，应当重新向海关申请办理注册登记手续。

因停产、转产、倒闭等原因不再从事出境水生动物业务的注册登记养殖场、中转场，应当向所在地海关办理注销手续。

获得注册登记的出境水生动物养殖场、中转包装场需要延续注册登记有效期的，应当在有效期届满30日前提出申请。

直属海关应当在完成注册登记、变更或者注销工作后30日内，将辖区内相关信息上报海关总署备案。

（三）出境中药材生产企业的注册登记

输入国家或地区要求对向其输出中药材的出境生产企业注册登记的，海关实行注册登记。

中药材出境生产企业申请注册登记时，应当提交相关材料，所在地直属海关对申请材料齐全、符合法定形式或者申请人按照要求提交全部补正申请材料的，应当受理申请；申

请材料存在可以当场更正的错误的，应当允许申请人当场更正；申请材料不齐全或者不符合法定形式的，应当当场或者在5个工作日内一次告知申请人需要补正的全部内容，逾期不告知的，自收到申请材料之日起即为受理。

直属海关受理或者不予受理申请，应当出具加盖本行政机关专用印章和注明日期的书面凭证。

直属海关应当在受理申请后组成评审组，对提出申请的出境生产企业进行现场评审。评审组应当在现场评审结束后及时向直属海关提交评审报告。

直属海关应当自受理申请之日起20日内对申请人的申请事项作出是否准予注册登记的决定。准予注册登记的，颁发注册登记证。

直属海关自受理申请之日起20日内不能作出决定的，经直属海关负责人批准，可以延长10日，并应当将延长期限的理由告知申请人。

注册登记有效期为4年。

注册登记出境生产企业变更企业名称、法定代表人、产品种类、存放、生产加工能力等，应当在变更后30日内向直属海关提出书面申请，填写“出境中药材生产企业检疫注册登记申请表”，并提交与变更内容相关的资料。

变更企业名称、法定代表人的，由直属海关审核有关资料后，直接办理变更手续。

变更产品种类或者生产能力的，由直属海关审核有关资料并组织现场评审，评审合格后，办理变更手续。

企业迁址的，应当重新向直属海关申请办理注册登记手续。

需要向境外推荐注册的，直属海关应当将通过初审的出境生产企业名单上报海关总署。海关总署组织评估，统一向输入国家或地区主管部门推荐并办理有关手续。

（四）出境粮食的生产、加工、存放企业（以下简称“出境生产加工企业”）注册登记

输入国家或地区要求中国对向其输出粮食出境生产加工企业注册登记的，直属海关负责组织注册登记，并向海关总署备案。

二、 出口商品境内企业备案管理

（一）出口食品生产企业备案核准

为加强出口食品生产企业食品安全卫生管理，规范出口食品生产企业备案管理工作，国家实行出口食品生产企业备案管理制度。

海关总署负责统一组织实施全国出口食品生产企业备案管理工作。

出口食品生产企业未依法履行备案法定义务或者经备案审查不符合要求的，其产品不予出口。

（二）出口食品原料种植、养殖场备案

海关对出口食品原料种植、养殖场实施备案管理。出口食品原料种植、养殖场应当向所在地海关办理备案手续。供我国港澳地区蔬菜种植基地备案管理按照海关总署的有关规定执行。

实施备案管理的原料品种目录和备案条件由海关总署另行制定。出口食品的原料列入目录的，应当来自备案的种植、养殖场。

三、出口食品生产企业申请境外注册管理

为维护我国出口食品生产企业的合法权益，规范出口食品生产企业申请境外注册管理工作，境外国家（地区）对中国输往该国家（地区）的出口食品生产企业实施注册管理且要求海关总署推荐的，海关总署统一向该国家（地区）主管部门推荐。

境外国家（地区）有注册要求的，出口食品生产企业及其产品应当先获得该国家（地区）主管部门注册批准，其产品方能出口。企业注册信息情况以进口国家（地区）公布为准。

四、进境商品的境外企业注册登记

（一）进口食品境外生产企业注册

海关对向中国境内出口食品的境外生产、加工、贮存企业（以下统称“进口食品境外生产企业”）实行注册管理。

海关总署根据对食品的原料来源、生产加工工艺、食品安全历史数据、消费人群、食用方式等因素的分析，并结合国际惯例确定进口食品境外生产企业的注册方式和申请材料。

经风险分析或者有证据表明某类食品的风险发生变化的，海关总署可以对相应食品的境外生产企业注册方式和申请材料进行调整。

进口食品境外生产企业的注册方式包括所在国家（地区）主管部门推荐注册和企业申请注册。

进口食品境外生产企业注册有效期为 5 年。

海关总署在对进口食品境外生产企业予以注册时，应当确定注册有效期起止日期。

（二）进境粮食的境外生产加工企业注册登记

海关总署对进境粮食的境外生产加工企业实施注册登记制度。境外生产加工企业应当符合输出国家或地区法律法规和标准的相关要求，并达到中国有关法律法规和强制性标准的要求。

实施注册登记管理的进境粮食境外生产加工企业，经输出国家或地区主管部门审查合格后向海关总署推荐。海关总署收到推荐材料后进行审查确认，符合要求的境外生产加工企业，予以注册登记。

境外生产加工企业注册登记有效期为 4 年。

需要延期的境外生产加工企业，由输出国家或地区主管部门在有效期届满 6 个月前向海关总署提出延期申请。海关总署确认后，注册登记有效期延长 4 年。必要时，海关总署可以派出专家到输出国家或地区对其监管体系进行回顾性审查，并对申请延期的境外生产加工企业进行抽查。

注册登记的境外生产加工企业向中国输出粮食经检验检疫不合格，情节严重的，海关总署可以撤销其注册登记。

向我国出口粮食的境外生产加工企业应当获得输出国家或地区主管部门的认可，具备过筛清杂、烘干、检测、防疫等质量安全控制设施及质量管理制度，禁止添加杂质。

根据情况需要，海关总署组织专家赴境外实施体系性考察，开展疫情调查，生产、加

工、存放企业检查及预检监装等工作。

（三）进境中药材境外生产企业的注册登记

海关对向中国境内输出中药材的境外生产企业实施注册登记管理。确定需要实施境外生产、加工、存放单位注册登记的中药材品种目录，并实施动态调整。

海关总署对列入目录的中药材境外生产企业实施注册登记。注册登记有效期为4年。

境外生产企业应当符合输出国家或地区法律法规的要求，并符合中国国家技术规范的强制性要求。

输出国家或地区主管部门在境外生产企业申请向中国注册登记时，需对其进行审查，向海关总署推荐，并提交相关的中文或者中英文对照材料。

海关总署收到推荐材料并经书面审查合格后，经与输出国家或地区主管部门协商，可以派出专家到输出国家或地区对其监管体系进行评估，对申请注册登记的境外生产企业进行检查。

经检查符合要求的申请企业，予以注册登记。

已取得注册登记需延续的境外生产企业，由输出国家或区主管部门在有效期届满6个月前，按《进出境中药材检疫监督管理办法》第十二条规定向海关总署提出申请。海关总署可以派员到输出国家或地区对其监管体系进行回顾性审查，并对申请的境外生产企业进行检查。

对回顾性审查符合要求的国家或地区，经检查符合要求的境外生产企业，予以注册登记，有效期延长4年。

（四）进口饲料的境外生产企业注册登记

海关总署对允许进口饲料的境外生产企业实施注册登记制度，进口饲料应当来自注册登记的境外生产企业。

境外生产企业应当符合输出国家或地区法律法规和标准的相关要求，并达到与中国有关法律法规和标准的等效要求，经输出国家或地区主管部门审查合格后向海关总署推荐。

海关总署应当对推荐材料进行审查。审查不合格的，通知输出国家或地区主管部门补正；审查合格的，经与输出国家或地区主管部门协商后，海关总署派出专家到输出国家或地区对其饲料安全监管体系进行审查，并对申请注册登记的企业进行抽查。对抽查不符合要求的企业，不予注册登记，并将原因向输出国家或地区主管部门通报；对抽查符合要求的及未被抽查的其他推荐企业，予以注册登记，并在海关总署官方网站上公布。

注册登记的有效期为5年。

需要延期的境外生产企业，由输出国家或地区主管部门在有效期届满前6个月向海关总署提出延期。必要时，海关总署可以派出专家到输出国家或地区对其饲料安全监管体系进行回顾性审查，并对申请延期的境外生产企业进行抽查，对抽查符合要求的及未被抽查的其他申请延期境外生产企业，注册登记有效期延长5年。

经注册登记的境外生产企业停产、转产、倒闭，或者被输出国家或地区主管部门吊销生产许可证、营业执照的，海关总署注销其注册登记。

（五）进口水生动物的境外养殖和包装企业的注册登记

海关对向中国输出水生动物的境外养殖和包装企业实施注册登记管理。

向中国输出水生动物的境外养殖和包装企业（以下简称“注册登记企业”）应当符

合输出国家或地区有关法律法规的要求，输出国家或地区主管部门批准后向海关总署推荐。

海关总署应当对推荐材料进行审查。审查不合格的，通知输出国家或地区主管部门补正；审查合格的，海关总署可以派出专家组对申请注册登记企业进行抽查。对抽查不符合要求的企业，不予注册登记；对抽查符合要求的及未被抽查的其他推荐企业，结合水生动物安全卫生控制体系评估结果，决定是否给予注册登记。

海关总署定期公布、调整注册登记企业名单。

境外养殖和包装企业注册登记有效期为 3 年。

需要延期注册登记的企业，应当在有效期届满前至少 6 个月，由输出国家或地区主管部门向海关总署提出延期申请。海关总署可以派出专家组到输出国家或地区对其安全卫生控制体系进行回顾性审查，并对申请延期的境外养殖和包装企业进行抽查。

对回顾性审查符合要求的国家或地区，抽查符合要求的及未被抽查的其他申请延期的注册登记企业，注册登记有效期延长 3 年。

逾期未提出注册登记延期申请的，海关总署注销其注册登记。

注册登记企业向中国输出的水生动物检验检疫不合格，情节严重的，海关总署可以撤销其注册登记。

（六）进境非食用动物产品的境外生产加工企业注册登记

向中国输出非食用动物产品的境外生产加工企业应当符合输出国家或地区法律法规和标准的相关要求，并达到中国有关法律法规和强制性标准的要求。

实施注册登记管理的非食用动物产品境外生产加工企业，经输出国家或地区主管部门审查合格后向海关总署推荐。

海关总署收到推荐材料并经书面审查合格后，必要时经与输出国家或地区主管部门协商，派出专家到输出国家或地区对其监管体系进行评估或者回顾性审查，对申请注册登记的境外生产加工企业进行检查。

符合要求的境外生产加工企业，经检查合格的予以注册登记。

境外生产加工企业注册登记有效期为 5 年。

需要延期的境外生产加工企业，由输出国家或地区主管部门在有效期届满 6 个月前向海关总署提出延期申请。海关总署可以派出专家到输出国家或地区对其监管体系进行回顾性审查，并对申请延期的境外生产加工企业进行抽查。

对回顾性审查符合要求的国家或地区，抽查符合要求的及未被抽查的其他申请延期的境外生产加工企业，注册登记有效期延长 5 年。

注册登记的境外生产加工企业不再向中国输出非食用动物产品的，输出国家或地区主管部门应当通报海关总署，海关总署注销其注册登记。

注册登记的境外生产加工企业向中国输出的非食用动物产品经检验检疫不合格，情节严重的，海关总署可以撤销其注册登记。

（七）进口棉花的境外供货企业登记

进口棉花的境外供货企业按照自愿原则申请登记。符合条件的境外企业可以自行或可以委托代理人申请登记，提交相关书面材料后，经海关审核合格的，对境外供货企业予以登记，颁发“进口棉花境外供货企业登记证书”（以下简称“登记证书”）并对外公布。

“登记证书”有效期为3年。

五、 口岸卫生许可

每个具有独立固定经营场所的国境口岸食品生产、食品销售、餐饮服务、饮用水供应、公共场所经营单位应当作为一个卫生许可证发证单元，单独申请卫生许可。

从事国境口岸食品生产（含航空配餐）、食品销售（含入/出境交通工具食品供应）、餐饮服务的，从事饮用水供应的，从事国境口岸公共场所经营的单位或者个人，申请卫生许可时，可以当面提交或者通过信函、电报、电传、传真、电子数据交换和电子邮件等方式提交相关材料，并对材料的真实性负责。

海关应当对申请人提交的申请材料内容的完整性、有效性进行审查。确有必要的，需现场审查。经审查合格的，准予行政许可。

海关应当自受理申请之日起13个工作日内作出行政许可决定（现场审查和整改时间不计在内）。因特殊原因需要延长许可期限的，经本机构负责人批准，可以延长10个工作日，并应当将延长期限的理由告知申请人。对准予行政许可决定的，海关应当自作出决定之日起10个工作日内向申请人颁发卫生许可证。

卫生许可证有效期为4年。

第二章 对外贸易管制与海关管理

2

对外贸易管制是指一国政府为了维护国家安全和宏观经济利益，以及履行所缔结或加入国际条约的义务，所确立实行的各种管制制度、设立相应管制机构和规范对外贸易活动的总称。

纵观国际贸易的发展史，自古以来对外贸易管制一直处于商务外交的中心，早期的贸易协定在处理领土与和平问题的同时就规制贸易管理，世界各国（地区）无一例外地采取各种形式对本国（地区）的对外贸易活动加以规范。可以说，通过立法和政策管制进出口贸易，依法保护本国的产业和市场，维护国家的至高利益，长期以来都是一国政府的一项义不容辞的重大职责，充分体现了一国经济发展水平和处理对外贸易关系的总政策，成为政府管理和监督对外贸易强有力的工具。

第一节 对外贸易管制概述

一个国家对外贸易管制制度涉及工业、农业、商业、军事、技术、卫生、环保、税务、资源保护、质量监督、外汇管理，以及金融、保险、信息服务等诸多领域。对外贸易管制通常有3种分类形式：一是按管理目的分为进口贸易管制和出口贸易管制，二是按管制手段分为关税措施和非关税措施，三是按管制对象分为货物进出口贸易管制、技术进出口贸易管制和国际服务贸易管制。

对外贸易管制是政府的一种强制性行政管理行为，所涉及的法律、行政法规、部门规章是强制性的法律文件，是海关日常执法的基础依据。海关在立法和执法活动中必须充分尊重、严格遵守对外贸易管制制度所涉及的相关法律法规。本节重点介绍我国对外贸易管制中有关货物和技术的管制制度、措施，以及在执行这些贸易管制措施过程中所涉及通关管理规范的相关内容。

一、 对外贸易管制的目的及特点

随着经济全球化、区域经济一体化的不断发展，各国之间的经济关系变得越来越紧密，相互的依存度也越来越高，各种区域经济合作和贸易协定应运而生，因此一国对外贸易管制政策在充分考虑本国经济状况的同时还必须受到其所加入国际贸易协定规则的约束，必须在其规则所允许范围内，按照规定的程序进行相对自主的管理。国际贸易政策环境也随着各国政府对外贸易管制措施的改变而改变。

尽管各国所实行的对外贸易管制措施在形式和内容上有许多差异，但管制的目的往往是相同的，主要表现为以下几个方面：

（一）保护本国经济利益，发展本国经济

发展中国家实行对外贸易管制主要是为了保护本国的民族工业，建立与巩固本国的经济体系；通过对外贸易管制的各项措施，防止外国产品冲击本国市场而影响本国独立的经济体系的建立；同时，也是为了维护本国的国际收支平衡，使有限的外汇能有效地发挥最

大的作用。发达国家实行对外贸易管制主要是为了确保本国在世界经济中的优势地位，避免国际贸易活动对本国经济产生不良影响，特别是要保持本国某些产品或技术的国际垄断地位，保证本国各项经济发展目标的实现。因此，各国的对外贸易管制措施都是与其经济利益相联系的。各国的贸易管制措施是各国经济政策的重要体现。

（二）推行本国的外交政策

不论是发达国家还是发展中国家，往往出于政治或安全上的考虑，甚至不惜牺牲本国经济利益，在不同时期，对不同国家或不同商品实行不同的对外贸易管制措施，以达到其政治上的目的或安全上的目标。因此，贸易管制往往成为一国推行其外交政策的有效手段。

（三）行使国家职能

一个主权国家，对其自然资源和经济行为享有排他的永久主权，国家对外贸易管制制度和措施的强制性是为保护本国环境和自然资源、保障国民人身安全、调控本国经济而行使国家管理职能的一个重要保证。

从对外贸易管制的目的看，贸易管制政策是一国对外政策的体现，这是对外贸易管制的一个显著特点。正是为了实现上述目的，各国都要根据其不同时期的不同经济利益或安全以及政治形势需要，随时调整对外贸易管制政策，因此，不同国家或同一国家的不同时期的贸易管制政策是各不相同的。这种因时间、形势而变化的特性是贸易管制的又一大特点。各国对外贸易管制的另一特点是以对进口的管制为重点，虽然贸易管制有效地保护了本国国内市场和本国的经济利益，但在一定程度上也阻碍了世界经济交流，抑制了国际贸易的发展。因此，如何充分发挥贸易管制的有利影响，尽量减少其带来的不利因素，变被动保护为主动、积极的保护，是衡量一个国家管理对外贸易水平的标志。

二、 我国对外贸易管制的基本框架和法律体系

实行对外贸易管制是由我国社会制度和经济、技术发展需要所决定的，几十年的实践证明，实行对外贸易管制对我国的经济建设和对外贸易发展起到极其重要的作用。

实行对外贸易管制是维护国家安全和对外贸易秩序，促进对外经济贸易和科技文化交往，保障、保护和扶植我国的民族工业，建立与巩固我国社会主义经济体系，防止外国产品冲击国内市场等方面的有效手段；实行对外贸易管制可以集中力量对国际市场的价格波动及世界经济危机作出迅速反应，防止这些因素对我国经济建设产生不良影响；实行对外贸易管制有利于加强我国在国际市场中的竞争能力，增强国际贸易中的谈判地位；实行对外贸易管制还有助于更好地实现国家职能，政府通过对外贸易管制，对外可以及时根据我国在国际竞争中的政策和策略，调整外贸结构和格局，全面发展与世界各国（地区）的贸易往来，为促进全球经济繁荣作出贡献，对内则可以达到维护正常的国内经济秩序，保障经济建设的顺利进行，不断提高人民生活水平，丰富人民不断增长的物质文化生活需要的目的。

（一）基本框架

我国对外贸易管制制度是一种综合管理制度，主要由海关监管制度、关税制度、对外贸易经营者管理制度、进出口许可制度、进出口商品合格评定制度、进出口货物收付汇管理制度，以及贸易救济制度等构成。为保障贸易管制各项制度的实施，我国已基本建立并

逐步健全了以《中华人民共和国对外贸易法》（以下简称《对外贸易法》）为核心的对外贸易管制的法律体系，并依照这些法律、行政法规、部门规章和我国履行国际公约的有关规定，自主实行对外贸易管制。

（二）法律体系

由于我国对外贸易管制是一种国家管制，因此其所涉及的法律渊源只限于宪法、法律、行政法规、部门规章以及相关的国际条约，不包括地方性法规、规章及各民族自治区政府的地方条例和单行条例。

1. 法律

我国现行的与对外贸易管制有关的法律主要有《对外贸易法》《海关法》《中华人民共和国固体废物污染环境防治法》《食品安全法》《进出口商品检验法》《进出境动植物检疫法》《国境卫生检疫法》《中华人民共和国野生动物保护法》《中华人民共和国药品管理法》《中华人民共和国文物保护法》等。

2. 行政法规

我国现行的与对外贸易管制有关的行政法规主要有《中华人民共和国货物进出口管理条例》、《中华人民共和国技术进出口管理条例》（以下简称《技术进出口管理条例》）、《中华人民共和国野生植物保护条例》、《中华人民共和国核出口管制条例》、《中华人民共和国核两用品及相关技术出口管制条例》、《易制毒化学品管理条例》、《中华人民共和国导弹及相关物项和技术出口管制条例》、《中华人民共和国生物两用品及相关设备和技术出口管制条例》、《中华人民共和国监控化学品管理条例》、《中华人民共和国濒危野生动植物进出口管理条例》、《中华人民共和国军品出口管理条例》、《进出口商品检验法实施条例》、《进出境动植物检疫法实施条例》、《中华人民共和国外汇管理条例》、《中华人民共和国反补贴条例》（以下简称《反补贴条例》）、《中华人民共和国反倾销条例》（以下简称《反倾销条例》）、《中华人民共和国保障措施条例》（以下简称《保障措施条例》）等。

3. 部门规章

我国现行的与对外贸易管制有关的部门规章很多，例如《货物进口许可证管理办法》、《货物出口许可证管理办法》、《货物自动进口许可管理办法》、《出口收汇核销管理办法》、《进口药品管理办法》、《放射性药品管理办法》、《两用物项和技术进出口许可证管理办法》、《进出境转基因产品检验检疫管理办法》、《中华人民共和国进出口食品安全管理办法》（以下简称《进出口食品安全管理办法》）、《进口汽车检验管理办法》等。

4. 国际条约、协定

各国家（地区）在通过国内立法实施本国家（地区）进出口贸易管制的各项措施的同时，必然要与其他国家（地区）协调立场，确定相互之间在国际贸易活动中的权利与义务关系，以实现其外交政策和对外贸易政策所确立的目标，因此，国际贸易条约与协定便成为各国家（地区）之间确立国际贸易关系立场的重要法律形式。

我国目前所缔结或者参加的各类国际条约、协定，虽然不属于我国国内法的范畴，但就其效力而言可视为我国的法律渊源之一。主要有：加入的世界贸易组织协定和各类区域贸易协定、与各国签订的双边条约和协定、与相关国家（地区）签订的自由贸易协定、《京都公约》、《濒危野生动植物种国际贸易公约》（亦称《华盛顿公约》）、《关于消耗臭氧层物质的蒙特利尔议定书》、关于麻醉品和精神药物的国际公约、《关于化学品国际贸易资料交换的伦敦准则》、《关于在国际贸易中对某些危险化学品和农药采用事先知情同意程序的鹿特丹公约》、《控制危险废物越境转移及其处置的巴塞尔公约》、《建立世界知识产权组织公约》、《实施卫生与植物卫生措施协定》（SPS 协定）、《技术性贸易壁垒协定》（TBT 协定）、《国际卫生条例（2005）》、《核安全公约》等。

三、 对外贸易管制与海关监管

对外贸易管制是一种国家管制，任何从事对外贸易的活动者都必须无条件地遵守。国家对外贸易管制的目标是以对外贸易管制法律、法规为保障，依靠有效的政府行政管理手段来最终实现的。

（一）海关监管是实现贸易管制的重要手段

我国《对外贸易法》将对外贸易划分为货物进出口、技术进出口和国际服务贸易。贸易管制主要是通过国务院商务主管部门及其他政府职能主管部门依据国家贸易管制政策核签各类许可证件和批准文件，或通过检验检疫等强制措施来实现。

货物进出口贸易及以货物为表现形式的技术进出口贸易，最终表现为进出境行为。海关作为进出关境监督管理机关，依据《海关法》所赋予的权力，代表国家在口岸行使进出境监督管理职能，这种特殊的管理职能决定了海关监管是实现贸易管制目标的有效行政管理手段，海关依据许可证件和相关批准文件或通过检验检疫等强制措施对实际进出口货物的合法性实施监督管理。

对外贸易管制作为一项综合制度，是需要建立在国家各行政管理部门之间合理分工的基础上，通过各尽其责的通力合作来实现的。《海关法》规定：“中华人民共和国海关是国家的进出关境监督管理机关。海关依照本法和其他有关法律、行政法规，监管进出境的运输工具、货物、行李物品、邮递物品和其他物品，征收关税和其他税、费，查缉走私，并编制海关统计和办理其他海关业务。”国家贸易管制是通过国务院商务主管部门及其他政府职能主管部门依据国家贸易管制政策发放各类许可证件或者下发相关文件，最终由海关依据许可证件和相关文件，依照国家或国际标准，通过检验检疫等强制措施对实际进出口货物的合法性实施监督管理来实现的。缺少海关监管这一环节，任何对外贸易管制政策都不可能充分发挥其效力。

《海关法》第四十条规定：“国家对进出境货物、物品有禁止性或者限制性规定的，海关依据法律、行政法规、国务院的规定或者国务院有关部门依据法律、行政法规的授权作出的规定实施监管。”该条款不仅赋予了海关对进出口货物依法实施监督管理的权力，还明确了国家对外贸易管制政策所涉及的法律、法规是海关对进出口货物监管工作的法律依据。根据我国行政管理职责的分工，与对外贸易管制相关的法律、行政法规、部门规章分别由全国人民代表大会及其常务委员会、国务院及其所属各部、委（局）负责制定、颁发，海关则是贸易管制政策在货物进出口环节的具体执行机关。因此，海关对进出口货物实施监管或制定有关监管程序时，必须以国家贸易管制政策所涉及的法律、法规为依据，充分重视这些法律、法规与海关实际工作之间的必然联系，以准确贯彻和执行政策作为海关开展各项管理工作的前提和原则，制定合法、高效的海关监督管理程序，充分运用《海关法》赋予的权力，确保国家各项贸易管制目标的实现。

由于国家进出口贸易管制政策是通过国务院商务主管部门及其他政府职能主管部门依

据国家贸易管制政策核签各类许可证件或者批准文件，最终由海关依据许可证件、相关文件及其他单证（报关单、提单、发票、合同等），依照国家或国际标准，通过检验检疫等强制措施对实际进出口货物的合法性实施监督管理来实现的，因此，海关执行贸易管制离不开“单”（包括报关单在内的各类报关单据及其电子数据）、“证”（各类许可证件、相关文件及其电子数据）、“货”（实际进出口货物）这三大要素。“单”“证”“货”相符，是海关确认货物合法进出口的必要条件。对进出口受国家贸易管制的货物，只有在确认达到“单单相符”“单货相符”“单证相符”“证货相符”，并符合标准的情况下，海关才可放行。

随着互联网技术不断发展、普及及应用，无纸化通关已成为提高通关效率的必经之路。2018 年，通关无纸化已全面铺开并进入了实质运作阶段。为顺应通关无纸化要求，海关总署积极推进与许可证件主管部门的电子数据联网工作，已实现进出口许可证、两用物项和技术进出口许可证、固体废物进口许可证、有毒化学品进出口环境管理放行通知单、农药进出口登记管理放行通知单、自动进口许可证、密码产品和含有密码技术设备进口许可证、民用爆炸物品进口审批单、进口药品通关单、药品进出口准许证、精神药物进出口准许证、麻醉药品进出口准许证、进口广播电影电视节目带（片）提取单、赴境外加工光盘进口备案证明、音像制品（成品）进口批准单、古生物化石出境批件、野生动植物进出口证书、进口兽药通关单、人民币调运证明、黄金及黄金制品进出口准许证等电子数据联网，实现了进出口许可证件从申领、发证、验证，到核查、核销的无纸化，为实现通关无纸化作业创造了基础条件。

（二）报关是海关确认进出口货物合法性的先决条件

《海关法》第二十四条规定：“进口货物的收货人、出口货物的发货人应当向海关如实申报，交验进出口许可证件和有关单证。国家限制进出口的货物，没有进出口许可证件的，不予放行……”海关通过审核“单”“证”“货”这三要素来确认货物进出口的合法性。而这三要素中的“单”和“证”是报关中申报环节向海关提交的；同时配合海关依据《食品安全法》《中华人民共和国固体废物污染环境防治法》《国境卫生检疫法》《进出境动植物检疫法》《进出口商品检验法》等，在通关过程中对进出口货物实施检验检疫等强制措施，是收发货人办理进出口货物海关手续时应履行的法律义务。因此，报关不仅是进出口货物收发货人或其代理人必须履行的手续，也是海关确认进出口货物合法性的先决条件。

（三）海关贸易管制执法手段

海关执行的部分贸易管制措施通过细化、分解贸易管制商品目录，在海关通关系统中对 7500 多项商品设置了 30 余种监管证件代码，并与监管方式相对应，通关系统根据“监管方式证件表”中监管方式及监管证件的对应关系，在通关过程中对所需的监管证件进行提示，并对联网许可证件电子数据实现系统自动比对自动核扣，大大提高了海关贸易管制政策执行的有效性和准确性。

第二节 我国货物、技术进出口许可管理制度

进出口许可是国家对进出口的一种行政管理制度，既包括准许进出口的有关证件的审批和管理制度本身的程序，也包括以国家各类许可为条件的其他行政管理手续，这种行政管理制度称为进出口许可管理制度。进出口许可管理制度作为一项非关税措施，是世界各国（地区）管理进出口贸易的一种常见手段，在国际贸易中长期存在，并广泛运用。

货物、技术进出口许可管理制度是我国进出口许可管理制度的主体，是国家对外贸易管制中极其重要的管理制度。其管理范围包括禁止进出口的货物和技术、限制进出口的货物和技术、自由进出口的技术以及自由进出口中部分实行自动许可管理的货物。

国家对部分进出口货物、技术实行限制或者禁止管理的目的主要有以下几点：

第一，为维护国家安全、社会公共利益或者公共道德，需要限制或者禁止进口或者出口的；

第二，为保护人的健康或者安全，保护动物、植物的生命或者健康，保护环境，需要限制或者禁止进口或者出口的；

第三，为实施与黄金或者白银进出口有关的措施，需要限制或者禁止进口或者出口的；

第四，国内供应短缺或者为有效保护可能用竭的自然资源，需要限制或者禁止出口的；

第五，输往国家或者地区的市场容量有限，需要限制出口的；

第六，出口经营秩序出现严重混乱，需要限制出口的；

第七，为建立或者加快建立国内特定产业，需要限制进口的；

第八，对任何形式的农业、牧业、渔业产品有必要限制进口的；

第九，为保障国家国际金融地位和国际收支平衡，需要限制进口的；

第十，依照法律、行政法规的规定，其他需要限制或者禁止进口或者出口的；

第十一，根据我国缔结或者参加的国际条约、协定的规定，其他需要限制或者禁止进口或者出口的。

一、禁止进出口管理

为维护国家安全和社会公共利益，保护人民的生命健康，履行我国所缔结或者参加的国际条约和协定，国务院商务主管部门会同国务院有关部门，依照《对外贸易法》等有关法律法规，制定、调整并公布禁止进出口货物、技术目录。海关依据国家相关法律法规对禁止进出口商品实施监督管理。

（一）禁止进口管理

对列入国家公布的禁止进口目录以及国家法律法规明令禁止或停止进口的货物、技

术，任何对外贸易经营者不得经营进口。

1. 禁止进口货物管理

我国政府明令禁止进口的货物包括：列入由国务院商务主管部门或由其会同国务院有关部门制定的禁止进口货物目录的商品、国家有关法律法规明令禁止进口的商品以及其他各种原因停止进口的商品。

（1）列入禁止进口货物目录的商品

目前，我国公布的禁止进口货物目录包括：

①《禁止进口货物目录（第一批）》是为了保护我国的自然生态环境和生态资源，从我国国情出发，履行我国所缔结或者参加的与保护世界自然生态环境相关的一系列国际条约和协定而发布的。例如，国家禁止进口属破坏臭氧层物质的四氯化碳，禁止进口属世界濒危物种管理范畴的犀牛角、麝香、虎骨等。

②《禁止进口机电产品目录》［此目录从2019年1月1日执行，废止原《禁止进口货物目录（第二批）》］是国家对涉及生产安全（压力容器类）、人身安全（电器、医疗设备类）和环境保护（汽车、工程及车船机械类）的旧机电产品所实施的禁止进口管理。

③《禁止进口货物目录（第六批）》是为了保护人的健康，维护环境安全，淘汰落后产品，履行《关于在国际贸易中对某些危险化学品和农药采用事先知情同意程序的鹿特丹公约》和《关于持久性有机污染物的斯德哥尔摩公约》而颁布的，包括长纤维青石棉、二噁英等。

④《禁止进口货物目录（第七批）》是为了保护人类生存环境，履行《关于持久性有机污染物的斯德哥尔摩公约》《关于汞的水俣公约》而颁布的，包括氯丹、灭蚁灵、含汞二氧化锰的原电池及原电池组、直管型热阴极荧光灯等。

（2）国家有关法律法规明令禁止进口的商品

① 自2021年1月1日起，我国已全面禁止以任何方式进口固体废物，即禁止我国境外的固体废物进境倾倒、堆放、处置；

② 动植物病源（包括菌种、毒种等）及其他有害生物、动物尸体、土壤；

③ 来自动植物疫情流行的国家和地区的有关动植物及其产品和其他检疫物；

④ 带有违反“一个中国”原则内容的货物及其包装；

⑤ 以氯氟羟物质为制冷剂、发泡剂的家用电器产品和以氯氟羟物质为制冷工质的家用电器用压缩机；

⑥ 滴滴涕、氯丹等；

⑦ 莱克多巴胺和盐酸莱克多巴胺等。

（3）其他各种原因停止进口的商品

① 以CFC-12为制冷工质的汽车及以CFC-12为制冷工质的汽车空调压缩机（含汽车空调器）；

② 旧服装；

③ Ⅷ因子制剂等血液制品；

④ 氯酸钾、硝酸铵；

⑤ 禁止进口和销售100瓦及以上普通照明白炽灯等。

2. 禁止进口技术管理

根据《对外贸易法》《技术进出口管理条例》《禁止进口限制进口技术管理办法》的

有关规定，国务院商务主管部门会同国务院有关部门，制定、调整并公布禁止进口的技术目录。属于禁止进口的技术，不得进口。

目前，《中国禁止进口限制进口技术目录》所列名的禁止进口的技术涉及钢铁冶金、有色金属冶金、化工、石油炼制、石油化工、消防、电工、轻工、印刷、医药、建筑材料生产等技术领域。

（二）禁止出口管理

对列入国家公布的禁止出口目录以及国家法律法规明令禁止出口的货物、技术，任何对外贸易经营者不得经营出口。

1. 禁止出口货物管理

我国政府明令禁止出口的货物主要有列入禁止出口货物目录的商品和国家有关法律法规明令禁止出口的商品。

（1）列入禁止出口货物目录的商品

目前，我国公布的禁止出口货物目录共有 5 批：

①《禁止出口货物目录（第一批）》是为了保护我国自然生态环境和生态资源，从我国国情出发，履行我国所缔结或者参加的与保护世界自然生态环境相关的一系列国际条约和协定而发布的。如国家禁止出口属破坏臭氧层物质的四氯化碳，禁止出口属世界濒危物种管理范畴的犀牛角、虎骨、麝香，禁止出口有防风固沙作用的发菜和麻黄草等植物。

②《禁止出口货物目录（第二批）》主要是为了保护我国匮乏的森林资源，防止乱砍滥伐而发布的，如禁止出口木炭。

③《禁止出口货物目录（第三批）》是为了保护人的健康，维护环境安全，淘汰落后产品，履行《关于在国际贸易中对某些危险化学品和农药采用事先知情同意程序的鹿特丹公约》和《关于持久性有机污染物的斯德哥尔摩公约》而颁布的，如长纤维青石棉、二噁英等。

④《禁止出口货物目录（第四批）》主要包括硅砂、石英砂等。

⑤《禁止出口货物目录（第五批）》包括无论是否经化学处理过的森林凋落物以及泥炭（草炭）。

⑥《禁止出口货物目录（第六批）》是为了保护人类生存环境，履行《关于持久性有机污染物的斯德哥尔摩公约》《关于汞的水俣公约》而颁布的，与《禁止进口货物目录（第七批）》所列相同。

（2）国家有关法律、法规明令禁止出口的商品

① 未定名的或者新发现并有重要价值的野生植物；

② 原料血浆；

③ 商业性出口的野生红豆杉及其部分产品；

④ 劳改产品；

⑤ 以氯氟羟物质为制冷剂、发泡剂的家用电器产品和以氯氟羟物质为制冷工质的家用电器用压缩机；

⑥ 滴滴涕、氯丹等；

⑦ 莱克多巴胺和盐酸莱克多巴胺。

2. 禁止出口技术管理

根据《对外贸易法》《技术进出口管理条例》《禁止出口限制出口技术管理办法》的

有关规定，国务院商务主管部门会同国务院有关部门遵照下列原则制定、调整并公布禁止出口的技术目录。属于禁止出口的技术，不得出口。

中国禁止出口技术参考原则：

（1）为维护国家安全、社会公共利益或者公共道德，需要禁止出口的；

（2）为保护人的健康或者安全，保护动物、植物的生命或者健康，保护环境，需要禁止出口的；

（3）依据法律、行政法规的规定，其他需要禁止出口的；

（4）根据我国缔结或者参加的国际条约、协定的规定，其他需要禁止出口的。

目前，列入《中国禁止出口限制出口技术目录》禁止出口部分的技术涉及渔、牧、有色金属矿采选、农副食品加工、饮料制造、造纸、化学制品制造、医药制造、非金属矿物制品业、有色金属冶炼、交通运输设备制造、农用机械制造、计算机及其他电子设备制造、工艺品制造、电信信息传输等几十个行业领域，包括：畜牧品种的繁育、微生物肥料、中国特有的物种资源、蚕类品种繁育和蚕茧采集加工利用、水产品种的繁育、绿色植物生长调节剂制造、采矿工程、肉类加工、饮料生产、造纸、焰火爆竹生产、化学合成及半合成咖啡因生产、核黄素生产工艺、中药材资源及生产、中药饮片炮制、化学合成及半合成药物生产、非晶无机非金属材料生产、低维无机非金属材料生产、有色金属冶金、稀土的提炼加工和利用、航天器测控、航空器设计与制造、集成电路制造、机器人制造、地图制图、书画墨及八宝印泥制造、中国传统建筑、计算机网络、空间数据传输、卫星应用、大地测量、中医医疗等几十项技术。

二、 限制进出口管理

为维护国家安全和社会公共利益，保护人民的生命健康，履行我国所缔结或者参加的国际条约和协定，国务院商务主管部门会同国务院有关部门，依照《对外贸易法》的规定，制定、调整并公布各类限制进出口货物、技术目录。海关依据国家相关法律、法规对限制进出口目录货物、技术实施监督管理。

（一）限制进口管理

国家实行限制进口管理的货物、技术，必须依照国家有关规定，经国务院商务主管部门或者经国务院商务主管部门会同国务院有关部门许可，方可进口。

1. 限制进口货物管理

目前，我国限制进口货物管理按照其限制方式划分为许可证件管理和进口配额管理。

（1）许可证件管理

许可证件管理系指在一定时期内根据国内政治、工业、农业、商业、军事、技术、卫生、环保、资源保护等领域的需要，以及为履行我国所加入或缔结的有关国际条约的规定，以经国家各主管部门签发许可证件的方式来实现各类限制进口的措施。

许可证件管理主要包括进口许可证、两用物项和技术进口许可证、濒危物种进口、药品进口、音像制品进口、有毒化学品进口、黄金及其制品进口等管理。

国务院商务主管部门或者国务院有关部门在各自的职责范围内，根据国家有关法律、行政法规的规定签发上述各项管理所涉及的各类许可证件，申请人凭相关许可证件办理海关手续。

（2）进口配额管理

进口配额是指一国政府在一定时期内，对某些商品的进口数量或金额加以直接限制。在规定的期限内，配额以内的货物可以进口，超过配额的不准进口，或者征收较高关税后才能进口。因此，进口配额管理是许多国家实行进口数量限制的重要手段之一。进口配额制主要有绝对配额和关税配额两种形式。

① 绝对配额是指在一定时期内，对某些商品的进口数量或金额规定一个最高限额，在这个数额内允许进口，达到这个配额后，便不准进口。绝对配额按照其实施方式的不同，又分为全球配额、国别（地区）配额两种形式。

A. 全球配额是一种世界范围内的绝对配额，对某种商品的进口规定一个总的限额，对来自任何国家或地区的商品一律适用。具体做法是一国或地区的主管部门在公布的总配额之内，通常按进口商的申请先后顺序或过去某一时期的实际进口额批给一定的额度，直至总配额发完为止，超过总配额就不准进口。

B. 国别（地区）配额是在总配额内按国别或地区分配给固定的配额，超过规定的配额便不准进口。为了区分来自不同国家和地区的商品，通常进口国（地区）规定进口商必须提交原产地证明书。实行国别（地区）配额可以使进口国家（地区）根据它与有关国家或地区的政治经济关系分配给予不同的额度。

② 关税配额是一种征收关税与进口配额相结合的限制进口的措施。它对商品进口的绝对数额不加限制，而是在一定时期内（一般是公历年度内有效），对部分商品的进口制定关税配额税率并规定该商品进口数量总额。

在规定配额以内的进口商品，给低税、减税或免税待遇；对超过配额的进口商品则征收较高的关税，或征收附加税或罚款。一般情况下，关税配额税率优惠幅度很大，如小麦关税配额税率与最惠国税率相差达 65 倍。国家通过这种行政管理手段对一些重要商品，以关税这个成本杠杆来实现限制进口的目的，因此关税配额管理是一种相对数量的限制。

2. 限制进口技术管理

限制进口技术实行目录管理。根据《对外贸易法》《技术进出口管理条例》《禁止进口限制进口技术管理办法》的有关规定，国务院商务主管部门会同国务院有关部门，制定、调整并公布限制进口的技术目录。属于目录范围内的限制进口的技术，实行许可证管理，未经国家许可，不得进口。

进口属于限制进口的技术，应当向国务院商务主管部门提出技术进口申请。国务院商务主管部门收到技术进口申请后，应当会同国务院有关部门对申请进行审查。技术进口申请经批准的，由国务院商务主管部门发给“中华人民共和国技术进口许可意向书”，进口经营者取得技术进口许可意向书后，可以对外签订技术进口合同。进口经营者签订技术进口合同后，应当向国务院商务主管部门申请技术进口许可证。经审核符合发证条件的，由国务院商务主管部门颁发“中华人民共和国技术进口许可证”，企业持证向海关办理进口通关手续。

目前，列入《中国禁止进口限制进口技术目录》中属限制进口的技术包括生物技术、化工技术、石油炼制技术、石油化工技术、生物化工技术和造币技术等。

经营限制进口技术的经营者在向海关办理申报进口手续时，必须主动递交技术进口许可证，否则将承担由此而造成的一切法律责任。

（二）限制出口管理

国家实行限制出口管理的货物、技术，必须依照国家有关规定，经国务院商务主管部门或者经国务院商务主管部门会同国务院有关部门许可，方可出口。

1. 限制出口货物管理

对于限制出口货物管理，《中华人民共和国货物进出口管理条例》规定，国家规定有数量限制的出口货物，实行配额管理；其他限制出口货物，实行许可证件管理；实行配额管理的限制出口货物，由国务院商务主管部门和国务院有关经济管理部门按照国务院规定的职责划分进行管理。

（1）出口配额管理

出口配额管理是指在一定时期内为建立公平竞争机制、增强我国商品在国际市场的竞争力、保障最大限度地收汇及保护我国产品的国际市场利益，国家对部分商品的出口数量直接加以限制的措施。我国出口配额管理有两种形式，即出口配额许可证管理和出口配额招标管理。

① 出口配额许可证管理

出口配额许可证管理是国家对部分商品的出口，在一定时期内（一般是1年）规定数量总额，经国家批准获得配额的允许出口，否则不准出口的配额管理措施。出口配额许可证管理是国家通过行政管理手段对一些重要商品以规定绝对数量的方式来实现限制出口的目的。

出口配额许可证管理是通过直接分配的方式，由国务院商务主管部门或者国务院有关部门在各自的职责范围内根据申请者需求并结合其进出口实绩、能力等条件，按照效益、公正、公开和公平竞争的原则进行分配。国家各配额主管部门对经申请有资格获得配额的申请者发放各类配额证明。

申请者取得配额证明后，凭配额证明到国务院商务主管部门及其授权发证机关申领出口许可证。

② 出口配额招标管理

配额招标管理是国家对部分商品的出口，在一定时期内（一般是1年）规定数量总额，采取招标分配的原则，经招标获得配额的允许出口，否则不准出口的配额管理措施。出口配额招标管理是国家通过行政管理手段对一些重要商品以规定绝对数量的方式来实现限制出口的目的。

国家各配额主管部门对中标者发放各类配额证明。中标者取得配额证明后，凭配额证明到国务院商务主管部门或其授权发证机关申领出口许可证。

（2）出口许可证件管理

出口许可证件管理是指在一定时期内根据国内政治、军事、技术、卫生、环保、资源保护等领域的需要，以及为履行我国所加入或缔结的有关国际条约的规定，以经国家各主管部门签发许可证件的方式来实现的各类限制出口措施。目前，出口许可证件管理主要包括出口许可证、濒危物种出口、两用物项出口、黄金及其制品出口等许可管理。

2. 限制出口技术管理

根据《对外贸易法》《技术进出口管理条例》《中华人民共和国生物两用品及相关设备和技术出口管制条例》《中华人民共和国核两用品及相关技术出口管制条例》《中华人

民共和国导弹及相关物项和技术出口管制条例》《中华人民共和国核出口管制条例》《禁止出口限制出口技术管理办法》等有关规定，限制出口技术实行目录管理，国务院商务主管部门会同国务院有关部门遵照下列原则制定、调整并公布限制出口的技术目录。属于目录范围内的限制出口的技术，实行许可证管理，未经国家许可，不得出口。

中国限制出口技术参考原则：

（1）为维护国家安全、社会公共利益或者公共道德，需要限制出口的；

（2）为保护人的健康或者安全，保护动物、植物的生命或者健康，保护环境，需要限制出口的；

（3）依据法律、行政法规的规定，其他需要限制出口的；

（4）根据我国缔结或者参加的国际条约、协定的规定，其他需要限制出口的。

目前，我国限制出口的技术目录主要有《两用物项和技术进出口许可证管理目录》和《中国禁止出口限制出口技术目录》等，涉及农、林、牧、渔、农副食品加工制造、饮料制造、纺织、造纸、化学原料制造、医药制造、橡胶制品业、金属冶炼及压延、非金属矿物制品业、金属制品业、通用及专用设备制造、电气机械及器材制造等几十个行业领域的上百项技术。出口属于上述限制出口的技术，应当向国务院商务主管部门提出技术出口申请，经国务院商务主管部门审核批准后取得技术出口许可证件，企业持证向海关办理出口通关手续。

经营限制出口技术的经营者在向海关办理申报出口手续时必须主动递交相关技术出口许可证件，否则将承担由此而造成的一切法律责任。

三、 自由进出口管理

除上述国家禁止、限制进出口货物、技术外的其他货物、技术，均属于自由进出口范围。自由进出口货物、技术的进出口不受限制，但基于监测进出口情况的需要，国家对部分属于自由进口的货物实行自动进口许可管理，对自由进出口的技术实行技术进出口合同登记管理。

（一）货物自动进口许可管理

自动进口许可管理是在任何情况下对进口申请一律予以批准的进口许可制度。这种进口许可实际上是一种在自由进口货物进口前对其进行自动登记的许可制度，通常用于国家对这类货物的统计和监督，是我国进出口许可管理制度中的重要组成部分，也是目前各国普遍使用的一种进口管理制度。

目前，我国自动进口许可管理只有自动进口许可证管理。进口属于自动进口许可管理的货物，进口经营者应当在办理海关报关手续前，向国务院相关主管部门申领自动进口许可证，海关凭自动进口许可证件办理通关手续。

（二）技术进出口合同登记管理

进出口属于自由进出口的技术，应当向国务院商务主管部门或者其委托的机构办理合同备案登记。国务院商务主管部门应当自收到规定的文件之日起 3 个工作日内，对技术进出口合同进行登记，颁发技术进出口合同登记证，申请人凭技术进出口合同登记证，办理外汇、银行、税务、海关等相关手续。

第三节
进出口商品合格评定制度

进出口商品合格评定制度也就是我们所称的出入境检验检疫制度，是指海关依据我国有关法律和行政法规，以及我国政府所缔结或者参加的国际条约、协定，对出入境的货物、物品及其包装物，交通运输工具，运输设备实施检验检疫监督管理的法律依据和行政手段的总和。其国家主管部门是海关总署。

进出口商品合格评定制度是我国贸易管制制度的重要组成部分，是贸易管制中非关税措施的重要组成部分，随着我国与世界经济的不断深度融合，许可证件管理等非关税措施将逐渐趋于弱化，而被世界各国（地区）普遍运用的进出口商品合格评定制度在众多国际公认标准的依托下将成为我国未来重要的非关税措施。其目的是为了维护国家声誉和对外贸易有关当事人的合法权益，保证国内生产的正常开展，促进对外贸易的健康发展，保护我国的公共安全和人民生命财产安全等，是国家主权的具体体现。

一、进出口商品合格评定制度范围

我国进出口商品合格评定制度实行目录管理，即海关总署根据对外贸易需要，公布并调整《必须实施检验的进出口商品目录》（以下简称《法检目录》）。《法检目录》所列名的商品称为法定检验商品，即国家规定实施强制性检验的进出境商品。

实行入境检验检疫管理的货物主要包括：列入《法检目录》的进境货物；进口旧机电产品；进口捐赠的医疗器械；其他未列入《法检目录》，但国家有关法律、行政法规规定实施检验检疫的入境货物及特殊物品等。实行出境检验检疫管理的货物主要包括：列入《法检目录》的出境货物；对外经济技术援助物资及人道主义紧急救灾援助物资；其他未列入《法检目录》，但国家有关法律、行政法规规定实施检验检疫的出境货物及特殊物品等。

对关系国计民生、价值较高、技术复杂或涉及环境及卫生、疫情标准的重要进出口商品，收货人应当在对外贸易合同中约定，在出口国（地区）装运前进行预检验、监造或监装，以及保留到货后最终检验和索赔的条款。

二、进出口商品合格评定制度的组成

我国进出口商品合格评定制度内容包括国境卫生检疫制度、进出境动植物检疫制度、进出境食品检验检疫制度，以及进出口商品检验制度。

（一）国境卫生检疫制度

国境卫生检疫制度是指海关根据《国境卫生检疫法》及其实施细则，以及其他相关卫生法律、法规和卫生标准，在出入境口岸对出入境的交通工具、货物、运输容器，以及口岸辖区的公共场所、环境、生活设施、生产设备所进行的卫生检查、鉴定、评价和采样检验的制度。

我国实行国境卫生监督制度是为了防止传染病由境外传入或者由国内传出，实施国境卫生检疫，保护人体健康。其监督职能主要包括进出境检疫、国境传染病检测、进出境卫生监督等。

（二）进出境动植物检疫制度

进出境动植物检疫制度是根据《进出境动植物检疫法》及其实施条例的规定，海关对进出境动植物、动植物产品的生产、加工、存放过程实行动植物检疫的进出境监督管理制度。

我国实行进出境检验检疫制度是为了防止动物传染病，寄生虫病，植物危险性病、虫、杂草，以及其他有害生物传入、传出国境，保护农、林、牧、渔业生产和人体健康，促进对外经济贸易的发展。

实施动植物检疫监督管理的方式有实行注册登记、疫情调查、检测和防疫指导等。其内容主要包括进境检疫、出境检疫、过境检疫、进出境携带和邮寄物检疫，以及出入境运输工具检疫等。

（三）进出口食品安全监管制度

进出口食品安全监管制度是指海关根据《食品安全法》及其实施条例、《进出口商品检验法》，以及其他的卫生法律、法规和国家标准，对进口的食品、食品添加剂及与食品相关产品是否符合我国食品安全国家标准实施的检验，对出口的食品、食品添加剂及与食品相关产品是否符合进口国（地区）的标准或者合同要求实施监督抽检的口岸监督管理制度。

我国实行进出口食品安全监管制度是为了保证食品安全，保障公众身体健康和生命安全。其监督职能主要包括对进口食品安全检验、对境外食品安全情事监控预警、对出口食品安全抽验，以及评估和审查向我国出口食品的国家（地区）出口食品安全管理体系和食品安全状况等。

（四）进出口商品检验制度

进出口商品检验制度是根据《进出口商品检验法》及其实施条例的规定，海关对进出口商品所进行的品质、质量检验和监督管理的制度。

我国实行进出口商品检验制度是为了保证进出口商品的质量，维护对外贸易有关各方的合法权益，促进对外经济贸易关系的顺利发展。商品检验机构实施进出口商品检验的内容包括商品的质量、规格、数量、重量、包装，以及是否符合安全、卫生的要求。我国商品检验的种类分为 4 种，即法定检验、合同检验、公证鉴定和委托检验。对法律、行政法规、部门规章规定有强制性标准或者其他必须执行的检验标准的进出口商品，依照法律、行政法规、部门规章规定的检验标准检验；对法律、行政法规、部门规章未规定有强制性标准或者其他必须执行的检验标准的，依照对外贸易合同约定的检验标准检验。

第四节
其他贸易管制制度

一、 对外贸易经营者管理制度

对外贸易经营者，是指依法办理工商登记或者其他执业手续，依照《对外贸易法》和其他有关法律、行政法规、部门规章的规定从事对外贸易经营活动的法人、其他组织或者个人。

为了鼓励对外经济贸易的发展，发挥各方面的积极性，保障对外贸易经营者的对外经营自主权，国家制定了一系列法律、行政法规、部门规章，对对外贸易经营活动中涉及的相应内容进行规范，对外贸易经营者在进出口经营活动中必须遵守相应的法律、行政法规、部门规章。这些法律、行政法规、部门规章构成了我国的对外贸易经营者管理制度。对外贸易经营者管理制度是我国对外贸易管理制度之一。

作为对外贸易经营者的一个重要标志就是已取得对外贸易经营权。中国在加入世界贸易组织时承诺 3 年内放开外贸经营权，即在加入世界贸易组织的 3 年后，从 2004 年 12 月 11 日放开外贸经营权。也就是说，中国对外贸易法应参照国际惯例，规定除在特定的贸易领域内从事国营贸易的专营权或特许权外，所有在中国依法注册登记的企业在向国务院商务主管部门备案登记后都可以享有外贸经营权。因此，为履行国际承诺，促进对外贸易发展，我国对对外贸易经营者的管理由先前的核准制转为实行备案登记制，也就是法人、其他组织或者个人在从事对外贸易经营活动前，必须按照国家的有关规定，依法定程序在国务院商务主管部门备案登记，取得对外贸易经营资格后，方可在国家允许的范围内从事对外贸易经营活动。

商务部是全国对外贸易经营者备案登记工作的主管部门，备案登记工作实行全国联网和属地化登记管理。从事货物进出口或者技术进出口的对外贸易经营者，应当向国务院商务主管部门或者其委托的机构办理备案登记，对外贸易经营者未按照规定办理备案登记的，海关不予办理进出口货物的报关验放手续。

为对关系国计民生的重要进出口商品实行有效的宏观管理，国家可以对部分货物的进出口实行国营贸易管理。实行国营贸易管理的货物的进出口业务只能由经授权的企业经营，但国家允许部分数量的国营贸易管理的货物的进出口业务由非授权企业经营的除外（如原油）。实行国营贸易管理的货物和经授权经营企业的目录，由国务院商务主管部门会同国务院其他有关部门确定、调整并公布。未经批准擅自进出口实行国营贸易管理的货物，海关不予放行。

目前，我国实行国营贸易管理的商品主要包括：玉米、大米、煤炭、原油、成品油、棉花、锑及锑制品、钨及钨制品、白银等。

二、 货物贸易外汇管理制度

对外贸易经营者在对外贸易经营活动中，应当依照国家有关规定结汇、用汇。国家外汇管理局依据国务院《中华人民共和国外汇管理条例》及其他有关规定，对包括经常项目外汇业务、资本项目外汇业务、金融机构外汇业务、人民币汇率的生成机制和外汇市场等领域实施的监督管理。

（一）我国货物贸易外汇管理制度概述

为完善货物贸易外汇管理，大力推进贸易便利化，进一步改进货物贸易外汇服务和管理，我国自 2012 年 8 月 1 日起在全国实施货物贸易外汇管理制度改革，国家外汇管理局对企业的贸易外汇管理方式由现场逐笔核销改变为非现场总量核查，也就是国家外汇管理局通过货物贸易外汇监测系统，全面采集企业货物进出口和贸易外汇收支逐笔数据，定期比对、评估企业货物流与资金流总体匹配情况，一方面便利合规企业贸易外汇收支，另一方面对存在异常的企业进行重点监测，必要时实施现场核查。

国家对贸易项下国际支付不予限制，出口收入可按规定调回境内或存放境外。从事对外贸易机构（以下简称“企业”）的贸易外汇收支应当具有真实、合法的交易背景，与货物进出口应当一致。企业应当根据贸易方式、结算方式及资金来源或流向，凭海关进出口报关单外汇核销专用联等相关单证在金融机构办理贸易外汇收支。海关进出口报关单外汇核销专用联可在进出口货物海关放行后向海关申请取得。金融机构应当对企业提交的交易单证的真实性及其与贸易外汇收支的一致性进行合理审查。国家外汇管理局及其分支机构，依法对企业及经营结汇、售汇业务的金融机构进行监督检查。由此可见，我国货物贸易外汇管理制度的运行主要靠 3 个方面来完成，即企业自律、金融机构专业审查及国家外汇管理局的监管。

1. 企业的贸易外汇收支活动应当自觉遵守国家法律法规，按照“谁出口谁收汇，谁进口谁付汇”原则办理贸易外汇收支业务。企业应当根据真实贸易方式、结算方式和资金来源或流向在金融机构办理贸易外汇收支，并按相关规定向金融机构如实申报贸易外汇收支信息。代理进口、出口业务，应当由代理方付汇、收汇。代理进口业务项下，委托方可凭委托代理协议将外汇划转给代理方，也可由代理方购汇。代理出口业务项下，代理方收汇后可凭委托代理协议将外汇划转给委托方，也可结汇将人民币划转给委托方。对超过规定期限的预收货款、预付货款、延期收款及延期付款等影响贸易外汇收支与货物进出口匹配信息的，企业应当在规定期限内向国家外汇管理局报告。

2. 金融机构应当对企业提交的交易单证的真实性及其与贸易外汇收支的一致性在专业层面进行合理审查，并负责向国家外汇管理局报送相关贸易外汇收支信息。

3. 国家外汇管理局建立进出口货物流与收付汇资金流匹配的核查机制，依法对企业贸易外汇收支进行非现场总量核查和监测。在此基础上，对存在异常或可疑情况的企业进行现场核查，对金融机构办理贸易外汇收支业务的合规性与报送相关信息的及时性、完整性、准确性实施非现场和现场核查，通过核查结果实施差别化管理。当国际收支出现或者可能出现严重失衡时，国家可以对贸易外汇收支采取必要的保障、控制等措施。

（二）国家外汇管理局对货物外汇的主要监管方式

1. 企业名录登记管理

企业依法取得对外贸易经营权后，应当持有关材料到国家外汇管理局办理名录登记手续后才能在金融机构办理贸易外汇收支业务。国家外汇管理局将登记备案的企业统一向金融机构发布名录，金融机构不得为不在名录内的企业办理贸易外汇收支业务。国家外汇管理局可根据企业的贸易外汇收支业务状况及其合规情况注销企业名录。

2. 非现场核查

国家外汇管理局对企业在一定期限内的进出口数据和贸易外汇收支数据进行总量比对，核查企业贸易外汇收支的真实性及其与货物进出口的一致性。非现场核查是国家外汇管理局常规监管方式。

3. 现场核查

国家外汇管理局可对企业非现场核查中发现的异常或可疑的贸易外汇收支业务实施现场核查，也可对金融机构办理贸易外汇收支业务的合规性与报送信息的及时性、完整性和准确性实施现场核查。国家外汇管理局实施现场核查时，被核查单位应当配合国家外汇管理局进行现场核查，如实说明情况，并提供有关文件、资料，不得拒绝、阻碍和隐瞒。

4. 分类管理

国家外汇管理局根据企业贸易外汇收支的合规性及其与货物进出口的一致性，将企业分为 A、B、C 三类。A 类企业进口付汇单证简化，可凭进口报关单、合同或发票等任何一种能够证明交易真实性的单证在银行直接办理付汇，出口收汇无须联网核查，银行办理收付汇审核手续相应简化。对 B、C 类企业在贸易外汇收支单证审核、业务类型、结算方式等方面实施严格监管，B 类企业贸易外汇收支由银行实施电子数据核查，C 类企业贸易外汇收支须经国家外汇管理局逐笔登记后办理。国家外汇管理局根据企业在分类监管期内遵守外汇管理规定的情况，对企业类别进行动态调整。

三、 对外贸易救济措施

我国于 2001 年年底正式成为世界贸易组织成员方，世界贸易组织允许成员方在进口产品倾销、补贴和过激增长等给其国内产业造成损害的情况下，使用反倾销、反补贴和保障措施手段来保护国内产业不受损害。

反补贴、反倾销和保障措施都属于贸易救济措施。反补贴和反倾销措施针对的是价格歧视这种不公平贸易行为，保障措施针对的则是进口产品激增的情况。

为充分利用世界贸易组织规则，维护国内市场上的国内外商品的自由贸易和公平竞争秩序，我国依据世界贸易组织《反倾销协议》《补贴与反补贴措施协议》《保障措施协议》及我国《对外贸易法》的有关规定，制定颁布了《反倾销条例》《反补贴条例》《保障措施条例》。

（一）反倾销措施

反倾销措施包括临时反倾销措施和最终反倾销措施。

1. 临时反倾销措施

临时反倾销措施是指进口方主管机构经过调查，初步认定被指控产品存在倾销，并对国内同类产业造成损害，据此可以依据世界贸易组织所规定的程序进行调查，在全部调查结束之前，采取临时性的反倾销措施，以防止在调查期间国内产业继续受到损害。

临时反倾销措施有两种形式：一是征收临时反倾销税；二是要求提供保证金、保函或者其他形式的担保。

征收临时反倾销税，由商务部提出建议，国务院关税税则委员会根据其建议作出决定，商务部予以公告；要求提供保证金、保函或者其他形式的担保，由商务部作出决定并予以公告。海关自公告规定实施之日起执行。

临时反倾销措施实施的期限，自临时反倾销措施决定公告规定实施之日起，不超过4个月；在特殊情形下，可以延长至9个月。

2. 最终反倾销措施

对终裁决定确定倾销成立并由此对国内产业造成损害的，可以征收反倾销税。征收反倾销税应当符合公共利益。

征收反倾销税，由商务部提出建议，国务院关税税则委员会根据其建议作出决定，商务部予以公告。海关自公告规定实施之日起执行。

（二）反补贴措施

反补贴与反倾销的措施相同，也分为临时反补贴措施和最终反补贴措施。

1. 临时反补贴措施

初裁决定确定补贴成立并由此对国内产业造成损害的，可以采取临时反补贴措施。临时反补贴措施采取以保证金或者保函作为担保的征收临时反补贴税的形式。

采取临时反补贴措施，由商务部提出建议，国务院关税税则委员会根据其建议作出决定，商务部予以公告。海关自公告规定实施之日起执行。

临时反补贴措施实施的期限，自临时反补贴措施决定公告规定实施之日起，不超过4个月。

2. 最终反补贴措施

在反补贴调查期间，应当给予产品被调查的国家（地区）政府继续进行磋商的合理机会。磋商不妨碍调查机关进行反补贴调查，并采取反补贴措施。在磋商的努力没有取得效果的情况下，终裁决定确定补贴成立并由此对国内产业造成损害的，可以征收反补贴税。征收反补贴税应当符合公共利益。

征收反补贴税，由商务部提出建议，国务院关税税则委员会根据其建议作出决定，商务部予以公告。海关自公告规定实施之日起执行。

（三）保障措施

保障措施分为临时保障措施和最终保障措施。

1. 临时保障措施

临时保障措施是指在有明确证据表明进口产品数量增加，将对国内产业造成难以补救的损害的紧急情况下，进口国（地区）与成员方之间可不经磋商而作出初裁决定，并采取临时性保障措施。临时保障措施的实施期限，自临时保障措施决定公告规定实施之日起，不得超过200天，并且此期限计入保障措施总期限。

临时保障措施采取提高关税的形式，如果事后调查不能证实进口激增对国内有关产业已经造成损害的，已征收的临时关税应当予以退还。

2. 最终保障措施

最终保障措施可以采取提高关税、数量限制等形式。但保障措施应当限于防止、补救严重损害并便利调整国内产业所必要的范围内。

保障措施的实施期限一般不超过4年，在此基础上如果继续采取保障措施则必须同时满足4个条件，即：对于防止或者补救严重损害仍有必要；有证据表明相关国内产业正在进行调整；已经履行有关对外通知、磋商的义务；延长后的措施不严于延长前的措施。保障措施全部实施期限（包括临时保障措施期限）不得超过10年。

四、 不可靠实体清单制度

为了维护国家主权、安全、发展利益，维护公平、自由的国际经贸秩序，保护中国企业、其他组织或者个人的合法权益，根据《对外贸易法》《中华人民共和国国家安全法》等有关法律，国家建立不可靠实体清单制度，即对列入不可靠实体清单的相关外国实体（包括外国企业、其他组织或者个人）的国际经贸及相关活动采取相应禁止或限制措施。

（一）列入不可靠实体清单范围

1. 危害中国国家主权、安全、发展利益的外国实体。

2. 违反正常的市场交易原则，中断与中国企业、其他组织或者个人的正常交易，或者对中国企业、其他组织或者个人采取歧视性措施，严重损害中国企业、其他组织或者个人合法权益的外国实体。

（二）不可靠实体清单制度实施原则

坚持独立自主的对外政策，坚持互相尊重主权、互不干涉内政和平等互利等国际关系基本准则，反对单边主义和保护主义，坚决维护国家核心利益，维护多边贸易体制，推动建设开放型世界经济。

（三）不可靠实体清单制度工作机制

1. 国家建立中央国家机关有关部门参加的工作机制（以下简称“工作机制”），负责不可靠实体清单制度的组织实施。工作机制办公室设在国务院商务主管部门。

2. 工作机制依职权或者根据有关方面的建议、举报，决定是否对有关外国实体的行为进行调查；决定进行调查的，予以公告。

3. 工作机制对有关外国实体的行为进行调查，可以采取询问有关当事人，查阅或者复制相关文件、资料，以及其他必要的方式。调查期间，有关外国实体可以陈述、申辩。

4. 工作机制可以根据实际情况决定中止或者终止调查；中止调查决定所依据的事实发生重大变化的，可以恢复调查。

5. 工作机制根据调查结果，综合考虑以下因素，作出是否将有关外国实体列入不可靠实体清单的决定，并予以公告：

（1）对中国国家主权、安全、发展利益的危害程度；

（2）对中国企业、其他组织或者个人合法权益的损害程度；

（3）是否符合国际通行经贸规则；

（4）其他应当考虑的因素。

6. 有关外国实体的行为事实清楚的，工作机制可以直接作出是否将其列入不可靠实体清单的决定；决定列入的，予以公告。

7. 将有关外国实体列入不可靠实体清单的公告中可以提示与该外国实体进行交易的风险，并可以根据实际情况，明确该外国实体改正其行为的期限。

8. 有关外国实体被限制或者禁止从事与中国有关的进出口活动，中国企业、其他组织或者个人在特殊情况下确需与该外国实体进行交易的，应当向工作机制办公室提出申请，经同意可以与该外国实体进行相应的交易。

9. 工作机制根据实际情况，可以决定将有关外国实体移出不可靠实体清单；有关外国实体在公告明确的改正期限内改正其行为并采取措施消除行为后果的，工作机制应当作出决定，将其移出不可靠实体清单；有关外国实体也可以申请将其移出不可靠实体清单，工作机制根据实际情况决定是否将其移出。

（四）处理措施

1. 限制或者禁止其从事与中国有关的进出口活动。
2. 限制或者禁止其在中国境内投资。
3. 限制或者禁止其相关人员、交通运输工具等入境。
4. 限制或者取消其相关人员在中国境内工作许可、停留或者居留资格。
5. 根据情节轻重给予相应数额的罚款。
6. 其他必要的措施。

对于将有关外国实体列入不可靠实体清单的公告中明确有关外国实体改正期限的，在期限内不对其采取处理措施；有关外国实体逾期不改正其行为的，对其采取处理措施。

五、 口岸核生化监测制度

核生化监测的对象包括放射性物质、生物有害因子、化学有害因子。

放射性物质是指核材料、放射性废物。核材料，是指钚（但钚-238 同位素含量超过 80%者除外）；铀-233；富集了同位素 235 或 233 的铀；非矿石或矿渣形式的铀，其中同位素的比例与自然界存在的天然铀同位素混合的比例相同；或任何含有一种或多种上述物质的材料。放射性废物，是指含有放射性核素或者被放射性核素污染，其浓度或者比活度大于国家确定的清洁解控水平，预期不再使用的废弃物。

生物有害因子是指生物战剂，包括细菌类（如炭疽杆菌、鼠疫杆菌、霍乱弧菌、布鲁氏杆菌、土拉菌、鼻疽假单胞菌、伤寒杆菌、痢疾杆菌、大肠杆菌 O157、结核杆菌）、病毒类（如天花、埃博拉、马尔堡、裂谷热、拉沙热、口蹄疫、禽流感）、真菌类（如组织孢浆菌、肺球霉菌、烟曲霉菌）、立克次体类（如流行斑疹伤寒立克次体）、衣原体类（如鸟疫衣原体）、毒素类（如肉毒毒素、相思子毒素、产气荚膜杆菌 ε 毒素、蓖麻毒素、金黄色葡萄球菌肠毒素）等各种生物病原体和毒素。

化学有害因子是指化学毒剂，包括神经性毒剂（如沙林、梭曼、塔崩、VX 等）、糜烂性毒剂（如芥子气、路易氏剂等）、全身中毒性毒剂（如氢氰酸、氯化氰等）、窒息性毒剂（如光气、双光气等）、失能性毒剂（如毕兹等）。

《国际卫生条例（2005）》WHA55. 16 号决议规定核生化引起的健康危害属于公共卫生问题，并要求各成员加强监测能力、信息共享和技术合作。《中华人民共和国反恐怖主义法》规定："海关、出入境边防检查机关发现恐怖活动嫌疑人员或者涉嫌恐怖活动物品的，应当依法扣留，并立即移送公安机关或者国家安全机关。"《中华人民共和国放射性污染防治法》规定："向中华人民共和国境内输入放射性废物和被放射性污染的物品，由海关责令退运该放射性废物和被放射性污染的物品并依法处置。"《放射性同位素与射线装置安全和防护条例》规定："海关验凭放射性同位素进口许可证办理有关进口手续。"《放射性物品运输安全管理条例》规定："在邮寄或运输进境物品中发现放射性物品的，由海关依照有关法律、行政法规的规定处理。”

为落实总体国家安全观，履行国家赋予海关的法定职责，防范放射性物质、生物有害因子、化学有害因子非法出入境，维护国际贸易供应链安全，及时防范、发现和控制口岸核辐射、生物、化学涉恐事件，保障国门安全，保护人民健康，海关对出入境人员、运输工具、货物、行李物品、邮递物品、快件和其他物品开展可能携带放射性物质、生物有害因子、化学有害因子的监测、检测、排查、初步处置等工作。海关核辐射监测工作整体流程包括口岸监测、复查确认、后续处置、信息报告与追踪等。

对确认的放射性超标物质，符合《放射性物质安全运输规程》且能提供合法运输及进出口证明文件的核材料、放射源，经严密铅防护（中子放射源用水或石蜡封存）可予以登记放行。对未能提供合法运输及进出口证明文件的放射性超标物质，或申报内容与海关检测结果不一致的，或查获放射性废物和被放射性污染的，应立即终止通关，并采取相应处置措施。对于现场排查、结果判定能排除生物、化学涉恐事件的，或能提供有关部门准许进口证明等合法手续，包装完整、用途明确的生物、化学制剂，转入海关一般作业流程。经结果判定对不能排除核生化涉恐事件的，海关按照规定开展初步处置，并立即报公安（反恐）部门开展进一步排查处置。

第五节
我国贸易管制主要管理措施

对外贸易管制作为一项综合制度，所涉及的管理规定繁多。了解我国贸易管制各项措施所涉及的具体规定，是海关工作人员应当具备的专业知识。

一、 限制进出口管理措施

国家实行限制进出口管理的货物、技术，必须依照国家有关规定，经国务院相关主管部门许可方可进口。目前，我国限制进出口货物管理按照其限制方式划分为许可证件管理和配额管理。

海关总署积极推进与许可证件主管部门的电子数据联网工作，目前限制进出口类许可证件已实现全国或部分口岸联网核销的有：进出口许可证、两用物项和技术进出口许可证、有毒化学品进出口环境管理放行通知单、农药进出口登记管理放行通知单、民用爆炸物品进口审批单、进口药品通关单、药品进出口准许证、精神药物进出口准许证、麻醉药品进出口准许证、进口广播电影电视节目带（片）提取单、赴境外加工光盘进口备案证明、音像制品（成品）进口批准单、古生物化石出境批件、野生动植物进出口证书、进口兽药通关、人民币调运证明、黄金及黄金制品进出口准许证等电子数据联网，所涉及的管理商品除个别种类外基本实现了进出口许可证件从申领、发证、验证到核查、核销的无纸化，为实现通关无纸化作业创造了基础条件。联网许可证件电子数据实现系统自动比对自动核扣，大大提高了海关贸易管制政策执行的有效性和准确性。

对于已实现电子联网的许可证件报关企业，按照海关通关作业无纸化改革的规定，可采用无纸方式向海关申报。因海关和发证管理部门审核需要，或计算机管理系统、网络通信故障等原因，可以转为有纸报关作业或补充提交纸质证件的形式向海关申报。报关企业可登录中国国际贸易“单一窗口”查询证件电子数据传输状态。

（一）进出口许可证管理

进出口许可证管理是指由商务部或者由商务部会同国务院其他有关部门，依法制定并调整进出口许可证管理目录，以签发进出口许可证的方式对进出口许可证管理目录中的商品实行的行政许可管理。商务部是全国进出口许可证的归口管理部门，负责制定进出口许可证管理办法及规章制度，监督、检查进出口许可证管理办法的执行情况，处罚违规行为。商务部会同海关总署制定、调整和发布年度进口许可证管理货物目录及出口许可证管理货物目录。

商务部统一管理、指导全国各发证机构的进出口许可证签发工作，商务部配额许可证事务局（以下简称“许可证局”）、商务部驻各地特派员办事处（以下简称“特派办”）和商务部授权的地方主管部门发证机构［以下简称“地方发证机构”，包括各省、自治区、直辖市、计划单列市，以及商务部授权的其他省会城市商务厅（局）、外经贸委（厅、局）］为进出口许可证的发证机构，负责在授权范围内签发“中华人民共和国进口许可证”（以下简称“进口许可证”）或“中华人民共和国出口许可证”（以下简称“出口许可证”）。

“进口许可证”和“出口许可证”是我国进出口许可证管理制度中具有法律效力，用来证明对外贸易经营者经营列入国家进出口许可证管理目录的商品合法进出口的证明文件，是海关验放该类货物的重要依据。

1. 管理范围

进出口许可证管理属于国家限制进出口管理范畴，按照证件类别划分为“进口许可证”管理和“出口许可证”管理。

（1）“进口许可证”管理

“进口许可证”管理按管理方式可分为许可证管理和绝对配额管理（2022 年我国对进口商品没有设置绝对配额管理）。2022 年实施许可证管理的进口商品包括：

① 重点旧机电产品属于我国限制进口许可证件管理商品，包括：旧化工设备、旧金属冶炼设备、旧工程机械、旧起重运输设备、旧造纸设备、旧电力电气设备、旧食品加工及包装设备、旧农业机械、旧印刷机械、旧纺织机械、旧船舶类、旧矽鼓、旧 X 射线管十三大类。

② 消耗臭氧层物质属于我国限制进口许可证件管理商品，包括：甲基氯仿、三氯氟甲烷（CFC-11）、二氯二氟甲烷（CFC-12）等 81 个商品编号的商品。

（2）“出口许可证”管理

“出口许可证”管理按管理方式可分为配额许可证管理、配额招标管理和许可证管理。2022 年实施“出口许可证”管理的商品包括：

① 配额许可证管理的商品：活牛（对港澳地区出口）、活猪（对港澳地区出口）、活鸡（对港澳地区出口）、小麦、玉米、大米、小麦粉、玉米粉、大米粉、药料用人工种植麻黄草、煤炭、原油、成品油（不含润滑油、润滑脂、润滑油基础油）、锯材、棉花。凭配额证明文件申领出口许可证。

② 配额招标管理的商品：甘草及甘草制品、蔺草及蔺草制品。凭配额招标中标证明文件申领出口许可证。

③ 出口许可证管理的商品：活牛（对港澳地区以外市场）、活猪（对港澳地区以外市场）、活鸡（对港澳地区以外市场）、牛肉、猪肉、鸡肉、天然砂（含标准砂）、矾土、磷矿石、镁砂、滑石块（粉）、氟石（萤石）、稀土、锡及锡制品、钨及钨制品、钼及钼制品、锑及锑制品、焦炭、成品油（润滑油、润滑脂、润滑油基础油）、石蜡、部分金属及制品、硫酸二钠、碳化硅、消耗臭氧层物质、柠檬酸、白银、铂金（以加工贸易方式出口）、铟及铟制品、摩托车（含全地形车）及其发动机和车架、汽车（包括成套散件）及其底盘。须按规定申领出口许可证。

2. 申领规定

（1）“出口许可证”的申领

对外贸易经营者组织出口属配额许可证管理的商品前，须按规定申请取得配额［全球配额或国别（地区）配额］，凭配额文件申领“出口许可证”；以加工贸易方式出口的，凭配额文件、货物出口合同申领“出口许可证”。

对外贸易经营者组织出口属配额招标管理的商品前，须凭配额招标中标证明文件申领“出口许可证”；以加工贸易方式出口的，凭配额招标中标文件、海关加工贸易进口报关单申领“出口许可证”。

对外贸易经营者组织出口属出口许可证管理的商品前，须凭相关出口商业材料申领“出口许可证”；以加工贸易方式出口的，凭有关批准文件、海关加工贸易进口报关单和货物出口合同申领出口许可证，其中，申领润滑油、润滑脂、润滑油基础油等成品油出口许可证，还须提交省级商务主管部门申请函；出口非原产于中国的汽车、摩托车产品的，凭进口海关单据和货物出口合同申领出口许可证。

对外贸易经营者可通过网上和书面2种形式向对应的发证机构申领“出口许可证”。申请时须提交加盖经营者公章的出口许可证申请表、主管机关签发的出口批准文件、出口合同正本复印件、商务部规定的其他应当提交的材料。网上申请的，领取出口许可证时提交上述材料；书面申请的，申请时提交。如果为年度内初次申请出口许可证的，还应提交“企业法人登记营业执照”、加盖对外贸易经营者备案登记专用章的“对外贸易经营者备案登记表”或“中华人民共和国进出口企业资格证书”；经营者为外商投资企业的，还应当提交“外商投资企业批准证书”。发证机构自收到符合规定的申请之日起3个工作日内发放出口许可证。发证机构凭加盖经营者公章的申请表取证联和领证人员本人身份证明材料发放出口许可证。

自2020年1月1日起，在全国范围内对属于限制出口管理的货物实行出口许可证件申领和通关作业无纸化。出口单位可自行选择无纸作业或者有纸作业方式。选择无纸作业方式的，应向商务部或者受商务部委托的机构申请取得“出口许可证”电子证书，并以通关作业无纸化方式向海关办理货物出口通关验放手续，通关程序中可免于提交出口许可证纸质证书。选择有纸作业方式的，仍按现行规定提交纸质许可证办理通关手续。

（2）重点旧机电产品“进口许可证”的申领

在组织进口列入《重点旧机电产品进口目录》的旧机电产品前，经营者应事先向许可证局申领进口许可证，可通过网上和书面2种形式申领。采用网上申请时，经营者可自行选择有纸作业或者无纸作业方式申请进口许可证。进口许可证应由旧机电产品进口的最终用户提出申请，并且申请企业应具备从事重点旧机电产品用于翻新（含再制造）的资质。申请时进口单位应当向许可证局提交申请进口的重点旧机电产品用途说明，机电产品进口申请表，营业执照复印件，申请进口的重点旧机电产品的制造年限证明材料，申请进口单位提供设备状况说明，其他相关法律、行政法规规定需要提供的文件。从事翻新业务进口重点旧机电产品的单位，国家规定有资质要求的，还须提供资质证明文件；旧船舶的申请进口单位，还需提供海事局出具的“旧船舶进口技术评定书”或渔业船舶检验局出具的“旧渔业船舶进口技术评定书”。申请进口单位申请材料齐全后，许可证局应正式受理，并向申请进口单位出具受理通知单。许可证局如认为申请材料不符合要求的，应在收到申请材料后的 5 个工作日内一次性告知申请进口单位，要求申请进口单位说明有关情况、补充相关文件或对相关填报内容进行调整。许可证局应在正式受理后 20 日内决定是否批准进口申请；如需征求相关部门或行业协会意见的，商务部应在正式受理后 35 日内决定是否批准进口申请。

进口单位申请进口上述货物的，选择无纸作业方式的进口单位，应按规定向商务部或者商务部委托的机构申领“进口许可证”电子证书，并以通关作业无纸化方式向海关办理报关验放手续。

（3）消耗臭氧层物质进出口许可证的申领

进出口单位应当在每年 10 月 31 日前向国家消耗臭氧层物质进出口管理机构申请下一年度进出口额，并提交法人营业执照和对外贸易经营者备案登记表、消耗臭氧层物质进出口单位年度环保备案表，以及下一年度消耗臭氧层物质进出口配额申请书和年度进出口计划表。对于初次申请进出口配额的进出口单位，还应当提交前 3 年的消耗臭氧层物质进出口业绩表。申请进出口属于危险化学品的消耗臭氧层物质的单位，还应当提交该危险化学品的国内生产使用企业持有的危险化学品环境管理登记证，以及安全生产监督管理部门核发的危险化学品生产、使用或者经营许可证。

国家消耗臭氧层物质进出口管理机构在每年 12 月 20 日前对进出口单位的进出口配额作出发放与否的决定，并予以公告。在年度进出口配额指标内，进出口单位需要进出口消耗臭氧层物质的，应当向国家消耗臭氧层物质进出口管理机构申请领取进出口受控消耗臭氧层物质审批单，并提交以下材料：消耗臭氧层物质进出口申请书；对外贸易合同或者订单等相关材料，非生产企业还应当提交合法生产企业的供货证明；国家消耗臭氧层物质进出口管理机构认为需要提供的其他材料。

国家消耗臭氧层物质进出口管理机构应当自受理进出口申请之日起 20 个工作日内完成审查，作出是否签发消耗臭氧层物质进出口审批单的决定，并对获准签发消耗臭氧层物质进出口审批单的进出口单位名单进行公示；未予批准的，应当书面通知申请单位并说明理由。

如获得批准，进出口单位应当持进出口审批单，向所在地省级商务主管部门所属的发证机构申请领取进出口许可证。在京中央企业向国务院商务主管部门授权的发证机构申请领取消耗臭氧层物质进出口许可证。进出口单位凭商务主管部门签发的消耗臭氧层物质进出口许可证向海关办理通关手续。

进出口单位在领取消耗臭氧层物质进出口许可证后，实际进出口的数量少于批准的数量的，应当在完成通关手续之日起 20 个工作日内向国家消耗臭氧层物质进出口管理机构报告实际进出口数量等信息。

进出口单位在领取消耗臭氧层物质进出口许可证后，实际未发生进出口的，应当在进出口许可证有效期届满之日起20个工作日内向国家消耗臭氧层物质进出口管理机构报告。

3. 报关管理规范

（1）进出口经营者应如实规范向海关申报，在固定栏目规范填报进出口许可证电子证书编号。

（2）进口许可证的有效期为1年，当年有效。特殊情况需要跨年度使用时，有效期最长不得超过次年3月31日，逾期自行失效。

（3）出口许可证的有效期最长不得超过6个月，且有效期截止时间不得超过当年12月31日。商务部可视具体情况，调整某些货物出口许可证的有效期。出口许可证应当在有效期内使用，逾期自行失效。

（4）进出口许可证一经签发，不得擅自更改。如需更改，经营者应当在许可证有效期内提出更改申请，并将许可证交回原发证机构，由原发证机构重新换发许可证。

（5）进出口许可证实行“一证一关”（指进出口许可证只能在一个海关报关使用，下同）管理。一般情况下，进出口许可证为“一批一证”（指进出口许可证在有效期内一次报关使用，下同）。如要实行“非一批一证”（指进出口许可证在有效期内可多次报关使用，下同），应当同时在进出口许可证备注栏内打印“非一批一证”字样，但最多不超过12次，由海关在许可证背面“海关验放签注栏”内逐批签注核减进出口数量。

（6）对实行“一批一证”进出口许可证管理的大宗、散装货物，以出口为例，其溢装数量在货物总量3%以内的原油、成品油予以免证，其他货物溢装数量在货物总量5%以内的予以免证；对实行“非一批一证”制的大宗、散装货物，在每批货物出口时，按其实际出口数量进行许可证证面数量核扣，在最后一批货物出口时，应按该许可证实际剩余数量溢装上限，即5%（原油、成品油在溢装上限3%）以内计算免证数额。

（二）两用物项和技术进出口许可证管理

为维护国家安全和社会公共利益，履行我国在缔结或者参加的国际条约、协定中所承担的义务，国家限制两用物项和技术进出口，对两用物项和技术实行进出口许可证管理。商务部是全国两用物项和技术进出口许可证的归口管理部门，负责制定两用物项和技术进出口许可证管理办法及规章制度，监督、检查两用物项和技术进出口许可证管理办法的执行情况，处罚违规行为。

1. 管理范围

两用物项和技术是指《中华人民共和国核出口管制条例》《中华人民共和国核两用品及相关技术出口管制条例》《中华人民共和国导弹及相关物项和技术出口管制条例》《中华人民共和国生物两用品及相关设备和技术出口管制条例》《中华人民共和国监控化学品管理条例》《易制毒化学品管理条例》《中华人民共和国放射性同位素与射线装置安全和防护条例》《有关化学品及相关设备和技术出口管制办法》所规定的相关物项及技术。

为便于对上述物项和技术的进出口实施管制，商务部和海关总署依据上述法规联合颁布了《两用物项和技术进出口许可证管理办法》，并发布了《两用物项和技术进出口许可证管理目录》，规定对列入该目录的物项及技术的进出口统一实行两用物项和技术进出口许可证管理。商务部指导全国各发证机构的两用物项和技术进出口许可证发证工作。商务部配额许可证事务局和受商务部委托的省级商务主管部门为两用物项和技术进出口许可证发证机构。两用物项和技术进出口前，进出口经营者应当向发证机关申领“中华人民共和国两用物项和技术进口许可证”（以下简称“两用物项和技术进口许可证”）或“中华人民共和国两用物项和技术出口许可证”（以下简称“两用物项和技术出口许可证”），凭以向海关办理进出口通关手续。

2022 年两用物项和技术进出口许可证管理目录，分为《两用物项和技术进口许可证管理目录》和《两用物项和技术出口许可证管理目录》两个部分。其中，2022 年目录中列名的实施两用物项和技术进口许可证管理的商品包括监控化学品管理条例名录所列物项（74 种）、易制毒化学品（54 种）、放射性同位素（10 种）、商用密码进口许可清单（4 种），共 4 类。2022 年目录中列名的实施两用物项和技术出口许可证管理的商品包括核出口管制清单所列物项和技术（159 种）、核两用品及相关技术出口管制清单所列物项和技术（204 种）、生物两用品及相关设备和技术出口管制清单所列物项和技术（144 种）、监控化学品管理条例名录所列物项（74 种）、有关化学品及相关设备和技术出口管制清单所列物项和技术（37 种）、导弹及相关物项和技术出口管制清单所列物项和技术（186 种）、易制毒化学品（2 类共 71 种）、部分两用物项和技术（6 种）、特殊民用物项和技术（5 种）、商用密码出口许可清单（11 种），共 11 类。

如果出口经营者拟出口的物项和技术存在被用于大规模杀伤性武器及其运载工具风险的，无论该物项和技术是否列入管理目录，都应当办理两用物项和技术出口许可证。出口经营者在出口过程中，如发现拟出口的物项和技术存在被用于大规模杀伤性武器及其运载工具风险的，应及时向国务院相关行政主管部门报告，并积极配合采取措施中止合同的执行。

2. 办理程序

（1）进出口属于两用物项和技术进出口许可证管理的货物，进出口经营者在进出口前获得相关行政主管部门批准文件后，凭批准文件到所在地发证机构申领两用物项和技术进出口许可证（在京的中央管理企业向许可证局申领），其中：

① 核、核两用品、生物两用品、有关化学品、导弹相关物项、易制毒化学品和计算机的批准文件为商务主管部门签发的两用物项和技术进口或者出口批复单。其中，核材料的出口凭国防科工局（原国防科工委）的批准文件办理相关手续，外商投资企业进出口易制毒化学品凭“商务部外商投资企业易制毒化学品进口批复单”或“商务部外商投资企业易制毒化学品出口批复单”申领两用物项和技术进口或出口许可证。

② 监控化学品进出口的批准文件为国家履行禁止化学武器公约工作领导小组办公室签发的监控化学品进口或者出口核准单。监控化学品进出口经营者向许可证局申领两用物项和技术进口或出口许可证。

③ 进口放射性同位素须按《放射性同位素与射线装置安全和防护条例》和《两用物项和技术进口许可证管理办法》有关规定，报生态环境部审批后，在商务部配额许可证事务局申领两用物项和技术进口许可证。

④ 商用密码进出口时，应当通过省级商务主管部门向商务部提出申请，填写两用物项和技术进出口许可证申请表并提交：申请人的法定代表人、主要经营管理人以及经办人的身份证明；合同或者协议的副本；商用密码的技术说明；最终用户和最终用途证明；商务部规定提交的其他文件。商务部应当自收到上述申请文件之日起会同国家密码管理局等有关部门进行审查，并在法定期限内作出许可或者不予许可的决定。申请经审查予以许可

的，由商务部颁发两用物项和技术进出口许可证。

（2）两用物项和技术进出口许可证实行网上申领。申领两用物项和技术进出口许可证时除上述批准文件外还应提交：进出口经营者公函（介绍信）原件、进出口经营者领证人员的有效身份证明以及网上报送的两用物项和技术进出口许可证申领表。如因异地申领等特殊情况，需要委托他人申领两用物项和技术进出口许可证的，被委托人应提供进出口经营者出具的委托公函（其中应注明委托理由和被委托人身份）原件和被委托人的有效身份证明。

（3）发证机构收到相关行政主管部门批准文件（含电子文本、数据）和相关材料并经核对无误后，应在3个工作日内签发两用物项和技术进口或者出口许可证。

3. 通关管理规范

（1）对以任何方式进口或出口，以及过境、转运、通运列入《两用物项和技术进出口许可证管理目录》的商品，两用物项和技术的进出口经营者应当主动向海关出具有效的两用物项和技术进出口许可证，进出口经营者未向海关出具两用物项和技术进出口许可证而产生的相关法律责任由其自行承担。

（2）海关有权对进出口经营者进出口的货物是否属于两用物项和技术提出质疑，进出口经营者应按规定向相关行政主管部门申请进口或者出口许可，或者向商务主管部门申请办理不属于管制范围的相关证明。省级商务主管部门受理其申请，提出处理意见后报商务部审定。对进出口经营者未能出具两用物项和技术进口或者出口许可证或者商务部相关证明的，海关不予办理有关手续。

（3）目录列名的物项和技术，不论该物项和技术是否在管理目录中列明海关商品编号，均应依法办理两用物项和技术进出口许可证。

（4）两用物项和技术进口许可证实行“非一批一证”制和“一证一关”制，两用物项和技术出口许可证实行“一批一证”制和“一证一关”制。进出口经营者应如实规范向海关申报，在固定栏目规范填报两用物项进出口许可证电子证书编号。

（5）两用物项和技术进出口许可证有效期一般不超过1年。跨年度使用时，在有效期内只能使用到次年3月31日，逾期发证机构将根据原许可证有效期换发许可证。

（6）两用物项和技术进出口许可证仅限于申领许可证的进出口经营者使用，不得买卖、转让、涂改、伪造或变造；两用物项和技术进出口许可证应在批准的有效期内使用，逾期自动失效，海关不予验放。

（7）两用物项和技术进出口许可证一经签发，任何单位和个人不得更改证面内容，如需对证面内容进行更改，进出口经营者应当在许可证有效期内向相关行政主管部门重新申请进出口许可，并凭原许可证和新的批准文件向发证机构申领两用物项和技术进出口许可证。

（8）两用物项和技术进口许可证证面的进口商、收货人应分别与海关进口货物报关单的经营单位、收货单位相一致；两用物项和技术出口许可证证面的出口商、发货人应分别与海关出口货物报关单的经营单位、发货单位相一致。

（9）两用物项和技术在中华人民共和国境内的海关特殊监管区域、保税监管场所与境外之间进出的，进出口单位应申领两用物项和技术进口或出口许可证；两用物项和技术在中华人民共和国境内的海关特殊监管区域、保税监管场所与境内其他区域之间进出的，或者在上述海关特殊监管区域、保税监管场所之间进出的，无须申领两用物项和技术进口或出口许可证。

（10）麻黄碱类易制毒化学品的出口限定在北京、天津、上海、深圳口岸报关并于同口岸实际离境。其他海关一律不予受理此类产品的出口报关业务。

（三）再生资源进口管理

自 2021 年 1 月 1 日起，我国已全面禁止以任何方式进口固体废物，即禁止我国境外的固体废物进境倾倒、堆放、处置。生态环境部停止受理和审批限制进口类可用作原料的固体废物进口许可证的申请。

我国在全面禁止进口固体废物的同时，为充分、合理地利用再生资源，推动再生金属产业高质量发展，生态环境部、国家发展改革委、海关总署、商务部、工业和信息化部五部委联合发布公告，明确符合《再生黄铜原料》（GB/T 38470—2019）、《再生铜原料》（GB/T 38471—2019）、《再生铸造铝合金原料》（GB/T 38472—2019）、《再生钢铁原料》（GB/T 39733—2020）标准的再生黄铜原料、再生铜原料、再生铸造铝合金和再生钢铁原料，不属于固体废物，可自由进口。

海关总署采取针对措施，将上述再生类金属商品编码进行细化，将再生黄铜原料、再生铜原料、再生铸造铝合金原料的海关商品编码分别细化为 7404000020、7404000030 和 7602000020，将再生钢铁原料的海关商品编码细化为 7204100010、7204210010、7204290010、7204410010、7204490030，以区分于其他属于固体废物类的金属废料。

对不符合《再生黄铜原料》（GB/T 38470—2019）、《再生铜原料》（GB/T 38471—2019）、《再生铸造铝合金原料》（GB/T 38472—2019）、《再生钢铁原料》（GB/T 39733—2020）国家标准规定的，禁止进口。

（四）进口关税配额管理

关税配额管理属限制进口，实行关税配额证管理。对外贸易经营者经国家批准取得关税配额证后允许按照关税配额税率征税进口；超出限额或无配额进口的则按照配额外税率征税进口，其中食糖还应申领自动进口许可证。

2022 年，我国实施进口关税配额管理的农产品有小麦、玉米、稻谷和大米、食糖、羊毛、毛条、棉花，实施进口关税配额管理的工业品为化肥。

1. 实施关税配额管理的农产品

（1）农产品进口关税配额为全球关税配额，其国家主管部门为商务部及国家发展改革委，企业通过一般贸易、加工贸易、易货贸易、边境小额贸易、援助、捐赠等贸易方式进口上述农产品均列入关税配额管理范围。海关凭商务部、国家发展改革委各自授权机构向最终用户发放的，并加盖“商务部农产品进口关税配额证专用章”或“国家发展和改革委员会农产品进口关税配额证专用章”的“农产品进口关税配额证”办理验放手续。其中，以加工贸易方式进口上述农产品，海关凭企业提交的在“贸易方式”栏目中注明“加工贸易”的进口关税配额证办理通关验放手续。由境外进入保税仓库、保税区、出口加工区的上述农产品，无须提交“农产品进口关税配额证”，海关按现行规定验放并实施监管。从保税仓库、保税区、出口加工区出库或出区进口的关税配额农产品，企业持进口关税配额证向海关办理进口手续。

（2）“农产品进口关税配额证”实行“一证多批”制度，即最终用户需分多批进口的，有效期内，凭“农产品进口关税配额证”可多次办理通关手续，直至海关核注栏填满为止。

（3）2022年度除羊毛、毛条进口关税配额实行先来先领的分配方式外，其他农产品进口关税配额的申请期为每年10月15日至30日。商务部、国家发展改革委分别于申请期前1个月在《国际商报》《中国经济导报》，以及商务部和国家发展改革委网站上公布每种农产品下一年度进口关税配额总量、关税配额申请条件及国务院关税税则委员会确定的关税配额农产品税则号列和适用税率。其中，糖、羊毛、毛条由商务部公布并由商务部授权机构负责受理本地区内申请；小麦、玉米、大米、棉花由国家发展改革委公布并由国家发展改革委授权机构负责受理本地区内的申请。

（4）农产品进口关税配额的分配是根据申请者的申请数量和以往进口实绩、生产能力、其他相关商业标准或根据先来先领的方式进行分配。分配的最小数量将以每种农产品商业上可行的装运量确定。每年1月1日前，商务部、国家发展改革委通过各自授权机构向最终用户发放“农产品进口关税配额证”，并加盖“商务部农产品进口关税配额证专用章”或“国家发展和改革委员会农产品进口关税配额证专用章”。

2. 实施关税配额管理的工业品

（1）化肥进口关税配额为全球配额，商务部负责全国化肥关税配额管理工作。商务部的化肥进口关税配额管理机构负责管辖范围内化肥进口关税配额的发证、统计、咨询和其他授权工作。关税配额内化肥进口时，海关凭进口单位提交的“化肥进口关税配额证明”，按配额内税率征税，并验放货物。

（2）“化肥进口关税配额证明”实行“一批一证”管理，需要延期或证面栏目内容需要变更的，一律重新办理，旧证同时撤销。

（3）商务部负责在化肥进口关税配额总量内，根据国民经济综合平衡及资源合理配置的要求，对化肥进口关税配额进行分配。凡在中华人民共和国工商行政管理部门登记注册的企业（以下简称“申请单位”），在其经营范围内均可向所在地区的授权机构申请化肥进口关税配额。商务部于每年的9月15日至10月14日公布下一年度的关税配额数量。申请单位应当在每年的10月15日至10月30日向商务部提出化肥关税配额的申请。商务部根据各地区生产和市场需求，并参考申请单位以往的进口实绩（申请单位的生产能力、经营规模、销售状况）、以往分配的配额是否得到充分使用、新的进口经营者的申请情况、申请配额的数量情况等因素，于每年12月31日前将化肥关税配额分配到进口用户。

（五）野生动植物种进出口管理

野生动植物是人类的宝贵自然财富。挽救珍稀濒危动植物种，保护、发展和合理利用野生动植物资源，对维护自然生态平衡，开展科学研究，发展经济、文化、教育、医药、卫生等事业有着极其重要的意义。为此，我国颁布了《中华人民共和国森林法》《中华人民共和国野生动物保护法》《中华人民共和国野生植物保护条例》《野生动植物进出口证书管理办法》等相关法律法规，并发布了我国物种自主保护目录，同时，我国也是《濒危野生动植物种国际贸易公约》的成员。因此，我国进出口管理的濒危物种包括《濒危野生动植物种国际贸易公约》成员国（地区）应履行保护义务的物种及为保护我国珍稀物种而自主保护的物种。我国对进出口野生动植物及其产品，实行野生动植物进出口证书管理。

野生动植物种进出口证书管理是指国家林业和草原局所属国家濒危物种进出口管理办

公室会同国家其他部门，依法制定或调整《进出口野生动植物种商品目录》并以签发“濒危野生动植物种国际贸易公约允许进出口证明书”（以下简称“公约证明”）、“中华人民共和国濒危物种进出口管理办公室野生动植物允许进出口证明书”（以下简称“非公约证明”）或“非《进出口野生动植物种商品目录》物种证明”（以下简称“物种证明”）的形式，对该目录列名的依法受保护的珍贵、濒危野生动植物及其产品实施的进出口限制管理。

凡进出口列入《进出口野生动植物种商品目录》的野生动植物或其产品，必须严格按照有关法律、行政法规的程序进行申报和审批，并在进出口报关前取得国家濒危物种进出口管理办公室或其授权的办事处签发的公约证明、非公约证明或物种证明后，向海关办理进出口手续。

1. 非公约证明管理范围及通关管理规范

非公约证明是我国进出口许可管理制度中具有法律效力，用来证明对外贸易经营者经营列入《进出口野生动植物种商品目录》中属于我国自主规定管理的野生动植物及其产品合法进出口的证明文件，是海关验放该类货物的重要依据。出口列入商品目录中国家重点保护的野生动植物及其产品的，实行非公约证明管理。

（1）管理范围

对列入《进出口野生动植物种商品目录》中属于我国自主规定管理的野生动植物及其产品，不论以何种方式出口，均须事先申领非公约证明。

（2）通关管理规范

① 向海关申报出口列入《进出口野生动植物种商品目录》中属于我国自主规定管理的野生动植物及其产品，海关凭有效非公约证明及其他有关单据验放。

② 非公约证明实行“一批一证”制度。

2. 公约证明管理范围及通关管理规范

公约证明是我国进出口许可管理制度中具有法律效力，用来证明对外贸易经营者经营列入《进出口野生动植物种商品目录》中属于《濒危野生动植物种国际贸易公约》成员方应履行保护义务的物种合法进出口的证明文件，是海关验放该类货物的重要依据。

（1）管理范围

对列入《进出口野生动植物种商品目录》中属于《濒危野生动植物种国际贸易公约》成员方应履行保护义务的物种，不论以何种方式进出口，均须事先申领公约证明。

（2）通关管理规范

① 向海关申报进出口列入《进出口野生动植物种商品目录》中属于《濒危野生动植物种国际贸易公约》成员方应履行保护义务的物种，报关单位应主动向海关提交有效的公约证明及其他有关单据。采用无纸报关的，应在固定栏目规范填报相应证明的电子证书编号。

② 向海关申报进出口列入《进出口野生动植物种商品目录》中属于《濒危野生动植物种国际贸易公约》成员方应履行保护义务的物种需要过境、转运、通运的，无须申请核发野生动植物进出口证书。

③ 公约证明实行“一批一证”制度。

3. 物种证明适用范围及通关管理规范

由于受濒危物种进出口管理的动植物种很多，认定工作的专业性很强，为使濒危物种进出口监管工作做到准确严密，海关总署和国家濒危物种进出口管理办公室共同商定启用物种证明，由国家濒危物种进出口管理办公室指定机构进行认定并出具物种证明，报关单位凭以办理报关手续。

（1）适用范围

按照《进出口野生动植物种商品目录》的制定原则，物种证明的适用范围一般包括：一是进出口属于《濒危野生动植物种国际贸易公约》规定免管或者豁免的野生动植物及其产品；二是出口人工培植来源的非《濒危野生动植物种国际贸易公约》附录所列，但与国家重点保护同名的野生植物及其产品；三是进口和再出口非《濒危野生动植物种国际贸易公约》附录所列，但与国家重点保护同名的野生动植物及其产品；四是进出口属于未拆分出非濒危物种且带有监管条件的海关商品编号管理的非《濒危野生动植物种国际贸易公约》附录所列、非国家重点保护的野生动植物及其产品。

对申报进出口的野生动植物及其产品符合《进出口野生动植物种商品目录》所列海关商品编号描述和含义的，凡不属于允许进出口证明书管理范畴的，不论所涉及的物种或者监管条件是否纳入动植物附表或者注释表，各办事处应当依法核发物种证明，海关验核物种证明办理报关手续。

（2）通关管理规范

① 物种证明由国家濒危物种进出口管理办公室统一按确定的格式制作，不得转让或倒卖。证面不得涂改、伪造。采用无纸报关的，应在固定栏目规范填报相应证明的电子证书编号。

② 物种证明分为“一次使用”和“多次使用”两种。

一次使用的物种证明有效期自签发之日起不得超过180天，多次使用的物种证明有效期不超过360天。多次使用的物种证明只适用于同一物种、同一货物类型、在同一报关口岸多次进出口的野生动植物。多次使用的物种证明有效期截至发证当年12月31日。持证者须于1月31日之前将上一年度使用多次物种证明进出口有关野生动植物的情况汇总上报发证机关。

③ 进出口企业必须按照物种证明规定的口岸、方式、时限、物种、数量和货物类型等进出口野生动植物。对于超越物种证明中任何一项许可范围的申报行为，海关均不予受理。

④ 海关对经营者进出口列入《进出口野生动植物种商品目录》的商品及含野生动植物成分的纺织品是否为濒危野生动植物种提出质疑的，经营者应按海关的要求，向国家濒危物种进出口管理办公室或其办事处申领物种证明；属于公约证明或非公约证明管理范围的，应申领公约证明或非公约证明。经营者未能出具证明书或物种证明的，海关不予办理有关手续。

（六）进出口药品管理

进出口药品管理是指为加强对药品的监督管理，保证药品质量，保障人体用药安全，维护人民身体健康和用药合法权益，国家药品监督管理局依照《中华人民共和国药品管理法》、有关国际公约以及国家其他法规，对进出口药品实施监督管理的行政行为。

进出口药品管理是我国进出口许可管理制度的重要组成部分，属于国家限制进出口管理范畴，实行分类和目录管理。进出口药品从管理角度可分为进出口麻醉药品、进出口精神药品、进出口兴奋剂，以及进口一般药品。国家药品监督管理局会同国务院商务主管部门对上述药品依法制定并调整管理目录，以签发许可证件的形式对其进出口加以管制。

目前，我国公布的药品进出口管理目录有：《进口药品目录》《生物制品目录》《精神药品管制品种目录》《麻醉药品管制品种目录》《兴奋剂目录》等。

药品必须经由国务院批准的允许药品进口的口岸进口。目前，允许进口药品的口岸有北京、天津、上海、大连、青岛、济南、成都、武汉、长沙、重庆、厦门、南京、杭州、宁波、福州、广州、深圳、珠海、海口、西安、南宁 21 个城市口岸，以及西藏吉隆县和普兰县所在地直属海关所辖关区口岸。首次在中国境内销售的精神、麻醉药品，进口口岸限定为北京、上海和广州 3 个城市的口岸。

1. 精神药品进出口管理范围及通关管理规范

精神药品进出口准许证是我国进出口精神药品管理批件，国家药品监督管理局依据《中华人民共和国药品管理法》、国务院颁布的《精神药品管理办法》，以及有关国际条约，对进出口直接作用于中枢神经系统，使之兴奋或抑制，连续使用能产生依赖性的药品，制定和调整《精神药品管制品种目录》，并以签发“精神药品进口准许证”或“精神药品出口准许证”的形式对《精神药品管制品种目录》商品实行进出口限制管理。

精神药品进出口准许证是我国进出口许可管理制度中具有法律效力，用来证明对外贸易经营者经营列入《精神药品管制品种目录》管理药品合法进出口的证明文件，是海关验放该类货物的重要依据。

《精神药品管制品种目录》所列药品进出口时，货物所有人或其合法代理人在办理进出口报关手续前，均须取得国家药品监督管理局核发的精神药品进出口准许证，凭以向海关办理报关手续。

（1）管理范围

① 进出口列入《精神药品管制品种目录》的药品，包含精神药品标准品及对照品，如咖啡因、去氧麻黄碱、复方甘草片等。

② 对于列入《精神药品管制品种目录》的药品可能存在的盐、酯、醚，虽未列入该目录，但仍属于精神药品管制范围。

③ 任何单位以任何贸易方式进出口列入上述范围的药品，不论用于何种用途，均须事先申领精神药品进出口准许证。

（2）通关管理规范

① 向海关申报进出口精神药品管理范围内的药品，报关单位应主动向海关提交有效的精神药品进出口准许证及其他有关单据。采用无纸报关的，应在固定栏目规范填报相应证件的电子证书编号。

② 精神药品的进出口准许证仅限在该证注明的口岸海关使用，并实行“一批一证”制度，证面内容不得自行更改，如需更改，应到国家药品监督管理局办理换证手续。

2. 麻醉药品进出口管理范围及通关管理规范

麻醉药品进出口准许证是我国进出口麻醉药品管理批件，国家药品监督管理部门依据《中华人民共和国药品管理法》、国务院颁布的《麻醉药品管理办法》，以及有关国际条约，对进出口连续使用后易使身体产生依赖性、能成瘾癖的药品，制定和调整《麻醉药品管制品种目录》，并以签发“麻醉药品进口准许证”或“麻醉药品出口准许证”的形式对该目录商品实行进出口限制管理。

麻醉药品进出口准许证是我国进出口许可管理制度中具有法律效力，用来证明对外贸易经营者经营列入《麻醉药品管制品种目录》管理药品合法进出口的证明文件，是海关验放该类货物的重要依据。

《麻醉药品管制品种目录》所列药品进出口时，货物所有人或其合法代理人在办理进出口报关手续前，均须取得国家药品监督管理局核发的麻醉药品进出口准许证，凭以向海关办理报关手续。

（1）管理范围

① 进出口列入《麻醉药品管制品种目录》的麻醉药品，包括鸦片、可卡因、大麻、吗啡、海洛因以及合成麻醉药类和其他易成瘾癖的药品、药用原植物及其制剂。

② 对于列入《麻醉药品管制品种目录》的麻醉药品可能存在的盐、酯、醚，虽未列入该目录，但仍属于麻醉药品管制范围。

③ 任何单位以任何贸易方式进出口列入上述范围的药品，不论用于何种用途，均须事先申领麻醉药品进出口准许证。

（2）通关管理规范

① 向海关申报进出口麻醉药品管理范围内的药品，报关单位应主动向海关提交有效的麻醉药品进出口准许证及其他有关单据。

② 麻醉药品的进出口准许证仅限在该证注明的口岸海关使用，并实行“一批一证”制度，证面内容不得自行更改，如需更改，应到国家药品监督管理局办理换证手续。

3. 兴奋剂进出口管理范围及通关管理规范

为了防止在体育运动中使用兴奋剂，保护体育运动参加者的身心健康，维护体育竞赛的公平竞争，根据《中华人民共和国体育法》和其他有关法律，我国制定颁布了《反兴奋剂条例》。依据该条例及有关法律法规的规定，国家体育总局会同商务部、国家卫生健康委员会 、海关总署、国家药品监督管理局制定颁布了《兴奋剂目录》。

（1）管理范围

列入《兴奋剂目录》的药品，包括：蛋白同化制剂品种、肽类激素品种、麻醉药品品种、刺激剂（含精神药品）品种、药品类易制毒化学品品种、医疗用毒性药品品种、其他品种 7 类。

（2）通关管理规范

① 进出口列入《兴奋剂目录》的精神药品、麻醉药品、易制毒化学品、医疗用毒性药品，应按照现行规定向海关办理通关验放手续。对《兴奋剂目录》中的“其他品种”，海关暂不按照兴奋剂实行管理。

② 根据《蛋白同化制剂、肽类激素进出口管理办法》的相关规定，国家对进出口蛋白同化制剂和肽类激素分别实行进口准许证和出口准许证管理：

A. 进出口蛋白同化制剂、肽类激素，进出口单位应当事先向国家药品监督管理局申领进口准许证或出口准许证。

B. 进出口单位在办理报关手续时，应多提交一联报关单，并向海关申请签退该联报关单。海关凭药品进口准许证或出口准许证验放货物后，在该联报关单上加盖“验讫章”后退进出口单位，进出口单位应当在海关验放后 1 个月内，将进口准许证或出口准许证的第一联、海关签章的报关单退回发证机关。

C. 进口准许证有效期 1 年。出口准许证有效期不超过 3 个月（有效期时限不跨年度）。取得药品进出口准许证后未进行相关进出口贸易的，进出口单位应当于准许证有效期满后1个月内将原准许证退回发证机关。

D. 进口准许证、出口准许证实行“一证一关”制度，证面内容不得更改。因故延期进出口的，可以持原进出口准许证办理一次延期换证手续。

E. 个人因医疗需要携带或邮寄进出境自用合理数量范围内的蛋白同化制剂和肽类激素药品，凭医疗机构处方予以验放。无法出具处方或超出处方剂量的，均不准进出境。

F. 以加工贸易方式进出口蛋白同化制剂、肽类激素的，海关凭药品进口准许证、出口准许证办理验放手续并实施监管。

G. 从境内区外进入保税区、出口加工区及其他海关特殊监管区域和保税监管场所的蛋白同化制剂、肽类激素，应当办理药品出口准许证；从保税区、出口加工区及其他海关特殊监管区域、保税监管场所进入境内区外的蛋白同化制剂、肽类激素，应当办理药品进口准许证。

保税区、出口加工区及其他海关特殊监管区域、保税监管场所与境外进出及海关特殊监管区域、保税监管场所之间进出的蛋白同化制剂、肽类激素，免予办理药品进口准许证、出口准许证，由海关实施监管。

4. 一般药品进口管理范围及通关管理规范

国家对一般药品进口实行目录管理。国家药品监督管理局依据《中华人民共和国药品管理法》《中华人民共和国药品管理法实施条例》制定和调整《进口药品目录》《生物制品目录》；国家药品监督管理局授权的口岸药品检验所以签发进口药品通关单的形式对列入管理目录的商品实行进口限制管理。

进口药品通关单是我国进出口许可管理制度中具有法律效力，用来证明对外贸易经营者经营列入管理目录的商品合法进口的证明文件，是海关验放的重要依据。

（1）管理范围

① 进口列入《进口药品目录》的药品，指用于预防、治疗、诊断人的疾病，有目的地调节人的生理机能并规定有适应症、用法和用量的物质，包括中药材、中药饮品、中成药、化学原料药及其制剂、抗生素、生化药品、血清疫苗、血液制品等。

② 进口列入《生物制品目录》的商品，包括疫苗类、血液制品类及血源筛查用诊断试剂等。

③ 首次在我国境内销售的药品。

④ 进口暂未列入《进口药品目录》的原料药的单位，必须遵守《进口药品管理办法》中的各项有关规定，主动到各口岸药品检验所报验。

（2）通关管理规范

① 向海关申报进口列入管理目录中的药品，报关单位应主动向海关提交有效的进口药品通关单及其他有关单据。采用无纸报关的，应在固定栏目规范填报进口药品通关单的电子证书编号。

② 进口药品通关单仅限在该单注明的口岸海关使用，并实行“一批一证”制度，证面内容不得更改。

③ 任何单位以任何贸易方式进口列入管理目录的药品，不论用于何种用途，均须事先申领进口药品通关单。

④ 从境外进入保税仓库、保税区、出口加工区的药品，免予办理进口备案和口岸检验等进口手续。从保税仓库、出口监管仓库、保税区、出口加工区出库或出区进入境内的

药品，海关验核进口药品通关单，并按规定办理通关手续。

目前，一般药品出口暂无特殊的管理要求。

（七）美术品进出口管理

为加强对美术品进出口经营活动、商业性美术品展览活动的管理，促进中外文化交流，丰富人民群众文化生活，国家对美术品进出口实施监督管理。文化和旅游部负责对美术品进出口经营活动的审批管理，海关负责对美术品进出境环节进行监管。

美术品进出口管理是我国进出口许可管理制度的重要组成部分，属于国家限制进出口管理范畴。文化和旅游部委托美术品进出口口岸所在地省、自治区、直辖市文化行政部门负责本辖区美术品的进出口审批。文化和旅游部对各省、自治区、直辖市文化行政部门的审批行为进行监督、指导，并依法承担审批行为的法律责任。美术品进出口单位应当在美术品进出口前，向美术品进出口口岸所在地省、自治区、直辖市文化行政部门申领进出口批件，凭以向海关办理通关手续。

1. 管理范围

（1）纳入我国进出口管理的美术品是指艺术创作者以线条、色彩或者其他方式，经艺术创作者以原创方式创作的具有审美意义的造型艺术作品，包括绘画、书法、雕塑、摄影等作品，以及艺术创作者许可并签名的，数量在200件以内的复制品。

（2）批量临摹的作品、工业化批量生产的美术品、手工艺品、工艺美术产品、木雕、石雕、根雕、文物等均不纳入美术品进行管理。

（3）我国禁止进出境含有下列内容的美术品：违反宪法确定的基本原则的；危害国家统一、主权和领土完整的；泄露国家秘密、危害国家安全或者损害国家荣誉和利益的；煽动民族仇恨、民族歧视，破坏民族团结，或者侵害民族风俗习惯的；宣扬或者传播邪教迷信的；扰乱社会秩序，破坏社会稳定的；宣扬或者传播淫秽、色情、赌博、暴力、恐怖或者教唆犯罪的；侮辱或者诽谤他人、侵害他人合法权益的；蓄意篡改历史、严重歪曲历史的；危害社会公德或者有损民族优秀文化传统的；我国法律、行政法规和国家规定禁止的其他内容的。

2. 办理程序

我国对美术品进出口实行专营，经营美术品进出口的企业必须是在商务部门备案登记，取得进出口资质的企业。美术品进出口单位应当在美术品进出口前，向美术品进出口口岸所在地省、自治区、直辖市文化行政部门提出申请，并报送以下材料：

（1）美术品进出口单位的企业法人营业执照、对外贸易经营者备案登记表；

（2）进出口美术品的来源、目的地、用途；

（3）艺术创作者名单、美术品图录和介绍；

（4）审批部门要求提供的其他材料。

文化行政部门应当自受理申请之日起15日内作出决定。批准的，发给批准文件，批准文件中应附美术品详细清单。申请单位持批准文件到海关办理手续。不批准的，文化行政部门书面通知申请人并说明理由。

3. 通关管理规范

（1）向海关申报进出口管理范围内的美术品，报关单位应主动向海关提交有效的进出口批准文件及其他有关单据。

（2）美术品进出口单位向海关提交的批准文件不得擅自更改。如需更改，应当及时将变更事项向审批部门申报，经审批部门批准确认后，方可变更。

（3）文化行政部门的批准文件，不得伪造、涂改、出租、出借、出售或者以其他任何形式转让。

（4）同一批已经批准进口或出口的美术品复出口或复进口，进出口单位可持原批准文件正本到原进口或出口口岸海关办理相关手续，文化行政部门不再重复审批。上述复出口或复进口的美术品如与原批准内容不符，进出口单位则应当到文化行政部门重新办理审批手续。

（5）以研究、教学参考、馆藏、公益性展览等非经营性用途的美术品进出境，应当委托美术品进出口单位办理进出口手续。

（八）民用爆炸物品进出口管理

为了加强对民用爆炸物品进出口的管理，维护国家经济秩序，保障社会公共安全，根据《民用爆炸物品安全管理条例》，国家对民用爆炸物品实施进出口限制管理。工业和信息化部为国家进出口民用爆炸物品主管部门，负责民用爆炸物品进出口的审批；公安机关负责民用爆炸物品境内运输的安全监督管理；海关负责民用爆炸物品进出口环节的监管。

在进出口民用爆炸物品前，进出口企业应当向工业和信息化部申领“民用爆炸物品进/出口审批单”。在取得“民用爆炸物品进/出口审批单”后，进出口企业应当在3个工作日内将获准进出口的民用爆炸物品的品种和数量等信息向收货地或者出境口岸所在地县级人民政府公安机关备案，并同时向所在地省级民用爆炸物品行业主管部门备案，在依法取得公安机关核发的“民用爆炸物品运输许可证”后方可运输民用爆炸物品。

1. 管理范围

管理范围包括：用于非军事目的、列入我国“民用爆炸物品品名表”的各类火药、炸药及其制品，雷管、导火索等点火和起爆器材。

2. 办理程序

进出口民用爆炸物品，应当逐单申请办理审批手续。国家对进出口民用爆炸物品的企业实施资质管理：取得“民用爆炸物品生产许可证”的企业可以申请进口用于本企业生产的民用爆炸物品原材料（含半成品），出口本企业生产的民用爆炸物品（含半成品）；取得“民用爆炸物品销售许可证”的企业可以申请进出口其“民用爆炸物品销售许可证”核定品种范围内的民用爆炸物品。

具备上述资质的企业申请进出口民用爆炸物品，应当向工业和信息化部提交下列材料：

（1）民用爆炸物品进出口申请文件及“民用爆炸物品进/出口审批单”（一式五份）；

（2）企业出具的法定代表人、经办人的身份证明文件及有效身份证件复印件。首次申请时应当提供工商营业执照和“民用爆炸物品生产许可证”或者“民用爆炸物品销售许可证”的原件及复印件。证照在年检有效期内且未变更的，再次申请时仅提供加盖公章的复印件；

（3）进出口合同或者订单、形式发票等有效合同原件及加盖公章的中文译本。因外方原因无法提供原件的，进出口企业应当对复印件出具保函；

（4）出口民用爆炸物品，应当提交最终用户和最终用途证明、进口国（地区）的许可文件原件及中文译本。因外方原因无法提供原件的，出口企业应当对复印件出具保函；

（5）进口民用爆炸物品，应当提交加盖公章的产品说明（内容包括产品标准、爆炸物成分、包装方式、民用爆炸物品警示标志和登记标志、用途说明等信息）。对民用爆炸物品有环保要求的，应当提交符合国家有关环保标准的证明材料。申请单位和收货单位不一致时，应当提交收货单位的最终用户和最终用途证明及合法使用证明等。

对“民用爆炸物品进/出口审批单”项下物品未能全部进出口且剩余部分仍需执行的，进出口企业应当提交申请文件和海关签注的原审批单或者报关单，向工业和信息化部申请换领剩余数量的“民用爆炸物品进/出口审批单”。

“民用爆炸物品进/出口审批单”的有效期为签发之日起6个月。需延期或者变更审批事项的，进出口企业应当向工业和信息化部提交申请文件，并凭原审批单换领新审批单。每单仅限延期一次，延期时间不超过6个月。

工业和信息化部对申请材料进行审查，对申请材料不齐全或者不符合法定形式的，应当当场或者在5个工作日内一次告知申请人需要补正的全部内容，逾期不告知的，自收到申请材料之日起即为受理；对申请材料齐全，符合法定形式，或者已按要求提交全部补正申请材料的，应当予以受理，并出具受理通知书，自受理申请之日起20个工作日内作出是否批准的决定。批准进出口民用爆炸物品的，应当向申请人核发“民用爆炸物品进/出口审批单”；不予批准的，应当书面告知申请人。

3. 通关管理规范

（1）向海关申报进出口民用爆炸物品时，进出口企业应当向海关提交两份“民用爆炸物品进/出口审批单”，海关签注实际进出口的商品数量后，由现场海关和企业分别留存。

“民用爆炸物品进/出口审批单”实行“一批一单”和“一单一关”管理。采用无纸报关的，应在固定栏目规范填报“民用爆炸物品进/出口审批单”的电子证书编号。

（2）进出口企业申请退运民用爆炸物品时，应当向工业和信息化部办理进/出口审批手续。申请退运时须提交申请文件、退运保函、原“民用爆炸物品进/出口审批单”及相应报关单。工业和信息化部审核通过后核发“民用爆炸物品进/出口审批单”，其中“申请进/出口用途及理由”标明“退运货物”。退运报关时，海关对所退运的货物进行审核验放。

（3）海关无法确定进出口物品是否属于民用爆炸物品的，由进出口企业将物品样品送交具有民用爆炸物品检测资质的机构鉴定，对检测机构确认是民用爆炸物品的，需在鉴定报告中说明送检物品的成分、性质等内容，并按照“民用爆炸物品品名表”对送检物品进行判定和商品归类。海关依据有关鉴定结论实施进出口管理。

（4）民用爆炸物品在海关特殊监管区域或者场所与境外之间进出的，应当向海关提交“民用爆炸物品进/出口审批单”。

（九）其他货物进出口管理

1. 黄金及其制品进出口管理

黄金是指未锻造金，黄金制品是指半制成金和金制成品等。

为了规范黄金及黄金制品进出口行为，加强黄金及黄金制品进出口管理，中国人民银行会同海关总署，根据《中华人民共和国中国人民银行法》《海关法》《黄金及黄金制品进出口管理办法》等法律法规，对进出口黄金及其制品实施监督管理的行政行为。

中国人民银行根据国家宏观经济调控需求，可以对黄金及黄金制品进出口的数量进行限制性审批，会同海关总署制定、调整并公布《黄金及黄金制品进出口管理商品目录》。管理目录主要包括：氰化金、氰化金钾等［包括氰化亚金（Ⅰ）钾（含金68.3%）、氰化亚金（Ⅲ）钾（含金57%）］、其他金化合物（不论是否已有化学定义）、非货币用金粉、非货币用未锻造金、非货币用半制成金、货币用未锻造金（包括镀铂的金）、金的废碎料、镶嵌钻石的黄金制首饰及其零件（不论是否包、镀其他贵金属）、镶嵌濒危物种制品的金首饰及零件（不论是否包、镀其他贵金属）、其他黄金制首饰及其零件（不论是否包、镀其他贵金属）、黄金表壳（按重量计含金量在80%及以上）、黄金表带（按重量计含金量在80%及以上）等。

黄金及其制品进出口管理属于我国进出口许可管理制度中限制进出口管理范畴，中国人民银行为黄金及其制品进出口的管理机关。以一般贸易、加工贸易转内销及境内购置黄金原料以加工贸易方式出口黄金制品的，海关特殊监管区域、保税监管场所与境内区外之间进出口的，因公益事业捐赠进口黄金及黄金制品等贸易方式进出口黄金及黄金制品的，应当向中国人民银行或其授权的中国人民银行分支机构申领“黄金及其制品进出口准许证”，凭以办理海关手续。采用无纸报关的，应在固定栏目规范填报“黄金及其制品进出口准许证”的电子证书编号。

以加工贸易方式进出口的，海关特殊监管区域、保税监管场所与境外之间进出的，海关特殊监管区域、保税监管场所之间进出的，以及以维修、退运、暂时进出境方式进出境的，可暂免予办理“黄金及其制品进出口准许证”，由海关实施监管。

2. 有毒化学品管理

“有毒化学品”是指进入环境后通过环境蓄积、生物累积、生物转化或化学反应等方式损害健康和环境，或者通过接触对人体具有严重危害和具有潜在危险的化学品。

为了保护人体健康和生态环境，加强有毒化学品进出口的环境管理，国家根据《关于化学品国际贸易资料交换的伦敦准则》，发布了《中国严格限制进出口的有毒化学品目录》，对进出口有毒化学品进行监督管理。

生态环境部在审批有毒化学品进出口申请时，对符合规定准予进出口的，签发有毒化学品环境管理放行通知单。

有毒化学品环境管理放行通知单是我国进出口许可管理制度中具有法律效力，用来证明对外贸易经营者经营列入《中国严格限制进出口的有毒化学品目录》的化学品合法进出口的证明文件，是海关验放该类货物的重要依据。采用无纸报关的，应在固定栏目规范填报有毒化学品环境管理放行通知单的电子证书编号。

3. 农药进出口管理

“农药进出口登记管理放行通知单”是国家农业主管部门依据《中华人民共和国农药管理条例》，对进出口用于预防、消灭或者控制危害农业、林业的病、虫、草和其他有害生物，有目的地调节植物、昆虫生长的化学合成或者来源于生物、其他天然物质的一种物质或者几种物质的混合物及其制剂实施管理的进出口许可证件，其国家主管部门是农业农村部。

我国对进出口农药实行目录管理，由农业农村部会同海关总署依据《中华人民共和国农药管理条例》和《在国际贸易中对某些危险化学品和农药采用事先知情同意程序的鹿特丹公约》，制定《中华人民共和国进出口农药登记证明管理名录》（以下简称《农药名录》）。进出口列入上述目录的农药，应事先向农业农村部农药检定所申领“农药进出口登记管理放行通知单”，凭以向海关办理进出口报关手续。

“农药进出口登记管理放行通知单”是我国进出口许可管理制度中具有法律效力，用来证明对外贸易经营者经营《农药名录》所列农药合法进出口的证明文件，是海关验放该类货物的重要依据。

“农药进出口登记管理放行通知单”实行“一批一证”管理，进出口一批农药产品，办理一份通知单，对应一份海关进出口货物报关单。通知单一式两联，第一联由进出口单位交海关办理通关手续，由海关留存与报关单一并归档，第二联由农业农村部留存。采用无纸报关的，应在固定栏目规范填报“农药进出口登记管理放行通知单”的电子证书编号。

“农药进出口登记管理放行通知单”经签发，任何单位或个人不得修改证明内容；如需变更证明内容，应在有效期内将原证交回农业农村部农药检定所，并申请重新办理进出口农药登记证明。

4. 兽药进口管理

兽药进口管理是指国家农业主管部门（即农业农村部）依据《进口兽药管理办法》，对进出口兽药实施的监督管理。受管理的兽药是指用于预防、治疗、诊断畜禽等动物疾病，有目的地调节其生理机能并规定作用、用途、用法、用量的物质。

进口兽药实行目录管理，《进口兽药管理目录》由农业农村部会同海关总署制定、调整并公布。企业进口列入《进口兽药管理目录》的兽药，应向进口口岸所在地省级人民政府兽医行政管理部门申请办理“进口兽药通关单”，凭此向海关办理报关手续。“进口兽药通关单”实行“一单一关”制度，在30日有效期内只能一次性使用。采用无纸报关的，应在固定栏目规范填报“进口兽药通关单”的电子证书编号。

从境外进入保税区、出口加工区及其他海关特殊监管区域和保税监管场所的兽药及海关特殊监管区域、保税监管场所之间进出口的兽药，免予办理“进口兽药通关单”，由海关按照有关规定实施监管。从保税区、出口加工区及其他海关特殊监管区域和保税监管场所进入境内区外的兽药，应当办理“进口兽药通关单”。

兽药进口单位进口暂未列入《进口兽药管理目录》的兽药时，应如实申报，主动向海关出具“进口兽药通关单”；对进口同时列入《进口药品目录》的兽药，海关免予验核“进口药品通关单”；对进口的兽药，因企业申报不实或伪报用途所产生的后果，企业应承担相应的法律责任。

5. 水产品捕捞进口管理

我国已加入养护大西洋金枪鱼国际委员会、印度洋金枪鱼委员会和南极海洋生物资源养护委员会。为遏止非法捕鱼活动和有效养护有关渔业资源，上述政府间渔业管理组织已对部分水产品实施合法捕捞证明制度。根据合法捕捞证明制度的规定，国际组织成员进口部分水产品时有义务验核船旗国政府主管机构签署的合法捕捞证明，没有合法捕捞证明的水产品被视为非法捕捞产品，各成员方不得进口。

为有效履行我国政府相关义务，树立我国负责任渔业国际形象，农业农村部会同海关总署对部分水产品捕捞进口实施进口限制管理，并调整公布了《实施合法捕捞证明的水产品清单》。对进口列入《实施合法捕捞证明的水产品清单》的水产品（包括进境样品、暂时进口、加工贸易进口以及进入海关特殊监管区域和海关保税监管场所等)，有关单位应向农业农村部申请“合法捕捞产品通关证明”。2014 年 11 月 1 日，农业部（现为农业农村部）与海关总署实现电子数据联网核查，不再签发纸质版“合法捕捞产品通关证明”。有关单位向农业农村部申请“合法捕捞产品通关证明”，办结后，农业农村部授权单位中国远洋渔业协会通知申请单位，并实时将“合法捕捞产品通关证明”电子数据传输至海关，海关凭电子数据接受企业报关。有关单位在申请“合法捕捞产品通关证明”时，应严格按照附件所列水产品清单内容如实申报，并保证在报关时相关申报内容与申请内容一致。

申请“合法捕捞产品通关证”时应提交由船旗国政府主管机构签发的合法捕捞证明原件。如在船旗国以外的国家或地区加工的该目录所列产品进入我国，申请单位应提交由船旗国政府主管机构签发的合法捕捞产品副本和加工国或者地区授权机构签发的再出口证明原件。

二、 自由进出口管理措施

除国家禁止、限制进出口货物、技术外的其他货物、技术，均属于自由进出口范围。自由进出口货物、技术的进出口不受限制，但基于监测进出口情况的需要，国家对部分属于自由进出口采取如下管理措施：

（一）自动进口许可管理

商务部根据监测货物进口情况的需要，对部分自由进口货物实行自动许可管理。许可证局、各地特派办、地方发证机构及地方机电产品进出口机构负责自动进口许可货物管理和自动进口许可证的签发工作。目前涉及的管理目录是商务部公布的《自动进口许可管理货物目录》，对应的许可证件为“中华人民共和国自动进口许可证”（以下简称“自动进口许可证”）。

1. 自动进口许可管理的商品范围

（1）2022 年实施自动进口许可管理的商品共计 42 类商品：

① 由商务部签发“自动进口许可证”的商品有：牛肉、猪肉、羊肉、鲜奶、奶粉、木薯、大麦、高粱、大豆、油菜籽、食糖、玉米酒精、豆粕、烟草、二醋酸纤维丝束、原油、部分成品油、部分化肥、烟草机械、移动通信产品、卫星广播电视设备及关键部件、部分汽车产品、部分飞机、部分船舶等，涉及 24 类商品。

② 由商务部授权的地方商务主管部门发证机构或者商务部许可证局负责签发“自动进口许可证”的商品有：肉鸡、植物油、铜精矿、煤、铁矿石、部分成品油、部分化肥、钢材、聚氯乙烯、氯丁橡胶、工程机械、印刷机械、纺织机械、金属冶炼及加工设备、金属加工机床、电气设备、部分汽车产品、部分飞机、部分船舶、医疗设备等，涉及 20 类商品。

（2）免交“自动进口许可证”的情形。

进口列入《自动进口许可管理货物目录》的商品，在办理报关手续时须向海关提交“自动进口许可证”，但下列情形免交：

① 加工贸易项下进口并复出口的（原油、成品油除外）；

② 外商投资企业作为投资进口或者投资额内生产自用的（旧机电产品除外）；

③ 货样广告品、实验品进口，每批次价值不超过 5000 元人民币的；

④ 暂时进口的海关监管货物；

⑤ 从境外进入保税区、出口加工区、保税仓库、保税物流中心等海关特殊监管区域、保税监管场所属自动进口许可证管理的货物；

⑥ 加工贸易项下进口的不作价设备监管期满后留在原企业使用的；

⑦ 国家法律法规规定其他免领自动进口许可证的。

2. 办理程序

进口属于自动进口许可管理的货物，收货人（包括进口商和进口用户）在办理海关报关手续前，应向所在地或相应的发证机构提交“自动进口许可证”申请，并取得“自动进口许可证”。其中属于法律法规规定应当招标采购的，收货人还应当依法招标。收货人申请“自动进口许可证”，应当提交其从事货物进出口的资格证书、备案登记文件或者外商投资企业批准证书（以上证书、文件仅限公历年度内初次申领者提交）、自动进口许可证申请表、货物进口合同（属于委托代理进口的，应当提交委托代理进口协议正本）。法律法规对进口货物用途或者最终用户有特定规定的，应当提交进口货物用途或者最终用户符合国家规定的证明材料、针对不同商品在管理目录中列明的应当提交的材料，以及商务部规定的其他应当提交的材料。同时收货人应当对所提交材料的真实性负责，并保证其有关经营活动符合国家法律规定。

收货人可以直接向发证机构书面申请“自动进口许可证”，也可以通过网上申请。其中书面申请的，收货人可以到发证机构领取或者从相关网站下载自动进口许可证申请表（可复印）等有关材料，按要求如实填写，并采用送递、邮寄或者其他适当方式，与其他相关材料一并递交发证机构。采取网上申请的，收货人应当先到发证机构申领用于企业身份认证的电子钥匙。申请时，登录相关网站，进入相关申领系统，按要求如实在线填写自动进口许可证申请表等资料，同时向发证机构提交有关材料。

目前，在全国范围内可对属于自动进口许可管理的货物许可证件申领和通关作业实行无纸化。进口单位申请进口上述货物的，可自行选择有纸作业或者无纸作业方式。选择无纸作业方式的进口单位，应按规定向商务部或者商务部委托的机构申领“自动进口许可证”电子证书或“中华人民共和国进口许可证”（以下简称“进口许可证”）电子证书，并以通关作业无纸化方式向海关办理报关验放手续。

3. 通关管理规范

以通关作业无纸化方式向海关办理报关验放手续的进口单位，可免于提交“自动进口许可证”纸质证书。因管理需要或者其他情形需验核“自动进口许可证”或“进口许可证”纸质证书的，进口单位应当补充提交纸质证书，或者以有纸作业方式向海关办理报关验放手续；海关以进口许可证件联网核查的方式验核“自动进口许可证”电子证书，不再进行纸面签注。“自动进口许可证”发证机构按照海关反馈的进口许可证件使用状态、清关数据等进行延期、变更、核销等操作。

“自动进口许可证”有效期为 6 个月，但仅限公历年度内有效；“自动进口许可证”项下货物原则上实行“一批一证”管理，对部分货物也可实行“非一批一证”管理。对实行“非一批一证”管理的，在有效期内可以分批次累计报关使用，但累计使用不得超过 6 次。每次报关时，海关在“自动进口许可证”原件“海关验放签注”栏内批注后，留存复印件，最后一次使用后，海关留存正本。同一进口合同项下，收货人可以申请并领取多份“自动进口许可证”；对实行“一批一证”的自动进口许可管理的大宗、散装货物，其溢装数量在货物总量3%以内的原油、成品油、化肥、钢材4种大宗散装货物予以免证，其他货物溢装数量在货物总量5%以内的予以免证；对“非一批一证”的大宗散装货物，每批货物进口时，按其实际进口数量核扣自动进口许可证额度数量，最后一批货物进口时，应按该自动进口许可证实际剩余数量的允许溢装上限内计算，即5%（原油、成品油、化肥、钢材在溢装上限3%）以内计算免证数额。

（二）技术进出口合同登记管理

为规范自由进出口技术的管理，建立技术进出口信息管理制度，促进我国技术进出口的发展，根据《技术进出口管理条例》和《技术进出口合同登记管理办法》，对技术进出口实行合同登记管理。

进出口属于自由进出口的技术，应当向国务院商务主管部门或者其委托的机构办理合同备案登记。国务院商务主管部门对技术进出口合同进行登记，颁发技术进出口合同登记证，申请人凭技术进出口合同登记证，办理外汇、银行、税务、海关等相关手续。

1. 管理范围

列入国家禁止和限制进出口技术目录以外的技术都属于自由进出口技术，技术进出口经营者进出口属自由进出口技术，须向商务部及其授权部门办理合同登记并领取“技术进口合同登记证”或“技术出口合同登记证”凭以办理通关手续。

技术进出口合同包括专利权转让合同、专利申请权转让合同、专利实施许可合同、技术秘密许可合同、技术服务合同和含有技术进出口的其他合同。

2. 登记程序

商务部负责对《政府核准的投资项目目录》和政府投资项目中由国务院或国务院投资主管部门核准或审批的项目项下的技术进口合同进行登记管理；各省、自治区、直辖市和计划单列市商务主管部门负责对《政府核准的投资项目目录》和政府投资项目中由国务院或国务院投资主管部门核准或审批的项目项下的自由进出口技术合同进行登记管理；中央管理企业的自由进出口技术合同，按属地原则到各省、自治区、直辖市和计划单列市商务主管部门办理登记。

国家对自由进出口技术合同实行网上在线登记管理。技术进出口经营者应登录商务部政府网站上的“技术进出口合同信息管理系统”进行合同登记，并持技术进（出）口合同登记申请书、技术进（出）口合同副本（包括中文译本）和签约双方法律地位的证明文件，到商务主管部门履行登记手续。商务主管部门在收到上述文件起3个工作日内，对合同登记内容进行核对，并向技术进出口经营者颁发“技术进口合同登记证”或“技术出口合同登记证”。

海关总署和商务部对“技术出口合同登记证”实行电子数据与进出口货物报关单电子数据的联网核查工作。商务部及其授权发证机构根据相关法律法规及有关规定签发“技术出口合同登记证”，并将有效电子数据传输至海关。海关在通关环节对证件信息进行比对核查，并按规定办理相关手续。

3. 通关管理规范

（1）技术进出口经营者应按照现行规定，如实、规范向海关申报，在固定栏目规范填报电子证书编号。

（2）因计算机管理系统、通信网络故障等原因，无法正常实施联网核查的，企业可提交纸本材料并按照要求办理相关手续。

（3）企业可登录中国国际贸易“单一窗口”查询证件电子数据传输状态。

三、 进出口商品合格评定管理措施

我国进出口商品合格评定管理范围包括：《法检目录》所列名的商品即法定检验商品，国家其他有关法律、行政法规规定实施检验检疫的进出境货物及特殊物品等。具体管理措施见本教材相关章节。

第三章 3

进出境货物海关监管与通关作业

依据《对外贸易法》《海关法》《国境卫生检疫法》《进出境动植物检疫法》《食品安全法》《进出口商品检验法》和其他有关法律法规的规定，海关负责对进出境货物、物品、运输工具进出境实施监督管理，并制定进出境货物监管、进出境运输工具监管、进出境旅客行李物品监管、进出境邮递物品监管等制度。

本章主要介绍海关进出境货物的监管及企业的通关作业制度，主要包括进出境货物海关监管概述、进出境货物海关监管的基本制度、进出境货物通关作业等。

第一节
进出境货物海关监管概述

一、海关监管

按照世界海关组织的定义，海关监管是指“为确保海关负责执行的法律、法规的实施而采取的措施”。根据国家赋予海关的职责和海关法有关规定，海关监管是指海关在实际进出关境的环节，依据《对外贸易法》《海关法》《国境卫生检疫法》《进出境动植物检疫法》《食品安全法》《进出口商品检验法》和其他有关法律法规的规定，将国家经济贸易政策等行政主管部门的行政审批、许可、鉴定与进出关境当事人的申报或申请和实际进出关境的活动三者联系起来，进行审核、检查、检验检疫、查验，确定运输工具、货物、物品的进出境活动是否合法或合理，以保障有关当事人的合法权益，维护正常的进出口秩序的行政执法行为或行政执法活动。

《海关法》规定，进出境运输工具、货物、物品必须在设立海关的地点进境或出境。海关在履行监管职责时，一般应在海关监管区内对进出境运输工具、货物、物品进行监督管理。要注意的是，海关在海关监管区内实施监管“不妨碍其他部门履行其相应职责”——在海关监管区内，海关仅依法履行涉及海关职责，其余的政府职责如治安、消防、环保等，应由相应的政府主管部门依法履行。

二、海关监管作业区域

根据《中华人民共和国海关监管区管理暂行办法》（海关总署令第232号发布，海关总署令第240号修改）规定，海关监管区是指《海关法》第一百条所规定的海关对进出境运输工具、货物、物品实施监督管理的场所和地点。海关监管区应当设置符合海关监管要求的基础设施、检查查验设施以及相应的监管设备。海关依照《海关法》的规定，对海关监管区内进出境运输工具、货物、物品行使检查、查验等权力。

海关监管区包括海关特殊监管区域、保税监管场所、海关监管作业场所、免税商店，以及其他有海关监管业务的场所和地点。其中，海关特殊监管区域是经国务院批准，设立在中华人民共和国关境内，实行特殊的税收政策和进出口管理政策，具有加工制造、国际贸易物流分拨、保税仓储、检测维修、研发设计、商品展示等功能，由海关按照国家有关规定实施监管的经济功能区。我国的海关特殊监管区域包含保税区、出口加工区、保税物流园区、保税港区、综合保税区及跨境工业区等类型，通常简称为“特殊区域”。截至2021年8月，全国海关特殊监管区域共有166个，包含综合保税区154个、保税区9个、保税港区2个、跨境工业区1个。目前，我国海关特殊监管区域正逐步整合为综合保税区。保税监管场所是经海关批准设立的保税物流中心（A型、B型）、保税仓库、出口监管仓库及其他保税监管场所。免税商店是经海关总署批准，由经营单位在国务院或者其授权部门批准的地点设立符合海关监管要求的销售场所和存放免税品的监管仓库，向规定的对象销售免税品的企业，具体包括：口岸免税商店、运输工具免税商店、市内免税商店、外交人员免税商店和供船免税商店等。其他有海关监管业务的场所和地点主要包括海关指定监管场地及海关集中作业场地（含旅客通关作业场地、邮检作业场地）等。

海关特殊监管区域、保税监管场所、海关监管作业场所、海关指定监管场地是涉及进出境货物的主要海关监管作业区域。按照本教材编写要求，本章重点介绍与进出口货物口岸监管任务直接相关的海关监管作业场所及海关指定监管场地。海关特殊监管区域、保税监管场所等内容在本教材第四章另述。

（一）海关监管作业场所

1. 含义

海关监管作业场所是指由企业负责经营管理，供进出境运输工具或者境内承运海关监管货物的运输工具进出、停靠，从事海关监管货物的进出、装卸、储存、集拼、暂时存放等有关经营活动，符合《海关监管作业场所（场地）设置规范》，办理相关海关手续的场所。海关对监管作业场所在封闭及卡口设置、场地设置、场所用房、信息化管理系统等方面均有明确具体的要求及规定。

海关监管作业场所的设立属行政许可审批范围。申请人需要满足：具有独立的法人资格，与海关监管作业场所经营范围相一致的工商核准登记，须符合《海关监管作业场所（场地）设置规范》规定的海关监管作业场所功能布局和监管设施示意图等要求。

2. 分类

（1）水路运输类海关监管作业场所；

（2）公路运输类海关监管作业场所；

（3）航空运输类海关监管作业场所；

（4）铁路运输类海关监管作业场所；

（5）快递类海关监管作业场所等。

3. 海关监管作业场所内的功能区划分

（1）口岸前置拦截作业区

设置在口岸国门一线的监管作业场所（场地）内，配备相应设施设备，设置明显区分标识，海关在口岸前置拦截作业区对涉及安全准入等需进行拦截处置的进境货物、物品、运输工具、人员，实施前置预防性检疫处理（含检疫处理监管）、前置辐射探测、先期机检等顺势及非侵入的探测和处置作业。根据口岸实际情况和前置拦截作业要求，水运、航空、铁路、公路口岸前置拦截作业区应当设置运输工具登临检疫/检查区、核生化处置区、人工检查作业区、检疫处理区、暂存区（库）及技术用房等功能区域，并根据海关监管需要建设先期机检作业区。对于因口岸客观条件限制，无法独立设置功能区的，可结合口岸实际情况统筹建设功能区域，满足海关前置拦截作业需求。对于因口岸监管区的面积、口岸原有设置布局等客观因素限制无法集中设置的，可结合口岸或监管区的实际情况，合理设置功能区，组合形成口岸前置拦截作业区。

（2）查验作业区

该功能区以查验为主，配套设置必要的储存区、暂时存放区、扣检区、技术整改区等。海关监管作业场所（场地）涉及运营进口汽车、普通食品、进口冷链食品、进境食用水生动物、进境水果、进境木材、进境粮食、进境种苗、供港澳鲜活产品，血液等特殊物品，集装箱/箱式货车承载货物等业务，以及有公路口岸客车进出境的，海关有相应的查验作业区具体设置要求。

（3）检疫处理区

该功能区以检疫处理和卫生处理为主，配套设置必要的查验区、存放区等，包括进境原木检疫处理区、进境大型苗木检疫处理场等。

4. 信息化管理要求

根据海关监管需要，监管作业场所需配备与海关联网的信息化管理系统，能够接收海关相关指令信息。根据海关监管需要，企业自用信息化管理系统应当向海关开放有关功能的授权。建立符合海关网络安全要求的机房或机柜，并且建立满足海关对运输工具登临检查、货物查验、场所（场地）巡查等工作要求的无线网络。

（二）海关指定监管场地

1. 含义

海关指定监管场地是指符合海关监管作业场所（场地）的设置规范，为满足动植物疫病疫情防控需要，对特定进境高风险动植物及其产品实施查验、检验、检疫的监管作业场地。海关指定监管场地的设立可进一步加强海关生物安全风险防控和治理体系建设，提升海关生物安全治理能力，防范动植物疫病疫情输入风险，保障国门生物安全。

2. 分类

（1）进境肉类指定监管场地；
（2）进境冰鲜水产品指定监管场地；
（3）进境粮食指定监管场地；
（4）进境水果指定监管场地；
（5）进境食用水生动物指定监管场地；
（6）进境植物种苗指定监管场地；
（7）进境原木指定监管场地；
（8）其他进境高风险动植物及其产品指定监管场地。

3. 申请程序及提交材料

指定监管场地原则上应当设在第一进境口岸监管区内（进境动物隔离检疫场除外）。申请程序主要包括：经省级人民政府评估和立项、报所在地直属海关初审评估、报海关总署审核、海关总署复审批复反馈直属海关、直属海关预验收、海关总署验收、海关门户网站公布等工作程序。

申请时需要提交的材料包括：地方外向型经济和口岸建设的基本情况、发展规划，指定监管场地开展相关业务的市场需求，以及预期的经济效益、社会效益；地方政府指定保障进境高风险动植物及其产品检疫风险的联防联控工作制度；指定监管场地的建设规划；指定监管场地建设有关土地、环保、农林等评估意见。

4. 海关审核及验收

（1）项目评估

直属海关收到立项材料后，组织专家组进行初审评估，认为符合海关相关规定要求的，报海关总署，认为不符合海关相关规定要求的，应当向地方政府书面反馈意见。海关总署对直属海关的立项评估意见进行复审，提出批复意见，并反馈直属海关，由直属海关向地方政府反馈。

（2）直属海关预验收

申请预验收时应该同时具备：符合海关监管作业场所（场地）的设置规范，满足动植物疫病疫情防控需要，具备对特定进境高风险动植物及其产品实施查验、检验、检疫的条件；主管海关的监管能力满足特定进境高风险动植物及其产品作业需求；地方政府已建立检疫风险的联防联控制度，国门生物安全、食品安全保障机制，重大动物疫病、重大植物疫情、重大食品安全事件等突发事件应急处理工作机制。正式验收前必要时，海关可提前安排进行检疫处理效果、海关监管人员能力考试等工作。

（3）海关总署验收

海关总署实地验核时一般会召开验收工作见面会，验收组公布验收工作的依据和程序，听取指定监管场地的建设情况汇报，并赴指定监管场地、海关实验室等场地开展实地验核，之后验收组内部评议，形成验收结论，最后召开现场反馈会，验收组反馈验收情况，给出验收结论，由验收组和申请单位签字确认。

（三）海关监管作业场所与海关指定监管场地的区别

海关监管作业场所和海关指定监管场地的区域及功能有重合之处，主要不同在于：

一是法律依据不同。监管作业场所是依据《海关法》第三十八条，为满足监管货物的仓储要求实施的场地管理制度；指定监管场地是依据《进出境动植物检疫法》《进出口商品检验法实施条例》，为防范特定高风险动植物及其产品疫情疫病等检疫风险实施的管理制度。

二是设立程序不同。监管作业场所是实行“海关监管货物仓储”的行政许可审批（监管作业场所注册）制度，设立程序为《中华人民共和国行政许可法》规定的“申请—受理—审批—决定”的法定程序；指定监管场地实行非行政许可、非审批的管理模式，设立程序为“企业申请—地方政府立项—海关评估—企业申请验收—海关实地验收—公布合格名单”。

三、进出境海关监管货物

（一）海关监管货物的含义

海关监管货物是海关监管的重要标的之一，是指以各种贸易或非贸易形态进出境，在尚未办结海关手续的情形下，其处置及物流应受海关监督控制的货物。《海关法》第二十三条规定：“进口货物自进境起到办结海关手续止，出口货物自向海关申报起到出境止，过境、转运和通运货物自进境起到出境止，应当接受海关监管。”在此期间，未经海关许可，不得开拆、提取、交付、发运、调换、改装、抵押、质押、留置、转让、更换标记、移作他用或者进行其他处置。

（二）海关监管货物分类

按货物进出境的性质划分，海关监管货物主要分为以下几类：

1. 一般进出口货物

一般进出口货物是指在进出境环节完纳进出口税费，涉及国家贸易管制的，在进出境环节提交相关许可证件，并办结海关手续的货物。

2. 保税进出口货物

保税进出口货物是指经海关批准，货物进境时未办理纳税手续，在境内按规定储存或加工后复运出境或办理进口报关纳税手续后，经核销办结海关手续的货物。

其主要包括保税加工（加工贸易）、保税物流进出口货物。保税加工是指经营企业进口全部或者部分原辅材料、零部件、元器件、包装物料（统称为料件），经过加工或者装配后，将制成品复出口的经营活动。保税物流货物主要是以在境内储存与流转为目的，包括在海关保税监管场所和海关特殊监管区域储存或简单增值加工后流转的保税货物。

3. 暂时进出境货物

暂时进出境货物是指经海关批准，货物暂时进出关境并且在规定的期限内复运出境、进境，并按规定办结海关手续的货物，包括暂时进境货物和暂时出境货物。

货物进（出）境前（或时）须在海关办理暂时进（出）境核准手续，须提交相关海关事务担保；货物进（出）境时免予缴纳进出口税款，除另有规定的外，免予提交进出口许可证件；货物进（出）境完成特定目的后，在规定期限内复运出境或复运进境，或按最终实际流向办结海关手续。

4. 减免税货物

减免税货物是根据法律、法规和国家进出口税收优惠政策的规定，针对规定范围内的进出口货物予以减征或者免征关税、进口环节税的税收制度。根据《海关法》规定，关税减免分为法定减免税、特定减免税和临时减免税。

5. 其他类别货物

其他进出境货物，主要包括：过境、转运、通运货物，租赁货物，无代价抵偿货物，进出境修理物品，退运货物，直接退运货物，市场采购货物，跨境贸易电子商务零售进出口货物，进出境快件等。

四、进出境货物海关监管作业体系

以货物实际进出境起讫时间为界，可将海关对进出境货物监管作业过程划分为三个阶段，分别为：货物进出境前的“前期管理阶段”、货物进出境后处于海关实际监控下的“进出境通关管理阶段”，以及货物完成通关管理后的“后续管理阶段”。

（一）前期管理阶段

对于特殊类别的海关监管货物，进出口货物收发货人、报关企业（以下简称“当事人”）应根据海关监管要求，在货物进出口之前办理相关进出境业务的备案核准及单证准备等事项。重点内容包括进口货物（含过境货物）的检疫准入、检疫审批、境外预检、境外装运前检验，出口货物的检疫审批等须在申报前根据规定办理相关手续，取得相应的进出口批准文件及证明文件。对企业有资质要求的，应该进行相应的注册登记和备案；对进出口货物有监管证件要求的，企业应在申报前根据相关规定办理进出口所需的监管证件。主要有：

1. 企业通用与专业资质的注册或备案

通过办理有关境内进出口企业注册、企业资质注册登记（备案），由海关确认其经营或报关资格。例如，报关企业备案，出境水生动物养殖场、中转场注册登记，进境粮食的境外生产加工企业注册登记等。

2. 货物前置检验检疫监管

装运前检验检疫事项办理。进口货物：境外预检（主要是对动植物及其产品产地疫情调查等境外预检，旧机电境外装运前检验、监装等）、进出境动植物及其产品检疫核准、特殊物品检疫审批等。出口货物：出境危险货物运输包装性能检验、鉴定，政府协议装运前检验；过境动植物及其产品的动植物检疫核准等。

3. 业务事项备案核准

通过办理货物进出境前的备案或审批手续，确认货物进出境的合法条件和适用的海关监管方式。例如，特定减免税核准，加工贸易手册、账册设立等。

（二）进出境通关管理阶段

按照通关适用的作业程序，此阶段又可细分为前置通关管理、现场通关管理、卡口提离（放行）后续管理三个细分阶段。此阶段的出口货物一般仅有现场通关管理阶段。

1. 前置通关作业

（1）进出境运输工具及所载货物的登临检查

海关在运输工具申报进出境的基础上，经风险分析，结合缉私、疫情等相关情况或随机检查比例要求，下达运输工具登临检查指令或禁装禁卸指令，确定具体的登临检查环节（进境前、进境后至准予作业前、境内停留期间、准予离境前）、检查内容及检疫处理要求。进出境环节对运输工具监管涉及货物方面主要与禁限、准入有关。对于检查正常或经处置合格的，对运输工具放行。

（2）预防性检查（查验）作业

对涉及安全准入等需进行拦截处置的进境货物（含公路口岸承运货物的运输工具，下同），海关在其抵达进境口岸后实施前置预防性检疫处理（含检疫处理监管）、前置辐射探测、先期机检等顺势及非侵入的探测和处置。

前置预防性检疫处理、前置辐射探测、先期机检作业主要根据布控指令或结合货物物流顺势实施。

2. 现场通关作业

根据监管作业要求，在此阶段主要有接受进出口货物申报、实施口岸检查、征收税费、允许进口货物卡口提离（放行）或出口货物装运等内容。

（1）进出境申报

《海关法》规定："进出境运输工具、货物、物品，必须通过设立海关的地点进境或者出境……并依照本法规定办理海关手续。"因此，当事人应在规定的期限、地点向海关报告进出口货物情况，申请按其申报的内容审核放行进出口货物。

申报是当事人履行海关手续的必要环节之一，也是海关确认进出口货物合法性的先决条件。当事人应当对申报内容的真实性、准确性、完整性和规范性承担相应的法律责任。

随着全面深化海关业务改革的不断推进，近年来，海关推出了“一次申报、分步处置”和“两步申报”等申报作业模式，为使前述申报作业模式取得更佳的提升通关效率效果，海关总署提倡并推行在已有确定的货物信息后、到达口岸及集港前采用提前向海关申报的措施，目前进出口企业采取提前申报货物进出口的比例不断增大。也因采取了提前申报操作方式，部分单据向海关申报的时间甚至还早于“先期检查环节”的时间，但不应因此否定申报行为属于现场通关环节的基本属性。有关申报的详细内容详见本章第三节介绍。

（2）海关检查

海关检查是海关为确定当事人向海关申报的内容是否与进出口货物的真实情况相符，或者为确定商品的归类、价格、原产地，实施卫生检疫、动植物检疫、食品检验和商品检验，依法对进出口货物进行实际核查的执法行为，是检疫、查验、检验的统称。

关检机构改革后，海关现场监管作业范围扩大、单证增加、链条延伸，根据检查对象不同，包括：检查单证是否相符、核对品名、检查标签标识、检查包装、核对规格型号、检查原产地、核对数量重量、检查是否侵权、检查外观品质、检查是否夹藏夹杂、检查温度、抽样送检、对实施许可制度的进出口商品进行验证、进行医学检查和卫生检查、检查病媒/有害生物、动物临床检查、检查残留剂、检查车体箱体等。

现场通关环节的海关检查主要集中在口岸监管区内实施。有关海关检查的详细内容详见本章第三节介绍。

（3）征收税款

征收税款是海关依法征收进出口货物税款的行为，除税款外，还可能涉及滞纳金征收及原征收税款的退补税。

有关税费征收、缴纳的具体内容，详见本教材第十章。

（4）卡口提离（放行）/装运

卡口提离（放行）是指进口货物完成口岸安全准入、货物检查及税费缴纳（或担保）手续获准提离口岸海关卡口。

出口货物允许装运即意味着海关对货物放行。

3. 卡口提离（放行）后续作业

在“一次申报、分步处置”的通关作业程序下，海关将进口货物涉税要素的风险排查与处置以及后续目的地检查等工作置于卡口提离（放行）之后，因此完成卡口提离不能简单地认为货物放行手续已办结。适用“两步申报”通关作业程序的进口货物同样如此，卡口提离（放行）后涉及转场查验、附条件提离、目的地查验等情形的，需要在完成相关检查手续后方可销售及使用或进行其他处置，此时方属于货物放行。

对有下列检查作业要求的，必须在此阶段完成：

（1）附条件提离的货物应取得实验室检测结果；

（2）应实施目的地检查的货物按规定实施检查。

部分单据涉及的海关税收风险排查、报关单撤销及修改等综合事务处理可在本阶段实施。适用“两步申报”通关作业模式的申报行为，在概要申报项目处置完成后，海关还需进行完整申报报关单审核及实施税费征收等工作。

（三）后续管理阶段

该通关作业阶段是针对货物放行后实施的。货物放行是指海关接受进出口货物收发货人或其代理人的申报，完成全部阶段的单证审核、货物检查、征税作业，进口货物准予国内销售使用，出口货物准予装载的行为。实行无纸化通关方式申报的报关单，海关通过电子方式将放行信息发送给当事人或海关监管作业场所。

在进出境货物放行后，涉及的后置作业包括但不限于：

1. 涉及保税加工等货物的后续核查核销；
2. 通关事项的海关稽（核）查；
3. 动植物检疫后续监管业务；
4. 商品检验后续监管业务；
5. 进出口食品安全后续监管业务；
6. 其他后续监管事项。

从海关监管角度看，进出境货物监管作业由以上三个阶段构成为一个完整的体系。但需要注意的是，并非所有进出境货物都需经以上全部阶段的海关管理。例如，不涉及安全准入且无须检验检疫的一般进口货物及大多数出口货物，仅需现场通关作业阶段一个阶段的海关监管即可办结全部海关手续，而保税货物、特定减免税货物等则要经过全部三个阶段的海关监管，才能办结所有海关通关监管手续。

第二节 进出境货物海关监管的基本制度

进出境货物通关中，海关根据货物属性分类实施监督管理。对不同属性的货物制定了不同的监管制度。

一、 一般进出口货物的监管制度

(一)“一般进出口” 的含义

一般进出口监管制度，是指货物应在实际进出境阶段（这里所指进出境阶段是指海关办理货物进境或出境手续的进出境通关作业阶段）如实申报、交验单证、接受海关检查、完纳进出口税费，经海关放行，进口货物可以在境内自行处置，出口货物运离关境，可以自由流通的监管规程或准则。

适用一般进出口监管制度办理进出境手续的货物可称为“一般进出口货物”。“一般”一词是海关监管业务中的一种习惯用语，意指正常适用进出口税收与贸易管制制度。一般进出口监管制度作为一种程序性监管制度的标志，主要是易于与适用进出口保税或免税管理以及实施有限贸易管制的其他程序性监管制度相区别。

（二）一般进出口货物的范围

海关监管货物按货物进境、出境后是否复运出境、复运进境，可以分为两大类：一类是进境、出境后不再复运出境、复运进境的货物，称为实际进出口的货物；另一类是进境、出境后还将复运出境，复运进境的货物，称为非实际进出口的货物。

实际进出口的货物，除特定减免税货物外，都属于一般进出口货物的范围，主要有以下几类：

1. 一般贸易进口货物；
2. 一般贸易出口货物；
3. 转为实际进口的保税货物、暂时进境货物，转为实际出口的暂时出境货物；
4. 易货贸易、补偿贸易进出口货物；
5. 不批准保税的寄售代销贸易货物；
6. 承包工程项目实际进出口货物；
7. 外国驻华商业机构进出口陈列用的样品；
8. 外国旅游者小批量订货出口的商品；
9. 随展览品进境的小卖品；
10. 免费提供的进口货物，例如，外商在经济贸易活动中赠送的进口货物，外商在经济贸易活动中免费提供的试车材料等，我国在境外的企业、机构向国内单位赠送的进口货物。

（三）一般进出口货物的管理规定

1. 进出境时缴纳进出口税费

一般进出口货物的当事人应当按照《海关法》和其他有关法律、行政法规的规定，在货物进出境时向海关申报，并按规定缴纳税费。

2. 进出口时提交相关的许可证件

货物进出口时，受国家法律、行政法规管制并需要申领进出口许可证件的，进出口货物当事人应当向海关提交相关的进出口许可证件。

3. 进出口时应接受检验检疫

货物进出口时，须受国家进出境检验检疫管理的，进出口货物当事人应当向海关报检，提交相关的随附单证。

一般进口货物在当事人办结所有必要的海关手续，完全履行了法律规定的与进口有关的义务后，可以直接进入生产和消费领域流通。一般出口货物在报关单位完全履行了法律规定的与出口有关的义务后可以运出境外。

二、保税进出口货物的监管制度

保税进出口货物是指经海关批准，货物进境时未办理纳税手续，在境内按规定储存或加工后复运出境或办理进口报关纳税手续后，经核销办结海关手续的货物。

保税货物监管制度详见本教材第四章相关内容。

三、暂时进出境货物的监管制度

（一）“暂时进出境”的含义

暂时进出境是指经海关批准，货物为特定使用目的进出口，在预定时间内，按原状复出口或复进口（除因使用而产生的正常损耗外），因而可暂予免纳或部分免纳进出口各税的海关监管制度。

（二）暂时进出境货物的范围

1. 在展览会、交易会及类似活动中展示或者使用的货物；
2. 文化、体育交流活动中使用的表演、比赛用品；
3. 进行新闻报道或者摄制电影、电视节目使用的仪器、设备及用品；
4. 开展科研、教学、医疗活动使用的仪器、设备和用品；
5. 在前述第 1~4 项所列活动中使用的交通工具及特种车辆；
6. 货样；
7. 慈善活动使用的仪器、设备及用品；
8. 专业设备，供安装、调试、检测、修理设备时使用的仪器及工具；
9. 盛装货物的包装材料；
10. 旅游用自驾交通工具及其用品；
11. 工程施工中使用的设备、仪器及用品；
12. 测试用产品、设备、车辆；
13. 海关总署批准的其他暂时进出境货物。

使用货物暂准进口单证册（以下称“ATA 单证册”）暂时进境的货物限于我国加入的有关货物暂准进口的国际公约中规定的货物。

（三）暂时进出境货物的监管制度

1. 性质确认

ATA 单证册持证人、非 ATA 单证册项下暂时进出境货物收发货人可以在申报前向主管地海关提交“暂时进出境货物确认申请书”，申请对有关货物是否属于暂时进出境货物进行审核确认，并办理相关手续，也可以在申报环节直接向主管地海关办理暂时进出境货物的有关手续。除另有规定外，暂时进出境货物免予交验许可证件。

2. 担保

ATA 单证册项下暂时出境货物，由中国国际贸易促进委员会（中国国际商会）向海关总署提供总担保。除另有规定外，非 ATA 单证册项下暂时进出境货物收发货人应当按照有关规定向主管地海关提供担保。

3. 复运出境或者复运进境

暂时进出境货物应当在进出境之日起 6 个月内复运出境或者复运进境。因特殊情况需要延长期限的，持证人、收发货人应当向主管地海关办理延期手续，当事人申请延期最多不超过 3 次，每次延期不超过 6 个月。延期届满应当复运出境、复运进境或者办理进出口手续。国家重点工程、国家科研项目使用的暂时进出境货物，以及参加展期在 24 个月以上展览会的展览品，延期届满后仍需要延期的，由主管地直属海关批准。

货物复运出境、复运进境后，当事人应当向主管地海关办理结案手续。从境外暂时进境的货物（ATA 单证册项下暂时进境货物除外）转入海关特殊监管区域（场所）的，主管地海关凭出口报关单对暂时进境货物予以核销结案。

暂时进出境货物需要进出口的，当事人应当在货物复运出境、复运进境期限届满前向主管地海关办理进出口手续。

4. 受损、灭失的处置

暂时进出境货物因不可抗力的原因受损，无法原状复运出境、复运进境的，应当及时向主管地海关报告，可凭有关部门出具的证明材料办理复运出境、复运进境手续；因不可抗力的原因灭失的，经主管地海关核实后可以视为该货物已经复运出境、复运进境。

暂时进出境货物因不可抗力以外其他原因受损或者灭失的，当事人应按货物进出口有关规定办理手续。

四、 特定减免税货物的监管制度

（一）特定减免税货物监管制度的含义

特定减免税货物监管制度指货物在进口时减或免纳进口各税，进口后必须在特定的条件和规定的范围内使用，直至监管时限到期经核销后（或自行）解除监管的海关监管制度。

（二）特定减免税货物的分类

特定减免税货物，是指《海关法》第五十七条规定适用的减免税范围的货物，主要有特定地区、特定企业和特定用途的进出口货物。

“特点地区”是指我国关境内，由国家规定的某一特别限定区域，享受减免税的货物只能在这一专门规定的区域内使用。“特定企业”是指国家专门规定的企业，享受减免税优惠的货物只能由这些规定的企业使用。“特定用途”是指货物用于国家规定的用途，如残疾人康复用的训练设备等。

特定地区进口减免税货物主要包括保税区、出口加工区、保税物流园区、保税港区、自由贸易试验区等特定区域进口的区内生产性基础设施项目所需的机器、设备和基建物资等，区内企业进口企业自用的生产、管理设备等，区内管理机构自用合理数量的管理设备和办公用品等。

特定企业减免税进口货物主要包括外商投资项目属于《外商投资产业指导目录》中鼓励类项目等产业条目项下的如下货物：投资额度内进口自用设备及随设备进口的配套技术、配件、备件，国家重点鼓励发展产业的国内投资项目在投资总额内进口的自用设备，外国政府贷款和国际金融组织贷款项目进口的自用设备等。

特定用途减免税进口货物主要包括具备资格的科研机构和大专院校进口的国内不能生产或者性能不能满足需要的科学研究和教学用品、残疾人专用品及残疾人组织和单位进口的货物等。

（三）特定减免税货物的管理规定

1. 申请人及主管海关

（1）申请人

特定减免税须经符合资格的申请人向主管地海关申请才可享受减免税。进出口货物减免税申请人，是指根据有关进出口税收优惠政策和相关法律、行政法规的规定，可以享受进出口税收优惠，并依照规定向海关申请办理减免税相关业务的具有独立法人资格的企事业单位、社会团体、民办非企业单位、基金会、国家机关。

（2）主管海关

减免税申请人为企业法人的，主管海关是指其办理企业法人登记注册地的海关；减免税申请人为事业单位、社会团体、民办非企业单位、基金会、国家机关等非企业法人组织的，主管海关是指其住所地海关；减免税申请人为投资项目单位所属非法人分支机构的，主管海关是指其办理营业登记地的海关。对于投资项目所在地海关与减免税申请人办理企业法人登记注册地海关或者办理营业登记地海关不是同一海关的，投资项目所在地海关为主管海关；投资项目所在地涉及多个海关的，有关海关的共同上级海关或者共同上级海关指定的海关为主管海关。

2. 特定减免税的申请与审核确认

减免税申请人按照有关进出口税收优惠政策的规定申请减免税进出口相关货物，应当在货物申报进出口前，取得相关政策规定的享受进出口税收优惠政策资格的证明材料，并凭“进出口货物征免税申请表”，事业单位法人证书或者国家机关设立文件、社会团体法人登记证书、民办非企业单位法人登记证书、基金会法人登记证书等证明材料，进出口合同、发票及相关货物的产品情况资料等，向主管海关申请办理减免税审核确认手续。除有关进出口税收优惠政策或者其实施措施另有规定外，进出口货物征税放行后，减免税申请人申请补办减免税审核确认手续的，海关不予受理。

主管海关应当自受理减免税审核确认申请之日起 10 个工作日内，对减免税申请人主体资格、投资项目和进出口货物相关情况是否符合有关进出口税收优惠政策规定等情况进行审核，并出具进出口货物征税、减税或者免税的确认意见，制发“中华人民共和国海关进出口货物征免税证明”。

3. 特定减免税货物的通关

进口货物申报时，进口单位应按规定将征免税证明编号填写在进口货物报关单“备案号”栏目中。对有下列情形之一的，减免税申请人可以向海关申请办理有关货物凭税款担保先予放行手续：有关进出口税收优惠政策或者其实施措施明确规定的；主管海关已经受理减免税审核确认申请，尚未办理完毕的；有关进出口税收优惠政策已经国务院批准，具体实施措施尚未明确，主管海关能够确认减免税申请人属于享受该政策范围的；其他经海关总署核准的情形。

减免税申请人需要办理税款担保手续的，应当在货物申报进口前向主管海关提出申请，并按照有关税收优惠政策的规定向海关提交相关材料。主管海关在受理申请之日起 5 个工作日内，作出是否准予担保的决定。准予担保的，进出口地海关凭主管海关出具的“准予办理税款担保证明”，办理货物的税款担保和验放手续。国家对进出口货物有限制性规定，应当提供许可证件而不能提供的，以及法律、行政法规规定不得担保的其他情形，进出口地海关不予办理减免税货物凭税款担保放行手续。减免税申请人在减免税货物税款担保期限届满前取得征免税证明，并已向海关办理征税、减税或者免税相关手续的，申报地海关应当解除税款担保。

4. 特定减免税进口货物的后续管理

除海关总署另有规定外，进口特定减免税货物的海关监管年限为：船舶、飞机为 8 年，机动车辆为 6 年，其他货物为 3 年。监管年限自货物进口放行之日起计算。

在海关监管年限内，减免税申请人应当于每年 6 月 30 日（含当日）以前向主管海关提交“减免税货物使用状况报告书”，报告减免税货物使用状况。超过规定期限未提交的，海关按照有关规定将其列入信用信息异常名录。在海关监管年限内，减免税货物应当在主管海关审核同意的地点使用。除有关进口税收优惠政策实施措施另有规定外，减免税货物需要变更使用地点的，减免税申请人应当向主管海关提出申请，并说明理由；经主管海关审核同意的，可以变更使用地点。

对海关监管年限内的减免税货物，减免税申请人要求提前解除监管的，应当向主管海关提出申请，并办理补缴税款手续。进口时免予提交许可证件的减免税货物，按照国家有关规定需要补办许可证件的，减免税申请人在办理补缴税款手续时还应当补交有关许可证件。有关减免税货物自办结上述手续之日起，解除海关监管。减免税货物海关监管年限届满的，自动解除监管。

在海关监管年限内及其后 3 年内，海关依照《海关法》《海关稽查条例》等有关规定，对有关企业、单位进口和使用减免税货物情况实施稽查。

五、 其他进出境货物监管制度

其他进出境货物主要包括：过境、转运、通运货物，租赁货物、无代价抵偿货物，进出境修理物品，退运货物，直接退运货物，市场采购货物，跨境贸易电子商务零售进出口货物，进出境快件等。

（一）过境、转运、通运货物监管制度

1. 过境货物的监管制度

（1）概述

过境货物是指从境外启运，在我国境内不论是否换装运输工具，通过陆路运输，继续运往境外的货物。

与我国签有过境货物协定的国家（地区）的过境货物，或同我国签有铁路联运协定的国家（地区）收、发货的过境货物，按有关协定准予过境；未与我国签有过境货物协定国家（地区）的货物，经国家商务、交通运输主管部门批准，并向入境地海关备案后准予过境。下列货物禁止过境：

① 来自或运往我国停止或禁止贸易的国家和地区的货物；

② 各种武器、弹药、爆炸品及军需品（另有规定的除外）；

③ 各种烈性毒药、麻醉品和鸦片、吗啡、海洛因、可卡因等毒品；

④ 医学微生物、人体组织、生物制品、血液及其制品类特殊物品；

⑤ 我国法律、法规禁止过境的其他货物、物品。

（2）管理规定

海关对过境货物监管，目的是为了防止过境货物在我国境内运输过程中滞留在国内，或将我国货物混入过境货物随运出境，同时防止禁止类货物从我国过境。

① 对过境货物运输工具、经营者、运输部门的规定

装载过境货物的运输工具，应当具有海关认可的加封条件或装置，海关认为必要时可对过境货物及装载装置进行加封，任何人不得擅自开启或损毁；运输部门和过境货物经营人应当按海关规定提供担保。

② 对过境货物管理的其他规定

A. 民用爆炸品、医用麻醉品等的过境运输，应经海关总署商有关部门批准后，方可过境。

B. 有伪报货名和国别，借以运输我国禁止过境货物的，以及其他违反我国法律、行政法规情事的，海关可依法将货物作扣留处理。

C. 过境动植物产品必须以原包装过境。在我国境内更换包装的，按入境产品处理。

D. 过境货物在境内发生损毁或者灭失的（不可抗力原因除外），经营人应当负责向出境地海关补办进口纳税手续。

（3）进出境报关

过境货物进境时，当事人应办理过境货物申报手续。进境地海关审核无误后在提运单上加盖“海关监管货物”戳记，并制作关封连同提运单交由当事人交出境地海关验核。

过境货物出境时，当事人应及时向出境地海关申报，出境地海关审核确认后监管货物出境。

（4）过境期限

过境货物的过境期限为 6 个月，经海关同意后，可延期 3 个月。过境货物逾期未出境的，海关按规定依法提取变卖处理。

（5）在境内暂存和运输

过境货物进境后因换装运输工具等原因须卸下储存时，应当经海关批准并在海关监管下存入指定仓库；过境货物在进境以后出境以前，应按照运输主管部门规定的路线运输。海关可以对过境货物实施派员押运、查验。

2. 转运货物的监管制度

（1）含义

转运货物是指由境外启运，通过我国境内设立海关的地点换装运输工具，不通过境内陆路运输，继续运往境外的货物。

（2）办理转运货物应具备的条件

① 持有转运或联运提货单的。

② 进口载货清单上注明是转运货物的。

③ 持有普通提货单，但在卸货前向海关声明转运的。

④ 误卸下的进口货物，经运输工具经理人提供确实证件的。

⑤ 因特殊原因申请转运，获海关批准的。

（3）管理规定

海关对转运货物监管，目的在于防止货物在口岸换装过程中误进口或混装出口。转运货物承运人应确保其原状、如数运往境外。

① 申报进境及存放

载有转运货物的运输工具进境后，承运人应当在进口载货清单上列明转运货物的名称、数量、启运地和到达地，并向海关申报进境，在海关指定的地点换装运输工具。

外国转运货物在中国口岸存放期间，不得开拆、改换包装或进行加工；海关对转运的外国货物有权进行查验。

② 转运出境

转运货物必须在 3 个月之内办理海关有关手续并转运出境，超出规定期限 3 个月仍未转运出境或办理其他海关手续的，海关将提取依法变卖处理。

3. 通运货物的监管制度

通运货物是指从境外启运，不通过我国境内陆路运输，运进境后由原运输工具载运出境的货物。

运输工具进境时，当事人应凭注明通运货物名称和数量的船舶进口报告书或国际民用航空器进口载货舱单向进境地海关申报；进境地海关在运输工具抵、离境时对申报的货物予以核查，并监管货物实际离境。

运输工具因装卸货物须搬运或倒装货物时，应向海关申请并在海关监管下进行。

（二）适用特殊用途与属性进出境货物的监管制度

1. 租赁货物的监管制度

（1）含义

租赁是指资产所有者（出租人）按契约规定，将物件出租给使用人（承租人），使用人在规定期限内支付租金并享有物件使用权的一种经济行为。跨越国（地区）境的租赁就是国际租赁，以国际租赁方式进出境的货物，即为租赁进出口货物。

（2）分类

租赁进口货物一般包括融资租赁进口货物和经营租赁进口货物两类。

融资租赁进口货物一般不复运出境，租赁期满，以较低的名义价格转让给承租人，承租人按合同规定分期支付租金，租金总额一般大于货价。经营租赁进口货物一般是暂时性的，按合同规定期限复运出境，承租人按合同规定支付租金，租金总额一般小于货价。

（3）管理规定

① 证件管理

租赁贸易进出口货物实行许可证件管理的，海关凭许可证件验放。以租赁贸易方式进口属于自动进口许可机电产品的，应当交验“自动进口许可证”；租赁出口后复运进境属于自动进口许可机电产品的，免予交验“自动进口许可证”。

② 申报及缴税程序

融资租赁货物进口时，当事人应向海关提供租赁合同、进口许可证件和其他单证，按海关审定的货物租金总额作为完税价格，缴纳进口税费。

当事人申请按租金分期缴纳税款的，按照第一期应付租金和货物实际价格分别填制报关单向海关申报，按海关审定的第一期租金作为完税价格，缴纳税费。

③ 后续管理

分期缴税的租赁进口货物在口岸放行后，海关对货物进行后续监管。当事人在每次支付租金后 15 日内（含第 15 日）按支付租金金额向海关申报并缴纳进口税费，直到最后一期租金支付完毕。

分期缴税租赁进口货物应在租期届满之日起 30 日内，向海关申请办结退运出境、留购、续租等手续。

对申报进口监管方式为“1500”（租赁不满一年）、“1523”（租赁贸易）、“9800”（租赁征税）的进口租赁飞机（税则品目 8802）的增值税，由税务机关按照现行政策征收。

2. 无代价抵偿货物的监管制度

（1）含义

无代价抵偿货物是指进出口货物在海关放行后，因残损、短少、品质不良或者规格不符，由进出口货物当事人、承运人或者保险公司免费补偿或者更换的与原货物相同或者与合同规定相符的货物。

当事人申报进出口的无代价抵偿货物，与退运出境或者退运进境的原货物不完全相同或者与合同规定不完全相符的，经当事人说明理由，海关审核认为理由合理且税则号列未发生改变的，仍属于无代价抵偿货物范围。

当事人申报进出口的免费补偿或者更换的货物，其税则号列与原进出口货物的税则号列不一致的，不属于无代价抵偿货物范围，而属于一般进出口货物范围。

（2）特征

无代价抵偿货物海关监管的基本特征为：进出口无代价抵偿货物，免予交验进出口许可证件，不征收进出口税费。但是，进出口与原货物或合同规定不完全相符的无代价抵偿货物，应当按规定计算与原进出口货物的税款差额，高出原征收税款数额的应当征收超出部分的税款；低于原征收税款数额，原进出口货物的发货人、承运人或者保险公司同时补偿货款的，应当退还补偿货款部分的税款，未补偿货款的，不予退还。

（3）管理规定

① 残损、品质不良或规格不符引起的无代价抵偿货物，进出口前，应当先办理被更换的原进出口货物中残损、品质不良或规格不符货物的有关海关手续。

A. 被更换的原进口货物退运出境时不征收出口关税，被更换的原出口货物退运进境时不征收进口税费。

B. 原进口货物不退运出境，放弃交由海关处理的，海关依法处置，当事人凭有关证明材料申报进口无代价抵偿货物。

C. 被更换的原进口货物中残损、品质不良或规格不符的货物不退运出境且不放弃交由海关处理的，原进口货物的收货人应当按照海关接受无代价抵偿货物申报进口之日适用的有关规定申报进口，并按照海关对原进口货物重新估定的价格计算的税额缴纳进口关税和进口环节海关代征税，属于许可证件管理的商品还应当交验相应的许可证件。被更换的原出口货物中残损、品质不良或规格不符的货物不退运进境，原出口货物的发货人应当按照海关接受无代价抵偿货物申报出口之日适用的有关规定申报出口，并按照海关对原出口货物重新估定的价格计算的税额缴纳出口关税，属于许可证件管理的商品还应当交验相应的许可证件。

② 向海关申报进出口无代价抵偿货物应当在原进出口合同规定的索赔期内，而且不超过原货物进出口之日起 3 年。

③ 无代价抵偿货物报关应当提供的特殊单证：

A. 进口申报需要提交的特殊单证：原进口货物报关单；原进口货物退运出境报关单，或者原进口货物的放弃销毁处置证明，或已办理纳税手续的单证（短少抵偿的除外）；原进口货物税款缴纳书或者进出口货物征免税证明；买卖双方签订的索赔协议。海关认为需要时，当事人还应提交合法有效的原进口货物检验、理赔证明文件等。

B. 出口申报需要提交的特殊单证：原出口货物报关单；原出口货物退运进境报关单，或已办理纳税手续的单证（短少抵偿的除外）；原出口货物税款缴纳书；买卖双方签订的索赔协议。海关认为需要时，当事人还应提交合法有效的原出口货物检验、理赔证明文件等。

3. 进出境修理货物的监管制度

（1）含义

进出境修理货物是指进境或出境进行维护修理后，复运出境或复运进境的机械器具、运输工具或者其他货物，以及为维修这些货物需要进口、出口的原材料、零部件。

（2）分类

原进口货物出境修理包括原进口货物在保修期内运出境修理和原进口货物在保修期外运出境修理。

（3）管理规定

① 进境修理货物

当事人持维修合同或含有保修条款的原出口合同办理进口申报手续，并提供进口税款担保，接受海关后续监管。

进境修理货物所需原材料、零部件申报时，当事人应向海关提交维修合同或含有保修条款的原出口合同、进境修理货物报关单（与进境修理货物同时申报进口的除外），并向海关提供进口税款担保或申请海关按保税货物监管。进口原材料、零部件只限用于进境修理货物，修理剩余的原材料、零部件应复运出境。

货物进境后在境内维修的期限为进境之日起 6 个月，延长期限不超过 6 个月。

办理进境修理货物及剩余原材料、零部件复运出境手续时，应向海关提交原进口报关单和维修合同（或者含有保修条款的原出口合同）等单证。海关凭复运出境报关单办理解除货物监管和税款担保、保税监管手续。

② 出境修理货物

货物出境时，当事人向海关提交维修合同或含有保修条款的原进口合同，办理出境申报手续。境外维修期限为出境之日起 6 个月，延长期限不超过 6 个月。

出境修理货物进境时，在保修期内并由境外免费维修的，可以免征进口税费；在保修期外或在保修期内境外收取维修费用的，应按境外修理费和材料费审定完税价格计征进口税费。

超过海关规定期限复运进境的，海关按一般进口货物计征进口关税和进口环节海关代征税。修理货物进出境时，免予交验许可证件。

4. 退运货物的监管制度

（1）含义

退运货物是指已办理申报手续且海关已放行，因各种原因造成退运进口或退运出口的货物，分为退运进口货物和退运出口货物。

（2）退运进口货物的管理规定

① 报关

A. 原出口货物已收汇。退运进境时，当事人应交验原出口货物报关单，海关凭税务部门出具的“出口商品退运已补税证明”，保险公司证明或承运人溢装、漏卸的证明等有关资料，办理退运进口手续。

B. 原出口货物未收汇。退运进境时，当事人应交验原出口货物报关单、税务部门出具的“出口货物未退税证明”等有关资料，向海关申报退运进口。

② 税收

因品质或者规格原因，出口货物自出口之日起 1 年内原状退货复运进境的，经海关核实后不予征收进口税费；原出口时已经征收出口关税的，只要重新缴纳原出口退税，自缴纳出口税款之日起 1 年内准予退还。

（3）退运出口货物的管理规定

① 报关

因故退运出口的进口货物，当事人应交验原货物进口货物报关单、保险公司证明或承运人溢装、漏卸的证明等有关资料，经海关核实无误后，验放有关货物出境。

② 税收

因品质或者规格原因，进口货物自进口之日起 1 年内原状退货复运出境的，经海关核实后可以免征出口税费；已征收的进口关税和进口环节海关代征税，自缴纳进口税款之日起 1 年内准予退还。

5. 直接退运货物的监管制度

（1）含义

直接退运货物是指货物进境后、办结海关放行手续前，当事人将全部或部分货物直接退运境外，以及海关根据国家有关规定责令直接退运货物。

进口转关货物在进境地海关放行后，当事人申请办理退运手续的，不属于直接退运货物，应当按照一般退运货物办理退运手续。

（2）分类

以下情况，企业可以申请直接退运：

① 因为国家贸易管理政策调整，收货人无法提供相关证件的；

② 属于错发、误卸或者溢卸货物，能够提供发货人或者承运人书面证明文书的；

③ 收发货人双方协商一致同意退运，能够提供双方同意退运书面证明文书的；

④ 有关贸易发生纠纷，能够提供已生效的法院判决书、仲裁机构仲裁决定书或者无争议的有效货物所有权凭证的；

⑤ 货物残损经海关鉴定确认或经检验检疫后不予准入的。

对在当事人办理直接退运前，海关已确定查验或认为有走私违规嫌疑的货物，不予办理直接退运；布控、查验或者案件处理完毕后，按照海关有关规定处理。

以下情况，海关责令直接退运：

① 货物属于国家禁止进口货物，已经海关依法处理的；

② 违反海关有关检验检疫政策法规，已经海关行政处理的；

③ 未经许可擅自进口属于限制进口的固体废物，已经海关依法处理的；

④ 违反国家有关法律、行政法规，应当责令直接退运的其他情形。

对需要责令进口货物直接退运的，海关向当事人制发“海关责令进口货物直接退运通知书”。

（3）管理规定

① 当事人申请直接退运

由当事人向海关申报并提交相关材料。当事人收到系统回执后，办理直接退运手续。

办理直接退运手续的进口货物未向海关申报的，当事人应向海关提交“进口货物直接退运表”及证明进口实际情况的相关单证、证明文书，经海关核准后，办理直接退运的申报手续。

办理直接退运手续的进口货物已向海关申报的，当事人应当向海关提交“进口货物直接退运表”、原报关单或者转关单，以及证明进口实际情况的相关单证、证明文书，先行办理报关单或者转关单删除手续后，办理直接退运的申报手续。

② 海关责令直接退运

当事人收到“海关责令进口货物直接退运通知书”之日起30日内，按照海关要求办理直接退运手续。

对直接退运货物，海关不验核进口许可证或其他监管证件，免予征收进口税费及滞报金。进口货物直接退运应当从原进境口岸退运出境。因故需要改变运输方式或由另一口岸退运出境的，应当经由原进境地海关审核同意后，以转关运输方式监管出境。

（4）报关单填制

当事人办理进口货物直接退运手续时，除另有规定外，应当先行申报出口报关单，然后进口报关单办理直接退运申报手续，进口报关单应在“关联报关单”栏填报出口报关单号。进口货物直接退运的，“监管方式”栏均填写“直接退运”（代码“4500”），“备注”栏填写“进口货物直接退运表”或者“海关责令进口货物直接退运通知书”编号。

由于承运人的责任造成货物错发、误卸或者溢卸的，当事人办理直接退运手续时可以免予填制报关单。

（三）适用特殊经营方式进出境货物的监管制度

1. 跨境贸易电子商务零售进出口货物的监管制度

（1）跨境贸易电子商务的含义

国际上一般认为，跨境贸易电子商务是指分属不同关境的交易主体，通过电子商务平台达成交易、进行支付结算，并通过跨境物流送达商品、完成交易的一种国际商业活动。

（2）模式分类

跨境贸易电子商务企业、消费者（订购人）通过跨境贸易电子商务交易平台实现零售进出口商品交易，根据海关要求传输相关交易电子数据，接受海关监管。其主要有网购保税进口、直购进口、一般出口、特殊区域出口4种模式。

① 网购保税进口模式

符合条件的电子商务企业或平台与海关联网，电子商务企业将整批商品运入海关特殊监管区域或保税物流中心（B型）内并向海关申报，海关实施账册管理，境内个人网购区内商品后，电子商务企业或平台将电子订单、支付凭证、电子运单等传输给海关，电子商务企业或代理人向海关提交清单，海关按照跨境贸易电子商务零售进口商品征收税款，验放后账册自动核销。

② 直购进口模式

符合条件的电子商务企业或平台与海关联网，境内个人跨境网购后，电子商务企业将电子订单、支付凭证、电子运单等传输给海关，电子商务企业或代理人向海关提交清单，商品以邮件、快件方式运送，通过海关邮件、快件监管场所入境，海关按照跨境贸易电子商务零售进口商品征收税款。

③ 一般出口模式

符合条件的电子商务企业或平台与海关联网，境外个人跨境网购后，电子商务企业将电子订单、电子运单等传输给海关，电子商务企业或代理人向海关提交申报清单，商品以邮件、快件方式运送出境，跨境贸易电子商务综合试验区海关采用“简化申报、清单核放、汇总统计”方式通关，其他海关采用“清单核放、汇总申报”方式通关。

④ 特殊区域出口模式

符合条件的电子商务企业或平台与海关联网，电子商务企业把整批商品按一般贸易报关进入海关特殊监管区域，企业实现退税。对于已入区退税商品，境外个人网购后，海关凭清单核放，出区离境后，海关定期将已放行清单归并形成出口报关单，电商凭此办理结汇手续。

跨境贸易电子商务企业对企业出口（以下简称“跨境电商 B2B 出口”）试点：“跨境电商 B2B 出口”是指境内企业通过跨境物流将货物运送至境外企业或海外仓，并通过跨境电商平台完成交易的贸易形式。境内企业通过跨境贸易电子商务平台与境外企业达成交易后，通过跨境物流将货物直接出口送达境外企业（以下简称“跨境电商 B2B 直接出口”，监管方式代码“9710”），或境内企业将出口货物通过跨境物流送达海外仓，通过跨境贸易电子商务平台实现交易后从海外仓送达购买者（以下简称“跨境电商出口海外仓”，监管方式代码“9810”），并根据海关要求传输相关电子数据的，接受海关监管。

（3）管理规定

① 进口商品清单与限额管理

A. 正面清单管理。跨境贸易电子商务零售进口商品需在财政部、国家发展改革委、工业和信息化部等 13 部委发布的《关于调整跨境子电商务零售进口商品清单的公告》所列范围之内，海关根据正面清单旁注及尾注规定进行监管。

B. 限额管理跨境贸易电子商务零售进口商品的单次交易限值为人民币 5000 元，年度交易限值为人民币 26000 元，海关以订购人身份证号为单元进行限额管理。

② 检疫监管

海关对跨境贸易电子商务直购进口商品及适用“网购保税进口”（监管方式代码“1210”）进口政策的商品，按照个人自用进境物品监管，不执行有关商品首次进口许可批件、注册或备案要求，但对相关部门明令暂停进口的疫区商品和对出现重大质量安全风险的商品启动风险应急处置时除外。适用“网购保税进口 A”（监管方式代码“1239”）进口政策的商品，按《跨境电子商务零售进口商品清单》尾注中的监管要求执行。

海关对跨境贸易电子商务零售进出口商品及其装载容器、包装物按照相关法律法规实施检疫，并根据相关规定实施必要的监管措施。对须在进境口岸实施的检疫及检疫处理工作，应在完成后方可运至跨境贸易电子商务监管作业场所。

③ 税收征管

A. 对跨境贸易电子商务零售进口商品，海关按照国家关于跨境贸易电子商务零售进口税收政策征收关税和进口环节增值税、消费税，完税价格为实际交易价格，包括商品零售价格、运费和保险费。

B. 跨境贸易电子商务零售进口商品消费者（订购人）为纳税义务人。在海关注册登记的跨境贸易电子商务平台企业、物流企业或申报企业作为税款的代收代缴义务人，代为履行纳税义务，并承担相应的补税义务及相关法律责任。

代收代缴义务人应当如实、准确地向海关申报跨境贸易电子商务零售进口商品的商品名称、规格型号、税则号列、实际交易价格及相关费用等税收征管要素。

跨境贸易电子商务零售进口商品的申报币制为人民币。

2. 市场采购贸易方式进出口货物的监管制度

（1）含义及范围

市场采购是指在经认定的市场集聚区采购商品，由符合条件的经营者办理出口通关手续的贸易方式。市场采购的海关监管方式代码为“1039”，全（简）称“市场采购”。

市场采购贸易方式单票报关单的货值最高限额为 15 万美元。以下出口商品不适用市场采购贸易方式：国家禁止或限制出口的商品；未经市场采购商品认定体系确认的商品；贸易管制主管部门确定的其他不适用市场采购贸易方式的商品。

（2）管理规定

从事市场采购贸易的对外贸易经营者，应当向市场集聚区所在地商务主管部门办理市场采购贸易经营者备案登记，并按照海关相关规定在海关办理进出口货物收发货人备案。

对外贸易经营者对其代理出口商品的真实性、合法性承担责任。经市场采购商品认定体系确认的商品信息应当通过市场综合管理系统与海关实现数据联网共享。对市场综合管理系统确认的商品，海关按照市场采购贸易方式实施监管。

① 申报方式

每票报关单所对应的商品清单所列品种在 5 种以上的可以按以下方式实行简化申报：货值最大的前 5 种商品，按货值从高到低在出口报关单上逐项申报；其余商品以《税则》中“章”为单位进行归并，每“章”按价值最大商品的税号作为归并后的税号，货值、数量等也相应归并。

有下列情形之一的商品不适用简化申报：需征收出口关税的；实施检验检疫的；海关另有规定不适用简化申报的。

② 申报地点

市场采购贸易出口商品应当在采购地海关申报，对于转关运输的市场采购贸易出口商品，由出境地海关负责转关运输的途中监管。采购地海关是指市场集聚区所在地的主管海关。市场集聚区是指经国家商务主管等部门认定的各类从事专业经营的商品城、专业市场和专业街。

③ 检验检疫

需在采购地实施检验检疫的市场采购贸易出口商品，其对外贸易经营者应建立合格供应方、商品质量检查验收、商品溯源等管理制度，提供经营场所、仓储场所等相关信息，并在出口申报前向采购地海关提出检验检疫申请。

对外贸易经营者应履行产品质量主体责任，对出口市场在生产、加工、存放过程等方面有监管或官方证书要求的农产品、食品、化妆品，应符合相关法律法规规定或双边协议要求。

（四）特殊物流形态进出境货物、物品的监管制度（进出境快件）

1. 含义

进出境快件是指进出境快件运营人以向客户承诺的快速商业运作方式承揽、承运的进出境货物、物品。

进出境快件运营人是指在我国境内依法注册，在海关登记备案的从事进出境快件运营业务的国际货物运输代理企业。

2. 分类

（1）文件类进出境快件（简称“A 类快件”），指无商业价值的文件、单证、票据和资料（依照法律、行政法规，以及国家有关规定应当予以征税的除外）。

（2）个人物品类进出境快件（简称“B 类快件”），指境内收寄件人（自然人）收取或者交寄的个人自用物品（旅客分离运输行李物品除外）。

（3）低值货物类进出境快件（简称“C 类快件”），指价值在 5000 元人民币（不包括运费、保费、杂费等）及以下的货物（涉及许可证件管制的，须办理出口退税、收汇或者进口付汇的除外）。

3. 报关

根据海关总署“两类通关”改革要求，低值货物类进出境快件（C 类快件）纳入一体化通关管理，推动实施统一申报，税收征管，物流、查验管理；推动实施邮件和文件类进出境快件（A 类快件）、个人物品类进出境快件（B 类快件）通关整合，统一申报规范，统一风险管控和税收管控。

（1）A 类快件报关，应向海关提交总运单（复印件）和海关需要的其他单证。

（2）B 类快件报关，应向海关提交每一进出境快件的分运单、进境快件收件人或出境快件发件人身份证影印件和海关需要的其他单证。B 类快件的限量、限值、税收征管等事项应当符合海关总署关于邮递进出境个人物品相关规定。

（3）C 类快件报关，应向海关提交代理报关委托书、每一进出境快件的分运单、发票和海关需要的其他单证，并按照进出境货物规定缴纳税款。监管方式为“一般贸易”或“货样广告品 A”，征免性质为“一般征税”，征减免税方式为“照章征税”。有检验检疫监管要求的部分转普通货物报关，样品等法律法规规定免予检验的除外。

进出境快件运营人按照上述规定提交复印件（影印件）的，海关可要求提供原件验核。

通过快件渠道进出境的其他货物、物品，按照海关对进出境货物、物品的规定办理海关手续。

第三节 进出境货物海关通关作业

一、 全国海关通关一体化作业机制与作业模式

（一）构建“两中心（局）、三制度”，明确一体化改革结构支撑

全国通关一体化改革以“两中心（局）、三制度”为结构支撑，实现海关监管管理体制改革，确保海关全面深化改革的系统性、整体性、协同性。

1. 两中心（局）

“两中心”即风险防控中心与税收征管中心（现已改为风险防控局与税收征管局），是全国通关一体化主体架构的重要组成部分，通过建立通关管理的实体局，实现全国海关

关键业务统一执法、集中指挥，把安全准入、税收征管等方面的风险防控要求以具体指令形式直接下达到现场一线。通过“三制度”为“两中心（局）”协同运作提供保障，确保“两中心（局）”职责分工相对分离，监管时空得以延伸。改革后，归类、估价、原产地确定等税收要素审核由集中在通关现场环节扩展至全过程，同时根据新的作业流程实现不同海关做不同的事，配不同的机构和人力，从“百关一面”向“百关多面、百关一体”转变。

（1）风险防控中心（局）

由海关总署一级和直属海关二级风险防控局组成。根据《全国通关一体化改革框架方案》，海关总署在上海、青岛、黄埔设立一级风险防控局，在42个直属海关设立二级风险防控局。风险防控局的核心职责是安全准入风险防范及管控。

风险防控局设置舱单分析岗和风险处置岗。

（2）税收征管中心（局）

海关总署在上海、广州、北京（天津）设立3个税收征管局。税收征管局的核心职责是税收征管。3个税收征管局按照商品和行业分类，集约海关税收专业资源，推动税收风险协同治理，形成职责清晰、协同联动、差别化监管的税收征管格局。

税收征管局设置局专家岗。

在“一次申报、分步处置”作业模式下，除实体化运作的“两中心（局）”外，现场海关作为“两中心（局）”完成安全准入风险防控及税收征管工作任务的重要组成部分，为完成相关业务操作也设置了相应岗位，主要有运输工具检查、物流监控、现场综合业务、现场验估、查验等岗位。

2. “三制度”

所谓“三制度”是指“一次申报、分步处置”、改革税收征管方式和实施协同监管。

相关内容分别见以下“（二）对应海关通关管理‘分步处置’模式，实行新的进出口货物报关作业流程”“（三）遵循海关‘一次申报’通关规则，实行进出口货物的‘自报自缴’”“（四）实施全国通关一体化作业，铸就统一、高效和协同的通关方式”。

（二）对应海关通关管理“分步处置”模式，实行新的进出口货物通关作业流程

全国海关通关一体化改革通过前推后移再造通关流程，实现了进出口货物的“一次申报、分步处置”。

1. “一次申报、分步处置”的含义

这是指改变海关现行接受申报、审单、查验、征税、放行的“串联式”作业流程，基于舱单提前传输，通过风险防控局、税收征管局对舱单和报关单风险甄别和业务现场处置作业环节的前推后移，在企业完成报关和税款自报自缴手续后，安全准入风险主要在口岸通关现场处置，税收风险主要在货物放行后处置的新型通关管理模式。

2. 海关分步处置管理的作业方式

第一步，由风险防控局分析货物是否存在违反禁限管制要求、侵权、逃避检验检疫、品名规格数量伪瞒报等安全准入风险并下达查验指令，由口岸海关通关监管力量实施查验。如果货物通过安全准入风险排查，企业自报自缴税款或提供有效担保后即可予以放行。对存在重大税收风险且放行后难以有效实施海关稽查或追补税的货物，由税收征管局预设放行前验估指令，交由风险防控局统筹下达，实施放行前验估，验估中无法当场作出

结论的，通过必要的取样、留像等手段存证后放行货物；对于禁限管制（核生化爆、毒品等）、重大疫情、高风险商品安全等重大紧急或放行后难以管控的风险，以及法律、行政法规有明确要求的，须在口岸放行前实施“准许入境”监管。

第二步，由税收征管局在货物放行后对报关单税收征管要素实施批量审核，筛选风险目标，统筹实施放行后验估、稽（核）查等作业。由现场海关对非高风险商品检验、风险可控的检疫等其他准入风险可在口岸放行后实施“合格入市”监管。

3. 海关实施分步处置管理的效能

第一步处置是在口岸解决货物“能不能放”的问题，第二步处置是在更大的管理时空，由更多的管理力量解决“缴多少税”和“先放后检”的问题，从而避免货物因涉税、涉检问题滞留口岸，加快货物通关速度。“两中心（局）”分别侧重安全准入风险和税收风险的分析、研判、处置，通过建立联控机制，做到信息共享共用，风险联防联控，使两步处置成为一个整体。

4. 实行分阶段通关作业流程

进出境货物报关单位须顺应海关通关管理“分步处置”的变革，按照新的“前置通关管理”“现场通关管理”“卡口提离（放行）后续管理”三个细分阶段通关作业流程，完成货物进出口海关手续。

（三）遵循海关“一次申报”通关规则，实行进出口货物的“自报自缴”

1. “自报自缴”的含义

这是指进出口企业、单位自主向海关申报报关单及随附单证、税费电子数据，并自行缴纳税费的行为。

2. “自报自缴”方式的效能

税收征管方式改革后，海关在货物放行前不再逐票审定进出口企业申报的涉税要素是否准确，而是将更多精力投入到货物安全准入甄别中。

进出口企业办理海关预录入环节自行填报报关单各项目，利用预录入系统的海关计税（费）服务工具计算应缴纳的相关税费，并对系统显示的税费计算结果进行确认，连同报关单预录入内容一并提交海关。

进出口企业、单位在收到海关受理回执后，自行办理相关税费缴纳手续。同时，海关受理企业申报后，不再开具税单进行缴款告知，由企业缴税后自行选择在海关现场打印税单或自行打印税单。

自报自缴形式的完税凭证，不再具有海关行政决定的属性。

（四）实施全国通关一体化模式，铸就统一、高效和协同的通关方式

1. 创新隶属海关通关运行机制

与进出境通关有关的协同监管主要是创新隶属海关现场作业运行机制。根据隶属海关功能化建设的需要，衔接全国通关一体化改革，完善协调配合机制，创新现场海关运行机制，既有利于海关有效监管，又有利于企业进出口贸易便利化水平的提高。

改革后，结合现场接单岗位改造，在隶属海关设置综合业务机构，实施海关业务“通受通办”，一口对外受理关区所有海关业务，一口对内负责海关内部事务协调。综合服务窗口受理业务后，可转交相关业务部门办理，办理结果由综合服务窗口统一反馈。此外，

加强稽查、缉私力量对通关作业的支持力度，也是实施协同监管制度的重要组成部分。

2. 实施统一、高效和协同的通关新方式

在全国海关通关一体化管理模式下，企业、单位的进出境货物可按照适用的进出境海关制度，以下列方式办理通关手续：

（1）可以在全国范围内选择任意海关报关

进出境企业、单位可自主选择向经营单位注册地、货物实际进出境地海关或其直属海关集中报关点办理申报、纳税和检查（查验）放行手续［实货检查（查验）、企业注册等必须在口岸、属地海关办理的手续除外］。由此消除了申报关区限制，企业可以根据自身需要在全国选择任意海关报关。

未来终将会实现“全国一关”，海关所有业务现场可以像银行网点一样，“一窗通办”；企业的申报更自由（“互联网+”网上申报、向任一海关申报）、手续更简便（无须在不同海关多次办理繁杂的转关运输手续），通关更顺畅（货物在口岸的放行速度大幅提高，企业通关费用大幅下降）。

（2）适用同一执法口径和监管标准

实施全国海关通关一体化模式后，通过设立“两中心（局）”，全国海关互认价格预审核、原产地预确定和许可证件、归类、价格等专业认定结果及暂时进出境等行政许可决定；在银行总担保及汇总征税项目的基础上，实现以企业为单元的海关税款担保，一份税款保函在全国海关互认通用。海关执法将更加统一、高效和协同，相同货物在不同口岸产生归类、估价不一致的问题将得到有效解决，同一企业在不同海关面对统一的海关监管规范，享受统一的通关便利待遇。也就是说，企业无论在哪里通关，面对的不再是某一个海关，而是全国海关这个整体，充分享受稳定、透明、可预期的通关便利。

（3）缴税（或提供税款担保）后货物即可获得放行，之后企业再配合海关对税收要素的审查

实施全国海关通关一体化模式后，税收征管方式改为由企业自报、自缴税款，自行打印税单，在“一次申报、分步处置”程序下，海关对税收要素的审查由集中在现场通关环节向全过程转变，由逐票审定向抽查审核转变，绝大多数审核在放行后进行。即进出境企业、单位在货物进出境通关时须自行申报税收要素，自行计算应缴税款额，申报被海关受理，即可缴税且使货物得以放行，之后若被海关抽查，企业再配合海关对税收要素的审查。这可大幅压缩货物通关时间，降低企业通关成本，提升通关效率。

（五）关检融合，实现“五个统一”，遵循“四个结合”，坚持“两变两不变”

1. 海关通关作业实现“五个统一”

关检融合，要求海关通关作业以流程整合优化为主线，以风险集中统一防控为重点，以信息系统一体化为支撑，理顺职责关系，优化职能配置，将检验检疫作业全面融入全国通关一体化整体框架和流程，实现“统一申报单证、统一作业系统、统一风险研判、统一指令下达、统一现场执法”。

（1）统一申报单证

即按照“依法依规、去繁就简”原则，对海关原报关单和检验检疫原报检单申报项目进行梳理整合，通过合并共有项、删除极少使用项，将原报关、报检单合计 229 个货物申报数据项精简到 105 个，大幅减少企业申报项目。整合后的新版报关单以原报关单 48 个

项目为基础，增加部分原报检内容形成了具有 56 个项目的新报关单打印格式。

（2）统一作业系统

即由原海关通关管理系统（H2010）和原检验检疫主干系统（e-CIQ）接审单的职责功能整合为新一代通关管理系统（H2018），海关现场综合业务与检验检疫检务业务统一在一个系统中办理处置，在整合申报的基础上实现关检综合业务后台统一办理，这是关检融合后第一个真正意义上实现统一作业的系统模块。

（3）统一风险研判

即将涉及口岸公共卫生、生物、进出口商品和食品安全等风险均纳入海关安全准入风险（含准出），进行全面融合，并构建新海关风险管理框架。通过拓宽风险防控领域，延伸风险管理链条，优化资源配置，提高防控效能，加强风险分析，提升查发能力，实现对进出境通关事项实施集中统一研判、处置和整体防控的目标。

（4）统一指令下达

即将原检验检疫全国审单布控中心负责的对审单规则、抽批规则加工加载和分中心负责的设定安控标准、动态风险布控等，并入海关总署一级风险防控局，由海关风险防控系统根据预设参数、指令，对报关单数据进行风险甄别和分流，统一开展下达或加载布控查验指令和安全准入风险参数以及放行前验估指令；协调处置下达本业务领域内重大安全准入风险的实时处置和跨关区安全准入风险的实货验估指令等。

（5）统一现场执法

关检融合后，口岸形海关和属地形海关分别增加相应的检验检疫功能与职责，通过构建新的现场检查（查验）组织形式，在保留现场检查（查验）有特殊专业性要求的岗位设置的基础上，实施“查检合一”统一执法；通过整合后续监管职责，融合企业稽查、核查、对进入国内市场商品的抽查、进出口商品安全问题追溯调查、对企业遵守检验检疫法规状况的检查等形式，拓展“多查合一”后续执法。

2. 海关通关作业遵循“四个结合”

结合全国通关一体化实际，遵循全面融合与平稳过渡相结合、强化监管与简化手续相结合、维护安全与促进便利相结合、防范风险与提升获得感相结合的原则，推进关检业务全面融合。

3. 海关通关作业坚持“两变两不变”

总体工作思路是“两变两不变”，即：

（1）执法内容拓宽，将检验检疫作业融入全国通关一体化整体框架和流程，在“两中心（局）”与现场作业各岗位、各环节整合检验检疫工作职责与内容；

（2）管理手段延伸，将管理进一步延伸至进出境商品的境外和境内生产、加工、存放、使用单位管理等环节；

（3）业务架构不变，保持全国通关一体化“中心—现场式”基本架构；

（4）作业流程不变，保持“一次申报、分步处置”的基本流程。

为适应国际贸易特点和安全便利需要，在深化海关通关一体化改革及实施通关作业“一次申报、分步处置”的基础上，海关延续通关作业程序的改革，企业可选择将申报由“一次”变为“两步”，海关通关管理亦需随“两步”申报分阶段办理。

（六）全面深化海关业务改革，创新通关作业流程和监管方式

1. 持续改革申报制度，实行“两步申报”通关作业流程

（1）“两步申报”的含义

“两步申报”是中国海关为适应国际贸易特点和安全便利需要，在深化海关通关一体化改革及实施“一次申报、分步处置”通关模式基础上的改革延续，是指货物通关时，企业申报由“一次”变为“两步”，即企业可先凭提单进行概要申报，货物符合安全准入条件即可快速提离，在规定时间内再进行完整（补充）申报，海关“口岸现场通关作业阶段”的通关管理，因而需随“两步”申报分阶段办理的新型通关模式。

（2）“两步申报”的作业方式

① 第一步：提货申报

企业凭提单信息，提交满足口岸安全准入监管需要等必要信息进行概要申报，无须查验的货物即可放行提离，涉税货物则须提供有效税款担保。

② 第二步：完整申报

企业在自载运相关货物的运输工具申报进境之日起 14 日内，补充提交满足税收征管、合格评定、海关统计等整体监管需要的全面信息及单证。

（3）“两步申报”的效益

采用“一次申报、分步处置”通关作业模式，企业须一次性全口径申报，申报信息及单证等准备工作烦琐耗时，易引发申报差错且修撤手续繁杂，既影响口岸通关效率，也影响提前申报应用率。此外，企业自报自缴后自查自纠等权益难以得到有效保障，还担忧申报差错可能导致行政处罚；而采用“两步申报”通关作业模式，通过调整通关环节申报的方式和降低验放的审核要求，企业无须一次性提交全部申报信息及单证，凭提单概要申报即可提货，使企业能快速便捷地提取进口货物，缩短货物滞港时间。企业在货物放行后再进行详细申报，使报关人员拥有了相对较长的自报自缴的准备时间，有效缓解了口岸通关压力。

（4）“两步申报”与“一次申报、分步处置”的区别

① 在申报与通关监管形式上的区别

对企业来说，可以不必一次性填报完整 105 个申报项目，而是先申报一部分必要的信息，在满足相应的监管要求后即可提离货物，再在规定时间内补充完成完整申报及其余通关手续。对海关而言，将实质性的监管要求分解并贯穿于程序性管理的全过程，在货物提离前集中精力进行安全准入风险的研判和处置，把税收征管风险处置和其他管理作业置于海关受理企业完整申报时及其后。

② 在货物准入与办结通关作业程序上的区别

货物提离加快，降低经营费用。第一步概要申报后，如果货物不需要检查（查验），即可将货物提离海关监管场所；需要检查（查验）的，部分货物也可实现附条件提离。货物待海关检查（查验）完毕后，方可在境内销售或使用。

③ 在涉税货物准入条件及纳税时间上的区别

依托社会信用体系，创新税收担保方式，建立概要申报的税款担保制度。企业在概要申报后，货物经海关审核监管，可在未缴税的情形下先由企业从口岸提离。待企业第二步完整申报后再行缴纳税款。高级认证企业可向海关申请免除税款担保。

④ 在涉证涉检涉税货物确认机制上的区别

监管理念转变，秉承“告知承诺制”，企业在概要申报自行确认是否涉证涉检涉税，这一确认行为视同企业向海关作出守法承诺。

2. 改革通关监管作业，实行“两段准入”监管方式

（1）“两段准入”的含义

“两段准入”是指海关以进境货物准予提离口岸海关监管作业场所（场地）为界，对部分涉检货物，分段实施“是否允许货物入境”和“是否允许货物进入国内市场销售或使用”两类准入监管的作业方式。

（2）“两段准入”的作业方式

① 卡口前实施“准许入境”监管

A. 禁限管制（核生化爆、毒品等）、重大疫情、高风险商品安全等重大紧急或放行后难以管控的风险，以及法律、行政法规有明确要求的，须在口岸放行前实施“准许入境”监管。口岸不具备监管条件的隔离检疫、冷链仓储、粮谷加工、危化品及其包装检验等，可在卡口外海关指定场所实施“准许入境”监管。

B. 在“准许入境”监管中，对检查结果符合规定方可提离的口岸检查货物，实施合规提离；对无须等待检查结果可予提离的口岸检查货物，实施附条件提离，检查结果确定前不准销售或使用。

② 卡口后实施“合格入市”监管

非高风险商品检验、风险可控的检疫等其他准入风险可在口岸放行后实施“合格入市”监管。“合格入市”监管可在口岸放行前与“准许入境”监管合并实施。

（3）“两段准入”的适用

① 普遍适用。符合条件的进口涉检货物均可以结合实际情况，在选用“两步申报”或“一次申报”通关模式的同时，接受海关两段监管。

② 变通应用。符合条件的进口涉检货物可以在应用“两段准入”时，采取附条件提离、转场检查、目的地检查等方式快速提离口岸，并由企业自行运输和存放，待接到海关放行通知后再予销售或使用。

（4）“两段准入”的效果

适应国际贸易供应链物流特点，以口岸放行为界厘清“两段”的分界点，综合考量风险类型、等级以及紧急状况，通过区分不同通关监管作业环节、不同作业要求实施“两段准入”，最大限度地盘活了口岸通关监管资源，大幅缩减进口货物在港滞留时间，既保障安全准入风险的有效防控，又促进口岸快速通关。

二、 进出境通关的作业规范

（一）如实申报，交验单证

1. 申报的一般规定

（1）申报的含义

“申报”是指进出口货物收发货人、受委托的报关企业，依照《海关法》及有关法律、行政法规和规章的要求，在规定的期限、地点，采用电子数据报关单或纸质报关单形式，向海关报告实际进出口货物的情况，并且接受海关审核的行为。

（2）申报的适用

除另有规定外，进出口货物收发货人或者其委托的报关企业可以就各类进出口货物向海关办理申报手续。

（3）申报的实施方式

进出口货物收发货人，可以自行向海关申报，也可以委托报关企业向海关申报。

（4）报关单位的登记注册及基本责任

向海关办理申报手续的进出口货物收发货人、受委托的报关企业应当预先在海关依法办理登记注册。

进出口货物收发货人、受委托的报关企业应当依法如实向海关申报，对申报内容的真实性、准确性、完整性和规范性承担相应的法律责任。

（5）申报的形式

申报采用电子数据报关单证申报形式或纸质报关单证申报形式。电子数据报关单证和纸质报关单证均具有法律效力。

① 电子数据申报

电子数据报关单证申报形式是指进出口货物收发货人、受委托的报关企业，通过计算机系统按照《中华人民共和国海关进出口货物报关单填制规范》（以下简称《报关单填制规范》）的要求，向海关传送报关单电子数据及随附单证电子数据的申报方式。

② 纸质单证申报

纸质报关单证申报形式是指进出口货物收发货人、受委托的报关企业，按照海关的规定填制纸质报关单，备齐随附单证，向海关当面递交的申报方式。

③ 两种申报形式的使用

进出口货物收发货人、受委托的报关企业应当以电子数据报关单形式向海关申报，与随附单证一并递交的纸质报关单的内容应当与电子数据报关单一致；特殊情况下经海关同意，允许先采用纸质报关单形式申报，电子数据事后补报，补报的电子数据应当与纸质报关单内容一致。在向未使用海关信息化管理系统作业的海关申报时可以采用纸质报关单申报形式。

（6）报关人员的海关备案

为进出口货物收发货人、受委托的报关企业办理申报手续的人员，应当是在海关备案的报关人员。

2. 申报的基本要求

（1）申报期限

① 进口申报期限

进口货物收货人、受委托的报关企业应当自运输工具申报进境之日起 14 日内，向海关申报。

进口转关运输货物收货人、受委托的报关企业应当自运输工具申报进境之日起 14 日内，向进境地海关办理转关运输手续，有关货物应当自运抵指运地之日起 14 日内向指运地海关申报。

② 出口申报期限

出口货物发货人、受委托的报关企业应当在货物运抵海关监管场所后、装货的 24 小时以前向海关申报。

③ 进口滞报金

进口货物收货人超过规定期限向海关申报的，由海关征收滞报金。进口货物滞报金按日计征，日征收金额为进口货物完税价格的 0.5‰，以人民币“元”为计征单位，不足人民币 1 元的部分免予计收。滞报金的起征点为人民币 50 元。

（2）申报日期

进出口货物收发货人或其代理人的申报数据自被海关接受之日起，其申报的数据就产生法律效力，即进出口货物收发货人或其代理人应当承担“如实申报”“如期申报”的法律责任。

① 申报日期的含义

申报日期是指申报数据被海关接受的日期。不论以电子数据报关单方式申报或者以纸质报关单方式申报，海关以接受申报数据的日期为申报日期。

② 正常情况下的申报日期

以电子数据报关单方式申报的，申报日期为海关计算机系统接受申报数据时记录的日期，该日期将反馈给原数据发送单位，或者公布于海关业务现场，或者通过公共信息系统发布。

以纸质报关单方式申报的，申报日期为海关接受纸质报关单并且对报关单进行登记处理的日期。

③ 集中申报的申报日期

收发货人办结集中申报海关手续后，海关按集中申报进出口货物报关单签发报关单证明联。“进出口日期”以海关接受报关单申报的日期为准。

④ 修改退单并重新申报的申报日期

电子数据报关单经过海关计算机检查被退回的，视为海关不接受申报，进出口货物收发货人、受委托的报关企业应当按照要求修改后重新申报，申报日期为海关接受重新申报的日期。

海关已接受申报的报关单电子数据，人工审核确认需要退回修改的，进出口货物收发货人、受委托的报关企业应当在 10 日内完成修改并且重新发送报关单电子数据，申报日期仍为海关接受原报关单电子数据的日期；超过 10 日的，原报关单无效，进出口货物收发货人、受委托的报关企业应当另行向海关申报，申报日期为海关再次接受申报的日期。

（3）申报的地点

全国海关通关作业一体化作业模式全面启动后，消除了申报关区限制，除某些特殊情况外，进出口企业可在任一海关进行报关，即企业可根据实际需要，自主选择在货物进出的口岸海关或企业属地海关申报并办理相应的进出口手续。

① 在口岸海关申报

即报关单位向货物实际进出境地海关办理申报并办理相应的进出口手续，若货物涉及查验，由货物进出境地海关实施。

② 在属地海关申报

即报关单位向企业主管地海关办理申报及相应的进出口手续，货物在口岸海关实际进出境。若货物涉及查验，由货物实际进出境的口岸海关实施。

③ 特殊情况下的申报地点

A. 指定海关申报

经电缆、管道或其他特殊方式进出境的货物，进出口货物收发货人或其代理人，应向指定海关定期申报。该申报地亦适用于有特殊需要的进出口企业。若货物涉及查验，由货物实际进出境的口岸海关实施。

B. 在货物所在地的主管海关申报

以保税货物、特定减免税货物和暂准进境货物申报进境的货物，因故改变使用目的从而改变性质转为一般进口时，进口货物收货人或其代理人应当在货物所在地的主管海关申报，并办结相应的进口手续。

（4）申报人及其申报责任

① 收发货人及其申报责任

进出口货物收发货人以自己的名义向海关申报的，报关单应当由进出口货物收发货人签名盖章，并且随附有关单证。

② 报关企业及其申报责任

A. 凭授权委托书在授权范围报关

报关企业接受进出口货物收发货人委托，以自己的名义或者以委托人的名义向海关申报的，应当向海关提交由委托人签署的授权委托书，并且按照委托书的授权范围办理有关海关手续。

B. 与收发货人签订报关委托协议

报关企业接受进出口货物收发货人委托办理报关手续的，应当与进出口货物收发货人签订有明确委托事项的委托协议，进出口货物收发货人应当向报关企业提供委托报关事项的真实情况。

C. 接受报关委托应审查的内容

报关企业接受进出口货物收发货人的委托，办理报关手续时，应当对委托人所提供情况的真实性、完整性进行合理审查，审查内容包括：

a. 证明进出口货物实际情况的资料，包括进出口货物的品名、规格、用途、产地、贸易方式等；

b. 有关进出口货物的合同、发票、运输单据、装箱单等商业单据；

c. 进出口所需的许可证件及随附单证；

d. 海关总署规定的其他进出口单证。

D. 报关企业接受报关委托的法律责任

报关企业未对进出口货物收发货人提供情况的真实性、完整性履行合理审查义务或者违反海关规定申报的，应当承担相应的法律责任。

（5）申报前看货取样

① 申报前看货取样的书面申请

进口货物收货人，向海关申报前，因确定货物的品名、规格、型号、归类等原因，可以向海关提出查看货物或者提取货样的书面申请。海关审核同意的，派员到场实际监管。

② 申报前看货取样的规则

查看货物或者提取货样时，海关开具取样记录和取样清单；提取货样的货物涉及动植物及其产品以及其他须依法提供检疫证明的，应当在依法取得有关批准证明后提取。提取货样后，到场监管的海关关员与进口货物收货人在取样记录和取样清单上签字确认。

（6）申报的修改和撤销

海关接受进出口货物申报后，报关单证及其内容不得修改或者撤销；符合规定情形的，应当按照进出口货物报关单修改和撤销的相关规定办理。

① 进出口货物收发货人或其代理人申请修改或撤销

有以下情形之一的，进出口货物收发货人或其代理人可以向原接受申报的海关办理进（出）口货物报关单修改或者撤销手续：

A. 出口货物放行后，由于装运、配载等原因造成原申报货物部分或者全部退关、变更运输工具的；

B. 进出口货物在装载、运输、存储过程中发生溢短装，或者由于不可抗力因素造成灭失、短损等，导致原申报数据与实际货物不符的；

C. 由于办理退补税、海关事务担保等其他海关手续而需要修改或者撤销报关单数据的；

D. 根据贸易惯例先行采用暂时价格成交，实际结算时按商检品质认定或者国际市场实际价格付款方式需要修改申报内容的；

E. 已申报进口货物办理直接退运手续，需要修改或者撤销原进口货物报关单的；

F. 由于计算机、网络系统等技术原因导致电子数据申报错误的。

发生上述情形及由于报关人员操作或者书写失误造成申报内容需要修改或者撤销的，进出口货物收发货人或其代理人应当向海关提交进（出）口货物报关单修改/撤销表及相应的证明材料。

② 海关发现并通知修改或者撤销进（出）口货物报关单

海关发现进（出）口货物报关单需要修改或者撤销，会采取以下方式主动要求进出口货物收发货人或其代理人修改或者撤销，进出口货物收发货人或其代理人应按下列办法对相关内容进行修改或确认：

A. 海关将电子数据报关单退回，并详细说明修改的原因和要求，进出口货物收发货人或其代理人应当按照海关要求进行修改后重新提交，不得对报关单其他内容进行变更；

B. 海关向进出口货物收发货人或其代理人制发进（出）口货物报关单修改/撤销确认书，通知其要求修改或者撤销的内容，进出口货物收发货人或其代理人应当在 5 日内对进（出）口货物报关单修改或者撤销的内容进行确认，确认后海关完成对报关单的修改或者撤销。

③ 海关直接撤销电子数据报关单

除不可抗力因素外，进出口货物收发货人或其代理人有以下情形之一的，海关会直接撤销相应的电子数据报关单：

A. 海关将电子数据报关单退回修改，进出口货物收发货人或其代理人未在 10 日规定期限内重新发送的；

B. 海关审结电子数据报关单后，进出口货物收发货人或其代理人未在 10 日规定期限内递交纸质报关单的；

C. 出口货物申报后未在规定期限内运抵海关监管场所的；

D. 海关总署规定的其他情形。

④ 关于修改与撤销的其他规定

海关已经决定布控、查验及涉嫌走私或者违反海关监管规定的进出口货物，在办结相关手续前进出口货物收发货人或其代理人不得申请修改或撤销报关单及其电子数据；已签发报关单证明联的进出口货物，当事人办理报关单修改或者撤销手续时，应当向海关交回报关单证明联；由于修改或者撤销进（出）口货物报关单导致需要变更、补办进出口许可证件的，进出口货物收发货人或其代理人应当向海关提交相应的进出口许可证件。

⑤ 修改与撤销两种形式的信息效力

报关单修改与撤销采取无纸化方式，以 HP2015 系统“报关单修改/撤销处理单”为载体，实现电子数据交互流转和业务操作。必须以纸质形式提交的进（出）口货物报关单修改/撤销表和进（出）口货物报关单修改/撤销确认书与无纸化形式提交的信息效力一致。

3. 申报的单证

按照进出口货物申报单证的法律效力，申报单证可以分为报关单和随附单证两大类：

（1）进出口货物报关单

① 进出口货物报关单的含义

进出口货物报关单是指进出口货物收发货人或其代理人，按照海关规定的格式对进出口货物的实际情况作出的书面申明，以此要求海关对其货物按适用的海关制度办理进出口手续的法律文书。

② 进出口货物报关单的项目与格式

基于关检融合的需要，海关按照“依法依规、去繁就简”原则，对海关原报关单和检验检疫原报检单的申报项目进行梳理整合，通过合并共有项、删除极少使用项，将原报关、报检单合计 229 个货物申报数据项精简到 105 个，大幅减少企业申报项目。整合后的新版报关单以原报关单 48 个项目为基础，增加部分原报检内容，形成了具有 56 个项目的新报关单打印格式，并对布局结构进行优化，版式由竖版改为横版，与国际推荐的报关单样式更加接近，纸质单证全部采用普通打印方式，取消套打，不再印制空白格式单证。

③ 进出口货物报关单的种类

进出口货物报关单分为“进口货物报关”和“出口货物报关单”。带有进（出）口货物报关单性质的单证，亦具有与“进（出）口货物报关单”相同的法律属性。比如“特殊监管区域进出境备案清单”、“进出口货物集中申报清单”、“暂准进口单证册”（简称“ATA 单证册”）、“过境货物报关单”、“快件报关单”，等等。

（2）随附单证

海关通过整合与简化申报随附单证，对企业原报关、报检所需随附单证中的商业（贸易性）单证、贸易管制许可证件等进行梳理，整理随附单证类别代码及申报要求，整合原报关、报检重复提交的随附单证，形成了统一的随附单证类别及其申报规范。

① 进出境商业单证

进出口货物报关单应当随附的商业单证主要包括：合同、发票、装箱清单、载货清单（舱单）、提（运）单等。

为持续优化口岸营商环境，进一步提升跨境贸易便利化水平，对企业通过国际贸易“单一窗口”无纸化方式申报的，进口环节无须提交合同、装箱清单、载货清单（舱单），出口环节无须提交合同、发票、装箱清单、载货清单（舱单）。海关审核时如有需要，再行提交。

② 进出口许可证件

对列入进出口许可证件管理范围的进出口活动，进出口货物收发货人、受委托的报关企业应当取得国家实行进出口管理的许可证件，凭海关要求的有关许可证件办理进出口货物报关纳税手续。

A. 许可证件的类别

目前，除保密需要等特殊情况外，进出口环节应由海关验核的许可证件有：进口许可证、两用物项和技术进口许可证、两用物项和技术出口许可证、出口许可证、纺织品临时出口许可证、濒危物种允许出口证明书、濒危物种允许进口证明书、两用物项和技术出口许可证（定向）等。这些许可证件已全部实现联网核查。

B. 许可证件的联网核查，自动比对验核

依托国际贸易“单一窗口”（简称“单一窗口”）平台，海关总署与农业农村部、商务部、工业和信息化部、中国人民银行、国家市场监督管理总局、国家药品监督管理局等16家发证机关系统对接和数据互联，企业可采用无纸方式向海关申报相关许可证件。海关对有关进出口许可证件电子数据进行系统自动比对验核。

海关与证件主管部门未实现联网核查，无法自动比对验核的，进出口货物收发货人、受委托的报关企业应当持有关许可证件办理海关手续。

C. 许可证件的分类标识

海关为便于实施计算机系统管理和通关监管需求，对实行进出口许可证件管理的货物在海关管理环节须验核的各种进出口许可证件进行分类标识，形成“监管证件代码表”。“监管证件代码表”由两部分组成，即监管证件代码和监管证件名称。例如，代码“1”，为进口许可证，如果某一商品编号后注有监管证件“1”，则说明在规定的监管方式下进口该种商品须申领进口许可证。故进出口许可证件亦即海关“监管证件”。

③ 海关总署规定的其他进出口单证

海关总署规定的其他进出口单证主要包括：

A. 海关在货物实际进出口前签发的各种审批或证明文件。例如，向海关申请归类预裁定所签发的“预裁定决定书”，加工贸易货物报关的“账册”，科教用品、技改设备、外商投资企业等减免税货物进口报关的“征免税证明”等。

B. 需要向海关申报知识产权状况的进出口货物收发货人、受委托的报关企业按照海关要求向海关提供的相关证明文件。

C. 专业性证明，主要包括检验检疫实施准入管理的证明、实施产品资质管理的证明、实施企业资质管理的证明、属于评估或验证类文件资料和涉及国家技术规范强制要求的证明材料、合格保证等。

D. 其他用以证明或反映进出口业务情况的单证，比较重要的有原产地证明（证书）、捐赠证明、礼品证明、免验证明、索赔货物证明、进口军事装备报关证明、委托报关的委托书等证明货物、物品性质的证明、证书。

4. 特殊申报

（1）提前申报

① 提前申报的凭据

经海关批准，进出口货物收发货人、受委托的报关企业可以在取得提（运）单或者载货清单（舱单）数据后，向海关提前申报。

② 提前申报的时限

在进出口货物的品名、规格、数量等已确定无误的情况下，经批准的企业可以在进口货物启运后、抵港前或者出口货物运入海关监管作业场所前 3 日内，提前向海关办理报关手续，并且按照海关的要求交验有关随附单证、进出口货物批准文件及其他需提供的证明文件。

③ 许可证件有效期与税率、汇率的适用

验核提前申报的进出口货物许可证件有效期以海关接受申报之日为准。提前申报的进出口货物税率、汇率的适用，按照《关税条例》的有关规定办理。

（2）集中申报

① 集中申报的含义

集中申报是指经海关备案，进出口货物收发货人在同一口岸多批次进出口规定范围内货物，可以先以《中华人民共和国海关进口货物集中申报清单》或者《中华人民共和国海关出口货物集中申报清单》申报货物进出口，再以报关单集中办理海关手续的特殊通关方式。

② 集中申报的适用

经海关备案，下列进出口货物可以适用集中申报通关方式：

A. 图书、报纸、期刊类出版物等时效性较强的货物；

B. 危险品或者鲜活、易腐、易失效等不宜长期保存的货物；

C. 公路口岸进出境的保税货物。

失信企业进出口上述货物的，不适用集中申报通关方式。

③ 集中申报的备案

收发货人申请办理集中申报备案手续的，应当向海关提交“适用集中申报通关方式备案表”，同时提供符合海关要求的担保，担保有效期最短不得少于 3 个月。

海关对收发货人提交的备案表进行审核。经审核符合有关规定的，会核准其备案。

④ 集中申报的通关手续

A. 集中申报清单申报

以集中申报通关方式办理海关手续的收发货人，应当在载运进口货物的运输工具申报进境之日起 14 日内，出口货物在运抵海关监管区后、装货的 24 小时前填制集中申报清单向海关申报。收货人在运输工具申报进境之日起 14 日后向海关申报进口的，不适用集中申报通关方式。收货人应当以报关单向海关申报。

B. 交单验放

收发货人应当自海关审结集中申报清单电子数据之日起 3 日内，持集中申报清单及随附单证到货物所在地海关办理交单验放手续。属于许可证件管理的，收发货人还应当取得相应的许可证件，海关将在相关证件上批注并留存复印件。

C. 进出口货物报关单的归并申报

收发货人应当对 1 个月内以集中申报清单申报的数据进行归并，填制进出口货物报关单，一般贸易货物在次月 10 日之前、保税货物在次月底之前到海关办理集中申报手续。

一般贸易货物集中申报手续不得跨年度办理。

⑤ 集中申报的税款缴纳

对适用集中申报通关方式的货物，企业按照接受清单申报之日实施的税率、汇率计税报税。

(3) 定期申报

经电缆、管道、输送带或者其他特殊运输方式输送进出口的货物，经海关同意，可以定期向指定海关申报。

(4) 补充申报

需要进行补充申报的，进出口货物收发货人、受委托的报关企业应当如实填写补充申报单，并且向海关递交。

有下列情形的，进出口货物收发货人、受委托的报关企业应当向海关进行补充申报：

① 海关对申报的货物的价格、商品编码等内容进行审核时，为确定申报内容的完整性和准确性，要求进行补充申报的；

② 海关对申报货物的原产地进行审核时，为确定货物原产地的准确性，要求收发货人提交原产地证书，并进行补充申报的；

③ 海关对已放行货物的价格、商品编码和原产地等内容进行进一步核实时，要求进行补充申报的。

进出口货物收发货人或受委托的报关企业可以主动向海关进行补充申报，并在递交报关单时一并提交补充申报单。补充申报的内容是对报关单申报内容的有效补充，不能与报关单填报的内容相抵触。

(5) 限定口岸申报

① 以一般贸易方式进出口钻石的（品目 7102、7104、7105 项下，工业用钻石及加工贸易方式项下除外），应当在上海钻石交易所办理进出口报关手续。加工贸易项下钻石转内销的，也应当参照一般贸易方式在上海钻石交易所海关办理报关手续。

② 汽车整车限定在大连、天津、上海、广州、深圳、青岛、福州、满洲里、阿拉山口等口岸申报。

③ 进口药品和进口麻醉药品、精神药品、蛋白同化制剂、肽类激素指定在北京、天津、上海、大连、青岛、成都、武汉、重庆、厦门、南京、杭州、宁波、福州、广州、深圳、珠海、海口、西安、南宁等城市直属海关所辖的所有口岸及苏州工业园区申报。国家药品监督管理局规定的生物制品及首次在中国境内销售的药品和国务院规定的其他药品指定在北京、上海和广州 3 个口岸海关申报进口。

④ 出口麻黄素类产品指定在北京、天津、上海、深圳 4 个口岸海关申报。

（二）自主报税，自缴税款

1. 进出口税费自报自缴的作业方式

进出口货物收发货人或其代理人办理海关预录入时，可利用预录入系统的海关计税（费）服务工具计算应缴纳的相关税费，并对系统显示的税费计算结果进行确认，连同报关单预录入内容一并提交海关。进出口货物收发货人或其代理人在收到海关受理回执后，自行办理相关税费缴纳手续。同时，海关受理企业申报后不再开具税单进行缴款告知，由企业缴税后选择在海关现场打印税单或自行打印完税凭证。自主缴税模式报关单，税款缴款书上将注明“自报自缴”字样，该税款缴款书仅为缴税凭证，不再具有海关行政决定属性。

2. 进出口税费自报自缴的作业规范

为适应自报自缴作业方式的实施，进出口货物收发货人或其代理人在申报前须强化对进出口应缴税费的要素核定与税款核算，主要是进出口货物的完税价格和适用税率，而构成应缴税费要素的基础是进出口的商品价格、商品归类和原产地。

（1）进出口完税价格的核定

按照本教材“第十章　进出口税费”相关章节所提及的方式对进出口货物完税价格进行核定，确定完税价格时，进出口货物均应优先使用成交价格方法。

（2）适用税率的核定

① 确定货物的商品归类

一项进口商品可能对应多种计征税率，而要准确核定适用的税率，前提是进出口货物的商品归类。按照归类原则确定商品归类，将应税货物归入恰当的税则号列。

② 确定货物适用的原产地及常设税率

根据货物原产地相关证明材料及商品归类确定货物对应的常设税率。

③ 按照税率适用规定确定计征税率

根据税率适用的规定，确定货物最终可适用的核算税款用税率。

（3）进出口应缴税款的核算

按照规定的税款计算公式进行税款的计算。

与之有关的具体内容详见本教材“第九章　进出口商品归类”和“第十章　进出口税费”。

（三）海关检查

1. 海关检查

按照《全国通关一体化关检业务全面融合框架方案》的要求，推动实施“查检合一”，将原检验检疫现场施检部门的检验、检疫、查验（核对单证）、鉴定、初筛鉴定、抽样送检、合格评定、检疫处理监管、拟证等，并入现场海关查验部门实施，通过联合作业、委托授权、职责调整等步骤，逐步实现将海关查验作业与上述列名的部分检验检疫外勤作业合并成为新的海关现场监管作业。

（1）海关检查的含义

① 海关检查的含义

海关检查是海关为确定当事人向海关申报的内容是否与进出口货物的真实情况相符，或者为确定商品的归类、价格、原产地，以及为实施卫生检疫、动植物检疫、食品检验和商品检验，依法对进出口货物进行实际核查的执法行为。

海关并非对每一票查验货物都要实施检查，海关对存在禁限管制、侵权、品名规格数量伪瞒报等风险，以及情报反映存在走私违规嫌疑的货物依法进行准入查验；海关对存在归类、价格、原产地等税收风险的货物依法进行验估查验；对列入卫生检疫、动植物检疫、食品检验和商品检验范围的货物实施检验或检疫。

② 海关检查含义变化的原因

关检融合前，海关的查验与原检验检疫部门的检验、检疫，虽然在对象、时空、方式上有相似之处，但是，在执法目的和手段上存在明显区别。关检融合后，海关现场监管作业范围扩大、单证增加、链条延伸，海关检查的项目也随之增加。因此，《全国通关一体化关检业务全面融合框架方案》将检疫、查验、检验“查检合一”，统称海关检查，以此规范和统筹相关表述。

③ 检查（查验）等词语的使用

“查检合一”主要是对执行主体、作业环节和执法动作合并“同类项”，检查权是行政权力的法律标准表述，内涵和外延明确，具有充分的法律依据，故可以统称为“海关检查”。但同时，原检验检疫作业中不能与海关查验互为代替的相关作业内容、技术规范仍维持不变。考虑到检验、检疫、查验之间仍存在一定差异，且有不同的法律法规为依据和支撑，各自在不同领域发挥作用，不能片面用其中一个词语涵盖全部。因而，可以继续使检疫、查验、检验等词语在各自法律范畴内发挥作用，避免此类术语扩大解释，防止混淆。

（2）海关检查的一般规定

① 海关实施检查的地点

海关检查应当在海关监管区内实施。因货物易受温度、静电、粉尘等自然因素影响，不宜在海关监管区内实施海关检查或者因其他特殊原因，需要在海关监管区外海关检查的，经进出口货物收发货人或者其代理人书面申请，海关可以派员到海关监管区外实施海关检查。

② 口岸检查和目的地检查

在进境环节对货物依法实施“两段准入”监管时，分阶段实施口岸检查和目的地检查。

A. 口岸检查

口岸检查是指针对禁限管制（核生化爆产品、毒品等）、重大疫情、高风险商品安全等重大紧急或放行后难以管控的风险，以及法律、法规有明确要求须在口岸放行前实施的检查，包括检疫、查验及高风险商品的检验。口岸检查应按下列要求实施：

a. 口岸检查由进境地主管海关在进境地口岸实施

进境地口岸海关按照口岸检查指令要求实施检疫、查验、检验作业，并将查验情况在系统中反馈。

b. 口岸检查的涉检货物可附条件提离

布控指令要求为检验或检疫目的取样送实验室检测且指令类型为“口岸检查”的进口货物，除《附条件提离商品禁限清单》中货物外，均可以实施检查结果确定前不准销售或使用的附条件提离措施，以减少企业口岸仓储费用及物流时间。

c. 口岸检查的涉检货物可转场实施

对口岸监管区内因检查设施设备不能满足检查需求等不具备检查条件的，由进境地口岸海关受理企业转场检查申请。对在《允许转场检查商品清单》内的商品，可转至指定场地实施检查。

B. 目的地检查

非高风险商品检验和低风险商品检疫可在口岸放行后由目的地海关实施检查。目的地海关，指收货人或其代理人申报的进口货物境内销售或使用所在地的主管海关。

C. 口岸检查+目的地检查

进口货物既有口岸检查指令，又有目的地检查指令的，如企业在申报环节申请合并在口岸海关实施检查，口岸海关则根据货物情况分别实施口岸检查、附条件提离、转场检查等方式的检查作业。如企业未申请合并检查，则由口岸海关和目的地海关分别实施口岸检查及目的地检查。

③ 海关检查的方法

查验应当由两名以上着海关制式服装人员共同实施，对货物进行检查时可以彻底查验，也可以抽查。按照操作方式，可以分为人工查验和机检查验。海关可以根据货物情况及实际执法需要，确定具体的查验方式。

其中，人工查验包括外形查验、开箱查验等方式。目前，海关采用 H986 大型集装箱检查系统对进出口货物进行机检检查。其工作原理与大型 X 光机类似，以辐射成像技术为核心，借助 X 射线的强大穿透力，关员不经过开箱，通过分析系统机检图像就能发现集装箱、车辆等运输设备内的货物、暗格以及违禁品。海关对机检检查结果实施集中审像作业，在全国各海关建立集中审像中心，机检查验正常的可通过计算机系统直接放行货物，货物放行速度大大提升。机检查验与集中审像作业相结合措施使通关速度更快、布控更精准、效率更高，大大提升海关智慧监管水平。

④ 海关检验检疫的方法

详见本教材第五、六、七、八各章相关内容。

⑤ 复验与径行开验

A. 复验

这是指海关对已经查验过的进出口货物实施的再次查验。适用于海关对经初次查验未能查明货物的真实属性，需要对已查验货物的某些性状做进一步确认的；或货物涉嫌走私违规，需要重新查验的；或进出口货物收发货人对海关查验结论有异议，提出复验要求并经海关同意而再次进行查验的。已经参加过查验的查验人员不参加对同一票货物的复验。

B. 径行开验

这是指当海关认为必要时，即使收发货人或其代理人没有在场，海关也可以对进出口货物进行查验、复验或者提取货样。

（3）海关检查的作业实施

检查作业分为前置检查作业、口岸通关现场检查作业和处置作业 3 个方面，分别承担安全准入拦截、实货验核、查验后处理等工作。

① 前置检查作业

对涉及安全准入等需进行拦截处置的进境货物（含公路口岸承运货物的运输工具，下同），海关在其抵达进境口岸后实施前置预防性检疫处理（含检疫处理监管）、前置辐射探测、先期机检等顺势及非侵入的探测和处置。

前置预防性检疫处理、前置辐射探测、先期机检作业主要根据布控指令或结合货物物流顺势实施。

A. 前置预防性检疫处理

即改变以往报检后做卫生处理的检疫监管模式，根据船舶代理提供的舱单信息，提前筛选出需要做检疫处理的货物，在辖区口岸实施前置检疫处理。

B. 前置辐射探测

进入口岸海关监管区的出口集装箱需接受辐射探测监管。当集装箱车辆驶入卡口时，位于通道两侧的第一道门户式辐射检测设备开始自动探测集装箱的放射性，若发生报警，由中央控制室对报警信息进行即时分析判断，对确有嫌疑的集装箱，下达二次检查指令，并下达即决式布控指令。

C. 先期机检作业

充分发挥大型集装箱检查设备的优势，通过应用智能查验设备和人工智能技术，以尽量少干预、不中断物流为原则，对适宜非侵入式查验的货物，优先实施机检查验，尽可能将查验作业嵌入物流运转过程开展“顺势监管”，积极探索开展“先期机检”作业，逐步加大非侵入检查比例，在货物运抵尚未进行报关申报，或集装箱从船舶上吊装离场、车辆进场等环节时开展机检，切实提升监管查验效能。

② 口岸通关现场检查作业

通关现场检查是指在口岸内实施的外勤查验作业，包括：单货、货证核对；卫生检疫、动植物检疫、商品检验；抽样送检；现场即决式鉴定（含现场实验室初筛鉴定）；H986 过机检查；现场技术整改，合格评定、拟证等。

A. 海关安全准入与验估查验

a. 安全准入查验。这是指在进出口货物报关单申报后放行前，对进出口货物中可能存在的禁限管制、侵权、品名规格数量伪瞒报等风险，以及情报反映存在走私违规嫌疑的货物依法进行实际核查。报关单申报后，涉及货物安全准入评估和需要通过实地查看货物以便确定归类、价格、原产地等进行验估的，海关风险防控中心下达查验处置指令。

b. 验估查验。这是指海关对存在归类、价格、原产地等税收征管风险的货物依法进行实际核查的执法行为。验估查验的目的是通过实地查验货物以验证进出口货物的商品归类、价格和货物原产地等关键涉税要素。此环节的实货验估指令，由口岸海关实施。

B. 商品检验检疫

海关对受理申报的货物，根据对应的检验检疫类别，以及业务信息化管理系统（原主干系统）规则运算的指令，采取相应的施检方式，包括现场感官检验、临床检疫、抽样检测、核查货证等实施监管。符合要求的予以合格判定，允许进、出口；不符合要求的，具备条件的进行技术处理，无法技术处理的予以不合格判定，并视情况退货、销毁，或不允许出口。

C. 商品抽查送检

这是海关现场查验部门依法组织的对目录以外的进出口商品进行有计划的随机抽样、检验，并对抽查结果公布和处理的活动，是国家对进出口商品实施质量监督管理的一种重要方式。重点抽查涉及安全、卫生、环保，国内外消费者投诉较多，退货数量较大，发生过较大质量事故及国内外有新的特殊要求的进出口商品。对检验不合格的，海关将依法实施技术整改、不准出口、退运、销毁、通报市场监管等有关部门等措施。

D. 合格评定

合格评定是借鉴国际通行规则使用的概念，与世界贸易组织《技术性贸易壁垒协定》的规则是相同，有利于规范进出口商品检验采取的各种技术措施。在对货物风险、企业信用实施分类管理的基础上，依据合格评定的有关程序对出入境货物实施检验检疫监管，并适用相应的作业流程。合格评定的程序包括：抽样、检验（检疫）和检查；评估、验证和合格保证；注册、认可和批准以及各项的组合。

③ 口岸通关现场处置作业

处置作业是指现场检查发现异常或查验后需进一步处置的作业，包括：

A. 单证处置：报关单修撤、补证补税、签证；

B. 货物处置：退运、销毁、罚没、口岸隔离检疫、技术整改（不具备现场整改条件的）；

C. 移交处置：移送通关、法规、缉私等处置部门手续办理。对于其中涉嫌走私违法犯罪，案件线索移交缉私部门处理的，涉案货物应当随案移送。

2. 接受并配合海关检查

进出口货物应当接受海关检查。海关检查货物时，报关人应当到场，并负责搬移货物，开拆和重封货物的包装。

① 配合海关检查的意义

海关检查是法律赋予海关的一项重要的执法权力，海关行使权力需要收发货人或其代理人履行义务作为保障。另外，收发货人或其代理人在进出口货物前，经过与境外卖方或买方协商、签订合同的过程，对货物的有关情况最为了解，收发货人或其代理人配合海关实施查验有利于提高海关检查效率，防止因海关检查发生不必要的争议。

② 配合海关检查的作业要求

A. 配合海关检查的准备

海关实施检查时，进出口货物收发货人或其代理人应当抵达海关查验现场，为海关检查做好有关准备工作。

在实际查验中，海关会根据情况对卸货有不同的要求。比如，彻底查验是对货物全部卸开，逐件开箱；抽查是卸下部分货物，有选择地开箱。因此，收发货人或其代理人应根据海关的卸货要求，自行或委托口岸、码头或者仓库的搬运公司搬移、开拆和重封货物，并负责由此产生的相关装卸费用。

作为扶持贸易便利化措施之一，近年来海关积极推行查验时收发货人或其代理人免于到场做法。免于到场的，需要委托监管作业场所经营人代为履行配合查验的相关手续。

B. 及时到场，协助海关检查

海关在确定对货物查验后，收发货人或其代理人应及时派员到达指定的查验作业区配合、协助海关查验，协助查验人员应出示有效证件并负责搬移货物、开拆和重封货物的包装，当海关对相关单证或货物有疑问时，应负责解释说明，回答询问。

C. 配合海关取样送检

海关并非对每一票检查货物都要送检化验。如果海关对货物的性质有怀疑，在实施检查时需要提取货物的样品进行化验，以进一步确定或者鉴别货物的品名、规格等属性的，收发货人或其代理人就有配合海关取样送检的义务。海关化验工作制度规定，海关对进出口货物要求取样送检时，收发货人或其代理人应及时到场；在海关查验人员的监督下按照取样要求进行取样（特殊样品应由相关专业技术人员提取样品），并提供有关单证和技术资料，如产品说明书、生产工艺流程等，协助海关做好取样、化验工作。

D. 配合海关随机抽查检验

被抽查单位对抽查检验应当予以配合，不得阻挠，并应当提供必要的工作条件。无正当理由拒绝抽查检验的单位，其产品将被视为不合格，根据相关规定对拒绝接受抽查检验的企业予以公开曝光。被抽查单位应当妥善保管有关被抽查的证明。

E. 配合海关现场实货验估

进出口货物收发货人或其代理人首先应认真准备相关的单证材料并尽快到通关现场验

估岗位递交有关书面材料，出示有关工作证件、委托书等。如接到海关验估人员现场验货通知，应到查验现场配合海关查验。

F. 核对海关径行开验并签字确认

《海关法》规定，当海关认为必要时，即使收发货人或其代理人没有在场，海关也可以径行开验、复验或者提取货样。比如，收发货人或其代理人超过规定时间不到又没有合理的理由，海关将对货物径行开拆查验，由此可能引起的相关损失由收发货人或其代理人负担。

收发货人或其代理人对海关在查验完毕后制作的查验记录，应当在核对后予以签字确认。

③ 海关损坏货物的索赔

A. 向海关索赔的范围

对于查验过程中由于海关工作人员责任造成的货物损失，报关人可以要求海关就货物损坏的实际情况进行赔偿。根据规定，海关赔偿的范围为进出口货物直接的经济损失，间接的经济损失不包括在海关赔偿的范围之内。

以下情况不属于海关赔偿的范围：

a. 报关人搬移、开拆、重封包装或保管不善等自身原因造成的损失；

b. 易腐、易失效货物在海关正常的工作时间内造成的变质或失效；

c. 海关正常查验所造成的不可避免的磨损；

d. 不可抗力造成的损失；

e. 在海关查验之前或之后发生的损失或损坏。

B. 向海关索赔的程序

a. 报关人发现货物在海关查验中被损坏的，可要求海关出具“中华人民共和国海关查验货物、物品损坏报告书”，以确认货物损坏情况；

b. 报关人持“中华人民共和国海关查验货物、物品损坏报告书”向海关提出赔偿的请求，并确定赔偿的金额；

c. 报关人应在规定的期限内向海关领取赔偿。

（四）货物获得放行

1. 货物获得放行的含义

货物获得放行是指海关接受进出口货物报关报税，对货物进出境安全准入与税收风险实施综合甄别，并结合相关风险参数与布控检查指令实施检查并完成税费征收（或收取担保）后，由海关信息处理系统发送放行信息或实施人工放行，企业即可对进口货物自卡口提取（放行）或出口货物装运出境的行为。

2. 货物获得放行适用的情形

（1）在“一次申报、分步处置”通关作业流程下，符合口岸提离条件（无布控指令或仅有口岸布控指令且已完成）的，卡口提离（放行）即为货物放行，货物可销售及使用。对在卡口提离（放行）后尚有其他后续检查项目（如附条件提离、目的地检查）的，须完成全部检查作业后方为货物放行，此时可销售及使用。

（2）在“两步申报”通关作业流程下，概要申报完成后，符合口岸提离条件（无布控指令或仅有口岸布控指令且已完成）的，货物准予卡口提离（放行），可以销售或使用

（涉证或未完成合格评定的除外），并于规定日期之前完成完整申报。完整申报完成后，尚有其他后续检查项目（如附条件提离、目的地检查）的，须完成全部检查作业后方为货物放行，此时可销售及使用。未有后续检查项目的，完整申报系统放行即为货物放行。

故按照以上，因国家针对不同货物管理要求不同，系统指令也不同，进口货物放行的具体时点亦各有差异。从全阶段而言，如卡口提离（放行）后系统仍有检查作业要求，货物放行需以完成全部检查作业为条件，卡口提离（放行）后未有检查作业要求的，原则上卡口提离（放行）即为货物放行。

出口货物，海关系统放行允许货物装载即为货物放行。

3. 货物获得放行的条件

货物获得口岸提离（放行），必须以对报关单数据的风险甄别完毕，根据相关信息能够直接排除安全准入和重大税收风险，或者口岸检查处置操作已完成，并且企业缴纳了进出口税费（或提供担保）作为前提条件。货物放行，须完成提离后相关检查手续，系统自行对布控信息进行解控以完成最终的电子放行操作。

（1）货物符合放行条件的

经海关信息处理系统自动研判符合放行条件的，通常包括但不限于：

① 未被各类安全准入风险布控命中，或已解除布控；

② 未被税收征管局事中参数（规则）、指令捕中，或税收征管局已处置完毕；

③ 无须缴纳有关税费，或已按规定完成缴纳，已提供“海关进出口货物征免税证明”，已提供相关担保等；

④ 无须提供有关监管证件，或已提供有效监管证件或电子数据；

⑤ 有关舱单、监管作业场所（场地）等物流底账核销无误；

⑥ 有关保税账册等数据核注核销无误；

⑦ 未进入异常处置程序，或已完成异常处置继续通关；

⑧ 口岸提离（放行）后续检查作业已完成；

⑨ 其他应满足的监管条件。

放行条件之间存在特定逻辑关系的，由放行调度模块进行综合研判。

（2）货物不予放行的情形

除经海关信息处理系统自动研判不符合上述放行条件的，以及有下列情况之一的，海关将不予放行进出口货物：

① 违反海关和其他进出境管理的法律、法规，非法进出境的；

② 单证不齐或应税货物未办理纳税手续，且又未提供担保的；

③ 包装不良，继续运输足以造成海关监管货物丢失的；

④ 尚有其他未了手续尚待处理的［如口岸提离（放行）后续检查作业未完成、违规罚款未交的］等。

三、进出境货物海关通关作业程序

（一）进出口货物“一次申报、分步处置”通关作业流程

1. 货物前置通关作业

在货物前置通关作业阶段，由口岸海关实施登临检查。无布控或检查无异常的，准许

卸货。卸货过程中，海关顺势实施预防性检疫处理、辐射探测、先期机检等监管或处置。同时，经海关同意进口货物收货人及其代理人可查看货物或者提取货样，可以就通关过程中的海关事务申请担保。

（1）舱单申报与审核反馈

① 舱单传输人的舱单申报

舱单传输人（进出境运输工具负责人、无船承运业务经营人、货运代理企业、船舶代理企业、邮政企业以及快件经营人等舱单电子数据传输义务人）按照规定向海关传输舱单及相关电子数据。海关舱单管理系统对舱单实施逻辑监控和审核，对不符合舱单填制规范的，退回舱单传输人予以修改；对通过逻辑检控和审核的，海关进行风险甄别。

② 海关的审核反馈

当海关接收原始舱单及相关数据后，海关以电子数据方式向舱单传输人反馈审核结果。反馈结果包括接受、不接受及原因、不准予装载、不准予卸载、待海关人工审核等审核结果。海关因故无法以电子数据方式通知的，以传真、电话、当面通知等方式通知舱单传输人。

风险防控中心根据预先设定甄别条件，对筛选出的舱单进行分析，自动或人工下达布控查验、货物禁卸等指令。

（2）海关登临检查

① 海关登临检查的作业方式

对海关确定需登临运输工具检查与实施查验的，由口岸海关运输工具检查岗按指令要求对运输工具进行登临检查，记录检查情况，并将检查结果反馈风险防控中心。风险防控中心舱单分析岗根据检查结果提出后续处置要求。

② 海关登临检查的作业要求

海关检查运输工具时，运输工具负责人应当到场，并应当按照海关的要求指派人员开启运输工具的舱室、房间、储存处所；有走私嫌疑的，并应开拆可能藏匿走私货物、物品的部位，搬移货物、物料等。必要时，海关有权集中运输工具人员和暂时加封房间或其他部位。海关检查完毕，运输工具负责人应当在海关检查记录上签注。

海关风险防控局根据预先设定的甄别条件，对筛选出的舱单进行分析，自动或人工下达布控查验、货物禁卸等指令。在通过海关对舱单传输及高风险舱单货物查验验证等安全准人审查后或配合海关对相应安全准入问题作出处置后，进出口货物收发货人即可正常向海关申报报关数据。

（3）海关申报前拦截处置

对涉及安全准入等需进行拦截处置的进境货物（含公路口岸承运货物的运输工具，下同），海关在其抵达进境口岸后实施前置预防性检疫处理（含检疫处理监管）、前置辐射探测、先期机检等顺势及非侵入的探测和处置。

前置预防性检疫处理、前置辐射探测、先期机检作业主要根据海关布控指令或结合货物物流顺势实施。通常嵌入货物物流链条并结合货物运输的路线顺势经过海关检查设施进行，发现检查结果存有异常时，相关场所或场地的负责人或相关企业应配合好海关后续处置。其中，先期机检查验还兼有非侵入、非干扰式查验作用，现场通关环节如有机检查验指令，可不必重复实施。

（4）申报前看货取样

① 申报前看货取样的权责

申报前经海关同意进口货物收货人及其代理人可查看货物或者提取货样，这是进口货物收货人的权利。但作为法律赋予的“权利”，收货人也可以不予行使或放弃行使。收货人自己放弃行使权利的情况下所产生的法律后果，需由收货人自己承担。

② 申请看货取样的条件

进口货物收货人及其代理人申报前向海关提出查看货物、提取货物样品的申请应具备一定的条件，如果货物进境已有走私违法嫌疑并被海关发现，海关将不予同意。同时，只有在通过外观无法确定货物的归类等情况时，海关才会同意收货人提取货样。法律对进口货物收货人及其代理人借查看货物或提取货物样品之机进行违法活动也有着严厉查处等方面的规定。

③ 看货取样的申请与审批

进口货物收货人及其代理人向海关申报前，因确定货物的品名、规格、型号、归类等原因，可以向海关提出查看货物或者提取货样的书面申请。海关审核同意的，派员到场实际监管。

④ 看货取样的作业实施

查看货物或提取货样时，海关开具取样记录和取样清单；提取货样的货物涉及动植物及其产品，以及其他须依法提供检疫证明的，应当按照国家有关法律的规定，在取得主管部门签发的书面批准证明后提取。提取货样后，到场监管的海关关员与报关人员在取样记录和取样清单上签字确认。

（5）办理海关通关事务担保

① 海关通关事务担保的主要情形

进出境通关过程中海关事务担保主要包括以下两类：

一是进出口货物收发货人或其代理人在办结商品归类、估价和提供有效报关单证等海关手续前，向海关提供与应纳税款相适应的担保，申请海关提前放行货物；

二是进出口货物收发货人或其代理人申请办理特定海关业务的，应按照海关要求提供担保。

国家对进出境货物、物品有限定性规定，应当提供许可证而不能提供的，以及法律、行政法规规定不得担保的其他情形，海关不予办理担保放行。

② 海关通关事务担保手续

A. 申请提前放行货物的担保

在货物进出境通关过程中，海关对报关人的申报提出质疑或确认报关人申报需要补充相关单证，报关人无法在短期内满足海关要求但需要海关先行放行货物时，可向海关提出担保申请。常见情形主要包括：进出口货物的商品归类、完税价格、原产地尚未确定的；有效报关单证尚未提供的；在纳税期限内税款尚未缴纳的；滞报金尚未缴纳的；其他海关手续尚未办结的。

B. 申请办理特定海关业务的担保

适用某些海关监管方式通关时，海关通关流程要求报关人先行办理担保手续。常见的情形主要包括：货物、物品暂时进出境；货物进境修理和出境加工；租赁货物进口；将海关监管货物暂时存放在海关监管区外等。

2. 现场通关作业

（1）受理进出口自报自缴

进出口自报自缴是指进出口货物收发货人及其代理人向海关申报报关单及随附单证、税费电子数据，并自行缴纳税费的行为。

① 受理企业报关单电子数据申报与自主报税

A. 接受申报

进出口货物收发货人及其代理人在办理海关预录入时，应当如实、规范填报报关单各项目，利用预录入系统的海关计税（费）服务工具计算应缴纳的相关税费，并对系统显示的税费计算结果进行确认，连同报关单预录入内容一并提交海关。

B. 确认

进出口货物收发货人及其代理人需在当日对税费结果进行确认，不予确认的，可重新申报。

C. 总担保备案编号的填写

对进出口货物收发货人及其代理人申报时选择“汇总征税”模式的，应提前办理总担保备案。申报时在报关单上填写总担保备案编号。

总担保应当依法以保函等海关认可的形式，保函受益人应包括企业注册地直属海关以及其他进出口地直属海关，担保范围为担保期限内企业进出口货物应缴纳的海关税款和滞纳金，担保额度可根据企业税款缴纳情况循环使用。

一份报关单只能填写一个总担保备案编号。报关单打印时会显示“汇总征税”字样。

② 受理企业自缴税款

进出口货物收发货人及其代理人在收到海关通关系统发送的回执后，自行办理相关税费缴纳手续。

A. 受理企业选择电子支付/电子支付担保模式支付

进出口货物收发货人及其代理人登录电子支付平台查询电子税费信息并确认支付，申报地海关现场按相关规定办理后续手续。

进出口货物收发货人及其代理人应在电子税费信息生成之日起 10 日内，通过电子支付平台向商业银行发送税费预扣指令；未在上述期限内发送预扣指令的，申报地海关现场将直接转为柜台支付并打印税款缴款书。

B. 受理企业选择柜台支付模式支付

进出口货物收发货人及其代理人在收到申报地海关现场打印的纸质税款缴款书后，到银行柜台办理税费缴纳手续。

C. 受理企业选择汇总征税模式支付

海关通过系统自动扣减相应担保额度后，进出口货物收发货人及其代理人按汇总征税相关规定办理后续手续。企业应于每月第 5 个工作日结束前完成上月应纳税款的汇总支付，且不得再选择电子支付担保方式。税款原则上不得跨年缴纳。

企业办理汇总征税时，有滞报金等其他费用的，应在货物放行前缴清。

③ 对企业“自报自缴”时主动披露的处置

“自报自缴”模式下，进出口货物收发货人及其代理人主动向海关书面报告其违反海关监管规定的行为并接受海关处理，经海关认定为主动披露的，海关从轻或者减轻处罚；违法行为轻微并及时纠正，没有造成危害后果的，不予行政处罚。对于主动披露并补缴税款的，经企业申请，海关可以减免税款滞纳金。

（2）海关通关现场风险排查与处置

① 海关准入查验/验估查验

A. 海关准入查验与验估查验的适用

海关对存在禁限管制、侵权、品名规格数量伪瞒报等风险以及情报反映存在走私违规嫌疑的货物，依法进行准入查验；海关对存在归类、价格、原产地等税收风险的货物，依法进行验估查验。

B. 查验的准备

海关实施查验时，进出口货物收发货人或其代理人应当抵达海关查验的现场，为配合海关查验做好有关准备工作。在实际查验中，海关会根据情况对卸货有不同的要求。比如，彻底查验是对货物全部卸开，逐件开箱；抽查是卸下部分货物，有选择地开箱。因此，收发货人或其代理人应根据海关的卸货要求，自行或委托口岸、码头或者仓库的搬运公司搬移、开拆和重封货物，并负责由此产生的相关装卸费用。

C. 海关实施查验时的企业权责

海关在确定对货物查验后，收发货人或其代理人应及时派员到达指定的查验作业区配合、协助海关查验，协助查验人员应出示有效证件并负责搬移货物、开拆和重封货物的包装，当海关对相关单证或货物有疑问时，应负责解释说明，回答询问。进出口货物收发货人或其代理人对海关在查验完毕后制作的查验记录，应当在核对后予以签字确认。

② 海关现场验估

A. 海关现场验估的目的

海关税收征管作业过程中，现场海关根据海关总署税收征管局预设验估类风险参数及指令，为确定商品归类、完税价格、原产地等税收征管要素，而需要验核进出口货物单证资料或报验状态，并对涉税要素申报的完整性和规范性进行评估。

B. 现场验估适用的情形

现场验估是海关与货主或其代理人对单证流、信息流的当面交流沟通，有时这种交流与沟通还需要对货物进行实际查验后进行。因此，这是一种复杂的通关事务，也是非常重要的一个环节，它适用于一般情况下难以确定归类和价格的报关单，其使用比例在实际通关过程中较低。

C. 海关现场验估作业实施

海关现场验估岗位具体执行验估类参数及指令，实施验估作业并进行相应处置及反馈，包括：验核有关单证资料、样品；验核进出口货物报验状态，做好取样、留像等存证工作或在取样后送检化验；开展质疑、磋商，收集和补充单证资料等工作；录入验估作业记录及结果，按要求反馈处置结果等。

货物放行前海关对由系统或人工下达实货验估指令的，与查验统筹安排，按照细化的查验要求，由取得验估上岗资质的查验人员实施查验，验估人员提供必要协助。企业须配合海关实施实货验核。货物放行后海关为确定税收征管要素而需要勘验实货的，税收征管局下达稽（核）查指令，由海关稽查人员按照稽查有关规定实施，企业须配合海关实施实货勘验。

对税收征管局要求实施放行前验估（不含实货验估）的报关单以及对被单证验核风险参数（H2）捕中的报关单，由申报地海关验估岗根据参数要求，验核有关单证资料的完整性和规范性，留存有关单证、图像、样品等资料后予以通过。

D. 海关现场验估的企业权责

与此相对应，进出口货物收货人或其代理人首先应认真准备相关的单证材料并尽快到通关现场验估岗位递交有关书面材料，出示有关工作证件、委托书等。如接到验估员现场验货通知，应到查验现场配合海关查验，对海关发出的“质疑通知书”应及时签收，并及时对海关提出的质疑进行书面答复，逾期视为自动放弃有关权利。海关要求就有关价格资料进行磋商时，应准备好资料，及时到验估岗位进行价格磋商。

③ 海关检验检疫

A. 海关现场实验室初筛鉴定（以动植检为例）

现场实验室初筛鉴定是指口岸海关建立检验检疫初筛鉴定室，并配备解剖镜、超净工作台、养虫箱、培养箱、熏蒸气体分析仪等初筛鉴定所需仪器设备，以满足口岸常见截获疫情初筛鉴定的需要，保证样品安全，避免有害生物逃逸、交叉感染等生物安全事件。为此，海关还对原有的“口岸查验+统一送样+出具结果+货物放行/检疫处理”动植检流程进行再造，构建“口岸查验+口岸鉴定室鉴定+货物放行/检疫处理”新式作业流程，将常见有害生物的鉴定工作放在口岸初筛鉴定室，少量疑难杂症的鉴定提交总关动植检中心实验室。

B. 海关实施各类施检方式

海关对受理申报的货物，根据对应的检验检疫类别以及业务信息化管理系统（原主干系统）规则运算的指令，采取相应的施检方式包括现场感官检验、临床检疫、抽样检测、核查货证等实施监管。符合要求的予以合格判定，向海关系统发送港区预处理指令，或形成出口货物电子底账数据，允许进、出口；不符合要求的，具备条件的进行技术处理，无法技术处理的予以不合格判定，并视情况退货、销毁或不允许出口。

C. 海关实施检验检疫合格评定

合格评定是借鉴国际通行规则使用的概念，与世界贸易组织《技术性贸易壁垒协定》的规则是相同的，有利于规范进出口商品检验采取的各种技术措施。在对货物风险、企业信用实施分类管理的基础上，依据合格评定的有关程序对出入境货物实施检验检疫监管，并适用相应的作业流程。

合格评定的程序包括：抽样、检验（检疫）和检查；评估、验证和合格保证；注册、认可和批准以及各项的组合。

D. 海关实施“先验放后检测”检验监管方式

a. “先验放后检测”的含义

“先验放”指进口矿产品经现场检验检疫（包括放射性检测、外来夹杂物检疫、数重量鉴定、外观检验以及取制样等）符合要求后，即可提离海关监管作业场所；“后检测”指进口矿产品提离后实施实验室检测并签发证书。

b. “先验放后检测”的适用范围

海关对风险程度较低的进口铁矿、锰矿、铬矿、铅矿及其精矿、锌矿及其精矿，采取“先验放后检测”监管方式。现场检验检疫中如发现货物存在放射性超标、疑似或掺杂固体废物、货证不一致、外来夹杂物等情况，则不适用“先验放后检测”监管方式。

c. “先验放后检测”的效能

新监管方式改变了进口货物必须在完成现场检验检疫、实验室检测、合格评定、签发证书后方可提离海关监管作业场所的传统作业方法，使通关放行时间缩短，港口泊位、堆场利用率和装卸效率得到提高，堆存、船舶滞港等费用得以缩减。

d. “先验放后检测”的实施

企业在适用新监管方式须注意：

“先验放”是指允许提前转运，海关完成合格评定并签发证书后，企业方可销售、使用进口矿产品。

监管中发现存在安全、卫生、环保、贸易欺诈等重大问题的，海关将依法依规进行处置，并适时调整监管方式。其他矿种由于风险程度较高，暂不适宜推广。

E. 海关现场快速检测

这是指在采样现场进行的、利用便携分析仪器及配套试剂快速得到检测结果的一种检测方式，对某些货物可以不经送实验室检测即可快速得到检测结果，可有效提高监管效率。

F. 海关实施第三方采信制度

海关引入市场竞争机制，发挥社会检验检测机构作用，在进出口环节推广第三方检验检测结果采信制度。通过加强与国际检验检疫标准与技术法规研究中心合作，积极开展在进出口商品质量安全风险预警和快速反应监管体系下的第三方采信机制专项研究。在总结第三方采信试点经验的基础上，扩大试点范围，选取多种一般风险进出口商品在全国范围推广试行第三方采信制度。

（3）海关综合事务处理

① 海关取样、存证、留像

海关取样时，收发货人或者其代理人应当到场协助，负责搬移货物，开拆和重封货物的包装，并在“中华人民共和国海关进出口货物化验取样记录单”上签字确认。收发货人或者其代理人拒不到场或者海关认为必要时，可以径行取样，存放货物的海关监管场所经营人、运输工具负责人应当到场协助，并在取样记录单上签字确认。样品一式两份，一份送抵海关化验中心或者委托化验机构，另一份留存海关备查。

海关对进出口货物取样化验的，收发货人或者其代理人应当按照海关要求及时提供样品的相关单证和技术资料，并对其真实性和有效性负责。因货物取样送检而提供的技术资料涉及商业秘密的，报关人员应事先声明，要求海关保守其商业秘密。货样的化验一般由海关化验中心和委托化验机构负责。

② 海关修撤单、退补税

A. 海关指令要求的修撤单、退补税

经海关对报关单数据的风险甄别，对需修撤相关报关单、退补税等的，将由申报地海关综合业务岗位按照 H2018 系统提示的指令要求进行操作。对需要进行报关单修撤、退补税的，企业补充提交税款担保等事务性辅助操作以及办理许可证人工核扣等必要手续的无纸报关单，系统将其转入申报地海关综合业务岗进行相应操作，并按照系统提示的指令要求，完成修撤、退补税等事务性辅助操作。

B. 企业向海关申请的修撤单、退补税

申请人申请修改或者撤销进出口货物报关单的，应当提交“进出口货物报关单修改/撤销申请表”，并根据实际情况提交可以证明进出口实际情况的合同、发票、装箱单等相关单证；外汇管理、国税、银行等有关部门出具的单证；应税货物的海关专用缴款书、用于办理收付汇和出口退税的报关单证明联等海关出具的相关单证。

C. 企业办理报关单修撤业务的注意事项

进出口货物收发货人及其代理人在办理报关单修撤业务时应注意以下问题：

一是须准确填写修改或撤销报关单的理由及需要修改的内容，同时提供书面的情况说明及相关证明资料，减少因填写不规范或资料不齐全导致退单的可能性；

二是通过预录入系统留存准确的联系方式，避免由于联系不畅导致审批延误；及时查询预录入系统海关反馈的办理意见，特别对海关发起的报关单修改或撤销要求须在 5 日内及时确认。

3. 卡口提离（放行）后续作业

（1）海关税收风险排查与处置

① 海关批量复核

进出口货物报关单，在海关接受申报后除正常放行的单据以外，还有部分报关单在通过系统甄别时被系统预设参数捕中并设置了放行后批量审核标志，带有该标志的报关单及其他税收征管局按照相应作业程序规定确定抽核的报关单和放行前实货验估、单证验核后存证放行的报关单，海关在放行后将进行批量复核。

税收征管局复核后的处理主要有：通过涉税风险排查消除疑问；需修撤、退补税的报关单转现场综合岗；需单证验核的，转现场海关验估岗；需实地核查的，转现场海关稽查部门实施；对发现涉嫌违法违规风险线索的，移交缉私部门处置；对发现可能存在安全准入风险的，将有关情况告知风险防控局。

在现场海关综合业务岗、验估岗、稽查部门、缉私部门进行上述处置时，进出口企业应积极予以配合并妥善维护自身权益。在此过程中，报关单位需要及时按照海关要求提供相关材料、说明，做好解释工作。

现场综合业务处置环节涉及事项较多，且报关单修撤、海关事务担保、退补税等事务对进出口企业影响较大，并且有些关键业务，如报关单修改与撤销可能会导致海关认为进出口企业在报关过程中存在违法、违规嫌疑，根据《海关行政处罚实施条例》等规定，现场海关将按照相关规定进行案件移交、处罚。对转入综合业务岗位的单据，但海关相关岗位人员未及时与报关单位取得联系的，报关单位应主动询问原因并做好配合工作。

② 海关单证验核与事后验估

单证验核是指由现场海关在货物放行前，根据单证验核风险参数要求或税收征管局指令要求，对有关单证进行验核，留存有关单证、图像等资料并在货物放行后，根据税收征管局指令要求，验核有关单证资料、样品，协助开展质疑、磋商等工作，录入验估作业记录及结果，按要求反馈处置结果。

事后验估是指报关单放行后，税收征管局实施批量审核、专项审核，对未发现税收风险的报关单数据予以办结，对存在税收风险的，根据审核结果或审核需要下达相关指令，转业务现场验估处置。其中，认为可能存在涉税要素申报差错的，现场验估关员需要对进出口单位提供的相关说明材料进行审核确认，并据核实结果下达报关单修撤、退补税指令，由现场海关综合业务部门办理有关手续；需要通过收集并验核有关单证资料、样品，开展质疑、磋商等方式确定税收征管要素的，税收征管局下达验估指令，由现场海关验估部门按照指令要求进行处置，并反馈结果。

在此过程中，进出口企业要做好配合工作，及时提供海关需要的单证及说明材料。

在货物放行后的海关验估过程中，进出口企业存在的常见问题是配合海关工作不及时，提供的资料不齐全、不完整。货物放行后，因为已经没有了货物通关时效方面的压力，以及随之而来的其他更为需要人手的工作要完成，进出口报关单位往往有意无意地忽视海关事后验估的要求，提供的货物说明资料偏简略、粗糙，无法准确印证原申报货物的归类、价格、原产地等涉税要素情况，导致海关不能及时完成验估作业，经常超出时效要求。对不予积极配合事后验估的进出口企业，海关有主权在系统中设置标志，取消该企业的通关便利。

（2）海关对货物准予销售或使用的监管

货物完成卡口放行（提离）并有后续监管要求的，须完成以下操作方可准予销售或使用：

① 完成“单证检查”或“目的地检查”

需实施“单证检查”或“目的地检查”的，“第一段监管”结束，海关仅允许货物被提离海关监管现场，“第二段监管”完成“单证检查”或“目的地检查”的，海关系统发送放行信息，准予货物销售、使用。

② 完成对企业自行运输和存放的监管

进口货物准予提离后，由企业自行运输和存放，凭海关放行通知准予销售或使用。其中，属于下列情形的，需办结海关相关手续方可放行：

A. 有海关目的地检查要求的，海关已完成检查；

B. 属于监管证件管理的，海关已核销相关监管证件；

C. 需进行合格评定的，海关已完成合格评定程序。

（3）海关综合事务处理

主要是货物放行后报关单的修改或撤销。

货物放行后报关单修改或撤销的情形主要包括：

① 出口货物放行后，由于装运、配载等因素造成原申报货物部分或者全部退关、变更运输工具的；

② 由于办理退补税、海关事务担保等其他海关手续而需要修改或者撤销报关单数据的；

③ 根据贸易惯例先行采用暂定价格成交、实际结算时按商检品质认定或者国际市场实际价格付款需要修改申报内容的；

④ 现场海关统计监督、后续稽查、归类、估价等工作中发现涉及品名、商品编码、数量价格、原产国（地区）等数据方面的问题，需要修改申报内容的。

其中，前三种情形应由当事人向海关提出修改或撤销报关单的申请，最后一种情形由海关向报关人提出修改或撤销报关单的要求。

当事人申请修改或撤销报关单的，当事人应填写报关单修改/撤销申请表向海关提出申请，同时还需要根据不同的情况提交相应资料。上述情形①应当提交退关、变更运输工具证明材料；情形②应当提交签注海关意见的相关材料；情形③应当提交全面反映贸易实际状况的发票、合同、提单、装箱单等单证，并如实提供与货物买卖有关的支付凭证及证明申报价格真实、准确的其他商业单证、书面资料和电子数据等。

应海关要求修改或撤销报关单的，由海关向经营单位或相关报关企业出具报关单修改/撤销确认书，通知要求修改或者撤销的内容；报关企业协同经营单位在 5 日内对报关单修改或者撤销的内容进行确认或不予确认。对经过当事人确认的内容，由海关完成对报关单的修改或指销。当事人不同意修改或者撤销，经海关核实确实无须修改或者撤销的，由海关撤回相关作业；经海关复核认为仍需要修改或者撤销的，海关将对当事人再次发起确认程序。

（4）海关对通关税收风险的稽（核）查

海关将涉税要素的风险排查与处置置于货物放行之后，审核的主要形式有核查和稽查两种。海关依据稽查条例以及稽查条例实施办法来规范稽查程序和稽查方法。而从海关事后审核的实践来看，很多属地海关往往更倾向于通过核查模式开展税收风险的排查。

货物放行后，海关税收征管局若发现通关货物税收风险，且所涉货物已经放行，需开展后续稽（核）查处置的，会向直属海关稽查部门下达稽（核）查指令，对企业的账册、单证、资金以及货物流向、经营状况以及有关进出口货物等进行实地稽（核）查。

进出口货物收发货人或其代理人在配合海关稽（核）查时，应该为海关查阅、复制与进出口货物有关的合同、发票、账册等反映买卖双方关系及交易活动的商业单证、书面资料和电子数据提供方便；接受海关调查与询问；配合海关提取货样进行检验或者化验；配合海关进入纳税义务人的生产经营场所、货物存放场所，对与进出口活动有关的货物和生产经营情况实施检查等。

如果确实有事实和法理支持企业的合规性，企业应该据理力争，向海关说明有关情况，使海关也不至于轻易启动稽查程序。如果企业确实存在价格上的问题或者税收遗漏，应在核查环节主动披露有关情况。根据海关规定，主动披露可以从轻或者减轻企业相关法律责任。

(二)“两步申报”通关作业流程

“两步申报”是海关在深化海关通关一体化改革及实施“一次申报、分步处置”通关模式基础上的改革延续。货物通关时，企业申报由“一次”变为“两步”，即在申报环节企业可先凭提单进行概要申报，货物符合安全准入条件的即可快速从卡口提离（放行），在规定时间内企业再进行完整申报。

按照系统设计，“两步申报”模式支持在概要申报阶段即一次性完整录入需申报的全部完整信息。一次性完整录入全部信息的，海关系统优先处置概要申报项目数据，符合条件的完成系统放行，之后处置完整申报数据，企业确认税费及完成其他处置。

1. 第一步：概要申报

第一步概要申报的基本流程为：进口货物概要申报—海关风险甄别排查处置—海关监管证件比对—海关通关现场检查（查验）—允许货物被提离。

（1）进口货物概要申报

① 概要申报的一般要求

A. 概要申报的时限

企业应自运输工具申报进境之日起 14 日内，按照报关单填制规范完成报关单的概要申报。企业在概要申报货物被允许提离监管场所后，仍需在运输工具申报进境之日起 14 日内，按照现行整合申报的要求向接受概要申报的海关补充申报报关单完整信息及随附单证电子数据。

B. 概要申报的形式

概要申报可采用通关无纸化形式完成，不需要现场交单，报关信息通过国际贸易“单一窗口”上传，也可以通过“互联网+海关”办事平台申报。

“两步申报”模式支持一次性完整申报全部信息。

C. 概要申报与提前申报叠加

对需提前申报的，企业应当先取得提（运）单或载货清单（舱单）数据，于装载货物的进境运输工具启运后、运抵海关监管场所前进行概要申报。海关鼓励企业在“概要申报”阶段，采用提前申报方式。

② 概要申报的内容

企业在概要申报前应确认向海关申报进口货物是否属于禁限管制、是否依法需要检验或检疫（是否属《法检目录》内商品及法律法规规定需检验或检疫的商品）、是否需要缴纳税款。

对于不属于禁限管制且不属于依法需检验或检疫的，申报 9 个项目，并确认涉及物流的 2 个项目；应税的须选择符合要求的担保备案编号；属于禁限管制的需增加申报 2 个项目；依法需检验或检疫的需增加申报 5 个项目。

A. 概要申报的基本项目：境内收发货人、运输方式/运输工具名称及航次号、提运单号、监管方式、商品编号（6 位）、商品名称、数量及单位、总价、原产国（地区）。

其中，商品编号（6 位）填报《税则》和《统计商品目录》确定编码的前 6 位；数量及单位填报成交数量、成交计量单位；总价填报同一项号下进口货物实际成交的商品总价格和币制，如果无法确定实际成交商品总价格则填报预估总价格。其他项目按照《报关单填制规范》要求填写。

B. 货物物流项目：毛重、集装箱号。

C. 属于禁限管理需增加的申报项目：许可证号/随附证件代码及随附证件编号、集装箱商品项号关系。

D. 属于依法需要检验或检疫需增加的申报项目：产品资质（产品许可/审批/备案）、商品编号（10 位）+检验检疫名称、货物属性、用途、集装箱商品项号关系。

③ 概要申报的校验与接受

系统对申报要素进行规范性、逻辑性检查，对舱单、监管证件、担保等进行校验。符合条件的，海关接受申报；不符合条件的，系统自动退单。

加工贸易和海关特殊监管区域内企业及保税监管场所的货物开展“两步申报”时，第一步概要申报环节不使用保税核注清单。

（2）海关风险甄别排查处置

海关对安全准入风险进行甄别，下达货物查验指令并由现场海关实施查验，或下达单证作业指令并由现场海关实施单证作业。被重大税收风险参数捕中的报关单，由税收征管局进行税收风险排查处置。

（3）海关监管证件比对

涉及监管证件且实现联网核查的，系统自动进行电子数据比对。

（4）海关通关现场检查（查验）

① 现场单证核验。申报地海关根据指令要求进行单证作业，进行人工审核；无单证作业指令的，系统自动审核。

② 货物检查（查验）与处置。口岸海关按照指令要求对货物进行查验。完成查验且无异常的，人工审核通过；查验异常的，按异常处置流程处置。

（5）口岸提离（放行）货物

对审核通过的报关单，海关允许货物提离，企业可提离相关货物：

① 无布控放行。货物未被布控命中，且满足口岸放行条件的，企业货物准予提离，可以销售或使用（涉证或未完成合格评定的除外），并于规定日期之前完成完整申报。

② 合规放行。货物被口岸监管区内检查布控捕中，检查结果正常，且满足口岸放行条件的，企业货物准予提离，可以销售或使用（涉证或未完成合格评定的除外），并于规定日期之前完成完整申报。

③ 附条件提离。布控指令要求为检验或检疫目的取样送实验室检测且指令类型为“口岸检查”的进口货物，除《附条件提离商品禁限清单》内商品外，均可以实施附条件提离。

准予企业先行提离的货物，实验室反馈检验检测结果合格后，方可销售或使用，并于规定日期之前完成完整申报。

④ 转场检查。对满足口岸放行条件的，海关向卡口发送“转场检查”指令，企业将货物提离后运至卡口外场地等待海关实施检查。

转场检查后的放行，参照“合规放行”的有关程序实施；若属于《可实施附条件提离监管清单》范围的，参照“附条件提离”的有关程序实施。

⑤ 转目的地检查。货物被目的地检查布控命中，或同时被口岸检查布控命中但已完成口岸检查，且满足口岸放行条件的，准予企业提离货物并运至目的地等待海关检查，在目的地海关完成相关检查前，不得销售或使用。

2. 第二步：完整申报

第二步完整申报的基本流程为：进口货物完整申报—海关风险甄别排查处置—海关监管证件比对—缴纳税费—海关通关现场处置—获得报关单放行。

（1）进口货物完整申报

完整申报是针对概要申报报关单的补充申报。企业自运输工具申报进境之日起 14 日内完成完整申报，向接受概要申报的海关补充申报报关单完整信息及随附单证电子数据。系统对完整申报信息进行规范性、逻辑性检查。不符合条件的，系统自动退单；符合条件的，海关接受完整申报。

加工贸易和海关特殊监管区域内企业及保税监管场所的货物开展“两步申报”时，第二步完整申报环节报关单按原有模式，由保税核注清单生成。

（2）海关风险甄别排查处置

对完整申报的报关单，税收征管局、风险防控部门开展税收等风险甄别和排查处置，下达单证验核指令或稽（核）查指令。

如概要申报时选择不需要缴纳税款，完整申报时经确认为需要缴纳税款的，企业应当按照进出口货物报关单撤销的相关规定办理。

（3）海关监管证件比对

涉及监管证件且实现联网核查的，系统自动进行电子数据比对核查、核扣。

（4）征收税费

企业利用预录入系统的海关计税（费）服务工具计算应缴纳的相关税费，并对系统显示的税费计算结果进行确认，在收到海关通关系统发送的回执后，自行办理相关税费缴纳手续。

税款缴库后，企业担保额度自动恢复。

（5）海关通关现场处置

① 海关单证验核

申报地海关验估岗根据税收征管局指令进行单证验核，留存有关单证、图像等资料，进行人工审核；申报地海关综合业务岗根据指令要求进行单证作业，进行人工审核；无单证审核要求的，系统自动审核。

② 海关实施目的地检查

按照“两段准入”监管方式的作业要求，对在“概要申报”完成申报及安全准入监管后可先从口岸提离，须实施“目的地检查”的进口货物，在“完整申报”后，企业应配合海关按照预约时间上门实施目的地检查，在确认合格后方可进入境内消费流通领域。

（6）获得报关单放行

对系统自动审核通过或经人工审核通过的完整申报报关单，系统自动完成放行。

第四章 4

保税与自贸区监管

第一节
海关保税监管概述

海关保税监管是海关依据法律、行政法规及部门规章，对享受保税政策的进出口货物、物品在保税状态下进行实际监管的行政执法行为，是海关监管的重要组成部分。本章主要介绍加工贸易、保税监管场所、综合保税区及自由贸易试验区的相关内容。

一、 保税监管制度

（一）保税监管基本概念

保税是指纳税义务人进口应税货物，在符合海关特定条件下，经申请主管海关同意，海关暂缓征收进口关税和进口环节税，同时保留征收税款的权力，而纳税义务人得以暂缓履行缴纳相关税款义务，货物处于海关监管之下的一种状态。

保税监管是海关依据法律、行政法规及部门规章，对享受保税政策的进出口货物、物品在保税状态下研发、加工（含深结转加工）、装配、制造、检测、维修等产业链的全过程，采购、运输、存储、包装、刷唛、改装、组拼、集拼、分销、分拨、中转、转运、配送、调拨等简单加工及增值服务等供应链的全过程，以及实施备案、审核、核准、查验、核查、核销等实际监管的行政执法行为。同时，在海关监管上，体现为从进境、储存、加工、装配、结转、复出境全过程监管的作业制度。国家以法律、行政法规、规章及规范性文件等形式告知有关管理相对人保税货物在进、出、产、存、转、销等过程应遵守的法定程序和管理制度，确保保税货物按国家有关法律规定实施流转和处置。

（二）保税监管业务类型

保税加工（也称为加工贸易，以下统称“加工贸易”），在产业链上体现为来料加工、进料加工等常规形式。

保税物流，包括进口货物在口岸与海关特殊监管区域、保税监管场所或在海关特殊监管区域、保税监管场所的内部和这些区域、场所之间，以及境内区外出口货物与海关特殊监管区域、保税监管场所之间的流转。保税物流监管体现为海关对供应链的过程监管。

保税服务，主要指适用保税政策的研发、试制和检测、维修、展示等产品前后端配套活动等生产性服务产业。随着对外经济贸易的发展，保税政策适用范围持续扩大，保税服务还包括保税交易（如期货保税交割）、融资租赁、离岸结算等其他新兴业态。

二、 保税制度发展历程

保税制度是随着商品经济和国际贸易的发展而产生和发展的。19 世纪中后期，一些发达的资本主义国家为发展本国对外贸易，鼓励出口，对生产出口产品的工厂和企业所进口的原材料实行了保税制度。20 世纪，世界各国（地区）为促进和鼓励本国（地区）对外贸易，特别是出口贸易的发展竞相建立保税制度，其范围也从单纯加工生产的保税扩大到包括商业性质的保税（物流仓储货物）和进口寄售商品的保税等。

1882 年，为方便和扩大外国商人对华出口贸易，海关总税务司、英国人赫德在上海筹备实施保税制度。1888 年，第一批保税货栈在上海建立，这是中国保税制度的开始（后期中断）。1978 年，国家实行改革开放，为适应我国对外经济贸易的发展和改善投资环境的需要，保税制度逐步恢复，并不断扩大业务领域，成为发展对外经贸往来、扩大出口创汇、吸引外资的一项重要政策制度。1978 年 7 月，国家颁布《开展对外加工装配业务试行办法》，同年 8 月，广东省珠海县香洲毛纺厂与香港纺织品集团公司签订了第一份来料加工合同，在珠海设立了第一家加工贸易企业——珠海县香洲毛纺厂。由此，拉开了我国加工贸易发展的序幕。改革开放 40 多年来，我国保税加工从无到有、从小到大，先后经历了来料加工为主的探索起步阶段（1978—1987）、进料加工为主的快速增长阶段（1988—1998）、规范发展阶段（1999—2003）、转型升级阶段（2003 年以后）4 个主要阶段，至今，加工贸易已经发展成为对外贸易的重要方式之一，成为开放性经济的重要组成部分。

伴随加工贸易的发展，与之配套服务的保税物流业务逐步发展起来。1981 年 2 月，海关总署颁布实施《中华人民共和国海关对保税货物和保税仓库监管暂行办法》。此后，全国各地相继批准设立保税仓库、出口监管仓库、保税物流中心（A 型、B 型）等。

1990 年，国务院批准设立上海外高桥保税区等首批 15 个保税区。其后，又相继设立了出口加工区、保税物流园区、保税港区、综合保税区等海关特殊监管区域。由此，以海关特殊监管区域、保税监管场所为依托的保税加工、保税物流、保税服务业务逐步发展壮大。

现今，保税制度已经成为一种国际通行的海关制度。

三、 保税监管基本制度

（一）备案核销制度

加工贸易、保税物流、保税服务经营企业以保税方式进口货物前，需要向所在地主管海关办理必要的手册、账册设立和货物备案手续。海关依据国家有关法律、法规和政策，对企业提交的材料进行审核，决定是否核准予以保税。这是货物以保税方式进口的前提，也是海关实施全过程保税监管的开始。海关对手册、账册按合同周期或定期核销，据此验证相关企业对保税货物管理是否符合海关监管要求，是保税监管后期管理的核心。

（二）保税核查制度

保税核查指海关依法对加工贸易货物、保税物流货物、保税服务货物进行验核查证，检查核实海关特殊监管区域区内区外企业、保税监管场所企业，经营保税业务行为的真实性、合法性。海关实行“多查合一”的业务管理，保税监管部门负责保税核查的选查，稽查部门负责实施相关业务核查。

（三）保税担保制度

保税担保是指与保税相关的经营企业向海关申请从事或办理加工贸易、保税物流、保税服务业务时，以向海关提交保证金、保证函等符合海关规定的担保方式，保证其行为合法，保证在一定期限内履行其承诺的义务的法律行为。

（四）内销征税制度

保税货物经营企业，因故将保税货物转为内销，海关依法对内销保税货物征收进口关税和进口环节增值税、消费税。内销保税货物完税价格由海关审定。海关规定应征收缓税利息的，经营企业应按规定缴纳缓税利息。内销保税货物，涉及进口贸易管制的，经营企业应按规定提交相关进口许可证件。

（五）风险监控制度

海关保税监管风险监控制度是指海关以保税业务监控分析系统、风险管理平台，以及执法评估、执法监督等信息化系统为依托，对经营企业资信状况、内部经营、保税货物经营信息、经营方式等风险要素，进行定量或定性风险识别、区分和分析，评估、确认海关保税监管风险管理目标实施管控的措施和方法。

四、金关工程（二期）保税监管系统简介

金关工程（二期）（简称“金关二期”）是经国务院批准立项的国家重大电子政务工程项目，保税监管系统是其中的应用系统。金关二期保税监管系统是海关对保税业务实施管理的新一代作业平台，共包括8个子系统：保税物流管理系统、海关特殊监管区域管理分系统、加工贸易手册管理分系统、加工贸易账册管理分系统、保税综合管理分系统、保税流转管理系统、保税业务监控分析系统、自由贸易试验区海关管理系统。系统主要特点包括以下几个方面。

（一）构建全国统一、分层级管理的保税系统和应用平台

金关二期保税监管系统统一了保税监管应用系统和监管模式，建立了标准统一、功能综合、数据连通、分层管理、配置灵活、监管高效的保税监管信息化管理平台，同时兼顾支持个性化、差异化管理需求，适应了保税业务转型升级的发展需要。

（二）改革保税货物通关模式，创新底账核注方式

创设保税核注清单。开展保税业务的企业使用金关二期保税底账办理保税货物进出口、结转、流转等手续时，须先向海关申报保税核注清单。保税核注清单与报关单有以下联系与区别：保税核注清单填报的内容是企业向海关申报的基于企业内部管理精细化程度要求的料号级商品项；报关清单用于通关，由保税核注清单的料号级数据经过归并汇总的项号级商品加工贸易货物余料结转、加工贸易货物销毁、不作价设备结转，以及海关特殊监管区域、保税监管场所间或与区（场所）外企业间进出货物的，可以仅通过保税核注清单实现报关，不再申报报关单。

（三）支持“料号级备案、项号级通关、料号级核销”监管模式

金关二期系统电子账册可以根据企业管理精细化程度和海关监管的需要，选择按照料号级管理或者项号级管理的精细化程度建立电子底账，同时取消原H2000电子账册系统有形的归并关系对应表，企业在通关过程申报的核注清单按照“归并规则”自动归并为报关单。

（四）实现区域和场所的统一管理和信息共享

上线全国统一版海关特殊监管区域和保税监管场所信息化系统，实现区域、场所保税货物流转的审批、物流、通关和底账核注数据的互联互通和对碰，方便跨区监管货物流

动，提高保税货物物流效率。

（五）健全保税底账管理体系，支持开展新型业务

保税业务全面实现保税底账管理，统一账册结构和应用，实现料号级管理和规范化申报。

第二节 加工贸易监管基本规定

本节介绍加工贸易的前期手册（账册）设立，中期专项业务办理、报核，后期核销监管的要点。

一、加工贸易发展概述

改革开放以后，中国对外经贸发展迅速，货物贸易进出口总值从 1978 年的 206.4 亿美元增长至 2021 年的 60515 亿美元，稳居世界第一货物贸易大国地位。其中，加工贸易作为对外贸易的一种重要形式，在中国对外经济发展中占据着重要地位。加工贸易进出口总值从 1981 年的 25 亿美元，增长到 2021 年的 13156 亿美元。根据海关统计，1998 年加工贸易出口达到当年出口商品总额的 56.84%。2021 年，加工贸易出口总值占比降低至 21.7%，但仍是我国目前第二大贸易方式和贸易顺差的主要来源。

40 多年改革开放，中国积极探索中国特色的加工贸易发展道路，走出了一条在全球化背景下工业化的新道路。改革开放之初，加工贸易的发展带来了很多新的产品、技术和现代化的管理方式，用工业文明熏陶了大批劳动者；通过发展加工贸易，使得中国在过去的几十年里顺利地克服了制约发展中国家工业化的外汇缺口，有力地推动了中国的工业化进程；同时，加工贸易在开拓国际市场，利用海外需求带动国内经济增长方面发挥了重要作用，也推动了国内配套产业的发展，增强了我国制造业的国际竞争力，有力地促进我国成为世界制造中心。

二、加工贸易基本概念

（一）加工贸易的经营形式

加工贸易是指经营企业进口全部或者部分原辅材料、零部件、元器件、包装物料（统称为料件），经过加工或者装配后，将制成品复出口的经营活动。

加工贸易的经营形式，包括来料加工和进料加工。

1. 来料加工，是指进口料件由境外企业提供，经营企业不需要付汇进口，按照境外企业的要求进行加工或者装配，只收取加工费，制成品由境外企业销售的经营活动。

来料加工通常由国外企业提供原料、辅料和包装材料，我方企业按照双方商定的质量、规格、款式加工成成品交给对方，我方企业收取加工费。有的是全部由对方来料，有的是一部分由对方来料，一部分由加工方采用本国原料的辅料。

2. 进料加工，是指进口料件由经营企业付汇进口，制成品由经营企业外销出口的经营活动。

进料加工由经营企业购入国外的原材料、辅料，利用本国的技术、设备和劳力，加工成成品后，销往国外市场。这类业务中，经营企业以购买方名义与国外签订购买原材料的合同，又以销售方名义签订成品的出口合同。两个合同体现为两笔交易，它们都是以所有权转移为特征的货物买卖。

（二）加工贸易企业

加工贸易企业，包括经海关注册登记的经营企业和加工企业。

经营企业，是指负责对外签订加工贸易进出口合同的各类进出口企业和外商投资企业，以及经批准获得来料加工经营许可的对外加工装配服务公司。

加工企业，是指接受经营企业委托，负责对进口料件进行加工或者装配，并且具有法人资格的生产企业，以及由经营企业设立的虽不具有法人资格，但是实行相对独立核算并已经办理工商营业证（执照）的工厂。

承揽者，是指与经营企业签订加工合同，承接经营企业委托的外发加工业务的企业或者个人。

海关对加工贸易企业实行信用管理，分为高级认证企业、失信企业、其他海关注册登记和备案企业。

对于同一本加工贸易手册，如果经营企业和加工企业的信用类别不一致，海关按较低的信用类别对企业进行管理。

三、 加工贸易商品范围

可以开展加工贸易的商品范围，包括专为加工、装配出口产品而从国外进口且海关准予保税的原材料、零部件、元器件、包装物料、辅助材料，同时，受以下规定限制。

（一）加工贸易禁止类商品

加工贸易禁止类商品是指禁止以加工贸易方式进出口的商品，包括《对外贸易法》规定禁止进口的商品，以及海关无法实行保税监管的商品。

1. 《加工贸易禁止类商品目录》商品。《加工贸易禁止类商品目录》由商务部、海关总署会同国家其他有关部门定期公布。加工贸易禁止类商品目录中的第八十四章、八十五章商品均指旧机电产品进口，并包括零部件、拆散件。列入《加工贸易禁止类商品目录》的，除特别标注的以外，不予设立手册。

2. 参照加工贸易禁止类管理的商品。以下情况不在《加工贸易禁止类商品目录》中单列，但按照加工贸易禁止类进行管理：

（1）为种植、养殖等出口产品而进口种子、种苗、种畜、饲料、添加剂、抗生素等；

（2）生产出口的仿真枪支；

（3）属于国家已经发布的《禁止进口货物目录》和《禁止出口货物目录》的商品。

以上规定适用于海关特殊监管区域。但在相关管理规定发布之日前经工商行政管理部门注册登记，在海关特殊监管区域内设立从事相关商品加工贸易的企业除外。

自 2021 年起，中国全面禁止固体废物进口，生态环境部将不再受理和审批固体废物进口相关申请。固体废物，海关按照加工贸易禁止类商品管理。

3. 加工贸易禁止类商品管理的特殊规定：

（1）凡用于深加工结转转入，或从具有保税加工功能的海关特殊监管区域内企业经实质性加工后进入区外的商品，不按加工贸易禁止类进口商品管理；

（2）凡用于深加工结转转出，或进入具有保税加工功能的海关特殊监管区域内企业加工生产的商品，不按加工贸易禁止类出口商品管理。这些商品未经实质性加工不得直接出境。

（二）加工贸易限制类商品

《加工贸易限制类商品目录》由商务部、海关总署会同国家其他部门定期公布。目前公布的加工贸易进口限制类商品，主要包括冻鸡、植物油、初级形状聚乙烯、聚酯切片、天然橡胶、糖、棉、棉纱、棉坯布和混纺坯布、化纤短纤、铁和非合金钢材、不锈钢、电子游戏机等。加工贸易出口限制类商品，主要包括线型低密度聚乙烯、初级形状聚苯乙烯、初级形状环氧树脂、初级形状氨基树脂等化工品，玻璃管、棒、块、片及其他型材和异型材，羊毛纱线，部分有色金属等。

以加工贸易深加工结转方式转出、转入的商品属于限制类的，按允许类商品管理。

（三）消耗性物料

消耗性物料，是指加工贸易企业为加工出口成品而进口，且为加工出口成品所必需，直接用于生产过程，但又完全不物化于成品中的物料。物化是指料件通过物理或化学的方式存在于成品中并构成商品基本特性的转化过程。海关对消耗性物料按照保税方式进行监管。

消耗性物料商品如因动态调整被增列入《加工贸易禁止类商品目录》的，按加工贸易禁止类商品进行管理，不实行保税监管。

以下商品不按加工贸易消耗性物料保税方式进行监管：加工贸易企业生产设备、工具的易损件，如钻头、钻嘴、砂轮、刀片、磨具等；易耗品，如机油、润滑油，印刷用的菲林、PS 版等；检测物料，如检测纸、检测带、检测光盘、检测针等；劳保防护用品，如工作衣、帽、手套等；印制电路板用的干膜和生产高尔夫球头和飞机发动机叶片用模具所需进口的软金属、蜡、耐火材料等。

加工贸易项下进口料件同时符合以下条件的，不纳入消耗性物料管理，企业按照保税料件的相关规定办理有关手续：

1. 料件在加工过程中通过物理变化或化学反应存在或转化到成品中；

2. 料件存在或转化到成品中的量是保持成品性能不可缺少的组成成分，而非残留物。

消耗性物料相关规定不适用于海关特殊监管区域加工贸易业务。

（四）特殊商品管理

1. 关税配额农产品管理。根据商务部、国家发展改革委发布的《农产品进口关税配额管理暂行办法》，实施进口关税配额管理的农产品品种为小麦（包括其粉、粒）、玉米（包括其粉、粒）、大米（包括其粉、粒）、豆油、菜籽油、棕榈油、食糖、棉花、羊毛及毛条。

“农产品进口关税配额证”适用于一般贸易、加工贸易、易货贸易、边境小额贸易、援助、捐赠等贸易方式进口。

加工贸易进口实行关税配额管理的农产品，企业须事先向国家主管部门申领加工贸易“农产品进口关税配额证”。

加工贸易手册（账册）进口上述商品时期限不超过6个月（食糖为不超过3个月）。

2. 涉及相关主管部门核准的商品管理。铜精矿、生皮、卫星电视接收设施、成品油、易制毒化学品等商品，国家有关部门设定了企业资质或数量等限制条件，企业在加工贸易手册（账册）设立前，需向相关主管部门申领核准文件。

音像制品、印刷品、冻鸡、附有地图的产品等，企业在进行加工贸易手册设立前需申领相关管理部门的批准证件。黄金及其制品在内销前需申领相关管理部门的批准证件。

3. 客供辅料。服装辅料（如拉链、纽扣等）属列名的78种商品范围之内，纳入加工贸易手册（账册）管理，适用加工贸易禁止类、限制类商品目录等相关管理规定。

四、 加工贸易监管制度

（一）单耗管理

单位耗料量，是指加工贸易企业在正常生产条件下加工生产单位成品所耗用的进口料件的数量，简称“单耗”。单耗包括净耗和工艺损耗。

净耗，是指在加工后，料件通过物理变化或者化学反应存在或者转化到单位成品中的量。

工艺损耗，是指因加工工艺原因，料件在正常加工过程中除净耗外所必须耗用，但不能存在或者转化到成品中的量，包括有形损耗和无形损耗。

无形损耗，是指在加工生产过程中，由于物质自身性质或者经济、技术方面的原因，以气体、液体或者粉尘形态进行排放的不能或者不再回收的部分。工艺损耗中，无形损耗以外的部分即是有形损耗。

不列入工艺损耗的情形：因突发停电、停水、停气或者其他人为原因造成保税料件、半成品、成品的损耗，因丢失、破损等原因造成的保税料件、半成品、成品的损耗，因不可抗力造成保税料件、半成品、成品的灭失、损毁或者短少的损耗，因进口保税料件和出口成品的品质、规格不符合合同要求造成用料量增加的损耗，因工艺性配料所用的非保税料件所产生的损耗，以及加工过程中消耗性材料的损耗。

工艺损耗率，是指工艺损耗占所耗用料件的百分比。

上述几个概念之间的关系可用公式表示为：

单耗＝净耗÷（1−工艺损耗率）

加工贸易企业应当在成品出口、深加工结转或者内销前，向海关如实申报单耗。因生产工艺原因无法在出口前申报单耗的加工贸易企业，如企业内部管理规范、相关样品和资料保存完整，能够保证海关在成品出口后核定单耗的，也可以向海关申请在报核前申报单耗。

加工贸易企业申报单耗时应填写“中华人民共和国海关加工贸易单耗申报单”，具体内容包括：

1. 加工贸易项下料件和成品的商品名称、商品编号、计量单位、规格型号和品质；

2. 加工贸易项下成品的单耗（净耗和工艺损耗率）；

3. 加工贸易同一料件有保税和非保税的，应当申报非保税料件的比重。

海关对加工贸易企业申报单耗的真实性、准确性有疑问的，可以制发“中华人民共和国海关加工贸易单耗质疑通知书”。加工贸易企业收到质疑通知书后，应当在规定时限内向海关提供有关资料。

（二）加工贸易海关事务担保

加工贸易涉及风险保证金征收，按海关事务担保事项办理。

1. 对限制类商品的加工贸易保证金征收管理

企业在规定的期限内加工出口并办理核销后，海关将保证金及利息予以退还。具体规定如下：高级认证企业免征保证金；东部地区其他海关注册登记和备案企业按 50%征收，中西部地区其他海关注册登记和备案企业免征；失信企业 100%征收。东部地区是指辽宁省、北京市、天津市、河北省、山东省、江苏省、上海市、浙江省、福建省、广东省。中西部地区指东部地区以外的中国其他地区。失信企业从事加工贸易业务，按 100%征收保证金。

（1）进口料件属限制类商品或进口料件、出口成品均属限制类商品，保证金计算公式：

保证金=（进口限制类料件的关税+进口限制类料件的增值税）×50%

（2）出口成品属限制类商品，保证金计算公式：

保证金=进口料件备案总值×（限制类成品备案总值÷全部出口成品备案总值）×综合税率×50%

（3）失信企业从事加工贸易业务，保证金计算公式：

台账保证金=（进口全部料件的进口关税+进口全部料件的进口增值税）×100%

2. 担保形式

担保形式有保证金或保函等形式。保函包括银行或者非银行金融机构的保函，保函担保期限应为手册有效期满后 80 天，以保函形式办理担保的，企业将保函交于海关保税部门保管。担保形式为保证金的，企业以人民币缴纳保证金，保证金金额由海关财务部门核算管理。

3. 保证金核定与交付

海关保税部门负责核定应征保证金金额，开具“海关交（付）款通知书”，企业将款项交至海关财务部门指定代保管款账户办理保证金交款手续，由海关财务部门确认保证金款项到账并反馈加贸部门，保税部门向企业开具“海关保证金专用收据”。

因手册变更导致担保金额增加或担保期限延长的，企业办理担保事项变更手续。因变更手册导致担保金额减少的，待手册核销结案后，由海关一并退还。

4. 保证金、保函退还

担保形式为保证金的，海关保税部门向财务部门制发“海关交（付）款通知书”和“海关保证金专用收据”（退款联），财务部门凭企业提交的加盖企业财务专用章的合法收据，办理保证金本金及利息退还手续。

担保形式为保函的，企业在保函收据上签注签收人姓名和时间，并将相关材料一并归档存查。

5. 保证金转税款

海关保税部门凭“海关专用缴款书”向财务部门开具“海关交（付）款通知书”，财务部门凭“海关专用缴款书”和“海关交（付）款通知书”办理有关手续。

（三）加工贸易不作价设备

加工贸易不作价设备是指与加工贸易经营企业开展加工贸易（包括来料加工、进料加工及外商投资企业履行产品出口合同）的境外厂商，免费（不需境内加工贸易经营企业付汇，也不需用加工费或差价偿还）向经营单位提供的加工生产所需设备。

1. 加工贸易不作价设备进口手册设立的申请

企业向主管海关申请进口加工贸易不作价设备时应提交以下资料：设备申请备案清单，合同（含不作价设备），有关不作价设备名称、规格型号、工作原理、功能、技术参数等技术资料，以及海关需要的其他资料。

2. 申请加工贸易不作价设备备案的条件

（1）设有独立的专门从事加工贸易的工厂或车间，且不作价设备仅限在该工厂或车间使用。

（2）企业在加工贸易合同（协议）期限内，其每年加工产品必须是70%以上属出口产品。

（3）加工贸易合同（协议）中须列明不作价进口设备由外商免费提供，不需付汇进口，也不需用加工费或差价方式偿还。

（4）申请备案的不作价设备，不属于《外商投资项目不予免税的进口商品目录》《进口不予免税的重大技术装备和产品目录》范围。

（5）对临时进口（期限在半年以内）加工贸易生产所需不作价设备（限模具、单台设备），海关按暂时进口货物办理，逾期补征税款。

3. 海关审核

经海关审核，企业的申请符合条件的，核发不作价设备登记手册（D）。经营单位凭以向海关办理设备报关进口手续，除国家另有规定的外，海关予以免征进口关税验放，不免进口增值税。

4. 加工贸易不作价设备结转

加工贸易企业因搬迁办理不作价设备结转业务，应向迁出地海关提出申请。企业凭“加工贸易企业搬迁申请简表”或“加工贸易企业搬迁申请表”在迁出地海关办理不作价设备转入、转出的报关手续。不作价设备在迁出、迁入企业之间的转出、转入，视同原企业不作价设备进行监管。结转的不作价设备的监管期限连续计算。

5. 加工贸易不作价设备解除监管

不作价设备监管期限5年。对于监管期限已满的不作价设备，企业不再向海关提交书面申请等纸质单证，通过申报监管方式为“BBBB”的设备解除监管专用保税核注清单，向主管海关办理设备解除监管手续。保税核注清单审核通过后，企业如有需要，可自行打印解除监管证明。不作价设备监管期限未满，企业申请提前解除监管的，由企业根据现有规定办理复运出境或内销手续。

（四）保税核注清单

1. 单证性质。保税核注清单是金关二期保税底账核注的专用单证，属于办理加工贸易及保税监管业务的相关单证，也是报关单（备案清单）随附单证，与报关单（备案清单）建立一一对应关系。

2. 单证作用。简化保税货物报关手续，取消形式报关、虚拟报关，对“不涉税”“不涉证”“不涉贸易统计”的报关单（备案清单）不再报关申报。企业办理加工贸易货物余料结转、加工贸易货物销毁（处置后未获得收入）、加工贸易不作价设备结转手续的，可不再办理报关单申报手续；海关特殊监管区域、保税监管场所间或与区（场所）外企业间进出货物的，区（场所）内企业可不再办理备案清单申报手续。

3. 申报要求。加工贸易及保税监管企业已设立金关二期保税底账的，在办理货物进出境、进出海关特殊监管区域、保税监管场所，以及开展海关特殊监管区域、保税监管场所、加工贸易企业间保税货物流（结）转业务的，相关企业应按照金关二期保税核注清单系统设定的格式和填制要求向海关报送保税核注清单数据信息，再根据实际业务需要办理报关手续。

4. 生成报关单数据。企业报送保税核注清单后需要办理报关单（备案清单）申报手续的，报关单（备案清单）申报数据由保税核注清单数据归并生成。

海关特殊监管区域、保税监管场所、加工贸易企业间加工贸易及保税货物流转，应先由转入企业报送进口保税核注清单，再由转出企业报送出口保税核注清单。

5. 海关接受企业报送保税核注清单后，保税核注清单需要修改或者撤销的，按以下方式处理：

（1）货物进出口报关单（备案清单）需撤销的，其对应的保税核注清单应一并撤销；

（2）保税核注清单无须办理报关单（备案清单）申报或对应报关单（备案清单）尚未申报的，只能申请撤销；

（3）货物进出口报关单（备案清单）修改项目涉及保税核注清单修改的，应先修改清单，确保清单与报关单（备案清单）的一致性；

（4）报关单、保税核注清单修改项目涉及保税底账已备案数据的，应先变更保税底账数据；

（5）保税底账已核销的，保税核注清单不得修改、撤销。

海关对保税核注清单数据有布控复核要求的，在办结相关手续前不得修改或者撤销保税核注清单。

6. 保税核注清单商品项归并。符合下列条件的保税核注清单商品项可归并为报关单（备案清单）同一商品项：

（1）料号级料件同时满足10位商品编码相同、申报计量单位相同、中文商品名称相同、币制相同、原产国（地区）相同的，可予以归并。其中，根据相关规定可予保税的消耗性物料与其他保税料件不得归并；因管理需要，海关或企业认为需要单列的商品不得归并。

（2）出口成品同时满足10位商品编码相同、申报计量单位相同、中文商品名称相同、币制相同、最终目的国（地区）相同的，可予以归并。其中，出口应税商品不得归并；涉及单耗标准与不涉及单耗标准的料号级成品不得归并；因管理需要，海关或企业认为需要单列的商品不得归并。

7. 保税核注清单填制。

（1）预录入编号。本栏目填报核注清单预录入编号，预录入编号由系统根据接受申报的海关确定的规则自动生成。

（2）清单编号。本栏目填报海关接受保税核注清单报送时给予保税核注清单的编号，一份保税核注清单对应一个清单编号。

保税核注清单海关编号为18位，其中第1~2位为QD，表示核注清单；第3~6位为接受申报海关的编号（“关区代码表”中相应海关代码）；第7~8位为海关接受申报的公历年份；第9位为进出口标志（“I”为进口，“E”为出口）；后9位为顺序编号。

（3）清单类型。本栏目按照相关保税监管业务类型填报，包括普通清单、分送集报清单、先入区后报关清单、简单加工清单、保税展示交易清单、区内流转清单、异常补录清单等。

（4）手（账）册编号。本栏目填报经海关核发的金关工程二期加工贸易及保税监管各类手（账）册的编号。

（5）经营企业。本栏目填报手（账）册中经营企业海关编码、经营企业的社会信用代码、经营企业名称。

（6）加工企业。本栏目填报手（账）册中加工企业海关编码、加工企业的社会信用代码、加工企业名称、保税监管场所名称［保税物流中心（B型）填报中心内企业名称］。

（7）申报单位编码。本栏目填报保税核注清单申报单位海关编码、申报单位社会信用代码、申报单位名称。

（8）企业内部编号。本栏目填写保税核注清单的企业内部编号或由系统生成流水号。

（9）录入日期。本栏目填写保税核注清单的录入日期，由系统自动生成。

（10）清单申报日期。申报日期指海关接受保税核注清单申报数据的日期。

（11）料件、成品标志。本栏目根据保税核注清单中的进出口商品为手（账）册中的料件或成品填写。料件、边角料、物流商品、设备商品填写“I”，成品填写“E”。

（12）监管方式。本栏目按照报关单填制规范要求填写。特殊情形下填制要求如下：调整库存核注清单，填写“AAAA”；设备解除监管核注清单，填写“BBBB”。

（13）运输方式。本栏目按照报关单填制规范要求填写。

（14）进（出）口口岸。本栏目按照报关单填制规范要求填写。

（15）主管海关。主管海关指手（账）册主管海关。

（16）启运运抵国别（地区）。本栏目按照报关单填制规范要求填写。

（17）核扣标志。本栏目填写清单核扣状态。海关接受清单报送后，由系统填写。

（18）清单进出卡口状态。清单进出卡口状态是指特殊监管区域、保税物流中心等货物，进出卡口的状态。海关接受清单报送后，根据关联的核放单过卡情况由系统填写。

（19）申报表编号。本栏目填写经海关备案的深加工结转、不作价设备结转、余料结转、区间流转、分送集报、保税展示交易、简单加工申报表编号。

（20）流转类型。本栏目填写保税货物流（结）转的实际类型，包括加工贸易深加工结转、加工贸易余料结转、不作价设备结转、区间深加工结转、区间料件结转。

（21）录入单位。本栏目填写保税核注清单录入单位海关编码、录入单位社会信用代码、录入单位名称。

（22）报关标志。本栏目由企业根据加工贸易及保税货物是否需要办理报关单（进出境备案清单）申报手续填写。需要报关的填写“报关”，不需要报关的填写“非报关”。

① 以下货物可填写“非报关”或“报关”：

A. 金关二期手（账）册间余料结转、加工贸易不作价设备结转；

B. 加工贸易销毁货物（销毁后无收入）；

C. 特殊监管区域、保税监管场所间或与区（场所）外企业间流（结）转货物（减免税设备结转除外）。

② 设备解除监管、库存调整类核注清单必须填写“非报关”。

③ 其余货物必须填写“报关”。

（23）报关类型。加工贸易及保税货物需要办理报关单（备案清单）申报手续时填写，包括关联报关、对应报关。

①“关联报关”适用于特殊监管区域、保税监管场所申报与区（场所）外进出货物，区（场所）外企业使用H2018手（账）册或无手（账）册。

② 特殊区域内企业申报的进出区货物需要由本企业办理报关手续的，填写“对应报关”。

③“报关标志”栏可填写“非报关”的货物，如填写“报关”时，本栏目必须填写“对应报关”。

④ 其余货物填写“对应报关”。

（24）报关单类型。本栏目按照报关单的实际类型填写。

（25）对应报关单（备案清单）编号。本栏目填写保税核注清单（报关类型为对应报关）对应报关单（备案清单）的海关编号。海关接受报关单申报后，由系统填写。

（26）对应报关单（备案清单）申报单位。本栏目填写保税核注清单对应的报关单（备案清单）申报单位海关编码、单位名称、社会信用代码。

（27）关联报关单编号。本栏目填写保税核注清单（报关类型为关联报关）关联报关单的海关编号。海关接受报关单申报后，由系统填写。

（28）关联清单编号。本栏目填写要求如下：

① 加工贸易及保税货物流（结）转、不作价设备结转进口保税核注清单编号。

② 设备解除监管时填写原进口保税核注清单编号。

③ 进口保税核注清单无须填写。

（29）关联备案编号。本栏目填写要求如下：加工贸易及保税货物流（结）转保税核注清单本栏目填写对方手（账）册备案号。

（30）关联报关单收发货人。本栏目填写关联报关单收发货人名称、海关编码、社会信用代码。按报关单填制规范要求填写。

（31）关联报关单消费使用单位/生产销售单位。本栏目填写关联报关单消费使用单位/生产销售单位名称、海关编码、社会信用代码。按报关单填制规范要求填写。

（32）关联报关单申报单位。本栏目填写关联报关单申报单位名称、海关编码、社会信用代码。

（33）报关单申报日期。本栏目填写与保税核注清单一一对应的报关单的申报日期。海关接受报关单申报后由系统填写。

（34）备注（非必填项）。本栏目填报要求如下：

① 涉及加工贸易货物销毁处置的，填写海关加工贸易货物销毁处置申报表编号。

② 加工贸易副产品内销，在本栏内填报“加工贸易副产品内销”。

③ 申报时其他必须说明的事项填报在本栏目。

（35）序号。本栏目填写保税核注清单中商品顺序编号。系统自动生成。

（36）备案序号。本栏目填写进出口商品在保税底账中的顺序编号。

（37）商品料号。本栏目填写进出口商品在保税底账中的商品料号级编号。由系统根据保税底账自动填写。

（38）报关单商品序号。本栏目填写保税核注清单商品项在报关单中的商品顺序编号。

（39）申报表序号。本栏目填写进出口商品在保税业务申报表商品中的顺序编号。

设备解除监管核注清单，填写原进口核注清单对应的商品序号。

（40）商品编码。本栏目填报的商品编号由10位数字组成。前8位为《税则》确定的进出口货物的税则号列，同时也是《统计商品目录》确定的商品编码，后2位为符合海关监管要求的附加编号。

加工贸易等已备案的货物，填报的内容必须与备案登记中同项号下货物的商品编码一致，由系统根据备案序号自动填写。

（41）商品名称、规格型号。按企业管理实际如实填写。

（42）币制。按报关单填制规范要求填写。

（43）数量及单位。按照报关单填制规范要求填写。其中第一比例因子、第二比例因子、重量比例因子分别填写申报单位与法定计量单位、第二法定计量单位、重量（千克）的换算关系。非必填项。

（44）单价、总价。按照报关单填制规范要求填写。

（45）产销国（地区）。按照报关单填制规范中有关原产国（地区）、最终目的国（地区）要求填写。

（46）毛重（千克）。本栏目填报进出口货物及其包装材料的重量之和，计量单位为千克，不足1千克的填报为“1”。非必填项。

（47）净重（千克）。本栏目填报进出口货物的毛重减去外包装材料后的重量，即货物本身的实际重量，计量单位为千克，不足1千克的填报为“1”。非必填项。

（48）征免规定。本栏目应按照手（账）册中备案的征免规定填报；手（账）册中的征免规定为“保证金”或“保函”的，应填报“全免”。

（49）单耗版本号。本栏目适用加工贸易货物出口保税核注清单。本栏目应与手（账）册中备案的成品单耗版本一致。非必填项。

（50）简单加工保税核注清单成品。该项由简单加工申报表调取，具体字段含义、填制要求与上述字段一致。

第三节
加工贸易监管模式

一、 加工贸易电子化手册监管

（一）电子化手册概述

电子化手册是以加工贸易合同为管理对象，在手册设立、通关、核销等环节采用“电子手册+自动核算”的模式取代纸质手册，并实现“电子申报、网上备案、无纸通关、无纸报核”的监管模式。

1. 电子化手册的功能

企业凭电子化手册，通过国际贸易“单一窗口”申报加工贸易货物进出境、深加工结转、外发加工、保税货物内销、核销等电子数据。

系统对电子化手册数据自动对碰、自动审核、自动放行、自动核扣。

2. 电子化手册编码规则

手册编号由 12 位阿拉伯数字和大写英文字母组成。第 1 位为英文字母，其中 B 表示来料加工，C 表示进料加工，D 表示不作价设备；第 2~5 位表示海关关区代码；第 6、7 位表示年份；第 8~12 位是手册顺序号，手册顺序号首位为大写字母 A。

（二）电子化手册前期设立监管

电子化手册设立，是指企业凭加工贸易合同，向所在地主管海关办理电子化手册，海关对申报内容予以审核后建立电子化手册的过程。

1. 手册设立的申报、审核

（1）手册设立的基本流程

企业通过金关二期加贸管理系统直接发送手册设立（变更）数据，上传加工贸易合同或协议，以及海关按规定需要收取的其他单证和资料。海关按规定对企业申报的手册设立（变更）数据进行审核并反馈，相关处置完成后，系统生成（变更）电子化手册。

（2）手册设立需申报的单证资料

首次办理的企业，登录“加工贸易企业经营状况及生产能力信息系统”，自主填报相关信息表并对信息真实性作出承诺。信息表有效期为自填报（更新）之日起 1 年，到期后或相关信息发生变化，企业应及时更新信息表。

① 办理加工贸易货物的手册设立手续时，企业应向海关如实申报贸易方式、单耗、进出口口岸，以及进口料件和出口成品的商品名称、商品编号、规格型号、价格和原产地等情况。并且提交下列单证：经营企业对外签订的合同，经营企业委托加工的，应当提交经营企业与加工企业签订的委托加工合同，海关认为需要提交的其他证明文件和材料。

② 企业申报保税进口消耗性物料，企业应当在“加工贸易企业经营状况及生产能力

信息表”上填报。企业在办理手（账）册设立（变更）手续时，应当向主管海关提交“加工贸易项下进口消耗性物料申报表”。根据海关监管需要，企业还应补充相关材料：消耗性物料的属性和用途说明；消耗性物料在加工过程中的化学反应或物理变化原理、化学反应式、耗用量，以及与成品的匹配关系等书面材料；海关认为需要提交的其他证明文件和材料。

企业应在手（账）册设立（变更）环节向海关申报消耗性物料。申报时，在“商品名称”栏首字节起注明“［消］”，在“单耗/净耗”栏目内如实申报耗用量。消耗忤物料应当与其他保税料件分项申报。

③ 加工贸易项下出口应税商品申报。加工贸易项下出口应税商品，如系全部使用进口料件加工的成品，不征收出口关税；部分使用进口料件加工的成品，按海关核定的比率征收出口关税。企业应在设立（变更）手册时，向海关如实申报出口成品中使用的国产料件占全部料件的价值比率，并申报国产料件的品种、规格、型号、数量、价值。

计算公式：

出口关税＝出口货物完税价格×出口关税税率×出口成品中使用的国产料件占全部料件价值比率

出口成品中使用的国产料件占全部料件价值比率＝物化在成品中的国产料件价值÷（物化在成品中的国产料件价值＋保税料件价值）

④ 涉及相关进出口许可证件管理。进口料件，除易制毒化学品、监控化学品、消耗臭氧层物质、原油、成品油等规定商品外，均可以免予交验进口许可证件。这里所称“免予交验进口许可证件”，并不包括涉及公共道德、公共卫生、公共安全所实施的进出口管制证件。

（3）需缴纳风险保证金的情形

有下列情形之一的，在经营企业提供相当于应缴税款金额的保证金或者银行、非银行金融机构保函后，海关办理手册设立手续：涉嫌走私，已经被海关立案侦查，案件尚未审结的；由于管理混乱被海关要求整改，在整改期内的。

有下列情形之一的，海关可以要求经营企业在办理手册设立手续时提供相当于应缴税款金额的保证金或者银行、非银行金融机构保函：租赁厂房或者设备的；首次开展加工贸易业务的；涉嫌违规，已经被海关立案调查，案件尚未审结的。

要求经营企业提供保证金或者银行保函的，海关书面告知企业理由。

（4）海关不予设立加工贸易手册的情形

企业存在以下情形之一的，海关作出不予设立决定：进口料件或者出口成品属于国家禁止进出口的；加工产品属于国家禁止在我国境内加工生产的；进口料件不宜实行保税监管的；经营企业或者加工企业属于不允许开展加工贸易的；经营企业未在规定期限内向海关报核已到期手册，又重新申报设立手册的。

2. 加工贸易电子化手册变更

加工贸易电子化手册变更是指经营企业因原备案品名、规格、金额、数量、单损耗、商品编码等内容发生变化，以及电子化手册有效期因故需要延长，向主管海关申请办理备案变更手续。可分为新增变更、修改变更和删除变更3种。加工贸易手册设立内容发生变更的，经营企业应当在加工贸易手册有效期内办理变更手续。

海关不予变更加工贸易手册的情形。企业存在下列情形之一的，海关不予变更：未在规定的期限内向海关办理变更手续的；经营企业申请变更的理由与实际情况不符的；经营企业申请变更单耗的成品已全部出口完毕的；经营企业或者加工企业申请变更的事项涉嫌走私、违规，已被海关立案调查、侦查，且案件未审结的。

新冠肺炎疫情防控期间，加工贸易企业（含海关特殊监管区域内企业）按照各级政府要求，延迟复工造成加工贸易手（账）册超过有效期（核销周期）的，主管海关可办理手（账）册延期手续，企业事后补充提交有关材料。加工贸易手（账）册项下深加工结转、内销征税等各类申报业务超过规定时限的，主管海关可延期办理相关手续。

经营企业应如实向海关申报手册内容和相关单证资料。手册设立后，海关发现企业申报内容、提交单证与事实不符的，应当按照下列规定处理：货物尚未进口的，海关注销其手册；货物已进口的，责令企业将货物退运出境。第二项规定情形下，经营企业可以向海关申请提供相当于应缴税款金额的保证金或者银行、非银行金融机构保函，继续履行合同。

（三）电子化手册中期监管

1. 深加工结转

深加工结转，是指加工贸易企业将保税进口料件加工的产品转至另一加工贸易企业进一步加工后复出口的经营活动。

企业通过金关二期加贸管理系统办理加工贸易深加工结转业务时，应在规定的时间内直接向海关申报保税核注清单及报关单办理结转手续。企业应于每月 15 日前对上月深加工结转情况进行保税核注清单及报关单的集中申报，但集中申报不得超过手（账）册有效期或核销截止日期，且不得跨年申报。企业深加工结转实行一次申报、收发货记录自行留存备查，海关对加工贸易深加工结转业务不再进行事前审核。

结转双方的商品编号前 8 位原则上必须一致，如出现结转货物商品编码前 8 位不一致时，转出、转入企业应积极协调解决。若无法协调，应及时反馈各自主管海关，由转出、转入地主管海关按规定协调解决。

2. 外发加工

外发加工是指经营企业因受自身生产特点和条件限制，经海关备案并办理有关手续，委托承揽企业对加工贸易货物进行加工，在规定期限内将加工后的产品运回本企业并最终复出口的行为。

（1）外发加工申报

企业通过金关二期加贸管理系统办理加工贸易外发加工业务，应按外发加工的相关管理规定，自外发之日起 3 个工作日内向海关申报“外发加工申报表”，以及报备经营企业与承揽企业签订的加工合同或协议、承揽企业的营业执照复印件等。对全工序外发的，应在申报表中勾选“全工序外发”标志，并按规定提供担保后开展外发加工业务。外发加工一次申报、收发货记录自行留存备查。

（2）“全工序外发”担保

经营企业将全部工序外发加工的，应当在办理备案手续的同时向海关提供相当于外发加工货物应缴税款金额的保证金或者银行、非银行金融机构保函。保函金额以外发加工货物所使用的保税料件应缴税款金额为基础予以确定。申请外发加工的货物之前已向海关提供不低于应缴税款金额的保证金或者银行保函的，经营企业无须向海关提供保证金或者银行保函。

（3）不予核准外发加工的情形

经营企业、承揽企业的生产经营管理不符合海关监管要求的，申请外发的货物属于涉案货物且案件未审结的，海关特殊监管区域内、外企业均不得将禁止类商品外发进行实质性加工。实质性加工，参照海关关于非优惠原产地规则中实质性改变标准的规定执行。

（4）其他管理事项

经营企业开展外发加工业务，不得将加工贸易货物转卖给承揽企业。承揽企业不得将加工贸易货物再次外发其他企业进行加工。

经营企业和承揽企业应当共同接受海关监管。经营企业应当根据海关要求如实报告外发加工货物的发运、加工、单耗、存储等情况。

承揽企业，是指与经营企业签订加工合同，承接经营企业委托的外发加工业务的生产企业。承揽企业须经海关注册登记，具有相应的加工生产能力。

3. 加工贸易料件串换

（1）企业加工贸易料件串换申请

经营企业应向海关提交加工贸易料件串换的书面申请，详细说明加工出口产品急需的有关情况，随附相关出口合同，以及串换料件涉及的加工贸易手册，列明串换保税料件的品名、规格、数量的清单。

（2）海关加工贸易料件串换审核

料件串换仅限于进料加工，来料加工进口料件不得串换；料件串换应为同一经营企业、同一加工企业的保税料件和保税料件之间、保税料件和非保税料件之间，且必须同品种、同规格、同数量；串换应在加工贸易手册有效期或核销周期内，企业备案进口保税料件有余额且为加工出口产品急需，已核销的加工贸易手册不得申请串换。

经审核，企业申请符合相关规定的，海关予以批准串换；审核认为有必要进行下厂核查的，视具体核查结果决定是否批准串换。

（3）其他相关管理规定

企业加工贸易料件串换申请，海关实行一案一批；经营企业保税料件与非保税料件串换，串换下来同等数量的保税料件，经主管海关批准，由企业自行处置；海关发现企业未经海关批准，擅自串换不同手册间料件，或擅自以非保税料件串换、替代保税料件，涉嫌构成走私、违规行为的，移交缉私部门进行处理。

4. 剩余料件、边角料、残次品、副产品和受灾保税货物

剩余料件，是指加工贸易企业在从事加工复出口业务过程中剩余的，可以继续用于加工制成品的加工贸易进口料件。

边角料，是指加工贸易企业从事加工复出口业务，在海关核定的单位耗料量内，在加工过程中产生的无法再用于加工该合同项下出口制成品的数量合理的废、碎料及下脚料。

残次品，是指加工贸易企业从事加工复出口业务，在生产过程中产生的有严重缺陷或者达不到出口合同标准，无法复出口的制品（包括完成品和未完成品）。

副产品，是指加工贸易企业从事加工复出口业务，在加工生产出口合同规定的制成品（即主产品）过程中同时产生的，且出口合同未规定应当复出口的一个或者一个以上的其他产品。

受灾保税货物，是指加工贸易企业从事加工出口业务中，因不可抗力原因或者其他经海关审核认可的正当理由造成灭失、短少、损毁等导致无法复出口的保税进口料件和制品。

企业通过金关二期加贸管理系统办理加工贸易余料结转业务，应在规定时间内向海关申报保税核注清单办理余料结转手续，实行企业余料结转一次申报。海关对加工贸易余料结转业务不再进行事前审核。

对同一经营企业申报将剩余料件结转到另一加工企业的，剩余料件转出金额达到该加工贸易合同项下实际进口料件总额50%及以上的，剩余料件所属加工贸易合同办理两次及两次以上延期手续的等情形，企业不再提供担保。

5. 加工贸易货物内销

加工贸易货物内销是指经营企业申请将加工贸易料件或加工过程中的成品、半成品、残次品、边角料、副产品及受灾保税货物转为国内销售，不再加工复出口的行为。

（1）加工贸易禁止内销商品

① 只读光盘和光盘生产设备。加工贸易项下只读类光盘（包括纯光盘产品和随机配套光盘产品）不得内销，确实无法出口的应移交新闻出版行政主管部门予以监督销毁，海关凭新闻出版行政部门出具的相关证明办理手册核销手续。

② 原料药、药材及其制成品。原料药、药材及其制成品禁止内销，无法出口的应移交地方药品监督管理部门进行处理。

③ 游戏设备及其零、附件。进口游戏设备及其零、附件料件开展加工贸易的，必须全部加工复出口，逾期不能出口的，依法予以收缴或监督销毁，不得批准内销。

（2）加工贸易货物内销相关规定

加工贸易货物因故转为内销的，海关对内销货物依法征收进口关税和进口环节税并加征缓税利息。内销货物属于国家对进口有限制性规定的，经营企业应向海关提交进口许可证件。

① 剩余料件内销。申请内销剩余料件的金额占该加工贸易合同项下实际进口料件总额3%以内（含3%），且总值在人民币1万元以下（含1万元）的，其对应的原进口料件属于国家许可证件管理的，免予提交许可证件。超出上述比率和金额的，经营企业须按规定向海关提交有关许可证件。

剩余料件对应的进口料件，属于实行进口关税配额管理的，企业能够向海关提交有关配额许可证件的，按照关税配额税率计征关税，如企业不能提交有关配额许可证件的，海关按照有关规定办理；属于加征特别关税范围的，海关按照规定加征特别关税。

② 制成品、残次品内销。制成品、残次品内销，海关根据其对应的进口料件价值，比照剩余料件内销的相关规定办理。

③ 边角料内销。海关按照申请内销时的报验状态进行归类和确定完税价格；免予征收缓税利息；属于实行关税配额管理的，海关按照关税配额税率计征税款；属于实行进口许可证件管理的，免予提交许可证件；属于需加征特别关税的，海关按规定免予加征特别关税。

④ 副产品内销。副产品内销，经营企业应按照申请内销的报验状态申报，海关按照申报的报验状态进行归类和确定完税价格，海关按规定计征税款及缓税利息；属于实行进口关税配额管理的，比照剩余料件内销相关规定办理；属于实行进口许可证件管理的，企

业应按规定提交许可证件；属于需加征特别关税的，海关按规定加征特别关税。

⑤ 受灾保税货物。对于因不可抗力因素造成的加工贸易受灾保税货物，经海关核实，虽失去原使用价值但可以再利用的，经营企业须向海关申请内销。除不可抗力以外，企业因其他经海关审核认可的正当理由导致加工贸易货物在运输、仓储、加工期间发生灭失、短少、损毁等情事的，经营企业应向海关申请内销。

经营单位申请内销的受灾保税货物为进口料件和制成品的，海关按照对应的原进口料件进行归类和计征税款及缓税利息。

受灾保税货物由不可抗力因素造成的，海关对内销的处置原则：对应的原进口料件属于实行关税配额管理的，海关按照关税配额税率计征税款；属于进口许可证件管理的，免予提交许可证件；属于加征特别关税范围的，免予征收特别关税。

受灾保税货物因非不可抗力，但经审核认可的正当理由造成的，海关对内销的处置原则：对应的原进口料件属于实行关税配额管理的，企业能够向海关提交有关配额许可证件的，海关按照关税配额税率计征税款；如企业不能提交有关配额许可证件的，海关按照有关规定办理。属于加征特别关税范围的，海关按照规定加征特别关税。属于进口许可证件管理的，企业应向海关提交进口许可证件。

（3）海关审定内销货物完税价格

海关审核与内销货物申报价格有关的电子数据、纸质单证及其他相关资料，审定内销货物的完税价格。

① 内销加工贸易货物的完税价格，由海关以该货物的成交价格为基础审查确定。

② 进料加工进口料件或者其制成品（包括残次品）内销时，海关以料件原进口成交价格为基础审查确定完税价格。

属于料件分批进口，并且内销时不能确定料件原进口一一对应批次的，海关可按照同项号、同品名和同税号的原则，以其合同有效期内或电子账册核销周期内已进口料件的成交价格计算所得的加权平均价为基础审查确定完税价格。

合同有效期内或电子账册核销周期内已进口料件的成交价格加权平均价难以计算或者难以确定的，海关以客观可量化的当期进口料件成交价格的加权平均价为基础审查确定完税价格。

③ 来料加工进口料件或者其制成品（包括残次品）内销时，海关以接受内销申报的同时或者大约同时进口的与料件相同或者类似的保税货物的进口成交价格为基础审查确定完税价格。

④ 加工企业内销的加工过程中产生的边角料或者副产品，以其内销价格为基础审查确定完税价格。

副产品并非全部使用保税料件生产所得的，海关以保税料件在投入成本核算中所占比重计算结果为基础审查确定完税价格。

按照规定需要以残留价值征税的受灾保税货物，海关以其内销价格为基础审查确定完税价格。按照规定应折算成料件征税的，海关以各项保税料件占构成制成品（包括残次品）全部料件的价值比重计算结果为基础审查确定完税价格。

边角料、副产品和按照规定需要以残留价值征税的受灾保税货物经海关允许采用拍卖方式内销时，海关以其拍卖价格为基础审查确定完税价格。

⑤ 深加工结转货物内销时，海关以该结转货物的结转价格为基础审查确定完税价格。

⑥ 内销加工贸易货物的完税价格不能依据上述第②~⑤项规定确定的，海关依次以下列价格估定该货物的完税价格：

A. 与该货物同时或者大约同时向我国境内销售的相同货物的成交价格。

B. 与该货物同时或者大约同时向我国境内销售的类似货物的成交价格。

C. 与该货物进口的同时或者大约同时，将该进口货物、相同或者类似进口货物在第一级销售环节销售给无特殊关系买方最大销售总量的单位价格，但应当扣除以下项目：

a. 同等级或者同种类货物在我国境内第一级销售环节销售时通常的利润和一般费用及通常支付的佣金；

b. 进口货物运抵境内输入地点起卸后的运输及其相关费用、保险费；

c. 进口关税及国内税收。

D. 按照下列各项总和计算的价格：生产该货物所使用的料件成本和加工费用，向我国境内销售同等级或者同种类货物通常的利润和一般费用，该货物运抵境内输入地点起卸前的运输及其相关费用、保险费。

E. 以合理方法估定的价格。

纳税义务人向海关提供有关资料后，可以提出申请，颠倒前款第③项和第④项的适用次序。

（4）缓税利息征收及利息率适用

加工贸易货物内销征收缓税利息适用的利息率暂由参照 1 年期贷款基准利率调整为参照中国人民银行公布的活期存款利率执行。加工贸易缓税利息应根据填发海关税款缴款书时海关总署公布的最新缓税利息率按日征收。缓税利息计算公式如下：

应征缓税利息=应征税额×计息期限×缓税利息率/360

加工贸易料件或制成品经批准内销的，缓税利息计息期限的起始日期为内销料件或制成品所对应的加工贸易合同项下首批料件进口之日；加工贸易电子账册项下的料件或制成品内销时，起始日期为内销料件或制成品所对应电子账册的最近一次核销之日（若没有核销日期的，则为电子账册的首批料件进口之日）。对上述货物征收缓税利息的终止日期为海关填发税款缴款书之日。

加工贸易料件或制成品未经批准擅自内销，违反海关监管规定的，缓税利息计息期限的起始日期为内销料件或制成品所对应的加工贸易合同项下首批料件进口之日；若内销涉及多本合同，且内销料件或制成品与合同无法一一对应的，则计息的起始日期为最近一本合同项下首批料件进口之日；若加工贸易电子账册项下的料件或制成品擅自内销的，则计息的起始日期为内销料件或制成品所对应电子账册的最近一次核销之日（若没有核销日期的，则为电子账册的首批料件进口之日）。按照前述方法仍无法确定计息的起始日期的，则不再征收缓税利息。

违规内销计息的终止日期为保税料件或制成品内销之日。内销之日无法确定的，终止日期为海关发现之日。

加工贸易料件或制成品等违规内销的，还应征收滞纳金。

加工贸易货物需要后续补税，但海关未按违规处理的，缓税利息计息的起止日期比照上述规定办理。

（5）内销业务办理

企业通过金关二期加贸管理系统办理加工贸易货物内销业务时，直接通过保税核注清单生成内销征税报关单，申报办理内销征税手续，不再向海关申报“加工贸易货物内销征税联系单”。

对符合条件按月办理内销申报纳税手续的加工贸易企业，在不超过手册有效期或账册核销截止日期的前提下，最迟可在季度结束后15天内完成申报纳税手续，但申报期限不得超过手（账）册有效期或核销截止日期。按季度申报纳税不得跨年操作，企业须在每年4月15日、7月15日、10月15日、12月31日前进行申报。

加工贸易内销货物属于许可证件或配额管理的，须提交相关证件。

（6）边角废料网上拍卖

企业通过与海关联网的拍卖平台，委托具有法定资质的拍卖机构依法公开拍卖加工贸易边角废料，海关和相关主管部门共同对该交易行为实施管理。

边角废料，包括加工贸易边角料、副产品和按照规定需要以残留价值征税的受灾保税货物，以及海关特殊监管区域内企业保税加工过程中产生的边角料、废品、残次品和副产品等保税货物。

以网上公开拍卖方式内销的边角废料，海关以拍卖价格为基础审查确定完税价格。同一批边角废料流拍3次以上、每次拍卖公告期不少于3日，且其中1次为无保留价竞价的，企业可凭不再销售的书面承诺及有关流拍材料等资料，按规定直接向海关申请办理核销手续。

6. 加工贸易货物销毁处置

（1）办理销毁处置应提交的单证资料

企业应提交申报销毁处置的说明、企业与具备资质的销毁处置单位签订的委托合同、“海关加工贸易货物销毁处置申报表（销毁处置后有收入）”或“海关加工贸易货物销毁处置申报表（销毁处置后无收入）”及销毁处置方案。申报销毁处置来料加工货物的，应同时提交货物所有人的销毁声明；申报销毁处置残次品的，应同时提交残次品单耗资料及根据单耗折算的残次品所耗用的原进口料件清单。

（2）销毁处置货物的进口报关手续

经海关核准加工贸易货物销毁处置后，企业在手册有效期或电子账册核销周期内办理报关手续。报关单备注栏内注明“海关加工贸易货物销毁处置申报表”编号。

① 企业销毁处置加工贸易货物未获得收入，销毁处置货物为料件、残次品的，报关适用监管方式为“料件销毁”（代码“0200”，残次品按照单耗关系折成料件，以料件进行申报）；销毁处置货物为边角料、副产品的，报关适用监管方式为“边角料销毁”（代码“0400”）。

② 企业销毁处置加工贸易货物获得收入的，按销毁处置后的货物报验状态向海关申报，报关适用的监管方式为“进料边角料内销”（代码“0844”）或“来料边角料内销”（代码“0845”）。海关比照边角料内销征税的管理规定办理征税手续。

7. 加工贸易货物抵押

加工贸易货物抵押是指企业以加工贸易货物作为抵押担保，向金融或非金融机构取得贷款的行为。

加工贸易货物范围包括加工贸易料件、成品、半成品、残次品、边角料、副产品。

（1）管理规定

未经海关批准，加工贸易货物不得抵押。

有下列情形之一的，不予办理抵押手续：抵押影响正常生产开展的；货物涉及进出口许可证件管理的；属来料加工货物的；抵押期限超过手册有效期限的；抵押期限超过 1 年的；企业涉嫌走私、违规且已被海关立案调查、侦查，案件未审结的；企业因为管理混乱被海关限期整改的；以及海关认为不予批准的其他情形。

（2）加工贸易货物抵押审批流程

经营企业应向海关提交以下材料报经审核：正式书面申请，银行抵押贷款书面意向材料，以及海关认为必要的其他单证。经审核符合条件的，在企业缴纳应缴税款的海关事务担保后，海关准予其向境内银行办理抵押，并将抵押合同、贷款合同复印件留存海关备案。

8. 保税货物征用、捐赠

因新冠肺炎疫情防控工作需要，企业捐赠或被征用的保税货物，主管海关凭企业申请，在登记货物品名、数量、捐赠（征用）单位等基本信息后加快放行。

（四）电子化手册后期核销监管

核销，是指加工贸易经营企业在进口料件加工成品复出口，或者办理内销等海关手续后，向海关申请解除加工贸易手册监管，经海关审核属实且符合监管规定的，海关予以办理解除监管手续的行为。

1. 加工贸易报核

经营企业应自加工贸易手册项下最后一批成品出口后，或者加工贸易手册到期之日起 30 日内向海关报核。加工贸易合同因故提前终止的，经营企业应当自合同终止之日起 30 日内向海关报核。

企业通过金关二期加贸管理系统报核加工贸易进口料件、出口成品、单耗及剩余料件、边角料、残次品等相关数据信息。

加工贸易手册涉及以下情形的，须提交相关单证资料：

（1）加工贸易货物因侵犯知识产权被没收、销毁的，应提交有关行政执法部门出具的没收或者销毁证明材料；

（2）经海关核定准予加工贸易货物销毁处置的，应提交处置单位出具的接收单据、销毁处置证明，以及销毁处置后相关报关数据信息；

（3）因走私被海关或者法院没收加工贸易货物的，应提交行政处罚决定书、判决书等相关证明材料；

（4）因不可抗力造成保税货物受灾，应提交保险公司出具的保险赔款通知书或者其他有效证明文件；

（5）因特殊加工生产需要导致工艺损耗较高的，需提供相关资料或情况说明。

2. 接受报核与海关处置

（1）对企业申报资料和内容不符合规定或监管要求的，海关按规定予以退单。

（2）对企业报核数据与海关底账出现差异的，海关按规定要求企业查找原因，并提交解释说明材料。

（3）对经核定的剩余料件，海关按规定要求企业在核销期限内办结余料结转、内销征税、退运或放弃等手续。

3. 手册核销结案

报核手册经审核通过的，予以结案。企业已经办理担保手续的，海关按照规定解除担保。

4. 核销后事项处置

手册核销后，企业库存有剩余料件的，原则上不得进行结转，应当以“后续补税（9700）”监管方式办理料件补税手续，并重点人工审核许可证件、进口环节税率及缓税利息。对不能说明理由或涉嫌违规、走私的，应及时移交稽查或缉私部门进行处理。对由于特殊情况且能够说明正当理由的库存余料，经海关主管部门批准，允许以“其他（9900）”监管方式办理退运或余料结转手续。

二、 加工贸易电子账册

（一）电子账册管理概述

加工贸易电子账册管理，是海关以企业为管理单元并实施计算机联网，企业通过数据交换平台或其他计算机网络方式向海关报送能满足海关监管要求的物流、生产经营等数据，海关对数据进行核对、核算，并结合实物进行核查的一种监管模式。

1. 联网监管企业应当具备的条件

属于加工贸易生产型企业；企业管理机制、内控机制完备，内部 ERP 管理系统对货物的采购、物流、仓储、生产、销售、单证的管理符合海关保税监管要求。

2. 申请联网监管应提交的单证

企业内部管理系统简介及内部管理情况说明、企业上年度财务审计报告、“企业加工贸易联网监管申报表”、《海关与企业加工贸易联网监管合作备忘录》，以及海关认为需要出具的其他证明文件和材料。

电子账册是海关以企业为单元，为联网企业建立的电子底账。实施电子账册管理的，联网企业原则上只设立一个电子账册。海关应当根据联网企业的生产情况和海关的监管需要确定核销周期，按照周期对电子账册管理联网企业进行核销管理。

（二）电子账册前期设立监管

联网监管企业向主管海关申请办理经营范围电子账册（简称“IE 账册”）设立手续，获得审核通过后再办理便捷通关电子账册（简称“E 账册”）设立手续。其中，IE 账册编码为“IE+四位关区号+两位年号+四位流水号”；E 账册编码为“E+四位关区号+两位年号+五位流水号”，流水号首位为大写字母 A；以企业为单位管理的 E 账册编码为“E+四位关区号+核销类型 B+0+五位流水号”，流水号首位为大写字母 A；以工单管理的 E 账册编码为“E+四位关区号+核销类型 G+0+五位流水号”，流水号首位为大写字母 A。

1. IE 账册的设立

企业向主管海关申请办理 IE 账册设立手续时，应提交以下单证：工商经营执照复印件、企业加工贸易进口料件及出口成品清单。

经审核，符合海关有关规定的，予以建立企业 IE 账册。

2. E 账册的设立

企业通过金关二期加贸管理系统办理加工贸易账册设立（变更）。由企业根据自身管理实际，在满足海关规范申报和有关监管要求的前提下，自主向海关申报有关商品信息。企业内部管理商品与电子底账之间不是一一对应的，归并关系由企业自行留存备查，不再向海关申报归并关系。

海关不予设立账册、不予变更账册的情形，参照电子化手册相关规定。

3. 进出口报关清单和报关单的生成、修改、撤销

（1）报关清单的生成。企业从管理系统中导出料号级数据生成报关清单，按照加工贸易合同内容，参照报关单填制规范进行制单。

（2）报关单的生成。企业由报关清单填报完整的报关单内容后，使用 E 账册向海关正式申报。

（3）报关清单和报关单的修改、撤销。不涉及报关清单的报关单内容可直接进行修改，涉及报关清单的报关单内容修改必须先修改报关清单。

（三）电子账册中期监管

联网监管企业加工贸易料件串换、外发加工、深加工结转，加工贸易剩余料件、边角料、残次品、副产品、受灾保税货物处理，加工贸易货物销毁处置、内销集中纳税、抵押等，比照电子化手册管理的相关手续办理。

联网企业缴纳缓税利息的起始日期为内销料件或者制成品对应的电子账册最近一次核销之日。没有核销日期的，起始日期为内销料件或者制成品对应的电子账册首批料件进口之日。缴纳缓税利息的终止日期为海关签发税款缴款书之日。

（四）电子账册后期核销监管

联网监管企业加工贸易货物核销，是指加工贸易经营企业加工复出口或者办结内销等海关手续后，凭相关单证向海关申请解除监管，海关经审查、核查属实且符合有关法律、行政法规、规章的规定，予以办理解除监管手续的行为。

1. 电子账册核销原则性规定

电子账册实行阶段性核销，核销周期不超过 1 年。海关完成电子账册核销的时限为下一个核销日期前，但最长不得超过 180 天。企业原则上应当在海关确定的核销期结束之日起 30 日内完成报核。根据企业盘点实际库存数据与电子底账核算数据比对的结果，海关做以下处理：

（1）实际库存量多于电子底账核算结果的，海关应当按照实际库存量调整电子底账的当期余额；

（2）实际库存量少于电子底账核算结果且联网企业可以提供正当理由的，对短缺的部分，海关应当责令联网企业申请内销处理；

（3）实际库存量少于电子底账核算结果且联网企业不能提供正当理由的，对短缺的部分，海关除责令联网企业申请内销处理外，并按相关规定进行处置。

2. 企业向海关报核

企业向金关二期加工贸易系统发送正式报核数据，并提交以下单证：

（1）电子账册核销周期内保税料件汇总表，保税成品汇总表（料号级数据可以附光盘），盘点及差异处理情况申报表，边角料、副产品、残次品、受灾保税货物处理情况申报表，“进、出、存”金额统计表，电子账册核销平衡表（平衡表中理论结余为负时应随附说明）；

（2）盘点报告（在结合盘点核销的情况下）、企业自核说明；

（3）海关按规定需要收取的其他单证和材料。

3. 海关对正式报核数据的处置

（1）对企业报核数据有误的，予以退单，要求企业重新报核。

（2）料件短少（即理论结余数大于实际结余数）的，要求企业作出说明情况。如果补税报关单列入本次核销周期，以实际结余为准，人工调整本期结余数量；如果补税报关单列入下一核销周期，则以实际结余+补税数量，人工调整本期结余数量。

（3）企业料件盈余（即理论结余数小于实际结余数）的，要求企业说明情况，并以实际结余为准，人工调整本期结余数量。

4. 核销结案

海关确认企业电子账册核销情况符合海关核销规定，单证齐全有效的，予以核销结案。

（五）以企业为单元加工贸易监管模式

1. 含义

以企业为单元加工贸易监管模式，是指海关实施的以企业（生产型）为单元，以账册为主线，以与企业物料编码对应的海关商品编号（料号）或经企业自主归并后形成的海关商品编号（项号）为基础，周转量控制，定期核销的加工贸易监管模式。

2. 管理规定

业务范围包括账册设立（变更）、进出口、外发加工、深加工结转、内销、剩余料件结转、核报和核销等。

（1）账册设立

企业可根据行业特点、生产规模、管理水平等因素选择以料号或项号设立账册；账册最大进口量为其申报的企业经营状况和生产能力证明所载生产能力，即进口料件对应金额。

（2）核销周期

企业可以根据生产周期，自主选择合理核销周期，并按照现有规定确定单耗申报环节，自主选择单耗申报时间。

（3）外发加工

保存收发货清单等相关资料、记录备查。

（4）集中内销

每月15日前对上月发生的内销保税货物集中办理纳税手续，但不得跨年。

（5）深加工结转

每月15日前对上月深加工结转情况进行集中申报，同时应保存相关收发货记录、资料备查。

（6）剩余料件结转

核报前，将实际库存折料转入新账册。

3. 核销业务管理

在核销周期内，企业采用自主核报方式向海关办理核销手续，其中，对核销周期超过1年的，企业应进行年度申报。

（1）自主核报

自主核报指企业自主核定保税进口料件的耗用量并向海关如实申报的行为。企业可采用单耗、耗料清单和工单等保税进口料件耗用的核算方式，向海关申报当期核算结果，办理核销手续。

（2）年度申报

对核销周期超过1年的企业，每年至少向海关申报1次保税料件耗用量等账册数据。年度申报数据的累加作为本核销周期保税料件耗用总量。在账册核销周期结束前，企业对本核销周期内因突发情况和内部自查自控中发现的问题，主动向海关补充申报，并提供及时控制或整改措施的，海关对企业的申报进行集中处置。

（六）加工贸易工单式核销

工单式核销是指加工贸易企业向海关报送报关单、报关清单数据，以及企业ERP系统（企业资源计划系统）中的工单数据，海关以报关单对应的报关清单料号级数据和企业生产工单作为料件耗用依据，生成电子底账，并根据料号级料件、半成品及成品的进库、出库、耗用、结转、库存的情况，对加工贸易料件、半成品及成品进行核算核销的海关管理制度。

三、 其他以保税形式开展的业务

（一）保税维修

保税维修，即企业以保税方式将存在部件损坏、功能失效、质量缺陷等问题的货物或运输工具（以下统称“待维修货物”）从境外运入境内进行检测、维修后复运出境。保税维修与加工贸易都是以保税方式开展业务，保税维修适用监管代码是“1371”，与加工贸易进料加工监管代码“0615”和“0715”、来料加工监管代码“0214”均不一致。两者的监管要求有相似之处也有差别，故此节将保税维修在加工贸易中一并叙述。

除国家特别规定准许外，企业不得开展国家禁止进出口货物的保税维修业务，不得通过保税维修方式开展拆解、报废等业务。

1. 验核评估

开展保税维修业务的企业应具备以下条件：海关认定的企业信用状况为高级认证企业及其他海关注册登记和备案企业的；企业具备开展该项业务所需的场所和设备，并对各类保税货物进行专门管理；具备符合海关监管要求的管理制度和计算机管理系统，实现对维修耗用等信息的全程跟踪，并按照海关要求进行申报；符合海关监管所需的其他条件。

2. 提交材料

开展保税维修业务情况说明；对外签订的维修合同；品牌所有人或代理人对维修业务的授权文件。

属于国务院和国家有关部门个案批准同意开展的保税维修项目，还应提交相应的批准文件。

3. 保税维修专用账（手）册监管

建立待维修货物、已维修货物、无法维修货物、维修用料件等信息的电子底账。维修用料件适用保税方式进口的，企业应实施以维修工单为基础的据实核销。保税维修专用账（手）册备案商品不纳入加工贸易禁止类商品目录管理。保税维修账（手）册核销周期按海关监管要求和企业生产实际确定。

4. 电子账（手）册填报规则

表头“监管方式”填报“保税维修（1371）”，“保税方式”填报“保税维修（5）”，账册周转金额根据企业自身实际生产能力和合同情况自行确定填报。

备案成品填报“货物品名（已修复）”和“货物品名（无法修复）”。

备案料件填报“货物品名（待修复）”和“维修用保税料件”，其中“维修用保税料件”按照货物品名据实填报。

5. 保税维修货物进出口申报

备案料件“货物品名（待修复）”、备案成品“货物品名（已修复）”和“货物品名（无法修复）”均按照“保税维修（1371）”监管方式申报。

采用保税方式进口的“维修用料件”按对应的“进料加工（0615）”或“来料加工（0214）”监管方式申报；需复运出境的按对应的“进料料件复出（0664）”或“来料料件复出（0265）”监管方式申报出口；需结转使用的，按对应的“进料余料结转（0657）”或“来料余料结转（0258）”监管方式申报。

维修替换下的旧件、坏件、维修产生的边角料按实际报验状态采用“进料边角料复出（0864）”或“来料边角料复出（0865）”申报，统一按对应备案料件的项号复运出境；无法对应备案料件项号或采用非保税方式进口“维修用料件”的，统一按对应备案待维修货物的项号填报复运出境。

6. 复运出境

开展保税维修业务的待维修货物、已维修货物、无法修复货物、维修过程中产生的边角料、替换下的旧件及坏件，原则上应全部复运出境。确实无法复运出境的，不得内销，企业应当按照加工贸易货物销毁处置相关规定进行处置。其中属于固体废物的，企业应当按照相关规定交由有资质的企业进行处置。

（二）国际服务外包

国际服务外包是指关境内设立的服务外包企业，在国家法律的允许范围内，承接由关境外客户外包的服务业务，主要包括信息技术外包服务、业务流程外包服务和知识流程外包服务三大类。服务外包并非完全意义的加工贸易，但海关暂以加工贸易设备手册模式监管，故此节将国际服务外包在加工贸易中一并叙述。

国家服务外包示范地区企业，经审定应符合财政部等五部委《关于技术先进型服务企业有关税收政策问题的通知》规定的技术先进型服务企业，从事的服务外包业务是指该通知附件《技术先进型服务业务认定范围（试行）》项下的国际服务业务。

1. 服务外包的进口货物范围

海关对信用类别为高级认证企业及其他海关注册登记和备案企业，从事国际服务外包业务所进口的货物实施保税监管，国家不予减免税的商品除外。

纳入保税监管的国际服务外包业务进口货物是指服务外包企业履行国际服务外包合同，由国际服务外包业务境外发包方免费提供的进口设备。

2. 服务外包企业向主管海关办理备案

服务外包企业的技术先进型服务企业资质证明、企业法人营业执照、与境外发包方签订的国际服务外包合同及合同所附的设备清单，以及海关需要的其他单证。

主管海关受理备案申请后，经审核符合要求的予以核发手册。海关暂用加工贸易设备手册（手册编号首位为D）模式管理。手册以合同为单元进行监管。手册有效期为1年，如需延期的，企业应在到期前30天内提出申请，海关审核后同意的，每次延期不超过1年，最长不能超过服务外包合同期限。

3. 外包进口货物管理

外包进口货物在外包业务的合同执行完毕后应退运出境。外包进口货物如销往国内或到期不退运境外的，按规定办理进口征税手续，涉及许可证件管理的须提供许可证件。

服务外包企业不再具备技术先进型服务企业资质的，新手册不予备案，已备案手册不予延期，已备案未进口的货物不予保税进口。服务外包企业的信用等级降为失信企业的，手册不予延期，已备案未进口的货物不再予以保税进口，已进口的货物，海关征收全额风险担保金。

海关特殊监管区域内企业从境外进口用于本规定的外包业务的设备，海关按照现行特殊监管区域有关规定办理。

手册到期后，服务外包企业应在30天内向海关申请核销。

第四节 保税监管场所

一、 保税监管场所概述

（一）保税监管场所产生的背景

20世纪80年代以后，经济全球化、区域经济一体化日益发展，现代物流以前所未有的速度蓬勃发展。欧洲的荷兰、比利时等国家在《京都公约》相关规定基础上，开始建立没有物理围网的海关保税物流监管区域和场所。

进入21世纪，随着经济全球化步伐的不断加快，我国逐渐成为承接国际产业转移的重要基地。跨国公司在全球化运作中，普遍采用网络订单、供应商管理库存、门到门销售等现代生产经营方式、运输方式及第三方物流。

2003年以前，我国保税物流功能载体主要有保税仓库、出口监管仓库及保税区。2004年，国家批准实施保税区区港联动试点，对提升物流分拨配送效率起到积极作用。但是，由于传统的保税仓库、出口监管仓库功能单一、相对隔离，无法适应进出口货物整体配送的要求。保税区虽有仓储物流功能，但其主要应用于保税加工生产，且数量与分布均不能满足区域经济对保税物流的发展需求。由此，对我国海关构建多元化保税物流监管体系提出了新的要求。

为适应在华跨国公司全球运作、现代物流和国际竞争发展的需要，我国迫切需要增设新型保税物流功能载体。2004年年初，海关总署在《加工贸易及保税监管改革指导方案》

中首次提出“海关保税物流中心”概念，并率先在苏州工业园区付诸实践。2005年7月，海关总署颁布《中华人民共和国海关对保税物流中心（A型）的暂行管理办法》和《中华人民共和国海关对保税物流中心（B型）的暂行管理办法》，为保税物流中心的建设、开发、运行、监管提供了依据。

保税物流中心，在功能上实现了对传统“两仓”的整合和提升，在区位上是区港联动保税物流园区向内地和不具备区港条件区域的延伸和补充，具有更大的灵活性和更强的生命力。同时，也是海关适应国家开放型经济发展需要，探索建立多元化保税仓储物流监管体系的重要组成部分。

本节重点介绍保税物流中心（B型）。

（二）海关保税监管场所的概念

海关保税监管场所，是指经海关批准设立的，准予在保税状态下存储货物的仓库、场所。海关保税监管场所管理规则，是根据我国海关加入的《京都公约》专项附约“海关仓库”条款制定的，准许货物存放在特定仓库、场所期间予以免纳进口税费，其目的是最大限度实施贸易便利化。

海关保税监管场所属于海关保税物流监管的基本形态之一，目前包括保税仓库、出口监管仓库和保税物流中心（A型）、保税物流中心（B型）4种形态。

二、保税仓库

保税仓库是指经海关批准设立的专门存放保税货物及其他未办结海关手续货物的仓库。

（一）保税仓库的功能

保税仓库具有保税仓储、转口、简单加工和流通性增值服务、物流配送等功能。下列货物，经海关批准可以存入保税仓库：加工贸易进口货物，转口货物，供应国际航行船舶和航空器的油料、物料和维修用零部件，供维修外国产品所进口寄售的零配件，外商暂存货物，未办结海关手续的一般贸易货物，经海关批准的其他未办结海关手续的货物。

保税仓库不得存放国家禁止进境货物，不得存放未经批准的影响公共安全、公共卫生或健康、公共道德或秩序的国家限制进境货物，以及其他不得存入保税仓库的货物。

经海关同意，保税仓库可对所存货物进行分级分类、分拆分拣等辅助性简单作业。

（二）保税仓库的种类、设立

保税仓库按照使用对象不同分为公用型保税仓库、自用型保税仓库。公用型保税仓库由主营仓储业务的中国境内独立企业法人经营，专门向社会提供保税仓储服务。自用型保税仓库由特定的中国境内独立企业法人经营，仅存储供本企业自用的保税货物。

保税仓库中专门用来存储具有特定用途或特殊种类商品的称为专用型保税仓库，包括液体保税仓库、备料保税仓库、寄售维修保税仓库和其他专用型保税仓库。

企业申请设立保税仓库的，申请人应向仓库所在地主管海关提交书面申请，由主管海关受理并报直属海关审批。

（三）保税仓库的管理

1. 保税仓库管理的原则规定

保税仓库不得转租、转借给他人经营，不得下设分库。

2. 保税仓库的变更

保税仓库经营企业变更企业名称、组织形式、法定代表人的，应当在变更前向直属海关提交书面报告，说明变更事项、事由和变更时间，并在有关部门批准文件下发之日起30日内向主管海关申请变更，由主管海关报直属海关审批；变更保税仓库名称、地址、仓储面（容）积的，应当在变更前向主管海关提出申请，由主管海关报直属海关批准。

3. 保税仓库的延期

保税仓库注册登记证书有效期为3年，保税仓库经营企业应当在保税仓库注册登记证书有效期届满前30个工作日前向海关申请办理仓库延期手续。

4. 保税仓库的注销

保税仓库有《中华人民共和国行政许可法》第七十条所规定情形的，主管海关应报直属海关依法办理保税仓库注销手续，收回“保税仓库注册登记证书”。

（四）保税仓库货物管理

1. 保税仓库所存货物的储存期限为1年。需要延长储存期限，应向主管海关申请延期，经海关批准可以延长，无特殊情形，延长的期限最长不超过1年。特殊情况下，延期后货物存储期超过2年的，由直属海关审批。

保税仓库货物超出规定的存储期限未申请延期或海关不批准延期申请的，经营企业应当办理超期货物的复运出境、征税、销毁等手续。

2. 保税仓库货物可以进行分级分类、分拆分拣、分装、计量、组合包装、打膜、加刷唛码、刷贴标志、改换包装、拼装等辅助性简单作业。在保税仓库内从事上述作业必须事先向主管海关提出申请，经主管海关同意后方可进行。

3. 保税仓库所存货物是海关监管货物，未经海关批准，不得擅自出售、转让、抵押、质押、留置、移作他用或者进行其他处置。

4. 货物在仓库储存期间发生损毁或者灭失，除不可抗力原因外，保税仓库应当依法向海关缴纳损毁、灭失货物的税款，并承担相应的法律责任。

（五）保税仓库货物出入仓及流转

1. 入仓管理

保税仓库进境入仓货物应当向海关办理进口申报手续，在口岸海关验放的，由企业自行提取货物入仓。

2. 出仓管理

（1）复运出境

保税仓库出仓复运出境货物，应当向海关办理出口申报手续，在口岸海关验放的，由企业自行提取货物出仓。

（2）转为进口

保税仓库货物出仓转为正式进口的，须由仓库主管海关审核同意后，方可按海关规定办理出仓报关手续，进口报关单按实际进口监管方式填报。经仓库主管海关同意，企业向海关办理货物出仓报关手续。属于许可证件管理的商品，应当取得有效的进口许可证件，海关对有关进口许可证件电子数据进行系统自动比对验核。

寄售维修保税仓库内的寄售维修零配件申请以保修期内免税出仓的，应填制进口货物报关单，"贸易方式"栏填"无代价抵偿货物（3100）"，并确认免税出仓的维修件在保修期内且不超过原设备进口之日起3年，维修件由外商免费提供，更换下的零部件依法处理。

保税仓库企业如申请以集中报关方式出仓的，海关应收取企业集中报关的申请，申请中应写明集中报关的商品名称、发货流向、发货频率、合理理由等。根据企业资信状况和风险度，仓库主管海关可收取保证金。企业当月出库的货物最迟应在次月5个工作日前办理报关手续，并不得跨年度申报。

3. 流转管理

保税仓库与海关特殊监管区域、其他保税监管场所的货物流转，应当按照海关规定办理相关手续。

流转货物需要报关的，应先办理进口报关，再办理出口报关。

三、出口监管仓库

出口监管仓库指经海关批准设立，对已办结海关出口手续的货物进行存储、保税物流配送、提供流通性增值服务的仓库。

（一）出口监管仓库的功能

出口监管仓库具有保税存储、转口配送和流通性增值服务等功能。

下列货物，经海关批准可以存入出口监管仓库：一般贸易出口货物；加工贸易出口货物；从其他海关特殊监管区域、场所转入的出口货物；出口配送型仓库可以存放为拼装出口货物而进口的货物，以及为改换出口监管仓库货物包装而进口的包装物料；其他已办结海关出口手续的货物。

出口监管仓库不得存放国家禁止进出境货物，未经批准的国家限制进出境货物，以及海关规定不得存放的其他货物。

（二）出口监管仓库的种类、设立

出口监管仓库分为：国内结转型仓库，存储用于国内结转的出口货物的仓库；出口配送型仓库，存储以实际离境为目的的出口货物的仓库。出口配送型仓库，符合上一年度入仓货物的实际出仓离境率不低于99%等条件的，可以申请享受国内货物。

企业申请设立出口监管仓库的，申请人应向仓库所在地主管海关提交书面申请，由主管海关受理并报直属海关审批。

（三）出口监管仓库管理

1. 出口监管仓库管理的原则规定

出口监管仓库必须专库专用，不得转租、转借给他人经营，不得下设分库。

出口监管仓库经营企业应当如实填写有关单证、仓库账册，真实记录并全面反映其业务活动和财务状况，编制仓库月度进、出、转、存情况表，并定期报送主管海关。

2. 出口监管仓库的变更

出口监管仓库经营企业变更企业名称、组织形式、法定代表人的，应当在变更前向直属海关提交书面报告，说明变更事项、事由和变更时间，并在有关部门批准文件下发之日起30日内向主管海关申请变更，由主管海关报直属海关审批；变更出口监管仓库名称、地址、仓储面（容）积的，应当在变更前向主管海关提出申请，由主管海关报直属海关批准。

3. 出口监管仓库的延期

出口监管仓库经营企业申请延期的，须在海关出口监管仓库注册登记证书有效期届满30日前向仓库主管海关提出申请。

4. 出口监管仓库的注销

出口监管仓库有下列行为之一的，海关注销出口监管仓库：

（1）无正当理由逾期未申请延期审查或者延期审查不合格的；

（2）仓库经营企业书面申请变更出口监管仓库类型的；

（3）仓库经营企业书面申请终止出口监管仓库仓储业务的；

（4）仓库经营企业不再具备经营出口监管仓库应当符合的条件的；

（5）法律、法规规定的应当注销行政许可的其他情形。

（四）出口监管仓库货物管理

1. 出口监管仓库所存货物存储期限为6个月。经主管海关同意可以延期，但延期不得超过6个月。货物存储期满前，仓库经营企业应当通知发货人或者其代理人办理货物的出境或者进口手续。

2. 存入出口监管仓库的货物不得进行实质性加工。经主管海关同意，可以在仓库内进行品质检验、分级分类、分拣分装、加刷唛码、刷贴标志、打膜、改换包装等流通性增值服务。

3. 出口监管仓库所存货物，是海关监管货物，未经海关批准，不得擅自出售、转让、抵押、质押、留置、移作他用或者进行其他处置。

4. 货物在仓库储存期间发生损毁或者灭失，除不可抗力原因外，出口监管仓库应当依法向海关缴纳损毁、灭失货物的税款，并承担相应的法律责任。

（五）出口监管仓库货物的出入仓及流转

1. 进仓管理

出口货物存入出口监管仓库时，当事人应当向主管海关办理出口报关手续，填制出口货物报关单。属于许可证件管理的商品，应当取得有效的出口许可证件，海关对有关出口许可证件电子数据进行系统自动比对验核。属于应当征收出口关税的出口商品，须缴纳出口关税。

当事人按照海关规定提交报关必需单证和仓库经营企业填制的出口监管仓库货物入仓清单。

对经批准享受入仓即予退税政策的出口监管仓库，海关在货物入仓结关后予以办理出口货物退税证明手续。对不享受入仓即予退税政策的出口监管仓库，海关在货物实际离境后办理出口货物退税证明手续。

经主管海关批准，对批量少、批次频繁的入仓货物，可以办理集中报关手续。集中申报的期限不得超过1个月，且不得跨年度办理。

2. 出仓管理

（1）出口

出口监管仓库货物出仓实际离境，仓库主管海关应要求仓库经营企业提交出口监管仓库货物出仓清单，经仓库主管海关审核，办理出口报关手续。

（2）进口

对出口配送型监管仓库存放为拼装出口货物而进口货物的，仓库主管海关应要求仓库经营企业提交申请报告及“海关出口监管仓库申请事项审批表”。经审核同意后，按照实际贸易方式和货物实际状态办理进口报关手续。

3. 流转管理

出口监管仓库与海关特殊监管区域或其他保税监管场所往来流转的货物，应当符合出口监管仓库货物管理要求，主管海关应要求货物转出和转入企业提交“海关出口监管仓库货物流转申请表”。主管海关审核同意后，企业按有关规定办理货物流转出入仓海关手续。

4. 更换管理

对已存入出口监管仓库，因质量等原因要求更换的货物，经仓库所在地主管海关批准，可以更换货物。被更换货物出仓前，更换货物应当先行入仓，并应当与原货物的商品编码、品名、规格型号、数量和价值相同。

四、 保税物流中心

保税物流中心是指经海关批准，由我国境内一家企业法人经营，多家企业进入并从事保税仓储物流业务的海关集中监管场所。

保税物流中心有 A 型和 B 型两种，本节中的保税物流中心特指保税物流中心（B型）。

（一）保税物流中心的功能

保税物流中心被赋予了进口保税政策、出口退税政策及灵活的外汇政策，拥有较为强大的政策功能。

1. 存放货物的范围。包括国内出口货物，转口货物和国际中转货物，外商暂存货物，加工贸易进出口货物，供应国际航行船舶和航空器的物料、维修用零部件，供维修外国产品所进口寄售的零配件，未办结海关手续的一般贸易进口货物，经海关批准的其他未办结海关手续的货物。

2. 开展业务的范围。可保税存储进出口货物及其他未办结海关手续的货物，对所存货物开展流通性简单加工和增值服务，全球采购和国际分拨、配送，转口贸易和国际中转业务，经海关批准的其他国际物流业务。

保税物流中心不得开展以下业务：商业零售；生产和加工制造；维修、翻新和拆解；存储国家禁止进出口货物，以及危害公共安全、公共卫生或者健康、公共道德或者秩序的国家限制进出口货物；存储法律、行政法规明确规定不能享受保税政策的货物；其他与保税物流中心无关的业务。

（二）保税物流中心的设立、延期、变更与注销

设立保税物流中心的申请事项由主管直属海关受理，由海关总署、财政部、国家税务总局、国家外汇管理局审批。在保税物流中心内设立企业由主管海关受理，报直属海关

审批。

保税物流中心注册登记证书有效期为 3 年，保税物流中心经营企业应当在保税物流中心注册登记证书每次有效期满 30 日前向直属海关办理延期审查申请手续。

保税物流中心需变更名称、地址、面积及所有权等事项的，由直属海关受理并报海关总署审批；其他变更事项报直属海关备案。中心内企业需变更有关事项的，由主管海关审批。

（三）保税物流中心的相关政策

1. 税收政策

保税物流中心内企业进口自用的办公用品，交通、运输工具，生活消费用品等，以及企业在物流中心内开展综合物流服务所需的进口机器、装卸设备、管理设备等，按照现行进口货物的有关规定和税收政策办理相关手续。

境内保税物流中心外货物进入保税物流中心视同出口，享受出口退税政策，并在进入保税物流中心环节退税，如需缴纳出口关税的，应当按照规定纳税。

境内保税物流中心外进入保税物流中心内供物流企业使用的国产机器、装卸设备、管理设备、检验检测设备、包装物料等，可以享受出口退税政策，在进入保税物流中心环节给予退税。

保税物流中心内企业之间，以及与其他海关特殊监管区域、场所之间的货物交易、流转，免征流通环节增值税、消费税；在保税物流中心内进行简单加工的产品，免征增值税；保税物流中心内保税货物内销，以货物的销售价格为基础，按货物出保税物流中心时的状态征收关税和进口环节税。

2. 贸易管制政策

保税物流中心与境外之间的进出货物，除国家禁止进出口的和实施出口被动配额管理的外，不实行配额、许可证管理；保税物流中心与境内（除海关特殊监管区域、保税监管场所）之间的进出货物，视同进出口，涉及配额、许可证管理的，须提交相应的许可证件。

3. 外汇政策

保税物流中心的外汇管理，参照国家外汇管理局 2013 年发布的《海关特殊监管区域外汇管理办法》相关规定执行。

保税物流中心与境内保税物流中心外之间货物贸易项下交易，可以以人民币或外币计价结算；服务贸易项下交易应当以人民币计价结算。保税物流中心内机构之间的交易，可以以人民币或外币计价结算。

（四）海关监管

1. 保税物流中心基本管理要求

保税物流中心内企业应当按照海关批准的存储货物范围和商品种类开展保税物流业务。保税物流中心经营企业不得在本保税物流中心内直接从事保税仓储物流的经营活动。保税物流中心不得转租、转借他人经营，不得下设分中心。

保税物流中心经营企业及保税物流中心内企业负责人及其工作人员应当熟悉海关有关法律法规，遵守海关监管规定。

海关对保税物流中心及保税物流中心内企业实施计算机联网监管。保税物流中心及保税物流中心内企业应当建立符合海关监管要求的计算机管理系统并与海关联网，形成完整、真实的货物进、出、转、存电子数据，保证海关开展对有关业务数据的查询、统计、采集、交换和核查等监管工作。

海关采取联网监管、视频监控、实物查验、实地核查等方式对进出保税物流中心的货物、物品、运输工具等实施动态监管。

2. 保税物流中心内企业的设立

保税物流中心内企业应当具备下列条件：

（1）具有独立的法人资格或者特殊情况下的保税物流中心外企业的分支机构；

（2）建立符合海关监管要求的计算机管理系统并与海关联网；

（3）在保税物流中心内有专门存储海关监管货物的场所。

3. 保税物流中心货物的管理

（1）保税物流中心内货物保税存储期限为2年，确有正当理由的，经主管海关同意可以予以延期，除特殊情况外，延期不得超过1年。

（2）企业根据需要，经主管海关批准，可以分批进出货物，月度集中报关，但集中报关不得跨年度办理。实行集中申报的进出口货物，应当适用每次货物进出口时海关接受申报之日实施的税率、汇率。

（3）未经海关批准，保税物流中心不得擅自将所存货物抵押、质押、留置、移作他用或者进行其他处置。保税物流中心内的货物可以在中心内企业之间进行转让、转移，但必须办理相关海关手续。

（4）保税仓储货物在存储期间发生损毁或者灭失的，除不可抗力外，保税物流中心经营企业应当依法向海关缴纳损毁、灭失货物的税款，并承担相应的法律责任。

4. 对保税物流中心与境外（一线）进出货物的监管

除实行出口被动配额管理和中华人民共和国参加或者缔结的国际条约及国家另有明确规定的以外，不实行进出口配额、许可证件管理。

一线进口的货物：属于保税物流中心可以存储的货物，按照保税货物办理相关手续；保税物流中心内企业进口自用的货物、物品，以及开展物流服务所需的进口机器设备等，按照进口货物的有关规定和税收政策办理相关手续。

保税物流中心进出口货物：按照全国通关一体化方式进行申报。

5. 保税对物流中心与境内（二线）进出货物的监管

保税物流中心内企业根据需要经主管海关批准，可以分批进出货物，并按照海关规定办理月度集中报关，但集中报关不得跨年度办理。

（1）从保税物流中心出往境内（二线进口货物）

二线出视同进口，按照货物实际贸易方式和实际状态办理进口报关手续，保税物流中心外企业填制进口报关单向保税物流中心主管海关申报，保税物流中心内企业以保税核注清单形式向海关申报。货物属许可证件管理商品的，企业还应当向海关出具有效的许可证件；对适用集中申报通关方式的货物，海关按照接受报关单申报之日实施的税率、汇率计征税费。海关审价以货物运出保税物流中心时的内销价格为基础审查确定完税价格，该价格包含的能够单独列明的在保税物流中心内发生的保险费、仓储费等费用，不计入完税价格。

下列货物从保税物流中心进入境内时依法免征关税和进口环节税：用于在保修期限内免费维修有关外国产品并符合无代价抵偿货物有关规定的零部件；用于国际航行船舶和航空器的物料；国家规定免税的其他货物。

（2）从境内进入保税物流中心（二线出口货物）

除另有规定外，二线进保税物流中心视同出口，办理出口报关手续，享受出口退税。保税物流中心外企业填制出口报关单向保税物流中心主管海关申报，监管方式根据实际填报，保税物流中心内企业以保税核注清单形式向海关申报。如需缴纳出口关税的，应当按照规定纳税；属许可证件管理商品，还应当向海关出具有效的出口许可证件。

从境内运入保税物流中心的原进口货物，境内发货人应当向海关办理出口报关手续，经主管海关验放；已经缴纳的关税和进口环节海关代征税，不予退还。

从境内运入保税物流中心已办结报关手续的货物或者从境内运入中心供中心企业自用的国产机器设备、装卸设备、管理设备、检测检验设备等，按照税务部门有关规定办理。从境内运入保税物流中心的下列货物，税务部门不予办理退（免）税：供中心企业自用的生活消费品、交通运输工具；供中心企业自用的进口机器设备、装卸设备、管理设备、检测检验设备等；保税物流中心之间，保税物流中心与综合保税区、出口加工区、保税物流园区和已实行国内货物入仓环节出口退税政策的出口监管仓库等海关特殊监管区域或者海关保税监管场所往来的货物。

保税物流中心与海关特殊监管区域、其他保税监管场所之间可以进行货物流转并按照规定办理相关海关手续。

6. 对保税物流中心内企业间货物流转的监管

保税物流中心内货物可以在保税物流中心内企业之间进行转让、转移并办理相关海关手续。保税监管场所内企业在开展保税货物流转业务时，相关企业应向海关报送保税核注清单数据信息。先由转入企业报送进口保税核注清单，再由转出企业报送出口保税核注清单。企业报送保税核注清单后需要办理报关单申报手续的，报关单申报数据由保税核注清单数据归并生成。

7. 检验检疫要求

参照海关特殊监管区域相关检验检疫工作流程进行处置。

8. 保税物流中心统计办法

（1）保税物流中心与境外间的进出货物统计：

① 除另有规定外，境外运入保税物流中心的货物和保税物流中心运往境外的货物列入海关统计。

② 保税物流中心与境外间进出货物的统计原始资料为海关进口、出口货物报关单。其中，监管方式为“保税物流中心进出境货物”（代码“6033”）、“网购保税”（代码“1210”）及“网购保税 A”（代码“1239”），消费使用单位或者生产销售单位为保税物流中心经营企业，其 10 位数海关注册编码第 5 位为“W”。

③ 海关按照消费使用单位或者生产销售单位前 5 位对保税物流中心进出境货物进行分组统计，相关数据在《海关统计》月刊中公布。

（2）保税物流中心与境内间的进出货物统计：

① 除另有规定外，从境内（保税物流中心外，下同）运入保税物流中心的货物和从保税物流中心运往境内的货物不列入海关统计，实施海关单项统计。

② 保税物流中心与境内间的非保税间流转货物，其统计原始资料为海关进口、出口货物报关单。其中，运输方式为“物流中心”（代码“W”），进出境关别应当填报保税物流中心所在海关名称及代码。

③ 海关按照进出境关别对保税物流中心与境内之间的非保税间流转货物进行分组统计，相关数据不公布。

④ 保税物流中心与境内间的保税间流转货物的统计原始资料为保税核注清单。

第五节 综合保税区

海关特殊监管区域包括保税区、出口加工区、保税物流园区、保税港区、综合保税区，以及珠澳跨境工业区珠海园区、中哈霍尔果斯国际边境合作中心中方配套区等。根据相关政策，除保税区外，其他海关特殊监管区域将统一整合优化为综合保税区，新出台的政策措施也将仅仅赋予综合保税区。考虑到目前全国范围内的海关特殊监管区域大都已经整合优化为综合保税区（2021 年 8 月，在全国 166 个海关特殊监管区域中，综合保税区已有 154 个，其他各类型区域合计仅剩 12 个），本节仅对综合保税区进行介绍。在综合保税区的基础上，国家近期又批准设立洋山特殊综合保税区，并赋予洋山特殊综合保税区和洋浦保税港区更为开放和自由的政策，本节也予以介绍。

一、综合保税区概述

（一）综合保税区的概念

综合保税区是指经国务院批准，具有口岸、物流、加工等功能的海关特殊监管区域。

（二）综合保税区的功能

综合保税区可以开展下列业务：

1. 研发、加工、制造、再制造；
2. 检测、维修；
3. 货物存储；
4. 物流分拨；
5. 融资租赁；
6. 跨境电商；
7. 商品展示；
8. 国际转口贸易；
9. 国际中转；

10. 港口作业；
11. 期货保税交割；
12. 国家规定可以在区内开展的其他业务。

二、 综合保税区的管理

综合保税区实行封闭式管理。综合保税区与中华人民共和国关境内的其他地区之间设置符合海关监管要求的卡口、围网、视频监控系统及海关监管所需的其他设施。

综合保税区享受的税收和外汇管理政策为：国外货物入区保税；货物出区进入境内销售按货物进口的有关规定办理报关手续，并按货物实际状态征税；区外货物入区视同出口，实行退税。

除安全保卫人员外，综合保税区内不得居住人员；国家禁止进出口的货物、物品不得进出综合保税区；区内企业的生产经营活动应当符合国家产业发展要求，不得开展高耗能、高污染和资源性产品及列入《加工贸易禁止类商品目录》商品的加工贸易业务。

区内企业设立电子账册，电子账册的备案、变更、核销等作业按有关规定执行。

区内企业应当自开展业务之日起，定期向海关报送货物的进区、出区和储存情况。

（一）物流管理

海关对进出综合保税区的交通运输工具及其外包装、集装箱、物品及综合保税区内企业进行监管。

申请在综合保税区内开展维修业务的企业应当具有企业法人资格，并在综合保税区主管海关登记备案。

经综合保税区主管海关批准，区内企业可以在综合保税区综合办公区专用的展示场所举办商品展示活动。展示的货物应当在海关备案，并接受海关监管。

综合保税区内货物可以自由流转。区内企业转让、转移货物的，双方企业应当及时向海关报送转让、转移货物的品名、数量、金额等电子数据信息。

综合保税区货物不设存储期限。

经海关核准，区内企业可以办理集中申报手续。实行集中申报的区内企业在不超过账册核销日期的前提下，最迟可在季度结束后15天内填制进出口货物报关单，向海关办理集中申报手续。集中申报适用报关单集中申报之日实施的税率、汇率。集中申报不得跨年度办理。

（二）货物的销毁处置

区内企业依法对区内货物采取销毁处置的，应当办理相关手续，销毁处置费用由区内企业承担。销毁产生的固体废物出区时，按照国内固体废物相关规定进行管理。

（三）放弃、损毁、灭失货物的处理

1. 区内企业申请放弃的货物，经海关及有关主管部门核准后，由综合保税区主管海关依法提取变卖，变卖收入由海关按照有关规定处理，但法律法规规定不得放弃的货物除外。

2. 因不可抗力造成综合保税区内货物损毁、灭失的，区内企业应当及时报告海关。经海关核实后，区内企业可以按照下列规定办理：

（1）货物灭失，或者虽未灭失但完全失去使用价值的，办理核销和免税手续；

（2）境外进入综合保税区或者区外进入综合保税区且已办理出口退税手续的货物损毁，失去部分使用价值的，办理出区内销或者退运手续；

（3）区外进入综合保税区且未办理出口退税手续的货物损毁，失去部分使用价值，需要向出口企业进行退换的，办理退运手续。

3. 因保管不善等非不可抗力因素造成区内货物损毁、灭失的，区内企业应当及时报告海关并说明情况。经海关核实后，区内企业可以按照下列规定办理：

（1）境外进入综合保税区的货物，按照一般贸易进口货物的规定办理相关手续，并按照海关审定的货物损毁或灭失前的完税价格，以货物损毁或灭失之日适用的税率、汇率缴纳关税、进口环节税；

（2）区外进入综合保税区的货物，重新缴纳因出口而退还的国内环节有关税收，已缴纳出口关税的，不予退还。

三、综合保税区的货物的进出

（一）综合保税区与境外之间进出货物

海关对综合保税区与境外之间进出的货物实行备案制管理，对从境外进入综合保税区的货物予以保税。货物的收发货人或者代理人应当如实填写进出境货物备案清单，并办理相关手续。

下列货物从境外进入综合保税区，海关免征进口关税和进口环节海关代征税：

1. 区内生产性的基础设施建设项目所需的机器、设备和建设生产厂房、仓储设施所需的基建物资；

2. 区内企业生产所需的机器、设备、模具及其维修用零配件；

3. 区内企业和行政管理机构自用合理数量的办公用品。

以上货物参照进口减免税货物的监管年限管理，监管年限届满的自动解除监管；监管年限未满企业申请提前解除监管的，参照进口减免税货物补缴税款的有关规定办理，属于许可证件管理的应当取得有关许可证件。从综合保税区运往境外的货物免征出口关税。

综合保税区与境外之间进出的货物，除法律法规另有规定的外，不实行进出口配额、许可证件管理。

对于同一配额、许可证件项下的货物，海关在进区环节已经验核配额、许可证件的，在出境环节不再要求企业出具配额、许可证件原件。

境外进入综合保税区的货物及其外包装、集装箱，应当由海关依法在进境口岸实施检疫。因口岸条件限制等原因，海关可以在区内符合条件的场所（场地）实施检疫；综合保税区运往境外的货物及其外包装、集装箱，应当由海关依法实施检疫；综合保税区与境外之间进出的交通运输工具，由海关按照进出境交通运输工具有关规定实施检疫。

（二）综合保税区与区外非特殊监管区域或场所之间进出货物

综合保税区与区外之间进出的货物，区内企业或者区外收发货人按照进出口货物的有关规定向综合保税区主管海关办理申报手续。需要征税的，区内企业或者区外收发货人按照货物进出区时的实际状态缴纳税款；属于配额、许可证件管理商品的，区内企业或者区外收货人还应当向海关出具配额、许可证件。海关对有关许可证件电子数据进行系统自动比对验核。对于同一配额、许可证件项下的货物，海关在进境环节已经验核配额、许可证件的，在出区环节不再要求企业出具配额、许可证件原件。

1. 区内货物出区直接进入生产或消费领域流通的，按进口货物办理进口手续，属于优惠贸易协定项下货物，符合海关总署相关原产地管理规定的，按协定税率或者特惠税率办理海关征税手续。

区内货物出区符合保税或者特定减免税条件的，可以按保税货物或者特定减免税货物办理海关手续。

2. 区内企业生产的加工贸易成品及在加工生产过程中产生的残次品、副产品出区内销的，按进口货物办理进口手续，海关按内销时的实际状态征税。属于进口配额、许可证件管理的，区内企业或者区外收货人还应当向海关出具配额、许可证件。海关对有关许可证件电子数据进行系统自动比对验核。区内企业在加工生产过程中产生的边角料、废品，以及加工生产、储存、运输等过程中产生的包装物料，区内企业提出书面申请并且经海关批准的，可以运往区外，海关按出区时的实际状态征税。属于进口配额、许可证件管理的，免领进口配额、许可证件；区内产生的未复运出境的固体废物，按照国内固体废物相关规定进行管理。需出区贮存、利用或者处置的，应按规定向海关办理相关手续。

3. 区内企业在区外其他地方举办商品展示活动的，比照海关对暂时进境货物的管理规定办理有关手续。

4. 区内企业按照海关规定将自用机器、设备及其零部件、模具或者办公用品运往区外进行检测、维修的，检测、维修期间不得在区外用于加工生产和使用，并且应当自运出之日起 60 日内运回综合保税区。因故不能如期运回的，区内企业应当在期限届满前 7 日内书面向海关申请延期，延长期限不得超过 30 日。

因特殊情况无法在上述规定时间内完成检测、维修并运回综合保税区的，经海关同意，可以在检测、维修合同期限内运回综合保税区。

更换零配件的，原零配件应当一并运回综合保税区；确需在区外处置的，海关应当按照原零配件的实际状态征税；在区外更换的国产零配件，需要退税的，企业应当按照有关规定办理手续。

5. 区内企业按照海关规定将模具、原材料、半成品等运往区外进行外发加工的，外发加工期限不得超过合同有效期，加工完毕的货物应当按期运回综合保税区。

外发加工产生的边角料、残次品、副产品不运回综合保税区的，海关应当按照货物实际状态征税；残次品、副产品属于关税配额、许可证件管理的，区内企业或者区外收发货人应当取得关税配额、许可证件；海关应当对有关关税配额进行验核、对许可证件电子数据进行系统自动比对验核。

6. 海关监管货物从综合保税区与区外之间进出的，综合保税区主管海关可以要求提供相应的担保。

7. 以出口报关方式进入综合保税区的货物予以保税。其中，区内企业从区外采购的机器、设备参照进口减免税货物的监管年限管理，监管年限届满的自动解除监管，免于提交许可证件；监管年限未满企业申请提前解除监管的，参照进口减免税货物补缴税款的有关规定办理相关手续，免于提交许可证件；货物的出口退税按照国家有关规定办理。

8. 除法律法规另有规定外，海关对综合保税区与区外之间进出的货物及其外包装、集装箱不实施检疫。

（三）综合保税区与其他海关特殊监管区域或者保税监管场所之间往来的货物

海关对于综合保税区与其他海关特殊监管区域或者保税监管场所之间往来的货物，实行保税监管。但货物从未实行国内货物入区（仓）环节出口退税制度的海关特殊监管区域或者保税监管场所转入综合保税区的，视同货物实际离境。

综合保税区与其他海关特殊监管区域或者保税监管场所之间的流转货物，不征收进出口环节的有关税收。

四、综合保税区创新监管制度

为促进综合保税区进一步发展，2019 年 1 月 12 日，国务院下发了《关于促进综合保税区高水平开放高质量发展的若干意见》，提出了“坚持深化改革，简政放权；坚持对标国际，开放引领；坚持创新驱动，转型升级；坚持质量第一，效益优先”四项基本原则，同时提出了“拓展两个市场、提前适用政策、释放企业产能、促进内销便利、强化企业市场主体地位、促进研发创新、建设创新高地、优化信用管理、支持医疗设备研发、简化进出区管理、便利货物流转、试行汽车保税存储、促进文物回流、开展检测维修、支持再制造业、创新监管模式、发展租赁业态、促进跨境电商发展、支持服务外包、支持期货交割、推广创新制度”21 项任务。目前，多项任务已落地生效，转化为综合保税区的创新监管制度。

（一）综合保税区企业增值税一般纳税人资格试点

1. 试点条件

综合保税区企业增值税一般纳税人资格试点实行备案管理，符合下列条件的综合保税区由所在地省级税务、财政部门和直属海关将一般纳税人资格试点实施方案向国家税务总局、财政部、海关总署备案后，可以开展一般纳税人资格试点：

（1）综合保税区内企业确有开展一般纳税人试点的需求；

（2）所在地市级人民政府牵头，建立了综合保税区行政管理机构、税务、海关等部门协同推进试点的工作机制；

（3）综合保税区主管税务机关和海关建立了一般纳税人资格试点工作相关的联合监管和信息共享机制；

（4）综合保税区主管税务机关具备在综合保税区开展工作的条件，明确专门机构或人员负责纳税服务、税收征管等相关工作。

综合保税区完成备案后，区内符合一般纳税人登记管理有关规定的企业，可自愿向综合保税区主管税务机关、海关申请成为试点企业，并按规定向主管税务机关办理一般纳税人资格登记。

2. 税收政策

（1）试点企业进口自用设备（包括机器设备、基建物资和办公用品）时，暂免征收进口关税、进口环节增值税、消费税（以下简称“进口税收”）。上述暂免进口税收按照该进口自用设备海关监管年限平均分摊到各个年度，每年年终对本年暂免的进口税收按照当年内外销比例进行划分，对外销比例部分执行试点企业所在综合保税区的税收政策，对内销比例部分比照执行综合保税区外税收政策补征税款。

（2）除进口自用设备外，购买的下列货物适用保税政策：从境外购买并进入试点区域的货物，从海关特殊监管区域（试点区域除外）或海关保税监管场所购买并进入试点区域的保税货物，从试点区域内非试点企业购买的保税货物，从试点区域内其他试点企业购买的未经加工的保税货物。

（3）销售的下列货物，向税务机关申报缴纳增值税、消费税：

① 向境内区外销售的货物。

② 向保税区、不具备退税功能的保税监管场所销售的货物（未经加工的保税货物除外）。

③ 向试点区域内其他试点企业销售的货物（未经加工的保税货物除外）。

试点企业销售上述货物中含有保税货物的，按照保税货物进入海关特殊监管区域时的状态向海关申报缴纳进口税收，并按照规定补缴缓税利息。

（4）向海关特殊监管区域或者海关保税监管场所销售的未经加工的保税货物，继续适用保税政策。

（5）销售的下列货物（未经加工的保税货物除外），适用出口退（免）税政策，税务机关凭海关提供的与之对应的出口货物报关单电子数据审核办理试点企业申报的出口退（免）税：

① 离境出口的货物；

② 向海关特殊监管区域（试点区域、保税区除外）或海关保税监管场所（不具备退税功能的保税监管场所除外）销售的货物；

③ 向试点区域内非试点企业销售的货物。

（6）区外销售给试点企业的加工贸易货物，继续按现行税收政策执行；销售给试点企业的其他货物（包括水、蒸汽、电力、燃气）不再适用出口退税政策，按照规定缴纳增值税、消费税。

（7）对适用出口退税政策的货物，海关向税务部门传输出口报关单结关信息电子数据。

（二）支持综合保税区提前适用政策

自综合保税区经国务院批准设立之日起，到综合保税区正式封关运作前，直属海关可提前向海关总署申请综合保税区关区代码和地区代码，主管海关根据企业申请为企业办理注册登记。在企业提交书面申请、机器设备清单及综合保税区所在地的地市级人民政府出具的证明材料后，海关为其设立设备电子账册。企业可以将用于区内安装、调试的设备申请提前适用免税政策。

（三）委托加工

1. 含义

委托加工是指区内企业利用监管期限内的免税设备接受区外企业委托，对区外企业提供的入区货物进行加工，加工后的产品全部运往境内（区外），收取加工费，并向海关缴纳税款的行为。委托加工货物包括委托加工的料件（包括来自境内区外的非保税料件和区内企业保税料件）、成品、残次品、废品、副产品和边角料。

2. 企业资质

（1）海关认定的企业信用状况为高级认证企业及其他海关注册登记和备案企业；

（2）具备开展该项业务所需的场所和设备，能对委托加工货物与其他保税货物分开管理、分别存放。

3. 业务规则

（1）委托加工用料件原则上由区外企业提供，对需使用区内企业保税料件的，区内企业应当事先如实向海关报备。

（2）委托加工用非保税料件由境内（区外）入区时，区外企业申报监管方式为“出料加工”（代码“1427”），运输方式为“综合保税区”（代码“Y”）；区内企业申报监管方式为“料件进出区”（代码“5000”），运输方式为“其他”（代码“9”）。

（3）境内（区外）入区的委托加工用料件属于征收出口关税商品的，区外企业应当按照海关规定办理税款担保事宜。

（4）委托加工成品运往境内（区外）时，区外企业申报监管方式为“出料加工”（代码“1427”），运输方式为“综合保税区”（代码“Y”）。委托加工成品和加工增值费用分列商品项，并按照以下要求填报：

① 商品名称与商品编号栏目均按照委托加工成品的实际名称与编码填报；

② 委托加工成品商品项数量为实际出区数量，征减免税方式为“全免”；

③ 加工增值费用商品项商品名称包含“加工增值费用”，法定数量为0.1，征减免税方式为“照章征税”。

区内企业申报监管方式为“成品进出区”（代码“5100”），运输方式为“其他”（代码“9”），商品名称按照委托加工成品的实际名称填报。

加工增值费用完税价格应当以区内发生的加工费和保税料件费为基础确定。其中，保税料件费是指委托加工过程中所耗用全部保税料件的金额，包括成品、残次品、废品、副产品、边角料等。

（5）由境内（区外）入区的委托加工剩余料件运回境内（区外）时，区外企业申报监管方式为“出料加工”（代码“1427”），运输方式为“综合保税区”（代码“Y”）；区内企业申报监管方式为“料件进出区”（代码“5000”），运输方式为“其他”（代码“9”）。

（6）委托加工产生的边角料、残次品、废品、副产品等应当运回境内（区外）。保税料件产生的边角料、残次品、废品、副产品属于固体废物的，应当按照固体废物的管理规定办理出区手续。

（7）委托加工电子账册核销周期最长不超过1年，区内企业应当按照海关监管要求，如实申报企业库存、加工耗用等数据，并根据实际加工情况办理报核手续。

（四）“四自一简”

1. 含义

“四自一简”监管制度是指综合保税区内企业可自主备案、合理自定核销周期、自主核报、自主补缴税款，海关简化业务核准手续。

2. 企业资质

海关认定的企业信用状况为高级认证企业及其他海关注册登记和备案企业的，可适用“四自一简”监管制度。

3. 业务规则

（1）在综合保税区内实施“四自一简”监管制度，综合保税区内企业可自主备案、合理自定核销周期、自主核报、自主补缴税款，海关简化业务核准手续。

（2）企业设立电子账册时，可自主备案商品信息。除系统判别转由人工审核的，系统自动备案。

（3）企业可根据实际经营情况，自主确定核销周期。核销周期原则上不超过 1 年，企业核销盘点前应当告知海关。

（4）企业可自主核定保税货物耗用情况，并向海关如实申报，自主办理核销手续。企业对自主核报数据负责并承担相应法律责任。

（5）企业可按照“自主申报、自行缴税”（自报自缴）方式对需要缴税的保税货物自主补缴税款。

（6）简化业务核准手续，企业可一次性办理分送集报、设备检测、设备维修、模具外发等备案手续。需办理海关事务担保的业务，企业按照有关规定办理。

（五）保税研发

1. 企业资质

（1）经国家有关部门或综合保税区行政管理机构批准开展保税研发业务；

（2）海关认定的企业信用状况为高级认证企业及其他海关注册登记和备案企业；

（3）具备开展保税研发业务所需的场所和设备，能够对研发料件和研发成品实行专门管理。

2. 业务规则

（1）综合保税区内企业以有形料件、试剂、耗材及样品等开展研发业务。

（2）海关为其设立专用的保税研发电子账册。

（3）不得开展国家禁止进出口货物的保税研发业务。区内企业开展保税研发业务，海关不按照《加工贸易禁止类目录》实施监管。

（4）研发料件、研发成品及研发料件产生的边角料、坏件、废品等保税研发货物（以下简称“保税研发货物”），海关应当要求区内企业按照以下方式申报：

① 研发料件从境外入区，按照监管方式“特殊区域研发货物”（代码“5010”）申报，运输方式按照实际进出境运输方式申报；研发料件从境内（区外）入区，按照监管方式“料件进出区”（代码“5000”）申报，运输方式按照“其他”（代码“9”）申报。

② 研发成品出境，按照监管方式“特殊区域研发货物”（代码“5010”）申报，运输方式按照实际进出境运输方式申报；研发成品进入境内（区外），按照监管方式“成品进出区”（代码“5100”）申报，运输方式按照“其他”（代码“9”）申报。

③ 研发料件进入境内（区外），按照监管方式“料件进出区”（代码“5000”）申报，运输方式按照“其他”（代码“9”）申报。

④ 研发料件产生的边角料、坏件、废品等，退运出境按照监管方式“进料边角料复出”（代码“0864”）或“来料边角料复出”（代码“0865”）申报，运输方式按照实际进出境运输方式申报；内销按照监管方式“进料边角料内销”（代码“0844”）或“来料边角料内销”（代码“0845”）申报，运输方式按照“其他”（代码“9”）申报。

（5）保税研发货物销往境内（区外）的，海关应当要求区外企业按照实际监管方式申报，运输方式按照“综合保税区”（代码“Y”）申报。海关以实际报验状态征税。

（6）研发料件产生的边角料、坏件、废品运往境内（区外）的，海关按照综合保税区关于边角料、废品、残次品的有关规定为企业办理相关手续。属于固体废物的，应当按照固体废物进口管理的有关规定办理。

（7）研发成品可运往境内（区外）进行检测。研发成品出区检测期间不得挪作他用，不得改变物理、化学形态，并应当自运出之日起60日内运回综合保税区。因特殊情况不能如期运回的，区内企业应当在期限届满前7日内向海关申请，海关可予以延期，延长期限不得超过30日。

（8）保税研发电子账册核销周期最长不超过1年，海关根据企业实际研发耗用予以核销。

（六）优化信用管理

对综合保税区新设立的区内研发制造企业，经海关认证，符合海关高级认证标准的，直接赋予高级认证企业资质。

（七）简化进出区管理

简化进出区管理是指允许对境内入区的不涉出口关税、不要求退税且不纳入海关统计的货物、物品，实施便捷进出区管理模式。货物、物品的范围为：

1. 区内的基础设施、生产厂房、仓储设施建设过程中所需的机器、设备、基建物资；
2. 区内企业和行政管理机构自用的办公用品；
3. 区内企业所需的劳保用品；
4. 区内企业用于生产加工及设备维护的少量、急用物料；
5. 区内企业使用的包装物料；
6. 区内企业使用的样品；
7. 区内企业生产经营使用的仪器、工具、机器、设备；
8. 区内人员所需的生活消费品。

上述货物、物品可不采用报关单、备案清单方式办理进区手续；如需出区，实行与进区相同的便捷管理模式。区内企业要做好便捷进出区的日常记录，相关情况可追溯。

（八）汽车保税存储

具有整车进口口岸的地级市行政区划内（含直辖市）的综合保税区可以开展进口汽车（平行进口汽车除外）保税存储、展示等业务。

（九）优化综合保税区文物进出境（区）管理

1. 含义

优化综合保税区文物进出境（区）管理是指优化综合保税区文物监管模式，简化审批及监管手续，提升文物进出境管理水平。

2. 业务规则

（1）文物出境。文物从综合保税区出境，应当报文物进出境相关审核机构审核。经审核允许出境的文物，由文物进出境审核机构标明文物出境标识，发放文物出境许可证。海关审核后凭文物出境许可证放行。

（2）文物临时进境复出境。文物由综合保税区临时进境，应当在进境时向海关申报，入区后凭相关报关单证报文物进出境审核机构在区内开展审核、登记。复出境时，应当向原审核、登记的文物进出境审核机构申报，文物进出境审核机构对照进境记录审核查验、确认无误后，标明文物出境标识，发放文物出境许可证。海关审核后凭文物出境许可证放行。

（3）文物进出综合保税区。文物从境内区外进入综合保税区，或者已办理临时进境审核登记手续的文物由综合保税区进入境内区外，除按要求办理海关手续外，无需向文物进出境审核机构申报。

（4）支持符合条件的区内企业采取关税保证保险、企业增信担保、企业集团财务公司担保等多元化税收担保方式开展出区展示，缓解企业资金压力，便捷文物展览展示。

（5）实施入区登记审核。对于申请由综合保税区出境和临时进境复出境的文物，文物进出境审核机构可提供延伸服务，在综合保税区内开展登记查验和审核工作，便利企业在综合保税区内开展文物存储、展示等活动。

（6）缩短行政审批时限。文物进出境审核机构可在与申报人协商一致的基础上，在文物进出境申请正式受理后的5~10个工作日内完成登记、查验和审批工作。因申报人原因造成审核工作无法如期进行的，应当在3个工作日内将申请通过系统退回申报人并注明理由。

（十）简化综合保税区艺术品进出口管理

开展艺术品保税存储的，在综合保税区与境外之间进出货物的申报环节，文化和旅游行政部门不再核发批准文件，海关不再验核相关批准文件。

在综合保税区内外开展艺术品展览、展示及艺术品进出口等经营活动的，凭文化和旅游行政部门核发的批准文件办理海关监管手续。对同一批艺术品，文化和旅游行政部门核发的批准文件可以多次使用。

（十一）“先入区、后检测”

对境外进入综合保税区的动植物产品的检验项目实行“先入区、后检测”监管模式。

其中的动植物产品是指从境外进入综合保税区后再运往境内（区外），以及加工后再运往境内（区外）或出境，依据我国法律法规规定应当实施检验检疫的动植物产品（不包括食品）。检验项目包括动植物产品涉及的农（兽）药残留、环境污染物、生物毒素、重金属等安全卫生项目。

动植物产品在进境口岸完成动植物检疫程序后，对需要实施检验的项目，可先行进入综合保税区内的监管仓库，海关再进行有关检验项目的抽样检测和综合评定，并根据检测结果进行后续处置。

（十二）保税货物租赁

1. 含义

保税货物租赁业务是指租赁企业和承租企业以综合保税区内保税货物为租赁标的物开展的进出口租赁业务。

2. 企业资质

租赁企业为在综合保税区内设立的开展租赁业务的企业或者其设立的项目子公司。

承租企业为与租赁企业签订租赁合同，并按照合同约定向租赁企业支付租金的境内区外企业。

3. 业务规则

（1）租赁企业应当设立电子账册，如实申报租赁货物进、出、转、存等情况。

（2）租赁货物进出综合保税区时，租赁企业和承租企业应当按照现行规定向海关申报。承租企业对租赁货物的进口、租金申报纳税、续租、留购、租赁合同变更等相关手续应当在同一海关办理。

（3）租赁货物自进入境内（区外）之日起至租赁结束办结海关手续之日止，应当接受海关监管。

（4）租赁进口货物需要退回租赁企业的，承租企业应当将租赁货物复运至综合保税区内，并按照下列要求申报：

① 原申报监管方式为“租赁贸易”（代码“1523”）的租赁进口货物，期满复运至综合保税区时，监管方式申报为“退运货物”（代码“4561”）；

② 原申报监管方式为“租赁不满一年”（代码“1500”）的租赁进口货物，期满复运至综合保税区时，监管方式申报为“租赁不满一年”（代码“1500”）；

③ 运输方式按照现行规定申报。

（5）租赁进口货物需要办理留购的，承租企业应当申报进口货物报关单。对同一企业提交的同一许可证件项下的租赁进口货物，企业可不再重新出具许可证件。

（6）租赁企业发生租赁资产交易且承租企业不发生变化的，承租企业应当凭租赁变更合同等相关资料向海关办理合同备案变更、担保变更等相关手续。企业可以根据需要向综合保税区海关按照以下方式办理申报手续：

① 综合保税区内租赁企业间发生资产交易的情况：承租企业及变更前的租赁企业向海关申报办理退运回区相关手续；租赁企业按照相关管理规定办理保税货物流转手续；承租企业及变更后的租赁企业向海关申报租赁进口货物出区手续。

② 租赁企业与境外企业发生资产交易的情况：承租企业或租赁企业可以采取形式申报、租赁货物不实际进出境的通关方式办理进出境申报手续，运输方式填报“其他”（代码“9”）。

③ 对同一许可证件项下的租赁进口货物，企业可不再重新出具许可证件。

（7）保税货物由综合保税区租赁至境外时，租赁企业应当向海关申报出境备案清单，监管方式为“租赁贸易”（代码“1523”）或者“租赁不满一年”（监管方式代码“1500”），运输方式按实际运输方式填报。租赁货物由境外退运至综合保税区时，租赁企业应当向海关申报进境备案清单，监管方式为“退运货物”（代码“4561”）或者“租赁不满一年”（代码“1500”），运输方式按实际运输方式填报。

（8）租赁企业开展进出口租赁业务时，租赁货物应当实际进出综合保税区。对注册在综合保税区内的租赁企业进出口飞机、船舶和海洋工程结构物等不具备实际入区条件的大型设备，可予以保税，由海关实施异地委托监管。

（9）租赁货物进入境内（区外）时，海关认为必要的，承租企业应当提供税款担保。

（十三）期货保税交割

1. 含义

期货保税交割，是指指定交割仓库内处于保税监管状态的货物作为交割标的物的一种销售方式。

2. 企业资质

（1）为综合保税区内的仓储企业；

（2）具备期交所认可的交割仓库资质；

（3）海关认定的企业信用状况为高级认证企业及其他海关注册登记和备案企业；

（4）建立符合海关监管要求的管理制度和计算机管理系统，能够对期货保税交割有关的采购、存储、使用、损耗和进出口等信息实现全程跟踪，并如实向海关联网报送物流、仓储、损耗及满足海关监管要求的其他数据；

（5）具备开展该项业务所需的场所和设备，能够对期货保税交割货物实施专门管理。

3. 业务规则

（1）综合保税区内的期货保税交割业务应当在国务院或国务院期货相关管理机构批准设立的交易场所开展。期交所开展期货保税交割业务应当与海关实现计算机联网，并实时向海关提供保税交割结算单、保税标准仓单、保税标准仓单质押等电子信息。

（2）开展期货保税交割业务的货物品种应当为经国务院期货相关管理机构批准开展期货保税交割业务的期交所上市品种。

（3）期交所应当将开展期货保税交割业务的货物品种及指定交割仓库向海关总署备案。

（4）交割仓库应当通过设立电子账册开展期货保税交割业务。

（5）综合保税区内货物参与期货保税交割的，应当按照规定向海关申报，并在进出口货物报关单、进出境货物备案清单、保税核注清单的备注栏注明“期货保税交割货物”。

（6）期货保税交割完成后，应当按照以下要求进行申报：

① 需提货出境的，交割仓库应当凭期交所出具或授权出具的保税交割结算单和保税标准仓单清单等交割单证作为随附单证向海关办理货物出境申报手续。

② 需提货至境内（区外）的，进口货物的收货人或者其代理人应当凭期交所出具或授权出具的交割单证等作为随附单证向海关办理货物进口申报手续，并按照规定缴纳进口环节税款。

③ 需提货至其他海关特殊监管区域或保税监管场所的，按照保税间货物流转向海关办理申报手续。申报时应当在进出口货物报关单、进出境货物备案清单、保税核注清单的备注栏注明“期货保税交割货物”及保税交割结算单号。

（7）保税标准仓单持有人（以下简称“仓单持有人”）需要开展保税标准仓单质押业务的，应当委托交割仓库向主管海关办理仓单质押备案手续，并提供保税标准仓单质押业务备案表。

（8）交割仓库应当对货物做好质押标记。

（9）仓单持有人需要解除质押的，应当委托交割仓库向主管海关申请办理仓单质押解除手续，并提交解除质押协议和保税标准仓单质押业务解除备案表。解除质押时，同一质押合同项下的仓单不得分批解除。

五、洋山特殊综合保税区

（一）洋山特殊综合保税区概述

为打造更具国际市场影响力和竞争力的特殊经济功能区，发挥中国（上海）自由贸易试验区临港新片区（以下简称“临港新片区”）作为对标国际公认、竞争力最强自由贸易园区的重要载体作用，国务院批准设立了洋山特殊综合保税区。洋山特殊综合保税区是设立在临港新片区内，具有物流、加工、制造、贸易等功能的海关特殊监管区域。

海关对洋山特殊综合保税区的管理规定仅适用于洋山特殊综合保税区，不适用于其他综合保税区。综合保税区政策及制度创新措施均适用于洋山特殊综合保税区。

（二）洋山特殊综合保税区的管理

洋山特殊综合保税区实行物理围网管理。洋山特殊综合保税区与中华人民共和国关境内的其他地区（以下称“区外”）之间，设置符合海关监管要求的卡口、围网、视频监控系统，以及海关监管所需的其他设施。

洋山特殊综合保税区内不得居住人员。除保障洋山特殊综合保税区内人员正常工作、生活需要的配套设施外，洋山特殊综合保税区内不得建立营利性商业、生活消费设施。

洋山特殊综合保税区的基础和监管设施等应当符合海关特殊监管区域相关验收标准，海关监管作业场所（场地）应当符合海关监管作业场所（场地）设置规范。

除法律、法规和现行政策另有规定外，境外货物入区保税或免税；货物出区进入境内区外销售按货物进口的有关规定办理报关手续，并按货物实际状态征税；境内区外货物入区视同出口，实行退税。

国家禁止进出境货物、物品等不得进出洋山特殊综合保税区。海关对涉及国家进出境限制性管理、口岸公共卫生安全、生物安全、食品安全、商品质量安全、知识产权等的安全准入实施风险管理。依据风险情况，对进出境货物及物品、进出口货物及物品和国际中转货物，实施必要的监管和查验。

境外与洋山特殊综合保税区之间进出的货物，列入海关贸易统计。区外与洋山特殊综合保税区之间进出的货物及其他相关货物，根据海关管理需要实施单项统计。区内企业之间转让、转移的货物，以及洋山特殊综合保税区与其他海关特殊监管区域或者保税监管场所之间往来的货物，不统计。

区内企业可依法开展中转、集拼、存储、加工、制造、交易、展示、研发、再制造、检测维修、分销和配送等业务。

海关不要求区内企业单独设立海关账册，但区内企业所设置、编制的会计账簿、会计凭证、会计报表和其他会计资料，应当真实、准确、完整地记录和反映有关业务情况，能够通过计算机正确、完整地记账、核算的，对其计算机储存和输出的会计记录视同会计资料。

（三）洋山特殊综合保税区的货物的进出

1. 洋山特殊综合保税区与境外之间进出货物

洋山特殊综合保税区与境外之间进出的货物，除下列规定范围内的货物应向海关申报外，海关径予放行。

（1）依法需要检疫的进出境货物。原则上在口岸监管区内监管作业场所（场地）实施检疫，经海关批准，可在洋山特殊综合保税区内实施检疫。对属于法定检验的大宗资源性商品、可用作原料的固体废物等的进境检验，需在口岸监管区内作业场所（场地）实施。

（2）对法律、法规等有明确规定的，涉及我国缔结或者参加的国际条约、协定的，和涉及安全准入管理的进出境货物，除必须在进出境环节验核相关监管证件外，其他的在进出区环节验核。

（3）区内企业以一般贸易方式申报的进境货物，海关按现行规定进行监管。

2. 洋山特殊综合保税区与区外之间进出货物

洋山特殊综合保税区与境内区外之间实行进出口申报管理。货物从洋山特殊综合保税区进入境内区外的，由进口企业向海关办理进口申报手续。货物从境内区外进入洋山特殊综合保税区的，由出口企业向海关办理出口申报手续。

3. 洋山特殊综合保税区与其他海关特殊监管区域或者保税监管场所之间往来的货物

除另有规定外，对其他海关特殊监管区域、保税监管场所与洋山特殊综合保税区之间进出的货物，由其他海关特殊监管区域、保税监管场所内企业申报进出境备案清单（报关单）。

4. 洋山特殊综合保税区国际中转货物

除国家禁止进出境货物外，其他货物均可在洋山特殊综合保税区内开展国际中转（包括中转集拼，下同）。洋山特殊综合保税区国际中转业务应在符合海关要求的专用作业场所开展。

相关物流企业应当按照相关管理规定，向海关舱单管理系统传输中转集拼货物的原始舱单、预配舱单、装载舱单、分拨申请、国际转运准单等电子数据。

国际中转货物应当在 3 个月内复运出境，特殊情况下，经海关批准，可以延期 3 个月复运出境。

六、 洋浦保税港区

（一）洋浦保税港区概述

为了打造开放层次更高、营商环境更优、辐射作用更强的中国特色自由贸易港，服务新时代国家对外开放战略布局，支持建设海南自由贸易港先行区，国家赋予洋浦保税港区“一线放开，二线管住”的货物进出境制度予以先行先试。

对洋浦保税港区的管理规定仅适用于洋浦保税港区，不适用于其他海关特殊监管区域。综合保税区政策及制度创新措施均适用于洋浦保税港区。

（二）洋浦保税港区的管理

洋浦保税港区实行物理围网管理。洋浦保税港区与中华人民共和国关境内的其他地区之间，应当设置符合海关监管要求的卡口、围网、视频监控系统，以及海关监管所需的其他设施。

除法律、法规和现行政策另有规定外，境外货物入区保税或免税；货物出区进入境内区外销售按货物进口的有关规定办理报关手续，并按货物实际状态征税；境内区外货物入区视同出口，实行退税。

对区内鼓励类产业企业生产的不含进口料件或含进口料件在洋浦保税港区加工增值超过 30%（含）的货物，出区进入境内区外销售时，免征进口关税，照章征收进口环节增值税、消费税。

国家禁止进出境货物、物品等不得进出洋浦保税港区。海关对涉及国家进出境限制性管理、口岸公共卫生安全、生物安全、食品安全、商品质量安全、知识产权等的安全准入实施风险管理。海关依法对进出境货物及物品、进出口货物及物品和国际中转货物实施监管和检查。

境外与洋浦保税港区之间进出的货物，列入海关贸易统计。区外与洋山特殊综合保税区之间进出的货物及其他相关货物，根据海关管理需要实施单项统计。区内企业之间转让、转移的货物，以及洋浦保税港区与其他海关特殊监管区域或者保税监管场所之间往来的货物，不列入海关统计。

（三）洋浦保税港区的货物的进出

1. 洋浦保税港区与境外之间进出货物

洋浦保税港区与境外之间进出的货物，除下列规定范围内的货物应向海关申报外，海关径予放行。

（1）依法需要检疫的进出境货物，原则上在口岸监管区内监管作业场所（场地）实施检查。经海关批准，可在洋浦保税港区内符合条件的场所实施检查。

（2）对法定检验的大宗资源性商品等的进境检验，应当在口岸监管区内监管作业场所（场地）实施。

（3）对境外入区动植物产品的检验项目，实行“先入区，后检测”，根据检测结果进行后续处置。

（4）洋浦保税港区与境外之间进出的货物，不实行许可证件管理，但法律、法规，我国缔结或者参加的国际条约、协定有明确规定或者涉及安全准入管理的除外。

2. 洋浦保税港区与区外之间进出货物

洋浦保税港区与境内区外之间实行进出口申报管理。货物从洋浦保税港区进入境内区外的，由进口企业向海关办理进口申报手续。货物从境内区外进入洋浦保税港区的，由出口企业向海关办理出口申报手续。

3. 洋浦保税港区与其他海关特殊监管区域或者保税监管场所之间往来的货物

除另有规定外，对其他海关特殊监管区域、保税监管场所与洋浦保税港区之间进出的货物，由其他海关特殊监管区域、保税监管场所内企业申报进出境备案清单（报关单）。

对境外入区时已实施检验的货物，出区时免予检验；属于实施食品卫生监督检验和商品检验范围的货物，符合条件的企业，海关可依申请在区内实施集中预检验、分批核销出区。

对境内入区、在区内消耗使用、不离境、合理数量的货物、物品，免予填报报关单或备案清单等手续，免予提交许可证件。

4. 洋浦保税港区内货物的管理

区内企业可依法开展中转、集拼、存储、加工、制造、交易、展示、研发、再制造、检测维修、分销和配送等业务。

对注册在洋浦保税港区内的融资租赁企业进出口飞机、船舶和海洋工程结构物等不具备实际入区条件的大型设备，予以保税，按物流实际需要，实行异地委托监管。

区内企业不用单独设立海关账册，但区内企业所设置、编制的会计账簿、会计凭证、会计报表和其他会计资料，应当真实、准确、完整地记录和反映有关业务情况，能够通过计算机正确、完整地记账、核算的，对其计算机储存和输出的会计记录视同会计资料。

区内企业以一般贸易方式申报的进境货物，按照现行规定进行监管。

5. 洋浦保税港区国际中转货物

除国家禁止进出境货物外，其他货物均可在洋浦保税港区内开展国际中转（包括中转集拼，下同）。洋浦保税港区国际中转业务应在符合海关要求的专用作业场所开展。

相关物流企业应当按照相关管理规定，向海关舱单管理系统传输中转集拼货物的原始舱单、预配舱单、装载舱单、分拨申请、国际转运准单等电子数据。

国际中转货物应当在3个月内复运出境，特殊情况下，经海关批准，可以延期3个月复运出境。

6. 洋浦保税港区对直接进出境货物以及进出洋浦保税港区运输工具和个人携带货物、物品的管理

货物经洋浦保税港区直接进境或直接出境的，应按照进出境有关管理规定向海关申报并办理手续。

进出境运输工具服务人员及其携带个人物品进出洋浦保税港区的，应符合海关现行规定。

货运车辆、其他车辆和人员进出洋浦保税港区应通过专用通道。海关依法对进出洋浦保税港区的国内运输工具和人员监管和检查。

经公共卫生风险评估，对符合电讯检疫要求的入境交通工具可向海关申请实施电讯检疫。

第六节 自由贸易试验区

建设自由贸易试验区（以下简称“自贸试验区”）是我国打造改革开放新高地的重要决策，自2013年中国（上海）自由贸易试验区挂牌成立，到2020年北京等3个自贸试验区获批，自贸试验区已经覆盖了我国从东部沿海到西部内陆、从东北大地到西南边陲的21个省份，自贸试验区片区数量达到71个。自贸试验区的建设标志着我国新一轮深化改革、扩大开放的战略布局已然成型，进入以制度创新激发红利、以自贸试验区引领发展的新时代。

一、自贸试验区概况

（一）自贸试验区设立的背景

1. 自贸试验区的基本含义与定位

根据世界海关组织《京都公约》定义，自由贸易区（FTZ）是缔约方境内的一部分，进入这部分的任何货物，就进口关税而言，通常视为关境之外。自由贸易区是单个国家（地区）的行为，对境外入区货物的关税实施免税或保税，而不是降低关税。如德国汉堡自由港、巴拿马科隆自由贸易区等。自由贸易区的作用体现为：一是商品集散中心，扩大出口贸易和转口贸易；二是国际投资中心，引进国外资金、先进技术与管理经验；三是国际物流中心。

中国自贸试验区，是指我国自主在境内设立的特殊经济区域，主要目的是以制度创新为核心，以可复制可推广为基本要求，在加快政府职能转变、探索体制机制创新、促进投资贸易便利化等方面进行先行先试，为全面深化改革和扩大开放探索新途径、积累新经验。

2. 自贸试验区设立的缘由

2001年，我国加入世界贸易组织后，经济发展获得了良好外部条件并取得了举世瞩目的成就。到2010年，我国GDP从11万亿元人民币增至40万亿元人民币，货物贸易从5098亿美元增至3万亿美元，成为全球第一大出口国，十年获得外商直接投资7595亿美元。其间，全球政治经济形势也在发展与变化。

国际贸易保护主义在全球逐渐抬头。2008年，欧美爆发金融危机，美欧日三大经济体发起TPP（跨太平洋伙伴关系协议）、TTIP（跨大西洋贸易和投资伙伴协议）和PSA（诸边服务业协议）等新一轮多边贸易谈判，推行更高标准的贸易、投资自由化，力图取代世界贸易组织规则。

国内经济持续高速增长但“红利”递减。受金融危机影响，2011—2013年我国出口增长势头明显放缓，国内产能过剩矛盾突出，结构转型迫在眉睫，全球经济的不确定性挤压着中国经济增长的“入世红利”。中国经济不论是短期内稳定增长，还是中长期内从高速增长转向高质量发展，都需要打造有利于激发市场活力、促进创新的体制机制。

建立自贸试验区先行试验国际经贸新规则、新标准，助推我国经济复苏并迈向更高能级的新阶段，成为时代发展的内在迫切要求。

（二）自贸试验区的目标与定位

国家主动开放局部区域门户作为对接窗口，实施自由投资和自由贸易，并将规则标准映射到整个制造业和服务业。

1. 发展定位

发展定位为制度创新，经验可复制可推广；监管高效，示范服务；简政放权，放管结合；政府职能转变，体制机制创新；贸易投资便利化，营造市场化、国际化、法治化的营商环境，以及开放型经济的“试验田”。同时，各个自贸试验区都有特定的发展方向与目标，要形成全国开放新格局中的先行试点。

2. 战略使命

推行自贸试验区战略，实施贸易、投资的自由化，全面实施准入前国民待遇和负面清单管理；实施金融国际化、监管精简化，自贸试验区创新实行“一线放开、二线安全高效管住、区内货物自由流动”的监管服务新模式。通过“制度红利”的创造、“全球化红利”的释放，为经济发展注入新动力、增添新活力、拓展新空间，成为我国积极参与国际经贸规则制定、争取全球经济治理制度性权力的重要平台。

3. 制度特征

构建以贸易便利化为重点的贸易监管制度，以负面清单为核心的投资管理制度，以资本项目可兑换和金融服务业开放为目标的金融创新制度，以政府职能转变为核心的事中事后监管制度等。自贸试验区战略，不是政策红利和政策洼地，而是开放政策先行先试的示范田。

（三）自贸试验区发展成果

截至 2021 年年底，全国自贸试验区面积 3.863 万平方千米，占全国面积的不到 4%；进出口总值 6.8 万亿元，同比增长 29.72%，增幅比全国同期外贸高 8.4 个百分点。有效推动改革向纵深发展，引领了开放新模式和新阶段的实践探索，有力地推动了高质量发展。

1. 改革方面

通过深化简政放权，助力政府管理理念由注重事先审批向注重事中事后监管转变，由分散化管理向整体集成化管理转变，由政府被动审批向主动服务企业转变，由行政指令思维向法治治理思维转变。自贸试验区成为政府管理制度创新的重要载体，在管理方式、投资管理、贸易监管、金融制度和事中事后监管制度等方面开展了创新探索，目前，已累计向全国复制推广 260 项制度创新成果，包括集中复制推广 143 项改革经验，各部委自行复制推广 74 项，商务部形成“最佳实践案例”3 批 43 个。

2. 开放方面

自贸试验区引领了开放新模式的探索，推动了服务业进一步扩大开放；引领了开放型经济发展，推动贸易投资规模进一步扩大，外商投资准入门槛不断降低，贸易投资便利化水平不断提升，新业态新模式不断发展；引领了国际规则的对接，开启了从被动接受向主动对接国际经贸规则的新阶段。

3. 发展方面

通过深化改革扩大开放，持续释放制度创新红利，推动产业向高端化、集群化、国际化、融合化、创新化发展；有效服务了“一带一路”倡议、长江经济带建设、京津冀协同发展战略，促进内地与港澳台合作不断深化，助力中东西部地区协调发展，推动自贸试验区内外合作发展；转变优化营商环境理念，国际化、法治化、便利化营商环境不断完善。

2019 年 8 月，国务院批准上海自贸试验区设立临港新片区，明确提出对标国际上公认的竞争力最强的自由贸易园区等目标，意味着国家通过上海自贸试验区推动贸易自由化、投资自由化向纵深拓展。

二、自贸试验区制度复制推广

自贸试验区已形成了 260 项创新监管制度在全国复制推广，其中涉及海关业务的有 61 项，本节对其中的部分创新监管制度进行介绍。

（一）“先进区、后报关”

1. 含义

“先进区、后报关”是在海关特殊监管区域境外入区环节，允许经海关注册登记的区内企业凭进境货物的舱单等信息先向海关简要申报，并办理口岸提货和货物进区手续，再在规定时限内向海关办理进境货物正式申报手续，海关依托“海关特殊监管区域信息化辅助管理系统”，通过风险分析进行有效监管的一种作业模式。

2. 企业资质

适用于经审核批准的海关特殊监管区域内信用等级为高级认证企业及其他海关注册登记和备案企业。

3. 业务规则

（1）货物须在提货后24小时内运入海关特殊监管区域，承运货物的运输工具应符合海关监管要求；

（2）进区货物须在14天内办理报关手续；

（3）先入区的货物在未办理完报关（报备）手续前不得出区，但可以在区内使用；

（4）舱单布控的货物暂不采取该形式通关；

（5）进境入区货物属于国家禁止或者限制进境货物的，不得开展“先进区、后报关”业务。

（二）区内自行运输

1. 含义

区内自行运输是经海关注册登记的海关特殊监管区域内企业，可以使用非海关监管车辆，在不同海关特殊监管区域、保税物流中心之间自行运输货物的作业模式。

2. 企业资质

适用于经审核批准的海关特殊监管区域内信用等级为高级认证企业及其他海关注册登记和备案企业。

3. 业务范围

适用于不同海关特殊监管区域、保税物流中心之间流转的货物。

4. 业务规则

未经转出地主管海关同意，车辆不得在“自行运输”途中擅自停留、装卸或者拼载其他货物。

（三）保税展示交易

1. 含义

保税交易展示指经海关注册登记的海关特殊监管区域内企业将海关特殊监管区域及保税物流中心（B型）内的保税货物凭保后运至区域外进行展示和销售的经营活动。

2. 业务规则

（1）开展保税展示交易的场所，为海关特殊监管区域规划面积以内、围网以外综合办公区专用的展示场所，或者海关特殊监管区域以外其他固定场所。海关特殊监管区域围网内不得开展保税货物的展示交易业务。开展保税展示交易业务的场所，应具备固定的经营场地，符合海关监管要求。展示期间，展示经营企业需变更展示地点的，应当经主管海关同意。

保税展示交易业务原则上应在展示经营企业所在直属关区范围内开展。

（2）展示经营企业应对保税展示交易货物实施账册管理，详细记录保税展示交易货物在展示期间的进、出、存、销等情况。

（3）保税展示交易涉及许可证件的，展示经营企业须在货物销售前向主管海关提供许可证件。未经海关批准，展示经营企业不得将保税展示交易货物用于展示、交易以外的其他用途。

（4）保税展示交易销售时，海关应按照《中华人民共和国海关审定内销保税货物完税价格办法》（以下简称《内销保税货物审价办法》）有关规定审定完税价格。

货物在出区展示期间发生内销的，区内企业应当在规定日期内向主管海关集中办理进口征税手续，集中申报不得跨年度办理，主管海关征税放行后，辅助系统自动退还区内企业的担保额度。

（5）货物出区展示完毕，区内企业应当通过辅助系统办理货物回区手续，最长不得超过货物出区之日起 6 个月；因特殊情况需要延长期限的，区内企业应当向主管海关办理延期手续，延期最多不超过 3 次，每次延长期限不超过 6 个月。

企业需定期向海关报告出区展示货物情况。

（四）境内外维修

1. 含义

（1）企业以保税方式将存在部件损坏、功能失效、质量缺陷等问题的货物（以下简称“待维修货物”）从境外运入区域内进行检测、维修后复运出境。

（2）企业将待维修货物从境内（区域外）运入区域内进行检测、维修后复运回境内（区域外）。

2. 企业资质

对符合以下条件的企业，主管海关在为其设立保税维修电子账册后实施监管：

（1）建立符合海关监管要求的管理制度和计算机管理系统，能够实现对维修耗用等信息的全程跟踪。

（2）与海关之间实行计算机联网并能够按照海关监管要求进行数据交换。

（3）能够对待维修货物、已维修货物（包括经检测维修不能修复的货物）、维修用料件、维修过程中替换下的坏损零部件（以下简称“维修坏件”）、维修用料件在维修过程中产生的边角料（以下简称“维修边角料”）进行专门管理。按照法律、法规和规章规定须由区域管理部门批准的，企业应当提供有关批准文件。

3. 业务范围

海关特殊监管区域内企业可开展以下保税维修业务：

（1）法律、法规和规章允许的；

（2）国务院批准和国家有关部门批准同意开展的；

（3）区域内企业内销产品包括区域内企业自产或本集团内其他境内企业生产的在境内（区域外）销售的产品的返区维修。

（4）综合保税区内企业可开展航空航天、船舶、轨道交通、工程机械、数控机床、通信设备、精密电子等产品的维修业务。

4. 业务规则

（1）主管海关为企业设立保税维修 H 账册，账册表头的保税方式字段为“保税维修”，建立待维修货物、已维修货物、维修用料件的电子底账。

（2）企业应当如实申报保税维修货物的进、出、转、存和耗用情况，海关按照规定办理核销手续。

（3）待维修货物从境外运入区域内进行检测、维修（包括经检测维修不能修复的）后应当复运出境。待维修货物从境外进入区域和已维修货物复运出境，主管海关应当审核区域内企业填报的进（出）境货物备案清单，监管方式为“保税维修”（代码“1371”）。

（4）待维修货物从境内（区域外）进入区域，主管海关应当审核区域外企业或区域内企业填报的出口货物报关单，监管方式为“修理物品”（代码“1300”），同时审核区域内企业填报的进境货物备案清单，监管方式为“保税维修”（代码“1371”）。

（5）已维修货物复运回境内（区域外），主管海关应当审核区域外企业或区域内企业填报的进口货物报关单，监管方式为“修理物品”（代码“1300”），已维修货物和维修费用分列商品项填报。已维修货物商品项数量为实际出区域数量，征减免税方式为“全免”；维修费用商品项数量为0.1，征减免税方式为“照章征税”，商品编号栏目按已维修货物的编码填报。同时，应当审核区域内企业填报的出境货物备案清单，监管方式为“保税维修”（代码“1371”），商品名称按已维修货物的实际名称填报。

已维修货物复运回境内（区域外），主管海关应当根据企业提交的维修合同（或含有保修条款的内销合同）、维修发票等单证，以保税维修业务耗用的保税料件费和修理费为基础审查确定维修费用完税价格，按照接受已维修货物申报复运回境内（区域外）之日适用的税率、汇率计征进口税款。对外发至区域外进行部分工序维修时发生的维修费用，如能单独列明的，可以从完税价格中予以扣除。

（6）维修用料件按照保税货物实施管理，主管海关应当根据《海关特殊监管区域进出口货物报关单、进出境货物备案清单填制规范》和《报关单填制规范》对监管方式等有关栏目的规定审核维修用料件进出境、进出区域、结转等的申报。

（7）对从境外进入区域的待维修货物产生的维修坏件、旧件和维修边角料，原则上应复运出境，监管方式为“进料边角料复出”（代码“0864”）或“来料边角料复出”（代码“0865”）。确实无法复运出境的，一律不得内销，应按照相关规定进行销毁处置。对从境内（区域外）进入区域的待维修货物产生的维修坏件和维修边角料，可通过辅助管理系统登记后运至境内（区域外）。维修坏件和维修边角料属于固体废物的，按照国内固体废物相关规定进行管理。需要出区进行贮存、利用或处置的，应向海关特殊监管区域政府行政管理部门办理相关手续，海关不再验核相关批件。

（8）在进出境申报时，主管海关应当按进出境实际运输方式审核进（出）境货物备案清单的运输方式栏目。在自境内进出区申报时，主管海关应当按填制规范审核进出口货物报关单、进（出）境货物备案清单的运输方式栏目。

（9）维修业务开展过程中，由于部分工艺受限等原因，区域内企业可以将维修货物外发至区域外进行部分工序维修。

（10）区内企业开展维修业务，应制定切实可行的维修操作规范、安全规程和污染防治方案。维修业务应符合相关行业管理规范和技术标准，依法履行质量保障、安全生产、达标排放、土壤和地下水污染防治等义务。

（五）批次进出、集中申报

1. 含义

批次进出、集中申报是指允许海关特殊监管区域内企业与境内区外企业分批次进出货物的，可以先凭核放单办理货物的实际进出区手续，再在规定期限内以备案清单或者报关单集中办理报关手续，海关依托辅助系统进行监管的一种通关模式。

2. 企业资质

（1）企业管理类别为高级认证企业及其他海关注册登记和备案企业。

（2）企业应建立符合海关监管要求的计算机管理系统。

3. 业务规则

（1）区内企业应当将自卡口确认放行之日起在规定时间内的核放单，集中向主管海关办理申报手续。集中申报不得跨年度办理。

（2）区内企业通过辅助系统汇总相关核放单生成报关申请单，向主管海关办理集中申报手续，并应当在备案清单和报关单的“运输工具”栏内填制“分送集报”字样。

（六）简化无纸通关随附单证

1. 含义

简化无纸通关随附单证是指对一线进出境备案清单及二线进出区报关单取消部分随附单证，简化进出区通关手续。

2. 业务规则

（1）对海关特殊监管区域和境外之间进出境备案清单的随附单证，如合同、发票、提单、装箱清单等，企业在申报时可不向海关提交，海关审核时如需要再提交。

（2）企业应当指定专人负责报关单（备案清单）随附单证的归档、保管、接待查阅和安全防范工作，确保单证的真实性、完整性和安全性。

（七）简化统一进出境备案清单

1. 含义

简化统一进出境备案清单是指将现有海关特殊监管区域备案清单格式中的申报项数简化统一为30项申报项。

2. 业务规则

按照备案清单填制规范有关要求填报。

（八）内销选择性征收关税

1. 含义

内销选择性征收关税是指对区内企业生产、加工并经“二线”销往国内市场的货物，企业可根据其对应进口料件或实际报验状态，选择缴纳进口关税。

2. 企业资质

目前适用于综合保税区内的生产加工企业。

3. 业务规则

（1）海关特殊监管区域内企业生产、加工并经“二线”内销的货物，根据企业申请，按其对应进口料件或其报验状态征收进口关税，进口环节税、消费税照章征收。

（2）企业选择按进口料件征收关税时，应一并补征关税税款的缓税利息。

（九）集中汇总纳税

1. 含义

集中汇总纳税是指对经审核符合条件的进出口纳税义务人，海关可以对其一段时间内多次进出口产生的税款集中进行汇总计征的一种税收征管模式。

2. 企业资质

（1）企业管理类别为高级认证企业及其他海关注册登记和备案企业。

（2）经海关批准并向纳税地海关提交税款总担保。

（3）必须是税费电子支付企业。

3. 业务规则

（1）在提供担保的情况下，先放行货物，后集中办理报关征税手续。汇总征税的期限暂定为1个月，在次月第5个工作日前缴纳上个月税款。

（2）汇总征税未缴纳的税款原则上不允许跨年缴纳。

（十）仓储企业联网监管

1. 含义

仓储企业联网监管是指海关对使用WMS系统（计算机仓储管理系统）的仓储企业实施“系统联网、库位管理、实时核注”，实现对货物进、出、转、存情况的实时掌控和动态核查的一种监管模式。

2. 企业资质

（1）企业管理类别为高级认证企业及其他海关注册登记和备案企业。

（2）企业建立符合海关监管要求的计算机管理系统并具有符合海关监管要求的相关仓库库位标志、货物标志。

3. 业务规则

海关应当明确固定的周期，要求联网企业定期由WMS系统生成指定格式数据，并通过辅助系统向海关申报当前所存实际货物（应当区别不同状态货物）的库存、库位信息。

（十一）智能化卡口验放

1. 含义

智能化卡口验放是指升级改造海关特殊监管区域、保税监管场所卡口设施，实现车辆过卡自动比对、自动判别、自动验放等智能化管理。

2. 业务规则

海关依据辅助系统卡口核放单，运用智能化设备自动读取电子车牌号码、集装箱号、车载重量（电子地磅数据）等监管数据，进行海关监管信息的自动比对、风险判别，实现卡口验放与区内企业账册联动。

（十二）原产地管理改革

1. 含义

原产地管理改革是指对《内地与港澳关于建立更紧密经贸关系的安排》（CEPA）、《海峡两岸经济合作框架协议》项下，海关已收到出口方传输的原产地证书电子数据的货物，进口单位申报进口时免于提交纸质原产地证书。

2. 企业资质

适用于进口我国香港和澳门地区CEPA、《海峡两岸经济合作框架协议》优惠贸易协定项下货物的企业。

3. 货物状态

符合《中华人民共和国海关进出口货物优惠原产地管理规定》（以下简称《优惠原产地管理规定》）的自我国香港和澳门地区CEPA、《海峡两岸经济合作框架协议》优惠协定项下进口的货物。

（十三）海关商品归类行政裁定全国适用

1. 含义

海关商品归类行政裁定全国适用是指海关总署及其授权的相关机构根据注册登记在上海等 18 个自贸试验区内企业的申请，就《税则》、《进出口税则商品及品目注释》（以下简称《品目注释》）、《中华人民共和国进出口税则本国子目注释》（以下简称《本国子目注释》）和商品归类行政裁定、商品归类决定等未明确规定的商品归类事项，作出归类行政裁定，由海关总署统一对外公布，并自公布之日起在中华人民共和国关境内统一适用的海关监管模式。

2. 企业资质

适用于海关注册登记企业。

3. 业务规则

（1）除特殊情况外，申请人应当在货物拟作进口或出口的 3 个月前向海关提交“中华人民共和国海关行政裁定申请书（商品归类）”及相关商品资料。

（2）一份归类行政裁定申请只能包含一项归类事项。申请人对多项归类事项申请归类行政裁定的，应当逐项提出。

4. 系统条件

在金关二期商品归类系统中开发归类行政裁定子模块。

（十四）出境加工

1. 含义

出境加工是指我国境内符合条件的企业将自有的原辅料、零部件、元器件或半成品等货物委托境外企业制造或加工后，在规定的期限内复运进境并支付加工费和境外料件费等相关费用的经营活动。

2. 企业资质

开展出境加工业务的企业管理类别须为高级认证企业及其他海关注册登记和备案企业。涉嫌走私、违规，已被海关立案调查、侦查，且案件尚未审结的企业和未在规定期限内向海关核报已到期出境加工账册的企业不得开展出境加工业务。

3. 业务规则

（1）开展出境加工不得涉及国家禁止、限制进出境货物和国家应征出口关税货物。

（2）开展出境加工业务企业所在地海关为出境加工业务的主管海关，采用账册方式对出境加工货物实施监管。出境加工的货物出口和复进口应在同一口岸。账册编码规则暂定为“出（1 位）+关区代码（4 位）+年（4 位）+顺序号（5 位）”。

（3）办理出境加工账册设立（变更）手续时，海关应要求企业如实申报进出口口岸、商品名称、商品编号、数量、规格型号、价格和境外料件使用情况等，并收取下列单证：

① 出境加工合同；

② 生产工艺说明；

③ 相关货物的图片或样品等；

④ 海关需要收取的其他证件和材料。

企业提交单证齐全有效的，主管海关应自接受企业账册设立申请之日起 5 个工作日内完成出境加工账册设立（变更）手续。账册核销期为 1 年。

（4）出境加工货物按照下列方式进行申报：

① 出境加工货物从境内出口，海关审核企业填报的出口货物报关单，监管方式为“出料加工”（监管代码“1427”），征减免税方式为“全免”，备注栏填写账册编码，其他项目据实填写。

② 出境加工货物从国外加工完毕后复进口，海关审核企业填报的进口货物报关单，监管方式为“出料加工”（监管代码“1427”），商品编号栏目按实际报验状态填报，每一项复进口货物分列两个商品项填报，其中一项申报所含原出口货物价值，商品数量填写复进口货物实际数量，征减免税方式为“全免”；另一项申报境外加工费、料件费、复运进境的运输及其相关费用和保险费等，商品数量为 0.1，征减免税方式为“照章征税”。备注栏填写账册编码，其他项目据实填写。

（5）出境加工货物在规定期限内复运进境的，海关以境外加工费、料件费、复运进境的运输及其相关费用和保险费等为基础审查确定完税价格。

（6）出境加工货物因品质或规格等原因需退运的，按退运货物（监管代码“4561”）有关规定，在账册核销周期内办理。出境加工货物超过退运期限或账册核销周期再复运进境的，海关对进口货物按一般贸易管理规定办理进口手续。

（7）出境加工账册按以下方式进行核销：

① 出境加工账册采取企业自主核报、自动核销模式，企业应于出境加工账册核销期结束之日起 30 日内向主管海关核报出境加工账册。

② 出境加工货物因故无法按期复运进境的，企业应及时向主管海关书面说明情况，海关据此核扣复运进境商品数量。

③ 对逾期不向海关核报的出境加工账册，海关可通过电子公告牌等方式联系企业进行催核。催核后仍不核报的，海关可直接对账册进行核销。

④ 对账册不平衡等异常情况，企业应作出说明并按具体情况办结相应海关手续后予以核销。

（十五）仓储货物按状态分类监管

1. 含义

仓储货物按状态分类监管是指允许非保税货物以非报关方式进入海关特殊监管区域，与保税货物集拼、分拨后，实际离境出口或出区返回境内。

2. 企业资质

适用于海关特殊监管区域内企业，能按照规定的认证方式与辅助系统联网，向海关报送能够满足海关监管要求的相关数据。

3. 业务规则

海关对非保税货物在海关特殊监管区域信息化辅助管理系统中设立账册。非保税货物凭辅助系统审结的核放单从卡口进出海关特殊监管区域，货物过卡后系统核增、核减辅助系统底账。海关对进出区非保税货物进行抽查。

4. 系统条件

须具备海关特殊监管区域信息化辅助管理系统，并且与仓储企业实现联网监管。

（十六）引入中介机构辅助开展保税核查、保税核销和企业稽查工作

1. 含义

引入中介机构辅助开展保税核查、保税核销和企业稽查工作是指具备相关资质的中介机构接受企业或海关委托，在企业开展主动披露和认证申请，以及在海关实施保税监管和企业稽核查等过程中，通过审计、评估、鉴定、认证等活动，提供相关辅助依据的工作。

2. 企业资质

适用于海关注册登记企业。

3. 业务规则

（1）采用企业委托模式的，企业可根据需要自行选定具备相关资质的中介机构开展辅助工作，企业向海关提交相关书面材料并随附中介机构出具的工作报告，海关结合风险研判决定是否采纳。

（2）采用海关委托模式的，海关设立辅助开展保税监管和企业稽查工作中介机构备选库，并采取招标、综合排名、随机抽取等方式从备选库中选定中介机构开展辅助工作。

（十七）一次备案、多次使用

1. 含义

一次备案、多次使用是指海关特殊监管区域内企业在账册备案环节向海关一次性备案企业、进出货物等信息，经海关核准后，可以在海关特殊监管区域内多次、重复使用的海关监管模式。

2. 企业资质

海关特殊监管区域内企业，能按照规定的认证方式与辅助系统联网，向海关报送能够满足海关监管要求的相关数据。

3. 业务规则

（1）区域内企业将企业和进出货物等信息在账册中事先进行备案。

（2）区域内企业在开展“批次进出、集中申报”“保税展示交易”“保税维修”“期货保税交割”“融资租赁”等经海关核准开展的业务中，可以在信息化系统中直接调用已备案的企业和进出货物等信息，无须再向海关重复备案。

（十八）大宗商品现货市场保税交易

1. 含义

大宗商品现货市场保税交易是指海关特殊监管区域内处于保税监管状态的大宗基本工业原料、农产品和能源产品等，在经有关政府部门批准建立的大宗商品现货市场交易平台上交易的制度。

2. 企业资质

适用于海关特殊监管区域内企业，能按照规定的认证方式与辅助系统联网，向海关报送能够满足海关监管要求的相关数据。

3. 业务规则

（1）海关对保税大宗商品实施电子账册管理。

（2）开展现货交易的货物种类应由现货市场经营人或由其委托的第三方仓单公示机构

事先向海关备案。

（3）从境外或者境内进入交收仓库的保税大宗商品，应当按现有货物进出口规定办理海关手续。

（4）保税仓单持有人应当通过公示机构对所持有的仓单进行公示，并由公示机构将仓单等信息传送至海关。

（5）交易平台应当将大宗商品交割结算价等相关信息传送至海关。

（6）以保税方式销售的进口大宗商品，以交割结算价为基础审核确定完税价格。

（7）保税仓单不得质押。

4. 系统条件

交易平台、公示机构和区内经营指定交收仓库的海关注册企业应当建立符合海关监管要求的计算机管理系统，能够通过数据交换平台或者其他计算机网络，按照海关规定的认证方式与海关监管信息化系统联网，向海关报送能够满足海关监管要求的相关数据。

（十九）企业信用信息公示

1. 含义

企业信用信息公示是指制定海关企业信用信息公示目录，通过动态发布、依申请公开等主动公布与可查询相结合的形式，对社会公示企业注册登记信息、信用等级信息、海关行业资质，以及行政处罚信息。该制度拓宽了海关信息公示范畴，丰富了信用信息公示手段，促使企业诚信经营并实现便利通关。

2. 企业资质

适用于海关注册登记企业。

3. 业务规则

（1）制定海关企业信用信息公示目录。

（2）动态发布企业信用信息。

4. 系统条件

中国海关企业进出口信用信息公示平台。

（二十）企业协调员

1. 含义

海关建立企业协调员制度，组建海关企业协调员队伍，搭建关企合作平台，利用多种手段，畅通海关与企业联系沟通和问题反映渠道，构建新型关企合作伙伴关系。在全国海关实施企业协调员制度，可以让更多高级认证企业和地方政府重点扶持的企业受益。

2. 企业资质

符合相应信用等级要求的企业。

3. 业务规则

（1）海关不定期向企业推送最新的政策规定。

（2）企业问题提交和海关汇总处理反馈的速响应机制。

（3）信用培育。

（4）规范改进和辅导。

4. 系统条件

连接业务管理网与互联网的关企合作平台。

（二十一）国际海关 AEO 互认合作

1. 含义

国际海关 AEO 互认合作是指建立海关总署、直属海关和口岸海关 AEO 联络员制度和 AEO 联络员队伍，建立各海关与海关总署 AEO 联络员的直通式联系管道，协调解决 AEO 互认企业出口货物在与我国签署 AEO 互认安排的国家或者地区海关通关过程中遇到的疑难问题，将国际海关 AEO 互认便利措施落到实处，让 AEO 企业切实享受到国际海关 AEO 互认合作带来的通关便利，从而提高企业进出口货物的通关效率，降低物流成本，提升企业的国际竞争力。

2. 企业资质

适用于符合信用等级要求的海关注册登记企业。

3. 业务规则

符合信用等级要求的海关注册登记企业，其出口货物在与我国签署 AEO 互认安排的国家或者地区海关，享受互认国家或者地区海关给予的通关便利措施。

（二十二）先出区后报关

1. 含义

先出区后报关是指海关特殊区域及保税物流中心（B 型）内企业对出境货物，可通过信息化系统凭核放单先行办理出特殊区域及中心手续，再向海关报关的业务办理模式。

2. 业务规则

企业应采用全国通关一体化方式通关。

3. 系统条件

企业应使用金关二期特殊区域管理系统、保税物流管理系统。

（二十三）保税混矿

1. 含义

保税混矿是指海关特殊区域内企业对以保税方式进境的铁矿砂进行简单物理加工混合后再复运出区或离境的业务。“简单物理加工”，是指铁矿砂除平均粒度、成分含量等发生变化外，未发生实质性改变。

2. 业务规则

（1）铁矿砂入区前应接受海关检验和监测，符合国家强制性标准要求的方可入区，如不符合则应按海关要求做退运或检疫处理。

（2）企业应设置专用区域存放“保税混矿”铁矿砂，不得与其他货物混放。

（3）铁矿砂从特殊区域进入境内（特殊区域外）应接受海关检验。

3. 系统条件

企业应建立符合海关监管要求的信息化管理系统，并设立电子账册，记录货物的进、出、转、存等情况。

（二十四）进境粮食检疫全流程监管

1. 完善初筛实验室

在进境粮食指定监管场地完善检验检疫初筛实验室。将初筛工作前移到锚地检疫、卸粮作业等环节，排查粮食水湿、霉变、种衣剂等重大质量、安全问题，筛查活虫、菌瘿等重大植物疫情，达到边卸边检、快检快放的目的。

2. 完善无害化处理设施

在进境粮食指定监管场地或其附近完善粮食撒漏物及下脚料无害化处理设施，集中收集卸粮流程中产生的粉尘等废弃物，进行无害化处理，避免粉尘回送，严控疫情疫病和生物安全风险。

3. 完善视频监控网络

推行“互联网+监管”，利用进境粮食指定监管场地视频监控系统，实现对进境粮食接卸区、暂存区、过磅区、查验区、下脚料堆存场所、处理区等关键区域远程实时监管。

（二十五）江海联运检疫监管

1. 对江海联运进境粮食船舶开展适载性风险管理

监督运输船舶满足进境粮食适载条件，清洁卫生，无虫害、鼠害等危害因素；货舱舱体光滑平整无裂痕，无毒无锈，无异味，货舱有盖板能密闭防水；船舶航行轨迹全程定位，防范调运环节存在货物非法转移、撒漏，以及疫情扩散风险。

2. 落实进境粮食装卸、运输防疫主体责任

督促港口经营企业提升粮食装卸自动化水平，逐步配置自动取样系统，减少装卸过程撒漏，提升撒漏物清理自动化水平。督促进口粮食江海联运物流企业依法承担防疫责任和义务，指导和督促承运船舶落实防疫措施，及时反馈运输过程中的突发、异常情况，确保进境粮食装卸和运输过程防疫安全。

（二十六）低风险生物医药特殊物品行政许可审批改革

1. 含义

D 级特殊物品是指已取得药品监督管理部门进口药品注册证或出口销售证明的用于预防、诊断、治疗的生物制品或血液制品。直属海关（目前仅在上海、南京、杭州、青岛、广州海关开展试点）可将入境 D 级特殊物品卫生检疫审批的受理或者全部许可权限下放至具备条件的隶属海关。

2. 业务规则

（1）下放要求

① 下放的隶属海关必须有 2 名及以上医学、生物学或相关专业背景的人员从事 D 级特殊物品审批工作。

② 直属海关根据许可权限下放情况，及时明确下放范围、时限和工作要求，并向社会公开相关下放情况。

③ 直属海关做好下放事项的培训和考核工作，并协助下放的隶属海关做好出入境特殊物品卫生检疫监管系统中审批人员的角色设置和权限分配。

（2）D 级特殊物品审批程序

① 受理特殊物品审批申请时，隶属海关应审核货主或者其代理人按规定提供的相应材料：

A. “入/出境特殊物品卫生检疫审批申请表”；

B. 描述性材料，包括特殊物品中英文名称、类别、成分、来源、用途、主要销售渠道、输出输入的国家或者地区、生产商等；

C. 入境用于预防、诊断、治疗人类疾病的生物制品、人体血液制品，应当提供国务院药品监督管理部门发给的进口药品注册证书；

D. 出境用于预防、诊断、治疗人类疾病的生物制品、人体血液制品，应当提供药品监督管理部门出具的销售证明。

② 受理特殊物品单位首次申请特殊物品审批时，隶属海关还应当审核货主或者其代理人按规定提供的下列材料：

A. 单位基本情况，如单位管理体系认证情况、单位地址、生产场所、实验室设置、仓储设施设备、产品加工情况、生产过程或者工艺流程、平面图等；

B. 实验室生物安全资质证明文件；

C. 申请人为自然人的，应当提供身份证复印件。

③ 隶属海关应当及时对申请材料进行书面审查：

A. 申请人的申请符合法定条件、标准的，隶属海关应当自受理之日起 20 日内签发“入/出境特殊物品卫生检疫审批单”；

B. 申请人的申请不符合法定条件、标准的，隶属海关应当自受理之日起 20 日内作出不予审批的书面决定并说明理由，告知申请人享有依法申请行政复议或者提起行政诉讼的权利；

C. 隶属海关 20 日内不能作出审批或者不予审批决定的，经本行政机关负责人批准，可以延长 10 日，并应当将延长期限的理由告知申请人。

④ D 级特殊物品的“入/出境特殊物品卫生检疫审批单”有效期为 12 个月，在有效期内可以分批核销使用。超过有效期的，需重新申请。

（3）监督管理

直属海关应对所下放审批权限隶属海关的特殊物品行政许可工作进行检查和监督，对发现问题的，及时进行整改；直属海关认为存在重大问题的，可取消审批下放权限。

（二十七）跨部门一次性联合检查

1. 具备国际航行船舶进出口岸业务经营资质的企业，可通过运输工具系统向所在地口岸联检单位进行国际航行船舶进出口岸业务“一单多报”，口岸联检单位审批结果统一通过运输工具系统反馈企业。

2. 凡通过运输工具系统进行申报和电子数据核放的国际航行船舶，除船员出入境证件、临时入境许可申请名单外，不再要求提交其他纸质单证（口岸疫情、运输工具登临检查等特殊情况除外）。

（二十八）对外贸易经营者备案和原产地企业备案“两证合一”

对外贸易经营者备案和原产地企业备案“两证合一”是指采取商务部对外贸易经营者备案系统与海关总署原产地签证管理系统“总对总”数据对接方式，实现企业备案数据的自动推送、采信和确认。

1. “两证合一”企业的属地化管理

“两证合一”企业实施属地化管理，原产地签证管理系统按照企业工商注册地自动划分属地管理海关，同时默认该属地海关为企业的签证、领证机构。

2. “两证合一”企业证书的申领

“两证合一”企业凭统一社会信用代码申请原产地证书，涉及对外贸易经营者备案信息的变更由商务部门办理。“互联网+海关”上的原产地企业备案入口保留，“两证合一”企业可以登录查看或根据需要添加与原产地签证有关的信息。

3. 原产地证书编号规则的变化

自“两证合一”实施之日起，各类原产地证书编号第 4～12 位由此前的“企业备案号”调整为企业“统一社会信用代码第 9～17 位”或者“组织机构代码”。

（二十九）海关企业注册及电子口岸入网全程无纸化

企业在办理工商注册登记时，需要同步办理“中华人民共和国海关报关单位注册登记证书”（进出口货物收发货人）的，应按照要求勾选进出口货物收发货人的备案登记，并补充填写相关备案信息。市场监管部门按照“多证合一”流程完成登记，并补充填写相关备案信息，企业无须再到海关办理备案登记手续。

（三十）入境大宗工业品联动检验检疫新模式

1. 将部分进口矿产品监管方式调整为“先放后检”。“先放”指进口矿产品经现场检验检疫（包括放射性检测、外来夹杂物检疫、数重量鉴定、外观检验及取制样等）符合要求后，即可提离海关监管作业场所；“后检”指进口矿产品提离后实施实验室检测并签发证书。

2. 对进口铁矿、锰矿、铬矿，铅矿及其精矿，锌矿及其精矿，采取“先放后检”监管方式。现场检验检疫中如发现货物存在放射性超标、疑似或掺杂固体废物、货证不一致、外来夹杂物等情况，不适用“先放后检”监管方式。

3. 海关完成合格评定并签发证书后，企业方可销售、使用进口矿产品。

（三十一）优化进境保税油检验监管制度

1. 对于在海关特殊监管区域内保税仓储用于复出口的保税油（指保税原油及其成品油）或用于国际航行船舶的直供油免于品质检验，实施账册管理；对于在海关特殊区域内保税仓储用于转进口的保税油，依法实施品质检验。

2. 对于在海关特殊区域内保税仓储用于转进口的保税油，入区环节不实施检验，出区环节实施检验；为提高通关效率，海关可依企业申请进行预检验；对于批次多、间隔短、品质稳定的保税油，海关可降低检验频次。

3. 进入海关特殊区域保税仓储的保税油，应在卸货口岸依法实施安全、卫生、环保项目检验。

4. 对进境保税油的高级认证企业适用“集中检验、分批放行”、实验室快速检验、优先办理通关放行手续等便利政策。

第五章 国境卫生检疫

5

依据《国境卫生检疫法》第二条规定，国境卫生检疫是指在中华人民共和国国际通航的港口、机场及陆地边境和国界江河的口岸，海关依法实施传染病检疫、监测和卫生监督。国境卫生检疫的工作内容主要包括检疫查验、传染病监测、卫生监督和卫生处理 4 大任务。国境卫生检疫是一项政策性和技术性很强的工作，其目的是运用卫生技术手段，通过行政管理的形式和配套法规制度，防止传染病由国外传入或者由国内传出，保护人体健康，维护国家卫生主权。其工作范围是本国境内的国际通航的港口、机场及陆地边境和国界江河的口岸，以及各口岸范围内的公共场所和食品、饮用水供应设施等。国境卫生检疫的对象是入境、出境的人员、交通工具、运输设备及可能传播检疫传染病的行李、货物、邮包、尸体、骸骨、病媒生物、环境卫生、食品和饮用水卫生等。

海关国境卫生检疫监管具有国际性、主权性、强制性、应急性、预见性、技术性和综合性 7 个特点。本章仅重点介绍主要的通关环节卫生检疫监管。

第一节
出入境人员卫生检疫

人员卫生检疫是国境卫生检疫的重要内容，海关通过对出入境人员实施有针对性的卫生检疫，及时发现传染病可疑病例、疑似病例、确诊病例，并采取有效的隔离、观察、治疗、管理和控制手段，以消灭或控制传染源，同时通过相应的卫生处理措施，切断传播途径，防止污染扩散，最大限度地保护公众生命健康。

一、 相关概念

（一）可疑病例：指具有下列一种或多种传染病症状和/或体征的人员，包括：发热（体温≥37.3℃）；有咳嗽、恶心、呕吐、腹泻（24 小时内腹泻 3 次或 3 次以上或大便性状发生改变）、呕血、便血、头痛、肌肉痛、关节痛等任一症状；有皮疹、黄疸（自然光线下皮肤和巩膜的黄染）、黏膜出血、不正常的面容，颈部、胸部潮红或有出血点，面色苍白，淋巴结肿大，无辅助设备状态下无力行走等体征。

（二）疑似病例：指关员对口岸发现的可疑病例进行流行病学调查、医学检查、现场快速检测等检疫排查措施后，判定为疑似患有某种传染病，需要进一步排查诊治的人员。

（三）流行病学调查：指利用特定的调查表格，对可疑病例的基本情况、特定的暴露史和健康状况等内容进行调查，为个案的诊断及控制疫情的传播、蔓延提供依据。

（四）隔离：指将染疫人收留在指定的处所，限制其活动并进行治疗，直到消除传染病传播的危险。

（五）医学观察：指要求传染病受染嫌疑人或密切接触者在规定的时间内，到卫生检疫部门指定的地点去接受诊察和检验。

（六）检疫传染病：包括鼠疫、霍乱、黄热病，以及国务院确定和公布的其他传染病。

（七）口岸重点关注传染病：包括传染性非典型肺炎（SARS）、人感染高致病性禽流感（H5N1）、人感染 H7N9 禽流感、肺炭疽、中东呼吸综合征（MERS）、开放性肺结核、流行性脑脊髓膜炎、“肠出血性大肠杆菌 O157：H7 感染性腹泻”、西尼罗热、寨卡病毒病、裂谷热、埃博拉出血热、马尔堡出血热、拉沙热、流行性出血热、尼帕病毒病，以及海关总署或国家卫生健康委员会公布的其他高度关注传染病。

（八）口岸关注传染病：麻疹、风疹、细菌性痢疾（菌痢）、诺如病毒感染、副溶血弧菌感染、大肠杆菌感染、阿米巴感染、轮状病毒感染、登革热、疟疾、基孔肯雅热、流行性乙型脑炎（日本脑炎）、野生毒株导致的脊髓灰质炎、猩红热、艾滋病、狂犬病、百日咳、白喉、伤寒和副伤寒、血吸虫病、钩端螺旋体病、病毒性肝炎、新生儿破伤风、布鲁氏菌病、淋病、梅毒，以及海关总署或国家卫生健康委员公布的其他高度关注传染病。

（九）口岸一般传染病：流行性感冒、流行性腮腺炎、急性出血性结膜炎、麻风病、流行性和地方性斑疹伤寒、黑热病、包虫病、丝虫病及除霍乱、细菌性和阿米巴性痢疾、伤寒和副伤寒以外的感染性腹泻病。

二、 检疫查验准备

（一）人员准备

查验人员应掌握与人员卫生检疫查验相关的卫生学和临床医学等知识和技能，熟悉国际传染病疫区及疫情动态，了解各国（地区）健康检查和预防接种要求。

（二）物资准备

准备查验所需的各种单证表格，准备相应体温检测设备、医学巡查、医学检查和采样等所需的各种器具、材料，配齐现场检疫查验所需的药品和器械。准备好传染病预防宣传资料和国际旅行保健药品。

（三）测温设备管理及维保要求

1. 隶属海关应做好测温系统的日常管理、定期送检及维保等。

2. 红外测温探头及恒温黑体应由具有相应资质的计量检定机构或技术机构校准，并获得校准报告，计量周期为每年 1 次。

3. 手持式红外测温仪、水银温度计等其他测温仪器（在生产日期 1 年以内的除外），应由具有相应资质的计量检定机构或技术机构校准，获得校准报告，计量周期为每年 1 次。

4. 隶属海关应建立测温系统定期维保机制，每月至少维保 1 次。由厂家技术部门维保的，应出具维保证明。维保内容须包括以下内容：测温通道建设及维持情况；测温探头及黑体安装是否合理；测温系统硬件状态是否正常；测温系统软件运行是否正常；测温参数设置是否合理；测温系统总体性能情况；发现的问题、解决措施及结果。

5. 常态下，测温系统报警温度阈值统一设置为下限 37℃、上限 42℃。疫情状态下，按照海关总署文件要求设置。

6. 测温系统“配置屏蔽区域”的设置，应经充分科学论证，满足全覆盖测温的工作要求。

7. 测温系统红外及可见光监测画面应完全匹配，避免出现同一对象红外报警截图与可见光报警截图指针指向不一致的情况。

8. 测温系统人群体温监测均值应处于 36℃ ~ 37℃的合理范围，不得出现监测温度明显低于正常人体体温的情况。

9. 未启用的测温系统每周应开机检查1次，以保持系统处于良好备用状态。

10. 测温系统的选型及安装应组织专家科学论证，确保相关软硬件配置、功能及性能符合体温监测工作要求。测温系统软件应设计合理，功能完备，画面清晰，运行流畅，报警无延迟，报警截图弹出对测温工作无干扰，报警截图至少可保存2年。

11. 测温系统的测温探头及恒温黑体原则上应吊装固定，测温探头数量应满足对测温通道的100%覆盖，相连两个测温探头边缘测温区域应有一定重合，防止出现测温盲区。

12. 每个测温探头应单独配置1个恒温黑体，安装于测温探头前方约9米处。

13. 测温探头应正对恒温黑体发热面，两者纵轴与进出境人员流向一致，确保测温探头正对人员面部，能直接监测人员头面部温度。

14. 测温系统应配置硬盘录像机，硬盘容量满足对所有测温系统全天候红外及可见光监测视频3个月以上存储要求。

（四）设施准备

1. 口岸查验场地建有流行病学调查室、医学排查室、检疫隔离室等检疫功能用房，建设有相应检疫场所及专用通道。

2. 旅检口岸应在进出境通道建设进出境人员体温监测通道（以下简称“测温通道”），安装固定式红外热成像体温监测系统（以下简称“测温系统”），对进出境人员开展非接触式体温监测。

3. 测温通道应建于室内，测温环境应保持相对稳定，能有效排除温度、光照、热源等对测温工作的干扰。

4. 测温通道外为露天环境的，应于入口处上方设置风帘机，于室内安装空调，保持测温环境的相对稳定，避免外部环境对测温工作的干扰。

5. 测温通道长度原则上不少于18米，于测温探头前地面的适当位置喷涂“海关体温监测”标识，在测温通道入口处显著位置以公示栏或LED显示屏提示“海关体温监测，请脱帽缓行”。

对测温通道长度不足或人员流量大的口岸，可通过设置蛇形通道，增加人员通过测温区域的时间，保证有效测温时间充足以及报警后有足够的拦截响应时间。口岸现场应根据人员流量及测温环境的变化，动态设置及调整蛇形通道。

6. 口岸应合理设置及调整测温通道的位置。常态下，可引导客流从相对集中的区域通过，便于测温系统全覆盖监测人员体温，提高工作效能。人员流量大、密度高时，应分流人员，避免因人群密集所致假阳性报警激增等异常情况。

7. 进出境旅检大厅应安装视频监控摄像头，可监控体温监测岗在岗情况，测温设备运行情况，人员体温监测、拦截及移送全过程。

8. 所有测温系统、视频监控系统、硬盘录像机的显示时间应与标准时间保持一致。

三、人员卫生检疫查验

（一）交通工具人员情况预申报

交通工具运营人或其代理人应在交通工具出/入境到达前，向海关申报飞机（船舶、车辆）的国籍、航班号（车次）、预定到达时间、始发港（站）、途经港（站），以及入境人员的数量、健康状况等。海关可通过境外官方机构通报、口岸区域内报告等各种方式获取入境人员健康信息。海关关员审核交通工具总申报单，了解入境人员在旅途中的健康情况，注意旅程中人员变动情况并查明原因。

（二）现场查验

所有入境人员均应在最先到达的国境口岸接受卫生检疫查验，所有出境人员均应在最后离开的国境口岸接受卫生检疫查验，任何国籍、身份的人员均不予免检。检疫人员对所有入境人员实施体温监测和医学巡查，接受健康申报。因外交礼节或对外交往等需要，海关对特殊人员可给予礼遇，采用简便手续查验，对其携带物一般不做检查。

1. 查验地点

（1）徒步入境人员在口岸检疫区域接受卫生检疫查验。

（2）对须实施登交通工具检疫的，可由海关关员通过预申报或登交通工具了解入境人员总体健康状况。未发现异常情况，允许人员离开交通工具，入境人员步行通过口岸海关检疫区域时接受进一步的检疫查验，或由海关关员登交通工具实施检疫查验后直接放行。

对无须实施登交通工具检疫的，旅客可直接步行通过口岸海关检疫区域接受检疫查验。

2. 检疫查验

（1）健康申报

① 常态下的健康申报

在未发生国际关注突发公共卫生事件的常态下，入境人员免予填写“出/入境健康申明卡”，实行入境人员主动口头申报制度。入境人员有下列情况之一者，其本人或其监护人应主动向现场海关关员申报：

A. 有发热、呼吸困难、呕吐、腹泻等症状；

B. 患有传染性疾病和精神病；

C. 携带特殊物品（微生物、人体组织、生物制品、血液及血液制品）、骸骨、放射性物质等具有公共卫生风险的物品。

② 应急状态下的健康申报

在下列紧急情况下，根据海关总署发布的公告，要求实行书面健康申报制度，所有入境人员填报“出/入境健康申明卡”：

A. 针对国际关注的突发公共卫生事件，世界卫生组织发布临时建议的；

B. 境外发生重大传染病疫情和突发公共卫生事件，经海关总署评估属于传入高风险等级的；

C. 境内发生重大传染病疫情和突发公共卫生事件时，可能造成国家间传播的。

海关关员审核健康申报信息，对不能排除受染嫌疑的旅客，海关关员对其实施医学排查。

（2）体温监测

① 体温监测岗关员应提前 10 分钟到岗，检查测温设备是否正常，在工作记录中填写检查结果。检查项目应包括以下内容：

A. 测温系统硬件状态是否正常，重点检查声光报警设施是否正常。

B. 测温系统软件运行是否正常，重点检查有无超温不报警、延迟报警、报警截图调取不畅等异常。

C. 人群测温均值、报警阈值是否符合要求。

D. 检测测温状况。检测方法为：关员用水银温度计测量腋下温度5分钟，读取温度。用手持测温枪检测额头温度，然后站在黑体正下方，读取测温系统的显示温度。测温仪、测温枪的测量温度与水银温度计测量温度相差不应超过0.3℃，且不应低于36℃；测温仪、测温枪的测量温度之间相差不应超过0.3℃。对超过0.3℃的，应立即安排维修，并换选备用仪器，保证工作需要。

E. 检查前一班次测温数据，评估测温系统报警数量和准确性，确定参数设置是否合理，并提出调整优化建议。

② 测温系统发出超温报警的，关员立即调取可见光报警截图，判定是否为有效报警（人员头面部、颈部测温报警，包括头发、帽、衣领等），根据光标指向进出境人员的相貌、体型及衣着等特征，准确拦截超温报警人员，引导至医学排查室进行体温复测。

③ 关员应根据全球疫情流行情况、近期口岸传染病检出情况、自身健康状况等，做好佩戴口罩、手套等个人防护，同时做好被拦截人员的个人防护。

④ 体温复测应遵照以下要求执行：全部使用水银温度计复测体温；待疑似发热人员平复情绪后，测量腋下温度；测量体温前，应对水银温度计进行复位（甩到35℃以下）；应要求疑似发热人员确保腋下干爽后夹紧水银温度计；测量时间要测足5分钟。

⑤ 对因孩童哭闹、进出境人员病情较重、当事人强烈拒绝等原因，无法实施水银温度计测量体温的情况，可采用经计量检定的耳温枪复测温度，每分钟测量1次，测2次后取最高值作为复测温度，同时将相关情况在值班日志中注明。

⑥ 体温复测结果≥37.3℃的，判定为发热人员，检疫人员对其实施医学排查。

⑦ 复测体温时，应要求疑似发热人员填写“健康申明卡”，对当事人行动不便、病情危重的，可口头健康申报代替书面申报，关员做好书面及视频记录。

⑧ 复测体温时，同步开展简单问诊和排查，评估风险，并展开后续处置。

⑨ 关员应于体温复测结束后，及时根据判定结果，对所有报警图片进行分类归档。

⑩ 关员应科学规范使用测温系统，发现成片乱报警、报警延迟或不报警等异常情况，以及仪器出现故障时，立即报告值班科长，联系调试、维修。在仪器维修期间，启动备用测温装备，确保测温工作不间断、有效开展。

维修结束后，关员应在工作记录中详细填写故障的时间、故障描述、故障期间的所有报警情况，保留测温系统故障期间所有报警截图、视频记录，并由值班科长复核后签字确认。

⑪ 交班时，体温监测岗关员应全面、准确地填写值班工作记录，并由值班科长复核后签字确认。

⑫ 如测温过程中或交班时发现有红外测温“漏警”“漏处”情况的，应立即按照规定处置。

（3）医学巡查

医学巡查是口岸检疫发现可疑病例，尤其是没有发热症状的可疑病例、隐性感染者和无症状但有流行病学意义人员的重要检疫监测措施。

① 隶属海关应根据全球疫情流行情况，结合本口岸实际，确定医学巡查重点国家（地区）、重点交通工具、重点区域和重点时段，以提高医学巡查的针对性和有效性。如以

海关总署疫情公告、警示通报、疫情日报等所涉传染病流行国家（地区）为重点国家（地区），以来自或途径传染病流行国家（地区）交通工具为重点交通工具，以持护照人员通道、旅行团集结地等为重点区域，以高风险交通工具进出境时间、进出境人流高峰等为重点时段。

② 医学巡查的工作内容主要包括：接受进出境人员健康申报；抽检进出境人员体温情况；检疫筛查有传染病症状或体征的进出境人员；抽验进出境人员健康证明和预防接种证明；开展健康咨询和健康宣教；联系移民局做好联防联控；实施人道主义紧急医学救助。

③ 隶属海关应安排专人开展进出境人员医学巡查工作，配置医学巡查箱。

④ 医学巡查关员应提前10分钟到岗，检查医学巡查箱，做好医学巡查各项准备。检查手持式测温枪情况，重点检查电量是否充足、测温是否准确；检查个人防护物资配置情况，重点检查配置种类、数量和有效期情况；检查医学急救物资配置情况；检查对讲机、执法记录仪、执法证等执法物资情况；检查健康申明卡、宣传册页等材料配置情况。

⑤ 医学巡查关员接受进出境人员健康申报，对申报有传染病症状（体征）、来自传染病流行国家（地区），给予个人防护后引入医学排查室做进一步排查和处置。对申报携带特殊物品（人体组织、血液及其制品、微生物、生物制品）、骸骨等应检疫物品的，移交至行李查验岗。

⑥ 医学巡查关员通过观察进出境人员体态、步态和仪容等情况，以及体温检测、医学问询等选查手段，评估其是否有患传染病风险，并对符合以下情况之一的进出境人员（可疑病例）实施拦截：

A. 有以下面容、表情异常的进出境人员：

a. 面部潮红，口唇干燥或有疱疹，大汗淋漓，多见于发热性疾病，如登革热、流感、黄热病等；

b. 面容枯槁、苍白或灰暗，眼窝凹陷、目光暗淡、表情抑郁、头发干枯无光泽，多见于肺结核、慢性肝病、艾滋病等；

c. 发冷、寒战，着衣过多常见于发热性疾病的体温骤升期，如疟疾发冷期；

d. 眼窝深陷、口唇干裂、皮肤皱缩，湿冷且弹性消失，指纹皱瘪，酷似“洗衣手”等脱水症状可见于霍乱。

B. 有以下皮肤病变的进出境人员：

a. 紫绀可见于哮喘、心肌梗死等；黄染可见于急性肝炎、黄热病等；

b. 皮疹可见于伤寒、斑疹伤寒、猩红热等；

c. 全身弥漫性充血性点状皮疹和退疹后明显的脱屑常见于猩红热；

d. 颜面、颈部、上胸部弥漫性潮红（即三红征）常见于登革热、流行性出血热等；

e. 黑色、紫红色或深蓝色的皮肤斑块或溃疡常见于晚期艾滋病；

f. 眉毛稀疏、脱落，“鹰爪”，“狮面”常见于麻风病。

C. 有呼吸道传染病症状的进出境人员，如咳嗽、咳痰、咯血、气急、喘息、呼吸困难可见于肺部感染、肺结核等。

D. 有消化道传染病症状的进出境人员，如呕吐、腹痛、腹泻可见于霍乱、痢疾等肠道疾病。

E. 有其他异常情况的进出境人员：

a. 晕厥可见于心脏病、低血糖、脑血管疾病等；

b. 极度营养不良（消瘦）可见于肺结核、艾滋病等；

c. 有行为及反应异常，如做怪相、扮鬼脸、躁动多语、刻板动作等可能是精神病患者；

d. 气味异常，饮酒后或醉酒者的呼吸气中散发浓烈酒味等。

⑦ 医学巡查关员应加强业务学习，提高可疑病例的检疫发现能力。

⑧ 单证查验。

A. 对来自黄热病疫区的人员，应查验黄热病预防接种证书。重点检查签发日期、签发机构、是否有医师签名等，判别证书真伪，证书签发是否规范、有效，根据入境人员所持护照、旅行证件中的入出境登记情况，确定其离开感染环境的具体日期，判断预防接种证书是否生效。此外应按照海关总署要求，查验其他传染病预防接种证书。

B. 医学巡查关员应抽查人员健康证明，以下进出境人员应持有有效的健康证明：申请来华定居或任职、就业、学习，在华居留 1 年及 1 年以上的外国人；经批准出国劳务、留学、探亲、定居及其他出境 1 年以上的中国公民。

⑨ 医学巡查关员应抽查进出境人员黄热病预防接种证书（黄皮书），可通过护照持有情况、肤色、语言、衣着特点等实施针对性抽查，来自黄热病流行国家（地区）的进出境人员应持有有效的黄热病预防接种证书。

⑩ 医学巡查关员将发现的需排查人员引入医学排查室，全部用水银温度计测量体温，并要求其填写“健康申明卡”；开展检疫问询和检查，通过“智慧卫生检疫系统”详细登记旅行证件号、联系电话、在华住址等信息。对确有异常的，规范开展传染病排查，并根据检疫排查结果给予分类处置。

⑪ 对应持有而不能提供有效健康证明的入境人员，出具“入境人员传染病监测体检通知单”，要求其在规定时间内前往保健中心或有资质县级以上医院进行体检。出境人员则告知其海关总署相关规定，并填写“出境人员传染病监测个人信息登记表”。

⑫ 对来自黄热病流行国家（地区）但未持有有效预防接种证书的入境无症状人员，给予健康建议，对其实施自离开黄热病流行国家（地区）之日起不超过 6 日的居住地留验，海关关员做好留验期间的电话随访；有症状人员按规范进行排查处置。对出境人员，告知其海关总署相关规定和染病风险，给予健康建议，填写“出境人员传染病监测个人信息登记表”。

⑬ 医学巡查关员应主动开展健康宣教，解答进出境人员的健康咨询问题，并结合全球传染病疫情流行形势，发放健康宣传册页。

⑭ 在海关工作区域实施医学巡查时，如遇进出境人员外伤、猝死、晕厥等突发事件的，医学巡查关员按照《口岸旅检现场海关工作区域人道主义医学救助操作参考》，立即拨打 120 急救中心电话，并根据现场情况提供力所能及的人道主义救助。

⑮ 交班时，医学巡查关员应在值班记录表中填写医学巡查工作开展情况、发现及处置情况，并由值班科长复核后签字确认。

（4）流行病学调查

对确认发热人员或有其他传染病症状或体征人员，关员在做好个人防护前提下，严格按照《口岸传染病排查处置基本技术方案》规定，进行流行病学调查，包括初步流行病学调查及针对性问询。对可排除传染病可能的人员，不需要进一步口岸医学排查，登记可疑病例个人信息，给予健康建议，发放“就诊方便卡”放行。对于传染病疑似病例，应在进出境时及时拦截，引入医学排查室排查，并根据排查结果规范处置。

① 初步流行病学调查主要内容

A. 识别信息：姓名、通关证件号、航班号、车船号、车厢号、座位号及随访信息（住址、联系方式，重点疑似病例的境内外联系人、联系地址以及电话号码应进行确认复核）。

B. 人口统计学信息：年龄、性别、婚姻状况、职业等。

C. 临床信息：询问人员发病时间、症状、病程等；如人员携带有医院就诊记录，应仔细查阅并记录相关诊断治疗信息。

D. 旅行史：4 周之内分别停留或到过的国家和地区（依时间点和不同国家和地区逐一详细登记 4 周时间内完整居留信息），所到的国家和地区应详细到州或市，明确所在区域是农村或城市；有无同行人员及其相关信息；4 周内进出境时间、口岸及进出境时有无传染病症状或体征。

E. 暴露史：

a. 户外活动史。询问停留期间主要为室内活动或室外活动，如有室外活动，具体活动的区域是什么，如登山、森林、山洞、草坪、户外河流、海洋等。

b. 传染病接触史。有无传染病患者、继发传染病患者接触史，如有无进出医院、诊所；身边朋友及家人有无患病，同车厢或相邻座位人员有无患病，如有患病其症状及诊断是什么等。

c. 有无野生动物、禽鸟类接触史。如有无登山、森林、山洞等野外活动史，有无接触老鼠、骆驼、蝙蝠、果子狸、野禽等动物；有无进出禽鸟市场，有无购买或宰杀鸡、鸭、鹅、鸟等。

d. 有无蚊虫叮咬史。询问其居住环境的蚊虫滋生情况。

e. 既往病史、预防接种史及就诊史、药物过敏史等。应针对性问询其来源、旅行、途径及目的国（地区）流行或暴发的传染病的疫苗预防接种情况，针对性询问霍乱、黄热病、麻疹、水痘、流感等预防接种史。

f. 职业暴露史。应详细询问职业及主要从事的工作活动。注意特殊的职业，如伐木工人、猎人、野外探险家、相关动物产业从业者、厨师、实验室工作者、医务工作者、妆奁师等。

g. 服药或正在进行治疗的情况。是否服用退烧药、抗生素等其他药物。

h. 是否具有特殊行为及危险暴露史。如野外旅行史、登山、探险、户外游泳、森林伐木、捕捉野生动物、病原实验室工作等。

i. 是否去过传染病相关感染环境，如医院、诊所、病原实验室等。

j. 饮食情况。如是否在外用餐，餐厅的卫生条件，食用的主要食物，生食或熟食，冷食或热食，食用的时间、频次、数量，共餐人员是否出现传染病症状等。

k. 密切接触者信息：航班号、车船号、车厢号、座位号、联系方式及住址等；随行人员及其他密切接触者的排查信息。

② 针对性问询

关员根据症状、旅行史、接触史作出初步判断后，应尽可能全方位地开展针对性问询，获取与暴露相关及与疾病相关的信息，如人员所去的地理区域、气候和季节状况、开展的活动、经历的危险区域、采取的预防措施、以往的治疗手段、同行者是否生病、当地流行的疾病等，进而作出流调结论。

（5）医学排查

怀疑感染传染病的，按照《口岸传染病排查处置基本技术方案》要求，实施进一步排查和处置。

① 体格检查

A. 检查前准备

a. 准备和清点器械：消毒盘、血压计、听诊器、画线笔、直尺、压舌板、手电筒、叩诊锤、一次性纸巾、棉签、弯盘、查体车；

b. 洗手及适当的个人防护；

c. 自我介绍（说明职务、姓名）；

d. 确定当事人身份，简短交谈以融洽双方关系，了解病人年龄。

B. 一般状况检查

a. 观察发育、营养、面容、表情和意识等一般状态。

发育良好，营养中等，正力体型，面容安静，无急性病容、慢性病容、贫血面容、肝病面容、肾病面容，无甲亢面容、黏液性水肿面容、二尖瓣面容、伤寒面容、苦笑面容、满月面容等病理面容。表情自然，意识清晰，自主体位，无被动体位、强迫体位等病理性体位。

b. 测量观察生命体征。

血压：第一次，袖带下缘距肘弯横纹上方 3 cm，胶管避开肱动脉，触右上肢肱动脉搏动，边充气边听诊，待肱动脉搏动声消失，再升高 20~30 mmHg，放气时缓慢，双眼平视汞柱表面，2~3 mm/s，或正确使用经过检定的电子血压计。

脉搏：三指触诊，至少 30 s，再双手触诊、节律、频率、再同时触诊双侧桡动脉，检查其对称性。

呼吸：胸或腹、至少 30 s，节律、频率。

血压：第二次，如果收缩压或者舒张压 2 次读数相差 5 mmHg 以上，应再次测量以 2 或 3 次读数的平均值作为测量结果，关闭时血压计向右倾斜 45 度角。

C. 结合全球传染病疫情和当事人旅行史检查

a. 来自霍乱等消化道传染病受染区的，应重点检查腹部有无压痛、腹泻、呕吐、脱水等症状或体征。

b. 来自中东呼吸综合征、肺鼠疫等呼吸道传染病受染区的，应重点检查咽喉部、肺部，检查有无咳嗽、咽痛、干咳、胸痛、气促、呼吸困难、肺部啰音等症状或体征。同时要注意检查腹部，观察有无恶心、腹痛、腹泻、稀水样便、肠鸣音亢进等消化道症状。

c. 来自黄热病、登革热、疟疾、基孔肯雅热等蚊媒疾病受染区的，应重点关注热度、热型、皮疹、头痛、肌肉痛、骨关节痛、出血征、精神症状等症状或体征，观察是否有寒战、是否有颈项强直、恶心、呕吐、意识障碍、血压升高、脉搏变慢等症状或体征。

d. 如有邮轮、轮船等航海史，应重点检查是否有鼻塞、流涕、咳嗽、头痛等呼吸道感染症状或体征，以及是否有恶心、呕吐、腹泻、腹痛等消化道症状。资料表明，流感和诺如病毒感染为邮轮常见的暴发流行传染病。

D. 结合职业暴露史检查

a. 如为非洲地区狩猎者，接触蝙蝠可能感染病毒性出血热，在森林中被蚊虫叮咬可能会感染登革热、疟疾、基孔肯雅热、黄热病等蚊媒传染病，被采采蝇叮咬可能会感染非洲锥虫病（昏睡病）。

b. 渔夫在淡水池塘、湖泊和河流工作和游泳，是血吸虫病、布氏锥虫病、钩端螺旋体的高危暴露人群。

c. 活禽宰杀、售卖等从业人员，是高致病性禽流感高危暴露人群。

d. 温带及亚热带林区的伐木工人，有蜱叮咬史，是森林脑炎病高危暴露人群。

e. 牧民或兽医有接生羊羔或有皮毛、肉类加工、挤奶暴露史等，是布鲁氏菌病高危暴露人群。

f. 生物医学实验室工作者，有病原体暴露史的，为接触传染病病原体的高危暴露人群。

E. 结合疾病暴露史检查

a. 有中东地区旅游史，且有医院就诊史或有呼吸道疾病病人接触史，有呼吸道症状的，应重点排查中东呼吸综合征感染可能。

b. 同行或同住人员有感染呼吸道传染病的，应重点排查流感等呼吸道传染病。

c. 共同进食人员有腹泻症状的，应重点排查诺如病毒、札如病毒、副溶血弧菌、大肠杆菌感染等肠道传染病。

d. 来自刚果（金）等埃博拉出血热疫情流行区，参加过葬礼或接触过尸体的人员，应重点排查是否感染埃博拉出血热等疾病。

e. 食用生的、未煮熟的或外来的食物，可能导致肠道疾病、肝炎、旋毛虫病。

f. 饮用未过滤的水、牛奶或乳酪，可能感染沙门氏菌、志贺氏菌、肝炎和布鲁氏菌病。

g. 与感染者有性接触，可能感染 HIV、梅毒、肝炎、淋病等。

F. 结合环境暴露史检查

a. 有中东地区旅游史，且有骆驼接触史，有呼吸道症状的，应重点排查中东呼吸综合征感染可能。

b. 有禽鸟接触史，且有呼吸道症状或消化道症状的，应重点排查人高致病性禽流感感染可能。

c. 有鼠类接触史的，且有呼吸道感染症状、剧烈头痛，恶心呕吐伴有烦躁不安，意识模糊等症状的，应重点排查鼠疫感染可能。

d. 有热带雨林暴露史的，应重点排除黄热病、登革热、基孔肯雅热、疟疾、裂谷热等热带病。

e. 接触疫水或土壤传播的传染病有类鼻疽、钩端螺旋体病、血吸虫病、钩虫病等。

f. 暴露于被病原体污染的血液、体液可能感染的传染病有马尔堡出血热、埃博拉出血热、裂谷热、疟疾等。

g. 经皮肤黏膜接触传播的传染病有破伤风、布鲁氏菌病、疥疮等。

h. 经白蛉传播的相关传染病有黑热病、白蛉热等。

i. 经蝇传播的相关传染病有非洲锥虫病等。

j. 经蜱传播的相关传染病有森林脑炎、莱姆病、新疆出血热、蜱传回归热、Q 热、埃立克体病、亚斑点热、兔热病等。

k. 经虱传播的相关传染病有流行性斑疹伤寒等。

l. 经蚤传播的相关传染病有鼠疫、地方性斑疹伤寒等。

m. 经螨传播的相关传染病有恙虫病等。

G. 结合具体临床症状检查

a. 发现面部潮红的，应重点检查颈部、胸部是否也有潮红症状，检查四肢、躯干是否有皮疹，是否有骨关节疼痛，是否有淋巴结肿大，是否高热，是否有寒战，是否有出血症状等。

b. 发现皮肤有皮疹的，应重点检查皮疹的性状，皮疹表面是否有凹陷或突出，是否有液体渗出，是否有皮屑，是否有头面部、颈部、胸部的潮红症状，是否有肌肉疼痛、骨关节疼痛，是否有淋巴结肿大，是否有咳嗽、流涕、呼吸困难等症状或体征。

c. 发现有寒战的，应仔细观察是否有面色苍白，寒战停止后是否有高热（体温可达39℃~41℃）和面色潮红，高热后突发全身大汗，体温骤然下降。可进行腹部触诊，有压痛可进一步做肝脏、脾脏的触诊和叩诊，检查肝脏、脾脏是否有肿大和压痛。

d. 发现有咳嗽的，应重点检查咽喉部是否有红肿，检查肺部呼吸音，检查有无咳嗽、咽痛、干咳、胸痛、气促、呼吸困难、肺部啰音等症状或体征。同时，要注意观察有无恶心、腹痛、腹泻、肠鸣音亢进等消化道症状。

e. 发现有腹泻的，应重点询问腹泻的次数（每日）、粪便的性状和颜色（鲜血样便、血便相混、脓血便、黑便、黏液便、稀便、水样便，包括黄水样、清水样、米泔水样、洗肉水样等）、有无里急后重（腹泻的次数频繁，每次总有便不净、排不完的感觉而不愿结束排便，但每次排出的大便量并不多）；要重点检查腹部，进行腹部触诊、听诊、叩诊，检查腹部腹肌紧张度、抵抗感，是否有腹部压痛、反跳痛，腹部是否胀气，听肠鸣音是否亢进或减弱，听腹部清音、鼓音、浊音区；同时，要注意观察有无恶心、呕吐等，检查有无脱水征（口唇干燥、眼窝深陷、皮肤皱缩）、有无脑水肿表现（烦躁不安、惊厥等）等。

f. 发现有呕吐的，应重点询问关注呕吐的次数（每天），呕吐物性状（食物、水样、米泔样、血水样），呕吐的方式（喷射状、恶心、先泻后吐、先吐后泻、吐泻同时），同时要注意观察有无腹痛、腹泻等。要重点检查腹部，进行腹部触诊、听诊、叩诊，检查腹部腹肌紧张度、抵抗感，是否有腹部压痛、反跳痛，腹部是否胀气，听肠鸣音是否亢进或减弱，听腹部清音、鼓音、浊音区。检查有无脱水征（口唇干燥、眼窝深陷、皮肤皱缩）、有无脑水肿表现（烦躁不安、惊厥等）等。

g. 发现有腹痛的，要重点询问是否有恶心、呕吐、腹泻等。要重点检查腹部，进行腹部触诊、听诊、叩诊，检查腹部腹肌紧张度、抵抗感，检查腹痛部位（满腹、右上腹、左上腹、右下腹、左下腹、脐周），腹痛性质（痉挛性痛、绞痛、钝痛、压痛、反跳痛），腹部是否胀气，听肠鸣音是否亢进或减弱，听腹部清音、鼓音、浊音区。

② 样本采集

A. 经流行病学调查及医学检查等排查后，对符合以下情况之一的，除疑似患有埃博拉、出血热等海关总署文件规定的高风险传染病的人员，均应采集生物样本送实验室检测：

a. 有发热（体温≥37.3℃）；

b. 4 周内来自或途径海关总署疫情公告、警示通报及文件通知等传染病受染国家（地区）的；

c. 4 周内有重点关注传染病病人接触史，或高致病性禽流感疫区活禽接触史，或中东呼吸综合征受染国家（地区）骆驼接触史，或有死鼠接触史，或有病原体暴露职业史（实验室工作人员、禽类饲养或贩卖人员等）；

d. 呕吐、腹泻（24 小时内腹泻 3 次或 3 次以上，或大便性状发生改变）、呕血、便血等任一症状的；

e. 有皮疹、黄疸（自然光线下皮肤和巩膜的黄染）、黏膜出血、淋巴结肿大等任一体征的；

f. 无法排除有咳嗽、恶心、头痛、肌肉痛、关节痛等症状，或有不正常的面容、颈部、胸部潮红、出血点或面色苍白、无辅助设备状态下无力行走等体征，且不能用其他非传染性疾病原因解释的；

g. 有其他不能排除传染病嫌疑，或海关总署文件规定的。

B. 采样场所应符合有关生物安全标准，配置充足的场地、物品、液体和空气等不同对象的消毒设施设备和药品，并做好日常消毒。

C. 隶属海关应配备种类齐全、数量充足的采送样器具和耗材，及时更新，并做好台账登记和日常管理。常用采样用品包括：各种规格针管（含 10 mL）、一次性采血针、止血带、紫色抗凝管、红色真空管、无菌广口瓶、棉拭子、采样液、无菌平皿、螺口冻存管、采尿杯、灭菌留便盒等。

D. 采样器具和耗材的使用应符合规范，做到“一人一针，一样一管”，严防因采样导致的交叉污染。

E. 现场关员应结合海关总署疫情公告、警示通报、全球传染病监测信息等疫情情报，以及人员的症状、体征、旅行史、接触史、暴露史、饮食史、职业史等阳性指征情况，综合分析评估，现场作出初步检疫判定结论。在初步判定的基础上，针对性采集血液、咽拭子、肛拭子、吐泻物、尿液等不同样本，避免出现盲目采样或应采样但未采样的情形。

F. 对现场检疫排查后能得出具体传染病疑似病例初步判定结论的，按照《口岸卫生检疫关注传染病采样清单》针对性采集样本。

G. 对现场不能得出具体传染病疑似病例初步判定结论的，应根据其典型症状、体征和流行病学阳性指征等检疫排查情况，将其划分为以下 4 类传染病分类采样：

a. 呼吸道传染病疑似病例。如有发热、咳嗽、咽痛、干咳、胸痛、气促、呼吸困难、肺部啰音等症状或体征的，可判定为呼吸道传染病疑似病例。应采集以下样本：全部采集咽拭子；如疑似感染流感以外其他呼吸道传染病的，应采集血液，并根据情况采集唾液、深部痰液、咽漱液、鼻拭子等。

b. 消化道传染病疑似病例。如有呕吐、腹痛、腹泻、脱水等症状或体征的，可判定为消化道传染病疑似病例。按照“逢泻必检”原则，采集以下样本：全部采集肛拭子；采集粪便和呕吐物（如果有）；采集怀疑被污染的食品和饮用水。

c. 虫媒传染病疑似病例。如有蚊虫叮咬史的或来自东南亚、非洲、美洲等虫媒传染病流行国家或地区，并伴有发热、皮疹等症状或体征的，可判定为疑似蚊媒传染病。采集血液，使用真空无菌采血管，采集量为 3~5 mL。有寨卡受染国家（地区）旅行史的，采集血液及尿液。有疟疾受染国家（地区）旅行史的，使用抗凝的采血管（一般为紫管），采集血液，采集量 2 mL；其余虫媒传染病检测项目使用真空无菌采血管，采集量为3~5 mL。

H. 对现场检疫排查发现有发热、咳嗽及有肺部啰音等呼吸道症状和体征的人员，可根据现场条件实施胸部 X 光检查，对发现有空洞、结节等特征的，可初步判定为肺结核疑似病例。应采集深部痰液（深呼吸后咳出的痰液）。

I. 对查体发现有疱疹的，应全部采集疱疹液。

J. 遇重大疫情或海关总署有文件规定的，按照有关文件要求采样。

K. 采样前，应根据采样计划，准备好相应的采样物资。

L. 应告知人员相关情况，由其在“采样知情同意书”签字同意后，实施采样。如人员拒绝采样的，应告知其检疫风险和规定，要求其填写“承诺书”。

M. 采样时，应按要求规范做好个人生物安全防护，防止应采样操作造成的疫情传播风险，保护现场关员生命健康。

N. 不同样本的采集应按照《采样操作指南》规范操作。

③ 样本送检

A. 样本采集后应及时打印样本条形码，填写样品送检单。

B. 所有样本应于采集后 24 小时内（含周末及节假日）送实验室检测；如遇重大疫情，应立即联系送实验室进行紧急送样。

C. 样本采集后应按照以下规范存储，防止因存储不当导致样本失效：

a. 除有特殊要求外，样本采集后一般应在 4℃ 条件下保存，对不能在 24 小时内运送的，应置-70℃ 以下保存，尽快运送。

b. 不能在 24 小时内运送的血液样本（红管），应先分离血清（2000 rpm 离心 10 分钟，如果没有离心机，血标本应静置，直到血清析出）。血清应保存于带螺旋盖、内有垫圈的冻存管内，标记清楚后，再置-70℃ 以下保存。全血冰冻溶解后产生溶血，未分离血清的样本应避免冰冻保存。

c. 呕吐物、粪便、肛拭子样本采集后 30 分钟内立即将标本放置在-20℃ 冰箱中，如有特殊情况未能及时放入-20℃ 的冰箱，标本可暂时在 4℃ 短期储存，不能超过 2 天，保存期内避免标本发生反复冻融。

D. 遇重大疫情或检疫发现口岸重点关注传染病疑似病例，应立即联系实验室紧急送样，值班科长应与实验室进行联系，附“紧急送样说明”，对人员的排查情况进行简要重点说明，明确流行病学调查史及拟重点检测的传染病，并由值班科长签名，于 2 小时内送至实验室。

E. 生物样本应放在专用运输箱内，放入冰排，然后以柔软物质填充，内衬具吸水和缓冲能力的材料。怀疑含有高致病性禽流感病毒等高致病性病原微生物的样本，必须采取 A 类包装，符合 UN2814 要求，并按照国家有关规定运输。

F. 送样时，应随附样本送检单，需要时提供流行病学调查表及医学排查表，对于重点筛查疾病应详细描述患者的症状和体征，并注明拟重点筛查的疾病。

G. 生物样本应由专人、专车护送至实验室。送生物样本的人员必须具有防护及消毒基础知识。沿途注意安全，送检过程中注意不要剧烈震动，生物样本不能转托他人运送。

H. 生物样本送检时应做好交接登记，了解样本检测周期，及时主动问询或通过智慧卫生检疫系统查看检测结果。

④ 快速检测

各口岸应按照口岸核心能力建设要求，配置性能优异的传染病快速筛查设备，口岸现场常用的快速检测方法为核酸检测及免疫学检测方法。

A. 各口岸应配备种类齐全、数量充足的快速检测试剂耗材，常见的快检试剂如流感病毒、疟疾、登革病毒、基孔肯雅病毒、寨卡病毒、轮状病毒、诺如病毒、柯萨奇病毒等。

B. 各口岸应定期将快速筛查设备送有资质的实验室进行计量检定，并出具合格报告。

C. 各口岸应做好试剂耗材的存储和管理，避免因存储不当导致失效，并做好台账登记和及时更新。

D. 以下情况，各口岸根据风险评估结果，实施现场快速检测：

a. 怀疑患有重点关注传染病，但当事人拒绝转诊的；

b. 突发公共卫生事件中需紧急开展现场快速检测的；

c. 其他总署规定的情况。

E. 对怀疑患有肺结核的人员，根据现场条件实施胸部 X 光检查。

F. 开展现场快速检测的项目应与现场检疫判定相符。

G. 开展现场快速检测时应规范做好个人生物安全防护，并遵循实验室操作规范，在生物安全柜中进行操作。

H. 开展现场快速检测前应认真阅读各种项目快检试剂盒的操作使用说明书，熟悉试剂盒的使用方法、操作程序、注意事项及结果判断。

I. 现场快速检测结果可做现场判定参考，所采集的生物样本均应送实验室做确认检测。

J. 现场快速检测完成后，应在“智慧卫生检疫系统”口岸传染病可疑病例医学排查记录表中完整填写快速检测结果。

四、 检疫结果判定与处置

（一）患不准入境疾病的外国人：患有或疑似患有严重精神病、传染性肺结核病或者有可能对公共卫生造成重大危害的其他传染病的外国人。对在进境人员中发现有官方通报、境外大使馆确认及联防联控明确要求的、法律明确规定患有不准入境疾病的外国人，应不准入境。对在进境人员中发现疑似患有阻止入境传染病的外国人，尽量劝说其暂停旅程，自愿离境。

（二）检疫传染病疑似病例：符合鼠疫、霍乱、黄热病等检疫传染病疑似病例判定指征的。对发现符合鼠疫、霍乱、黄热病等检疫传染病疑似病例判定指征的，应予立即隔离，告知其检疫判定结论及国家有关法律法规规定，要求配合做好转诊诊治，同时安排转诊。相关情况通报地方卫生、疾控部门，做好其在中国境内的防控。

（三）口岸重点关注传染病疑似病例：符合埃博拉出血热、中东呼吸综合征等口岸重点关注传染病疑似病例判定指征的。对发现海关总署有明确要求、联防联控确认需要控制的口岸重点关注传染病疑似病例如埃博拉出血热、中东呼吸综合征等病例的，如下处理：

1. 立即通报地方卫生部门，联系 120 急救中心尽快转诊。

2. 对于地方卫生部门不接受转诊的，予以确认，并做好记录。

3. 对于当事人强烈拒绝转诊的，联系地方卫生部门，按地方卫生部门意见处置。

4. 对地方卫生部门不接收或当事人强烈拒绝转诊的，要求当事人签署自行就医承诺书，给予健康建议，发放《就诊方便卡》。同时，立即通报地方卫生部门及当事人的家人，要求做好联防联控。

5. 联系移民局安排单独通道，避免接触人群，给予便捷通关，缩短当事人在口岸停留时间。

6. 登记当事人乘坐的内地交通工具车牌号，详细登记同行人员信息，给予健康建议，做好后续跟踪随访。

（四）口岸关注传染病疑似病例：符合疟疾、登革热等其他传染病疑似病例判定指征，需向地方卫生部门、境外卫生检疫机构通报联防的。对发现疑似感染疟疾、登革热等口岸关注传染病的，建议其转诊，对拒绝转诊的，要求尽快自行就医，实施居住地医学观察。相关情况通报地方卫生、疾控部门，要求做好其在中国境内的防控。

（五）处置以上病例时，需按规范排查密切接触者，并做好处置；同时，详细登记当事人、同行人员、参与处置人员信息，做好后续跟踪。

（六）一般传染病疑似病例：除检疫传染病、口岸重点关注传染病、口岸关注传染病外，《中华人民共和国传染病防治法》中的丙类传染病。此类病例需做好人员个人防护，发放“就诊方便卡”，给予健康建议，放行。

（七）对不属于强制转诊或要求转诊情形的疑似病例，如当事人症状较重，其自身有就医需求的，可协助其联系120急救中心安排转诊。

（八）对所有疑似病例，均应做好个人防护。

（九）疑似病例离开后，对疑似污染物品、通道、区域进行卫生处理。

（十）排查和处置全过程应通过监控视频、执法记录仪等全程留痕，于当日完成“智慧卫生检疫系统”录入。

（十一）发现疑似病例，均应立即规范上报。

（十二）旅检现场如旅客病情危重，急需救治的，无论是否感染传染病，均应按照“救急救危，生命第一”的原则，在征得当事人同意的前提下，先予安排转至相关医疗机构救治。在等待期间，应积极协调相关部门尽快完成转诊，给予力所能及必要的人道主义医学救助，登记当事人证件信息及联系电话，并及时做好后续跟踪随访。

（十三）对符合突发公共卫生事件判定标准的，严格按照《口岸应对突发公共卫生事件处置预案》（国质检卫〔2017〕183号）规定处置。

（十四）发生重大疫情，海关总署或国家卫生健康委员会有文件要求的，按文件执行。

（十五）排除受染嫌疑，单证审查、携带物检查均符合卫生检疫要求的人员，准予出入境。

（十六）来自黄热病疫区，未持有效黄热病预防接种证书的人员，对其实施从离开感染环境之日起6日的留验、就地诊验、居住地观察，或实施预防接种并留验到预防接种证书生效或潜伏期满为止。

（十七）应当持有而未持有效“国际旅行健康证书”的人员，要求其在入境后接受体检并办理“国际旅行健康证书”。

（十八）在等待转诊过程中如发生病情急速恶化，危及疑似病例生命安全的突发情况，现场关员应立即给予力所能及的医学救助及情感关怀；持续拨打120急救中心电话，反复告知其病情危重情况；并做好救护车出入疏通及协助快速通关等工作。

1. 对非强制转诊的疑似病例，如疑似病例强烈要求自行就医的。现场关员应告知其个人生命健康风险及传染病传播风险，要求其签订承诺书，承担相关责任；发放“就诊方便卡”，按要求做好个人防护，并主动配合相关医疗部门做好隔离诊治，防止传染病传播。同时，将有关情况立即通报地方卫生部门，并做好疑似病例后续跟踪。必要时，可派关员随行协助就医，并落实相关传染病排查工作。

2. 对按规定需强制转诊的疑似病例，如120急救中心救护车不能尽快抵达的，现场关员应告知120急救中心救护人员传染病疫情传播风险；向地方疾控部门报告相关情况，寻求支持和帮助；必要时立即向当地卫生行政主管部门报告，启动传染病联防联控机制，确保传染病疫情不扩散，疑似病例能得到及时隔离救治。

（十九）口岸范围内发现，并经120急救中心及其他医疗机构判定为“死亡”进出境人员，未经卫生检疫，不得移运。追踪公安部门、尸体接受单位出具的尸检报告。其中，对报告为患有或疑似患有检疫传染病以及炭疽等对人类生命健康威胁极大的烈性传染病而死亡的尸体、骸骨，不予出入境，要求就近实施火化，准予骨灰进出境。电话随访追踪同行人员、参与处置人员健康状况。

（二十）出境前往黄热病疫区的中国籍公民，无有效黄热病预防接种证书的，建议其现场补种或前往就近国际旅行卫生保健中心补种后，准予出境。对前往国家和地区有要求，需进行某种预防接种而未办理者，建议其补种后，准予出境。

（二十一）经批准出国劳务、留学、探亲、定居及其他原因出境1年以上的中国公民，不能出示有效“国际旅行健康证书”的，劝其补办“国际旅行健康证书”后，准予出境。

（二十二）发现检疫传染病染疫人或染疫嫌疑人出境时，应阻止其出境，视情况分别采取隔离、留验、消毒、除虫等措施。发现监测传染病人应劝阻其出境，并采取相应的医疗保健措施。

（二十三）患有禁止入境疾病的外国人，实施监护出境。乘交通工具离境的，海关关员应监护患者登上交通工具，并通知交通工具负责人采取相应的防护措施。

第二节
出入境交通工具卫生检疫

交通工具卫生检疫是伴随“检疫”这一概念而产生并随之发展的，交通工具卫生检疫也由最初的检疫隔离发展为对船舶、航空器、陆路车辆进行风险筛查、风险控制、风险监测和风险预防，其目的由防止传染病通过交通工具传入或传出、保护人群健康，发展为应对各种影响公众健康的公共卫生风险因子，确保本国及全球的公共卫生安全。

一、出入境船舶卫生检疫

（一）备案管理

海关应当要求船舶负责人在其船舶开展进出境业务前，向海关进出境运输工具系统传输船舶备案电子数据。

船舶负责人因故无法传输船舶备案电子数据的，海关可凭船舶负责人递交的相关纸质材料，在运输工具系统中录入船舶备案信息。

海关按要求开展船舶运营企业、船舶代理企业、船舶服务企业的备案。根据企业类型，重点审核其经营许可证和卫生许可证相关信息。

（二）申报审核

1. 申报要求

海关应当要求船舶负责人向海关申报运输工具动态，分为预报、确报、抵港报。入境船舶运营者或其代理人应当在船舶预计抵达或驶离口岸 24 小时前（入境船舶航程不足 24 小时的，在驶离上一口岸时）申请卫生检疫。出境船舶船方或其代理人应在船舶离境前 4 小时内向海关申报，办理出境卫生检疫手续。已办理出境手续但出现人员、货物的变化或者因其他特殊情况 24 小时内不能离境的，须重新办理出境手续。船舶在口岸停留时间不足 24 小时的，经海关同意，船方或者其代理人在办理入境手续时，可以同时办理出境手续。

2. 审核要求

海关对申报信息重点审核以下内容：

（1）4 周内是否来自或途经海关总署传染病疫情公告或警示通报所列国家（地区）；

（2）是否申报有健康异常，包括：船上有人出现发热、腹泻、呕吐等症状，有传染病病人或疑似病人，有非意外死亡并死因不明的等情况；

（3）是否有病媒生物，包括：船上发现蚊、蝇、蜚蠊等病媒生物；船上发现鼠类等啮齿动物反常死亡或死因不明；船上发现活鼠、鼠迹或新鲜鼠粪的；

（4）船上是否有来自海关总署公告确定的黄热病受染地区的人员及其预防接种证书持有情况；

（5）是否有“船舶免予卫生控制措施证书/船舶卫生控制措施证书”及有效性情况；

（6）船上中国籍船员及餐饮从业人员健康证明持有情况；

（7）船方有无申报有进境尸体骸骨及尸体死因；

（8）船方有无申报携带有血液及其制品等特殊物品；

（9）船舶是否为废旧船舶；

（10）船上是否装载有散装废旧物品；

（11）海关工作需要的卫生检疫项目。

海关对申请办理“船舶免予卫生控制措施证书/船舶卫生控制措施证书”的船舶，还需审核以下材料：“船舶免予卫生控制措施证书/船舶卫生控制措施证书申请书”；原“船舶免予卫生控制措施证书/船舶卫生控制措施证书”复印件。

（三）检疫方式判定

海关对申报内容进行审核后，结合诚信档案和既往卫生检疫结果，开展动态风险评估，并根据风险评估结果确定检疫方式。

1. 锚地检疫（前置登临检查）

符合以下条件之一的船舶，应当实施锚地检疫：

（1）4 周内来自检疫传染病疫区的；

（2）申报船上有检疫传染病病人、疑似检疫传染病病人，或者有人非因意外伤害而死亡并死因不明的；

（3）发现有啮齿动物异常死亡的；

（4）废旧船舶；

（5）未持有有效的“船舶免予卫生控制措施证书/船舶卫生控制措施证书”的；

（6）船方申请锚地检疫，隶属海关评估同意的；

（7）海关工作需要的，如对参照检疫传染病管理的烈性传染病防控需要。

2. 靠泊检疫（登临检查）

符合以下条件之一的船舶，应当实施靠泊检疫：

（1）4 周内来自或者途经重点关注传染病（除检疫传染病）受染国家（地区）的；

（2）申报船上有健康异常人员的（排除检疫传染病染疫人或染疫嫌疑人）；

（3）申报有因意外伤害死亡且死因明确的尸体的；

（4）申报船上发现活鼠、鼠迹、新鲜鼠粪的；

（5）因天气、潮水等原因无法实施锚地检疫的船舶，经船方或其代理人申请后，经隶属海关评估同意的。

3. 电讯检疫

对持有有效的交通工具相关卫生证书的，且不符合锚地检疫和靠泊检疫条件的船舶，经船方或其代理人申请，隶属海关可实施电讯检疫。

对往来港澳地区小型货船、游艇、帆船，无传染病疫情的常态下且无异常申报的，可全部实施电讯检疫。

4. 随船检疫

对旅游船、军事船、要人访问所乘船舶等特殊船舶以及遇有特殊情况的船舶，如船上有病人需要救治、特殊物资急需装卸、船舶急需抢修等，经船方或其代理人申请，隶属海关风险评估同意后，可以实施随船检疫。

有下列情形之一的，海关可以对入境邮轮实施随船检疫：首次入境，且入境前 4 周内停靠过检疫传染病受染国家（地区）的；首次入境，且公共卫生体系风险不明的；为便利通关需要，邮轮负责人或其代理人申请，海关认为有必要的。

5. 其他情况（临时检疫）

隶属海关对符合下列条件之一的船舶，可向风控部门提交申请紧急布控，并根据海关总署要求做好疫情防控，必要时通报地方卫生部门做好联防联控。

（1）来自国内传染病疫区的船舶；

（2）在国内航行中发现检疫传染病、疑似检疫传染病的船舶；

（3）有人非因意外伤害而死亡并死因不明的船舶。

（四）派单要求

隶属海关需比对运输工具系统自动审核结果和人工审核结果，重点核实检疫方式判定是否符合要求。

隶属海关应审核“海关进出境运输工具登临检查记录单”（简称“检查记录单”），重点审核检疫方式及检查内容是否正确。对于检疫方式和检查内容不符合要求的，隶属海关应按规定向风控部门申请更改检疫方式，申请更改或增加查验项目。

对海关总署传染病疫情公告或者警示通报明确规定，需实施前置预防性卫生处理的进出境船舶，隶属海关应向船舶负责人或其代理人出具“检验检疫处理通知书”，下达卫生处理指令。

如检疫方式审核确认为电讯检疫，同时运输工具系统提示无须登临检查的，船方即视为已实施电讯检疫，准许进境船舶解除检疫信号，在抵达后可以直接上下人员、装卸货物；出境船舶可以直接离港。

如检疫方式审核确认为登临检查（包括锚地检疫和靠泊检疫）的，隶属海关应当要求船舶负责人或其代理人在收到登临检查通知后，将船舶具体停泊计划告知海关并预约登临检查。

对于按规定需实施查验前卫生处理（前置预防性卫生处理）的，由风控部门布控，并在布控信息中提示：“需实施前置预防性卫生处理”。

（五）登临检查前准备

1. 人员准备

登临检查应至少由 2 名具备相应卫生检疫资质的关员实施；遇重大传染病疫情或其他检疫工作量较大的情况，可适当增派人员。

对申报有人健康异常的船舶登临检查，应指派具备流行病学调查、医学检查和采样能力的人员实施。

2. 检查记录单准备

实施登临检查前，应当在运输工具系统打印“检查记录单”，并熟悉检查内容。重点关注以下内容：登临检查的检疫方式及其具体原因；检查指令中的重点查验项目、内容和程序。

3. 个人防护准备

根据风险评估结果，做好相应个人防护。

4. 查验工具准备

检查人员携带船舶检疫查验箱和医学样品采送样箱登轮。查验箱主要包括：出入境检疫证单、检查记录单等；水银温度计、手持测温枪、血压计等医学检查设备；医用防护服、N95 口罩和乳胶手套等防护物资；对讲机、录像机及录音机、执法记录仪等调查取证设备。医学样品采送样箱内应具备种类齐全、数量充足的采送样器具和耗材。

（六）实施检疫

接受入境检疫的船舶，必须按照规定悬挂检疫信号，在海关签发入境检疫证书或者通知检疫完毕以前，不得解除检疫信号。昼间，船舶在明显处悬挂国际通语信号旗“Q”字旗（1 面黄色旗）表示本船没有染疫，请发给入境检疫证；悬挂“QQ”字旗（2 面黄色旗）表示本船有染疫或者染疫嫌疑，请即刻实施检疫。夜间，船舶在明显处垂直悬挂灯光信号：红灯 3 盏表示本船没有染疫，请发给入境检疫证；悬挂红灯、红灯、白灯、红灯 4 盏表示本船有染疫或者染疫嫌疑，请即刻实施检疫。检疫完毕之前，除引航员和经海关许可的人员外，其他人员不准上船；不准装卸货物、行李、邮包等物品；其他船舶不准靠近；船上人员，除因船舶遇险外，未经海关许可，不得离船；未经海关许可，引航员不得擅自将船舶引离检疫锚地。

1. 电讯检疫

海关关员对船舶电讯检疫申请进行审核，符合规定要求的，同意实施电讯检疫，船舶即可靠港作业。在船舶抵港前，海关关员认为有必要的，可通过无线电话等方式对某些内容进行口头询问。船舶入境后，由船方或其代理人提交相应证单，海关关员审核后，向船舶签发编号的“入境卫生检疫证”。船舶靠泊作业期间，现场海关可根据情况对其实施抽查和卫生监督。

2. 锚地检疫、靠泊检疫、随船检疫（统称登临检查）

（1）检查人员抵达锚地或者靠泊泊位且登轮之前，应当先核对船名、船旗是否与申报一致，是否按规定悬挂检疫信号，是否采取有效防鼠措施（如悬挂挡鼠板、夜间以强光照射舷梯），除引航员和经海关许可的人员外是否有其他人员上下船，是否有装卸货物、物品等。

（2）登轮后，检查人员应要求船长或大副陪同实施卫生检查。

（3）审核资料：

① 重点检查以下单证（原件）与申报信息是否相符：航海健康申报单、船员名单、旅客名单、总申报单、货物申报单、船舶免予卫生控制措施证书/船舶卫生控制措施证书、船用物品申报单、压舱水申报单、船舶垃圾装载记录、压舱水装卸记录、航海日志、近4周靠港清单、黄热病预防接种证书、健康证明、载货清单等资料信息。

② 船舶申报或登临检查发现有尸体骸骨的，依不同情况对相关材料实施符合性审查。

③ 邮轮应建立医疗急救体系，主要包括：医疗急救人员得到专业的培训并有相应能力证书；有完整的医疗急救文件和管理制度；医疗设施符合船舶船员和旅客的需求，并且均处在可用的状态；药品管理规范、有序，并有严格的作废流程等。邮轮运营方应建立并运行邮轮公共卫生安全体系，包括食品及饮用水安全控制计划、娱乐用水安全控制计划、医学媒介生物监测计划、邮轮公共场所卫生制度、废弃物管理制度、胃肠道疾病的监测与控制体系、突发公共卫生事件应对工作机制等。邮轮运营方负责建立邮轮有害生物综合管理措施（IPM）计划，开展相关监测、防治和报告工作，控制有害生物扩散。

（4）现场调查。检查人员向船长或大副了解船舶航行中的卫生情况，询问船上所有人员近期健康状况、患病情况及诊治情况等，主要包括：

① 船上是否有人发病及诊治情况；

② 是否有因饮食不适而引起腹泻、呕吐等症状；

③ 船上是否有蚊、蝇、蜚蠊及鼠等病媒生物。对申报或检查发现有啮齿动物异常死亡的，应采集死鼠送实验室检测带毒情况及做种属鉴定，并对鼠患情况进行重点监测。

（5）现场检查。根据“检查记录单”逐一开展现场检查。对于申请签发“船舶免予卫生控制措施证书/船舶卫生控制措施证书”的，对照“船舶卫生检查记录表”逐一进行检查。按要求实施人员卫生检疫。对船舶食品存储、加工和就餐情况及公共场所环境卫生情况进行抽查；对船舶固液体废弃物，尤其是餐厨垃圾的分类管理情况进行检查。若有本港压舱水排放需求的，重点检查压载水的装载区域是否为传染病污染区域，根据需要，可采集压舱水检测。

（6）检查船上有关人员证件持有情况。对中国籍船员、船上餐饮从业人员，应要求其出示健康证明，注意检查其真实性和有效性。健康证明有效期一般为12个月。对来自黄热病受染地区的人员，要求出示有效的黄热病预防接种证书。

（7）邮轮登轮检疫应在船医陪同下开展。对电讯检疫或申报无异常的，船上可不对旅客逐一检疫，旅客于下船后在入境大厅接受红外体温监测。

（七）检疫结果判定

1. 船舶到达时载有检疫传染病染疫人的，判定为染疫船舶。

2. 有下列情况之一的，判定为染疫嫌疑船舶：

（1）到达时载有检疫传染病染疫嫌疑人的；

（2）船上有啮齿动物异常死亡，并且死亡原因不明的；

（3）来自黄热病受染地区，未持有有效灭蚊证书，且发现有蚊媒的。

3. 有下列情况之一的，判定为其他检疫不合格船舶：

（1）到达时载有其他重点关注传染病病例或疑似病例的；

（2）船上有发热、皮疹、黄疸、出血、淋巴结肿大、呕吐、腹泻等症状的人员；

（3）船上报告或发现有啮齿动物的；

（4）发现有蚊、蝇、蜚蠊等病媒生物的；

（5）发现公共场所卫生不合格；

（6）发现垃圾卫生管理不合格；

（7）发现“船舶免予卫生控制措施证书/船舶卫生控制措施证书”过期，或船上人员健康证明或预防接种证书不合格；

（8）发现违规排放压舱水；

（9）发现未申报意外死亡尸体或骸骨；

（10）发现其他卫生学问题。

（八）不合格处置

1. 涉及人员卫生检疫的，参照人员卫生检疫有关规范处置。

2. 对染疫船舶、染疫嫌疑船舶、其他检疫不合格船舶，按要求实施卫生处理。

3. 发现证书不合格的，如下处置：

（1）发现船舶无有效“船舶免予卫生控制措施证书/船舶卫生控制措施证书”的，要求申请办理“船舶免予卫生控制措施证书/船舶卫生控制措施证书”，或视情况将证书有效期延长 1 个月；

（2）对符合健康检查条件又不能出示有效健康证明的船员，应书面通知其到符合体检条件医疗部门接受健康检查；

（3）对来自黄热病受染地区，且未持有有效黄热病预防接种证书的人员，应对该人员从离开该地区之日算起，在船上指定地点实施 6 日留验，或进行预防接种并实施留验到黄热病预防接种证书生效为止，或直至船舶出境。

4. 发现啮齿动物异常死亡的，做好个人防护，将死亡啮齿动物送实验室做种属鉴定和携带病原体检测；出具检验检疫处理通知书，监督实施灭鼠处理。

5. 检查发现环境卫生状况不合格的，指导和监督其进行整改。

6. 发现无检疫审批的微生物、人体组织、生物制品、血液及其制品等特殊物品的，按进出境特殊物品卫生检疫管理规定管理。不符合检疫要求的，不予入境。

（九）证书签发

对电讯检疫船舶、登临检查合格或卫生处理合格的船舶，签发相应卫生检疫证书。对准予入境的，签发入境船舶卫生检疫证或入境船舶检疫证。

二、 出入境航空器卫生检疫

（一）备案管理

海关应当要求航空器负责人在其航空器开展进出境业务前，向运输工具系统传输航空器备案电子数据、航班备案电子数据。

航空器负责人因故无法传输航空器、航班备案电子数据的，海关可凭航空器负责人递交的相关纸质材料，在运输工具系统中录入航空器、航班备案信息。

航空器运营企业向授权的隶属海关备案时，除按照规定提交的材料外，海关可要求其提交航空器运营相关的卫生制度。新开航线备案时，可审核航空器运营企业提供的航空配餐计划。

隶属海关按照要求开展航空器运营企业、航空器代理企业、航空器服务企业的备案。

（二）申报管理

海关应当要求航空器负责人在以下时限，向海关申报运输工具动态。

1. 当日零时前申报进出境（港）“当日飞行计划”。

2. 进境航程超过 4 小时的，“预报动态”在航空器抵达境内第一目的港的 4 小时以前；进境航程在 4 小时以内的，“预报动态”在航空器起飞时。出境预报动态在航空器驶离设立海关地点的 2 小时以前。

3. 进出境（港）确报动态，在入境（抵港）或出境（出港）的 30 分钟内。

4. 如航班动态或者申报内容有变化，应当及时更正。

（三）申报审核要求

隶属海关对申报信息重点审核：

1. 是否来自或经停海关总署传染病疫情公告或警示通报所列国家（地区）；

2. 是否申报有人员健康异常，包括：机上有人出现发热、腹泻、呕吐等症状，有传染病病人或疑似病人，有非意外死亡并死因不明等情况；

3. 是否有病媒生物，包括：机上发现蚊、蝇、蜚蠊等病媒生物；机上发现鼠类等啮齿动物反常死亡或死因不明；机上发现活鼠、鼠迹或新鲜鼠粪的；

4. 来自黄热病受染地区的航空器是否持有有效灭蚊证书；

5. 海关要求的其他卫生检疫项目。

（四）检疫方式判定

隶属海关对申报内容进行审核后，确定检疫方式。

1. 特定机位检疫

（1）特定机位要求

特定机位应为远离航站楼的停机坪机位，具体位置由隶属海关与机场运营企业共同商定，需满足以下条件：

① 符合海关监管要求；

② 有利于检疫传染病染疫人或染疫嫌疑人隔离控制；

③ 有利于检疫传染病染疫人或染疫嫌疑人快速转移；

④ 有利于病媒生物控制、防止逃逸；

⑤ 能最大限度地降低检疫传染病传播风险的其他措施；

（2）特定机位登临检查实施条件

符合以下条件之一的进出境航空器，应当停靠特定机位实施登临检查：

① 来自或经停检疫传染病及按检疫传染病管理的受染国家（地区）；

② 机上有检疫传染病染疫人或染疫嫌疑人；

③ 本航次有人非意外伤害死亡并死因不明的；

④ 本航次发现啮齿动物反常死亡或死因不明，或在机上发现活鼠、鼠迹、新鲜鼠粪的；

⑤ 来自黄热病受染国家（地区）的航空器但申报无有效灭蚊证书的；

⑥ 入境维修的航空器；

⑦ 航空公司申请特定机位检疫的；

⑧ 其他法律法规或海关总署有要求的，如重点关注的烈性传染病疫情防控要求的。

2. 普通机位检疫

普通机位是指能够满足海关监管要求的停机坪机位或廊桥机位。符合以下条件之一的进出境航空器，应当停靠普通机位实施登临检查：

（1）来自或途经重点关注传染病（不含检疫传染病）受染国家（地区）的；

（2）机上有健康异常人员（检疫传染病染疫人或染疫嫌疑人除外）的；

（3）其他法律法规要求，或海关总署有要求的。

3. 电讯检疫

不存在特定机位检疫和普通机位检疫所列条件且申报材料齐全的进出境航空器，经航空器运营企业申请，可实施电讯检疫。

4. 随航检疫

存在以下情况之一的，经航空器运营企业申请，可实施随航检疫。

（1）国外发生重大疫情或战争，需紧急转移成批驻外人员回国；

（2）某些前往国外疫区的大规模群体活动，如团体旅游等；

（3）国与国之间成批运送伤病员或其他严重疾病病人及染疫嫌疑人；

（4）进行有关流行病学科学研究调查等活动。

需实施随航检疫的进出境航空器，应提前与航空器运营企业商定具体实施要求，并报直属海关同意后方可实施。

5. 专机检疫

专机是指国家领导人或外国政要乘坐的专用飞机，其卫生检疫原则上给予礼遇。非疫情状态下，经申请，可实施电讯检疫，由专机代理部门负责办理检疫申请和机上人员健康申报等手续。需要登临检查的，在与有关部门沟通后，在机上国家领导人下机后实施登临检查。

（五）派单要求

1. 隶属海关需比对运输工具系统自动审核结果和人工审核结果，重点核实检疫方式判定是否符合要求。

2. 隶属海关应审核“检查记录单”，重点审核检疫方式和查验内容是否准确、是否齐全。对于检疫方式和查验项目不符合要求的，隶属海关应按规定向风控部门申请更改检疫方式，更改或增加查验项目。

3. 对于来自黄热病受染地区的进境航空器，应审核是否具有有效灭蚊证书。

4. 如检疫方式审核确认为电讯检疫的，隶属海关通过运输工具系统或由申请受理窗口人员通知航空器运营企业或航空器代理企业，航空器可在抵达后直接上下人员、装卸货物，出境航空器可直接离港。

5. 如检疫方式审核确认为登临检查（包括特定机位检疫和普通机位检疫）的，隶属海关通过运输工具系统或由申请受理窗口人员通知航空器运营企业或航空器代理企业具体登临检查方式。

6. 航空器负责人或其他相关人员向海关报告航空器存在申报单证中未列明的异常情况的，隶属海关应按规定报风控部门，由风控部门下达紧急布控指令。

7. 航空器负责人收到前置登临检查通知或登临检查通知后，将航空器具体停靠计划告知海关并预约登临检查。

8. 对于按规定需实施查验前卫生处理（前置预防性卫生处理）的，由风控部门布控，并在布控信息中提示“需实施前置预防性卫生处理。”

（六）非电讯检疫（登临检查）前准备

1. 人员准备

登临检查应至少由 2 名具备相应卫生检疫资质的关员实施；遇重大传染病疫情或其他检疫工作量大的情况，可适当增派人员。对申报有人健康异常的航空器登临检查，应指派具备流行病学调查、医学检查和采样能力的人员实施。

2. 检查记录单准备

实施登临检查前，应当在运输工具系统打印“检查记录单”，并熟悉检查内容。重点关注以下内容：登临检查的检疫方式及其具体原因；检查指令中的重点查验项目、内容和程序。

3. 个人防护准备

根据风险评估结果，需做好相应个人防护。

4. 查验工具准备

检查人员携带航空器检疫查验箱登机。查验箱主要包括：

（1）入出境检疫证单、检查记录单等；

（2）水银温度计、手持测温枪、血压计等医学检查设备；

（3）医用防护服、N95 口罩和乳胶手套等防护物资；

（4）对讲机、录像机及录音机、执法记录仪等调查取证设备。

必要时，可同时携带满足工作需要的医学样品采送样器具和耗材。

5. 机上广播

对于申报机上有健康异常人员的入出境航空器，海关在登临检查前，应要求机组人员在飞机上播放广播。广播内容可参考以下：“各位旅客，您们好！因飞机上发现有身体不适的旅客，海关根据《国境卫生检疫法》，需要进行必要的检查。请各位旅客予以配合。谢谢您的合作！”

（七）登临检查

接受入境检疫的航空器，在检疫没有结束之前，除经海关许可外，任何人不得上下航空器，不准装卸货物、行李、邮包等物品。实施登临检查时，应当在机长或机长授权人员的陪同下，根据相关工作规程实施卫生检疫。

1. 申报资料核查

根据申报资料，重点核查是否存在以下异常情况申报，并要求机长在申报单上签字。

（1）是否来自或经停海关总署传染病疫情公告或警示通报所列国家（地区）；

（2）是否申报有健康异常，包括：机上有传染病病人或疑似病人；有非意外死亡并死因不明的；

（3）是否有病媒生物，包括：机上发现蚊、蝇、蜚蠊等病媒生物；机上发现鼠类等啮齿动物反常死亡或死因不明；机上发现活鼠、鼠迹或新鲜鼠粪的；

（4）来自黄热病受染国家（地区）的航空器是否有有效灭蚊证书，机组人员是否有有效的黄热病预防接种证书。

2. 现场调查

向乘务长询问以下情况：

（1）飞行途中是否有人员有发热等症状；

（2）人员在飞行途中是否有因饮食不适而引起腹泻、呕吐等症状；

（3）机舱内是否有蚊、蝇、蜚蠊及啮齿动物；

（4）来自黄热病受染地区的航空器，要求出示有效的灭蚊证书；

经过询问和检查后，确认该机内无病人，也未携带与人类健康有关的病媒昆虫和啮齿动物时，可同意本次航班人员下机。

3. 重点人员检疫查验

对于实施特定机位检疫的机上人员，应采用有效的测温设备对机上人员实施体温测量。对于申报健康异常的重点人员，除实施体温测量外，还应视情况给予相应个人防护，进行简单的医学检查和初步流行病学调查。

必要时，要求所有人员实施健康申报。

4. 卫生状况检查

原则上于乘客下机后实施卫生状况检查，开展以下工作：

（1）申报或发现有啮齿动物异常死亡的，对其采样送实验室种属鉴定及携带病原体检测；

（2）申报有疑似食物中毒的，检查食品及饮水供应单位、储存情况、食用情况等，对食品、吐泻物等采样送实验室检测。

（八）检疫结果判定

检查结束，由检查人员根据检查结果作出检疫是否合格的判定。检疫合格的，准许人员及物品上下；检疫不合格的，按规范予以分类处置。

1. 航空器到达时载有检疫传染病染疫人的，判定为染疫航空器。

2. 有下列情况之一的，判定为染疫嫌疑航空器：

（1）航空器到达时载有检疫传染病染疫嫌疑人的；

（2）航空器上有啮齿动物异常死亡，并且死亡原因不明的；
（3）来自黄热病受染地区，未持有有效灭蚊证书，且发现有蚊媒的。
3. 有下列情况之一的，判定为其他检疫不合格航空器：
（1）航空器到达时载有其他重点关注传染病病例或疑似病例的；
（2）航空器上有发热、皮疹、黄疸、出血、淋巴结肿大、呕吐、腹泻等症状的人员；
（3）航空器报告或发现有啮齿动物的。
（4）发现有蚊、蝇、蜚蠊等病媒生物的；
（5）发现公共场所卫生不合格；
（6）发现固液废弃物管理不合格；
（7）发现未申报意外死亡尸体或骸骨的；
（8）发现其他卫生学问题的。

（九）检疫不合格处置

1. 涉及人员卫生检疫的，按相关要求执行。

2. 航空器卫生处理。对可能被可疑病例污染的航空器，出具检验检疫处理通知书，对可能受污染的区域、物品等实施消毒处理。对来自黄热病受染地区且无有效灭蚊证书的航空器，出具检验检疫处理通知书，实施灭蚊处理。

3. 病媒生物处置。对报告或发现有啮齿动物及鼠迹、鼠粪等啮齿动物活动痕迹的，出具检验检疫处理通知书，采用器械灭鼠后，将捕获的鼠类送实验室做种属鉴定和携带病原体检测，必要时实施除虫和消毒处理。对报告或发现有蚊、蝇等病媒生物的，出具检验检疫处理通知书，实施相应杀虫处理。

4. 卫生状况不合格。检查发现环境卫生状况不合格的，指导和监督进行整改。

5. 其他情况处置。发现有逃避检疫的、不如实申报的、违规上下人员或货物的，以及其他违法违规行为的，移交相关部门进一步处置。

（十）证书签发

对电讯检疫航空器、登临检查合格或检疫处理合格的航空器，签发航空器入境卫生检疫证书或航空器入境检疫证书。

三、 进出境汽车卫生检疫

（一）基本原则

按照“分级分类”原则开展进出境汽车卫生检疫工作，即根据汽车类型按货运车辆、客运车辆开展分类管理，根据疫情形势按常态下、疫情状态下开展分级管理。

其中，疫情状态是指，海关总署发布疫情公告或警示通报有明确要求的，或者全球传染病疫情监测风险评估为高风险等级的。

根据客运车辆载客来源进行评估，如对从境外机场发车的进境客车，实施重点监管。

（二）备案及申报管理

1. 备案管理

对进出境车辆实施备案管理，车主、驾驶员或其代理人申请备案的，重点审核客运车辆卫生管理制度。

2. 申报管理

疫情状态下，所有进出境车辆均需按海关有关要求实施检疫申报。

非疫情状态（常态）下，实行“异常申报”制度。有以下情况的进出境汽车，需进行现场检疫申报：

（1）车上有疑似传染病病人或有发热、腹泻、呕吐等传染病症状人员的；

（2）车上有人员异常死亡的；

（3）车上载有特殊物品、废旧物品、尸体骸骨等应检疫物品的；

（4）车上发现异常死亡啮齿动物的；

（5）车上有蚊、蝇、蜚蠊等病媒生物的；

（6）海关总署及国家有关部门发文要求的。

（三）车辆风险布控

1. 常态下。

货运车辆、客运车辆以及已评估地区的车辆，按照海关统一布控比例进行布控，不额外增加卫生检疫布控，但是只增加卫生检疫查验的内容。

根据海关总署要求及直属海关风险评估结果，实施卫生检疫布控。

2. 疫情状态下。

所有车辆都要按照海关总署或直属海关相关的规定实施卫生检疫布控。

对于按规定需实施查验前卫生处理（前置预防性卫生处理）的，由风控部门布控，并在布控信息中提示“需实施前置预防性卫生处理。”

3. 对未中控的车辆，按规定开展调研。卫生检疫调研要求和登车检疫要求相同。

（四）车辆检疫方式判定

1. 登车检疫

（1）对中控的车辆，按要求实施登车检疫；

（2）对申报有下列情况之一的，实施登车检疫：申报有异常情况的；体温监测或医学巡查发现有异常情况的。

2. 不登车检疫

非疫情状态下，无异常申报及无异常检疫发现的车辆，原则上不登车检疫。

3. 跨境学童车辆检疫

非疫情状态下，对乘客全部为往返深港走读学童的车辆，经团队申请并经海关风险评估后，可给予便利通关措施。对于学童不下车经旅检大厅出入境的，需 100%实施登车检疫，对学童进行体温监测和医学巡查。对申报有异常的，实施登车检疫。

（五）登车前准备

1. 个人防护

根据风险评估结果，关员登车前，需做好相应个人防护。

2. 物资准备

携带车辆检疫查验箱登车，内含以下内容：

（1）检查记录单；

（2）手持测温枪等医学检查设备；

（3）医用防护服、N95 口罩和乳胶手套等防护物资；

（4）手电筒、对讲机、执法记录仪等其他物资。

（六）车辆卫生检疫

涉及人员卫生检疫的参见相关具体要求。

1. 司乘人员卫生检疫

（1）体温监测及健康申报受理

通过车道式红外体温监测系统或人工手持测温设备，对司乘人员进行体温监测，并接受司乘人员健康申报。

对货车的司乘人员体温监测，根据传染病疫情评估结果和疫情防控文件执行。

（2）医学巡查

观察司乘人员有无咳嗽、咽痛、头痛、皮疹、呕吐、腹泻、黄疸、淋巴结肿大、呼吸困难等症状或体征；根据需要，简单询问相关人员旅行史和接触史。

2. 登车检疫

（1）向司机询问以下情况：

① 车上是否有来自境外机场中转入境人员；

② 车辆运行途中是否发现有病人；

③ 乘车途中是否有人员因饮食不适而引起腹泻、呕吐等症状；

④ 车内有蚊、蝇、蜚蠊及鼠等病媒生物情况。

（2）医学巡查

观察车上人员有无咳嗽、咽痛、头痛、皮疹、呕吐、腹泻、黄疸、淋巴结肿大、呼吸困难等症状；根据需要，简单问询最近旅行史和接触史。

（3）体温检测

必要时对司乘人员进行二次测温，并做好记录。

（4）人员证件查验

① 健康证明查验

对国家法律法规要求健康体检的人员，应要求其出示健康证明，注意检查其真实性和有效性。

② 预防接种证查验

对来自黄热病受染地区的人员，应要求其出示黄热病预防接种证书，检查真实性和有效性。

（5）卫生监督

对车辆病媒生物情况、环境卫生状况等进行监督检查。

（6）其他

载有特殊物品、废旧物品、尸体骸骨等卫生检疫重点监管对象的车辆，按照有关货物检疫实施。

（七）检疫结果判定

1. 车辆到达时载有检疫传染病染疫人的，判定为染疫车辆。

2. 有下列情况之一的，判定为染疫嫌疑车辆：

（1）车辆到达时载有检疫传染病染疫嫌疑人的；

（2）车辆上有啮齿动物异常死亡，并且死亡原因不明的。

3. 有下列情况之一的，判定为其他检疫不合格车辆：

（1）车辆到达时载有其他重点关注传染病病例或疑似病例的；

（2）车辆上有发热、皮疹、黄疸、出血、淋巴结肿大、呕吐、腹泻等症状的人员；

（3）车辆报告或发现有啮齿动物的；

（4）发现有蚊、蝇、蜚蠊等病媒生物的；

（5）发现卫生不合格的；

（6）发现固液废弃物管理不合格的；

（7）发现未申报意外死亡尸体或骸骨的；

（8）发现其他卫生学问题的。

（八）检疫不合格处置

涉及人员卫生检疫的按相关要求处置。

对检疫发现有传染病病例或疑似病例的，出具检验检疫处理通知书，对可能受污染的区域、物品等实施卫生处理。

对于监督发现有病媒生物阳性指征或病媒生物密度超标情况的，下发卫生监督意见书，指导和监督其限期整改；按照相关控制标准实施消毒、除虫等卫生处理措施。

检查发现环境卫生状况不合格的，指导和监督其进行整改。

发现有逃避检疫的、不如实申报的以及其他违法违规行为的，移交相关部门进一步处置。

四、进出境列车卫生检疫

（一）基本原则

海关对进出境列车实行风险管理。所有进出境列车应当接受海关卫生检疫，经海关准许后方可入境或者出境。

（二）备案及申报管理

1. 备案管理

定期往返的列车，应当在入境、出境口岸所在海关进行备案。备案时重点审核列车卫生管理制度。

2. 申报管理

进出境列车应在到达之前或驶离之前，向海关申报。海关根据申报信息及相关风险评估情况，确定是否登车检疫。

在非疫情状态（常态）下，实行“异常申报”制度。有以下情况的进出境列车，需进行现场检疫申报：

（1）车上有疑似传染病病人或有发热、腹泻、呕吐等传染病症状人员的；

（2）车上有人员异常死亡的；

（3）车上载有特殊物品、废旧物品、尸体骸骨等应检疫物品的；

（4）车上发现异常死亡啮齿动物的；

（5）车上有蚊、蝇、蜚蠊等病媒生物的；

（6）海关总署及国家有关部门发文要求的。

对申报有第（1）或（2）条异常情况的，铁路运营部门应及时向海关通报（疑似）病人姓名、性别、国籍、证件号码、乘车席位号、用餐等基本情况和临床主要症状。

在疫情状态下，所有进出境列车需按有关要求实施检疫申报。

（三）风险布控

非疫情状态下，根据海关统一风险布控比例对进出境列车实施卫生检疫布控，不额外增加布控比例，只增加卫生检疫查验内容。

当列车始发地列为传染病受染地区时，根据海关总署要求及直属海关风险评估结果，对进出境列车实行卫生检疫布控。

对于按规定需实施查验前卫生处理（前置预防性卫生处理）的，由风控部门布控，并在布控信息中提示“需实施前置预防性卫生处理。”

（四）检疫方式判定

1. 登车检疫

（1）对中控的车辆，按要求实施登车检疫。

（2）对申报有下列情况之一的，实施登车检疫：申报有异常情况的；检疫发现有其他异常情况的。

2. 不登车检疫

非疫情状态下，无异常申报及无异常检疫发现的车辆，原则上不登车检疫。

（五）登车前准备

1. 个人防护

根据风险评估结果，关员登车前，需做好相应个人防护。

2. 物资准备

携带车辆检疫查验箱登车，内含以下内容：

（1）检查记录单；

（2）手持测温枪等医学检查设备；

（3）医用防护服、N95 口罩和乳胶手套等防护物资；

（4）手电筒、对讲机、执法记录仪等其他物资。

（六）车辆卫生检疫

涉及人员卫生检疫的按照相关具体要求执行。

1. 司乘人员卫生检疫

（1）体温监测及健康申报受理

采用人工手持测温设备，对司乘人员进行体温监测，并接受司乘人员健康申报。

对于经旅检大厅出入境的司乘人员，在旅检大厅接受体温监测，进行健康申报。

（2）医学巡查

观察司乘人员有无咳嗽、咽痛、头痛、皮疹、呕吐、腹泻、黄疸、淋巴结肿大、呼吸困难等症状或体征；根据需要，简单询问相关人员旅行史和接触史。

2. 登车检疫

（1）向司机询问以下情况：

① 车辆运行途中是否发现有病人；

② 途中是否有因饮食不适而引起腹泻、呕吐等症状；

③ 车内有蚊、蝇、蜚蠊及鼠等病媒生物情况。

（2）医学巡查

观察车上人员有无咳嗽、咽痛、头痛、皮疹、呕吐、腹泻、黄疸、淋巴结肿大、呼吸困难等症状；根据需要，简单问询最近旅行史和接触史。

（3）体温检测

必要时对司乘人员进行二次测温，并做好记录。

（4）人员证件查验

① 健康证明查验

对国家法律法规要求健康体检的人员，应要求其出示健康证明，注意检查其真实性和有效性。

② 预防接种证查验

对来自黄热病受染地区的人员，应要求其出示黄热病预防接种证书，检查真实性和有效性。

（5）卫生监督

检查食品卫生、饮用水卫生、疾病控制、病媒生物控制、废弃物卫生管理等情况，检查卫生许可和从业人员健康证明等。

（6）其他

载有特殊物品、废旧物品、尸体骸骨等卫生检疫重点监管对象的车辆，按照有关货物检疫实施。

（七）检疫结果判定

1. 车辆到达时载有检疫传染病染疫人的，判定为染疫车辆。

2. 有下列情况之一的，判定为染疫嫌疑车辆：

（1）车辆到达时载有检疫传染病染疫嫌疑人的；

（2）车辆上有啮齿动物异常死亡，并且死亡原因不明的。

3. 有下列情况之一的，判定为其他检疫不合格车辆：

（1）车辆到达时载有其他重点关注传染病病例或疑似病例的；

（2）车辆上有发热、皮疹、黄疸、出血、淋巴结肿大、呕吐、腹泻等症状的人员的；

（3）车辆报告或发现有啮齿动物的；

（4）发现有蚊、蝇、蜚蠊等病媒生物的；

（5）发现卫生不合格的；

（6）发现固液废弃物管理不合格的；

（7）发现未申报意外死亡尸体或骸骨的；

（8）发现其他卫生学问题的。

（八）检疫不合格处置

涉及人员卫生检疫的按相关要求处置。

对检疫发现有传染病病例或疑似病例的，出具检验检疫处理通知书，对可能受污染的区域、物品等实施卫生处理。海关视情况，决定受污染列车是否可以正常运营。

对于监督发现有病媒生物阳性指征或病媒生物密度超标情况的，下发卫生监督意见书，指导和监督其限期整改；按照相关控制标准实施消毒、除虫等卫生处理措施。

检查发现环境卫生状况不合格的，指导和监督其进行整改。

入出境列车发生突发公共卫生事件时，承运人应当第一时间向就近海关报告。隶属海关组织进行综合评估后，确定是否启动突发事件应急预案，做好应急处置工作。

发现有逃避检疫的、不如实申报的以及其他违法违规行为的，移交相关部门进一步处置。

第三节 进出境货物卫生检疫

本节适用于进出境货物卫生检疫通用要求，涉及特殊物品、废旧物品、尸体骸骨等的卫生检疫要求分别见本章第四节、第五节、第八节。装载货物进出境的重箱卫生检疫参照本节执行。

一、 申报资料审核

（一）入境货物的品名、原产国/地区、启运国/地区、启运口岸、入境废旧物品标注等申报信息。

（二）出境货物的品名、产地、启运地等申报信息。

重点关注货物的原产国/地区、启运国/地区是否属于海关总署公告、警示通报、疫情防控通知所列国家（地区）。

二、 风险评估

对进出境货物实施动态风险管理，根据风险评估，将风险划分为高风险、中风险、低风险 3 个等级。风险评估为高风险和中风险的，实施重点监管；对低风险的，实施一般监管。

（一）高风险

1. 来自海关总署发布的检疫传染病或参照检疫传染病管理疾病的疫情公告、警示通报、疫情防控通知所列国家（地区）的货物。

2. 海关总署明确列入高风险监管目录的货物。

（二）中风险

1. 来自海关总署发布的重点关注传染病（检疫传染病除外）疫情公告、警示通报、疫情防控通知所列国家（地区）的货物。

2. 上一年度卫生检疫查验不合格率达20%以上的企业名下的货物。

3. 关区内连续3批次被查出卫生检疫不合格企业名下的货物。

（三）低风险

不属于高风险和中风险的货物。

三、风险布控

原则上，根据海关统一风险布控比例对进出境货物实行风险布控，不额外增加卫生检疫布控比例，只增加卫生检疫查验内容。海关总署发布的公告、警示通报或疫情防控通知等有其他要求的，根据风险等级，按要求实行风险布控。

对于按规定需实施查验前卫生处理（前置预防性卫生处理）的，在逻辑检控环节将前置预防性卫生处理要求通知企业和现场查验部门。

四、查验前处理

对中控的进出境货物实施卫生检疫查验。对需实施查验前卫生处理的进出境货物，货主或其代理人按照相关规定实施卫生处理。

五、检疫查验

（一）货物卫生检疫重点查验内容

1. 是否有鼠类等啮齿动物或有其活动迹象，包括鼠咬痕、鼠粪、鼠迹、鼠巢等；

2. 是否有飞行或附着的蚊、蝇，是否有蜚蠊；

3. 凹处是否有积水处，积水处是否有蚊幼虫；

4. 是否有腐烂变质物品，是否有异味；

5. 是否有生活垃圾、动物尸体、粪便等；

6. 是否夹带禁止进口的废旧物品；

7. 是否夹带未经检疫审批的特殊物品；

8. 是否存在被传染病病原体污染嫌疑；

9. 是否存在其他公共卫生问题。

（二）货物卫生检疫查验方法

1. 病媒生物检查

查验货物及其包装、铺垫物上是否存在鼠迹、鼠粪、鼠咬痕、鼠巢等，可用鼠夹、粘鼠板捕鼠，将捕获的鼠类放入样品袋，送实验室做种属鉴定和携带病原体检测。

查验货物空隙或者货物表面是否有蚊、蝇、蚤、蜚蠊等病媒生物。用吸蚊器或飞虫采集网捕捉飞行成虫；用蚊幼采集勺采集凹处积水中可能滋生的蚊幼虫；布放粘蚤纸捕集游离蚤；用药激法，查找蜚蠊。采集到的成虫、幼虫、若虫分别放入指形管，送实验室鉴定。发现蜚蠊的，需用杀虫剂杀灭后再送检。

2. 卫生学检查

检查货物的卫生状况，重点检查是否存在夹带生活垃圾、废弃物、排泄物、腐烂变质物品等卫生学问题。检查是否存在被传染病病原体污染嫌疑。

六、 卫生处理

对检疫查验发现下列情形的货物，向货主或其代理人出具检验检疫处理通知书，按要求实施相应卫生处理。

（一）发现鼠类等啮齿动物或有其活动迹象的，进行灭鼠，必要时进行除虫和消毒；

（二）发现蚊、蝇、蚤等病媒昆虫或蚊幼虫的，进行除虫处理；

（三）发现有腐烂变质物品、生活垃圾、动物尸体、粪便的，进行消毒处理；

（四）有证据表明被传染病病原体污染或有污染嫌疑的，进行消毒处理；

（五）发现废旧物品的，进行除虫；如同时发现啮齿动物的需另增实施灭鼠，如同时发现腐烂变质物品的需另增消毒；

（六）国家法律、行政法规或国际条约规定必须做卫生处理的。

七、 检疫处置

（一）对检疫查验或卫生处理合格的货物，准予进出境。

（二）对检疫查验不合格且经过卫生处理后无法达到卫生处理效果的货物，实施退运或销毁。

（三）对发现未经检疫审批的特殊物品，根据《进出境特殊物品卫生检疫管理规定》，予以退运或销毁。

（四）对发现禁止进口的废旧物品的，予以退运。

第四节
出入境特殊物品卫生检疫

本节适用于直属关区出入境特殊物品的卫生检疫查验工作。

本节所指特殊物品包括微生物、人体组织、生物制品、血液及其制品等。

一、 风险分级管理

按照海关总署的相关要求，对出入境特殊物品实行风险分级管理，按照风险高低，将出入境特殊物品分为 A、B、C、D 四级，A、B 级为高风险特殊物品。

（一）A 级：“入/出境特殊物品卫生检疫审批单”（以下简称“检疫审批单”）仅能使用一次，不能分次核销。现场批批查验，并实施后续监管。

（二）B 级：检疫审批单可在有效期内多次使用，一次审批，分次核销。现场抽批查验，并实施后续监管。

（三）C 级：检疫审批单可在有效期内多次使用，一次审批，分次核销，现场抽批查验。

（四）D 级：检疫审批单可在有效期内多次使用，一次审批，分次核销，现场抽批查验。

二、申报审核与核销

对特殊物品申报材料的真实性、准确性和规范性进行审核，重点审核是否填写特殊物品检疫审批单单号、“货物属性”栏是否填写特殊物品的风险等级。

登录“海关出入境特殊物品卫生检疫监管系统”（以下简称“特殊物品监管系统”），检查检疫审批单的真实性和有效性。进入“检疫核销”模块，点击“报检/核销”，核对特殊物品的品名、规格是否与预核销单相符，数量是否在有效范围内；填写的特殊物品风险级别是否与核销单一致。

申报材料不齐全或者不符合规定要求的，不予受理。申报材料齐全、符合规定要求的，则在“特殊物品监管系统”的“检疫核销”模块予以核销。

三、检疫查验

（一）特殊物品类货物检疫查验

根据海关统一风险布控比例，对命中布控指令需查验的出入境特殊物品实施双人检疫查验。

1. 查验前准备

（1）了解特殊物品的种类和风险级别，做好相应的防护准备。

（2）了解特殊物品运输保存条件要求，是否需冷藏或冷冻运输。

（3）是否抽中需采样。如需采样则准备好采样用具，包括采样袋、生物安全送样箱等。

2. 查验要点

（1）查验场地选择

应在符合特殊物品储存要求并具备相应的生物安全防护能力的场所中开展特殊物品查验。

（2）查验重点

① 特殊物品有冷藏或冷冻运输要求的，是否用冷藏车运输，或放有干冰、湿冰、液氮等保温；

② 核查货证是否相符。查验特殊物品包装标签列明的名称、成分、批号、规格、数量、输出/输入国（地区）和生产厂家等项目是否与特殊物品审批单的内容一致；

③ 检查特殊物品包装是否完整无破损，不渗、不漏；

④ 对含有病原微生物的特殊物品，如科研用菌（毒）种，其他感染性生物材料（如含有病原体的人体血液、人体组织等），应在做好个人防护的前提下，在查验其外包装是否完整、是否贴有相应的生物安全危害标识、包装材料是否符合感染性物质运输包装分类要求（在无生物安全防护能力的场所不得拆包查验）；

⑤ 查验过程应轻拿轻放，对标有“向上”字样的不得倒放，避免发生破损、泄漏产生生物安全风险。

3. 采样送检

根据布控规则，对抽中需采样的特殊物品进行采样，加贴样品标签，填写抽样凭证。

抽采的样品应放入符合生物安全要求的冷链运输箱中，尽快送往符合相关要求的实验室进行检测，原则上应当天送样，最长不超过 24 小时。

（二）邮寄、携带的出入境特殊物品检疫查验

旅检、邮检现场应通过机检、人工挑查、携带物低温探测、基于情报布控等多种方式筛检经邮寄、携带方式出入境的特殊物品。其中，在机检时应重点甄别是否有长条试管、圆形安培瓶等形状的物品。

对发现属于特殊物品，未取得检疫审批单的，予以截留，出具截留凭证，注明截留期限不超过 7 天。将截留的特殊物品存放于与其生物安全等级相一致，符合保存条件的环境里。截留期间，当事人未取得检疫审批单，予以退运或销毁。

对携带自用且仅限于预防或者治疗疾病用的血液制品或者生物制品出入境的，无须办理卫生检疫审批手续，出入境时应当向隶属海关出示医院的有关证明；允许携带量以处方或者说明书确定的一个疗程为限。

对发现属于禁止进出境的，按照相应法律规定办理。对发现属于涉嫌违法、涉恐的特殊物品，直接按规定程序移交相关机构和部门，并及时上报。

邮递人或者携带人在截留期限内取得特殊物品审批单后，隶属海关按照规定查验特殊物品名称、数量、规格等是否与审批单一致，特殊物品包装是否符合要求，经检疫查验合格的予以放行，同时在“特殊物品监管系统”中对相应的“预核销单”予以核销通过。对查验不合格的，予以退回或销毁。

四、 检疫处置

（一）检疫查验过程中发现存在下列情况之一的，签发检验检疫处理通知书，予以退运或者销毁：

1. 名称、批号、规格、生物活性成分等与特殊物品审批内容不相符的；
2. 超出卫生检疫审批的数量范围的；
3. 包装不符合特殊物品安全管理要求的；
4. 经检疫查验不符合卫生检疫要求的；
5. 被截留邮寄、携带特殊物品自截留之日起 7 日内未取得特殊物品审批单的，或者取得特殊物品审批单后，经检疫查验不合格的。

（二）经检疫查验合格的，予以放行。查验不合格情况及处理结果应在处置结束后 24 小时内登录“特殊物品监管系统”做好不合格案例记录并上传现场照片。

五、 后续监管

进口 A、B 级高风险特殊物品的单位应当在特殊物品入境后 30 日内，向目的地属地海关申报。

属地海关根据“特殊物品监管系统”中“监督管理—后续监管登记”模块的列表任务，在特殊物品入境后的 3 个月内完成后续监管工作。

入境特殊物品后续监管工作重点：

1. 使用单位的实验室是否与特殊物品审批单一致；
2. 入境特殊物品是否与特殊物品审批单货证相符，即检查入境特殊物品包装标签列明的名称、成分、批号、规格、数量、输出/输入国（地区）和生产厂家等项目是否与特殊物品审批单的内容一致。具体检查内容参见《入境特殊物品后续监管记录表》。

后续监管过程中发现使用单位的实验室或入境特殊物品与特殊物品审批单不相符的，责令其退运或者销毁。

属地海关应在完成后续监管及时登录“特殊物品监管系统”填报监管情况。对后续监管过程中发现的问题，应当及时上报卫生处，情节严重的由卫生处上报海关总署。

第五节
进出境废旧物品卫生检疫

本节适用于进出境废旧物品卫生检疫工作。

各隶属海关按照“逢废/旧必报、集中风控、分类管理、严格检疫、规范处置”的原则，加强进出境废旧物品卫生检疫工作。

一、 查验前卫生处理

（一）根据进出境废旧物品的污染程度或风险评估结果，分别实施消毒、除鼠、除虫，对污染严重的实施销毁。

（二）对废旧物品需实施查验前卫生处理的，在逻辑检控环节将前置预防性卫生处理要求通知企业和现场查验部门。

在风控部门无法实施布控时，由隶属海关向进出境废旧物品的货主或其代理人出具检验检疫处理通知书，并督促落实进出境废旧物品100%进行查验前卫生处理。隶属海关根据风险评估结果，选择采用熏蒸或喷洒的处理方式。

（三）进出境废旧物品经卫生处理后，需在开箱实施现场查验时达到以下卫生标准：

1. 集装箱内未发现蚊、蝇、蜚蠊等病媒昆虫成虫或全部死亡；

2. 鼠等啮齿动物未发现或全部死亡；

3. 集装箱柜门上熏蒸标识标注的散毒时间之后的，或熏蒸剂残留在安全范围内（小于5PPm）的。

如未达到以上第1和2项标准的，需立即关闭箱门，再次实施熏蒸处理并检查符合标准后，方可进行开箱查验。

二、 现场检疫查验

（一）查验比例。入境废旧物品卫生检疫抽批比例根据海关总署统一部署执行。原则上，卫生检疫不额外增加抽批比例。对中控的入境废旧物品，隶属海关应同时检查卫生检疫项目。

出境废旧物品，按不高于10%的比例实施抽批查验，每批开箱率不高于5%，至少为1箱。

海关总署发布的传染病公告、警示通报等有其他要求的，按要求实施布控及查验。

（二）废旧物品检疫查验应于海关指定场所实施，相关场所应符合公共卫生风险防控要求。

（三）查验前应准备病媒生物监测、采送样及个人防护等装备设备，以及记录表单。

（四）卫生检疫现场查验重点检查以下内容：

1. 是否有鼠或鼠咬痕、鼠粪、鼠迹、鼠巢；
2. 是否有飞行或附着的蚊、蝇，是否有蜚蠊；
3. 凹处积水处是否有蚊幼虫；
4. 是否有腐烂变质物品，是否有异味；
5. 是否有生活垃圾、动物尸体、粪便等；
6. 是否夹带禁止进口的废旧物品；
7. 是否夹带未经检疫审批的特殊物品；
8. 是否存在被传染病病原体污染嫌疑；
9. 是否存在其他公共卫生问题。

（五）送样。查验中发现病媒生物的，应采样送实验室进行种属鉴定和携带病原体检测。发现有细菌等病原体污染嫌疑的，将受污染物装入采送样袋中，送实验室检查带菌情况。

（六）检疫结果判定。发现以下情形之一的，判定为其卫生检疫不合格：

1. 货证不相符；
2. 有病媒生物活动迹象；
3. 采样送检细菌指标超标；
4. 有腐烂变质物品、动物尸体、粪便等；
5. 发现夹带生活垃圾或生产垃圾超标；
6. 发现夹带其他禁止进境物；
7. 发现其他公共卫生问题。

三、 检疫处置

（一）对发现的不合格情况，给予分类处置。对需实施卫生处理的，出具检验检疫处理通知书。

1. 发现货证不相符的，移交相关部门进一步处置；
2. 发现鼠类等啮齿动物或有其活动迹象的，进行灭鼠，必要时进行除虫和消毒；
3. 发现蚊、蝇、蚤等病媒昆虫或蚊幼虫的，进行除虫处理；
4. 发现有腐烂变质物品、生活垃圾、动物尸体、粪便的，进行消毒处理；
5. 有证据表明被传染病病原体污染或有污染嫌疑的，进行消毒处理；
6. 发现废旧服装、废旧麻袋等禁止进境物的，则按规定进行就地焚烧或退运。

（二）对检疫查验合格或卫生处理合格的废旧物品，准予入境。对实施卫生处理后仍不合格且无有效处理方式的，予以退运。

四、 其他

对旅检渠道个人携带进出境的旧衣物，须符合个人自用及合理数量原则。

第六节
进出境邮件快件卫生检疫

本节适用于除特殊物品以外的进出境邮件快件卫生检疫。

一、审核重点

隶属海关受理邮件快件报关时应当重点审核：

入境邮件快件的品名、原产国/地区、启运国/地区、启运口岸、入境废旧物品标注等申报信息；重点关注原产国/地区、启运国/地区是否属于海关总署公告、警示通报、疫情防控通知所列国家（地区）。

二、风险评估

对进出境邮件快件实施动态风险管理，根据风险评估，将风险划分为高风险、中风险、低风险 3 个等级。风险评估为高风险和中风险的，实施重点监管；对低风险的，实行一般监管。重点监管进出境邮件快件包括：重点检疫对象、重点监管国家（地区）和重点监管企业。

（一）高风险

1. 来自海关总署发布的检疫传染病或参照检疫传染病管理疾病的疫情公告或警示通报国家（地区）的邮件快件；

2. 其他国家有关部门明文要求查验的邮件快件。

（二）中风险

1. 来自海关总署发布的其他重点关注传染病疫情公告或警示通报国家（地区）的邮件快件；

2. 上一年度卫生检疫查验中不合格率达 20%以上的企业名下的邮件快件；

3. 本关区内连续 3 批次被查出卫生检疫不合格企业名下的邮件快件。

（三）低风险

不属于高风险和中风险的邮件快件。

三、风险布控

原则上，根据海关统一风险布控比例对进出境邮件快件实行风险布控，不额外增加布控比例，只增加卫生检疫查验内容。海关总署发布的公告或警示通报等有其他要求的，根据风险等级，按要求实行风险布控。

对于按规定需实施查验前卫生处理（前置预防性卫生处理）的，在逻辑检控环节将前置预防性卫生处理要求通知企业和现场查验部门。

四、 检疫查验

对中控的进出境邮件快件实施卫生检疫查验。对需实施查验前卫生处理的进出境邮件快件，货主或其代理人按照相关规定实施卫生处理。

邮件快件卫生检疫重点查验内容如下：

（一）是否有鼠或鼠咬痕、鼠粪、鼠迹、鼠巢；

（二）是否有飞行或附着的蚊、蝇，是否有蜚蠊；

（三）凹处积水处是否有蚊幼虫；

（四）是否有腐烂变质物品，是否有异味；

（五）是否有生活垃圾、动物尸体、粪便等；

（六）是否夹带禁止进口的废旧物品；

（七）是否夹带未经检疫审批的特殊物品；

（八）是否存在被传染病病原体污染嫌疑；

（九）是否存在其他公共卫生问题。

五、 卫生处理

对检疫查验发现下列情形的，向货主或其代理人出具检验检疫处理通知书，按要求实施相应卫生处理。

（一）发现鼠类等啮齿动物或活动迹象的，进行灭鼠、除虫、消毒处理；

（二）发现蚊、蝇、蚤等病媒昆虫或蚊幼虫的，进行除虫处理；

（三）发现有腐烂变质物品、生活垃圾、动物尸体、粪便的，进行消毒处理；

（四）有证据表明被传染病病原体污染或有污染嫌疑的，进行消毒处理；

（五）发现废旧物品的，进行除虫；如同时发现啮齿动物的需另增实施灭鼠，如同时发现腐烂变质物品的需另增消毒。

（六）国家法律、行政法规或国际条约规定必须做卫生处理的。

六、 检疫处置

对检疫查验或卫生处理合格的，准予进出境。对检疫查验不合格、且经过卫生处理后无法达到卫生处理效果的货物，实施退运或销毁。

发现的不合格案例，应在归档后 2 个工作日内，将相关信息录入智慧卫生检疫系统。

第七节 进出境行李物品卫生检疫

对海关旅检渠道抽中查验的行李物品，开箱查验时应同时查验卫生检疫项目。

一、 查验重点

卫生检疫重点查验内容如下：

（一）是否有鼠或鼠咬痕、鼠粪、鼠迹、鼠巢；

（二）是否有蝇、蜚蠊等病媒昆虫；

（三）是否存在夹带腐烂变质物品等卫生状况差的情况；

（四）是否夹带禁止进口的废旧物品；

（五）是否夹带未经检疫审批的特殊物品；

（六）是否存在其他公共卫生问题。

二、 检疫处置

对检疫查验发现下列情形的，向货主或其代理人出具检验检疫处理通知书，按要求实施相应卫生处理。

（一）发现鼠类等啮齿动物或有其活动迹象的，进行灭鼠，必要时进行除虫和消毒；

（二）发现有蝇、蜚蠊等病媒昆虫，进行杀虫处理；

（三）发现有腐烂变质物品的，进行消毒处理；

（四）发现禁止进口废旧物品的，对其进行杀虫处理后，予以退运或销毁。

（五）发现夹带未经检疫审批的特殊物品，按规定予以截留，并根据《进出境特殊物品卫生检疫管理规定》具体要求做进一步处理。

第八节
进出境尸体骸骨卫生检疫

本节适用于出入境尸体、骸骨的卫生检疫工作。

直属海关卫生检疫处负责统一管理关区内出入境尸体、骸骨的卫生检疫工作。各隶属海关负责所辖口岸入出境尸体、骸骨的卫生检疫工作。

一、 检疫范围

本节所称出入境尸体、骸骨包括：

（一）需要出境或者入境进行殡葬的尸体、骸骨；

（二）出入境及过境途中死亡人员的尸体、骸骨；

因医学科研需要，由境外运进或者由境内运出的尸体、骸骨，按照出入境特殊物品管理。

除上述情形外，不得由境内运出或者由境外运入尸体和骸骨。

二、 管理规定

（一）因患有或疑似患有检疫传染病、炭疽、国家公布按甲类传染病管理的疾病以及国务院规定的其他新发烈性传染病死亡的尸体、骸骨，禁止出入境。

因患检疫传染病而死亡的尸体，必须就近火化。

（二）运送尸体、骸骨出入境的，其托运人或其代理人应当向各隶属海关申请卫生检疫，检疫合格方准运进或运出。

（三）出入境尸体、骸骨卫生检疫工作包括：材料核查、检疫查验、检疫处置和证书签发等。符合卫生检疫要求的，准予出入境。

（四）从事运送尸体、骸骨出入境的单位应当取得国务院殡葬主管部门准予从事国际运尸业务的证明文件。

托运人或其代理人运送尸体、骸骨出入境的，应当委托符合相关规定的单位从事运尸业务，并在尸体、骸骨出入境时，提供运送尸体、骸骨出入境的单位的法人证书或者工商营业执照及国务院殡葬主管部门准予从事国际运尸业务的证明文件等资料。

（五）需经口岸入境的尸体、骸骨，入境前，托运人或其代理人应当向口岸隶属海关申报，并按照要求提供以下材料：

1. “尸体/棺柩/骸骨入/出境卫生检疫申报单”；

2. 死者有效身份证明（如护照、海员证、通行证、身份证或者使领馆等相关部门出具的证明）；

3. 出境国家或地区官方机构签发的死亡报告或者医疗卫生部门签发的死亡诊断书；

4. 入殓证明；

5. 防腐证明；

6. 托运人或其代理人身份证明（如护照、通行证或者身份证等）。

（六）尸体、骸骨原则上应当从入殓地所在地区口岸出境。尸体、骸骨经口岸运送出境的，出境前，托运人或其代理人应当向所属的隶属海关申请出境检疫。因特殊情况，需运至外地口岸出境的，出境前，托运人或其代理人应当向所属隶属海关申请出境检疫，并按照要求提供以下材料：

1. “尸体/棺柩/骸骨入/出境卫生检疫申报单”；

2. 死者有效身份证明；

3. 县级及以上医疗机构出具的死亡证明书或者公安、司法部门出具的死亡鉴定书或者其他相应的公证材料；

4. 中国殡葬协会国际运尸网络服务中心出具的“尸体/棺柩/骸骨/骨灰入/出境卫生监管申报单”、“尸体/棺柩/骸骨/骨灰入/出境入殓证明”和“尸体入/出境防腐证明”（可于入殓后补交）；

5. 托运人或者其代理人身份证明。

（七）本关区以外地区尸体、骸骨因特殊原因，确需经本关区内口岸运送出境的，托运人或其代理人应当向入殓地海关申请检疫查验。检疫合格的，运送尸体、骸骨出境时，托运人或其代理人应当向出境隶属海关申报，申报时应当提交下列材料：

1. 入殓地海关签发的“尸体/棺柩/骸骨入/出境卫生检疫证书”；

2. 死者有效身份证明；

3. 托运人或者其代理人身份证明。

（八）在出入境或者过境途中发生人员死亡，需要运送尸体入境的，托运人或其代理人应当向入境各隶属海关申报并提交以下材料：

1. “尸体/棺柩/骸骨入/出境卫生检疫申报单”；

2. 死者有效身份证明；

3. 有效死亡证明或者由公安机关出具的死亡鉴定书。

如因特殊原因未能当场提供有效死亡证明或死亡鉴定书的，各隶属海关可根据现场检疫情况和对死者陪同人员及相关人员的调查情况，先予办理入境检疫手续，并要求托运人或其代理人在规定期限内补充提交境内县级及以上医疗机构签发的死亡证明书或公安机关出具的死亡鉴定书。

（九）对因发生自然灾害、战争等特殊情况，需出入境尸体、骸骨的，各隶属海关可根据相关主管部门的批文，予以办理相关申报手续。

（十）各隶属海关认为必要时，可向死者家属或其代理人了解死者死亡前的主要临床症状、精神状态、死亡原因、死亡过程及尸体处理经过等有关事项，要求提供死者就诊病历、尸体处理记录等相关证明材料。

（十一）入境尸体、骸骨由入境口岸隶属海关在资料核查合格后实施现场检疫查验；出境尸体、骸骨由入殓地海关进行材料核查并实施现场查验，由出境口岸隶属海关在资料核查合格后，现场核查是否与申报内容相符，检查外部包装是否完整、破损、渗漏等。

（十二）所有检疫查验工作均应填写“入出境尸体/棺柩/骸骨现场检查工作记录”。

（十三）未入殓尸体的检疫查验内容包括：

1. 检查尸体腐烂程度，所有腔道、孔穴是否用浸泡过消毒、防腐药剂的棉球堵塞，有无体液外流；

2. 对死因不明的尸体，注意检查是否有皮疹（斑疹、丘疹、疱疹、脓疱）、表皮脱落、溃疡、渗液、出血点和色素沉着，异常排泄物、分泌物、腔道出血等现象；

3. 对出入境或者过境途中死亡人员的尸体，各隶属海关应当实施检疫，并根据检疫结果及申报人要求采取相应的处理及卫生控制措施，未经各隶属海关许可不得移运。

（十四）入境已入殓尸体的棺柩现场查验内容包括：检查入境棺柩包装是否密闭、有无破损、渗漏及异味。棺柩若无渗液、漏气等特殊原因或者无流行病学意义，原则上不开棺检疫查验。

（十五）入殓检疫查验合格的出境尸体，现场查验内容包括：检查出境棺柩包装是否密闭，有无破损、渗漏及异味。棺柩若无渗液、漏气等特殊原因或者无流行病学意义，原则上不开棺检疫查验。

（十六）出入境骸骨现场查验内容包括：检查骸骨的包装容器是否密闭，有无渗漏；包装容器非密闭的，检查骸骨是否干爽，是否带肌腱，有无异味、病媒昆虫等。

（十七）根据申报材料核查、流行病学调查以及现场查验情况，对需要进一步调查死亡原因的尸体，各隶属海关可以采取标本送有资质的实验室进行检验。

（十八）各隶属海关发现有下列情况之一的，可以判定为卫生检疫查验不合格：

1. 外部包装不密闭、有破损，有渗漏、有异味及病媒昆虫的；

2. 出入境尸体未经防腐处理、包装入殓的；

3. 入境途中死亡且死因不明的。

（十九）对卫生检疫查验不合格的尸体、骸骨，各隶属海关按照以下规定进行检疫处置：

1. 禁止入出境的尸体、骸骨，必须就地火化后，以骨灰的形式入出境；

2. 有渗液、漏气的棺柩，必须进行卫生处理，托运人或其代理人应当采取改换包装、重新防腐处理、冷冻运输等措施；

3. 骸骨的包装容器不密闭，有异味散发、渗漏或者病媒昆虫的，必须进行卫生处理，并更换包装；

4. 出入境途中不明原因死亡的，应当进行死因鉴定；无法作出死因鉴定的，尸体及棺柩一并火化，以骨灰的形式出入境；

5. 无死亡报告或者死亡医学诊断书的尸体，且托运人或其代理人未能在规定期限内补交的，按照死因不明处置，以骨灰的形式出入境；

6. 经卫生处理后仍不符合卫生检疫要求的应当就近火化，以骨灰的形式出入境。

有前款规定情形应当火化但是托运人或其代理人不同意火化的，禁止出入境。

（二十）本关区内经口岸出入境的尸体、骸骨，符合卫生检疫要求的，各隶属海关于出入境时签发“尸体/棺柩/骸骨入/出境卫生检疫证书”。

经外地口岸出境的尸体、骸骨，符合卫生检疫要求的，属地隶属海关于入殓检疫后签发“尸体/棺柩/骸骨入/出境卫生检疫证书”。

（二十一）对入境后再出境的尸体、骸骨，出境各隶属海关应当查验入境各隶属海关签发的“尸体/棺柩/骸骨入/出境卫生检疫证书”及相关材料。

（二十二）本节下列用语的含义：

1. 尸体是指人死亡后的遗体及以殡葬为目的的人体器官组织。

2. 骸骨是指以殡葬为目的的人体骨骼。

3. 棺柩是指盛放有尸体的固定形态的坚固密闭容器。

（二十三）对违反本节有关规定的，依照国家有关法律法规的规定进行处罚。

第九节 进出境集装箱空箱卫生检疫

一、 审核资料和风险布控

隶属海关受理集装箱空箱申报时应当重点审核：入境空箱的启运口岸是否属于海关总署公告、警示通报、疫情防控通知所列国家（地区）。

对于按规定需实施查验前卫生处理（前置预防性卫生处理）的，在逻辑检控环节将前置预防性卫生处理要求通知企业和现场查验部门。

二、 现场查验比例

原则上，根据海关统一风险布控比例对进出境集装箱实行风险布控，不额外增加布控比例，只增加卫生检疫查验内容。海关总署发布的公告或警示通报等有其他要求的，按要求执行。

对于以下高风险的进出境集装箱空箱，按海关总署卫生司要求，按提单实行抽批查验，抽批比率不高于10%，每批开箱率不高于5%，至少为1箱。

（一）来自海关总署发布的传染病疫情公告或警示通报国家（地区）的集装箱空箱；

（二）经传染病疫情风险评估后，因海关工作需要，需查验的集装箱空箱。

对低风险的，按提单实行抽批查验，抽批比率不高于5%，每批开箱率不高于1%，至少为1箱。

海关总署发布的公告或警示通报等有其他要求的，按要求比例实施卫生检疫查验。

对疫情公告或警示通报明确规定要实施前置卫生处理的进出境集装箱空箱，应实施相应的卫生处理后，才能按比例实施现场查验。

三、 现场检疫查验

（一）对符合以下情况的集装箱空箱实施现场查验

1. 中控的集装箱空箱；
2. 根据情报线索（包括闸口查验），报告可能有不符合卫生检疫要求的集装箱空箱。

（二）查验前准备

1. 人员准备

由2名或2名以上人员实施，做好个人防护。

2. 物资准备

准备好检疫单证、记录单和现场检疫工作器具，一般装备和器具包括：工作服、手套、手电筒、粘鼠板、吸蚊器、杀虫剂、指形管、镊子/密封样品袋等。

（三）箱体表面检疫查验

核查集装箱箱号与申报资料是否一致，查看集装箱体是否完整；检查集装箱外表（包括叉车孔、箱底部等处）是否有病媒生物以及其他污染物等。

（四）箱体内检疫查验

对实施过熏蒸处理的集装箱进行查验前，应先核实集装箱箱门上张贴的散毒时间，散毒结束后方可实施开箱查验。必要时，可对箱内熏蒸气体浓度进行检测，发现熏蒸剂残留超过安全标准（5 ppm）的，应立即关闭集装箱并移至安全地点进行通风散毒后，方可实施查验，防止意外事故发生。

卫生检疫现场查验重点检查以下内容：

1. 是否有鼠或鼠咬痕、鼠粪、鼠迹、鼠巢；
2. 是否有飞行或附着的蚊、蝇，是否有蜚蠊；
3. 凹处积水处是否有蚊幼虫；
4. 是否有腐烂变质物品，是否有异味；

5. 是否有生活垃圾、动物尸体、粪便等；
6. 是否夹带禁止进口的废旧物品；
7. 是否夹带未经检疫审批的特殊物品；
8. 是否存在被传染病病原体污染嫌疑情况；
9. 是否存在其他公共卫生问题。

（五）检疫结果判定

经检疫发现有不符合检疫要求的，应增加2%的开箱率进行查验。如仍发现有不符合检疫要求的，可继续扩大查验比例。

现场发现的病媒生物需送实验室进行种属鉴定和携带病原体检测。

四、检疫处置

（一）发现人类尸体

集装箱内发现尸体的，立即实施检疫排查，监督实施卫生处理后，配合公安机关做好后续处置。

（二）发现病媒生物

发现鼠类等啮齿动物或有其活动迹象的，进行灭鼠，必要时进行除虫和消毒。

发现有蝇、蜚蠊等病媒昆虫，进行杀虫处理。

（三）发现病原体污染

对发现集装箱被病原体污染的，进行消毒处理。

（四）发现其他不合格处置

对发现携带土壤、动物尸体、生活垃圾、废轮胎、旧服装以及国家禁止入境的其他物品的，对集装箱及箱内物品实施相应卫生处理。难以销毁处理的，连同集装箱作退运处理。

（五）其他情况处置

发现有逃避检疫的、不如实申报的，以及其他违反规定的，应实施相应行政处罚。

第六章

6

进出境动植物检疫

进出境动植物检疫是国家主权的象征，通过对外行使国家主权、履行国际义务，执行动植物检疫法律法规，防止动物疫病和危险性植物有害生物传入、传出国境，保护农林牧渔业生产安全、生态安全、人和动物生命健康安全，所采取的强制性检查和处理措施。实施强制性动植物检疫已成为世界各国（地区）的普遍制度。

进出境动植物检疫具有预防性、法制性、技术性、公益性、涉外性、应急性、风险性和敏感性等特点。

海关根据《进出境动植物检疫法》及其实施条例，参照世界贸易组织关于《实施卫生与植物卫生措施协定》（SPS 协定）和《国际植物保护公约》（IPPC）、世界动物卫生组织（OIE）的有关规定，制定了相关进境动植物及其产品检验检疫部门规章，主要有《进境货物木质包装检疫监督管理办法》《进境植物繁殖材料隔离检疫圃管理办法》《进出境非食用动物产品检验检疫监督管理办法》《进出口饲料和饲料添加剂检验检疫监督管理办法》《进境动物遗传物质检疫管理办法》《进境植物繁殖材料检疫管理办法》《进境动物隔离检疫场使用监督管理办法》《进境水果检验检疫监督管理办法》《进境水生动物检验检疫监督管理办法》《进境栽培介质检疫管理办法》《进出境粮食检验检疫监督管理办法》《进出境转基因产品检验检疫管理办法》《出境货物木质包装检疫处理管理办法》《出境竹木草制品检疫管理办法》《出境水果检验检疫监督管理办法》《进出境转基因产品检验检疫管理办法》《出境水生动物检验检疫监督管理办法》《供港澳活牛检验检疫管理办法》《供港澳活猪检验检疫管理办法》《供港澳活羊检验检疫管理办法》《供港澳活禽检验检疫管理办法》。旅客携带物、邮寄物及跨境电商按照相关规定依法实施检疫，未出台部门规章的木材、植物源性肥料、生物质燃料及其他动植物产品按相关法律法规，以公告、规范性文件的形式向社会公布并实施检验检疫。

第一节
进境动植物及其产品的动植物检疫

进境动植物及其产品的动植物检疫主要包括检疫准入、检疫审批、境外预检、指定监管场地（指定口岸）、口岸查验、隔离检疫、实验室检测、检疫处理（包括指定监管加工）、后续监管等过程。

一、 检疫准入

为防止外来植物检疫性有害生物传入，保护我国农、林业生产安全及生态环境，根据《进出境动植物检疫法》及其实施条例、国际公约，参照国际标准及国际惯例，海关制定了《进境植物和植物产品风险分析管理规定》和《进境动物和动物产品风险分析管理规定》，构成了我国的检疫准入制度的基本框架。检疫准入制度是中国海关根据中国法律法规，依据国内外动植物疫情疫病和安全卫生风险评估结果，结合拟申请国（地区）出口农产品官方监管体系的有效性评估，作出是否准许申请国（地区）某类动植物、动植物产品进入中国决定的制度。检疫准入制度是 WTO/SPS 的重要措施，是降低检疫性有害生物传入我国的第一道防线，通常包括：接到申请国（地区）官方申请后，向申请国（地区）进行问卷调查、组织专家进行风险评估、赴申请国（地区）进行体系考核、要求申请国（地区）官方对出口企业进行企业注册、确定植物检疫要求、签署双边协议（议定书）等内容。双边协议签署后，海关将双边协议中的植物检疫要求以公告的形式向社会公布。双边协议中的植物检疫要求是开展进境动植物检疫的重要依据。至 2021 年年底，海关总署和原国家质检总局与出口国（地区）官方签署双边植物检疫要求协议 260 余个（不含大米、杂粮、干坚果、中药材、蔬菜），涉及国家（地区）70 余个，涵盖了进出境水果、种苗、植物源性饲料、粮食产品、木材、烟叶、活动物等产品。

海关在检疫审批或接受企业报关前，应先行了解该产品是否获得中国官方检疫准入，未获得准入的动植物及其产品不得进口。因出口国（地区）官方监管体系运行不符合我国要求或出现重大动植物疫情，我国采取临时检疫措施，暂停进口该国（地区）或企业的产品也不得进口。

二、 检疫审批

海关总署为进一步加强对进境动植物检疫审批的管理工作，防止动物传染病、寄生虫病和植物危险性病虫杂草及其他有害生物的传入，根据《进出境动植物检疫法》及其实施条例的有关规定，制定了《进境动植物检疫审批管理办法》。检疫审批制度是国家为防止境外动植物传染病、有毒有害生物的传入，对进境（过境）动物及其产品、植物及其产品采取的一种行政管理程序。

（一） 审批范围

审批管理办法适用于对《进出境动植物检疫法》及其实施条例以及国家有关规定需要审批的进境动物（含过境动物）、动植物产品和需要特许审批的禁止进境物的检疫审批。

海关总署根据法律法规的有关规定，以及国务院有关部门发布的禁止进境物名录，制定、调整并发布需要检疫审批的动植物及其产品名录。

1. 动物及其产品检疫审批范围

（1）活动物，指饲养、野生的活动物，如畜、禽、兽、蛇、龟、虾、蟹、贝、鱼、蚕、蜂等。

（2）动物繁殖材料，包括胚胎、精液、受精卵、种蛋及其他动物遗传物质。

（3）食用性动物产品（动物源性食品），包括动物肉类及其产品（含脏器），鲜蛋，鲜奶，动物源性中药材，特殊营养食品（如燕窝），动物源性化妆品原料，两栖类、爬行类、水生哺乳类动物及其他养殖水产品。不包括海捕水产品、蜂产品、蛋制品、奶制品、熟制肉类产品（如香肠、火腿、肉类罐头、食用高温炼制动物油脂）。

（4）非食用性动物产品，包括原毛（包括羽毛），原皮，生的骨、角、蹄，明胶，蚕茧，动物源性饲料及饲料添加剂，鱼粉、肉粉、骨粉、肉骨粉、油脂、血粉、血液等，含有动物成分的有机肥料。

2. 植物及其产品检疫审批范围

（1）果蔬类，包括新鲜水果、番茄、茄子、辣椒果实。

（2）烟草类，包括烟叶及烟草薄片。

（3）粮谷类，包括小麦、玉米、稻谷、大麦、黑麦、高粱等。

（4）豆类，包括大豆、绿豆、豌豆、赤豆、蚕豆、鹰嘴豆等。

（5）薯类，包括马铃薯、木薯、甘薯等。

（6）饲料类，包括麦麸、豆饼、豆粕等。

（7）植物繁殖材料，包括植物种子、种苗及其他繁殖材料。

（8）植物栽培介质，包括除土壤外的所有由一种或几种混合的具有储存养分、保存水分、透气良好和固定植物等作用的人工或天然固体物质组成的栽培介质。

3. 特许审批范围

（1）动植物病原体（包括菌种、毒种等）、害虫及其他有害生物。

（2）动植物疫情流行的国家和地区的有关动植物、动植物产品和其他检疫物。

（3）动物尸体。

（4）土壤。

4. 取消进境动植物检疫审批的产品清单

（1）商品编号 3105900000 其他肥料。

（2）商品编号 3101001910 未经化学处理的森林凋落物（包括腐叶、树皮、树叶、树根等森林腐殖质）。

（3）商品编号 3101009020 经化学处理的森林凋落物（包括腐叶、树皮、树叶、树根等森林腐殖质）。

（4）商品编号 2703000010 泥炭（草炭）［沼泽（湿地）中，地上植物枯死、腐烂堆积而成的有机矿体（不论干湿）］。

（5）商品编号 2703000090 泥煤（包括肥料用泥煤）（不论是否制成型）。

（6）商品编号 6049010000 其他苔藓及地衣。

（7）商品编号 6042010000 鲜的苔藓及地衣。

（8）商品编号 1404909010 椰糠（条/块）。

（9）商品编号 4501902000 碎的、粒状的或粉状的软木（软木碎、软木粒或软木粉）。

（10）商品编号 4401400000 锯末、木废料及碎片（未粘结成圆木段、块、片或类似形状）。

（11）商品编号 1404909000 其他编号未列名植物产品。

（12）商品编号 2302100000 玉米糠、麸及其他残渣。

（13）商品编号 2302400000 其他谷物糠、麸及其他残渣。

（14）商品编号 2302500000 豆类植物糠、麸及其他残渣。

（15）商品编号 2303100000 制造淀粉过程中的残渣及类似品。

（16）商品编号 2303200000 甜菜渣、甘蔗渣及类似残渣。

（17）商品编号 2305000000 花生饼及类似油渣。

（18）商品编号 2306100000 棉籽油渣饼及固体残渣（品目 2304 或 2305 以外提炼植物油脂所得的）。

（19）商品编号 2306200000 亚麻子油渣饼及固体残渣（品目 2304 或 2305 以外提炼植物油脂所得的）。

（20）商品编号 2306300000 葵花子油渣饼及固体残渣（品目 2304 或 2305 以外提炼植物油脂所得的）。

（21）商品编号 2306410000 低芥子酸油菜籽油渣饼及固体残渣（品目 2304 或 2306 以外提炼植物油脂所得的）。

（22）商品编号 2306490000 其他油菜籽油渣饼及固体残渣（品目 2304 或 2305 以外提炼植物油脂所得的）。

（23）商品编号 2306500000 椰子或干椰肉油渣饼及固体残渣（品目 2304 或 2305 以外提炼植物油脂所得的）。

（24）商品编号 2306600010 濒危棕榈果或濒危棕榈仁油渣饼及固体残渣（品目 2304 或 2305 以外提炼植物油脂所得的）。

（25）商品编号 2306600090 其他棕榈果或其他棕榈仁油渣饼及固体残渣（品目 2304 或 2305 以外提炼植物油脂所得的）。

（26）商品编号 2306900000 其他油渣饼及固体残渣（品目 2304 或 2305 以外提炼植物油脂所得的）。

（27）商品编号 2307000000 葡萄酒渣、粗酒石。

（28）商品编号 0404100000 乳清及改性乳清（不论是否浓缩、加糖或其他甜物质）。

（29）商品编号 2301209000 其他不适于供人食用的水产品渣粉。

（30）商品编号 1504100010 濒危鱼鱼肝油及其分离品。

（31）商品编号 1504100090 其他鱼鱼肝油及其分离品。

（32）商品编号 1504200010 濒危鱼其他鱼油、脂及其分离品（鱼肝油除外）。

（33）商品编号 1504200090 其他鱼油、脂及其分离品（鱼肝油除外）。

（34）商品编号 1504300010 濒危哺乳动物的油、脂及其分离品（仅指海生）。

（35）商品编号 1504300090 其他海生哺乳动物油、脂及其分离品。

（36）商品编号 3503001001 明胶。

（37）商品编号 3503001090 明胶的衍生物（包括长方形、正方形明胶薄片不论是否表面加工或着色）。

（38）商品编号 3503009000 鱼鳔胶、其他动物胶（但不包括品目 3501 的酪蛋白胶）。

（39）商品编号 2309101000 狗食或猫食罐头。

（40）商品编号 2309901000 制成的饲料添加剂。

（41）商品编号 0506100000 经酸处理的骨胶原及骨。

（42）商品编号 0506909011 已脱胶的虎骨（指未经加工或经脱脂等加工的）。

（43）商品编号 0506909019 未脱胶的虎骨（指未经加工或经脱脂等加工的）。

（44）商品编号 0506909021 已脱胶的豹骨（指未经加工或经脱脂等加工的）。

（45）商品编号 0506909029 未脱胶的豹骨（指未经加工或经脱脂等加工的）。

（46）商品编号 0506909031 已脱胶的濒危野生动物的骨及角柱（不包括虎骨、豹骨，指未经加工或经脱脂等加工的）。

（47）商品编号 0506909091 已脱胶的其他骨及角柱（不包括虎骨、豹骨，指未经加工或经脱脂等加工的）。

（48）商品编号 1505000000 羊毛脂及羊毛脂肪物质（包括纯净的羊毛脂）。

（49）商品编号 1506000010 其他濒危动物为原料制取的脂肪（包括河马、熊、野兔、海龟为原料的及海龟蛋油）。

（50）商品编号 1521901000 蜂蜡（不论是否精制或着色）。

（51）商品编号 1521909010 鲸蜡（不论是否精制或着色）。
（52）商品编号 1521909090 其他虫蜡（不论是否精制或着色）。
（53）商品编号 4102211000 浸酸退鞣不带毛绵羊或羔羊生皮（不包括生皮）。
（54）商品编号 4102219000 浸酸非退鞣不带毛绵羊或羔羊生皮（不包括生皮）。
（55）商品编号 5002001100 未加捻的桑蚕厂丝。
（56）商品编号 5002001200 未加捻的桑蚕土丝。
（57）商品编号 5002001300 未加捻的桑蚕双宫丝。
（58）商品编号 5002001900 其他未加捻的桑蚕丝。
（59）商品编号 5002002000 未加捻柞蚕丝。
（60）商品编号 5002009000 未加捻其他生丝。
（61）商品编号 5003001200 未梳的回收纤维。
（62）商品编号 5003001900 其他未梳废丝（包括不适于缫丝的废纱）。
（63）商品编号 5003009100 绵球。
（64）商品编号 5003009900 其他废丝（包括不适于缫丝的蚕茧、废纱及回收纤维）。
（65）商品编号 5021030000 猪鬃或猪毛的废料。
（66）商品编号 5029020900 其他獾毛及其他制刷用兽毛的废料。
（67）商品编号 5059010000 羽毛或不完整羽毛的粉末及废料。
（68）商品编号 5069011100 含牛羊成分的骨废料（未经加工或仅经脱脂等加工的）。
（69）商品编号 5069019100 其他骨废料（未经加工或仅经脱脂等加工的）。
（70）商品编号 5071000900 其他兽牙粉末及废料。
（71）商品编号 5119940100 废马毛（不论是否制成有或无衬垫的毛片）。
（72）商品编号 5103109090 其他动物细毛的落毛。
（73）商品编号 5103209090 其他动物细毛废料（包括废纱线，不包括回收纤维）。
（74）商品编号 5103300090 其他动物粗毛废料（包括废纱线，不包括回收纤维）。
（75）商品编号 5104009090 其他动物细毛或粗毛的回收纤维。

上述 75 类产品进口前，不需申请办理“中华人民共和国进境动植物检疫许可证”（以下简称“进境动植物检疫许可证”），但货物入境时应当按照规定向海关申报，依法接受检验检疫。

海关总署负责全国进境动植物检疫审批管理工作，负责未授权产品检疫审批的终审工作，负责部分产品的检疫审批下放授权管理工作。

直属海关负责所辖地区海关总署授权的动植物及其产品的终审工作及初审工作，负责未授权产品的申请初审工作。

海关总署或者海关总署授权的直属海关负责签发“进境动植物检疫许可证”和“中华人民共和国进境动植物检疫许可证申请未获批准通知单”（以下简称“检疫许可证申请未获批准通知单”）。

（二）申请

1. 申请办理检疫审批手续的单位应当是具有独立法人资格并直接对外签订贸易合同或者协议的单位。

2. 过境动物的申请单位应当是具有独立法人资格并直接对外签订贸易合同或者协议的单位或者其代理人。

3. 申请单位应当在签订贸易合同或者协议前，向审批机构提出申请并取得“进境动植物检疫许可证”。

过境动物在过境前，申请单位应当向海关总署提出申请并取得“进境动植物检疫许可证”。

4. 申请单位应当按照规定如实填写并提交“中华人民共和国进境动植物检疫许可证申请表”（以下简称“检疫许可证申请表”），需要初审的，由进境口岸初审机构进行初审；加工、使用地不在进境口岸初审机构所辖地区内的货物，必要时还需由使用地初审机构初审。

申请单位应当向初审机构提供下列材料：

（1）申请单位的法人资格证明文件（复印件）；

（2）输入动物需要在临时隔离场检疫的，应当填写“进境动物临时隔离检疫场许可证申请表”；

（3）输入动物肉类，脏器，肠衣，原毛（含羽毛），原皮，生的骨，角，蹄，蚕茧和水产品等由海关总署公布的定点企业生产、加工、存放的，申请单位需提供与定点企业签订的生产、加工、存放的合同；

（4）办理动物过境的，应当说明过境路线，并提供输出国家或者地区官方检疫部门出具的动物卫生证书（复印件）和输入国家或者地区官方检疫部门出具的准许动物进境的证明文件；

（5）因科学研究等特殊需要，引进《进出境动植物检疫法》第五条第一款所列禁止进境物的，必须提交书面申请，说明其数量、用途、引进方式、进境后的防疫措施、科学研究的立项报告及相关主管部门的批准立项证明文件。

（三）审核批准

初审机构对申请单位检疫审批申请进行初审的内容包括：

1. 申请单位提交的材料是否齐全，是否符合申请条件。

2. 输出和途经国家或者地区有无相关的动植物疫情。

3. 是否符合中国有关动植物检疫法律法规和部门规章的规定。

4. 是否符合中国与输出国家或者地区签订的双边检疫协定（包括检疫协议、议定书、备忘录等）。

5. 进境后需要对生产、加工过程实施检疫监督的动植物及其产品，审查其运输、生产、加工、存放及处理等环节是否符合检疫防疫及监管条件，根据生产、加工企业的加工能力核定其进境数量。

6. 可以核销的进境动植物产品，应当按照有关规定审核其上一次审批的“进境动植物检疫许可证”的使用、核销情况。

初审合格的，由初审机构签署初审意见。同时对考核合格的动物临时隔离检疫场出具“进境动物临时隔离检疫场许可证”。对需要实施检疫监管的进境动植物产品，必要时出具对其生产加工存放单位的考核报告。由初审机构将所有材料上报海关总署审核。

初审不合格的，将申请材料退回申请单位。

7. 同一申请单位对同一品种、同一输出国家或者地区、同一加工、使用单位一次只能办理 1 份“进境动植物检疫许可证”。

8. 海关总署或者初审机构认为必要时，可以组织有关专家对申请进境的产品进行风险分析，申请单位有义务提供有关资料和样品进行检测。

9. 海关总署根据审核情况，自初审机构受理申请之日起20日内签发“进境动植物检疫许可证”或者“检疫许可证申请未获批准通知单”；20日内不能作出许可决定的，经海关总署负责人批准，可以延长10日，并应当将延长期限的理由告知申请单位。

（四）许可单证的管理和使用

1. “检疫许可证申请表”“进境动植物检疫许可证”“检疫许可证申请未获批准通知单”由海关总署统一印制和发放。

“进境动植物检疫许可证”由海关总署统一编号。

2. “进境动植物检疫许可证”的有效期分别为3个月或者一次有效。除对活动物签发的“进境动植物检疫许可证”外，不得跨年度使用。

3. 按照规定可以核销的进境动植物产品，在许可数量范围内分批进口、多次申报使用“进境动植物检疫许可证”的，进境口岸海关应当在“进境动植物检疫许可证”所附检疫物进境核销表中进行核销登记。

4. 有下列情况之一的，申请单位应当重新申请办理“进境动植物检疫许可证”：

（1）变更进境检疫物的品种或者超过许可数量5%以上的；

（2）变更输出国家或者地区的；

（3）变更进境口岸、指运地或者运输路线的。

5. 有下列情况之一的，“进境动植物检疫许可证”失效、废止或者终止使用：

（1）“进境动植物检疫许可证”有效期届满未延续的，海关总署应当依法办理注销手续；

（2）在许可范围内，分批进口、多次申报使用的，许可数量全部核销完毕的，海关总署应当依法办理注销手续；

（3）国家依法发布禁止有关检疫物进境的公告或者禁令后，海关总署可以撤回已签发的“进境动植物检疫许可证”；

（4）申请单位违反检疫审批的有关规定，海关总署可以撤销已签发的“进境动植物检疫许可证”。

6. 申请单位取得许可证后，不得买卖或者转让。口岸海关在受理申报时，必须审核许可证的申请单位与检验检疫证书上的收货人、贸易合同的签约方是否一致，不一致的不得受理报检。

三、指定监管场地（指定口岸）

（一）概念

指定监管场地指符合海关监管作业场所（场地）的设置规范，满足动植物疫病疫情防控需要，对特定进境高风险动植物及其产品实施查验、检验、检疫的监管作业场地。指定口岸是指原国家质检总局根据有关法律法规规定，按照国家宏观调控和检验检疫特殊监管要求，规定特定货物必须从特定对外开放口岸进境，该进境口岸为检验检疫指定口岸。检验检疫业务划转海关后，指定口岸与原海关指定监管场地的管理理念相近，并入指定监管场地，“指定口岸管理”一词不在海关文件中体现。

（二）依据

进境动物植物指定口岸符合国际通行做法和我国法律法规的规定要求。

对肉类、水果、粮食、苗木等高风险的动植物及其产品实施指定口岸制度是国际通行做法。OIE 陆生动物法典对“进口国（地区）口岸检疫机构和边境检查站”提出了明确要求；《国际植物保护公约》（IPPC）规定对高风险的种苗等植物货物，应该通过设置有国家植物检疫机关负责、授权和审核的入境检疫站的口岸进境检疫；欧盟、美国、日本、澳大利亚等发达国家（地区）均出台了指定口岸的相关法律法规；其他国家（地区）如印度尼西亚和哥伦比亚等也有相关规定。

设立指定口岸符合我国法律法规要求。《进出口食品安全管理办法》规定对进口可能存在动植物疫情疫病或者有毒有害物质的高风险食品实行指定口岸入境；国务院在《关于改进口岸工作支持外贸发展的若干意见》（国发〔2015〕16 号）中明确指出在有条件的口岸支持建设检验检疫指定口岸等。

（三）分类

1. 进境肉类指定监管场地；
2. 进境冰鲜水产品指定监管场地；
3. 进境粮食指定监管场地；
4. 进境水果指定监管场地；
5. 进境食用水生动物指定监管场地；
6. 进境植物种苗指定监管场地；
7. 进境原木指定监管场地；
8. 其他进境高风险动植物及其产品指定监管场地。

（四）管理要求

海关总署出台了海关指定监管场地管理规范，明确了各类指定监管场地的立项评估、直属海关预验收、海关总署验收及海关的监督管理等事项，明确了口岸经营单位的主体责任、设施设备、管理制度等要求，明确了主管海关的查验能力要求。

四、 进境植物繁殖材料检疫

海关为防止植物危险性有害生物随进境植物繁殖材料传入我国，保护我国农林生产安全，根据《进出境动植物检疫法》及其实施条例等有关法律、法规的规定，海关制定了《进境植物繁殖材料检疫管理办法》。

（一）适用范围

《进境植物繁殖材料检疫管理办法》适用于通过各种方式进境的贸易性和非贸易性植物繁殖材料（包括贸易、生产、来料加工、代繁、科研、交换、展览、援助、赠送，以及享有外交、领事特权与豁免权的外国机构和人员公用或自用的进境植物繁殖材料）的检疫管理。

办法所称植物繁殖材料是植物种子、种苗及其他繁殖材料的统称，指栽培、野生的可供繁殖的植物全株或者部分，如植株、苗木（含试管苗）、果实、种子、砧木、接穗、插条、叶片、芽体、块根、块茎、鳞茎、球茎、花粉、细胞培养材料（含转基因植物）等。

对进境植物繁殖材料的检疫管理以有害生物风险评估为基础，按检疫风险高低实行风险分级管理。

各类进境植物繁殖材料的风险评估由海关总署负责并公布其结果。

（二）职责划分

海关总署统一管理全国进境植物繁殖材料的检疫工作，主管海关负责所辖地区的进境繁殖材料的检疫和监督管理工作。

（三）检疫审批

输入植物繁殖材料的，必须事先办理检疫审批手续，并在贸易合同中列明检疫审批提出的检疫要求。进境植物繁殖材料的检疫审批根据以下不同情况分别由相应部门负责：

1. 因科学研究、教学等特殊原因，需从国外引进禁止进境的植物繁殖材料的，引种单位、个人或其代理人须按照有关规定向海关总署申请办理特许检疫审批手续。

2. 引进非禁止进境的植物繁殖材料的，引种单位、个人或其代理人须按照有关规定向国务院农业或林业行政主管部门及各省、自治区、直辖市农业（林业）厅（局）申请办理国外引种检疫审批手续。

3. 携带或邮寄植物繁殖材料进境的，因特殊原因无法事先办理检疫审批手续的，携带人或邮寄人应当向入境口岸所在地直属海关申请补办检疫审批手续。

4. 因特殊原因引进带有土壤或生长介质的植物繁殖材料的，引种单位、个人或其代理人须向海关总署申请办理输入土壤和生长介质的特许检疫审批手续。

5. 海关总署在办理特许检疫审批手续时，将根据审批物原产地的植物疫情、入境后的用途、使用方式，提出检疫要求，并指定入境口岸。入境口岸或该审批物隔离检疫所在地的直属海关对存放、使用或隔离检疫场所的防疫措施和条件进行核查，并根据有关检疫要求进行检疫。

6. 引种单位、个人或者其代理人应当在植物繁殖材料进境前取得“进境动植物检疫许可证”或者“引进种子、苗木检疫审批单”，并在进境前10~15日向入境口岸直属海关办理备案手续。

对不符合有关规定的检疫审批单，直属海关可拒绝办理备案手续。

（四）进境检疫

1. 海关总署根据需要，对向我国输出植物繁殖材料的国外植物繁殖材料种植场（圃）进行检疫注册登记，必要时商输出国（或地区）官方植物检疫部门同意后，可派检疫人员进行产地疫情考察和预检。

2. 引种单位、个人或者其代理人在“进境动植物检疫许可证”或者“引进种子、苗木检疫审批单”核查备案后，应当在植物繁殖材料进境前7日凭输出国家（或地区）官方植物检疫部门出具的植物检疫证书、产地证书、贸易合同、发票以及其他必要的单证向指定的海关申报。

受引种单位委托引种的，申报时还需提供有关的委托协议。

3. 植物繁殖材料到达入境口岸时，检疫人员要核对货证是否相符，按品种、数（重）量、产地办理核销手续。

4. 对进境植物繁殖材料的检疫，必须严格按照有关国家标准、行业标准及相关规定实施。

5. 进境植物繁殖材料经检疫后，根据检疫结果分别做如下处理：

（1）属于低风险的，经检疫未发现危险性有害生物，限定的非检疫性有害生物未超过有关规定的，给予放行；检疫发现危险性有害生物，或限定的非检疫性有害生物超过有关规定的，经有效的检疫处理后，给予放行；未经有效处理的，不准入境。

（2）属于高、中风险的，经检疫未发现检疫性有害生物，限定的非检疫性有害生物未超过有关规定的，运往指定的隔离检疫圃隔离检疫；经检疫发现检疫性有害生物，或限定的非检疫性有害生物超过有关规定，经有效的检疫处理后，运往指定的隔离检疫圃隔离检疫；未经有效处理的，不准入境。

（五）隔离检疫

1. 所有高、中风险的进境植物繁殖材料必须在海关指定的隔离检疫圃进行隔离检疫。

海关凭指定隔离检疫圃出具的同意接收函和隔离检疫方案办理调离检疫手续，并对有关植物繁殖材料进入隔离检疫圃实施监管。

2. 需调离入境口岸所在地直属海关辖区进行隔离检疫的进境繁殖材料，入境口岸海关凭隔离检疫所在地直属海关出具的同意调入函予以调离。

3. 进境植物繁殖材料的隔离检疫圃按照设施条件和技术水平等分为国家隔离检疫圃、专业隔离检疫圃和地方隔离检疫圃。海关对隔离检疫圃的检疫管理按照《进境植物繁殖材料隔离检疫圃管理办法》执行。

4. 高风险的进境植物繁殖材料必须在国家隔离检疫圃隔离检疫。

因承担科研、教学等需要引进高风险的进境植物繁殖材料，经报海关总署批准后，可在专业隔离检疫圃实施隔离检疫。

5. 海关对进境植物繁殖材料的隔离检疫实施检疫监督。未经海关同意，任何单位或个人不得擅自调离、处理或使用进境植物繁殖材料。

6. 隔离检疫圃负责对进境隔离检疫圃植物繁殖材料的日常管理和疫情记录，发现重要疫情应及时报告所在地海关。

7. 隔离检疫结束后，隔离检疫圃负责出具隔离检疫结果和有关检疫报告。隔离检疫圃所在地海关负责审核有关结果和报告，结合进境检疫结果作出相应处理，并出具相关单证。

在地方隔离检疫圃隔离检疫的，由负责检疫的海关出具隔离检疫结果和报告。

（六）检疫监督

1. 海关对进境植物繁殖材料的运输、加工、存放和隔离检疫等过程，实施检疫监督管理。承担进境植物繁殖材料运输、加工、存放和隔离检疫的单位，必须严格按照海关的检疫要求，落实防疫措施。

2. 引种单位或代理进口单位须向所在地海关办理登记备案手续，隔离检疫圃须经海关考核认可。

3. 进境植物繁殖材料到达入境口岸后，未经海关许可不得卸离运输工具。因口岸条件限制等原因，经海关批准，可以运往指定地点检疫、处理。在运输装卸过程中，引种单位、个人或者其代理人应当采取有效防疫措施。

4. 供展览用的进境植物繁殖材料，在展览期间，必须接受所在地海关的检疫监管，未经其同意，不得改作他用。展览结束后，所有进境植物繁殖材料须作销毁或退回处理，如因特殊原因，需改变用途的，按正常进境的检疫规定办理。展览遗弃的植物繁殖材料、生长介质或包装材料在海关监督下进行无害化处理。

5. 对进入保税区（含保税工厂、保税仓库等）的进境植物繁殖材料须外包装完好，并接受海关的监管。须离开保税区在国内作繁殖用途的，按《进境植物繁殖材料检疫管理办法》规定办理。

6. 海关根据需要应定期对境内的进境植物繁殖材料主要种植地进行疫情调查和监测，发现疫情要及时上报。

五、 进境粮食检验检疫

依据我国相关法律法规及国际标准，海关制定了《进出境粮食检验检疫监督管理办法》适用于加工、非繁殖用途的禾谷类、豆类、油料类等作物的籽实以及薯类的块根或者块茎等。海关总署统一管理全国进出境粮食检验检疫监督管理工作，主管海关负责所辖区域内进出境粮食的检验检疫监督管理工作；海关总署及主管海关对进出境粮食质量安全实施风险管理，包括在风险分析的基础上，组织开展进出境粮食检验检疫准入，包括产品携带有害生物风险分析、监管体系评估与审查、确定检验检疫要求、境外生产企业注册登记；进出境粮食收发货人及生产、加工、存放、运输企业应当依法从事生产经营活动，建立并实施粮食质量安全控制体系和疫情防控体系，对进出境粮食质量安全负责，诚实守信，接受社会监督，承担社会责任。

进境粮食境外生产企业及境内进口企业除应遵守《进出境粮食检验检疫监督管理办法》外，还应遵守我国与出口国（地区）签署的双边植物检疫要求议定书的要求。

（一）注册登记

海关总署对进境粮食境外生产、加工、存放企业（以下简称“境外生产加工企业”）实施注册登记制度。

境外生产加工企业应当符合输出国家或者地区法律法规和标准的相关要求，并达到中国有关法律法规和强制性标准的要求。

实施注册登记管理的进境粮食境外生产加工企业，经输出国家或者地区主管部门审查合格后向海关总署推荐。海关总署收到推荐材料后进行审查确认，符合要求的国家或者地区的境外生产加工企业，予以注册登记。

境外生产加工企业注册登记有效期为 4 年。

需要延期的境外生产加工企业，由输出国家或者地区主管部门在有效期届满 6 个月前向海关总署提出延期申请。海关总署确认后，注册登记有效期延长 4 年。必要时，海关总署可以派出专家到输出国家或者地区对其监管体系进行回顾性审查，并对申请延期的境外生产加工企业进行抽查。

注册登记的境外生产加工企业向中国输出粮食经检验检疫不合格，情节严重的，海关总署可以撤销其注册登记。

向我国出口粮食的境外生产加工企业应当获得输出国家或者地区主管部门的认可，具备过筛清杂、烘干、检测、防疫等质量安全控制设施及质量管理制度，禁止添加杂质。

根据情况需要，海关总署组织专家赴境外实施体系性考察，开展疫情调查，生产、加工、存放企业检查及预检监装等工作。

（二）检验检疫

1. 海关总署对进境粮食实施检疫准入制度。

首次从输出国家或者地区进口某种粮食，应当由输出国家或者地区官方主管机构向海关总署提出书面申请，并提供该种粮食种植及储运过程中发生有害生物的种类、危害程度及防控情况和质量安全控制体系等技术资料。特殊情况下，可以由进口企业申请并提供技术资料。海关总署可以组织开展进境粮食风险分析、实地考察及对外协商。

海关总署依照国家法律法规及国家技术规范的强制性要求等，制定进境粮食的具体检验检疫要求，并公布允许进境的粮食种类及来源国家或者地区名单。

对于已经允许进境的粮食种类及相应来源国家或者地区，海关总署将根据境外疫情动态、进境疫情截获及其他质量安全状况，组织开展进境粮食具体检验检疫要求的回顾性审查，必要时派专家赴境外开展实地考察、预检、监装及对外协商。

2. 进境粮食应当从海关总署指定的口岸入境。指定口岸条件及管理规范由海关总署制定。

3. 海关总署对进境粮食实施检疫许可制度。进境粮食货主应当在签订贸易合同前，按照《进境动植物检疫审批管理办法》等规定申请办理检疫审批手续，取得“进境动植物检疫许可证”，并将国家粮食质量安全要求、植物检疫要求及“进境动植物检疫许可证”中规定的相关要求列入贸易合同。

因口岸条件限制等原因，进境粮食应当运往符合防疫及监管条件的指定存放、加工场所（以下简称“指定企业”），办理“进境动植物检疫许可证”时，货主或者其代理人应当明确指定场所并提供相应证明文件。

未取得“进境动植物检疫许可证”的粮食，不得进境。

4. 海关按照下列要求，对进境粮食实施检验检疫：

（1）中国政府与粮食输出国家或者地区政府签署的双边协议、议定书、备忘录以及其他双边协定确定的相关要求；

（2）中国法律法规、国家技术规范的强制性要求和海关总署规定的检验检疫要求；

（3）“进境动植物检疫许可证”列明的检疫要求。

5. 货主或者其代理人应当在粮食进境前向进境口岸海关申报，并按要求提供以下材料：

（1）粮食输出国家或者地区主管部门出具的植物检疫证书；

（2）产地证书；

（3）贸易合同、提单、装箱单、发票等贸易凭证；

（4）双边协议、议定书、备忘录确定的和海关总署规定的其他单证。

进境转基因粮食的，还应当取得“农业转基因生物安全证书”。海关对“农业转基因生物安全证书”电子数据进行系统自动比对验核。

鼓励货主向境外粮食出口商索取由输出国家或者地区主管部门，或者由第三方检测机构出具的品质证书、卫生证书、适载证书、重量证书等其他单证。

6. 进境粮食可以进行随航熏蒸处理。

现场查验前，进境粮食承运人或者其代理人应当向进境口岸海关书面申报进境粮食随航熏蒸处理情况，并提前实施通风散气。未申报的，海关不实施现场查验；经现场检查，发现熏蒸剂残留物，或者熏蒸残留气体浓度超过安全限量的，暂停检验检疫及相关现场查验活动；熏蒸剂残留物经有效清除且熏蒸残留气体浓度低于安全限量后，方可恢复现场查验活动。

7. 使用船舶装载进境散装粮食的，海关应当在锚地对货物表层实施检验检疫，无重大异常质量安全情况后船舶方可进港，散装粮食应当在港口继续接受检验检疫。

需直接靠泊检验检疫的，应当事先征得海关的同意。

以船舶集装箱、火车、汽车等其他方式进境粮食的，应当在海关指定的查验场所实施检验检疫，未经海关同意不得擅自调离。

8. 海关应当对进境粮食实施现场检验检疫，现场检验检疫包括以下几个方面。

（1）货证核查。核对证单与货物的名称、数（重）量、出口储存加工企业名称及其注册登记号等信息。船舶散装的，应当核查上一航次装载货物及清仓检验情况，评估对装载粮食的质量安全风险；集装箱装载的，应当核查集装箱箱号、封识等信息。

（2）现场查验。重点检查粮食是否水湿、发霉、变质，是否携带昆虫及杂草籽等有害生物，是否有混杂粮谷、植物病残体、土壤、熏蒸剂残渣、种衣剂污染、动物尸体、动物排泄物及其他禁止进境物等。

（3）抽取样品。根据有关规定和标准抽取样品送实验室检测。

（4）其他现场查验活动。

9. 海关应当按照相关工作程序及标准，对现场查验抽取的样品及发现的可疑物进行实验室检测鉴定，并出具检验检疫结果单。

实验室检测样品应当妥善存放并至少保留 3 个月。如检测异常需要对外出证的，样品应当至少保留 6 个月。

10. 进境粮食有下列情形之一的，应当在海关监督下，在口岸锚地、港口或者指定的检疫监管场所实施熏蒸、消毒或者其他除害处理：

（1）发现检疫性有害生物或者其他具有检疫风险的活体有害昆虫，且可能造成扩散的；

（2）发现种衣剂、熏蒸剂污染、有毒杂草籽超标等安全卫生问题，且有有效技术处理措施的；

（3）其他原因造成粮食质量安全受到危害的。

11. 进境粮食有下列情形之一的，作退运或者销毁处理：

（1）未列入海关总署进境准入名单，或者无法提供输出粮食国家或者地区主管部门出具的“植物检疫证书”等单证的，或者无“进境动植物检疫许可证”的；

（2）有毒有害物质以及其他安全卫生项目检测结果不符合国家技术规范的强制性要求，且无法改变用途或者无有效处理方法的；

（3）检出转基因成分，无“农业转基因生物安全证书”，或者与证书不符的；

（4）发现土壤、检疫性有害生物以及其他禁止进境物且无有效检疫处理方法的；

（5）因水湿、发霉等造成腐败变质或者受到化学、放射性等污染，无法改变用途或者无有效处理方法的；

（6）其他原因造成粮食质量安全受到严重危害的。

12. 进境粮食经检验检疫后，海关签发入境货物检验检疫证明等相关单证；经检验检疫不合格的，由海关签发“检验检疫处理通知书”、相关检验检疫证书。

13. 海关对进境粮食实施检疫监督。进境粮食应当在具备防疫、处理等条件的指定场所加工使用。未经有效的除害处理或加工处理，进境粮食不得直接进入市场流通领域。

进境粮食装卸、运输、加工、下脚料处理等环节应当采取防止撒漏、密封等防疫措施。进境粮食加工过程应当具备有效杀灭杂草籽、病原菌等有害生物的条件。粮食加工下脚料应当进行有效的热处理、粉碎或者焚烧等除害处理。

海关应当根据进境粮食检出杂草等有害生物的程度、杂质含量及其他质量安全状况，并结合拟指定加工、运输企业的防疫处理条件等因素，确定进境粮食的加工监管风险等级，并指导与监督相关企业做好疫情控制、监测等安全防控措施。

14. 进境粮食用作储备、期货交割等特殊用途的，其生产、加工、存放应当符合海关总署相应检验检疫监督管理规定。

15. 因科研、参展、样品等特殊原因而少量进境未列入海关总署准入名单内粮食的，应当按照有关规定提前申请办理进境特许检疫审批并取得“进境动植物检疫许可证”。

16. 进境粮食装卸、储存、加工涉及不同海关的，各相关海关应当加强沟通协作，建立相应工作机制，及时互相通报检验检疫情况及监管信息。

对于分港卸货的进境粮食，海关应当在放行前及时相互通报检验检疫情况。需要对外方出证的，相关海关应当充分协商一致，并按相关规定办理。

对于调离进境口岸的进境粮食，口岸海关应当在调离前及时向指运地海关开具进境粮食调运联系单。

17. 境外粮食需经我国过境的，货主或者其代理人应当提前向海关总署或者主管海关提出申请，提供过境路线、运输方式及管理措施等，由海关总署组织制定过境粮食检验检疫监管方案后，方可依照该方案过境，并接受主管海关的监督管理。

过境粮食应当密封运输，杜绝撒漏。未经主管海关批准，不得开拆包装或者卸离运输工具。

（三）风险及监督管理

1. 海关总署对进出境粮食实施疫情监测制度，相应的监测技术指南由海关总署制定。

海关应当在粮食进境港口、储存库、加工厂周边地区、运输沿线等粮食换运、换装易洒落地段，开展杂草等检疫性有害生物监测与调查。发现疫情的，应当及时组织相关企业采取应急处置措施，并分析疫情来源，指导企业采取有效的整改措施。相关企业应当配合实施疫情监测及铲除措施。

根据输入国家或者地区的检疫要求，海关应当在粮食种植地、出口储存库及加工企业周边地区开展疫情调查与监测。

2. 海关总署对进出境粮食实施安全卫生项目风险监控制度，制定进出境粮食安全卫生项目风险监控计划。

3. 海关总署及主管海关建立粮食质量安全信息收集报送系统，信息来源主要包括：

（1）进出境粮食检验检疫中发现的粮食质量安全信息；

（2）进出境粮食贸易、储存、加工企业质量管理中发现的粮食质量安全信息；

（3）海关实施疫情监测、安全卫生项目风险监控中发现的粮食质量安全信息；

（4）国际组织、境外政府机构、国内外行业协会及消费者反映的粮食质量安全信息；

（5）其他关于粮食质量安全风险的信息。

4. 海关总署及主管海关对粮食质量安全信息进行风险评估，确定相应粮食的风险级别，并实施动态的风险分级管理。依据风险评估结果，调整进出境粮食检验检疫管理及监管措施方案、企业监督措施等。

5. 进出境粮食发现重大疫情和重大质量安全问题的，海关总署及主管海关依照相关规定，采取启动应急处置预案等应急处置措施，并发布警示通报。当粮食安全风险已不存在或者降低到可接受的水平时，海关总署及主管海关应当及时解除警示通报。

6. 海关总署及主管海关根据情况将重要的粮食安全风险信息向地方政府、农业和粮食行政管理部门、国外主管机构、进出境粮食企业等相关机构和单位进行通报，并协同采取必要措施。粮食安全信息公开应当按照相关规定程序进行。

7. 拟从事进境粮食存放、加工业务的企业可以向所在地主管海关提出指定申请。

主管海关按照海关总署制定的有关要求，对申请企业的申请材料、工艺流程等进行检验评审，核定存放、加工粮食的种类、能力。

从事进境粮食储存、加工的企业应当具备有效的质量安全及溯源管理体系，符合防疫、处理等质量安全控制要求。

8. 海关对指定企业实施检疫监督。指定企业、收货人及代理人发现重大疫情或者公共卫生问题时，应当立即向所在地海关报告，海关应当按照有关规定处理并上报。

9. 从事进出境粮食的收发货人及生产、加工、存放、运输企业应当建立相应的粮食进出境、接卸、运输、存放、加工、下脚料处理、发运流向等生产经营档案，做好质量追溯和安全防控等详细记录，记录至少保存 2 年。

10. 进境粮食存在重大安全质量问题，已经或者可能会对人体健康或者农林牧渔业生产、生态安全造成重大损害的，进境粮食收货人应当主动召回。采取措施避免或者减少损失发生，做好召回记录，并将召回和处理情况向所在地海关报告。

收货人不主动召回的，由直属海关发出责令召回通知书并报告海关总署。必要时，海关总署可以责令召回。

11. 海关总署及主管海关根据质量管理、设施条件、安全风险防控、诚信经营状况，对企业实施分类管理。针对不同级别的企业，在粮食进境检疫审批、进出境检验检疫查验及日常监管等方面采取相应的检验检疫监管措施。具体分类管理规范由海关总署制定。

（四）法律责任

1. 有下列情形之一的，由海关按照《进出境动植物检疫法实施条例》规定处 5000 元以下罚款：

（1）未申报的；

（2）申报的粮食与实际不符的。

申报的粮食与实际不符的行为，已取得检疫单证的，予以吊销。

2. 进境粮食未依法办理检疫审批手续或者未按照检疫审批规定执行的，由海关按照《进出境动植物检疫法实施条例》规定处 5000 元以下罚款。

3. 擅自销售、使用未申报或者未经检验的列入必须实施检验的进出口商品目录的进出境粮食，由海关按照《进出口商品检验法实施条例》规定，没收非法所得，并处商品货值金额 5%以上 20%以下罚款。

4. 进出境粮食收发货人生产、加工、存放、运输企业未按照《进出境粮食检验检疫监督管理办法》第四十一条的规定建立生产经营档案并做好记录的，由海关责令改正，给予警告；拒不改正的，处 3000 元以上 1 万元以下罚款。

5. 有下列情形之一的，由海关按照《进出境动植物检疫法实施条例》规定，处 3000 元以上 3 万元以下罚款：

（1）未经海关批准，擅自将进境、过境粮食卸离运输工具，擅自将粮食运离指定查验场所的；

（2）擅自开拆过境粮食的包装，或者擅自开拆、损毁动植物检疫封识或者标志的。

6. 列入必须实施检验的进出口商品目录的进出境粮食收发货人或者其代理人、申报人员不如实提供进出境粮食真实情况，取得海关有关证单，或者不予申报，逃避检验，由海关按照《进出口商品检验法实施条例》规定，没收违法所得，并处商品货值金额5%以上20%以下罚款。

7. 伪造、变造、买卖或者盗窃检验证单、印章、标志、封识、货物通关单或者使用伪造、变造的检验证单、印章、标志、封识，尚不够刑事处罚的，由海关按照《进出口商品检验法实施条例》规定，责令改正，没收违法所得，并处商品货值金额等值以下罚款。

8. 有下列违法行为之一，尚不构成犯罪或者犯罪情节显著轻微依法不需要判处刑罚的，由海关按照《进出境动植物检疫法实施条例》规定，处2万元以上5万元以下的罚款：

（1）引起重大动植物疫情的；

（2）伪造、变造动植物检疫单证、印章、标志、封识的。

9. 依照《进出境粮食检验检疫监督管理办法》规定注册登记的生产、加工、存放单位，进出境的粮食经检疫不合格，除依照《进出境粮食检验检疫监督管理办法》有关规定作退回、销毁或者除害处理外，情节严重的，由海关按照《进出境动植物检疫法实施条例》规定，注销注册登记。

10. 擅自调换海关抽取的样品或者海关检验合格的进出境粮食的，由海关按照《进出口商品检验法实施条例》规定，责令改正，给予警告；情节严重的，并处商品货值金额10%以上50%以下罚款。

11. 提供或者使用未经海关适载检验的集装箱、船舱、飞机、车辆等运载工具装运出境粮食的，由海关按照《进出口商品检验法实施条例》规定，处10万元以下罚款。

提供或者使用经海关检验不合格的集装箱、船舱、飞机、车辆等运载工具装运出境粮食的，由海关按照《进出口商品检验法实施条例》规定，处20万元以下罚款。

12. 有下列情形之一的，由海关处3000元以上1万元以下罚款：

（1）进境粮食存在重大安全质量问题，或者可能会对人体健康或农林牧渔业生产生态安全造成重大损害的，没有主动召回的；

（2）进境粮食召回或者处理情况未向海关报告的；

（3）进境粮食未在海关指定的查验场所卸货的；

（4）进境粮食有《进出境粮食检验检疫监督管理办法》第十七条所列情形，拒不做有效的检疫处理的。

13. 有下列情形之一的，由海关处3万元以下罚款：

（1）进出境粮食未按规定注册登记或者在指定场所生产、加工、存放的；

（2）买卖、盗窃动植物检疫单证、印章、标识、封识，或者使用伪造、变造的动植物检疫单证、印章、标识、封识的；

（3）使用伪造、变造的输出国家或者地区官方检疫证明文件的；

（4）拒不接受海关检疫监督的。

14. 海关工作人员滥用职权，故意刁难，徇私舞弊，伪造检验检疫结果，或者玩忽职守，延误检验出证，依法给予行政处分；构成犯罪的，依法追究刑事责任。

（五）其他

1. 出境用作非加工而直接销售粮食的检验检疫监督管理，由海关总署另行规定。

2. 以边贸互市方式的进出境小额粮食，参照海关总署相关规定执行。

六、进境水果检验检疫

进境水果境外生产企业及境内进口企业应遵守《进境水果检验检疫监督管理办法》，还应遵守我国与出口国（地区）签署的双边植物检疫要求议定书的要求。

（一）适用于我国进境新鲜水果的检验检疫和监督管理。海关总署统一管理全国进境水果检验检疫监督管理工作，主管海关负责所辖地区进境水果检验检疫监督管理工作。禁止携带、邮寄水果进境，法律法规另有规定的除外。

（二）在签订进境水果贸易合同或协议前，应当按照有关规定向海关总署申请办理进境水果检疫审批手续，并取得“进境动植物检疫许可证”。

（三）输出国或地区官方检验检疫部门出具的植物检疫证书（以下简称“植物检疫证书”），应当在报关时由货主或其代理人向海关提供。

（四）植物检疫证书应当符合以下要求：

1. 植物检疫证书的内容与格式应当符合国际植物检疫措施标准 ISPM 第 12 号《植物检疫证书准则》的要求；

2. 用集装箱运输进境的，植物检疫证书上应注明集装箱号码；

3. 已与我国签订协定（含协议、议定书、备忘录等）的，还应符合相关协定中有关植物检疫证书的要求。

（五）海关根据以下规定对进境水果实施检验检疫：

1. 中国有关检验检疫的法律法规、标准及相关规定；

2. 中国政府与输出国或地区政府签订的双边协定；

3. 中国出入境检验检疫部门（海关总署、原国家质检总局等）与输出国或地区检验检疫部门签订的议定书；

4. “进境动植物检疫许可证”列明的有关要求。

（六）进境水果应当符合以下检验检疫要求：

1. 不得混装或夹带植物检疫证书上未列明的其他水果；

2. 包装箱上须用中文或英文注明水果名称、产地、包装厂名称或代码；

3. 不带有中国禁止进境的检疫性有害生物、土壤及枝、叶等植物残体；

4. 有毒有害物质检出量不得超过中国相关安全卫生标准的规定；

5. 输出国或地区与中国签订有协定或议定书的，还须符合协定或议定书的有关要求。

（七）海关依照相关工作程序和标准对进境水果实施现场检验检疫：

1. 核查货证是否相符；

2. 核对植物检疫证书和包装箱上的相关信息及官方检疫标志；

3. 检查水果是否带虫体、病征、枝叶、土壤和病虫危害状，现场检疫发现可疑疫情的，应送实验室检疫鉴定；

4. 根据有关规定和标准抽取样品送实验室检测。

（八）海关应当按照相关工作程序和标准实施实验室检验检疫。对在现场或实验室检疫中发现的虫体、病菌、杂草等有害生物进行鉴定，对现场抽取的样品进行有毒有害物质检测，并出具检验检疫结果单。

（九）根据检验检疫结果，海关对进境水果分别做以下处理：

1. 经检验检疫合格的，签发入境货物检验检疫证明，准予放行；

2. 发现检疫性有害生物或其他有检疫意义的有害生物，须实施除害处理，签发检验检疫处理通知书，经除害处理合格的，准予放行；

3. 不符合本部分（六）所列要求之一的，货证不符的或经检验检疫不合格又无有效除害处理方法的，签发检验检疫处理通知书，在海关的监督下作退运或销毁处理。

需对外索赔的，签发相关检验检疫证书。

（十）进境水果有下列情形之一的，海关总署将视情况暂停该种水果进口或暂停从相关水果产区、果园、包装厂进口：

1. 进境水果果园、加工厂地区或周边地区暴发严重植物疫情的；

2. 经检验检疫发现有进境检疫性有害生物的；

3. 经检验检疫发现有毒有害物质含量超过中国相关安全卫生标准规定的；

4. 不符合中国有关检验检疫法律法规、双边协定或相关国际标准的。

上述暂停进口的水果需恢复进口的，应当经海关总署依照有关规定进行确认。

（十一）经我国香港特别行政区、澳门特别行政区（以下简称“港澳地区”）中转进境的水果，应当以集装箱运输，按照原箱、原包装和原植物检疫证书（简称“三原”）进境。进境前，应当经海关总署认可的港澳地区检验机构对是否属允许进境的水果种类及“三原”进行确认。经确认合格的，经海关总署认可的港澳地区检验机构对集装箱加施封识，出具相应的确认证明文件，并注明所加封识号、原证书号、原封识号，同时将确认证明文件及时传送给入境口岸海关。对于一批含多个集装箱的，可附有一份植物检疫证书，但应当同时由海关总署认可的港澳地区检验机构进行确认。

（十二）海关总署根据工作需要，并商输出国家或地区政府检验检疫机构同意，可以派海关人员到产地进行预检、监装或调查产地疫情和化学品使用情况。

（十三）未完成检验检疫的进境水果，应当存放在海关指定的场所，不得擅自移动、销售、使用。

进境水果存放场所由所在地海关依法实施监督管理，并应符合以下条件：

1. 有足够的独立存放空间；

2. 具备保质、保鲜的必要设施；

3. 符合检疫、防疫要求；

4. 具备除害处理条件。

（十四）因科研、赠送、展览等特殊用途需要进口国家禁止进境水果的，货主或其代理人须事先向海关总署或海关总署授权的海关申请办理特许检疫审批手续；进境时，应向入境口岸海关申报，并接受检疫。

对于展览用水果，在展览期间，应当接受海关的监督管理，未经海关许可，不得擅自调离、销售、使用；展览结束后，应当在海关的监督下作退回或销毁处理。

（十五）违反《进境水果检验检疫管理办法》规定的，海关依照《进出境动植物检疫法》及其实施条例、《进出口商品检验法》、《食品安全法》及相关法律法规的规定予以处罚。

七、进境木材检验检疫

进境木材境外生产企业及境内进口企业除应遵守如下条款外，还应遵守我国与出口国（地区）签署的双边植物检疫要求议定书的要求。

（一）进口原木须附有输出国家或地区官方检疫部门出具的植物检疫证书，证明不带有中国关注的检疫性有害生物或双边植物检疫协定中规定的有害生物和土壤。

（二）进口原木带有树皮的，应当在输出国家或地区进行有效的除害处理，并在植物检疫证书中注明除害处理方法、使用药剂、剂量、处理时间和温度；进口原木不带树皮的，应在植物检疫证书中作出声明。

（三）进口原木未附有植物检疫证书的，以及带有树皮但未进行除害处理的，不准入境。出入境检验检疫机构对进口原木进行检疫，发现检疫性有害生物的，监督进口商进行除害处理，处理费用由进口商承担。无法作除害处理的，作退运处理。

（四）进口商应将上述检疫要求列入贸易合同中。

（五）进口原木不带树皮的不要求在境外进行除害处理，但输出国（地区）官方检疫部门须出具植物检疫证书。单根原木带树皮表面积不超过5%，且整批原木带树皮表面积不超过2%的，该批原木可视为不带树皮原木。

（六）对于带树皮的进口原木，在输出国（地区）植物检疫机构不健全或除害处理达不到我国要求的情况下，经海关总署同意，可在原木进口量比较大的口岸地区的一定区域内建立“木材加工区”或“木材检验检疫区”。进口时，原木进境后在该区内进行初加工、深加工或除害处理，经加工或除害处理合格的，可运往内地。海关对场区实施检验检疫监管和疫情监测，发现疫情立即采取防疫措施。

（七）对于来自周边国家（地区）同一生态区的原木，海关总署在输出国（地区）检疫部门提供原木发生有害生物名单的基础上，可根据情况组织开展境外疫情调查和预检工作。结合相关公告规定可采取以下措施。

1. 境外预检未发现检疫性有害生物的原木，准许入境；经境外预检的原木以入境口岸检验检疫结果为准。

2. 对于寒带地区冬季（10月至翌年4月）采伐并在本季节内入境的原木，经入境口岸检验检疫合格的予以放行；进境后经检疫仍发现检疫性有害生物的，应在指定的“木材加工区”或“木材检验检疫区”进行初加工、深加工或进行除害处理。

（八）对于输出国（地区）检疫部门已经出具植物检疫证书的进口原木，经入境口岸检验检疫仍发现检疫性有害生物的，由海关总署向输出国（地区）通报，连续多次发现问题的，将暂停接受该检疫机构出具的检疫证书，直到其采取措施并符合中方检疫要求为止。

（九）对信誉好、管理规范、符合检疫要求、进口量大的企业，进行重点扶持和指导，鼓励木材进口企业将木材加工、除害处理工作向境外延伸。

八、进境非食用动物产品检验检疫

（一）境外生产加工企业注册登记

1. 向中国输出非食用动物产品的境外生产加工企业应当符合输出国家或者地区法律法规和标准的相关要求，并达到中国有关法律法规和强制性标准的要求。

2. 实施注册登记管理的非食用动物产品境外生产加工企业，经输出国家或者地区主管部门审查合格后向海关总署推荐。海关总署收到推荐材料并经书面审查合格后，必要时经与输出国家或者地区主管部门协商，派出专家到输出国家或者地区对其监管体系进行评估或者回顾性审查，对申请注册登记的境外生产加工企业进行检查。符合要求的国家或者地区的境外生产加工企业，经检查合格的予以注册登记。

3. 境外生产加工企业注册登记有效期为5年。需要延期的境外生产加工企业，由输出国家或者地区主管部门在有效期届满6个月前向海关总署提出延期申请。海关总署可以派出专家到输出国家或者地区对其监管体系进行回顾性审查，并对申请延期的境外生产加工企业进行抽查。对回顾性审查符合要求的国家或者地区，抽查符合要求的及未被抽查的其他申请延期的境外生产加工企业，注册登记有效期延长5年。

4. 注册登记的境外生产加工企业不再向中国输出非食用动物产品的，输出国家或者地区主管部门应当通报海关总署，海关总署注销其注册登记。

5. 注册登记的境外生产加工企业向中国输出的非食用动物产品经检验检疫不合格，情节严重的，海关总署可以撤销其注册登记。

（二）检验检疫

1. 进境非食用动物产品应当符合下列要求：

（1）双边协议、议定书、备忘录以及其他双边协定确定的相关要求；

（2）双方确认的检验检疫证书规定的相关要求；

（3）中国法律法规规定和强制性标准要求；

（4）“进境动植物检疫许可证”列明的要求；

（5）海关总署规定的其他检验检疫要求。

2. 进境非食用动物产品需要办理检疫许可证的，货主或者其代理人应当按照相关规定办理。

产品风险级别较高的非食用动物产品，因口岸条件限制等原因，进境后应当运往指定的存放、加工场所（以下简称“指定企业”）检疫的，办理检疫许可证时，货主或者其代理人应当明确指定企业并提供相应证明文件。

3. 货主或者其代理人应当在非食用动物产品进境前或者进境时向进境口岸海关申报，申报时应当提供原产地证书、贸易合同、发票、提单、输出国家或者地区主管部门出具的检验检疫证书等单证，须办理检疫审批的应当取得检疫许可证。

4. 进境口岸海关对货主或者其代理人申报时所提供的单证进行审核，并对检疫许可证的批准数（重）量进行核销。

对有证书要求的产品，如无有效检疫许可证或者输出国家或者地区主管部门出具的有效检验检疫证书的，作退回或者销毁处理。

5. 进境非食用动物产品，由进境口岸海关实施检验检疫。

因口岸条件限制等原因，进境后应当运往指定企业检疫的非食用动物产品，由进境口岸海关实施现场查验和相应防疫消毒处理后，通知指定企业所在地海关。货主或者其代理人将非食用动物产品运往检疫许可证列明的指定企业后，应当向指定企业所在地海关申报，由指定企业所在地海关实施检验检疫，并对存放、加工过程实施检疫监督。

6. 海关按照以下要求对进境非食用动物产品实施现场查验：

（1）查询启运时间、港口、途经国家或者地区、装载清单等，核对单证是否真实有效，单证与货物的名称、数（重）量、输出国家或者地区、包装、唛头、标记等是否相符；

（2）包装、容器是否完好，是否带有动植物性包装、铺垫材料并符合我国相关规定；

（3）有无腐败变质现象，有无携带有害生物、动物排泄物或者其他动物组织等；

（4）有无携带动物尸体、土壤及其他禁止进境物。

7. 现场查验时，海关应当对运输工具有关部位、装载非食用动物产品的容器、包装外表、铺垫材料、污染场地等进行防疫消毒处理。

8. 现场查验有下列情形之一的，海关签发“检验检疫处理通知书”，并作相应检疫处理：

（1）属于法律法规禁止进境的、带有禁止进境物的、货证不符的、发现严重腐败变质的，作退回或者销毁处理；

（2）对散包、容器破裂的，由货主或者其代理人负责整理完好，方可卸离运输工具，海关对受污染的场地、物品、器具进行消毒处理；

（3）带有检疫性有害生物、动物排泄物或者其他动物组织等的，按照有关规定进行检疫处理，不能有效处理的，作退回或者销毁处理；

（4）对疑似受病原体和其他有毒有害物质污染的，封存有关货物并采样进行实验室检测，对有关污染现场进行消毒处理。

9. 转关的非食用动物产品，应当在进境前或者进境时由货主或者其代理人向进境口岸海关申报，根据产品的不同要求提供输出国家或者地区主管部门出具的检验检疫证书等单证。

进境口岸海关对提供的单证进行书面审核。审核不合格的，作退回或者销毁处理。审核合格的，依据有关规定对装载非食用动物产品的集装箱体表、运输工具实施防疫消毒处理。货物到达结关地后，货主或者其代理人应当向结关地海关申报。结关地海关对货物实施检验检疫和检疫监督。

10. 海关按照对非食用动物产品的检验检疫要求抽取样品，出具“抽/采样凭证”，送实验室进行有关项目的检测。

11. 进境非食用动物产品经检验检疫合格，海关签发“进境货物检验检疫证明”后，方可销售、使用或者在指定企业加工。

经检验检疫不合格的，海关签发“检验检疫处理通知书”，由货主或者其代理人在海关的监督下，作除害、退回或者销毁处理，经除害处理合格的准予进境。需要对外索赔的，由海关出具相关证书。

进境非食用动物产品检验检疫不合格信息应当上报海关总署。

12. 未经海关同意，不得将进境非食用动物产品卸离运输工具或者运递。

13. 进境非食用动物产品在从进境运输工具上卸离及运递过程中，货主或者其代理人应当采取措施，防止货物的容器、包装破损而造成渗漏、散落。

14. 运往指定企业检疫的非食用动物产品，应当在检疫许可证列明的指定企业存放、加工。因特殊原因，需要变更指定企业的，货主或者其代理人应当办理检疫许可证变更，并向变更后的指定企业所在地海关申报，接受检验检疫和检疫监督。

15. 经我国港澳地区转运的目的地为内地的进境非食用动物产品，在我国港澳地区卸离原运输工具并经港澳陆路、水路运输到内地的，发货人应当向海关总署指定的检验机构申请中转检验。未经检验或者检验不合格的，不得转运内地。

指定的检验机构应当按照海关总署的要求开展中转检验，合格后加施封识并出具中转检验证书，进境口岸海关受理报检时应当同时核查中转检验证书和其他有关检验检疫单证。

（三）监督管理

1. 海关对进境非食用动物产品的存放、加工过程，实施检疫监督制度。

2. 拟从事产品风险级别较高的进境非食用动物产品存放、加工业务的企业可以向所在地直属海关提出指定申请。

直属海关按照海关总署制定的有关要求，对申请企业的申请材料、工艺流程、兽医卫生防疫制度等进行检查评审，核定存放、加工非食用动物产品种类、能力。

3. 指定企业应当符合动物检疫和兽医防疫的规定，遵守下列要求：

（1）按照规定的兽医卫生防疫制度开展防疫工作；

（2）按照规定的工艺加工、使用进境非食用动物产品；

（3）按照规定的方法对废弃物进行处理；

（4）建立并维护企业档案，包括出入库、生产加工、防疫消毒、废弃物处理等记录，档案至少保留 2 年；

（5）如实填写"进境非食用动物产品生产、加工、存放指定企业监管手册"；

（6）涉及安全卫生的其他规定。

4. 海关按照指定企业应当符合动物检疫和兽医防疫的规定对指定企业实施日常监督管理。

指定企业应当按照要求向所在地直属海关提交年度报告，确保其符合海关总署制定的有关要求。

5. 海关应当建立指定企业、收货人及其代理人诚信档案，建立良好记录企业名单和不良记录企业名单。

6. 指定企业、收货人及其代理人发现重大动物疫情或者公共卫生问题时，应当立即向所在地海关报告，海关应当按照有关规定处理并上报。

7. 指定企业名称、地址、法定代表人、进境非食用动物产品种类、存放、生产加工能力、加工工艺以及其他兽医卫生、防疫条件发生变化的，应当及时向所在地直属海关报告并办理变更手续。

8. 海关发现指定企业出现以下情况的，取消指定：

（1）企业依法终止的；

（2）不符合《进出境非食用动物产品检验检疫监督管理办法》第三十四条规定，拒绝整改或者未整改合格的；

（3）未提交年度报告的；

（4）连续两年未从事进境非食用动物产品存放、加工业务的；

（5）未按照《进出境非食用动物产品检验检疫监督管理办法》第三十八条规定办理变更手续的；

（6）法律法规规定的应当取消指定的其他情形。

9. 直属海关应当在完成存放、加工企业指定、变更后 30 日内，将相关信息上报海关总署备案。

九、 进境活动物检验检疫

进境活动物境外生产企业及境内进口企业除应遵守我国的法律、法规及部门规章外，还应遵守我国与出口国（地区）签署的双边动物检疫要求议定书的要求。

为做好进境动物隔离检疫场（以下简称“隔离场”）的管理工作，根据我国相关法律法规的规定，制定了《进境动物隔离检疫场使用监督管理办法》，与进境动物检疫准入、检疫审批、境外预检、口岸查验、实验室检测、监督管理、检疫处理、疫病监测、安全风险监控、风险预警与处置等制度构成了陆生动物检疫制度体系。

（一）管理规定

1. 隔离场是专用于进境动物隔离检疫的场所。包括两类，一是海关总署设立的动物隔离检疫场所（以下简称“国家隔离场”），二是由各直属海关指定的动物隔离场所（以下简称“指定隔离场”）。

2. 申请使用隔离场的单位或者个人（以下简称“使用人”）和国家隔离场或者指定隔离场的所有单位或者个人（以下简称“所有人”）应当遵守《进境动物隔离检疫场使用监督管理办法》的规定。

3. 海关总署主管全国进境动物隔离场的监督管理工作。主管海关负责辖区内进境动物隔离场的监督管理工作。

4. 隔离场的选址、布局和建设，应当符合国家相关标准和要求。相关标准与要求由海关总署另行发文明确。

5. 使用国家隔离场，应当经海关总署批准。使用指定隔离场，应当经所在地直属海关批准。

6. 进境种用大中动物应当在国家隔离场隔离检疫，当国家隔离场不能满足需求，需要在指定隔离场隔离检疫时，应当报经海关总署批准。

7. 进境种用大中动物之外的其他动物应当在国家隔离场或者指定隔离场隔离检疫。

8. 进境种用大中动物隔离检疫期为45天，其他动物隔离检疫期为30天。

需要延长或者缩短隔离检疫期的，应当报海关总署批准。

（二）使用申请

1. 申请使用国家隔离场的，使用人应当向海关总署提交如下材料：

（1）填制真实准确的“中华人民共和国进境动物隔离检疫场使用申请表”；

（2）使用人（法人或者自然人）身份证明材料复印件；

（3）进境动物从入境口岸进入隔离场的运输安排计划和运输路线。

2. 申请使用指定隔离场的，应当建立隔离场动物防疫、饲养管理等制度。使用人应当在办理“进境动植物检疫许可证”前，向所在地直属海关提交如下材料：

（1）填制真实准确的“中华人民共和国进境动物隔离检疫场使用申请表”；

（2）使用人（法人或者自然人）身份证明材料复印件；

（3）隔离场整体平面图及显示隔离场主要设施和环境的照片或者视频资料；

（4）进境动物从入境口岸进入隔离场的运输安排计划和运输路线；

（5）当隔离场的使用人与所有人不一致时，使用人还须提供与所有人签订的隔离场使用协议。

3. 海关总署、直属海关应当按照规定对隔离场使用申请进行审核。

隔离场使用人申请材料不齐全或者不符合法定形式的，应当当场或者在5个工作日内一次告知使用人需要补正的全部内容，逾期不告知的，自收到申请材料之日起即为受理。

受理申请后，海关总署、直属海关应当根据规定，对使用人提供的有关材料进行审核，并对申请使用的隔离场组织实地考核。

申请使用指定隔离场用于隔离种用大中动物的，由直属海关审核提出审核意见报海关总署批准；用于种用大中动物之外的其他动物隔离检疫的，由直属海关审核、批准。

4. 海关总署、直属海关应当自受理申请之日起20个工作日内出具书面审批意见。经审核合格的，直属海关受理的，由直属海关签发“隔离场使用证”。海关总署受理的，由海关总署在签发的“进境动植物检疫许可证”中列明批准内容。20个工作日内不能作出决定的，经本机构负责人批准，可以延长10个工作日，并应当将延长期限的理由告知使用人。其他法律、法规另有规定的，依照其规定执行。

不予批准的，应当书面说明理由，告知申请人享有依法申请行政复议或者提起行政诉讼的权利。

5. “隔离场使用证”有效期为6个月。隔离场使用人凭有效“隔离场使用证”向隔离场所在地直属海关申请办理“进境动植物检疫许可证”。

6. “隔离场使用证”的使用一次有效。同一隔离场再次申请使用的，应当重新办理审批手续。两次使用的间隔期间不得少于30天。

7. 已经获得“隔离场使用证”，发生下列情形之一时，隔离场使用人应当重新申请办理：

（1）“隔离场使用证”超过有效期的；

（2）“隔离场使用证”内容发生变更的；

（3）隔离场设施和环境卫生条件发生改变的。

8. 已经获得“隔离场使用证”，发生下列情况之一时，由发证机关撤回：

（1）隔离场原有设施和环境卫生条件发生改变，不符合隔离动物检疫条件和要求的；

（2）隔离场所在地发生一类动物传染病、寄生虫病或者其他突发事件的。

9. 使用人以欺骗、贿赂等不正当手段取得“隔离场使用证”的，海关应当依法将其“隔离场使用证”撤销。

（三）检疫准备

1. 隔离场经批准使用后，使用人应当做好隔离场的维护，保持隔离场批准时的设施完整和环境卫生条件，保证相关设施的正常运行。

2. 动物进场前，海关应当派员实地核查隔离场设施和环境卫生条件的维护情况。

使用人应当确保隔离场使用前符合下列要求。

（1）动物进入隔离场前10天，所有场地、设施、工具必须保持清洁，并采用海关认可的有效方法进行不少于3次的消毒处理，每次消毒之间应当间隔3天。

（2）应当准备供动物隔离期间使用的充足的饲草、饲料和垫料。饲草、垫料不得来自严重动物传染病或者寄生虫病疫区，饲料应当符合法律法规的规定，并建立进场检查验收登记制度；饲草、饲料和垫料应当在海关的监督下，由海关认可的单位进行熏蒸消毒处理；水生动物不得饲喂鲜活饵料，遇特殊需要时，应当事先征得海关的同意。

（3）按照海关的要求，适当储备必要的防疫消毒器材、药剂、疫苗等，并建立进场检查验收和使用登记制度。

（4）饲养人员和隔离场管理人员，在进入隔离场前，应当到具有相应资质的医疗机构进行健康检查并取得健康证明。未取得健康证明的，不准进入隔离场。健康检查项目应当包括活动性肺结核、布氏杆菌病、病毒性肝炎等人畜共患病。

（5）饲养人员和管理人员在进入隔离场前应当接受海关的动物防疫、饲养管理等基础知识培训，经考核合格后方可上岗。

（6）人员、饲草、饲料、垫料、用品、用具等应当在隔离场作最后一次消毒前进入隔离检疫区。

（7）用于运输隔离检疫动物的运输工具及辅助设施，在使用前应当按照海关的要求进行消毒，人员、车辆的出入通道应当设置消毒池或者放置消毒垫。

（四）隔离检疫

1. 经入境口岸海关现场检验检疫合格的进境动物方可运往隔离场进行隔离检疫。

2. 海关对隔离场实行监督管理，监督和检查隔离场动物饲养、防疫等措施的落实。对进境种用大中动物，隔离检疫期间实行 24 小时海关工作人员驻场监管。

3. 海关工作人员、隔离场使用人应当按照要求落实各项管理措施，认真填写“进出境动物隔离检疫场检验检疫监管手册”。

4. 海关负责隔离检疫期间样品的采集、送检和保存工作。隔离动物样品采集工作应当在动物进入隔离场后 7 天内完成。样品保存时间至少为 6 个月。

5. 海关按照有关规定，对动物进行临床观察和实验室项目的检测，根据检验检疫结果出具相关的单证，实验室检疫不合格的，应当尽快将有关情况通知隔离场使用人并对阳性动物依法及时进行处理。

6. 海关按照相关的规定对进口动物进行必要的免疫和预防性治疗。隔离场使用人在征得海关同意后可以对患病动物进行治疗。

7. 动物隔离检疫期间，隔离场使用人应当做到以下几个方面。

（1）门卫室实行 24 小时值班制，对人员、车辆、用具、用品实行严格的出入登记制度，发现有异常情况及时向海关报告。

（2）保持隔离场完好和场内环境清洁卫生，做好防火、防盗和灭鼠、防蚊蝇等工作。

（3）人员、车辆、物品出入隔离场的应当征得海关的同意，并采取有效的消毒防疫措施后，方可进出隔离区；人员在进入隔离场前 15 天内未从事与隔离动物相关的实验室工作，也未参观过其他农场、屠宰厂或者动物交易市场等。

（4）不得将与隔离动物同类或者相关的动物及其产品带入隔离场内。

（5）不得饲养除隔离动物以外的其他动物。特殊情况需使用看门犬的，应当征得海关同意。犬类动物隔离场，不得使用看门犬。

（6）饲养人员按照规定作息时间做好动物饲喂、饲养场地的清洁卫生，定期对饲养舍、场地进行清洗、消毒，保持动物、饲养舍、场区和所有用具的清洁卫生，并做好相关记录。

（7）隔离检疫期间所使用的饲料、饲料添加剂与农业投入品应当符合法律、行政法规的规定和国家强制性标准的规定。

（8）严禁转移隔离检疫动物和私自采集、保存、运送检疫动物血液、组织、精液、分泌物等样品或者病料。未经海关同意，不得将生物制品带入隔离场内，不得对隔离动物进行药物治疗、疫苗注射、人工授精和胚胎移植等处理。

（9）隔离检疫期间，严禁将隔离动物产下的幼畜、蛋及乳等移出隔离场。

（10）隔离检疫期间，应当及时对动物栏舍进行清扫，粪便、垫料及污物、污水应当集中放置或者及时进行无害化处理。严禁将粪便、垫料及污物移出隔离场。

（11）发现疑似患病或者死亡的动物，应当立即报告所在地海关，并立即采取下列措施：将疑似患病动物移入患病动物隔离舍（室、池），由专人负责饲养管理；对疑似患病和死亡动物停留过的场所和接触过的用具、物品进行消毒处理；禁止自行处置（包括解剖、转移、急宰等）患病、死亡动物；死亡动物应当按照规定作无害化处理。

8. 隔离检疫期间，隔离场内发生重大动物疫情的，应当按照《进出境重大动物疫情应急处置预案》处理。

（五）后续监管

1. 隔离场使用完毕后，应当在海关的监督下，做如下处理：

（1）动物的粪便、垫料及污物、污水进行无害化处理确保符合防疫要求后，方可运出隔离场；

（2）剩余的饲料、饲草、垫料和用具等应当作无害化处理或者消毒后方可运出场外；

（3）对隔离场场地、设施、器具进行消毒处理。

2. 隔离场使用人及隔离场所在地海关应当按照规定记录动物流向和“隔离场检验检疫监管手册”，档案保存期至少 5 年。

3. 种用大中动物隔离检疫结束后，承担隔离检疫任务的直属海关应当在 2 周内将检疫情况书面上报海关总署并通报目的地海关。检疫情况包括：隔离检疫管理、检疫结果、动物健康状况、检疫处理情况及动物流向。

（六）法律责任

1. 动物隔离检疫期间，隔离场使用人有下列情形之一的，由海关按照《进出境动植物检疫法实施条例》第六十条规定予以警告；情节严重的，处以 3000 元以上 3 万元以下罚款：

（1）将隔离动物产下的幼畜、蛋及乳等移出隔离场的；

（2）未经海关同意，对隔离动物进行药物治疗、疫苗注射、人工授精和胚胎移植等处理；

（3）未经海关同意，转移隔离检疫动物或者采集、保存其血液、组织、精液、分泌物等样品或者病料的；

（4）发现疑似患病或者死亡的动物，未立即报告所在地海关，并自行转移和急宰患病动物，自行解剖和处置患病、死亡动物的；

（5）未将动物按照规定调入隔离场的。

2. 动物隔离检疫期间，隔离场使用人有下列情形之一的，由海关予以警告；情节严重的，处以 1 万元以下罚款：

（1）人员、车辆、物品未经海关同意，并未采取有效的消毒防疫措施，擅自进入隔离场的；

（2）饲养隔离动物以外的其他动物的；

（3）未经海关同意，将与隔离动物同类或者相关动物及其产品、动物饲料、生物制品带入隔离场内的。

3. 隔离场使用完毕后，隔离场使用人有下列情形的，由海关责令改正；情节严重的，处以1万元以下罚款：

（1）未在海关的监督下对动物的粪便、垫料及污物、污水进行无害化处理，不符合防疫要求即运出隔离场的；

（2）未在海关的监督下对剩余的饲料、饲草、垫料和用具等作无害化处理或者消毒后即运出隔离场的；

（3）未在海关的监督下对隔离场场地、设施、器具进行消毒处理的。

4. 隔离场检疫期间，有下列情形之一的，由海关对隔离场使用人处以1万元以下罚款：

（1）隔离场发生动物疫情隐瞒不报的；

（2）存放、使用我国或者输入国家（地区）禁止使用的药物或者饲料添加剂的；

（3）拒不接受海关监督管理的。

5. 隔离场使用人有下列违法行为之一的，由海关按照《进出境动植物检疫法实施条例》第六十二条规定处2万元以上5万元以下的罚款；构成犯罪的，依法追究刑事责任：

（1）引起重大动物疫情的；

（2）伪造、变造动物检疫单证、印章、标志、封识的。

（七）其他

我国与进口国家（地区）政府主管部门签署的议定书中规定或者进口国家（地区）官方要求对出境动物必须实施隔离检疫的，出境动物隔离检疫场使用监督工作按照进口国（地区）的要求并参照《进境动物隔离检疫场使用监督管理办法》执行。

十、进境水生动物检验检疫

为了防止水生动物疫病传入国境，保护渔业生产、人体健康和生态环境，根据《进出境动植物检疫法》及其实施条例、《进出口商品检验法》及其实施条例、《中华人民共和国农产品质量安全法》、《国务院关于加强食品等产品安全监督管理的特别规定》等法律法规的规定，制定了《进境水生动物检验检疫监督管理办法》，适用于进境水生动物的检验检疫监督管理。

海关总署主管全国进境水生动物检验检疫和监督管理工作。主管海关负责所辖地区进境水生动物的检验检疫和监督管理工作。海关对进境水生动物在风险分析基础上实施检验检疫风险管理，对进境有关企业实施分类管理和信用管理。进境水生动物企业应当按照法律法规和有关标准从事生产经营活动，对社会和公众负责，保证进境水生动物的质量安全，接受社会监督，承担社会责任。

（一）检疫准入

1. 海关总署对进境水生动物实施检疫准入制度，包括产品风险分析、安全卫生控制体系评估与审查、检验检疫要求确定、境外养殖和包装企业注册登记。

2. 海关总署分类制定、公布进境水生动物的检验检疫要求。根据检验检疫要求，对首次向中国输出水生动物的国家或者地区进行产品风险分析和安全卫生控制体系评估，对曾经或者正在向中国输出水生动物的国家或者地区水生动物安全卫生控制体系进行回顾性审查。

海关总署可以派出专家组到输出国家或者地区对其水生动物安全卫生控制体系进行现场审核评估。

3. 海关总署根据风险分析、评估审查结果和检验检疫要求，与向中国输出水生动物的国家或者地区官方主管部门协商签订有关议定书或者确定检验检疫证书。

海关总署制定、调整并公布允许进境水生动物种类及输出国家或者地区名单。

4. 海关总署对向中国输出水生动物的养殖和包装企业实施注册登记管理。向中国输出水生动物的境外养殖和包装企业（以下简称“注册登记企业”）应当符合输出国家或者地区有关法律法规，输出国家或者地区官方主管部门批准后向海关总署推荐。推荐材料应当包括以下几个方面。

（1）企业信息：企业名称、地址、官方主管部门批准编号、养殖、包装能力等。

（2）水生动物信息：养殖和包装的水生动物品种学名、用途等。

（3）监控信息：企业最近一次疫病、有毒有害物质的官方监控结果。

5. 海关总署应当对推荐材料进行审查。审查不合格的，通知输出国家或者地区官方主管部门补正；审查合格的，海关总署可以派出专家组对申请注册登记企业进行抽查。对抽查不符合要求的企业不予注册登记；对抽查符合要求的及未被抽查的其他推荐企业，结合水生动物安全卫生控制体系评估结果，决定是否给予注册登记。

海关总署定期公布、调整注册登记企业名单。

6. 境外养殖和包装企业注册登记有效期为 3 年。

需要延期注册登记的企业，应当在有效期届满前至少 6 个月，由输出国家或者地区主管部门向海关总署提出延期申请。海关总署可以派出专家组到输出国家或者地区对其安全卫生控制体系进行回顾性审查，并对申请延期的境外养殖和包装企业进行抽查。

对回顾性审查符合要求的国家或者地区，抽查符合要求的及未被抽查的其他申请延期的注册登记企业，注册登记有效期延长 3 年。

7. 逾期未提出注册登记延期申请的，海关总署注销其注册登记。

8. 注册登记企业向中国输出的水生动物检验检疫不合格，情节严重的，海关总署可以撤销其注册登记。

（二）境外检验检疫

1. 注册登记企业和相关捕捞区域应当符合输出国家（或者地区）有关法律法规，并处于输出国家或者地区官方主管部门的有效监管之下。

种用、养殖和观赏水生动物的注册登记企业，应当由输出国家或者地区官方主管部门按照世界动物卫生组织推荐的方法和标准，按照输出国家或者地区的规定和双边检验检疫协定规定连续监测两年以上，未发现有关疫病。

食用水生动物的注册登记企业，应当经过输出国家或者地区官方主管部门有关水生动物疫病、有毒有害物质和致病微生物监测，结果符合双边检验检疫协定规定、中国强制性标准或者海关总署指定标准的要求。

2. 向中国输出水生动物的国家或者地区发生重大水生动物疫病，或者向中国输出水生动物的注册登记企业、捕捞区域发生水生动物不明原因的大规模死亡时，输出国家或者地区官方主管部门应当主动停止向中国出口并向海关总署通报相关信息。

3. 向中国输出的水生动物精液和受精卵，必须来自健康的亲代种群。种用、养殖和观赏水生动物输出前，应当在输出国家或者地区官方主管部门认可的场所实施隔离检疫。隔离检疫期间，不得与其他水生动物接触。

海关总署可以派遣检疫官员赴输出国家或者地区协助开展出口前隔离检疫。

4. 向中国输出水生动物的注册登记企业和隔离检疫场所应当具备适当的生物安全防护设施和防疫管理制度，能有效防止其他水域的水生动物入侵，确保输出水生动物的安全卫生。

5. 不同养殖场或者捕捞区域的水生动物应当分开包装，不同种类的水生动物应当独立包装，能够满足动物生存和福利需要。包装容器应当是全新的或者经消毒处理，能够防止渗漏，内包装应当透明，便于检查。

6. 向中国输出水生动物的包装用水或者冰及铺垫材料应当符合安全卫生要求，不能含有危害动植物和人体健康的病原微生物、有毒有害物质以及可能破坏水体生态环境的水生生物。

7. 向中国输出的水生动物在运输前48小时内，不得有动物传染病和寄生虫病的临床症状。必要时，应当使用输出国家或者地区官方主管部门批准的有效药物进行消毒和驱虫。

8. 输出国家或者地区官方主管部门应当按照与海关总署确认的检验检疫证书格式和内容对向中国输出的水生动物出具检验检疫证书。

（三）进境检验检疫

1. 进境水生动物应当符合下列要求：

（1）中国法律法规规定和强制性标准要求；

（2）海关总署分类制定的检验检疫要求；

（3）双边检验检疫协定确定的相关要求；

（4）双方确认的检验检疫证书规定的相关要求；

（5）“进境动植物检疫许可证”列明的要求；

（6）海关总署规定的其他检验检疫要求。

2. 食用水生动物应当从海关总署公布的指定口岸进境。海关总署定期考核指定口岸，公布指定口岸名单。

进境食用水生动物指定口岸相关要求由海关总署另行制定。

3. 进境水生动物收货人或者其代理人应当按照相关规定办理检疫许可证。

进境水生动物自输出国家或者地区出境后中转第三方国家或者地区进境的，收货人或者其代理人办理检疫许可证时应当详细填写运输路线及在第三方国家或者地区中转处理情况，包括是否离开海关监管区、更换运输工具、拆换包装以及进入第三方国家或者地区水体环境等。

进境种用、养殖和观赏水生动物收货人或者其代理人，应当在指定隔离场所在地海关办理检疫许可证，办理前应当按照《进境动物隔离检疫场使用监督管理办法》的规定取得隔离场使用证；进境食用水生动物的，应当在进境口岸海关办理检疫许可证。

4. 水生动物进境前或者进境时，收货人或者其代理人应当凭检疫许可证、输出国家或者地区官方主管部门出具的检验检疫证书正本、贸易合同、提单、装箱单、发票等单证向进境口岸海关申报。

检疫许可证上的申请单位、国外官方主管部门出具的检验检疫证书上的收货人和货运提单上的收货人应当一致。

5. 海关对收货人或者其代理人提交的相关单证进行审核，符合要求的受理申报，并按照有关规定对检疫许可证批准的数量进行核销。

6. 进境口岸海关按照下列规定对进境水生动物实施现场查验。

（1）箱查验比例：进境种用、养殖和观赏水生动物，低于 10 件的全部开箱，10 件以上的每增加 10 件，开箱数增加 2 件，最高不超过 20 件；进境食用水生动物，开箱比率不高于 10%，最低不少于 3 件。发现问题的，适当增加开箱查验比率。

海关总署有分类管理规定的，按照有关规定开箱查验。

（2）核对货证：品名、数（重）量、包装、输出日期、运输工具信息、输出国家或者地区、中转国家或者地区等是否相符。

（3）包装和标签检查：包装容器是否完好；包装容器上是否有牢固、清晰易辨的中文或者英文标识，标明水生动物的品名、学名、产地、养殖或者包装企业批准编号等内容，活鱼运输船、活鱼集装箱等难以加贴标签的除外。

（4）临床检查：水生动物的健康状况，主要包括游动是否异常，体表有无溃疡、出血、囊肿及寄生虫感染，体色是否异常，鱼类腹部有无肿胀、肛门有无红肿，贝类闭壳肌收缩有无异常，甲壳类体表和头胸甲是否有黑斑或者白斑、鳃部发黑等。

（5）包装用水或者冰、铺垫材料：是否带有土壤及危害动植物和人体健康的有害生物等法律法规规定的禁止进境物。

7. 海关应当按照有关规定对装载进境水生动物的外包装、运输工具和装卸场地进行防疫消毒处理。

8. 现场查验发现有下列情形的，海关按照有关规定进行处理。

（1）发现内包装容器损坏并有装载水洒漏的，要求货主或者其代理人对包装容器进行整理、更换包装或者对破损包装内的水生动物作销毁处理，并对现场及包装容器等进行消毒。

（2）现场需要开拆包装加水或者换水的，所用水必须达到中国规定的渔业水质标准，并经消毒处理，对废弃的原包装、包装用水或者冰及铺垫材料，按照有关规定实施消毒处理。

（3）对发现的禁止进境物进行销毁处理。

（4）临床检查发现异常时可以抽样送实验室进行检测。

（5）对已经死亡的水生动物，监督货主或者其代理人作无害化处理。

9. 受理报关或者现场查验发现有下列情形之一的，海关签发“检验检疫处理通知书”，由收货人或其代理人在海关的监督下，作退回或者销毁处理：

（1）未被列入允许进境水生动物种类及输出国家或者地区名单的；

（2）无有效检疫许可证的；

（3）无输出国家或者地区官方主管部门出具的有效检验检疫证书的；

（4）检疫许可证上的申请单位、检验检疫证书上的收货人和货运提单上的收货人不一致的，实际运输路线与检疫许可证不一致的；

（5）来自未经注册登记企业的；

（6）货证不符的，包括品种不符、进境水生动物数（重）量超过检验检疫证书载明数（重）量、谎报用途、无标签、标签内容不全或者与检验检疫证书载明内容不符的；

（7）临床检查发现异常死亡且出现水生动物疫病临床症状的；

（8）临床检查发现死亡率超过 50%的。

10. 进境食用水生动物的，进境口岸海关按照有关标准、监控计划和警示通报等要求对其实施采样，对下列项目进行检验或者监测：

（1）水生动物疫病病原、食源性致病微生物、寄生虫；

（2）贝类毒素等生物毒素；

（3）重金属、农兽药残留；

（4）其他要求的项目。

11. 进境食用水生动物，经海关现场查验合格后予以放行；查验不合格的，作退回或者销毁处理。监控计划和警示通报有要求的，按照要求实施抽样检测。

12. 实验室检测不合格的，进境食用水生动物收货人或其代理人应当主动召回不合格食用水生动物并采取有效措施进行处理。

13. 根据风险监控不合格发生频次和危害程度，经风险评估，对海关总署采取扣留检测措施的进境食用水生动物，收货人或者其代理人应当将进境食用水生动物调运至海关指定扣检暂存场所，实验室检测合格后方可放行。实验室检测不合格的，作退回或者销毁处理。

14. 进境种用、养殖和观赏水生动物应当在指定隔离场进行至少 14 天的隔离检疫。现场查验合格后，由进境口岸海关出具“入境货物调离通知单”，运抵指定隔离场所在地后，收货人或其代理人应当向海关申报。指定隔离场所在地海关应当核对货证，并实施以下检验检疫措施：

（1）对已经死亡的水生动物做无害化处理；

（2）对原包装、装载用水或者冰和铺垫材料做消毒处理；

（3）隔离检疫期间，海关按照年度水生动物疫病监测计划、检疫许可证要求和其他有关规定抽样，实施水生动物疫病检测。

隔离检疫合格的，签发“入境货物检验检疫证明”，予以放行；不合格的，签发“检验检疫处理通知书”，对同一隔离设施内全部水生动物实行扑杀或者销毁处理，并对隔离场所进行消毒。

第二节 出境动植物及其产品的动植物检疫

出口动植物及其产品的动植物检疫一般包括注册登记、疫情疫病监测、安全风险监控、溯源管理、出口查验、实验室检测、风险预警与快速反应等过程。

一、 出境水果检验检疫

为规范出境水果检验检疫和监督管理工作，提高出境水果质量和安全，海关根据《进出境动植物检疫法》及其实施条例、《进出口商品检验法》及其实施条例和《食品安全法》等有关法律法规规定，制定了《出境水果检验检疫管理办法》。

出境水果种植、加工、运输企业除应遵守《出境水果检验检疫监督管理办法》外，还应符合进口国或者地区的安全卫生要求及我国与进口国或者地区签署的双边植物检疫要求议定书的要求。

（一）适用范围

适用于出境新鲜水果（含冷冻水果，以下简称“水果”）的检验检疫与监督管理工作。我国与输入国家或者地区签订的双边协议、议定书等明确规定，或者输入国家或者地区法律法规要求对输入该国家或者地区的水果果园和包装厂实施注册登记的，海关应当按照规定对输往该国家或者地区的出境水果果园和包装厂实行注册登记。我国与输入国家或地区签订的双边协议、议定书未有明确规定，且输入国家或者地区法律法规未明确要求的，出境水果果园、包装厂可以向海关申请注册登记。

（二）注册登记

1. 申请注册登记的出境水果果园应当具备以下条件：

（1）连片种植，面积在 100 亩以上；

（2）周围无影响水果生产的污染源；

（3）有专职或者兼职植保员，负责果园有害生物监测防治等工作；

（4）建立完善的质量管理体系，质量管理体系文件包括组织机构、人员培训、有害生物监测与控制、农用化学品使用管理、良好农业操作规范等有关资料；

（5）近两年未发生重大植物疫情；

（6）双边协议、议定书或者输入国家或者地区法律法规对注册登记有特别规定的，还须符合其规定。

2. 申请注册登记的出境水果包装厂应当具备以下条件：

（1）厂区整洁卫生，有满足水果贮存要求的原料场、成品库；

（2）水果存放、加工、处理、储藏等功能区相对独立、布局合理，且与生活区采取隔离措施并有适当的距离；

（3）具有符合检疫要求的清洗、加工、防虫防病及除害处理设施；

（4）加工水果所使用的水源及使用的农用化学品均须符合有关食品卫生要求及输入国家或地区的要求；

（5）有完善的卫生质量管理体系，包括对水果供货、加工、包装、储运等环节的管理，对水果溯源信息、防疫监控措施、有害生物及有毒有害物质检测等信息有详细记录；

（6）配备专职或者兼职植保员，负责原料水果验收、加工、包装、存放等环节防疫措施的落实、有毒有害物质的控制、弃果处理和成品水果自检等工作；

（7）有与其加工能力相适应的提供水果货源的果园，或者与供货果园建有固定的供货关系；

（8）双边协议、议定书或者输入国家或者地区法律法规对注册登记有特别规定的，还须符合其规定。

3. 申请注册登记的果园，应当向所在地海关提出书面申请，并提交以下材料：

（1）“出境水果果园注册登记申请表”；

（2）果园示意图、平面图。

4. 申请注册登记的包装厂，应当向所在地海关提出书面申请，并提交以下材料：

（1）“出境水果包装厂注册登记申请表”；

（2）包装厂厂区平面图，包装厂工艺流程及简要说明；

（3）提供水果货源的果园名单及包装厂与果园签订的有关水果生产、收购合约复印件。

5. 审核。

海关按照规定对申请材料进行审核，确定材料是否齐全、是否符合有关规定要求，作出受理或者不受理的决定，并出具书面凭证。提交的材料不齐全或者不规范的，应当当场或者在接到申请后 5 个工作日内一次告知申请人补正。逾期不告知的，自收到申请材料之日起即为受理。

受理申请后，海关应当对申请注册登记的出境水果果园和包装厂提交的申请资料进行审核，并组织专家组进行现场考核。

10 个工作日内，完成对申请资料的初审工作；初审合格后，提交直属海关，直属海关应当在 10 个工作日内作出准予注册登记或者不予注册登记的决定。

直属海关应当将注册登记的果园、包装厂名单报海关总署备案。

6. 换证复查。

注册登记证书有效期为 3 年，注册登记证有效期满前 3 个月，果园、包装厂应当向所在地海关申请换证。

7. 变更。

注册登记的果园、包装厂出现以下情况之一的，应当向海关办理申请变更手续：

（1）果园种植面积扩大；

（2）果园承包者或者负责人、植保员发生变化；

（3）包装厂法人代表或者负责人发生变化；

（4）向包装厂提供水果货源的注册登记果园发生改变；

（5）包装厂加工水果种类改变；

（6）其他较大变更情况。

8. 重新注册登记。

注册登记的果园、包装厂出现以下情况之一的，应当向海关重新申请注册登记：

（1）果园位置及种植水果种类发生变化；

（2）包装厂改建、扩建、迁址；

（3）其他重大变更情况。

9. 对外推荐。

我国与输入国家或者地区签订的双边协议、议定书等明确规定，或者输入国家或者地区法律法规要求对输入该国家或者地区的水果果园和包装厂实施注册登记的，出境水果果园、包装厂应当经海关总署集中组织推荐，获得输入国家或地区检验检疫部门认可后，方可向有关国家或地区输出水果。

（三）监督管理

1. 海关对所辖地区出境水果果园、包装厂进行有害生物监测、有毒有害物质监控和监督管理。监测结果及监管情况作为出境水果检验检疫分类管理的重要依据。

2. 出境水果果园、包装厂应当采取有效的有害生物监测、预防和综合管理措施，避免和控制输入国家或者地区关注的检疫性有害生物发生。出境水果果园和包装厂应当遵守相关法规标准，安全合理使用农用化学品，不得购买、存放和使用我国或者输入国家或者地区禁止在水果上使用的化学品。

出境水果包装材料应当干净卫生、未使用过，并符合有关卫生质量标准。输入国家或者地区有特殊要求的，水果包装箱应当按照要求，标明水果种类、产地以及果园、包装厂名称或者代码等相关信息。

3. 海关对出境水果果园实施监督管理内容包括：

（1）果园周围环境、水果生长状况、管理人员情况；

（2）果园有害生物发生、监测、防治情况及有关记录；

（3）果园农用化学品存放状况，购买、领取及使用记录；

（4）果园水果有毒有害物质检测记录；

（5）双边协议、议定书或者输入国家或者地区法律法规相关规定的落实情况。

4. 海关对出境水果包装厂实施监督管理内容包括：

（1）包装厂区环境及卫生状况、生产设施及包装材料的使用情况、管理人员情况；

（2）化学品存放状况，购买、领取及使用记录；

（3）水果的来源、加工、自检、存储、出口等有关记录；

（4）水果有毒有害物质检测控制记录；

（5）冷藏设施使用及防疫卫生情况、温湿度控制记录；

（6）双边协议、议定书或者输入国家或者地区法律法规相关规定的落实情况。

5. 出境果园和包装厂出现下列情况之一的，海关应责令其限期整改，并暂停受理报检，直至整改符合要求：

（1）不按规定使用农用化学品的；

（2）周围有环境污染源的；

（3）包装厂的水果来源不明；

（4）包装厂内来源不同的水果混放，没有隔离防疫措施，难以区分；

（5）未按规定在包装上标明有关信息或者加施标识的；

（6）包装厂检疫处理设施出现较大技术问题的；

（7）海关检出国外关注的有害生物或者有毒有害物质超标的；

（8）输入国家或者地区检出检疫性有害生物或者有毒有害物质超标的。

6. 海关在每年水果采收季节前对注册登记的出境水果果园、包装厂进行年度审核，对年审考核不合格的果园、包装厂限期整改。

7. 已注册登记的出境水果果园、包装厂出现以下情况之一的，取消其注册登记资格：

（1）限期整改不符合要求的；

（2）隐瞒或者瞒报质量和安全问题的；

（3）拒不接受海关监督管理的；

（4）未按规定重新申请注册登记的。

8. 出境水果果园、包装厂应当建立稳定的供货与协作关系。包装厂应当要求果园加强疫情、有毒有害物质监测与防控工作，确保提供优质安全的水果货源。

注册登记果园向包装厂提供出境水果时，应当随附产地供货证明，注明水果名称、数量及果园名称或者注册登记编号等信息。

（四）出境检验检疫

1. 出境水果应当向包装厂所在地海关报关，按报关规定提供有关单证及产地供货证明；出境水果来源不清楚的，不予受理报关。

2. 根据输入国家或者地区进境水果检验检疫规定和果园、包装厂的注册登记情况，结合日常监督管理，海关实施相应的出境检验检疫措施。

3. 海关根据下列要求对出境水果实施检验检疫：

（1）我国与输入国家或者地区签订的双边检疫协议（含协定、议定书、备忘录等）；

（2）输入国家或者地区进境水果检验检疫规定或者要求；

（3）国际植物检疫措施标准；

（4）我国出境水果检验检疫规定；

（5）贸易合同和信用证等订明的检验检疫要求。

4. 海关依照相关工作程序和技术标准实施现场检验检疫和实验室检测：

（1）核查货证是否相符；

（2）植物检疫证书和包装箱的相关信息是否符合输入国或者地区的要求；

（3）检查水果是否带虫体、病症、枝叶、土壤和病虫为害状，发现可疑疫情的，应及时按有关规定和要求将相关样品和病虫体送实验室检疫鉴定。

5. 海关对出境水果实施出境检验检疫及日常监督管理。

出境水果经检验检疫合格的，按照有关规定签发检验检疫证书、出境货物换证凭单等有关检验检疫证单。未经检验检疫或者检验检疫不合格的，不准出境。

出境水果经检验检疫不合格的，海关应当向出境水果果园、包装厂反馈有关信息，并协助调查原因，采取改进措施。出境水果果园、包装厂不在本辖区的，实施检验检疫的海关应当将有关情况及时通知出境水果果园、包装厂所在地海关。

6. 术语。

（1）“果园”，是指没有被障碍物（如道路、沟渠和高速公路）隔离开的单一水果的连续种植地。

（2）“包装厂”，是指水果采收后，进行挑选、分级、加工、包装、储藏等一系列操作的固定场所，一般包括初选区、加工包装区、储藏库等。

（3）“冷冻水果”，是指加工后，在-18℃以下储存、运输的水果。

7. 行政处罚。

有以下情况之一的，海关处以3万元以下罚款：

（1）来自注册果园、包装厂的水果混有非注册果园、包装厂水果的；

（2）盗用果园、包装厂注册登记编号的；

（3）伪造或变造产地供货证明的；

（4）经检验检疫合格后的水果被调换的；

（5）其他违反管理办法规定导致严重安全、卫生质量事故的。

二、出口饲料和饲料添加剂检验检疫

出口饲料和饲料添加剂除应遵守《进出口饲料和饲料添加剂检验检疫监督管理办法》外，还应符合进口国或者地区的安全卫生要求及我国与进口国或者地区签署的双边植物检疫要求议定书的要求。

（一）注册登记

海关总署对出口饲料的出口生产企业实施注册登记制度，出口饲料应当来自注册登记的出口生产企业。

1. 申请注册登记的企业应当符合下列条件。

（1）厂房、工艺、设备和设施。厂址应当避开工业污染源，与养殖场、屠宰场、居民点保持适当距离；厂房、车间布局合理，生产区与生活区、办公区分开；工艺设计合理，符合安全卫生要求；具备与生产能力相适应的厂房、设备及仓储设施；具备有害生物（啮齿动物、苍蝇、仓储害虫、鸟类等）防控设施。

（2）具有与其所生产产品相适应的质量管理机构和专业技术人员。

（3）具有与安全卫生控制相适应的检测能力。

（4）具有合适的管理制度。包括岗位责任制度，人员培训制度，从业人员健康检查制度，按照危害分析与关键控制点（HACCP）原理建立质量管理体系，在风险分析的基础上开展自检自控，标准卫生操作规范（SSOP），原辅料、包装材料合格供应商评价和验收制度，饲料标签管理制度和产品追溯制度，废弃物、废水处理制度，客户投诉处理制度，质量安全突发事件应急管理制度。

（5）满足海关总署按照饲料产品种类分别制定的出口检验检疫要求。

2. 出口生产企业应当向所在地直属海关申请注册登记，并提交下列材料：

（1）“出口饲料生产、加工、存放企业检验检疫注册登记申请表”；

（2）国家饲料主管部门有审查、生产许可、产品批准文号等要求的，须提供获得批准的相关证明文件；

（3）生产工艺流程图，并标明必要的工艺参数（涉及商业秘密的除外）；

（4）厂区平面图，并提供重点区域的照片或者视频资料；

（5）申请注册登记的产品及原料清单。

3. 直属海关应当对申请材料及时进行审查，根据下列情况在5日内作出受理或者不予受理决定，并书面通知申请人：

（1）申请材料存在可以当场更正的错误的，允许申请人当场更正；

（2）申请材料不齐全或者不符合法定形式的，应当当场或者在5日内一次书面告知申请人需要补正的全部内容，逾期不告知的，自收到申请材料之日起即为受理；

（3）申请材料齐全、符合法定形式或者申请人按照要求提交全部补正申请材料的，应当受理申请。

4. 直属海关应当在受理申请后组成评审组，对申请注册登记的出口生产企业进行现场评审。评审组应当在现场评审结束后向直属海关提交评审报告。

5. 直属海关应当自受理申请之日起20日内对申请人的申请事项作出是否准予注册登记的决定；准予注册登记的，颁发“出口饲料生产、加工、存放企业检验检疫注册登记证”（以下简称“注册登记证”）。

直属海关自受理申请之日起20日内不能作出决定的，经直属海关负责人批准，可以延长10日，并应当将延长期限的理由告知申请人。

6. “注册登记证”自颁发之日起生效，有效期5年。

属于同一企业、位于不同地点、具有独立生产线和质量管理体系的出口生产企业应当分别申请注册登记。

每一注册登记出口生产企业使用一个注册登记编号。经注册登记的出口生产企业的注册登记编号专厂专用。

7. 出口生产企业变更企业名称、法定代表人、产品品种、生产能力等的，应当在变更后 30 日内向所在地直属海关提出书面申请，填写“出口饲料生产、加工、存放企业检验检疫注册登记申请表”，并提交与变更内容相关的资料。

变更企业名称、法定代表人的，由直属海关审核有关资料后，直接办理变更手续。

变更产品品种或者生产能力的，由直属海关审核有关资料并组织现场评审，评审合格后，办理变更手续。

企业迁址的，应当重新向直属海关申请办理注册登记手续。

因停产、转产、倒闭等原因不再从事出口饲料业务的，应当向所在地直属海关办理注销手续。

8. 获得注册登记的出口生产企业需要延续注册登记有效期的，应当在有效期届满前 3 个月按照相关规定提出申请。

9. 直属海关应当在完成注册登记、变更或者注销工作后 30 日内，将相关信息上报海关总署备案。

10. 进口国家或者地区要求提供注册登记的出口生产企业名单的，由直属海关审查合格后，上报海关总署。海关总署组织进行抽查评估后，统一向进口国家或者地区主管部门推荐并办理有关手续。

（二）检验检疫

1. 海关按照下列要求对出口饲料实施检验检疫：

（1）输入国家或者地区检验检疫要求；

（2）双边协议、议定书、备忘录；

（3）中国法律法规、强制性标准和相关检验检疫要求；

（4）贸易合同或者信用证注明的检疫要求。

2. 饲料出口前，货主或者代理人应当凭贸易合同、出厂合格证明等单证向产地海关申报。海关对所提供的单证进行审核，符合要求的受理。

3. 受理后，海关按照下列规定实施现场检验检疫。

（1）核对货证：核对单证与货物的名称、数（重）量、生产日期、批号、包装、唛头、出口生产企业名称或者注册登记号等是否相符。

（2）标签检查：标签是否符合要求。

（3）感官检查：包装、容器是否完好，有无腐败变质，有无携带有害生物，有无土壤、动物尸体、动物排泄物等。

4. 海关对来自不同类别出口生产企业的产品按照相应的检验检疫监管模式抽取样品，出具“抽/采样凭证”，送实验室进行安全卫生项目的检测。

5. 经检验检疫合格的，海关出具“出境货物换证凭单”、检验检疫证书等相关证书；检验检疫不合格的，经有效方法处理并重新检验检疫合格的，可以按照规定出具相关单证，予以放行；无有效方法处理或者虽经处理重新检验检疫仍不合格的，不予放行，并出具“出境货物不合格通知单”。

6. 出境口岸海关按照出境货物换证查验的相关规定查验，重点检查货证是否相符。

查验不合格的，不予放行。

7. 产地海关与出境口岸海关应当及时交流信息。

在检验检疫过程中发现安全卫生问题，应当采取相应措施，并及时上报海关总署。

（三）监督管理

1. 取得注册登记的出口饲料生产、加工企业应当遵守下列要求。

（1）有效运行自检自控体系。

（2）按照进口国家或者地区的标准或者合同要求生产出口产品。

（3）遵守我国有关药物和添加剂管理规定，不得存放、使用我国和进口国家或者地区禁止使用的药物和添加物。

（4）出口饲料的包装、装载容器和运输工具应当符合安全卫生要求。标签应当符合进口国家或者地区的有关要求。包装或者标签上应当注明生产企业名称或者注册登记号、产品用途。

（5）建立企业档案，记录生产过程中使用的原辅料名称、数（重）量及其供应商、原料验收、半产品及成品自检自控、入库、出库、出口、有害生物控制、产品召回等情况，记录档案至少保存 2 年。

（6）如实填写“出口饲料监管手册”，记录海关监管、抽样、检查、年审情况以及国外官方机构考察等内容。

取得注册登记的饲料存放企业应当建立企业档案，记录存放饲料名称、数/重量、货主、入库、出库、有害生物防控情况，记录档案至少保留 2 年。

2. 海关对辖区内注册登记的出口生产企业实施日常监督管理，内容包括：

（1）环境卫生；

（2）有害生物防控措施；

（3）有毒有害物质自检自控的有效性；

（4）原辅料或者其供应商变更情况；

（5）包装物、铺垫材料和成品库；

（6）生产设备、用具、运输工具的安全卫生；

（7）批次及标签管理情况；

（8）涉及安全卫生的其他内容；

（9）“出口饲料监管手册”记录情况。

3. 海关对注册登记的出口生产企业实施年审，年审合格的在“注册登记证”（副本）上加注年审合格记录。

4. 海关对饲料出口企业（以下简称“出口企业”）实施备案管理。出口企业应当在首次报关前或者报关时向所在地海关备案。

出口与生产为同一企业的，不必办理备案。

5. 出口企业应当建立经营档案并接受海关的核查。档案应当记录出口饲料的报关号、品名、数（重）量、包装、进口国家或者地区、国外进口商、供货企业名称及其注册登记号等信息，档案至少保留 2 年。

6. 海关应当建立注册登记的出口生产企业以及出口企业诚信档案，建立良好记录企业名单和不良记录企业名单。

7. 出口饲料被国内外海关检出疫病、有毒有害物质超标或者其他安全卫生质量问题的，海关核实有关情况后，实施加严检验检疫监管措施。

8. 注册登记的出口生产企业和备案的出口企业发现其生产、经营的相关产品可能受到污染并影响饲料安全，或者其出口产品在国外涉嫌引发饲料安全事件时，应当在 24 小时内报告所在地海关，同时采取控制措施，防止不合格产品继续出厂。海关接到报告后，应当于 24 小时内逐级上报至海关总署。

9. 已注册登记的出口生产企业发生下列情况之一的，由直属海关撤回其注册登记：

（1）准予注册登记所依据的客观情况发生重大变化，达不到注册登记条件要求的；

（2）注册登记内容发生变更，未办理变更手续的；

（3）年审不合格的。

10. 有下列情形之一的，直属海关根据利害关系人的请求或者依据职权，可以撤销注册登记：

（1）直属海关工作人员滥用职权、玩忽职守作出准予注册登记的；

（2）超越法定职权作出准予注册登记的；

（3）违反法定程序作出准予注册登记的；

（4）对不具备申请资格或者不符合法定条件的出口生产企业准予注册登记的；

（5）依法可以撤销注册登记的其他情形。

出口生产企业以欺骗、贿赂等不正当手段取得注册登记的，应当予以撤销。

11. 有下列情形之一的，直属海关应当依法办理注册登记的注销手续：

（1）注册登记有效期届满未延续的；

（2）出口生产企业依法终止的；

（3）企业因停产、转产、倒闭等原因不再从事出口饲料业务的；

（4）注册登记依法被撤销、撤回或者吊销的；

（5）因不可抗力导致注册登记事项无法实施的；

（6）法律、法规规定的应当注销注册登记的其他情形。

三、 出境货物木质包装检疫处理管理

为规范木质包装检疫监督管理，确保出境货物使用的木质包装符合输入国家或者地区检疫要求，依据《进出境动植物检疫法》及其实施条例，参照国际植物检疫措施标准第 15 号《国际贸易中木质包装材料管理准则》（简称“第 15 号国际标准”）的规定，制定了《出境货物木质包装检疫处理管理办法》。

（一）定义。

所称木质包装是指用于承载、包装、铺垫、支撑、加固货物的木质材料，如木板箱、木条箱、木托盘、木框、木桶、木轴、木楔、垫木、枕木、衬木等。

经人工合成或者经加热、加压等深度加工的包装用木质材料（如胶合板、纤维板等）除外。薄板旋切芯、锯屑、木丝、刨花等以及厚度等于或者小于 6 毫米的木质材料除外。

（二）分工。

海关总署统一管理全国出境货物木质包装的检疫监督管理工作。主管海关负责所辖地区出境货物木质包装的检疫监督管理。

（三）要求。

对木质包装实施除害处理并加施标识的企业（以下简称“标识加施企业”）应当建

立木质包装生产防疫制度和质量控制体系。

出境货物木质包装应当按照《出境货物木质包装除害处理方法及标识要求》列明的检疫除害处理方法实施处理，并加施专用标识。

（四）标识加施企业应当向所在地海关提出除害处理标识加施资格申请并提供以下材料：

1. “出境货物木质包装除害处理标识加施申请考核表”；

2. 厂区平面图，包括原料库（场）、生产车间、除害处理场所、成品库平面图；

3. 热处理或者熏蒸处理等除害设施及相关技术、管理人员的资料。

（五）直属海关对标识加施企业的热处理或者熏蒸处理设施、人员及相关质量管理体系等进行考核，符合《出境货物木质包装除害处理标识加施企业考核要求》的，颁发除害处理标识加施资格证书，并公布标识加施企业名单，同时报海关总署备案，标识加施资格有效期为 3 年；不符合要求的，不予颁发资格证书，并连同不予颁发的理由一并书面告知申请企业。未取得资格证书的，不得擅自加施除害处理标识。

（六）标识加施企业出现以下情况之一的，应当向海关重新申请标识加施资格：

1. 热处理或者熏蒸处理设施改建、扩建；

2. 木质包装成品库改建、扩建；

3. 企业迁址；

4. 其他重大变更情况。

未重新申请的，海关暂停直至取消其标识加施资格。

（七）标识加施企业应当将木质包装除害处理计划在除害处理前向所在地海关申报，海关对除害处理过程和加施标识情况实施监督管理。

（八）除害处理结束后，标识加施企业应当出具处理结果报告单。经海关认定除害处理合格的，标识加施企业按照规定加施标识。

再利用、再加工或者经修理的木质包装应当重新验证并重新加施标识，确保木质包装材料的所有组成部分均得到处理。

（九）标识加施企业对加施标识的木质包装应当单独存放，采取必要的防疫措施防止有害生物再次侵染，建立木质包装销售、使用记录，并按照海关的要求核销。

（十）未获得标识加施资格的木质包装使用企业，可以从海关公布的标识加施企业购买木质包装，并要求标识加施企业提供出境货物木质包装除害处理合格凭证。

海关对出境货物使用的木质包装实施抽查检疫。

（十一）海关对标识加施企业实施日常监督检查。

（十二）标识加施企业出现下列情况之一的，海关责令整改，整改期间暂停标识加施资格：

1. 热处理/熏蒸处理设施、检测设备达不到要求的；

2. 除害处理达不到规定温度、剂量、时间等技术指标的；

3. 经除害处理合格的木质包装成品库管理不规范，存在有害生物再次侵染风险的；

4. 木质包装标识加施不符合规范要求的；

5. 木质包装除害处理、销售等情况不清的；

6. 相关质量管理体系运转不正常，质量记录不健全的；

7. 未按照规定向海关申报的；

8. 其他影响木质包装检疫质量的。

（十三）因标识加施企业方面原因出现下列情况之一的，海关将暂停直至取消其标识加施资格，并予以公布：

1. 在国外遭除害处理、销毁或者退货的；

2. 未经有效除害处理加施标识的；

3. 倒卖、挪用标识等弄虚作假行为的；

4. 出现严重安全质量事故的；

5. 其他严重影响木质包装检疫质量的。

（十四）伪造、变造、盗用标识的，依照《进出境动植物检疫法》及其实施条例的有关规定处罚。

（十五）输入国家或者地区对木质包装有其他特殊检疫要求的，按照输入国家或者地区的规定执行。

四、出境竹木草制品检疫

为规范出境竹木草制品的检疫管理工作，根据我国法律法规制定了《出境竹木草制品检疫管理办法》。适用于出境竹木草制品（包括竹、木、藤、柳、草、芒等制品）的检疫及监督管理。海关总署主管全国出境竹木草制品检疫和监督管理工作。主管海关负责所辖区域内出境竹木草制品的检疫和监督管理工作。海关总署对出境竹木草制品及其生产加工企业（以下简称“企业”）实施分级分类监督管理。

（一）分级分类管理

1. 根据生产加工工艺及防疫处理技术指标等，竹木草制品分为低、中、高3个风险等级。

（1）低风险竹木草制品：经脱脂、蒸煮、烘烤及其他防虫、防霉等防疫处理的。

（2）中风险竹木草制品：经熏蒸或者防虫、防霉药剂处理等防疫处理的。

（3）高风险竹木草制品：经晾晒等其他一般性防疫处理的。

2. 海关对出境竹木草制品的企业进行评估、考核，将企业分为一类、二类、三类3个企业类别。

3. 一类企业应当具备以下条件：

（1）遵守检验检疫法律法规等有关规定；

（2）应当建立完善的质量管理体系，包括生产、加工、存放等环节的防疫措施及厂检员管理制度等；

（3）配备专职的厂检员，负责生产、加工、存放等环节防疫措施的监督、落实及产品厂检工作；

（4）在生产过程中采用防虫、防霉加工工艺，并配备与其生产能力相适应的防虫、防霉处理设施及相关的检测仪器；

（5）原料、生产加工、成品存放场所，应当专用或者相互隔离，并保持环境整洁、卫生；

（6）年出口批次不少于100批；

（7）检验检疫年批次合格率达99%以上；

（8）海关依法规定的其他条件。

4. 二类企业应当具备以下条件：

（1）遵守检验检疫法律法规等有关规定；

（2）企业建立质量管理体系，包括生产、加工、存放等环节的防疫措施及厂检员管理制度等；

（3）配备专职或者兼职的厂检员，负责生产、加工、存放等环节防疫措施的监督、落实及产品厂检工作；

（4）在生产过程中采用防虫、防霉加工工艺，具有防虫、防霉处理设施；

（5）成品存放场所应当独立，生产加工环境整洁、卫生；

（6）年出口批次不少于30批次；

（7）检验检疫年批次合格率达98%以上；

（8）海关依法规定的其他条件。

5. 不具备一类或者二类条件的企业以及未申请分类考核的企业定为三类企业。

6. 企业本着自愿的原则，向所在地海关提出实施分类管理的书面申请，并提交以下资料：

（1）“出境竹木草制品生产加工企业分类管理考核申请表”；

（2）企业厂区平面图；

（3）生产工艺及流程图。

7. 海关自接到申请资料之日起10个工作日内，完成对申请资料的初审。

企业提交的申请资料不齐全的，应当在规定期限内补齐；未能在规定期限补齐的，视为撤回申请。

8. 初审合格后，海关在10个工作日内完成对申请企业的考核。根据考核结果，由直属海关确定企业类别，并及时公布。

9. 有以下情况之一的，企业应当重新提出申请：

（1）申请企业类别升级的；

（2）企业名称、法定代表人或者生产加工地点变更的；

（3）生产工艺和设备等发生重大变化的。

（二）出境检疫

1. 输出竹木草制品的检疫依据：

（1）我国与输入国家或者地区签订的双边检疫协定（含协议、备忘录等）；

（2）输入国家或者地区的竹木草制品检疫规定；

（3）我国有关出境竹木草制品的检疫规定；

（4）贸易合同、信用证等订明的检疫要求。

2. 企业或者其代理人办理出境竹木草制品报关手续时，应当按照检验检疫申报规定提供有关单证。一类、二类企业报关时应当同时提供“出境竹木草制品厂检记录单”（以下简称“厂检记录单”）。

3. 根据企业的类别和竹木草制品的风险等级，出境竹木草制品的批次抽查比率为：

（1）一类企业的低风险产品，抽查比率5%~10%；

（2）一类企业的中风险产品、二类企业的低风险产品，抽查比率10%~30%；

（3）一类企业的高风险产品、二类企业的中风险产品和三类企业的低风险产品，抽查比率30%~70%；

（4）二类企业的高风险产品、三类企业的中风险和高风险产品，抽查比率70%～100%。

4. 海关根据企业日常监督管理情况、出口季节和输往国家（地区）的差别以及是否出具“植物检疫证书”或者“熏蒸/消毒证书”等，在规定范围内，确定出境竹木草制品的批次抽查比率。

5. 出境竹木草制品经检疫合格的，按照有关规定出具相关证单；经检疫不合格的，经过除害、重新加工等处理合格后方可放行；无有效处理方法的，不准出境。

（三）监督管理

1. 海关对出境竹木草制品的生产、加工、存放实施全过程的监督管理。

2. 海关对企业实施日常监督管理，内容主要包括：

（1）检查企业质量管理体系有效运行和生产、加工、存放等环节的防疫措施执行情况；

（2）检查企业生产、加工、存放等条件是否符合防疫要求；

（3）检查厂检记录以及厂检员对各项防疫措施实施监督的情况和相应记录；

（4）企业对质量问题的整改情况；

（5）其他应当检查的内容。

在实施日常监督管理中，海关应当填写“出境竹木草制品监管记录”。

3. 海关应当建立竹木草制品企业的检疫管理档案。

4. 海关对企业的分类实行动态管理，有以下情况之一的，对企业做类别降级处理：

（1）生产、加工、存放等环节的防疫措施不到位；

（2）厂检员未按要求实施检查与监督；

（3）海关对出境竹木草制品实施检疫，连续2次以上检疫不合格；

（4）1年内出境检验检疫批次合格率达不到所在类别要求；

（5）其他不符合有关检验检疫要求的。

对做类别降级处理的企业限期整改，经整改合格的，可恢复原类别。

5. 企业不如实填写厂检记录单或者伪造、变造、出售和盗用厂检记录单的，直接降为三类企业管理。

6. 海关对企业厂检员进行培训，厂检员经考核合格方可上岗。厂检员应当如实填写厂检记录单，并对厂检结果负责。

五、出境水生动物检验检疫

海关根据我国法律法规规定和国际条约规定，制定了出境水生动物检验检疫办法。适用于对养殖和野生捕捞出境水生动物的检验检疫和监督管理。从事出境水生动物养殖、捕捞、中转、包装、运输、贸易的企业应当遵守该办法。海关总署主管全国出境水生动物的检验检疫和监督管理工作。主管海关负责所辖区域出境水生动物的检验检疫和监督管理工作。

用语的含义：

——水生动物，指活的鱼类、软体类、甲壳类及其他在水中生活的无脊椎动物等，包括其繁殖用的精液、卵、受精卵；

——养殖场，指水生动物的孵化、育苗、养殖场所；

——中转场，指用于水生动物出境前短期集中、存放、分类、加工整理、包装等用途的场所。

出境龟、鳖、蛇、蛙、鳄鱼等两栖和爬行类动物的检验检疫和监督管理参照执行。

（一）注册登记

1. 注册登记条件

（1）出境水生动物养殖场、中转场申请注册登记应当符合下列条件：

① 周边和场内卫生环境良好，无工业、生活垃圾等污染源和水产品加工厂，场区布局合理，分区科学，有明确的标识；

② 养殖用水符合国家渔业水质标准，具有政府主管部门或者海关出具的有效水质监测或者检测报告；

③ 具有符合检验检疫要求的养殖、包装、防疫、饲料和药物存放等设施、设备和材料；

④ 具有符合检验检疫要求的养殖、包装、防疫、疫情报告、饲料和药物存放及使用、废弃物和废水处理、人员管理、引进水生动物等专项管理制度；

⑤ 配备有养殖、防疫方面的专业技术人员，有从业人员培训计划，从业人员持有健康证明；

⑥ 中转场的场区面积、中转能力应当与出口数量相适应。

（2）出境食用水生动物非开放性水域养殖场、中转场申请注册登记除符合本注册登记规定的条件外，还应当符合下列条件：

① 具有与外部环境隔离或者限制无关人员和动物自由进出的设施，如隔离墙、网、栅栏等；

② 养殖场养殖水面应当具备一定规模，一般水泥池养殖面积不少于 20 亩，土池养殖面积不少于 100 亩；

③ 养殖场具有独立的引进水生动物的隔离池，各养殖池具有独立的进水和排水渠道，养殖场的进水和排水渠道分设。

（3）出境食用水生动物开放性水域养殖场、中转场申请注册登记除符合注册登记规定的条件外，还应当符合下列条件：

① 养殖、中转、包装区域无规定的水生动物疫病；

② 养殖场养殖水域面积不少于 500 亩，网箱养殖的网箱数一般不少于 20 个。

（4）出境观赏用和种用水生动物养殖场、中转场申请注册登记除符合注册登记规定的条件外，还应当符合下列条件：

① 场区位于水生动物疫病的非疫区，过去 2 年内没有发生国际动物卫生组织（OIE）规定应当通报和农业农村部规定应当上报的水生动物疾病；

② 养殖场具有独立的引进水生动物的隔离池和水生动物出口前的隔离养殖池，各养殖池具有独立的进水和排水渠道，养殖场的进水和排水渠道分设；

③ 具有与外部环境隔离或者限制无关人员和动物自由进出的设施，如隔离墙、网、栅栏等；

④ 养殖场面积水泥池养殖面积不少于 20 亩，土池养殖面积不少于 100 亩；

⑤ 出口淡水水生动物的包装用水必须符合饮用水标准；出口海水水生动物的包装用水必须清洁、透明并经有效消毒处理；

⑥ 养殖场有自繁自养能力，并有与养殖规模相适应的种用水生动物；

⑦ 不得养殖食用水生动物。

2. 注册登记申请

（1）出境水生动物养殖场、中转场应当向所在地直属海关申请注册登记，并提交下列材料：

① 注册登记申请表；

② 养殖许可证或者海域使用证（不适用于中转场）；

③ 场区平面示意图，并提供重点区域的照片或者视频资料；

④ 水质检测报告；

⑤ 废弃物、废水处理程序；

⑥ 进口国家或者地区对水生动物疾病有明确检测要求的，需提供有关检测报告。

（2）直属海关应当对申请材料及时进行审查，根据下列情况在 5 日内作出受理或者不予受理决定，并书面通知申请人：

① 申请材料存在可以当场更正的错误的，允许申请人当场更正；

② 申请材料不齐全或者不符合法定形式的，应当当场或者在 5 日内一次书面告知申请人需要补正的全部内容，逾期不告知的，自收到申请材料之日起即为受理；

③ 申请材料齐全、符合法定形式或者申请人按照要求提交全部补正申请材料的，应当受理申请。

（3）每一注册登记养殖场或者中转包装场使用一个注册登记编号，同一企业所有的不同地点的养殖场或者中转场应当分别申请注册登记。

3. 注册登记审查与决定

（1）直属海关应当在受理申请后组成评审组，对申请注册登记的养殖场或者中转场进行现场评审。评审组应当在现场评审结束后向直属海关提交评审报告。

（2）直属海关应当自受理申请之日起 20 日内对申请人的申请事项作出是否准予注册登记的决定；准予注册登记的，颁发“出境水生动物养殖场/中转场检验检疫注册登记证”（以下简称“注册登记证”），并上报海关总署。

直属海关自受理申请之日起 20 日内不能作出决定的，经直属海关负责人批准，可以延长 10 日，并应当将延长期限的理由告知申请人。

（3）进口国家或者地区有注册登记要求的，直属海关评审合格后，报海关总署，由海关总署统一向进口国家或者地区政府主管部门推荐并办理有关手续。进口国家或者地区政府主管部门确认后，注册登记生效。

（4）“注册登记证”自颁发之日起生效，有效期 5 年。

经注册登记的养殖场或者中转场的注册登记编号专场专用。

4. 注册登记变更与延续

（1）出境水生动物养殖场、中转场变更企业名称、法定代表人、养殖品种、养殖能力等的，应当在 30 日内向所在地直属海关提出书面申请，填写“出境水生动物养殖场/中转包装场检验检疫注册登记申请表”，并提交与变更内容相关的资料。

变更养殖品种或者养殖能力的，由直属海关审核有关资料并组织现场评审，评审合格后，办理变更手续。

养殖场或者中转场迁址的，应当重新向海关申请办理注册登记手续。

因停产、转产、倒闭等原因不再从事出境水生动物业务的注册登记养殖场、中转场，应当向所在地海关办理注销手续。

（2）获得注册登记的出境水生动物养殖场、中转包装场需要延续注册登记有效期的，应当在有效期届满 30 日前按照相关规定提出申请。

（3）直属海关应当在完成注册登记、变更或者注销工作后 30 日内，将辖区内相关信息上报海关总署备案。

（二）检验检疫

1. 海关按照下列依据对出境水生动物实施检验检疫：

（1）中国法律法规规定的检验检疫要求、强制性标准；

（2）双边检验检疫协议、议定书、备忘录；

（3）进口国家或者地区的检验检疫要求；

（4）贸易合同或者信用证中注明的检验检疫要求。

2. 出境野生捕捞水生动物的货主或者其代理人应当在水生动物出境 3 天前向出境口岸海关申报，并提供捕捞渔船与出口企业的供货协议（含捕捞船只负责人签字）。

进口国家或者地区对捕捞海域有特定要求的，申报时应当申明捕捞海域。

3. 出境养殖水生动物的货主或者其代理人应当在水生动物出境 7 天前向注册登记养殖场、中转场所在地海关申报。

4. 除捕捞后直接出口的野生捕捞水生动物外，出境水生动物必须来自注册登记养殖场或者中转场。

注册登记养殖场、中转场应当保证其出境水生动物符合进口国或者地区的标准或者合同要求，并出具“出境水生动物供货证明”。

中转场凭注册登记养殖场出具的“出境水生动物供货证明”接收水生动物。

5. 产地海关受理申报后，应当查验注册登记养殖场或者中转场出具的“出境水生动物供货证明”，根据疫病和有毒有害物质监控结果、日常监管记录、企业分类管理等情况，对出境养殖水生动物进行检验检疫。

6. 经检验检疫合格的，海关对装载容器或者运输工具加施封识，并按照进口国家或者地区的要求出具“动物卫生证书”。

7. 出境水生动物用水、冰、铺垫和包装材料、装载容器、运输工具、设备应当符合国家有关规定、标准和进口国家或者地区的要求。

8. 出境养殖水生动物外包装或者装载容器上应当标注出口企业全称，注册登记养殖场和中转场名称和注册登记编号，出境水生动物的品名、数（重）量、规格等内容。来自不同注册登记养殖场的水生动物，应当分开包装。

9. 经检验检疫合格的出境水生动物，不更换原包装异地出口的，经离境口岸海关现场查验，货证相符、封识完好的准予放行。

需在离境口岸换水、加冰、充氧、接驳更换运输工具的，应当在离境口岸海关监督下，在海关指定的场所进行，并在加施封识后准予放行。

出境水生动物运输途中需换水、加冰、充氧的，应当在海关指定的场所进行。

10. 产地海关与口岸海关应当及时交流出境水生动物信息，对在检验检疫过程中发现疫病或者其他卫生安全问题，应当采取相应措施，并及时上报海关总署。

（三）监督管理

1. 海关对辖区内取得注册登记的出境水生动物养殖场、中转场实行日常监督管理和年度审查制度。

2. 海关总署负责制定出境水生动物疫病和有毒有害物质监控计划。

直属海关根据监控计划制定实施方案，上报年度监控报告。

取得注册登记的出境水生动物养殖场、中转场应当建立自检自控体系，并对其出口水生动物的安全卫生质量负责。

3. 取得注册登记的出境水生动物养殖场、中转场应当建立完善的养殖生产和中转包装记录档案，如实填写“出境水生动物养殖场/中转场检验检疫监管手册”，详细记录生产过程中水质监测、水生动物的引进、疫病发生、药物和饲料的采购及使用情况，以及每批水生动物的投苗、转池/塘、网箱分流、用药、用料、出场等情况，并存档备查。

4. 养殖、捕捞器具等应当定期消毒。运载水生动物的容器、用水、运输工具应当保持清洁，并符合动物防疫要求。

5. 取得注册登记的出境水生动物养殖场、中转场应当遵守国家有关药物管理规定，不得存放、使用我国和进口国家或者地区禁止使用的药物；对允许使用的药物，遵守药物使用和停药期的规定。

中转、包装、运输期间，食用水生动物不得饲喂和用药，使用的消毒药物应当符合国家有关规定。

6. 出境食用水生动物饲用饲料应当符合下列规定：

（1）《出口食用动物饲用饲料检验检疫管理办法》；

（2）进口国家或者地区的要求；

（3）我国其他有关规定。

鲜活饵料不得来自水生动物疫区或者污染水域，且须经海关认可的方法进行检疫处理，不得含有我国和进口国家或者地区政府规定禁止使用的药物。

观赏和种用水生动物禁止饲喂同类水生动物（含卵和幼体）鲜活饵料。

7. 取得注册登记的出境水生动物养殖场应当建立引进水生动物的安全评价制度。

引进水生动物应当取得所在地海关批准。

引进水生动物应当隔离养殖30天以上，根据安全评价结果，对疫病或者相关禁用药物残留进行检测，经检验检疫合格后方可投入正常生产。

引进的食用水生动物，在注册登记养殖场养殖时间需达到该品种水生动物生长周期的三分之一且不少于2个月，方可出口。

出境水生动物的中转包装期一般不超过3天。

8. 取得注册登记的出境水生动物养殖场、中转场发生世界动物卫生组织（OIE）规定需要通报或者农业农村部规定需要上报的重大水生动物疫情时，应当立即启动有关应急预案，采取紧急控制和预防措施并按照规定上报。

9. 海关对辖区内注册登记的养殖场和中转场实施日常监督管理的内容包括：

（1）环境卫生；

（2）疫病控制；

（3）有毒有害物质自检自控；

（4）引种、投苗、繁殖、生产养殖；

（5）饲料、饵料使用及管理；

（6）药物使用及管理；

（7）给、排水系统及水质；

（8）发病水生动物隔离处理；

（9）死亡水生动物及废弃物无害化处理；

（10）包装物、铺垫材料、生产用具、运输工具、运输用水或者冰的安全卫生；

（11）“出口水生动物注册登记养殖场/中转场检验检疫监管手册”记录情况。

10. 海关每年对辖区内注册登记的养殖场和中转场实施年审，年审合格的在“注册登记证”上加注年审合格记录。

11. 海关应当给注册登记养殖场、中转场、捕捞、运输和贸易企业建立诚信档案。根据上一年度的疫病和有毒有害物质监控、日常监督、年度审核和检验检疫情况，建立良好记录企业名单和不良记录企业名单，对相关企业实行分类管理。

12. 从事出境水生动物捕捞、中转、包装、养殖、运输和贸易的企业有下列情形之一的，海关可以要求其限期整改，必要时可以暂停受理报关：

（1）出境水生动物被国内外检验检疫机构检出疫病、有毒有害物质或者其他安全卫生质量问题的；

（2）未经海关同意擅自引进水生动物或者引进种用水生动物未按照规定期限实施隔离养殖的；

（3）未按照相关规定办理注册登记变更或者注销手续的；

（4）年审中发现不合格项的。

13. 注册登记养殖场、中转场有下列情形之一的，海关应当注销其相关注册登记：

（1）注册登记有效期届满，未按照规定办理延续手续的；

（2）企业依法终止或者因停产、转产、倒闭等原因不再从事出境水生动物业务的；

（3）注册登记依法被撤销、撤回或者“注册登记证”被依法吊销的；

（4）年审不合格且在限期内整改不合格的；

（5）1 年内没有水生动物出境的；

（6）因不可抗力导致注册登记事项无法实施的；

（7）检验检疫法律、法规规定的应当注销注册登记的其他情形。

（四）法律责任

1. 从事出境水生动物捕捞、养殖、中转、包装、运输和贸易的企业有下列情形之一的，由海关处 3 万元以下罚款，情节严重的，吊销其注册登记证书：

（1）发生应该上报的疫情隐瞒不报的；

（2）在海关指定的场所之外换水、充氧、加冰、改变包装或者接驳更换运输工具的；

（3）人为损毁检验检疫封识的；

（4）存放我国或者进口国家或者地区禁止使用的药物的；

（5）拒不接受海关监督管理的。

2. 从事出境水生动物捕捞、养殖、中转、包装、运输和贸易的企业有下列情形之一的，由海关按照《国务院关于加强食品等产品安全监督管理的特别规定》予以处罚：

（1）以非注册登记养殖场水生动物冒充注册登记养殖场水生动物的；

（2）以养殖水生动物冒充野生捕捞水生动物的；

（3）提供、使用虚假“出境水生动物供货证明”的；

（4）违法使用饲料、饵料、药物、养殖用水及其他农业投入品的；

（5）有其他逃避检验检疫或者弄虚作假行为的。

六、出境非食用动物产品检验检疫监督

（一）概述

出境非食用动物产品，是指非直接供人类或者动物食用的动物副产品及其衍生物、加工品，如非直接供人类或者动物食用的动物皮张、毛类、纤维、骨、蹄、角、油脂、明胶、标本、工艺品、内脏、动物源性肥料、蚕产品、蜂产品、水产品、奶产品等。不包括动物源性饲料和饲料添加剂、动物遗传物质、动物源性生物材料及制品。

海关总署主管全国进出境非食用动物产品的检验检疫和监督管理工作。主管海关负责所辖地区进出境非食用动物产品的检验检疫和监督管理工作。

（二）风险管理

1. 海关总署对出境非食用动物产品实施风险管理，在风险分析的基础上，实施产品风险分级、企业分类、检疫准入、风险警示及其他风险管理措施。

2. 海关总署根据出境非食用动物产品动物卫生和公共卫生风险，确定产品风险级别。产品风险级别及检疫监督模式在海关总署网站公布。

3. 海关根据企业诚信程度、质量安全控制能力等，对进出境非食用动物产品生产、加工、存放企业实施分类管理，采取相应检验检疫监管措施。

4. 海关总署根据出境非食用动物产品质量安全形势、检验检疫中发现的问题、国内外相关组织机构的通报以及国内外发生的动物卫生和公共卫生问题，在风险分析的基础上发布风险警示信息并决定采取启动应急处置预案、限制进出境和暂停进出境等风险管理措施。

（三）出境检验检疫

1. 出境生产加工企业注册登记

（1）输入国家或者地区要求中国对向其输出非食用动物产品生产、加工、存放企业（以下简称“出境生产加工企业”）注册登记的，海关总署对出境生产加工企业实行注册登记。

（2）申请注册登记的出境生产加工企业应当符合进境国家或者地区的法律法规有关规定，并遵守下列要求：

① 建立并维持进境国家或者地区有关法律法规规定的注册登记要求；

② 按照建立的兽医卫生防疫制度组织生产；

③ 按照建立的合格原料供应商评价制度组织生产；

④ 建立并维护企业档案，确保原料、产品可追溯；

⑤ 如实填写“出境非食用动物产品生产、加工、存放注册登记企业监管手册”；

⑥ 符合中国其他法律法规规定的要求。

（3）出境生产加工企业应当向所在地直属海关申请注册登记。申请注册登记时，应当提交下列材料：

①“出境非食用动物产品生产、加工、存放企业检验检疫注册登记申请表”；

② 厂区平面图，并提供重点区域的照片或者视频资料；

③ 工艺流程图，包括生产、加工的温度，使用化学试剂的种类、浓度和 pH 值，处理的时间和使用的有关设备等情况。

（4）直属海关对申请人提出的申请，应当根据下列情况分别作出处理：

① 申请事项依法不需要取得行政许可的，应当即时告知申请人；

② 申请事项依法不属于本行政机关职权范围的，应当即时作出不予受理的决定，并告知申请人向有关行政机关申请；

③ 申请材料存在可以当场更正的错误的，应当允许申请人当场更正；

④ 申请材料不齐全或者不符合法定形式的，应当当场或者在 5 个工作日内一次告知申请人需要补正的全部内容，逾期不告知的，自收到申请材料之日起即为受理；

⑤ 申请材料齐全、符合法定形式或者申请人按照要求提交全部补正申请材料的，应当受理申请；

⑥ 直属海关受理或者不予受理申请，应当出具加盖本行政机关专用印章和注明日期的书面凭证。

（5）直属海关应当在受理申请后组成评审组，对申请注册登记的出境生产加工企业进行现场评审。评审组应当在现场评审结束后及时向直属海关提交评审报告。

（6）直属海关应当自受理申请之日起 20 日内对申请人的申请事项作出是否准予注册登记的决定；准予注册登记的，颁发“出境非食用动物产品生产、加工、存放企业检验检疫注册登记证”（以下简称“注册登记证”）。

直属海关自受理申请之日起 20 日内不能作出决定的，经直属海关负责人批准，可以延长 10 日，并应当将延长期限的理由告知申请人。

（7）直属海关应当将准予注册登记企业名单上报海关总署。海关总署组织进行抽查评估，统一向进境国家或者地区主管部门推荐并办理有关手续。

（8）“注册登记证”自颁发之日起生效，有效期 5 年。

（9）注册登记的出境生产加工企业变更企业名称、法定代表人、产品种类、存放、生产加工能力等的，应当在变更后 30 日内向准予注册登记的直属海关提出书面申请，填写“出境非食用动物产品生产、加工、存放企业检验检疫注册登记申请表”，并提交与变更内容相关的资料。

变更企业名称、法定代表人的，由直属海关审核有关资料后，直接办理变更手续。

变更产品种类或者生产能力的，由直属海关审核有关资料并组织现场评审，评审合格后，办理变更手续。

企业迁址的，应当重新向直属海关申请办理注册登记手续。

（10）获得注册登记的出境生产加工企业需要延续注册登记有效期的，应当在有效期届满 3 个月前按照相关规定提出申请。

（11）海关对注册登记的出境生产加工企业实施年审，年审合格的在“注册登记证”（副本）上加注年审合格记录。

（12）注册登记的出境生产加工企业发生下列情况之一，准予注册登记所依据的客观情况发生重大变化，达不到注册登记条件要求的，由直属海关撤回其注册登记：

① 注册登记内容发生变更，未办理变更手续的；

② 年审不合格的；

③ 所依据的客观情况发生其他重大变化的。

（13）有下列情形之一的，直属海关根据利害关系人的请求或者依据职权，可以撤销其注册登记：

① 直属海关工作人员滥用职权、玩忽职守作出准予注册登记的；

② 超越法定职权作出准予注册登记的；

③ 违反法定程序作出准予注册登记的；

④ 对不具备申请资格或者不符合法定条件的出境生产加工企业准予注册登记的；

⑤ 依法可以撤销注册登记的其他情形；

⑥ 出境生产加工企业以欺骗、贿赂等不正当手段取得注册登记的，应当予以撤销。

（14）出境生产加工企业有下列情形之一的，直属海关应当依法办理注册登记的注销手续：

① 注册登记有效期届满未申请延续的；

② 出境生产加工企业依法终止的；

③ 出境生产加工企业因停产、转产、倒闭等原因不再从事出境非食用动物产品生产、加工或者存放业务的；

④ 注册登记依法被撤销、撤回或者吊销的；

⑤ 因不可抗力导致注册登记事项无法实施的；

⑥ 法律、法规规定的应当注销注册登记的其他情形。

2. 检验检疫

（1）海关按照下列要求对出境非食用动物产品实施检验检疫：

① 双边协议、议定书、备忘录和其他双边协定；

② 输入国家或者地区检验检疫要求；

③ 中国法律法规、强制性标准和海关总署规定的检验检疫要求；

④ 贸易合同或者信用证注明的检疫要求。

（2）非食用动物产品出境前，货主或者其代理人应当向产地海关报关，并提供贸易合同、自检自控合格证明等相关单证。海关对所提供的单证进行审核，符合要求的受理报关。

（3）受理报关后，海关按照下列规定实施现场检验检疫。

① 核对货证：核对单证与货物的名称、数（重）量、生产日期、批号、包装、唛头、出境生产企业名称或者注册登记号等是否相符。

② 抽样：根据相应标准、输入国家或者地区的要求进行抽样，出具“抽/采样凭证”。

③ 感官检查：包装、容器是否完好，外观、色泽、组织状态、黏度、气味、异物、异色及其他相关项目。

（4）海关对需要进行实验室检验检疫的产品，按照相关规定，抽样送实验室检测。

（5）经检验检疫合格的，海关出具检验检疫证书。检验检疫不合格的，经有效方法处理并重新检验检疫合格的，可以按照规定出具相关单证，准予出境；无有效方法处理或者虽经处理重新检验检疫仍不合格的，不予出境，并出具“出境货物不合格通知单”。

（6）出境口岸海关按照相关规定查验，重点核查货证是否相符。查验不合格的，不予放行。

（7）产地海关与出境口岸海关应当及时交流信息。

在检验检疫过程中发现重大安全卫生问题，应当采取相应措施，并及时上报海关总署。

3. 监督管理

（1）取得注册登记的出境生产加工企业应当遵守下列规定：

① 有效运行自检自控体系；

② 按照输入国家或者地区的标准或者合同要求生产出境产品；

③ 按照海关认可的兽医卫生防疫制度开展卫生防疫工作；

④ 企业档案维护，包括出入库、生产加工、防疫消毒、废弃物检疫处理等记录，记录档案至少保留 2 年；

⑤ 如实填写“出境非食用动物产品生产、加工、存放注册登记企业监管手册”。

（2）海关对辖区内注册登记的出境生产加工企业实施日常监督管理，内容包括：

① 兽医卫生防疫制度的执行情况；

② 自检自控体系运行，包括原辅料、成品自检自控情况、生产加工过程控制、原料及成品出入库及生产、加工的记录等；

③ 涉及安全卫生的其他有关内容；

④“出境非食用动物产品生产、加工、存放注册登记企业监管手册”填写情况。

（3）海关应当建立注册登记的出境生产加工企业诚信档案，建立良好记录企业名单和不良记录企业名单。

（4）出境非食用动物产品被检出疫病、有毒有害物质超标或者其他安全卫生问题的，海关核实有关情况后，实施加严检验检疫监管措施。

（5）注册登记的出境生产加工企业发现相关产品可能受到污染并影响非食用动物产品安全，或者其出境产品在国外涉嫌引发非食用动物产品安全事件时，应当在 24 小时内报告所在地海关，同时采取控制措施，防止不合格产品继续出厂。所在地海关接到报告后，应当于 24 小时内逐级上报至海关总署。

4. 法律责任

按照《进出境非食用动物产品检验检疫监督管理办法》第六章相关条款承担法律责任。

第七章 进出口食品、化妆品安全监管

7

《食品安全法》第九十一条规定："国家出境检验检疫部门对进出口食品安全实施监督管理。"进出口食品安全监管，是指海关为保证进出口食品安全，保障公众身体健康和生命安全，根据法律法规和食品安全国家标准的规定，对进出口食品生产经营活动、进出口食品生产经营者和输华食品出口国家（地区）食品安全管理体系等实施的行政监督管理，督促检查进出口食品相关方执行食品安全法律法规的情况，并对其违法行为进行约束的过程。

海关对进出口食品、化妆品生产经营活动实施监督管理，即对行政管理相对人的活动实施监督管理。其中进出口食品、化妆品生产经营活动主要包括进出口食品、化妆品生产、经营、贮存和运输。海关对进出口食品、化妆品生产经营者及其进出口食品、化妆品安全实施监督管理，主要包括主体资格监管、信用管理、稽核查监管、对外注册推荐管理、处罚等内容。

进出口食品、化妆品安全监管工作具有监管对象极为敏感、监管任务极为艰巨、监管责任极为重大、队伍要求极为严格等特点。因此，进出口食品、化妆品安全工作坚持安全第一、预防为主、风险管理、全程控制、国际共治的原则。"安全第一"是进出口食品、化妆品安全工作必须始终将确保安全放在首位，坚持底线思维，坚决防范区域性、系统性、行业性进出口食品、化妆品安全问题。"预防为主"是进出口食品、化妆品安全工作通过各项预防措施和机制，防控风险。"风险管理"是进出口食品、化妆品安全工作通过对进出口食品风险进行分级分类等科学的风险管理手段，实现对进出口食品、化妆品安全风险的有效管控。"全程控制"是基于食品、化妆品安全监管工作的特点，强化全程监管，建立覆盖全过程的监管制度体系。"国际共治"是需要包括食品、化妆品安全国际组织、境外政府机构等各方共同参与，营造食品、化妆品安全国际共治格局。进出口食品、化妆品安全监管者以及进出口食品、化妆品供应链上的各个主体都承担着相应的食品、化妆品安全责任，需要各相关方各履其责、密切协作，以上述五项原则为基础建立科学严密、高效便利、协调统一、公开透明的既符合当前国际监管趋势和通行做法，又符合中国特色社会主义海关要求的进出口食品、化妆品安全治理体系。

第一节
进出口食品、化妆品安全监管概述

一、 进出口食品、化妆品监管基本概念

联合国粮食及农业组织（FAO）发布的《基于风险的进口食品控制手册》指出，食品是国际贸易中紧随石油和非药物化学产品之后的第三大最有价值商品。很多国家进口占其食品供应的很大比例，一些国家几乎完全依赖食品进口来确保食品安全。食品进出口贸易量的急剧增加、品种及来源地的多样化极大增加了进出口食品安全风险的复杂性和不确定性。因此，进出口食品安全成为全世界普遍关注的问题。

（一）食品

“食品”之概念随着社会和经济的发展也在不断变化。古人曰：“食，命也。”意思是说，凡是能够延续人体生命的物质，都称为食品。《现代汉语词典》里“食品”的概念是指用于出售的经过加工制作的食物。国际食品法典委员会（CAC）的定义为“食品”（food），指用于人食用或者饮用的经加工、半加工或者未经加工的物质，并包括饮料、口香糖和已经用于制造、制备或处理食品的物质，但不包括化妆品、烟草或者只作为药品使用的物质。

在我国，《食品安全法》第一百五十条将“食品”定义为：“食品，指各种供人食用或者饮用的成品和原料以及按照传统既是食品又是中药材的物品，但是不包括以治疗为目的的物品。”该定义包括了成品、原料和不以治疗为目的的药食同源的食品。

《食品工业基本术语》对“食品”的定义为可供人类食用或饮用的物质，包括加工食品，半成品和未加工食品，不包括烟草或只作药品用的物质。

从食品安全立法和监管的角度而言，广义的“食品”概念还涉及生产食品的原料、食品原料种植、养殖过程接触的物质和环境、食品的添加物质、所有直接或间接接触食品的包装材料设施以及影响食品原有品质的环境。随着食品工业的发展，“食品”概念的外延正在不断扩大。

（二）食品安全

“食品安全”一词是1974年由联合国粮食及农业组织（FAO）提出的，主要内容包括3个方面：

第一，从食品安全性角度看，要求食品应当“无毒无害”。“无毒无害”是指正常人在正常食用情况下摄入可食状态的食品，不会对人体造成危害。但无毒无害也不是绝对的，允许少量含有，但不得超过国家规定的限量标准。

第二，符合应当有的营养要求。营养要求不但应包括人体代谢所需要的蛋白质、脂肪、碳水化合物、维生素、矿物质等营养素的含量，还应包括该食品的消化吸收率和对人体维持正常的生理功能应发挥的作用。

第三，对人体健康不造成任何危害，包括急性、亚急性或者慢性危害。

1996年，世界卫生组织（WHO）将“食品安全”界定为“对食品按其原定用途进行制作，食用时不会使消费者健康受到损害的一种担保。”

2015年，《食品安全法》将“食品安全”明确定义为：食品无毒、无害，符合应当有的营养要求，对人体健康不造成任何急性、亚急性或者慢性危害。

（三）化妆品

根据《进出口化妆品检验检疫监督管理办法》中的定义，化妆品是指以涂、擦、散布于人体表面任何部位（表皮、毛发、指趾甲、口唇等）或者口腔黏膜、牙齿，以达到清洁、消除不良气味、护肤、美容和修饰目的的产品；化妆品半成品是指除最后一道“灌装”或者“分装”工序外，已完成其他全部生产加工工序的化妆品；化妆品成品包括销售包装化妆品成品和非销售包装化妆品成品；销售包装化妆品成品是指以销售为主要目的，已有销售包装，与内装物一起到达消费者手中的化妆品成品；非销售包装化妆品成品是指最后一道接触内容物的工序已经完成，但尚无销售包装的化妆品成品。

（四）其他概念

1. 食品安全风险分析

食品安全风险分析是近20年发展起来的一种为食品安全决策提供参考的系统化、规范化方法，以科学为基础的分析，合理有效地解决食品安全问题，避免风险发生和降低风险带来损失的强有力的手段。

食品安全风险分析，由3个相互区别但紧密相关的部分组成：风险评估、风险管理和风险交流。其中：

（1）风险评估是一个以科学为依据的过程，由以下各步骤组成：危害识别、危害特征描述、暴露评估，以及风险特征描述。

（2）风险管理是一个在与各利益方磋商过程中权衡各种政策方案的过程，该过程考虑风险评估和其他与保护消费者健康及促进公平贸易活动有关的因素，并在必要时选择适当的预防和控制方案。

（3）风险交流是在风险分析全过程中，风险评估人员、风险管理人员、消费者、产业界、学术界和其他感兴趣各方就风险、风险相关因素和风险认知等方面的信息和看法进行互动式交流的过程。

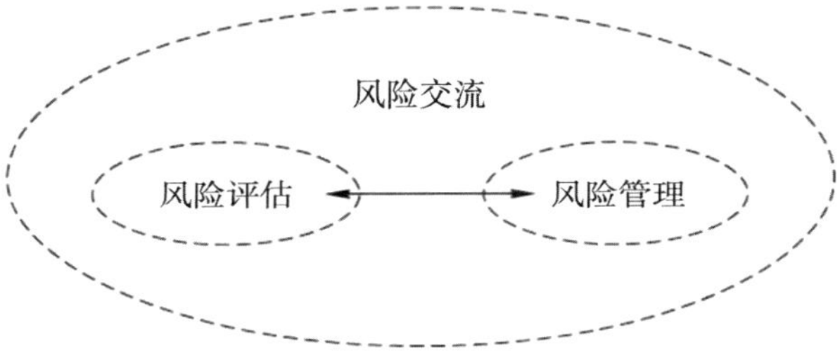

风险分析的一般组成

2. 食品安全风险预警

食品安全风险预警是指对食品中有害物质的扩散与传播进行早期警示和积极防范，以避免对消费者的健康造成不利影响所开展的全部工作，包括宣传报道、产品召回和政府公告等。

开展预警可减少和消除食品中存在的安全风险以及对消费者身体可能造成的伤害，实现维护社会和谐稳定的目的。

3. 食品安全可追溯

食品安全可追溯是指为了确保食品质量安全，由生产者、加工者以及流通者分别将食品的生产销售过程中的可能影响食品质量安全的信息进行详细记录、保存并向消费者公开。它主要由生产经营记录、包装与标识、编码与查询、消费者通报等部分构成。

4. 进出口食品安全监管

进出口食品在我国食品产业和食品供应链中占据重要地位。我国从180多个国家（地区）进口食品，向220多个国家（地区）出口食品。进出口食品安全监管，是指海关为保证进出口食品安全，保障公众身体健康和生命安全，根据法律法规的规定，对进出口食品生产经营活动、进出口食品生产经营者和输华食品出口国家（地区）食品安全管理体系等实施的行政监督管理，并对其违法行为进行约束的过程。

5. 进出口食品安全风险预警

进出口食品安全风险预警，是指为使国家和消费者免受进出口食品中可能存在的风险或者潜在危害进行信息收集、整理和分析，并依法采取的预防性安全保障措施和处理措施，将风险降低到可以接受的程度。

6. 突发事件

根据《中华人民共和国突发事件应对法》规定，突发事件是指突然发生，造成或者可能造成严重社会危害，需要采取应急处置措施予以应对的自然灾害、事故灾难、公共卫生事件和社会安全事件。按照社会危害程度、影响范围等因素，自然灾害、事故灾难、公共卫生事件分为特别重大、重大、较大和一般四级。

二、 进出口食品、化妆品检验检疫的监管依据

（一） 国际规则

迄今为止，中国已加入世界贸易组织（WTO）、国际食品法典委员会（CAC）、亚太地区植保委员会（APPPC）、亚太经合组织（APEC）等国际组织，签署了《技术性贸易壁垒协定》（TBT 协定）、《实施卫生与植物卫生措施协定》（SPS 协定）等多边贸易协定。此外，我国还与世界上许多国家和地区签订了大量双边检验检疫协定、备忘录等。这些多边和双边贸易协定均秉承了优先适用原则，是我国进出口食品立法及执行必须首先遵守的规则。

1. 世界贸易组织（WTO）

WTO 英文全称为 World Trade Organization，中文全称为世界贸易组织，简称世贸组织。世界贸易组织是一个独立于联合国的永久性国际组织。

世界贸易组织帮助开展平稳、自由、公平的贸易，建立一个完整的、更具有活力的和永久性的多边贸易体制。它具有法人地位，在调解成员争端方面具有更高的权威性和有效性。它遵循最惠国待遇原则、国民待遇原则、互惠互利原则（也称权利与义务的平衡原则）、扩大市场准入原则、促进公平竞争与贸易原则、鼓励发展和经济改革原则、贸易政策法规透明度原则等基本原则。

（1）《技术性贸易壁垒协定》（TBT 协定）

TBT 协定是各成员为避免技术法规、标准及合格评定程序活动给国际贸易带来不必要障碍而签署的一项多边贸易协定，旨在防止和消除国际贸易中的技术性贸易壁垒。TBT 协定的基本原则包括最少贸易限制原则、非歧视原则、协调一致原则、等效和相互认可原则、特殊和差别待遇原则、透明度原则。TBT 协定不涉及 SPS 措施涵盖领域，但进出口食品相关管理措施、市场准入措施、风险管理等，应遵循上述原则。

（2）《实施卫生与植物卫生措施协定》（SPS 协定）

SPS 协定是世界贸易组织成员为确保卫生与植物卫生措施（SPS 措施）的合理性，并对国际贸易不构成变相限制所制定的实施 SPS 措施时应遵循的一套规定、原则和规范。其所涵盖的领域中卫生措施是指与人类或动物健康有关的措施，植物卫生措施则是指与植物卫生有关的措施。根据其管辖范围，以期达到四个方面的目的，即：保护人类或动物的生命或健康免受由食品中添加剂、污染物、毒素或致病有机体所产生的风险；保护人类的生

命免受动植物携带的疫病的侵害；保护动物或植物的生命免受害虫、疫病或致病有机体传入的侵害；保护一个国家免受有害生物的传入、定居或传播所引起的危害。SPS 协定适用于为实现上述所定义的目标之一所采取的任何类型的措施，如确定可允许的最大农残限量水平，或对食品中的某种单独的添加剂的使用规定等。其主要原则包括科学原则、协调原则、等效原则、透明原则、一致原则、区域原则、特殊与差别待遇原则。SPS 协定原则及要求尽管没有强制约束力，但作为世界贸易组织成员，我国在制定和实施进出口食品安全法律法规过程中应予以考虑并尽量遵守。

2. 国际食品法典委员会（CAC）

国际食品法典委员会（CAC）作为食品安全领域的国际组织，其所制定的标准、导则、指南等已成为国际规则，也成为各国、各地区食品安全监管机构构建本国、本地区食品安全监管体系的最重要的依据。按照国际规则的理念，全食物链管理是国家食品控制体系的一个基本原则，在 CAC 的《食品进口控制体系指南》中就指出，对进口食品的控制可在食品链各环节展开，包括生产源头、入境口岸、再加工环节、转运和分销环节、储存环节及售卖环节等。各国、各地区尽管政治经济体制各异，进口食品贸易情况不同，但均在上述国际规则的基础上，以风险为基础，实施全过程管理，并将之融入进口前、进口时和进口后各环节具体管理制度的设计中。

3. 世界动物卫生组织（OIE）

OIE，英文全称为 World Organisation for Animal Health，中文全称为世界动物卫生组织，是一个旨在促进和保障全球动物卫生和健康工作的政府间国际组织，总部位于巴黎，由 28 个国家和地区于 1924 年根据签署的国际协议产生。OIE 主要任务是：收集全球动物疫情和控制措施等动物卫生信息，及时向各成员通报；促进和协调国际协作，支持动物疫病监测和防控技术研究；协调各成员动物及动物产品卫生标准和贸易规定，促进国际贸易发展。

4.《国际植物保护公约》（IPPC）

IPPC，英文全称为 International Plant Protection Convention，中文全称为《国际植物保护公约》，是 1951 年联合国粮食及农业组织（FAO）通过的一个有关植物保护的多边国际协议，1952 年生效。1979 年、1997 年和 1999 年，FAO 分别对 IPPC 进行了 3 次修改。《国际植物保护公约》由设在粮农组织植物保护处的 IPPC 秘书处负责执行和管理。中国于 2005 年 10 月正式成为 IPPC 成员。《国际植物保护公约》的目的是确保全球农业安全，并采取有效措施防止有害生物随植物和植物产品传播和扩散，发展有害生物控制措施。《国际植物保护公约》为区域和国家植物保护组织提供了一个国际合作、协调一致和技术交流的框架和论坛。由于认识到 IPPC 在植物卫生方面所起的重要作用，SPS 协议规定 IPPC 组织为影响贸易的植物卫生国际标准（植物检疫措施国际标准，International Standard for Phytosanitary Measures，ISPMs）的制定机构，并且是在 SPS 协议下唯一的植物检疫标准制定组织，在植物卫生领域起着重要的协调一致的作用。ISPMs 由 IPPC 植物检疫措施委员会（CPM）通过，并分发给其所有成员及区域植物保护组织执行，是各成员进行植物和植物产品国际贸易的指南和标准。

（二）进出口食品安全法律法规及部门规章

1. 多双边协议、法律法规

随着我国进出口食品安全法律法规体系日渐完善，初步形成以国际条约、法律为基础，以诸多配套法规为主体，以部门规章及食品安全国家标准为补充的进出口食品安全法律法规及标准体系。

（1）多双边协议与议定书

多双边协议与议定书是我国与相关贸易伙伴就市场准入条件及监管措施要求签订的政府间协议。协议所定要求和条件原则上应符合本国国内法律法规要求，但可以作出更细致、更具操作性的安排，如对官方证书的样本、评语进行约定等。这些多边和双边贸易协定均秉承了优先适用原则，是我国进出口食品立法及执行必须首先遵守的规则。

（2）法律

现行我国有关进出口食品安全的法律包括《食品安全法》《进出口商品检验法》《进出境动植物检疫法》《国境卫生检疫法》《中华人民共和国农产品质量安全法》《海关法》等。

（3）行政法规

与进出口食品安全有关的行政法规包括《国务院关于加强食品等产品安全监督管理的特别规定》（国务院令第503号）、《食品安全法实施条例》、《中华人民共和国认证认可条例》、《进出口商品检验法实施条例》、《进出境动植物检疫法实施条例》等。

2. 部门规章

2009年，《食品安全法》发布后，我国进出口食品安全部门规章建设得到迅速推进，制定、修订、出台系列进出口食品安全专门规章。目前，我国正根据新食品安全法要求，进一步制修订基于风险、覆盖全程的进出口食品安全规章体系。根据管辖范围的不同，与进出口食品安全管理相关的规章和规范性文件可分为综合性规章和规范性文件，以及针对不同类别食品的专门性规章和规范性文件两类。2021年4月12日发布新版《进出口食品安全管理办法》《中华人民共和国进口食品境外生产企业注册管理规定》。

（三）食品安全国家标准

进口食品应当符合中国法律法规和食品安全国家标准，中国缔结或者参加的国际条约、协定有特殊要求的，还应当符合国际条约、协定的要求。进口尚无食品安全国家标准的食品，应当符合国务院卫生行政部门公布的暂予适用的相关标准要求。

出口食品生产企业应当保证其出口食品符合进口国家（地区）的标准或者合同要求；中国缔结或者参加的国际条约、协定有特殊要求的，还应当符合国际条约、协定的要求。进口国家（地区）暂无标准，合同也未作要求，且中国缔结或者参加的国际条约、协定无相关要求的，出口食品生产企业应当保证其出口食品符合中国食品安全国家标准。

（四）化妆品法律法规及标准

1. 法律

《进出口商品检验法》是我国进出口化妆品实施监管的上位法。

2. 法规

《化妆品监督管理条例》是为加强化妆品的卫生监督、保证化妆品的卫生质量和使用安全、保障消费者健康制定的，是我国针对化妆品卫生监督管理的法律法规文件，也是我国化妆品卫生监督管理的核心。

3. 部门规章

《进出口化妆品检验检疫监督管理办法》规范了进出口化妆品检验检疫、非贸易性化妆品检验检疫及监督管理等具体要求。

4. 化妆品标准

化妆品卫生标准以《化妆品卫生标准》（GB 7916—1987）为主要内容，规定了化妆品卫生质量要求和卫生指标的检验方法，建立了化妆品原料及产品的安全性评价程序和方法。化妆品卫生标准是国家标准，是强制性标准，必须执行，是进口化妆品安全监督的技术依据。由于《化妆品卫生标准》的标龄过长，很多指标和要求与现代化妆品工业不相符合，在进口化妆品安全监管中，原国家食品药品监督管理总局发布的《化妆品安全技术规范》（2015 年版）也是重要的监管依据。

出口化妆品生产企业应当保证其出口化妆品符合进口国家（地区）标准或者合同要求。进口国家（地区）无相关标准且合同未有要求的，可以由海关总署指定相关标准。

第二节
进口食品检验检疫

联合国粮食及农业组织（FAO）食品质量控制手册第 15 分册《进口食品检验》指出，保证向本国（地区）消费者提供安全食品是国家（地区）的基本义务，政府必须确保对进口食品的控制。由此可以看出，进口食品检验检疫监督管理是国家食品控制体系的重要组成部分，不但是一个国家（地区）参与国际食品贸易的必然需求，也是国家（地区）的基本责任。

一、 进口食品检验检疫

海关对进口食品实施检验检疫监督管理，引入多样化的合格评定，通过合格评定，实现对进口食品安全的高效严密监管。

（一）进口食品合格评定

1. 进口食品合格评定依据

进口食品合格评定依据《食品安全法》第九十二条第二款规定制定。该款条文规定，进口的食品、食品添加剂应当经出入境检验检疫机构依照进出口商品检验相关法律、行政法规的规定检验合格。《进出口商品检验法》第六条规定“必须实施的进出口商品检验，是指确定列入目录的进出口商品是否符合国家技术规范的强制性要求的合格评定活动。合格评定程序包括：抽样、检验和检查；评估、验证和合格保证；注册、认可和批准以及各项的组合。”《进出口商品检验法》关于合格评定的定义和相关表述引用了世界贸易组织

《技术性贸易壁垒协定》（《TBT 协定》）中的概念和解释，用以界定和规范对国际货物贸易可能产生壁垒作用的一类技术性贸易措施。现行《食品安全法》第九十二条规定进口食品依照《进出口商品检验法》第七条规定实施检验的目的是对 2009 年《食品安全法》第六十二条第二款规定的调整，即不再要求对进口食品实施批批检验，改为合格评定。这种立法规定的调整是符合食品安全风险的基本规律的，有利于集中行政资源加强对高风险进口食品实施检验监管；同时也符合国际惯例，与发达国家实施进口食品安全监管的做法接轨。

2. 进口食品合格评定实施

进口食品合格评定活动是基于 TBT 协定和《进出口商品检验法》规定，根据进口食品安全的基本规律和监管工作的需要确定的食品安全管理措施。条文规定的进口食品合格评定活动包括：向中国境内出口食品的境外国家（地区）［以下简称“境外国家（地区）”］食品安全管理体系评估和审查、境外生产企业注册、进出口商备案和合格保证、进境动植物检疫审批、随附合格证明检查、单证审核、现场查验、监督抽检、进口和销售记录检查以及各项的组合。

（1）境外国家（地区）食品安全管理体系评估和审查。这是指海关总署按照风险管理原则对拟向中国境内出口食品的境外国家（地区）食品安全管理体系的完整性和有效性开展的评估活动，以此判定该国家（地区）的食品安全管理体系和食品安全状况能否达到我国可接受的风险保护水平，以及在该体系下生产的输华食品能否符合中国法律法规要求和食品安全国家标准要求。

（2）境外生产企业注册。海关总署对向中国境内出口食品的境外生产、加工、贮存企业实施注册管理，对输华食品国家（地区）主管部门推荐申请注册和企业申请注册的食品生产企业进行审查，符合注册条件的，准予注册。进口食品境外生产企业注册是落实境外食品生产企业传导进口食品安全主体责任的监管措施，是我国进口食品境外生产企业的基本准入要求，目的是通过注册审核，在“源头”把控进口食品安全风险。

（3）进出口商备案和合格保证。进出口商备案是指向我国境内出口食品的境外出口商或者代理商、进口食品的进口商向海关备案。合格保证是输华食品进口商或其代理单位履行食品安全主体责任的一项制度。输华食品进口商或其代理单位应按规定向海关提交表明其进口的食品符合中国法律法规和食品安全国家标准等相关规定的证明材料或者书面承诺。

（4）进境动植物检疫审批。为防止动物传染病、寄生虫病和植物危险性病虫杂草以及其他有害生物的传入，海关对《进出境动植物检疫法》及其实施条例以及国家有关规定明确需要审批的进口动植物源性食品实施检疫审批。检疫审批制度是依据《进出境动植物检疫法》第十条、《进出境动植物检疫法实施条例》第二章、《进境动植物检疫审批管理办法》。检疫审批是一项行政许可，审批通过后，向海关申请“进境动植物检疫许可证”，进口时海关对进口食品实施许可核销管理。

（5）随附合格证明检查。针对风险较高或有其他特殊要求的进口食品，进口商在进口食品申报时，需按照海关或其他相关部门的要求提交该批产品随附的合格证明材料，口岸海关对相关证明材料进行验核检查。合格证明材料是境外生产企业、出口商或国内进口商根据我国食品安全国家标准和海关总署相关规定提供的证明进口食品符合我国法律法规、食品安全国家标准等的材料，如出口国家（地区）主管机关出具的官方证书、产品检测报告或者自我合格声明等。

（6）单证审核。进口商根据海关规定，在进口食品申报时应提交必要的凭证，相关批准文件等材料，海关依法对以上资料的完整性、真实性及有效性进行审核。单证审核是进口食品监管非常重要的一环，对于单证审核不符合要求的进口食品，不予受理申报。2018年8月1日起实施的关于检验检疫单证电子化的公告（海关总署公告2018年第90号）明确了在向海关申报办理检验检疫手续时无须提交纸质单证的类别，并规定了不同单证类别的不同电子化提交方式，有效缩短了进口环节的通关时长。

（7）现场查验。海关部门按照系统作业指令依据相关法律法规及标准等的要求在指定或认可的场所，对进口食品是否符合食品安全法律法规和食品安全国家标准等相关规定实施查验的过程。

（8）监督抽检。海关按照年度国家进口食品安全监督抽检计划和专项进口食品安全监督抽检计划，对进口食品实施的抽样、检验、处置等行政管理行为。

（9）进口和销售记录检查。食品进口商按照规定记录其经营的食品进口和销售的相关信息，并按照规定做好记录和凭证的保存，进口和销售记录是建立进口食品溯源体系的重要环节。海关部门对进口商记录和保存的进口和销售记录情况实施检查，是进口食品事后监管重要手段。

（二）进口前准入

核心是通过将监管延伸到境外源头，向出口方政府和生产企业传导进口食品安全责任，以实现全程监管，从根本上保障进口食品安全。

1. 境外国家（地区）食品安全管理体系评估

（1）评估范围

《食品安全法》第一百零一条规定，海关对出口方政府官方食品安全管理体系进行评估和审查，并在此基础上确定进口食品检验检疫要求，明确出口方政府对输华食品应当履行的责任，是国家或地区食品“准入”门槛。有下列情形之一的，海关总署可以对境外国家（地区）启动评估和审查：

① 境外国家（地区）申请向中国首次输出某类（种）食品的；

② 境外国家（地区）食品安全、动植物检疫法律法规、组织机构等发生重大调整的；

③ 境外国家（地区）主管部门申请对其输往中国某类（种）食品的检验检疫要求发生重大调整的；

④ 境外国家（地区）发生重大动植物疫情或者食品安全事件的；

⑤ 海关在输华食品中发现严重问题，认为存在动植物疫情或者食品安全隐患的；

⑥ 其他需要开展评估和审查的情形。

（2）评估确认内容

① 食品安全、动植物检疫相关法律法规；

② 食品安全监督管理组织机构；

③ 动植物疫情流行情况及防控措施；

④ 致病微生物、农兽药和污染物等管理和控制；

⑤ 食品生产加工、运输仓储环节安全卫生控制；

⑥ 出口食品安全监督管理；

⑦ 食品安全防护、追溯和召回体系；

⑧ 预警和应急机制；

⑨ 技术支撑能力；

⑩ 其他涉及动植物疫情、食品安全的情况。

海关总署可以组织专家通过资料审查、视频检查、现场检查等形式及其组合，实施评估和审查。海关总署组织专家对接受评估和审查的国家（地区）递交的申请资料、书面评估问卷等资料实施审查，审查内容包括资料的真实性、完整性和有效性。根据资料审查情况，海关总署可以要求相关国家（地区）的主管部门补充缺少的信息或者资料。对已通过资料审查的国家（地区），海关总署可以组织专家对其食品安全管理体系实施视频检查或者现场检查。对发现的问题可以要求相关国家（地区）主管部门及相关企业实施整改。相关国家（地区）应当为评估和审查提供必要的协助。

评估和审查完成后，海关总署向接受评估和审查的国家（地区）主管部门通报评估和审查结果。

2. 进口食品境外生产企业注册制度

根据《食品安全法》第九十六条规定，向我国境内出口食品的境外食品生产企业应当经国家出入境检验检疫部门注册。符合要求的，准予注册，允许其产品对华出口，这是输华食品企业“准入”门槛。

（1）境外生产、加工、贮存企业海关注册

根据《中华人民共和国进口食品境外生产企业注册管理规定》（海关总署令第 248 号），向中国境内出口食品的境外生产、加工、贮存企业均应获得海关总署注册。其中，肉与肉制品、肠衣、水产品、乳品、燕窝与燕窝制品、蜂产品、蛋与蛋制品、食用油脂和油料、包馅面食、食用谷物、谷物制粉工业产品和麦芽、保鲜和脱水蔬菜以及干豆、调味料、坚果与籽类、干果、未烘焙的咖啡豆与可可豆、特殊膳食食品、保健食品 18 类进口食品的境外生产企业应由所在国家（地区）主管部门向海关总署推荐注册，其他食品的境外生产企业自行向海关总署申请注册。

进口食品境外生产企业名单信息统一公布的主体为海关总署，公布内容为获得注册的进口食品境外生产企业名单。已注册进口食品境外生产企业名单是重要的食品安全信息，有助于我国消费者对市场销售进口食品进行监督，也避免我国消费者不必要的误解。

为加强对已注册进口食品境外生产企业事中事后监管，应加强复查、信息变更、延续注册、注销及撤销等监管。

① 复查。在注册有效期内，海关总署将根据相关进口食品境外生产企业的不同因素，结合所在国家（地区）主管部门通报以及收集的风险舆情信息等进行风险评估，组织评审组对进口食品境外生产企业进行复查，以督促已注册进口食品境外生产企业持续符合中国法律法规和标准要求。

② 信息变更。进口食品境外生产企业注册信息发生变化的，应向海关总署提交申请，对相关信息进行变更。

③ 延续注册。为规范延续注册管理，将注册有效期届满前的延续注册申请期，从原规定的 1 年改为有效期届满前的 6 个月至 3 个月期间。

④ 注销规定。对符合如下三种情况之一的进口食品境外生产企业注册予以注销：一是未按规定申请延续注册的；二是明确当进口食品境外生产企业或其所在国家（地区）主

管部门主动申请注销时，海关总署应予注销；三是明确当已注册企业所在国家（地区）主管部门不再批准企业设立且不在其有效监管下的，海关总署应予注销。

⑤ 撤销规定。对无法继续符合进口食品境外生产企业注册要求的企业撤销注册，是最重要的事中事后管理措施之一。

为应对可能出现的“疫情、公共卫生事件”，规定向中国出口相关食品的境外生产企业所在国家（地区）主管部门食品安全管理体系可能存在严重缺陷或存在失控风险的，海关总署应当按照法律法规规定，及时采取暂停相关食品进口等紧急预防性措施。

（2）进口食品境外出口商或者代理商备案

《食品安全法》第九十六条规定，境外输华食品的进出口商应向海关进行备案，并对备案内容负责。

《食品安全法》第九十四条规定，进口食品的进口商对向其供货的境外出口商、生产企业应进行审核，促使其贸易伙伴按照我国食品安全标准进行生产经营。

海关总署负责进口食品境外出口商或者代理商备案工作，建立进口食品进出口商备案管理系统，负责公布和调整食品进出口商备案名单。各地海关负责食品进口商备案的申请受理、备案资料的形式审查、备案号的发放以及对已备案的进口商组织开展核查等工作。

① 境外出口商或者代理商备案。一是备案申请。境外出口商或者代理商应提供出口商或者代理商名称、所在国家或地区、地址、联系人姓名、电话、经营食品种类、填表人姓名、电话以及承诺书等信息。境外出口商或者代理商应保证在发生紧急情况时可通过备案信息与相关人员取得联系。境外出口商或者代理商提交备案信息后，获得备案管理系统生成的备案编号和查询编号，凭备案编号和查询编号查询备案进程或修改备案信息。二是备案修改。备案管理系统保存境外出口商或者代理商所提交的信息以及信息修改情况。境外出口商或者代理商名称发生变化时，应当重新申请备案。三是准予备案。备案管理系统生成备案境外出口商或者代理商名单，并在海关总署官方网站公布。公布名单的信息包括：已备案境外出口商或者代理商名称、地址、企业类型、所在国家或地区、出口产品类别以及备案编号等。境外出口商或者代理商的备案信息不符合要求的，海关总署不予备案。

② 食品进口商备案。一是备案资料要求。备案时，食品进口商应提供如下相关纸质文件材料：食品进口商备案申请表；与食品安全相关的组织机构设置、部门职能和岗位职责；拟经营的食品种类、存放地点；两年内曾从事食品进口、加工和销售的，应当提供相关说明（食品品种、数量）。二是备案申请。食品进口商提供名称、地址、联系人姓名、电话、经营食品种类、填表人姓名、电话以及承诺书等信息。收货人（进口商）应保证在发生紧急情况时可通过备案信息与相关人员取得联系。食品进口商提交备案信息后，获得备案管理系统生成的注册申请号和查询编号，凭注册申请号和查询编号查询备案进程或修改备案信息。三是备案修改。备案管理系统保存食品进口商所提交的信息以及信息修改情况。四是备案受理。受理申请的海关应当在收到备案申请资料及电子信息后5个工作日内，完成备案申请资料信息的审核工作。审核内容包括：工商营业执照、组织机构代码证书、法定代表人身份证明等证件的核对，以及审核备案申请资料信息是否完整和真实。五是准予备案。海关对食品进口商的备案资料及电子信息核实后，准予备案，并发放备案编号。备案管理系统生成备案食品进口商名单，并在海关总署官方网站公布。公布名单的信息包括：食品进口商名称、地址、企业类型、住所地海关名称、进口产品类别以及备案编

号等。食品进口商的备案资料信息不符合要求的，海关不予备案。

③ 监督抽查。海关总署可通过国外驻华使领馆、境外主管部门核实境外出口商或者代理商的备案信息，各地海关通过对进口食品所载信息验核境外出口商或者代理商的备案信息，通过验核食品进口商提供的备案信息及相关证明材料或组织对备案食品进口商实施核查。对备案信息不符合要求的，取消其备案，并对公布的备案名单进行调整。

④ 申报时要求。进口食品在口岸申报时，应注明食品进出口商名称及备案编号。海关应比对注明的备案号和食品进出口商名称等信息与备案信息是否一致，对未完成备案或提交错误备案信息，未能与备案系统内信息比对一致的，告知食品进口商或者其代理单位应尽快完成备案或对错误备案信息进行更正后方可接受其申报。

⑤ 违规处置。已备案的食品进口商存在下列情形之一的，取消其备案，并纳入信誉记录管理，加强对其进口食品的检验检疫：转让、借用、篡改备案号的；申请备案或报检时提供虚假备案资料和信息的；拒不配合检验检疫机构对进口食品实施跟踪追溯的；对重大疫情及质量安全问题隐瞒或谎报的；其他违规行为。

3. 食品进口商对境外食品生产企业审核

《食品安全法》第九十四条规定，进口食品的进口商对向其供货的境外出口商、生产企业应进行审核，促使其贸易伙伴按照我国食品安全标准进行生产经营。

（1）食品进口商应建立境外出口商、境外生产企业审核制度

《食品安全法》第九十四条，规定境外出口商、境外生产企业应当保证向我国出口的食品、食品添加剂、食品相关产品符合该法以及我国其他有关法律、行政法规的规定和食品安全国家标准的要求，并对标签、说明书的内容负责。食品进口商应当建立境外出口商、境外生产企业审核制度，重点审核前款规定的内容；审核不合格的，不得进口。

食品进口商审核制度是食品进口商依据《食品安全法》落实食品安全主体责任的重要制度。食品进口商建立境外出口商、境外生产企业审核制度主要包括审核：向我国境内出口食品的境外出口商或者代理商是否已经在海关总署备案，向我国境内出口食品的境外食品生产企业是否已经在海关总署注册，如果没有备案或者未经注册，进口商不得与之签订食品进口合同；进口的食品是否按规定随附合格证明材料，如进口肉类，是否随附出口国家（地区）主管部门出具的官方卫生证书；境外出口商、境外生产企业是否建立并有效运行食品安全风险控制措施；进口的食品是否符合我国食品安全国家标准的要求，如进口商已知进口食品不符合我国食品安全国家标准的，则不应签订与该食品相关的贸易合同；进口的预包装食品是否有中文标签或者按规定应有的中文说明书，标签和说明书是否符合我国食品安全法律法规和食品安全国家标准等相关规定的要求；其他可能导致食品安全风险的问题。

（2）进口商应重点审核的内容

一是制定和执行食品安全风险控制措施情况。该项审核包括但不限于以下内容：境外食品生产企业建立并运行有效的食品安全卫生管理和防护体系的情况；主管部门对境外食品生产企业和出口商的监管情况；向中国出口的相关食品符合出口国（地区）官方主管部门与海关总署签订的双边议定书的情况以及其他食品安全风险控制措施情况。二是食品符合中国法律法规和食品安全国家标准的情况。该项审核包括但不限于以下内容：是否按中国食品安全法律法规和食品安全国家标准实施生产，原料、辅料是否符合中国食品安全法律法规和食品安全国家标准的相关规定。必要时，可抽取相关产品的样品，送至有资质的

实验室检验，相关检验结果符合中国食品安全法律法规和食品安全国家标准的规定后，方可向中国出口。预包装食品标签应符合中国食品安全法律法规和食品安全国家标准等相关规定。

海关依法对食品进口商实施审核活动的情况进行监督检查。食品进口商应当积极配合，如实提供相关情况和材料。

4. 指定口岸进口

海关可以根据风险管理需要，对进口食品实施指定口岸进口，指定监管场地检查。指定口岸、指定监管场地名单由海关总署公布。

《食品安全法实施条例》第四十六条规定：“国家出入境检验检疫部门根据风险管理需要，可以对部分食品实行指定口岸进口。”对进口可能存在动植物疫情疫病或者有毒有害物质的高风险食品实施指定口岸进口及指定监管场地检查制度能有效防范食品安全、动植物疫情疫病和外来有害生物风险。指定口岸的环境卫生条件、整体规划与布局、检验检疫设施建设、交通运输能力、人力资源配备及实验室检测能力等应当符合海关总署要求。

指定监管场地原则上应当设在第一进境口岸监管区内。拟设立指定监管场地的有关单位或企业，应当事先提请省级人民政府组织开展可行性评估和立项；地方政府牵头建立国门生物安全、食品安全保障机制和重大动物疫病、重大植物疫情、重大食品安全事件等突发事件的应急处理工作机制，以及检疫风险的联防联控制度。申请经营指定监管场地的单位应当按照海关相关规定建设指定监管场地。地方政府根据口岸发展需要，组织开展指定监管场地设立的可行性评估和立项，并统筹规划和组织建设。地方政府经评估，认为具备设立条件的，形成立项申请，函商直属海关提出立项评估意见，直属海关初审后报海关总署审核、批复。

5. 进境动植物源性食品检疫审批

《进出境动植物检疫法》第十条规定，对进出境动植物检疫法及其实施条例以及国家有关规定需要审批的进境动物（含过境动物）、动植物产品和需要特许审批的禁止进境物，以及《农业转基因生物安全管理条例》规定的过境转基因产品实施检疫审批，并颁发“进境动植物检疫许可证”，对进口食品实施许可核销管理。

（三）入境时环节

1. 申报及申报受理

食品进口商或者其代理人进口食品时应当依法向海关如实申报。《海关法》第二十四条规定：“进口货物的收货人、出口货物的发货人应当向海关如实申报，交验进出口许可证件和有关单证。国家限制进出口的货物，没有进出口许可证件的，不予放行，具体处理办法由国务院规定。进口货物的收货人应当自运输工具申报进境之日起十四日内，出口货物的发货人除海关特准的外应当在货物运抵海关监管区后、装货的二十四小时以前，向海关申报。”《进出口商品检验法》第十一条规定：“本法规定必须经商检机构检验的进口商品的收货人或者其代理人，应当向报关地的商检机构报检。”《进出口商品检验法实施条例》第十六条第一款规定：“法定检验的进口商品的收货人应当持合同、发票、装箱单、提单等必要的凭证和相关批准文件，向海关报关地的出入境检验检疫机构报检。”自2020年1月1日起全面推广进口货物“两步申报”改革试点。在“两步申报”通关模式下，第一步，食品进口商向海关概要申报后经海关同意即可提离货物；第二步，企业在规定时间内完成完整申报，对应税货物，企业需提前向住所地直属海关关税职能部门提交税收担保备案申请，担保额度可根据企业税款缴纳情况循环使用。

食品进口商及其代理人应当依照法律、行政法规及海关总署相关规定，并凭以下随附单证向海关申报：

（1）合同、发票、装箱单、提单等必要的凭证；

（2）监管证件；

（3）“进境动植物检疫许可证”等批准文件；

（4）合格证明材料；

（5）海关总署规定的其他进口单证。

监管证件包括但不限于：

（1）保健食品的注册证书或者备案凭证、特殊医学用途配方食品注册证书和婴幼儿配方乳粉产品配方注册证书等特殊食品需要的监管证件；

（2）转基因食品农业转基因生物安全证书；

（3）食品进口应当获得的其他监管证件。

合格证明材料包括但不限于：

（1）符合性声明或者合格保证；

（2）实验室检验报告；

（3）出口国家（地区）主管部门签发的检验检疫证书；

（4）出口国家（地区）主管部门或者其授权机构出具的证明文件；

（5）食品进口应当持有的其他合格证明材料。

需要出口国家（地区）主管部门或者其授权机构出具的证明文件，其格式、内容以及出具方式由海关总署与出口国家（地区）主管部门商定。

食品进口商或其代理人负有依法如实申报的义务，应确保申报内容和随附单证符合法律法规规定及海关总署的要求，并就其真实性、准确性、完整性和规范性承担相应的法律责任。

2. 进口食品实施检疫

实施入境动植物检疫是国家为防止动物传染病、寄生虫病和植物危险性病、虫、杂草以及其他有害生物等疫病疫情传入国境，保护农、林、牧、渔业生产，保护人类、动植物生命和健康，保障进口农产品食品质量安全的必要举措，也是国际通行做法。《实施卫生与植物卫生措施协定》（SPS 协定）第二条规定：“各成员有权采取为保护人类、动物或植物的生命或健康所必需的卫生与植物卫生措施，只要此类措施与本协定的规定不相抵触”。《进出境动植物检疫法》第三条规定：“国务院设立动植物检疫机关（以下简称“国家动植物检疫机关”），统一管理全国进出境动植物检疫工作。国家动植物检疫机关在对外开放的口岸和进出境动植物检疫业务集中的地点设立的口岸动植物检疫机关，依照本法规定实施进出境动植物检疫。”海关依照我国法律法规、中华人民共和国缔结或者参加的有关动植物检疫的国际条约（中华人民共和国声明保留的条款除外）以及签订的双边协定对应当实施入境检疫的进口食品实施检疫。进境动植物检疫制度体系包括了检疫准入、检疫审批、指定入境口岸、现场检疫、检疫处理、销毁处理、生产加工存放过程检疫监督等制度措施，还包括了风险信息收集、研判和风险预警等风险管理措施。根据《进出境动植物检疫法》第十六条、第十七条以及《进出境动植物检疫法实施条例》第二十八条规定，输入动物产品经检疫不合格的，输入植物、植物产品经检疫发现有植物危险性病、虫、杂草的，由海关签发“检疫处理通知单”，通知食品进口商或者其代理人作除害、退回或者销毁处理。经除害处理合格的，准予进境。

《国境卫生检疫法》第十四条规定：“国境卫生检疫机关对来自疫区的、被检疫传染病污染的或者可能成为检疫传染病传播媒介的行李、货物、邮包等物品，应当进行卫生检查，实施消毒、除鼠、除虫或者其他卫生处理。”进口食品被检疫传染病病原体污染，或者有证据表明能够成为检疫传染病传播媒介，且无法实施有效卫生处理的，海关总署依据风险评估结果，可以对相关食品采取暂停或者禁止进口的控制措施。

3. 现场查验

口岸海关对在口岸监管场所对进口食品的包装和运输工具进行现场查验，按照相关规定对进口食品进行抽采样、制样及送样，对进口预包装食品标签进行符合性检测。

对需要在海关监管作业场所（场地）内查验的进口食品，特别是进口肉类、冰鲜水产品等须具有相应查验条件方能查验的产品，必须在具备相应查验条件的作业场所（场地）内实施检验、检疫查验。

查验内容一般包括：

（1）运输工具、存放场所是否符合安全卫生要求；

（2）集装箱号、封识号、内外包装上的标识内容、货物的实际状况是否与申报信息及随附单证相符；

（3）动植物源性食品、包装物及铺垫材料是否存在《进出境动植物检疫法实施条例》第二十二条规定的情况；

（4）内外包装是否符合食品安全国家标准，是否存在污染、破损、浸湿、渗透；

（5）内外包装的标签、标识及说明书是否符合法律、行政法规、食品安全国家标准以及海关总署规定的要求；

（6）食品感官性状是否符合该食品应有性状；

（7）冷冻冷藏食品的新鲜程度、中心温度是否符合要求、是否有病变、冷冻冷藏环境温度是否符合相关标准要求、冷链控温设备设施运作是否正常、温度记录是否符合要求，必要时可以进行蒸煮试验。

对于现场查验发现被有毒有害物质污染的，海关应立即通知收货人或其代理人，并与运输及卸货作业等有关单位共同采取措施，保护好现场。海关应当认真进行调查取证，包括照相、摄像、要求收货人或其代理人对现场记录进行签字确认等，同时，扩大取样范围，对异物和被污染的食品样本要妥善保存，必要时，可对运输工具或进口商品加施封识。

4. 采/送样

海关查验人员经过资料审核和现场查验后，应根据食品的不同种类、数量、包装形式和查验要求确定抽/采样方案，实施抽/采样，抽/采样要有充分的代表性。

5. 监督抽检

海关总署在风险评估的基础上制定年度国家进口食品安全监督抽检计划和专项进口食品安全监督抽检计划。直属海关按照进口食品安全监督抽检计划和专项进口食品安全监督抽检计划要求，根据所辖区域进口食品安全状况制订补充计划，报海关总署备案后实施。

隶属海关负责年度国家进口食品安全监督抽检计划、专项进口食品安全监督抽检计划和所属直属海关进口食品监督抽检补充计划的实施。

进口食品的包装和标签、标识应当符合中国法律法规和食品安全国家标准；依法应当有说明书的，还应当有中文说明书。

6. 结果判定与放行

进口食品经海关合格评定合格的，准予进口。进口食品经海关合格评定不合格的，由海关出具不合格证明。

涉及安全、健康、环境保护项目不合格的，由海关书面通知食品进口商，责令其销毁或者退运；其他项目不合格的，经技术处理符合合格评定要求的，方准进口。相关进口食品不能在规定时间内完成技术处理或者经技术处理仍不合格的，由海关责令食品进口商销毁或者退运。

（四）入境后环节

通过对各相关方的责任进行合理配置，以建立完善的进口食品追溯体系和质量安全责任追究体系。

1. 对境外国家（地区）的食品安全管理体系和境外食品生产企业开展回顾性检查

根据《食品安全法》第一百零一条规定，可以对向我国境内出口食品的国家（地区）的食品安全管理体系和食品安全状况进行评估和审查，并根据评估和审查结果，确定相应检验检疫要求。

2. 进出口商和生产企业不良记录

根据《食品安全法》第一百条规定，应当对进出口食品的进口商、出口商和出口食品生产企业实施信用管理，建立信用记录，并依法向社会公布。对有不良记录的进口商、出口商和出口食品生产企业，应当加强对其进出口食品的检验检疫。这项制度是敦促企业守法生产经营并充分发挥社会监督作用的基本制度。

3. 进口商或代理商约谈

根据《食品安全法》第一百一十四条规定，食品生产经营过程中存在食品安全隐患，未及时采取措施消除的，县级以上人民政府食品药品监督管理部门可以对食品生产经营者的法定代表人或者主要负责人进行责任约谈，督促其履行食品安全主体责任。

4. 进口和销售记录

为了掌握进口食品来源和流向，确保进口食品可追溯性，加强食品进口记录和销售记录的监督管理，2012 年 4 月原国家质检总局发布《〈进口食品进出口商备案管理规定〉及〈食品进口记录和销售记录管理规定〉的公告》（原国家质检总局 2012 年第 55 号公告），明确规定了记录方式、记录内容、记录档案保存及管理等相关要求。

（1）食品进口记录是指记载食品及其相关进口信息的纸质或者电子文件。收货人建立的食品进口记录应当包括以下内容：进口食品的名称、品牌、规格、数重量、货值、生产批号、生产日期、保质期、原产地、输出国家或者地区、生产企业名称及在华注册号、出口商或者代理商备案编号、名称及联系方式、贸易合同号、进口口岸、目的地、根据需要出具的国（境）外官方或者官方授权机构出具的相关证书编号、报检单号、入境时间、存放地点、联系人及电话等内容。

（2）进口食品销售记录是指记载进口食品收货人（以下简称“收货人”）将进口食

品提供给食品经营者或者消费者的纸质或者电子文件。进口食品销售记录应当包括销售流向记录、销售对象投诉及召回记录等内容。其中，销售流向记录应当包括进口食品名称、规格、数重量、生产日期、生产批号、销售日期、购货人（使用人）名称及联系方式、出库单号、发票流水编号、食品召回后处理方式等信息。

依据《食品安全法》第五十条，对进口和销售记录的保存期限进行了修订，即记录和凭证的保存期限不得少于食品保质期满后6个月；没有明确保质期的，保存期限为销售后2年以上。

5. 食品召回

根据《食品安全法》第六十三条规定，进口商或代理商应根据风险实际情况对其进口全部产品或该批次产品主动召回，及时控制危害，履行进口商的主体责任。

海关在了解到进口食品存在不符合食品安全国家标准或者有证据证明可能存在危害人体健康的情形的信息，应及时告知进口商，并将相关信息通报相关市场监管部门。依据《食品安全法》第一百二十九条第四款的规定，进口商在有关主管部门责令其依照该法规定召回进口的食品后，仍拒不召回的，由海关部门依法实施处罚。《食品安全法实施条例》第四十九条规定，进口商依照《食品安全法》第九十四条第三款的规定召回进口食品的，应当将食品召回和处理情况向所在地县级人民政府食品安全监督管理部门和所在地海关报告。

一旦发现进口食品不符合法律、行政法规和食品安全国家标准，或者有证据表明可能危害人体健康的，食品进口商应履行以下主体责任：一是主动停止进口、销售和使用；二是实施自主召回；三是通知相关生产经营者和消费者；四是记录召回和通知情况；五是将召回、通知和处理情况向所在地海关报告。

海关在进口食品在进入国内市场后发现存在不符合法律、行政法规和食品安全国家标准的情形的，应通知相关食品进口商实施自主召回，并及时向地方市场监管部门通报。市场监管部门可视情况对问题进口食品实施责令召回，海关部门没有责令召回的法律责任。如食品进口商未按市场监管部门的要求实施召回措施的，海关部门可依照《食品安全法》第一百二十九条之规定给予处罚。

二、 出口食品检验检疫

海关依法对出口食品实施监督管理。出口食品监督管理措施包括：出口食品原料种植养殖场备案、出口食品生产企业备案、企业核查、单证审核、现场查验、监督抽检、口岸抽查、境外通报核查以及各项的组合。

（一）出口食品检验检疫依据

出口食品生产企业应当保证其出口食品符合进口国家（地区）的标准或者合同要求；中国缔结或者参加的国际条约、协定有特殊要求的，还应当符合国际条约、协定的要求。进口国家（地区）暂无标准，合同也未作要求，且中国缔结或者参加的国际条约、协定无相关要求的，出口食品生产企业应当保证其出口食品符合中国食品安全国家标准。

（二）出口前备案

1. 出口食品原料种植养殖场备案

出口食品生产加工企业、种植场、养殖场、农民专业合作经济组织等具有独立法人资格的组织均可作为备案主体，在种植养殖场所在地海关办理告知性备案手续，主动申报种植养殖场基本情况及质量安全管理措施，其中包括种植场的土壤和灌溉用水等质量安全承诺、各项质量安全管理制度、常用农业投入品清单等。种植养殖场所在地海关按照相关法律法规及规范性文件，对备案种植养殖场管理情况及产品质量安全情况实施监管。备案主体承担相应出口食品原料质量安全主体责任。

2. 出口食品生产企业备案

申请备案企业应当建立和实施以危害分析和预防控制措施为核心的食品安全卫生控制体系，并保证体系有效运行，出口食品生产企业应当和国内食品生产企业一样，设立专门从事食品安全管理的岗位，并配备熟悉食品安全相关法律法规、规章、国家标准、工艺流程等专业知识的食品安全员。确保出口食品生产、加工、储存过程持续符合我国及进口国家或地区关于食品质量安全方面的法律法规、标准及规范性文件等要求。

出口食品生产企业应当保证出口食品包装和运输方式符合食品安全要求。对装运出口易腐烂变质的食品、冷冻品的集装箱、船舱、飞机、车辆等运载工具，应进行装运前清洁、卫生、冷藏、密固等适载检验，未经检验或检验不合格的，不准装运。出口食品生产企业应当在运输包装上标注生产企业备案号、产品品名、生产批号和生产日期。

海关应当对辖区内出口食品生产企业的食品安全卫生控制体系运行情况进行监督检查。监督检查包括日常监督检查和年度监督检查。监督检查可以采取资料审查、现场检查、企业核查等方式，并可以与出口食品境外通报核查、监督抽检、现场查验等工作结合开展。

（三）出口时施检

出口食品应当依法由产地海关实施检验检疫。海关总署根据便利对外贸易和出口食品检验检疫工作需要，可以指定其他地点实施检验检疫。

出口时，食品检验检疫的一般程序为：出口食品发货人或其代理人应当按照海关总署规定的地点和期限，持出口食品有关的合同、发票、装箱单和信用证等必要的证明及相关批准文件向有管辖权的隶属海关申报，海关总署实行产地检验检疫制度，出口食品应当向生产企业所在地隶属海关申报出口前监管服务。当产地与出境口岸不一致时，产地隶属海关对出口食品检验合格后，在海关总署业务系统中形成电子底账。发货人或其代理人应当在规定的期限内向隶属海关申报出口，口岸隶属海关经查验，对符合有关规定的，予以放行出口。

1. 对出口食品检验检疫申报

根据海关总署相关规定，一是将原出口货物的报检、检验检疫、签证等作业转化为出口申报前监管，并形成电子底账；二是将出口货物检验检疫的申报要素纳入报关申报内容，报关时可调用电子底账数据，企业无须二次录入；三是将法定检验检疫出口货物的口岸查验纳入通关作业流程，实现一次查验、一次放行。

食品的出口申报前监管，主要包含出口企业监督管理、监督抽检、风险监测、综合评定和签证等环节。

2. 监督抽检

海关总署制订年度国家出口食品安全监督抽检计划。直属海关按照出口食品安全监督抽检计划要求，根据本辖区出口食品安全状况制订本辖区出口食品监督抽检补充计划，报海关总署备案后实施。隶属海关负责国家出口食品安全监督抽检计划和所属直属海关出口食品安全监督抽检计划的实施。

按照布控指令被抽中的出口食品，均需海关到现场抽取样品。出口合同中规定抽样方法的，按合同规定的标准或方法抽取样品；出口合同没有规定抽样方法的，按有关标准进行抽样。所抽取的样品必须具有代表性、准确性、科学性。

3. 出口食品检验检疫结果判定

产地/组货地海关综合企业注册登记/备案管理、安全风险监控及监督抽检、疫情疫病监测、风险分析、现场检验检疫、实验室检测结果、检疫处理结果，对照有关检验检疫依据作出评定，形成电子底账数据，并向企业反馈电子底账数据号。

出口食品经海关现场检查和监督抽检符合要求的，由海关出具证书，准予出口。进口国家（地区）对证书形式和内容要求有变化的，经海关总署同意可以对证书形式和内容进行变更。

出口食品经海关现场检查和监督抽检不符合要求的，由海关书面通知出口商或者其代理人。相关出口食品可以进行技术处理的，经技术处理合格后方准出口；不能进行技术处理或者经技术处理仍不合格的，不准出口。

4. 出口申报

《海关法》第二十四条规定："出口货物的发货人应当向海关如实申报。"向海关申报的主体是食品出口商或者其代理人，并对所申报信息的真实性负责。

5. 口岸查验

海关对出口食品在口岸实施查验，查验不合格的，不准出口。

口岸海关按风险布控指令开展查验，重点核对货物品名、唛头、批号、数量、规格、运输包装标注信息是否一致，是否超过检验检疫有效期，货物的包装是否完好，以及对指令明确要求的项目实施检查。口岸海关检查发现出口食品不合格，依法不能进行技术处理或经技术处理仍不合格的，不准出口。

（四）出口后监管

调整监督抽检比例是指海关总署根据通报核查结果，评估出口食品安全风险，并根据评估结果，调整相关出口食品生产企业、出口商的相关类别产品、相关类别检测项目的抽检比例。隶属海关按照风险布控指令开展监督抽检。

要求食品出口商逐批向海关提交有资质的检验机构出具的检验报告，主要是针对食品出口商，要求其在出口申报时逐批向海关提交相应批次出口食品被通报相关项目的检验报告。

撤回向境外官方主管机构的注册推荐是指当出口食品因安全问题被国际组织、境外政府机构通报，海关部门组织开展核查后认为该出口食品生产企业已不符合国外卫生注册相关要求的，由海关总署决定采取撤回向境外官方主管机构的注册推荐，撤销其注册资格，并向国外相关机构通报。

三、进口化妆品检验检疫

海关根据我国国家技术规范的强制性要求，以及我国与出口国家（地区）签订的协议、议定书规定的检验检疫要求对进口化妆品实施检验检疫。尚未制定国家技术规范强制性要求的，可以参照海关总署指定的国外有关标准进行检验。

（一）进口化妆品收货人备案

海关对进口化妆品的收货人实施备案管理。

（二）进口化妆品审批备案

进口化妆品，包括一般用途化妆品和特殊用途化妆品，需经国家市场监督管理总局备案和审批方可进口。

（三）进口化妆品资料审查

进口化妆品的收货人或者其代理人应当按照海关总署相关规定申报，同时提供收货人备案号。

首次进口的化妆品应当按照《进出口化妆品检验检疫监督管理办法》的规定提供文件，其中国家实施卫生许可或者备案的化妆品，应当提交国家相关主管部门批准的进口化妆品卫生许可批件或者备案凭证，国家没有实施卫生许可或者备案的化妆品，应当提供具有相关资质的机构出具的可能存在安全性风险物质的有关安全性评估资料及在生产国家（地区）允许生产、销售的证明文件或者原产地证明。首次进口的离境免税化妆品，应当按要求提供相应材料。

（四）进口化妆品检验检疫

海关受理后，对进口化妆品进行检验检疫，包括现场查验、抽样留样、实验室检验、出证等。

现场查验内容包括货证相符情况、产品包装、标签版面格式、产品感官性状、运输工具、集装箱或者存放场所的卫生状况。进口化妆品成品的标签标注应当符合我国相关的法律、行政法规及国家技术规范的强制性要求。海关对化妆品标签内容是否符合法律、行政法规规定要求进行审核，对与质量有关的内容的真实性和准确性进行检验。

进口化妆品的抽样应当按照国家有关规定执行，样品数量应当满足检验、复验、备查等使用需要。需要进行实验室检验的，海关应当确定检验项目和检验要求，并将样品送具有相关资质的检验机构。海关应当按照要求实施检验，并在规定时间内出具检验报告。

（五）合格放行及不合格处置

进口化妆品经检验检疫合格的，海关出证放行。进口化妆品取得“入境货物检验检疫证明”后，方可销售、使用。进口化妆品经检验检疫不合格，涉及安全、健康、环境保护项目的，海关责令当事人销毁，或者出具退货处理通知单，由当事人办理退运手续。其他项目不合格的，可以在海关的监督下进行技术处理，经重新检验检疫合格后，方可销售、使用。进口化妆品在取得“入境货物检验检疫证明”之前，应当存放在海关指定或者认可的场所，未经海关许可，任何单位和个人不得擅自调离、销售、使用。

（六）非贸易性进口化妆品检验检疫

化妆品卫生许可或者备案用样品、企业研发和宣传用的非试用样品，进口申报时应当由收货人或者其代理人提供样品的使用和处置情况说明及非销售使用承诺书，入境口岸海关进行审核备案，数量在合理使用范围的，可免予检验。收货人应当如实记录化妆品流向，记录保存期限不得少于 2 年。

进口非试用或者非销售用的展品，报关时应当提供展会主办（主管）单位出具的参展证明，可以免予检验。展览结束后，在海关监督下作退回或者销毁处理。

携带、邮寄进境的个人自用化妆品（包括礼品），需要在入境口岸实施检疫的，应当实施检疫。

外国及国际组织驻华官方机构进口自用化妆品，进境口岸所在地海关实施查验。符合外国及国际组织驻华官方机构自用物品进境检验检疫相关规定的，免予检验。

四、 出口化妆品检验检疫

出口化妆品生产企业应当保证其出口化妆品符合进口国家（地区）标准或者合同要求。进口国家（地区）无相关标准且合同未要求的，可以由海关总署指定相关标准。

（一）企业生产备案管理

海关总署对出口化妆品生产企业实施备案管理。出口化妆品生产企业应当建立质量管理体系并持续有效运行。海关对其进行日常监督检查。

（二）出口申报

出口化妆品的发货人或者其代理人应当按照海关总署相关规定申报。首次出口的化妆品应当按《进出口化妆品检验检疫监督管理办法》的规定提供相关文件。

（三）出口化妆品检验检疫

海关受理后，对出口化妆品进行检验检疫，包括现场查验、抽样留样、实验室检验、出证等。

现场查验内容包括货证相符情况、产品感官性状、产品包装、标签版面格式、运输工具、集装箱或者存放场所的卫生状况。

（四）合格及不合格处理

出口化妆品经检验检疫合格的，由海关按照规定出具通关证明。进口国家（地区）对检验检疫证书有要求的，应当按照要求同时出具有关检验检疫证书。出口化妆品经检验检疫不合格的，可以在海关的监督下进行技术处理，经重新检验检疫合格的，方准出口；不能进行技术处理或者技术处理后重新检验仍不合格的，不准出口。

五、 进出口食品安全情况通报

海关总署根据《食品安全法》的要求，按照预防为主、依法规范、属地管理、分级通报的原则，建立、实施进出口食品安全情况通报制度，督促、提醒被通报企业或部门认真履行进出口食品安全责任，及时消除食品安全隐患，切实提高食品安全保障水平。

（一）通报对象。出现进出口食品安全问题的生产经营企业及其所在地县级以上地方政府、负有监管责任的海关。

（二）通报情形。进出口食品生产经营企业出现下列情形之一，应当进行通报：同一企业出口食品一年内 3 次以上被境外通报的，或 2 次被检出禁用物质或有毒有害物质、限用物质超标的；同一企业进口食品一年内 3 次以上被拒绝入境的，或 2 次因检出禁用质或有毒有害物质、限用物质超标被地方监管部门通报且事实存在的；出现进出口食品安全问题并在国内外造成不良影响的；进出口食品存在严重安全隐患，未及时采取措施消除的。

出现上述情形的，各海关应向海关总署报告情况。对同一企业出口食品一年内 3 次以上被境外通报的，或 2 次被检出禁用物质或有毒有害物质、限用物质超标的，各关除将有关情况通报相关企业外，应同时通报地方政府；其他情形，重点通报相关企业。

海关总署及各海关在工作中发现可能会产生系统性、区域性和行业性进出口食品安全风险的，除将有关情况通报各级地方政府和进出口食品生产经营企业外，还通报相关海关。

各级海关严重违反海关总署或上一级海关关于进出口食品安全监管规定和要求，存在执法风险的；或者未及时发现辖区内食品安全系统性问题，且未采取针对性措施清除安全隐患的，由海关总署或上一级海关对该关进行通报。

（三）通报内容。主要包括：对相关企业，重点通报其违法违规事实及其行为的严重性，督促企业加强整改，落实主体责任；对地方政府，重点通报其辖区内相关企业违法违规情况，告知并提请地方政府按照《地方党政领导干部食品安全责任制规定》，履行食品安全属地管理责任；对各级海关，重点指出其在执行有关法律法规，开展进出口食品安全监管方面存在的问题，提出明确整改要求。

（四）通报方式。通报一般采取书面通报、当面送达方式实施，必要时由海关召集有关企业或地方政府有关部门集中当面通报情况。海关总署及各海关对下一级海关的通报方式及通报范围，由通报方根据情况决定。

（五）通报处理。各海关应将通报情况和企业整改情况纳入进出口食品生产经营企业食品安全信用档案，并根据进出口食品生产经营企业违法违规情况，强化监管措施；被通报的各级海关应当立即采取措施进行整改，并将整改情况及时上报上一级海关或海关总署，海关总署或上一级海关对被通报海关，可根据情况采取绩效考核扣分及其他处罚措施；通报不消减被通报对象进出口食品安全责任，不能代替对相关企业违法行为的处罚。

第八章 进出口商品检验

8

为保护人类健康和安全，保护动物和植物的生命和健康，保护环境，防止欺诈行为，维护国家安全，促进对外经济贸易关系的顺利发展，我国对进出口商品实施检验。由海关总署制定、调整《法检目录》并公布实施。

《进出口商品检验法》第六条规定："必须实施的进出口商品检验，是指确定列入目录的进出口商品是否符合国家技术规范的强制性要求的合格评定活动。合格评定程序包括：抽样、检验和检查；评估、验证和合格保证；注册、认可和批准以及各项的组合。"所以，进出口商品检验其实质就是由合格保证等监督管理措施，以及抽样、检验等具体检验措施相组合的合格评定程序。列入《法检目录》的进口商品未经检验的，不准销售、使用；列入《法检目录》的出口商品未经检验合格的，不准出口。

海关对列入《法检目录》的进出口商品以及法律、行政法规规定须经海关检验的其他进出口商品实施检验。海关对其他进出口商品，根据国家规定实施抽查检验。抽查检验工作按照《进出口商品抽查检验管理办法》执行。海关总署根据情况可以公布抽查检验结果，发布预警通告，采取必要防范措施或者向有关部门通报抽查检验情况。

进出口药品的质量检验、计量器具的量值检定、锅炉压力容器的安全监督检验、船舶（包括海上平台、主要船用设备及材料）和集装箱的规范检验、飞机（包括飞机发动机、机载设备）的适航检验以及核承压设备的安全检验等项目，由有关法律、行政法规规定的机构实施检验。进出境的样品、礼品、暂时进出境的货物以及其他非贸易性物品，免予检验，但是法律、行政法规另有规定的除外。

第一节 进出口商品检验监管

进出口商品（除食品、动植物产品外）主要涉及以下3类：一是机电产品（机电设备、机动车辆、电子电器、医疗器械、旧机电产品、成套设备等）；二是消费品（服装、玩具、食品接触产品、家电等）；三是大宗资源类商品及化学品（矿产品、化工品等）。下面介绍几类重点进出口商品检验监管模式。

一、进口旧机电产品检验监管

根据旧机电产品对国家安全、社会公共利益，以及安全、卫生、健康、环境保护可能产生危害的程度，将部分旧机电产品列入禁止进口目录，包括旧锅炉、旧压力容器、旧机动车辆、旧医疗器械，以及带有以氯氟烃物质为制冷剂、发泡剂的电器产品等。依据《对外贸易法》《中华人民共和国货物进出口管理条例》等法律、行政法规和有关规章，商务部、海关总署对禁止进口的旧机电产品目录进行调整并予以公布。其他允许进口的旧机电产品应当符合我国法律法规对安全、卫生、健康、环境保护、防止欺诈、节约能源等方面的规定，以及国家技术规范的强制性要求。

（一）进口旧机电产品检验监管范围及定义

旧机电产品是指具有下列情形之一的机电产品：

1. 已经使用（不含使用前测试、调试的设备），仍具备基本功能和一定使用价值的；
2. 未经使用，但超过质量保证期（非保修期）的；
3. 未经使用，但存放时间过长，部件产生明显有形损耗的；
4. 新旧部件混装的；
5. 经过翻新的。

目前国家允许并实施检验监管的进口旧机电产品共7大类，包括金属制品，机械及设备，电器及电子产品，运输工具，仪器仪表，医用家具、办公室用金属家具、各种灯具及照明装置，其他（含电子乐器、儿童带轮玩具、带动力装置的玩具及模型、健身器械等）。具体见下表：

实施检验监管的进口旧机电产品目录

产品类别	涉及的 HS 编号
一、金属制品	7309、7310、7311、7321、7322、7611、7612（除76121、7612901外）、7613、7615109010
二、机械及设备	第八十四章（除8401、84061、8407101、8407102、8407210、8407290、84091、8409911、8412101090、8412800010、8412800020、8412901020、8412901090、8428909020、8479891、8479901、8483101、84871外）
三、电器及电子产品	第八十五章（除8526101、8526109001、8526109011、8526109091、8526919010、8548100000外）
四、运输工具	第八十六章、第八十七章（除8710外）
五、仪器仪表	9006～9008、9010～9013、9015（除9015800010、9015800020、9015900010外）、9018～9031、9032（除9032899002、9032900001外）、9033
六、医用家具、办公室用金属家具、各种灯具及照明装置	9402、9405
七、其他（含电子乐器、儿童带轮玩具、带动力装置的玩具及模型、健身器械等）	7011、9207、95043、95045、9504901、95049021、95049029、9506911、9506919、950699、9508

（二）进口旧机电产品检验监管工作程序

1. 进口旧机电产品检验监管措施清单

海关制定了《进口旧机电产品检验监管措施清单》，对旧机电产品进口品类进行分类管理，分别列明了禁止进口和需实施装运前检验的旧机电产品清单。

列入《进口旧机电产品检验监管措施清单》管理措施表1的旧机电产品，为4类国家规定禁止进口的旧机电产品。

列入《进口旧机电产品检验监管措施清单》管理措施表2的旧机电产品，为17类涉及人身健康安全、卫生、环境保护的旧机电设备/产品，即需要实施装运前检验的产品范围，应实施装运前检验、口岸查验和目的地检验，并以目的地检验结果为准。

未列入《进口旧机电产品检验监管措施清单》的旧机电产品实施口岸查验和目的地检验。

对“出境维修复进口”“暂时出口复进口”“出口退货复进口”“国内转移复进口”4种特殊情况的进口旧机电产品仅实施监督管理。

以下为《进口旧机电产品检验监管措施清单》管理措施表1和表2。

《进口旧机电产品检验监管措施清单》管理措施表1

国家规定禁止进口的旧机电产品（4类）		
序号	产品目录或范围	管理措施
1	禁止进口目录内旧机电产品（详见商务部、海关总署公告2018年第106号）。	擅自进口的，海关应按照《进出口商品检验法实施条例》规定作退运处理，情节严重的应予处罚。
2	旧玻壳、旧显像管、再生显像管、旧监视器等（详见原国家质检总局、国家发展改革委、原信息部、海关总署、原国家工商总局、国家认监委公告2005年第134号附表）。	同上。
3	带有以氯氟烃物质为制冷剂的工业、商业用压缩机的旧机电产品（详见商务部、海关总署、原国家质检总局、原国家环保总局公告2005年第117号附件）。	同上。
4	带有以氯氟烃物质为制冷剂、发泡剂的旧家用电器产品和以氯氟烃为制冷工质的家用电器产品用压缩机的旧机电产品（详见原国家环保总局、国家发展改革委、商务部、海关总署、原国家质检总局环函2007年第200号附件）。	同上。

《进口旧机电产品检验监管措施清单》管理措施表2

涉及人身健康安全、卫生、环境保护的旧机电设备/产品（15类）			
序号	设备/产品名称	设备/产品涉及的范围及描述	管理措施
1	化工（含石油化工）生产设备	包括但不限于：原油加工设备，乙烯、丙烯装置，合成氨装置，化肥装置，化工原料生产装置，染料生产装置，橡胶、塑料生产设备，化工生产用空气泵或真空泵、压缩机、风机、提净塔、精馏塔、蒸馏塔、热交换装置、液化器、发酵罐、反应器，与以上设备（装置、机械）配套的控制系统、输送系统、检测设备。	须经海关或检验机构实施装运前检验（进口特殊情况除外），确认旧机电设备安全、卫生、环保要求能够符合我国法律法规和技术规范；未实施装运前检验擅自进口的，海关应按照《进出口商品检验法实施条例》规定作退运处理，情节严重的应予处罚。

续表 1

序号	设备/产品名称	设备/产品涉及的范围及描述	管理措施
2	能源、动力设备	包括但不限于：汽轮、水轮、风力、燃气、燃油发电机组，空气及其他气体压缩机械，制冷机组及热泵，与以上设备（机械）配套的控制系统、变压系统、传导系统、检测设备。	同上。
3	电子工业专用设备	包括但不限于：制造半导体单晶柱或圆晶的设备，制造半导体器件或集成电路用的设备，制造平板显示器用的设备，在印刷电路板上封装元器件的设备，与以上设备配套的控制系统、输送系统、检测设备。	同上。
4	冶金工业设备	包括但不限于：冶炼设备，压延加工设备，焦化设备，碳素制品设备，耐火材料设备，与以上设备配套的控制系统、输送系统、检测设备。	同上。
5	通信设备	包括但不限于：光通信设备，移动通信设备，卫星地面站设备，与以上设备配套的控制系统、检测设备。	同上。
6	建材生产设备	包括但不限于：水泥生产、制品设备，玻璃生产及加工设备，人造纤维板生产设备，与以上设备配套的控制系统、检测设备。	同上。
7	工程施工机械	包括但不限于：起重机，叉车，升降机，推土机，筑路机及平地机，铲运机，捣固机械及压路机，机械铲、挖掘机及机铲装载机，打桩机及拔桩机，凿岩机及隧道掘进机，工程钻机。	同上。
8	金属切削机床	包括但不限于：加工中心，单工位组合机床及多工位组合机床，车床（包括车削中心），钻床、镗床、铣床、攻丝机、磨床、刨床、插床、拉床、切齿机、锯床、切断机。	同上。
9	金属非切削机床	包括但不限于：激光、超声波、放电等处理金属材料的加工机床，锻造或冲压机床，弯曲、折叠、矫直、矫平、剪切、冲孔、开槽机床，液压、机械压力机。	同上。
10	纺织生产机械	包括但不限于：化纤挤压、拉伸、变形或切割设备，纺织纤维预处理设备，纺纱机械，织机，后整理设备。	同上。
11	食品加工机械	包括但不限于：奶制品生产设备，饮料生产、灌装设备，糕点生产设备，果蔬加工设备，制糖及糖果生产设备，制酒设备，肉类加工设备。	同上。
12	农牧林业加工机械	包括但不限于：拖拉机、联合收割机、棉花采摘机、机动植保机械、机动脱粒机、饲料粉碎机、插秧机、铡草机，木材加工设备。	同上。
13	印刷机械	包括但不限于：制版设备、印刷设备、装订设备。	同上。
14	纸浆、造纸及纸制品机械	包括但不限于：纸浆设备，造纸设备，纸或纸板整理设备，切纸机，纸、纸板及纸塑包装设备。	同上。

续表 2

序号	设备/产品名称	设备/产品涉及的范围及描述	管理措施
15	电气产品	包括但不限于：电阻加热炉及烘箱，电阻焊接机器及装置、电弧焊接机器及装置，通过感应或介质损耗对材料进行热处理的设备，粒子加速器，电镀、电解或电泳设备及装置，激光器。	同上。

国家特殊需要的旧机电产品（2 类）		
序号	**涉及产品范围及描述**	**管理措施**
16	国家特别许可准予进口的，列入《进口旧机电产品检验监管措施清单》（2014 年版）管理措施表 1 的旧机电产品。	须经海关或检验机构实施装运前检验（进口特殊情况除外），确认旧机电产品安全、卫生、环保要求能够符合我国法律法规和技术规范；未实施装运前检验擅自进口的，海关应按照《进出口商品检验法实施条例》规定作退运处理，情节严重的应予处罚。
17	省级以上政府管理部门明确批准进口的国家限制投资、限制进口的产业、产品或技术目录内的产业、产品或技术涉及的旧机电产品。	同上。

2. 进口旧机电产品检验监管工作程序

进口旧机电产品检验监管工作程序包括装运前检验、口岸查验与检验、目的地检验及检验监督管理 4 个环节。

（1）装运前检验

旧机电产品在启运港装运之前，由海关或者检验机构对其是否符合我国国家技术规范的强制性要求进行初步评价。

需实施装运前检验的进口旧机电产品可在“单一窗口”进行查询。

需实施装运前检验的进口旧机电产品，其收发货人或者其代理人应当申请由货物境内目的地直属海关，或者委托装运前检验机构实施装运前检验。海关不予指定进口旧机电产品装运前检验机构。进口旧机电产品收发货人或者其代理人可以自行选择装运前检验机构实施装运前检验。海关可以根据需要，组织实施或者派出检验人员参加进口旧机电产品装运前检验。进口旧机电产品装运前检验应当按照国家技术规范的强制性要求实施，并应当在货物启运前完成。

进口旧机电产品的装运前检验应当于启运前，在其境外装货地或者发货地，按照我国法律法规和技术规范的强制性要求实施。装运前检验内容包括：

① 核查产品品名、数量、规格（型号）、新旧、残损等情况是否与合同、发票等贸易文件所列相符；

② 是否包括、夹带禁止进口货物；

③ 对安全、卫生、健康、环境保护、防止欺诈、能源消耗等项目作出评定：属特种设备的，检查是否获得“特种设备制造许可证”或型式试验报告；属食品接触机械的，评估产品安全卫生状况是否符合食品安全国家标准；属非道路移动机械的，评估其污染物排放是否符合相关强制性要求；评估产品是否符合我国能源效率有关限定标准；核查产品是否符合我国安全准入的其他要求。

海关或者检验机构在完成装运前检验工作后，签发装运前检验证书，并随附装运前检验报告。装运前检验机构应当分别设置检验、结果审核、证书签发等关键岗位，且保持相互独立，同时确定任职的专业背景条件，持续开展业务培训和教育，确保检验员、审核员、授权签字人熟练掌握与旧机电产品有关的我国法律法规和国家技术规范的强制性要求，以及相关的管理规定。

海关总署对从事进口旧机电产品装运前检验的第三方检验机构实施备案管理。海关总署依照职责，以监督检查、追踪货物安全状况等形式，对装运前检验机构及其装运前检验活动实施监督管理。

进口旧机电产品的装运前检验结果与口岸查验、目的地检验结果不一致的，以口岸查验、目的地检验结果为准。

（2）口岸查验与检验

口岸海关为确定进口旧机电产品收货人报关的单证及内容是否与进口旧机电产品的真实质量安全情况相符，依法对进口旧机电产品在入境口岸进行检查。

实施口岸查验时，应当对报检资料进行逐批核查。必要时，对进口旧机电产品与报检资料是否相符进行现场核查。口岸查验的其他工作按口岸查验的相关规定执行。

纳入《应逐批实施现场检验的旧机电产品目录》的旧机电产品（原生产厂售后服务维修除外），由口岸海关逐批依据相关产品国家技术规范的强制性要求实施现场检验。经检验，凡不符合安全、卫生、环境保护要求的，由海关责令收货人销毁，或做退运处理。

应逐批实施现场检验的旧机电产品目录

序号	商品编码	商品名称
1	8415. 1010~8415. 9090	空调
2	8418. 1010~8418. 9999	电冰箱
3	8471. 3010~8471. 5090	计算机类设备
4	8528. 4100~8528. 5990	显示器
5	8443. 3211~8443. 3219	打印机
6	8471. 6040~8471. 9000	其他计算机输入输出部件及自动数据处理设备的其他部件
7	8516. 5	微波炉
8	8516. 603	电饭锅
9	8517. 1100~8517. 6990	电话机及移动通信设备
10	8443. 3110~8443. 3190，8443. 3290	传真机
11	8469. 0011~8469. 0030	打字机

续表

序号	商品编码	商品名称
12	8521.1011～8521.9019	录像机、放像机及激光视盘机
13	8525.8011～8525.8039	摄像机、摄录一体机及数字相机
14	8528.7110～8528.7300	电视机
15	8534.0010～8534.0090	印刷电路
16	8540.1100～8540.9990	热电子管、冷阴极管或光阴极管等
17	8542.3100～8542.9000	集成电路及微电子组件
18	8443.3911～8443.3924	复印机

（3）目的地检验

旧机电产品入境后，海关按照国家技术规范的强制性要求进行合格评定。目的地检验的结果是判定进口旧机电产品在正式投入使用前运行状态下是否合格或者是否准予销售的最终依据。对未列入《质检总局、商务部、海关总署关于旧机电产品进口管理有关问题的公告》（2015 年第 76 号）中的 18 类应逐批实施现场检验的其他进口旧机电产品，由货物目的地海关实施。

进口旧机电产品的目的地检验内容包括：一致性核查，安全、卫生、环境保护等项目检验。

① 一致性核查：核查产品是否存在外观及包装的缺陷或者残损；核查产品的品名、规格、型号、数量、产地等货物的实际状况是否与报关资料及装运前检验结果相符；对进口旧机电产品的实际用途实施抽查，重点核查特殊贸易方式进口旧机电产品的实际使用情况是否与申报情况一致。

② 安全项目检验：检查产品表面缺陷、安全标志和警告标记；检查产品在静止状态下的电气安全和机械安全；检验产品在运行状态下的电气安全和机械安全，以及设备运行的可靠性和稳定性。

③ 卫生、环境保护项目检验：检查产品卫生状况，涉及食品安全项目的食品加工机械及家用电器是否符合相关强制性标准；检测产品在运行状态下的噪声、粉尘含量、辐射及排放物是否符合标准；检验产品是否符合我国能源效率有关限定标准。

④ 对装运前检验发现的不符合项目采取技术和整改措施的有效性进行验证，对装运前检验未覆盖的项目实施检验，必要时对已实施装运前检验的项目实施抽查。

⑤ 其他项目的检验依照同类机电产品检验的有关规定执行。

经目的地检验，涉及人身财产安全、健康、环境保护项目不合格的，由海关责令收货人销毁、退运；其他项目不合格的，可以在海关的监督下进行技术处理，经重新检验合格的，方可销售或者使用。经目的地检验不合格的进口旧机电产品，属成套设备及其材料的，签发不准安装使用通知书。经技术处理，并经海关重新检验合格的，方可安装使用。

（4）检验监督管理

海关对进口旧机电产品收货人及其代理人、进口商及其代理人、装运前检验机构及相关活动实施监督管理。

检验机构应当对其所出具的装运前检验证书及随附的检验报告的真实性、准确性负责。海关在进口旧机电产品检验监管工作中，发现检验机构出具的检验证书及随附的检验报告存在违反相关规定，情节严重或引起严重后果的，可以发布警示通报并决定在一定时期内不予认可其出具的检验证书及随附的检验报告，但最长不得超过3年。

二、进口汽车检验监管

《进出口商品检验法实施条例》第二十三条规定，进口机动车辆到货后，收货人凭海关签发的进口机动车辆检验证单及有关部门签发的其他单证向车辆管理机关申领行车牌证。在使用过程中发现有涉及人身财产安全的质量缺陷的，海关应当及时作出相应处理。

（一）检验要求

1. 进口汽车整车必须由经国务院批准并经海关总署等部委验收通过的汽车整车进口口岸进口。汽车入境口岸海关负责进口汽车入境检验和验证工作。

2. 实施检验监管的进口汽车需取得强制性产品认证证书和进口自动许可证，并符合《中华人民共和国大气污染防治法》《机动车运行安全技术条件》（GB 7258）、《道路车辆车辆识别代号（VIN）》（GB 16735）、《轻型汽车燃料消耗量标识》（GB 22757）、《进口机动车辆制造厂名称和品牌中英文对照表》等我国法律法规对安全、卫生、健康、环境保护、防止欺诈、节约能源等方面的规定，以及国家技术规范的强制性要求。

3. 进口汽车入境口岸海关对进口汽车的检验包括一般项目检验、安全环保项目检测。

（1）一般项目检验。在进口汽车入境时对车辆唯一性、外观质量、特征参数、发动机舱、汽车安全装置、车辆动态、灯光信号装置、尾气排放、燃料消耗达标等一般项目检验。

（2）安全环保项目检测。按国家有关汽车的安全环保等法律法规、强制性标准和《进出口机动车辆检验规程》（SN/T 1688.4）实施尾气排放、制动性能、灯光等安全环保项目等检测。

经检验合格的进口汽车，由口岸海关“一车一单”地签发“进口机动车辆随车检验单”。收货人可以凭海关签发的进口机动车辆检验证单及有关部门签发的其他单证向车辆管理机关申领行车牌证。

海关对进口汽车的安全环保性能检测，可根据需要采信经考核符合条件的第三方检测机构的检测结果，并报海关总署备案。海关总署对被采信的第三方检测机构进行监督管理。

（二）检验监督管理

目的地海关负责对进口汽车经营者“三包”责任和进口汽车实施召回进行监督管理工作，检查其落实质量安全主体责任、消减质量安全风险的情况。

根据海关总署的“三定”方案，对于进口汽车的召回工作，与国家市场监督管理总局的职责分工进行了重新划分，确定两部门要建立进口产品缺陷信息通报和协作机制。海关总署在口岸检验监管中发现不合格或存在安全隐患的进口产品，依法实施技术处理、退运、销毁，并向国家市场监督管理总局通报。国家市场监督管理总局统一管理缺陷产品召回工作，通过消费者报告、事故调查、伤害监测等获知进口产品存在缺陷的，依法实施召回措施；对拒不履行召回义务的，国家市场监督管理总局向海关总署通报，由海关总署依法采取相应措施。

三、进口玩具检验监管

为加强进出口玩具的检验监管，2009 年 3 月 2 日原国家质检总局发布了《进出口玩具检验监督管理办法》，规定对列入必须实施检验的进出口商品目录及法律、行政法规规定必须经海关检验的进口玩具实施检验，对目录外的进口玩具实施抽查检验。进口玩具的检验实施主要包括现场检验、实验室检测、CCC 核查等。

（一）现场检验

对列入必须实施检验的进出口商品目录及法律、行政法规规定必须经海关检验的进口玩具，按照我国国家技术规范的强制性要求实施检验。在查验现场，海关核查产品标签标识及使用说明是否正确完好，型号规格、颜色、数重量等是否货证相符，货物是否完好无损。如该产品属于 CCC 强制认证范围，检查该产品是否按规定施加了 CCC 标识，并验证其真伪及有效性，以及单证对应的 CCC 资料是否完整一致。

（二）实验室检测

按照玩具的国家技术规范强制性要求，海关在对进口玩具实施现场检验的基础上，按照一定比率抽取样品，送具有玩具检测资质的实验室进行安全项目检测。检测项目主要包括：

1. 机械物理安全项目：机械性能、锐尖锐边、燃烧性能、电气性能、辐射性能、听力视力检测等；

2. 化学安全项目：有毒有害物质、可迁移元素、增塑剂、甲醛、重金属含量、偶氮染料、色牢度等。

（三）CCC 核查

海关对列入强制性产品认证目录内的进口玩具，按照《进口许可制度民用商品入境验证管理办法》的规定实施验证管理。目前，列入强制性产品认证的进口玩具包括塑胶玩具、电动玩具、童车、金属玩具、弹射玩具和娃娃玩具。

对列入强制性认证产品目录的进口玩具，凭 CCC 证书报关。口岸海关按照《进口许可制度民用商品入境验证管理办法》的规定实施进口玩具入境符合性验证，核对货证是否相符，必要时抽样送玩具实验室检测。对未列入强制性产品认证目录内的进口玩具，报关人已提供进出口玩具检测实验室出具的合格的检测报告的，海关对报关人提供的有关单证与货物是否符合进行审核。对未能提供检测报告或者经审核发现有关单证与货物不相符的，应当对该批货物实施现场检验并抽样送玩具实验室检测。

经检验符合要求的，准予进口；经检验不合格的，由海关出具检验检疫处理通知书。涉及人身财产安全、健康、环境保护项目不合格的，由海关责令当事人退货或者销毁；其他项目不合格的，可以在海关的监督下进行技术处理，经重新检验合格后，方可销售或者使用。

在国内市场销售的进口玩具，其安全、使用标志应当符合我国玩具安全的有关国家技术规范的强制性要求。

（四）召回管理

进入我国国内市场的进口玩具存在缺陷的，进口玩具的经营者、品牌商应当主动召回；不主动召回的，由海关总署责令召回。进口玩具的经营者、品牌商和出口玩具生产经营者、品牌商获知其提供的玩具可能存在缺陷的，应当进行调查，确认产品质量安全风险，同时在 24 小时内报告所在地主管海关。实施召回时应当制作并保存完整的召回记录，并在召回完成时限期满后 15 个工作日内，向海关总署和所在地直属海关提交召回总结。

四、进口棉花检验监管

进口棉花实施“事前登记+事中检验+事后评估”的检验监管体系。

（一）事前登记

申请登记的进口棉花境外供货企业（以下简称“申请人”）应当具有所在国家或者地区合法经营资质；具有固定经营场所；具有稳定供货来源，并有相应质量控制体系；熟悉中国进口棉花检验相关规定。

申请人申请登记时应当向海关总署提交中文或者中外文对照文本的材料，包括：进口棉花境外供货企业登记申请表（以下简称“登记申请表”）；合法商业经营资质证明文件复印件；组织机构图及经营场所平面图；质量控制体系的相关材料；质量承诺书。

境外供货企业可以委托代理人申请登记。代理人申请登记时，应当提交境外供货企业的委托书。

进口棉花境外供货企业登记是非强制的自愿登记。受理当事人提交的申请后，海关总署应当组成评审组，开展书面评审，必要时开展现场评审。上述评审应当自受理之日起 3 个月内完成。经审核合格的，海关总署应当对境外供货企业予以登记，颁发《进口棉花境外供货企业登记证书》（以下简称“登记证书”）并对外公布。经审核不合格的，海关总署对境外供货企业不予登记，并书面告知境外供货企业。登记证书有效期为 3 年。已登记的境外供货企业进口棉花，收货人应向入境口岸海关提供境外供货企业的登记证书（复印件），到货时可在目的地实施检验。进口未登记的境外供货企业的棉花时，收货人应当在贸易合同中约定装运前检验条款，由海关或符合要求条件的检验机构实施装运前检验，入境报关时应提供境外供货企业的基本情况及其出具的货物合格声明。到货时，在第一到货口岸实施现场开包检验，主要查验无残损、异性纤维、掺杂掺假等异常情况，了解企业对棉花质量的控制，以及到货棉花是否有劣质问题。

（二）事中检验

检验流程主要包括：现场查验—抽样—实验室检测。

根据进口棉花收货人或代理人向海关提出出具棉花品质证书的申请，海关按照规定对进口棉花实施检验检疫合格后实施现场抽样、实验室检测、出具品质证书。进口棉花收货人或代理人不需要海关出具棉花品质证书的，海关在对进口棉花实施现场检验检疫合格后直接放行。

1. 现场查验

海关在入境口岸或货物存放场所，对进口棉花实施现场查验。查验时应当核对进口棉花批次、规格、标记等，确认货证相符；查验包装是否符合合同等相关要求，有无包装破损；查验货物是否存在残损、异性纤维、以次充好、掺杂掺假等情况。对集装箱装载的，检查集装箱铅封是否完好。

2. 抽样

海关根据境外供货企业的质量信用层级，按照下列方式对进口棉花实施检验：对 A 级境外供货企业的棉花，应当在收货人报关时申报的目的地检验，由目的地海关按照标准实施抽样检验；对B级境外供货企业的棉花，应当在收货人报关时申报的目的地检验，由目的地海关实施两倍抽样量的加严检验；对C级境外供货企业的棉花，海关在入境口岸实施两倍抽样量的加严检验。未获得登记证书的境外供货企业，按C级监管。

3. 实验室检测

海关对承担进口棉花品质检验的实验室实行考核批准制度，未经考核批准的实验室不能开展棉花品质检验工作。目前，经批准具有进出口棉花品质检验资格的实验室共15家。实验室检测项目主要包括品级、长度、细度和强度。

进口棉花的收货人或者发货人对检验结果有异议的，可以按照《进出口商品复验办法》的规定申请复验。

（三）事后评估

海关建立进口棉花境外供货企业质量信用评估机制，根据到货棉花实际质量情况和企业履约情况，对进口棉花境外供货企业评定质量信用等级，进行信用评估和动态层级名单管理。从而实现对不同层级企业有针对性地实施不同的检验监管措施。

按照质量信用，境外供货企业分为A、B、C三个层级。

A级：境外供货企业自获得海关总署登记后即列为A级。

B级：A级境外供货企业发生评估准则所列情形之一的降为B级。

C级：未获得海关总署登记的境外供货企业默认为C级，B级境外供货企业发生评估准则所列情形之一的降为C级。

境外供货企业进口棉花发生评估准则中所列问题之一，就会引起企业质量信用层级动态调整。

评估准则为，登记境外供货企业进口的同合同、同发票、同规格的棉花发生下列情形之一的，应当对该境外供货企业的质量信用进行评估并作相应调整：

1. 等级降级幅度在2级及以上的棉包数量超过总包数20%的；
2. 长度降级幅度在1/16英寸（约1.58毫米）及以上的棉包数量超过总包数20%的；
3. 马克隆值不合格的棉包数量超过总包数60%的；
4. 到货重量短少率超过3%，未及时赔偿的；
5. 货物中发生严重油污、水渍、霉变、板结的棉包数量超过总包数的5%的；
6. 货物包装发生影响运输、搬运、装卸的严重破损，破损棉包数量超过总包数20%的；
7. 混有异性纤维、棉短绒、废棉和危害性杂物，经核查对企业造成严重损失的。

海关总署对获得登记的境外供货企业质量信用层级按下列方式进行动态调整：

1. A级境外供货企业进口的棉花发生评估准则所列情形的，境外供货企业的质量信用层级由A级降为B级；
2. 自直属海关书面通知境外供货企业质量信用层级之日起5个月内，从B级境外供货企业进口的棉花发生评估准则所列情形的，境外供货企业的质量信用层级由B级降为C级，如未发生评估准则所列情形的，质量信用层级由B级升为A级；
3. 自直属海关书面通知境外供货企业质量信用层级之日起5个月内，从C级境外供货企业进口的棉花未发生评估准则所列情形的，境外供货企业（不含未在海关总署登记的企业）的质量信用层级由 C 级升为 B 级。

五、 进口大宗资源检验监管

进口大宗资源可分为能源矿产、金属矿产与非金属矿产。能源矿产，包括煤、石油、天然气等。金属矿产指从中提取某种供工业利用的金属元素或化合物的矿产。非金属矿产是指在经济上有用的某种非金属元素，或可直接利用矿物、岩石的某种化学、物理或工艺性质的矿产资源。例如纳入法定检验商品目录的有花岗岩石材。

（一）进口铁矿、锰矿、铬矿、铅矿及其精矿、锌矿及其精矿

根据《海关总署关于调整部分进口矿产品监管方式的公告》（海关总署公告 2018 年第 134 号）的规定，适用“先放后检”政策，即进口矿产品经现场检验检疫符合要求后，即可提离海关监管作业场所。

1. 现场检验检疫

现场检验检疫包括放射性检测、外来夹杂物检疫、数重量鉴定（依企业申请）、外观检验以及取制样等。

放射性检验：现场海关对进口金属矿产品的放射性按照《进口矿产品放射性检验规程》（SN/T 1537—2005）的要求进行检验。

现场检验（包含外来夹杂物检疫和外观检验等）：对进口矿产品的外观情况实施检验和检查，包括夹杂物、固体废物、动植物疫情、媒介生物、明水等情况。

数重量鉴定（依企业申请）：根据贸易合同的约定及实际情况选择计重方式。

取制样：常见矿产品的取制样标准（以铁矿为例）为《铁矿石 取样和制样方法》（GB/T 10322—2014/ISO3082：2009）、《铁矿石安全卫生检验技术规范 第 1 部分：取样手工法》（SN/T 1797. 1：2008）等

2. 实验室检测

品质检验：以进口铁矿石为例，实验室对“铁含量、水分、粒度、磷、硫”等合同规定的品质指标进行检测，不符合合同规定的，出具品质证书，供企业索赔。

检测指标：根据《质检总局关于进一步加强进口铁矿检验检疫监管有关问题的通知》（国质检检函〔2015〕166 号）的规定，对“镉、汞、砷、铅、氟、氯、硫”等有毒有害元素进行检测。

其中，根据海关总署公告 2020 年第 69 号《关于调整进口铁矿检验监管方式的公告》，海关总署对进口铁矿品质检验监管方式进行优化：一是将现行由海关对进口铁矿逐批实施抽样品质检验调整为依企业申请实施；必要时，海关实施监督检验、开展有毒有害元素含量监测。二是进口铁矿收货人或者代理人需海关出具进口铁矿品质证书的，向海关提出申请，海关对进口铁矿实施现场检验检疫合格后实施现场抽样、实验室检测、出具品质证书。三是进口铁矿收货人或者代理人不需要海关出具进口铁矿品质证书的，海关在对进口铁矿实施现场检验检疫合格后直接放行。

（二）进口铜精矿

1. 现场检验检疫

现场检验检疫包括放射性检测、外来夹杂物检疫、数重量鉴定（依企业申请）、外观检验以及取制样等。

放射性检验：现场海关对进口金属矿产品的放射性按照《进口矿产品放射性检验规程》（SN/T 1537—2005）的要求进行检验。

现场检验（包含外来夹杂物检疫和外观检验等）：对进口矿产品的外观情况实施检验和检查，包括夹杂物、固体废物、动植物疫情、媒介生物、明水等情况。

数重量鉴定（依企业申请）：根据贸易合同的约定及实际情况选择计重方式。

取制样：进口铜精矿常用的取样标准为《散装浮选铜精矿取样、制样方法》（GB/T 14263—2010）、《散装重有色金属浮选精矿取样、制样通则》（GB/T 14260—2010）等。

2. 实验室检测

有毒有害元素检验：根据《关于公布进口铜精矿中有毒有害元素限量的公告》（原国家质检总局等三部委联合公告 2017 年第 106 号）的规定，对进口铜精矿中“铅、砷、氟、镉、汞”5 项有毒有害元素进行实验室检测，不符合国家技术规范强制性要求的，实施退运。

品质检验：对“铜、金、银”等计价元素进行实验室检测，不符合合同规定的，出具品质证书，供企业索赔。

（三）进口煤炭

1. 现场检验检疫

现场检验检疫包括放射性检测、外来夹杂物检疫、数重量鉴定（依企业申请）、外观检验以及取制样等。

放射性检验：现场海关对进口金属矿产品的放射性按照《进口矿产品放射性检验规程》（SN/T 1537—2005）的要求进行检验。

现场检验（包含外来夹杂物检疫和外观检验等）：对进口矿产品的外观情况实施检验和检查，包括夹杂物、固体废物、动植物疫情、媒介生物、明水等情况。

数重量鉴定（依企业申请）：根据贸易合同的约定及实际情况选择计重方式。

取制样：现场海关对进口煤炭按《商品煤样人工采取方法》（GB 475）或《煤炭机械化采样 第 1 部分：采样方法》（GB/T 19494. 1）扦取样品；扦取的样品按照《煤样的制备方法》（GB 474）或《煤炭机械化采样 第 2 部分：煤样的制备》（GB/T 19494. 2）制备

2. 实验室检测

实验室检测项目包括环保项目、合同指标以及风险布控抽中的商品分类要素。

环保项目：按《商品煤质量管理暂行办法》（国家发展改革委、原国家环保部、商务部、海关总署、原国家工商总局、原国家质检总局六部委第 16 号令）的规定，对进口煤炭中的“灰分、硫分、发热量、汞、砷、磷、氯、氟”8 项环保项目进行检验，不符合国家技术规范强制性要求的，不得进口、销售和远距离运输。

合同指标：对合同约定的指标进行检验，不符合合同规定的，出具品质证书，供企业索赔。

商品归类：对风险布控抽中需送实验室检验以核对商品归类的，按照报关要素对商品分类指标进行检验，与申报归类不符的，应该归入相应的商品类别，情节严重的移交缉私局处理。

（四）进口原油

根据海关总署公告 2020 年第 110 号《关于调整进口原油检验监管方式的公告》，海关总署将进口原油检验监管方式调整为“先放后检”。“先放”是指进口原油经海关现场检查（信息核查、取制样等）符合要求后，企业即可开展卸货、转运工作；“后检”是指对进口原油开展实验室检测并进行合格评定。实施“先放后检”的进口原油经海关检验合格、出具证单后，企业方可销售、使用。检验监管中发现存在安全、卫生、环保、贸易欺诈等重大问题的，海关将依法进行处置，并适时调整检验监管方式。

六、 再生资源类商品监管

根据生态环境部等关于全面禁止进口固体废物有关事项的公告（2020 年第 53 号）要求，禁止以任何方式进口固体废物。根据生态环境部等《关于规范再生黄铜原料、再生铜原料和再生铸造铝合金原料进口管理有关事项的公告（2020 年 第 43 号）》《关于规范再生钢铁原料进口管理有关事项的公告（2020 年第 78 号）》要求，为规范再生黄铜原料、再生铜原料、再生铸造铝合金原料和再生钢铁原料的进口管理，推动再生金属产业高质量发展，符合《再生黄铜原料》（GB/T 38470—2019）、《再生铜原料》（GB/T 38471—2019）、《再生铸造铝合金原料》（GB/T 38472—2019）、《再生钢铁原料》（GB/T 39733—2020）标准的再生黄铜原料、再生铜原料、再生铸造铝合金原料和再生钢铁原料，不属于固体废物，可自由进口。不符合上述国家标准规定的禁止进口。海关总署 2021 年第 39 号公告规定，对上述再生资源涉及的 8 个 10 位海关商品编号的进口再生原料增设监管条件“A”，对相关商品实施进口商品检验。

（一）进口再生钢铁原料

再生钢铁原料，是指回收料经过分类及加工处理，获得满足《再生钢铁原料》（GB/T 39733—2020）要求，可以作为铁素资源直接入炉使用的炉料产品。海关依据《再生钢铁原料》（GB/T 39733—2020）、《进口再生钢铁原料检验规程》（SN/T 5353—2021）进行检验。

海关按照指令要求对进口再生钢铁原料实施检验。

1. 检验内容

（1）单证。再生钢铁原料对应的税则编码及申报要素应符合要求，不同类别、名称或代号应分项申报；应随附装运前检验证书、质量证明书，证书应真实、有效，相关单证信息应一致性等。

（2）放射性污染物检验。原料应符合以下要求：不得混有放射性物质；原料（含包装物）的外照射贯穿辐射剂量率不超过所在地正常天然本底值+0. 25 μGy/h；原料表面 α、β 放射性污染水平中表面任何部分的 300 cm^2 的最大检测水平的平均值 α 不超过 0. 04 Bq/cm^2，β 不超过 0. 4 Bq/cm^2。

（3）爆炸性物品。再生钢铁原料中不应混有爆炸性物品。

（4）危险废物。再生钢铁原料中应严格限制危险废物混入，危险废物的质量不应超过再生钢铁原料总重量的 0. 01%。

（5）夹杂物。再生钢铁原料应无明显废纸、废塑料、废纤维等夹杂物，夹杂物含量应符合《再生钢铁原料》（GB/T 39733—2020）表 3 规定。

（6）固体废物排查。现场排查发现疑似固体废物的，应按《关于发布进口货物的固体废物属性鉴别程序的公告》（生态环境部、海关总署公告 2018 年第 70 号）要求委托鉴别机构实施固体废物属性鉴别。

2. 检验后处置

（1）按照布控指令实施的检验项目均合格的，判定该批原料合格，予以放行。

（2）未随附质量证明书以及提供的质量证明书不符合规定要求的，允许进行技术整改，整改合格的予以放行，整改不合格的责令实施退运。

（3）放射性污染物、爆炸性物品、危险废物、夹杂物含量中任一项检验结果不合格的，该批货物不合格，依法进行处置。

（4）经鉴别机构固体废物属性鉴别为固体废物的，依法按固体废物有关规定处置。

（二）进口再生黄铜原料

再生黄铜原料，是指将回收的黄铜或其混合金属进行分选或预处理后，获得满足标准 GB/T 38470-2019 有关要求，可直接生产利用的原料。海关依据《再生黄铜原料》（GB/T 38470—2019）进行检验。

海关按照指令要求对进口再生黄铜原料实施检验。

1. 检验内容

（1）单证。再生黄铜原料对应的税则编码及申报要素应符合要求，不同类别、名称或代号应分项申报；应随附装运前检验证书、质量证明书，证书应真实、有效，相关单证信息应一致性等。

（2）放射性污染物检验。原料应符合以下要求：不得混有放射性物质；原料（含包装物）的外照射贯穿辐射剂量率不超过所在地正常天然本底值+0.25 μGy/h；原料表面 α、β 放射性污染水平中表面任何部分的 300 cm^2 的最大检测水平的平均值 α 不超过 0.04 Bq/cm^2，β 不超过 0.4 Bq/cm^2。

（3）表观特征检验。原料的表观特征应符合《再生黄铜原料》（GB/T 38470—2019）表 2 对应类别、名称或代号的表观特征要求。

（4）爆炸性物品、密闭容器、压力容器、国家法规规定的危险物质检验。原料中不得混有废弃炸弹、炮弹等爆炸性物品；不得混有密闭容器、压力容器及其他国家法规规定的危险物质。

（5）夹杂物含量、水分含量、金属总量及金属黄铜量检验。应符合《再生黄铜原料》（GB/T 38470—2019）表 3 中对应含量要求。

（6）化学成分、金属回收率检验。应符合《再生黄铜原料》（GB/T 38470—2019）表 4 的对应要求。

（7）固体废物现场排查。现场排查发现疑似固体废物的，应按《关于发布进口货物的固体废物属性鉴别程序的公告》（生态环境部、海关总署公告 2018 年第 70 号）要求委托鉴别机构实施固体废物属性鉴别。

2. 检验后处置

（1）按照布控指令实施的检验项目均合格的，判定该批原料合格，予以放行。

（2）未随附质量证明书以及提供的质量证明书不符合规定要求的，允许进行技术整改，整改合格的予以放行，整改不合格的责令实施退运。

（3）放射性污染物、表观特征、爆炸性物品、密闭容器、压力容器、国家法规规定的危险物质、夹杂物含量、金属总量、金属黄铜量、水分含量、化学成分、金属回收率中任一项检验结果不合格的，该批货物不合格，依法进行处置。

（4）经鉴别机构固体废物属性鉴别为固体废物的，依法按固体废物有关规定处置。

（三）进口再生铜原料

再生铜原料，是指将回收的铜或其混合金属进行分选或预处理后，获得满足标准 GB/T 38471—2019 有关要求，可直接生产利用的原料。海关依据《再生铜原料》（GB/T 38471—2019）进行检验。

海关按照指令要求对进口再生铜原料实施检验。

1. 检验内容

（1）单证。再生铜原料对应的税则编码及申报要素应符合要求，不同类别、名称或代号应分项申报；应随附装运前检验证书、质量证明书，证书应真实、有效，相关单证信息应一致性等。

（2）放射性污染物检验。应同时符合以下要求：不得混有放射性物质；原料（含包装物）的外照射贯穿辐射剂量率不超过所在地正常天然本底值+0.25 μGy/h；原料表面 α、β 放射性污染水平中表面任何部分的 300 cm^2 的最大检测水平的平均值 α 不超过 0.04 Bq/cm^2，β 不超过 0.4 Bq/cm^2。

（3）表观特征检验。应符合《再生铜原料》（GB/T 38471—2019）表 2 中对应类别、名称或代号的表观特征要求。

（4）爆炸性物品、密闭容器、压力容器、国家法规规定的危险物质检验。原料中不得混有废弃炸弹、炮弹等爆炸性物品；不得混有密闭容器、压力容器及国家法规规定的危险物质。

（5）夹杂物含量、水分含量、金属总量、金属铜量检验。应符合《再生铜原料》（GB/T 38471—2019）表 3 相应含量要求。

（6）铜含量及金属回收率。应不符合《再生铜原料》（GB/T 38471—2019）表 4 中相应数值要求。

（7）现场排查发现疑似固体废物的，应按《关于发布进口货物的固体废物属性鉴别程序的公告》（生态环境部、海关总署公告 2018 年第 70 号）要求委托鉴别机构实施固体废物属性鉴别。

2. 检验后处置

（1）按照布控指令实施的检验项目均合格的，判定该批原料合格，予以放行。

（2）未随附质量证明书以及提供的质量证明书不符合规定要求的，允许进行技术整改，整改合格的予以放行，整改不合格的责令实施退运。

（3）放射性污染物、表观特征、爆炸性物品、密闭容器、压力容器、国家法规规定的危险物质、夹杂物含量、金属总量、金属铜量、水分含量、铜含量、金属回收率中任一项检验结果不合格的，该批货物不合格，依法进行处置。

（4）经鉴别机构固体废物属性鉴别为固体废物的，依法按固体废物有关规定处置。

（四）进口再生铸造铝合金原料

再生铸造铝合金原料，将回收的铸造铝合金或含有铝的混合金属进行分选等加工处理后，获得满足标准 GB/T 38472—2019 有关要求，可用于生产铸造铝合金锭或制品的原料。海关依据《再生铸造铝合金原料》（GB/T 38472—2019）进行检验。

海关按照指令要求对进口再生铸造铝合金原料实施检验。

1. 检验内容

（1）单证。再生铸造铝合金原料对应的税则编码及申报要素应符合要求，不同类别、名称或规格应分项申报；应随附装运前检验证书、质量证明书，证书应真实、有效，相关单证信息应一致性等。

（2）放射性污染物检验。应同时符合以下要求：不得混有放射性物质；原料（含包装物）的外照射贯穿辐射剂量率不超过所在地正常天然本底值+0.25 μGy/h；原料表面 α、β 放射性污染水平中表面任何部分的 300 cm^2 的最大检测水平的平均值 α 不超过 0.04 Bq/cm^2，β 不超过 0.4 Bq/cm^2。

（3）外观质量。铸件、铝块不用混入明显的夹杂物，再生铝锭表面应整洁，无较严重的飞边或气孔。

（4）尺寸规格。铸件及再生铝锭的尺寸规格由供需双方协商确定，并在订货单（或合同）中注明。铝块按尺寸分类，并应符合《再生铸造铝合金原料》（GB/T 38472—2019）表 2 规定。

（5）挥发物含量。原料中的水分应由供需双方协商确定，并在订货单（或合同）中注明，其他挥发物含量应不大于 1%。

（6）夹杂物含量。原料中夹杂物（包括木材、纸、塑料、橡胶、玻璃、石材、纺织物、粒径不大于 2 mm 的粉状物等其他物质）的质量分数应不大于 0.5%，其中夹杂和沾染的粒径不大于 2 mm 的粉状物（粉尘、污泥、油污、结晶盐、纤维末等）的质量分数应小于 0.1%。

（7）再生铝锭断口组织。再生铝锭的断口组织应致密，不应有熔渣或夹杂物。

（8）铝及铝合金含量。应符合《再生铸造铝合金原料》（GB/T 38472—2019）表 3 规定。

（9）金属总含量。应符合《再生铸造铝合金原料》（GB/T 38472—2019）表 4 规定。

（10）金属回收率。应符合《再生铸造铝合金原料》（GB/T 38472—2019）表 5 规定。

（11）化学成分。应符合《再生铸造铝合金原料》（GB/T 38472—2019）表 6 规定。

（12）易燃物、爆炸性物品、密闭容器、压力容器。原料中不得混有易燃物及废弃炸弹、炮弹等爆炸性物品；不得混有密闭容器、压力容器。

（13）现场排查发现疑似固体废物的，应按《关于发布进口货物的固体废物属性鉴别程序的公告》（生态环境部、海关总署公告 2018 年第 70 号）要求委托鉴别机构实施固体废物属性鉴别。

2. 检验后处置

（1）按照布控指令实施的检验项目均合格的，判定该批原料合格，予以放行。

（2）未随附质量证明书，以及提供的质量证明书不符合规定要求的，允许进行技术整改，整改合格的予以放行，整改不合格的责令实施退运。

（3）放射性污染物、外观质量、尺寸规格、挥发物含量、夹杂物含量、再生铝锭断口组织、铝及铝合金含量、金属总含量、金属回收率化学成飞、易燃物、爆炸性物品、密闭容器、压力容器中任一项检验结果不合格的，该批货物不合格，依法进行处置。

（4）经鉴别机构固体废物属性鉴别为固体废物的，依法按固体废物有关规定处置。

七、 危险化学品及包装检验监管

（一）进出口危险学品检验监管

危险化学品是指具有毒害、腐蚀、爆炸、燃烧、助燃等性质，对人体、设施、环境具有危害的剧毒化学品和其他化学品。国务院安全生产监督管理部门会同国务院工业和信息化、公安、生态环境、卫生、海关、交通运输、铁路、民用航空、农业主管部门，根据化学品危险特性的鉴别和分类标准确定、公布，并适时调整《危险化学品目录》。

《危险化学品安全管理条例》（国务院令第591号）规定，海关负责对进出口危险化学品及其包装实施检验。

1. 检验申报

（1）进口危险化学品申报

进口危险化学品的收货人或者其代理人报关时，填报事项应包括危险类别、包装类别（散装产品除外）、联合国危险货物编号（UN编号）、联合国危险货物包装标记（包装UN标记）（散装产品除外）等，还应提供下列材料：

① 进口危险化学品企业符合性声明；

② 对需要添加抑制剂或稳定剂的产品，应提供实际添加抑制剂或稳定剂的名称、数量等情况说明；

③ 中文危险公示标签（散装产品除外，下同）、中文安全数据单的样本。

（2）出口危险化学品申报

出口危险化学品的发货人或者其代理人向海关报检时，应提供下列材料：

① 出口危险化学品生产企业符合性声明；

② “出境货物运输包装性能检验结果单”（散装产品及国际规章豁免使用危险货物包装的除外）；

③ 危险特性分类鉴别报告；

④ 危险公示标签（散装产品除外，下同）、安全数据单样本，如是外文样本，应提供对应的中文翻译件；

⑤ 对需要添加抑制剂或稳定剂的产品，应提供实际添加抑制剂或稳定剂的名称、数量等情况说明。

2. 相关要求

危险化学品进出口企业应当保证危险化学品符合以下要求：

（1）我国国家技术规范的强制性要求（进口产品适用）；

（2）有关国际公约、国际规则、条约、协议、议定书、备忘录等；

（3）输入国家或者地区技术法规、标准（出口产品适用）；

（4）海关总署以及原国家质检总局指定的技术规范、标准。

3. 检验内容

（1）产品的主要成分/组分信息、物理及化学特性、危险类别等符合进出口危险化学品及其包装检验依据的规定。

（2）产品包装上有危险公示标签（进口产品应有中文危险公示标签），随附安全数据单（进口产品应附中文安全数据单）；危险公示标签、安全数据单的内容符合进出口危险化学品及其包装检验依据的规定。

（3）对进口危险化学品所用包装，应检验包装形式、包装标记、包装类别、包装规格、单件重量、包装使用状况等符合进出口危险化学品及其包装检验依据的规定。

（4）对出口危险化学品的包装，应按照海运、空运、公路运输、铁路运输出口危险货物包装检验管理规定、标准实施性能检验、使用鉴定，分别出具“出入境货物运输包装性能检验结果单”“出境危险货物运输包装使用鉴定结果单”。

4. 检验监管场所要求

实施进出口危险化学品及其包装现场查验的场所，应为合法的危险化学品生产、储存、使用、经营场所，对未通过安全生产监督管理等部门安全条件审查、批准、许可的，原则上不在该场所实施涉及危险化学品作业活动的现场检验。实施现场检验和采样的场所应具备相应设施环境和安全条件。

（二）出口危险货物包装检验

1. 法律法规依据

（1）《进出口商品检验法》及其实施条例；

（2）联合国《关于危险货物运输的建议书规章范本》；

（3）《国际海运危险货物规则》；

（4）《国际公路运输危险货物协定》；

（5）《国际铁路运输危险货物规则》；

（6）《空运危险货物安全运输技术规则》。

2. 性能检验

为出口危险货物生产包装容器的企业，必须申请商检机构进行包装容器的性能鉴定。

实施危险货物包装性能检验的目的，是为了检查危险货物包装能否满足安全运输危险货物的需要，主要是通过模拟运输过程中的场景进行相应检验检测。危险货物包装类别分为3类，分别为Ⅰ类包装、Ⅱ类包装和Ⅲ类包装，Ⅰ类包装的等级最高。海关对出口危险货物包装容器性能检验实施周期性检验制度。性能检验周期按照包装容器预期运输方式的不同而各有不同。周期检验合格的，在周期内申请性能鉴定，海关直接出具“出入境货物包装性能检验结果单”。

出口危险货物包装应带有联合国规定的危险货物包装标记，该标记包括生产企业代码。海关对出口危险货物包装生产企业实施代码管理，代码体现生产企业所在区域的直属海关信息。生产企业代码由大写英文字母C（代表“Customs”）和6位阿拉伯数字组成，前2位阿拉伯数字代表企业所在区域的直属海关（直属海关代码表见附件），后4位阿拉伯数字0001~9999代表生产企业。

3. 使用鉴定

生产出口危险货物的企业，必须申请商检机构进行包装容器的使用鉴定。使用未经鉴定合格的包装容器的危险货物，不准出口。

危险货物是指具有爆炸、易燃、毒害、感染、腐蚀、放射性等危险特性，在运输、储存、生产、经营、使用和处置中，容易造成人身伤亡、财产损毁或环境污染而需要特别防护的物质和物品。根据联合国《关于危险货物运输的建议书规章范本》共分为9类，分别对应第1类爆炸品，第2类气体，第3类易燃液体，第4类易燃固体、易于自燃的物质和雨水放出易燃气体的物质，第 5 类氧化性物质和有机过氧化物，第 6 类毒性物质和感染性物质，第 7 类放射性物质，第 8 类腐蚀性物质，第 9 类杂项危险物质和物品。需要指出的是，类别的号码顺序并不代表危险性高低。对危险货物进行危险性分类的目的之一，是为了给拟运输的危险货物选择合适的包装，确保运输的安全性。

危险货物包装使用鉴定是针对危险货物生产企业进行的。使用鉴定的目的，是为了检查危险货物包装的使用是否满足安全运输危险货物的需要，以及是否符合运输警示信息公示的要求。海关对出口危险货物包装使用鉴定按照检验批实施逐批检验，检验合格的出具“出境货物包装使用鉴定结果单”。

第二节 进出口商品检验鉴定

进出口商品检验鉴定是国际通行的对产品、服务、管理体系进行合格评定的有效方法。

进出口商品检验机构，指依法设立的根据对外贸易关系人或外国检验机构委托实施进出口商品检验的机构。根据《进出口商品检验法》，商检机构和依法设立的检验机构，依法对进出口商品实施检验。依法设立的检验机构（以下简称“其他检验机构”）可以接受对外贸易关系人或者外国检验机构的委托，办理进出口商品检验鉴定业务。法律、行政法规规定由其他检验机构实施检验的进出口商品或者检验项目，依照有关法律、行政法规的规定办理。国家商检部门和商检机构对其他检验机构的进出口商品检验鉴定业务活动进行监督，可以对其检验的商品实施抽查检验。

商检机构对必须实施的进出口商品检验，可以采信其他检验机构的检验结果。国家商检部门对采信检验机构实行目录管理。

一、 进出口商品数重量鉴定

重量鉴定：据外贸合同规定和不同商品的特性，结合国际惯例，采取不同的鉴定方法，对进出口商品进行计量，得出准确的重量结果，统称重量鉴定。

数量鉴定：凡不以重量计价的进出口商品，根据合同规定的计价单位，按照发票、装箱单或尺码明细单等，鉴定该批商品的件数及商品包装内部货品的个数、件数，根据长度、面积、容积、体积等进行核点计数，得出整批商品的准确数量。

（一）数重量鉴定适用范围

1. 列入海关实施检验检疫的进出境商品目录内的进出口商品；
2. 法律、行政法规规定必须经海关检验的其他进出口商品；
3. 进出口危险品；
4. 实行验证管理、配额管理，并需由海关检验的进出口商品；
5. 涉嫌有欺诈行为的进出口商品；

6. 双边、多边协议协定、国际条约规定，或者国际组织委托、指定的进出口商品；

7. 国际政府间协定规定，或者国内外司法机构、仲裁机构和国际组织委托、指定的进出口商品。

依据《海关总署关于调整进口大宗商品重量鉴定监管方式的公告》（海关总署公告2019年第159号）要求，海关对进口大宗商品重量鉴定监管方式进行优化：一是将现行由海关对进口大宗商品逐批实施重量鉴定调整为海关依企业申请实施；必要时，海关依职权实施。二是进口大宗商品收货人或者代理人需海关出具重量证书的，向海关提出申请，海关依企业申请实施重量鉴定并出具重量证书；进口大宗商品收货人或者代理人不需要海关出具重量证书的，海关不再实施重量鉴定。三是进口大宗商品收货人或者代理人应如实向海关申报重量，海关对申报情况实施抽查验证。

（二）数重量鉴定项目

海关实施进出口商品数量、重量鉴定的项目包括：

1. 衡器鉴重；

2. 水尺计重；

3. 容器计重，包括船舱计重、岸罐计重、槽罐计重3种方式；

4. 流量计重；

5. 其他相关的检验项目。

进出口商品有下列情形之一的，报关人应当同时申报船舱计重、水尺计重、封识、监装监卸等项目：

1. 海运或陆运进口的散装商品需要运离口岸进行岸罐计重或衡器鉴重，并依据其结果出证的；

2. 海运或陆运出口的散装商品进行岸罐计重或衡器鉴重后需要运离检验地装运出口，并以岸罐计重或衡器鉴重结果出证的。

以数量交接计价的进出口商品，收发货人应当申报数量检验项目。对数量有明确要求或者需以件数推算全批重量的进出口商品，在申报重量检验项目的同时，收发货人应当申报数量检验项目。

以重量交接计价的进出口商品，收发货人应当申报重量检验项目。对按照公量或者干量计价交接或者含水率有明确规定的进出口商品，在申报数量、重量检验时，收发货人应当同时申报水分检测项目。

进出口商品数量、重量检验中需要使用密度（比重）进行计重的，收发货人应当同时申报密度（比重）检测项目。

船运进口散装液体商品在申报船舱计重时，收发货人应当同时申报干舱鉴定项目。

以公量、干量交接计价或对含水率有明确规定的进出口商品，在检验数量、重量的同时应当抽取样品检测水分。公量，是指商品在衡重和化验水分含量后，折算到规定回潮率（标准回潮率）或者规定含水率时的净重（以公量结算的商品主要有棉花、羊毛、生丝和化纤等，这些商品容易吸潮，价格高）。干量，是指商品的干态重量，商品实际计得的湿态重量扣去按照实测含水率计得的水分后得到的即商品的干态重量（以干量结算的商品主要有贵重的矿产品等）。

（三）数重量鉴定地点

进口商品应当在申报的目的地实施数重量鉴定。对于大宗散装商品、易腐烂变质商品，以及已发生残损、短缺的进口商品，应当在卸货口岸实施数量、重量检验。对进口商品检验鉴定地点有明确规定的从其规定（如进口再生原料要求在第一入境口岸实施检验）。

出口商品应当在商品生产地实施数量、重量检验。散装出口商品应当在装货口岸实施数量、重量检验。

（四）数重量鉴定方式

重量鉴定根据计重方式的不同一般分为衡器计重（简称“衡重”）、水尺计重、容量计重和流量计重 4 种。

衡器计重，也称衡器鉴重，是指使用准确衡器，采用科学的方法，通过正确的操作和规范的计算，确定商品的准确重量。海关实施衡器计重的方式包括全部衡重、抽样衡重、监督衡重和抽查复衡。固体散装物料或不定重包装且不逐件标明重量的进出口商品可以采用全部衡重的检验方式；对裸装件或不定重包装且逐件标明重量的包装件应当逐件衡重并核对报关人提交的原发货重量明细单；对定重包装件可以全部衡重或按照有关的检验鉴定技术规范、标准，抽取一定数量的包装件衡重后，以每件平均净重结合数量检验结果，推算全批净重。

水尺计重，即通过对船舶吃水的测定进行计重，是指在装/卸货前后分别测定船舶艏、舯、艉六面吃水、船用淡水、压载水及燃油的储存量，同时测定船舶所在水域的港水密度，然后根据船方提供的排水量表或载重量表以及有关的静水力曲线图表、水油舱计量表和校正表等图表，计算船舶载运货物的重量。水尺计重一般适用于价值较低、衡器计重困难、大宗的散装固体商品的计重。

容量计重又分为船舱容量计重（简称“船舱计重”）、岸罐容量计重（简称“岸罐计重”）和槽罐容量计重（简称“槽罐计重”）3 种。

流量计重，即流量计计重，是将经检定合格的流量计安装在液体流经的管道上，流动的液体进出流量计时，其体积得到计数，通过表头计数器指示出累计的体积流量，结合流经表内液体的温度和密度，经过相应的修正，计算出该液体货物的重量。流量计重是一种较先进的动态计量方式，越来越广泛地应用于石油、天然气及其产品的计量中。

海关按照国家技术规范的强制性要求实施数量、重量检验。尚未制定技术规范、标准的，可以参照海关总署指定的有关标准检验。

二、进口商品残损鉴定业务

（一）残损鉴定范围

海关根据需要对有残损的以下进口商品实施残损检验鉴定：

1. 列入海关必须实施检验检疫的进出境商品目录内的进口商品；
2. 法定检验以外的进口商品的收货人或者其他贸易关系人，发现进口商品质量不合格或者残损、短缺，申请出证的；
3. 进口的危险品；
4. 实行验证管理、配额管理，并需由海关检验的进口商品；
5. 涉嫌有欺诈行为的进口商品；
6. 收货人或者其他贸易关系人需要海关出证索赔的进口商品；
7. 双边、多边协议协定及国际条约规定，或国际组织委托、指定的进口商品；

8. 相关法律、行政法规规定须经海关检验的其他进口商品。

（二）残损鉴定地点

1. 进口商品有下列情形的，应当在卸货口岸实施残损鉴定：

（1）散装进口的商品有残损的；

（2）商品包装或商品外表有残损的；

（3）承载进口商品的集装箱有破损的。

2. 进口商品有下列情形的，应当转单至商品目的地实施残损鉴定：

（1）国家规定必须迅速运离口岸的；

（2）打开包装检验后难以恢复原状或难以装卸运输的；

（3）需在安装调试或使用中确定其致损原因、损失程度、损失数量和损失价值的；

（4）商品包装和商品外表无明显残损，需在安装调试或使用中进一步检验的。

（三）残损鉴定工作项目

残损鉴定工作项目包括查明事实状态，确定残损商品的受损程度、致损原因和责任归属，并出具相关报告。申请人在办理进口商品残损检验鉴定申请时，还应当根据实际情况并结合国际通行做法向海关申请下列检验项目：

1. 监装监卸；

2. 船舱或集装箱检验；

3. 集装箱拆箱过程检验；

4. 其他相关的检验项目。

海关按国家技术规范的强制性要求实施残损检验鉴定。尚未制订规范、标准的可以参照国外有关技术规范、标准检验。在实施残损检验鉴定过程中，收货人或者其他贸易关系人应当采取有效措施保证现场条件和状况符合检验技术规范、标准的要求。海关未依法作出处理意见之前，任何单位和个人不得擅自处理。

对涉及人身财产安全、卫生、健康、环境保护等项目不合格的发生残损的进口商品，海关责令退货或者销毁的，收货人或者其他贸易关系人应当按照规定向海关办理退运手续，或者实施销毁。

海关实施残损检验鉴定应当实施现场勘查，并进行记录、拍照或录音、录像。有关单位和个人应当予以配合并在记录上签字确认，如有意见分歧，应当备注。

第三节 入境验证

一、民用商品入境验证

海关对国家实行进口质量许可制度的民用商品实施入境验证管理。实施入境验证的商品在通关入境时，由海关核查其是否取得必需的证明文件，抽取一定比率批次的商品进行标志核查，并按照进口许可制度规定的技术要求进行检测。

海关总署根据需要，制定、调整并公布《海关实施入境验证的进口许可制度民用商品目录》（以下简称《入境验证商品目录》）。对列入《入境验证商品目录》的进口商品，由直属海关负责所辖地区产品的入境验证工作。

进口许可制度民用商品的收货人或其代理人，在办理进口报检时，应当提供进口许可制度规定的相关证明文件，并配合海关实施入境验证工作。

属于法定检验检疫的进口许可制度民用商品，海关应当按照有关规定实施检验检疫，同时应当核查产品的相关标志是否真实有效。不属于法定检验检疫的进口许可制度民用商品，海关可以根据需要，进行抽查检测。经检验不符合规定或抽查检测项目不合格的，依照《进出口商品检验法》及其实施条例有关规定处理。

二、 强制性产品认证产品入境验证

中国强制性产品认证（CHINA COMPULSORY CERTIFICATION）制度（简称“CCC认证”或者“3C认证”），是中国政府为保护国家安全，防止欺诈行为，保护人体健康或安全，保护动植物生命或健康，保护环境，依照法律法规实施的一种产品合格评定制度。

海关总署统一管理全国CCC产品入境验证管理工作，直属海关负责所辖地区CCC产品的入境验证工作。

海关对列入目录的进口产品实施入境验证管理，查验认证证书、认证标志等证明文件，核对货证是否相符。验证不合格的，依照相关法律法规予以处理，对列入目录的进口产品实施后续监管。

（一）无须办理强制性产品认证

入境产品符合以下条件的，无须办理CCC认证：

1. 外国驻华使馆、领事馆或者国际组织驻华机构及其外交人员的自用物品；
2. 香港、澳门特别行政区政府驻内地官方机构及其工作人员的自用物品；
3. 入境人员随身从境外带入境内的自用物品；
4. 外国政府援助、赠送的物品；
5. 其他依法无须办理强制性产品认证的情形。

（二）免予办理强制性产品认证

有下列情形之一的，符合CCC免办条件的申请人，应当向所在地市场监管部门提交CCC免办申请。

1. 为科研、测试和认证检测所需的产品和样品。本款所称科研，是指对该产品进行科学研究，以开发、生产出相关产品所需的产品，并不是指进行研究工作所需的科研器材；本款所称测试，是指对该产品进行测试以获得测试数据，或测试某一产品的部分性能所必须用到的该产品（如开发测试某一型号的打印机软件，需进口少量该型号打印机）；本款所称认证检测，是指CCC认证所进行型式试验的样品。

2. 直接为最终用户维修目的所需的零部件产品。

3. 工厂生产线成套生产线配套所需的设备零部件（不含办公用品）。

4. 仅用于商业展示但不销售的产品。

5. 以整机全数出口为目的进口的零部件。

6. 其他因特殊用途免予办理强制性产品认证的情形。

三、 能源效率标识产品入境验证

我国强制实施能源效率（简称“能效”）标识的产品有显示器、液晶电视机、等离子电视机、电饭锅、电磁炉、家用洗衣机、电冰箱、储水式电热水器、节能灯、高压钠灯、打印机、复印机、电风扇、空调等。

海关通过审单、现场核查、抽样检测等方式对进口能效标识产品是否符合统一适用的产品能效标准、实施规则、能效标识样式和规格进行合格评定。

（一）入境验证资料审核要点

对须实施入境验证的进口能效标识产品，海关应核查相关备案证明材料，并进行网上查询。具体内容包含如下：

1. 进口商与境外生产者订立的相关合同复印件；

2. 产品能效检测报告；

3. 能效标识样本；

4. 产品基本配置清单等有关材料；

5. 利用自有检测实验室进行检测的，应当提供实验室检测能力证明材料（包括实验室人员能力、设备能力和检测管理规范），已经获得国家认可机构认可的，还应当提供相应认可证书复制件，利用第三方检验检测机构进行检测的，应当提供检验检测机构的资质认定证书复制件；

6. 由代理人提交备案材料的，应当有生产者或者进口商的委托代理文件等。

（二）入境验证现场核查要点

入境时，海关应当根据相关能效标识备案证明信息和报关材料实施现场核查，核对货证是否相符，并做好相应记录。核查内容包含如下：

1. 核查进口产品数量、包装及包装标记是否与报关资料申报内容一致；

2. 随机抽取产品开启包装，核查产品是否根据国家统一规定的能效标识样式、规格及标注规定印制和使用能效标识，并在产品包装物上或者使用说明书中予以说明；

3. 核查产品的铭牌和能效标识是否包括如下信息：生产者名称或者简称、产品规格型号、能效等级、能效指标、依据的能源效率强制性国家标准编号、能效信息码；

4. 随机抽查产品说明书，如已注明能效指标的，应当核查该指标是否与相应能效标准、实施规则相符，是否与产品实物标识相符。

（三）实验室检测

海关对符合下列情形之一的进口能效标识产品实施抽样检测：

1. 根据要求的比率，随机抽取样品送实验室检测；

2. 在现场核查中发现不合格，并须进一步技术确认的，对该批货物随机抽取代表性样品送实验室检测。

（四）免于标注能效标识及备案

进口能效标识产品符合下列情形之一的，可以免于标注能效标识及备案，不再实施能效标识入境验证：

1. 外国驻华使馆、领事馆或者国际组织驻华机构及其外交人员的自用物品；
2. 香港、澳门特别行政区政府驻内地官方机构及其工作人员的自用物品；
3. 入境人员随身从境外带入境内的自用物品；
4. 外国政府援助、赠送的物品；
5. 为科研、测试所需的产品；
6. 为考核技术引进生产线所需的零部件；
7. 直接为最终用户维修目的所需的产品；
8. 工厂生产线、成套生产线配套所需的设备和部件（不包含办公用品）。

（五）免于实施入境验证

进口能效标识产品符合下列情形之一的，可以免于实施能效标识入境验证：

1. 来料/进料加工及根据外贸合同，专供出口的入境产品（包括以整机全数出口为目的而用一般贸易方式进口的零部件产品，不包括该产品有部分返销国内或内销的）；
2. 出口退运货物（不包括出口到特殊监管区域后退运进口的）；
3. 仅用于商业展示，不销售的产品；
4. 暂时进口复出口产品。

第四节
进出口商品抽查检验

《进出口商品检验法》第十九条规定："商检机构对本法规定必须经商检机构检验的进出口商品以外的进出口商品，根据国家规定实施抽查检验。"进出口商品抽查检验按照《进出口商品抽查检验管理办法》进行。

抽查检验重点是涉及安全、卫生、环境保护，国内外消费者投诉较多，退货数量较大，发生过较大质量事故以及国内外有新的特殊技术要求的进出口商品。进出口商品抽查检验项目的合格评定依据是国家技术规范的强制性要求或者海关总署指定的其他相关技术要求。海关实施进出口商品抽查检验，不得向被抽查单位收取检验费用，所需费用列入海关年度抽查检验专项业务预算。各有关部门应当支持海关的抽查检验工作。被抽查单位对抽查检验应当予以配合，不得阻挠，并应当提供必要的工作条件。海关按照便利外贸的原则，科学组织实施抽查检验工作；不得随意扩大抽查商品种类和范围，否则企业有权拒绝抽查。

一、 抽查检验实施

海关总署每年制定并下达进出口商品抽查检验计划，包括商品名称、检验依据、抽样要求、检测项目、判定依据、实施时间等，必要时可对抽查检验计划予以调整，或者下达专项进出口商品抽查检验计划。

主管海关抽查检验计划，经过必要调查，结合本地区相关进出口商品实际情况，确定被抽查检验单位，制订具体实施方案，并报海关总署备案。主管海关应当按照对抽查检验工作的统一部署和要求，认真组织实施本地区的抽查检验。实施现场抽查检验时，应当有2名以上（含2名）人员参加。抽查检验人员应当在抽查检验前出示抽查检验通知书和执法证件，并向被抽查单位介绍国家对进出口商品抽查检验的有关规定及要求。有关证件不符合规定时，被抽查单位有权拒绝抽查检验。

对实施抽查检验的进口商品，海关可以在进口商品的卸货口岸、到达站或者收用货单位所在地进行抽样；对实施抽查检验的出口商品，海关可以在出口商品的生产单位、货物集散地或者发运口岸进行抽样。抽取的进出口商品的样品，由被抽查单位无偿提供。样品应当随机抽取，并应当具有一定的代表性。样品及备用样品的数量不得超过抽样要求和检验的合理需要。抽样后，抽查检验人员应当对样品进行封识，并填写抽样单。抽样单应当由抽查人和被抽查单位代表签字，并加盖被抽查单位公章。特殊情况下，由海关予以确认。对不便携带的被封样品，抽查检验人员可以要求被抽查单位在规定的期限内邮寄或者送至指定地点，被抽查单位无正当理由不得拒绝。销售商应当及时通知供货商向海关说明被抽查检验进口商品的技术规格、供销情况等。

承担抽查检验的检测单位应当具备相应的检测资质条件和能力。检测单位应当严格按照规定的标准进行检测，未经许可严禁将所检项目进行分包，并对检测数据负有保密义务。检测单位接受样品后应当对样品数量、状况与抽样单上记录的符合性进行检查，并在规定的时间内完成样品的检测工作，所检样品的原始记录应当妥善保存。检测报告中的检测依据、检测项目必须与抽查检验的要求相一致。检测报告应当内容齐全，数据准确，结论明确。检测单位应当在规定的时限内将检测报告送达海关。验余的样品，检测单位应当在规定的时间内通知被抽查单位领回；逾期不领回的，由海关作出处理。

主管海关在完成抽查检验任务后，应当在规定的时间内上报抽查结果，并将抽查情况及结果等有关资料进行立卷归档，未经同意，不得擅自将抽查结果及有关材料对外泄露。

二、监督管理

主管海关应当公布的抽查检验结果、预警通告等及时通报给当地有关部门和企业，指导协助有关出口企业提高产品质量，协助有关进口单位采取必要措施防范可能的风险。

经海关抽查合格的进口商品，签发抽查情况通知单；对不合格的进口商品，签发抽查不合格通知单，并作出以下处理：

（一）需要对外索赔的进口商品，收用货人可向海关申请检验出证；只需索赔，不需要换货或者退货的，收货人应当保留一定数量的实物或者样品；需要对外提出换货或者退货的，收货人必须妥善保管进口商品，在索赔结案前不得动用。

（二）对抽查不合格的进口商品，必须在海关的监督下进行技术处理，经重新检测合格后，方可销售或者使用；不能进行技术处理或者经技术处理后仍不合格的，由海关责令当事人退货或者销毁。

经海关抽查合格的出口商品，签发抽查情况通知单；不合格的，签发抽查不合格通知单，并在海关的监督下进行技术处理，经重新检测合格后，方准出口；不能进行技术处理或者经技术处理后，重新检测仍不合格的，不准出口。

无正当理由拒绝抽查检验及不寄或者不送被封样品的单位，其产品视为不合格，根据相关规定对拒绝接受抽查检验的企业予以公开曝光。

海关不得对同一批商品进行重复抽查检验，被抽查单位应当妥善保管有关被抽查的证明。被抽查单位对海关作出的抽查结论有异议时，可以按照《进出口商品复验办法》申请复验。

第五节 政府协议装运前检验

一、装运前检验合作协议

《装运前检验协议》是世界贸易组织管辖的一项多边贸易协议，是世界贸易组织货物贸易协议之一，适用于由成员方政府通过政府授权或政府合同的方式，指定专门检验机构对进口产品的数量、质量、价格、汇率与融资条件，以及货物的海关分类等，在出口方境内进行的所有装运前的检验活动。

原国家质检总局积极推动与非洲国家建立检验检疫合作关系，先后与塞拉利昂、埃塞俄比亚、埃及、伊朗、苏丹和也门6国签署了装运前检验合作协议。目前，实施装运前检验合作协议的国家有塞拉利昂、埃塞俄比亚、也门、伊朗4国。

（一）塞拉利昂

根据《中华人民共和国国家质量监督检验检疫总局与塞拉利昂共和国贸易工业和国有企业部合作协议》及其实施方案，自2004年2月1日起，对中国向塞拉利昂出口的每批次价值在2000美元以上的贸易性质商品实施装运前检验。检验内容包括品名、质量、数量、安全、卫生和环保项目检验，价值评估，监督装载和装箱。检验标准根据塞拉利昂国家的法律和（或）贸易合同确定。

（二）埃塞俄比亚

根据《中华人民共和国国家质量监督检验检疫总局与埃塞俄比亚联邦民主共和国贸易工业部关于中国出口产品装运前检验合作协议》，自2006年10月1日起，对中国出口埃塞俄比亚的每批次价值在2000美元以上的贸易性质商品实施装运前检验。检验内容包括质量、数量、安全、卫生、环保项目检验，价格审核，监督装载和装箱等。检验标准根据埃塞俄比亚联邦民主共和国的法律和（或）贸易合同确定。

（三）伊朗

根据原国家质检总局与伊朗标准与工业研究院签署的《关于落实〈伊朗标准与工业研究院与中国国家质量监督检验检疫总局谅解备忘录〉的行动计划》，自2011年12月1日起，对中国出口伊朗列入法检目录内的工业产品实施装运前检验。自2012年1月1日起，伊朗标准与工业研究院等有关部门将凭中国海关签发的装运前检验证书办理中国出口伊朗工业产品的验证放行手续。

出口伊朗列入法检目录内的工业产品指《出入境检验检疫机构实施检验检疫的进出境产品目录》中第25~29、31~97章，海关监管条件为B，检验检疫类别为N的所列产品。

检验内容包括产品的品质、数（重）量、安全卫生项目检验及监装。检验标准依次采用伊朗国家标准、中国国家标准、相应的国际标准等。

（四）也门

根据《中华人民共和国国家质量监督检验检疫总局与也门共和国标准计量与质量控制组织关于进出口商品监管合作谅解备忘录》，自2014年3月1日起，对中国出口也门工业产品实施装运前检验。自2014年6月1日起，也门共和国标准计量与质量控制组织等有关部门将凭中国海关签发的装运前检验证书办理中国出口也门工业产品的验证放行手续。

出口也门工业产品指《协调制度》（HS）第二十五~二十九章和第三十一~九十七章的产品。

检验内容包括产品质量性能检测报告的验证和抽查，产品外观状况、数量、标志和标识的查验，货证符合性核查和监视装载（或装箱）。检验依据依次适用也门共和国技术法规和强制性标准、中国国家标准或国际标准。

二、装运前检验工作

装运前检验工作由商品检验、监装和商品估价3部分构成。

（一）商品检验

按不同协议国家，采用不同的检验依据，进行批批现场查验。现场查验包括对货物的外观状况、数量、标志、包装、标识等实施货证一致性核查，重点加强对商品假冒伪劣情况的核查。

（二）监装

核查货物的唛头、批号、品名、数量、型号/规格、包装情况等。监装后应出具装运前检验证书并加施封识，拼装、散装货物可视情况加施封识。装运前检验证书应列明集装箱号和封识号。监装原始记录中应记录本批货物的集装箱号和封号并附货物的照片。

从监装工作角度，出口货物可分为产地整批出口货物、产地分散供货口岸集中装运出口货物和产地分段装货口岸最终装运出口货物，相应的监装程序和要求不同，如下：

1. 整批装运的集装箱运输出口货物，产地海关具备监装条件，由产地海关实施监装工作。

2. 拼装、散装的货物由产地分批直接运至口岸或最终装运地，产地海关不具备监装条件，由口岸或最终装运地海关实施监装，出具装运前检验证书。产地海关实施检验后出具换证凭单，且注明“未监装”字样。

3. 当货物分批装运且顺序运往口岸或最终装运地装箱或装船出口时，各装货点的海关分别实施检验、估价和监装，出具装运前检验证书并加施封识。后一个海关核查前一个海关的封识无误后方可开封装货，监装后应重新加施封识，依次类推。最后由口岸或最终装运地海关核查货证并重新加施封识后，出具统一的装运前检验证书。

（三）商品估价

商品估价原则为客观、公平、统一、合理，以该货物的成交价格为基础，以出口货物的FOB价格为基础。

商品估价方法主要包括价格核实法、市场比较法、成本计算法，货物的估价工作要结合货物检验情况综合考虑，选择一种评估方法进行估价。

完成装运前检验工作后，经检验、监装合格的货物，由双边协议装运前检验授权签字人员签发“装运前检验证书”，“装运前检验证书”应为中英文对照版本，且应当及时上传至中国海关总署检验检疫电子证书查询平台。

第六节
进出口商品安全风险管理

一、 质量安全风险监测

海关总署制定、发布全国统一的国家进出口商品质量安全风险监测计划，组织开展风险监测工作，针对影响人体健康、财产安全、环境安全等风险因素开展抽查检测，系统和持续地监测健康危害、物理危害、化学危害、生物危害、环境危害等质量安全风险，依法发布质量安全监测结果。

海关总署建设全国进出口商品质量安全风险管理平台，规划布局一批质量安全风险监测点，系统采集进出口商品质量安全风险信息数据，持续、动态监测进出口商品质量安全风险。

二、 质量安全风险评估

海关总署建设国家级进出口商品质量安全风险评估中心，设立国家进出口商品质量安全风险评估专家委员会，规划建设一批国家级质量安全风险验证评价实验室，建立健全质量安全风险评估专家委员会工作机制，规范质量安全风险识别、分析与评价程序，研究科学实用的风险评估方法，开发智能化评估模型，加快质量安全风险评估标准制定，培育专业化人才队伍，全面提升风险评估能力建设，充分发挥质量安全风险评估工作的前置作用，形成多形式、多维度的成果。为制订风险监测计划、发现与规避潜在危害因素、制定风险处置措施提供支持；为制修订法律法规和制定管理政策提供参考。

三、 质量安全风险预警

海关总署健全风险预警等级划分标准和动态调整规则，健全预警信息发布机制，分类实施风险预警。根据风险评估结果、目标对象、预警范围等，对需实施口岸布控等快速反应措施的，发布风险警示通报；对需提醒生产经营者及时采取风险消减措施的，发布风险警示通告；对需实施强制性措施控制风险和危害，并及时警示消费者的，发布风险警示公告。

四、 质量安全风险处置

综合运用降低信用等级、追溯调查、缺陷召回、加严监管、限制或禁止进出口、查封扣押、退运、暂停销售、销毁等手段，实施与风险预警等级相适应的全国一体化快速反应措施，及时开展效果评价，动态调整风险等级直至解除相关措施。按照“守信激励、失信惩戒”的原则，加快质量诚信体系建设，落实企业主体责任，强化质量信用激励惩戒，强化质量安全违法行为惩治，依法从严惩处相关企业和责任人。

五、 注重质量安全风险管理结果运用

严格质量安全责任追究，落实风险信息或重大质量事故的企业报告和风险消减义务，依法承担质量安全侵权赔偿责任。密切跟踪国外技术性贸易措施动态变化，推动制定符合产业转型升级需要的技术性贸易措施，积极参与或主导技术性贸易措施相关国际规则和标准制定，加强双边与区域合作交流。动态调整法定检验目录，以高风险商品和高风险项目为内容制定法定检验目录，优化目录结构。改革检验检疫监管模式，加快完善第三方检验结果采信管理，积极探索合格评定结果国际互认。

第九章

进出口商品归类

9

进出口商品归类是指在《商品名称及编码协调制度公约》（以下简称《协调制度公约》）商品分类目录体系下，以我国《税则》为基础，按照《品目注释》《本国子目注释》，以及海关总署发布的关于商品归类的行政裁定、商品归类决定的要求，确定进出口货物商品编码的活动。

进出口商品归类是海关监管、海关征税、海关统计等业务的基础。准确的商品归类才能保证依法征税，使国家的税收不受损失，使纳税人的利益得到保障；准确的商品归类才能保证国际贸易统计的准确性，为国家的宏观调控和贸易政策的调整提供可靠的依据；准确的商品归类才能使国家对进出口商品的各项管理措施得到实施。由此，海关业务人员有必要学习商品归类的基本知识，掌握商品归类的基本技能。

第一节 《协调制度》简介

一、《协调制度》的产生

进出口商品归类是建立在商品分类目录基础上的。早期的国际贸易商品分类目录只是因为对进出本国的商品征收关税而产生的，其结构较为简单。后来随着社会化大生产的发展，进出口商品品种与数量的增加，除了税收的需要，人们还要了解进出口贸易情况，即还要进行贸易统计，因此，海关合作理事会（1994 年更名为世界海关组织）与联合国统计委员会分别编制了两个独立的商品分类目录，即《海关合作理事会商品分类目录》（简称“CCCN”）和《国际贸易标准分类目录》（简称“SITC”）。

由于商品分类目录的不同，一种商品有时在一次国际贸易过程中要使用不同的编码，给国际贸易带来极大的不便。因此，海关合作理事会于 1983 年 6 月通过了《协调制度公约》及其附件《商品名称及编码协调制度》（Harmonized Commodity Description and Coding System，《协调制度》或 HS）。《协调制度》既满足了海关税则和贸易统计需要，又包容了运输及制造业等要求，因此，该目录自 1988 年 1 月 1 日起正式生效后，即被广泛应用于海关税则、国际贸易统计、原产地规则、国际贸易谈判、贸易管制等多个领域。目前，已有 200 多个国家、地区、经济体和国际组织采用《协调制度》分类目录，国际贸易中超过 98%的商品按 HS 分类。

随着新产品的不断出现和国际贸易结构的变化，《协调制度》一般每隔若干年就要修订一次。自 1988 年生效以来，《协调制度》共进行了多次修订目前使用的是 2022 年版本。

为了帮助人们正确理解和运用《协调制度》，世界海关组织还制定了《商品名称及编码协调制度注释》（Explanatory Notes to the Harmonized Commodity Description and Coding System，简称《协调制度注释》）。《协调制度注释》不是“协调制度公约”的组成部分，但经世界海关组织理事会批准，成为国际上对协调制度的官方解释，是对协调制度不可或缺的补充。我国海关将《协调制度注释》翻译成中文后取名为《品目注释》，并且在《中华人民共和国海关进出口货物商品归类管理规定》（海关总署令第 252 号）中将《品目注释》作为商品归类的依据。

二、《协调制度》的基本结构

《协调制度》将国际贸易涉及的各种商品按照生产类别、自然属性和不同功能用途等分为 21 类 97 章。每一章由若干品目构成，2022 版《协调制度》共有 1228 个 4 位数品目；品目项下又细分出若干一级子目和二级子目，2022 版《协调制度》共有 5609 个 6 位数子目。

为了避免各品目和子目所列商品发生交叉归类，在类、章下加有类注、章注和子目注释。为了保证《协调制度》解释的统一性，设立了归类总规则，作为整个《协调制度》商品归类的总原则。

《协调制度》是一部系统的国际贸易商品分类目录，所列商品名称的分类和编排是有一定规律的。

从类来看，它基本上按社会生产的分工分类，如农业在第一、二类，化学工业在第六类，纺织工业在第十一类，冶金工业在第十五类，机电制造业在第十六类等。

从章来看，基本上按商品的自然属性或功能、用途来划分。第一章至第八十三章（第六十四章至第六十七章除外）基本上是按商品的自然属性来分章，如第一章至第五章是活动物和动物产品，第六章至第十四章是活植物和植物产品，第二十五章至第二十七章是矿产品。又如第十一类包括了动、植物和化学纤维的纺织原料及其产品，其中，第五十章和第五十一章是蚕丝、羊毛及其他动物毛，第五十二章和第五十三章是棉花、麻及其他植物纺织纤维，第五十四章和第五十五章为化学纤维。商品之所以按自然属性分类是因为其种类成分或原料比较容易区分，同时也因为商品价值的高低往往取决于构成商品本身的原材料。另外，第六十四章至第六十六章和第八十四章至第九十七章则是按货物的用途或功能来分章的，其中，第六十四章是鞋，第六十五章是帽，第八十四章是机械设备，第八十五章是电气设备，第八十七章是车辆，第八十八章是航空航天器，第八十九章是船舶等。这样分类的原因一是因为这些物品往往由多种材料构成，难以将这些物品作为某一种材料制成的物品来分类；二是因为商品的价值主要体现在生产该物品的社会必要劳动时间上，如一台机器，其价值一般主要看生产这台机器所耗费的社会必要劳动时间，而不是看机器用了多少贱金属等。

从品目的排列看，一般也是原材料先于成品，加工程度低的产品先于加工程度高的产品，列名具体的品种先于列名一般的品种。如在第三十九章内，品目 3901 至 3914 是初级形状的塑料，品目 3916 至 3921 是塑料半制品，品目 3922 至 3926 是塑料制成品。

第二节
我国海关进出口商品分类目录简介

一、 我国海关进出口商品分类目录的产生

我国海关自 1992 年 1 月 1 日起开始采用《协调制度》，进出口商品归类工作成为我国海关最早实现与国际接轨的执法项目之一。

根据海关征税和海关统计工作的需要，我国在《协调制度》的基础上增设本国子目（三级子目和四级子目），形成了我国海关进出口商品分类目录，然后分别编制出《税则》和《统计商品目录》。

为了明确增设的本国子目的商品含义和范围，我国又制定了《本国子目注释》，作为归类时确定三级子目和四级子目的依据。

根据《协调制度公约》对缔约方权利义务的规定，我国《税则》和《统计商品目录》与《协调制度》的各个版本同步修订。自 2022 年 1 月 1 日起，我国采用 2022 年版《协调制度》并据此对我国《税则》和《统计商品名录》进行转换。

二、 我国海关进出口商品分类目录的基本结构

《税则》中的商品号列称为税则号列（简称“税号”），为征税需要，每项税号后列出了该商品的税率；《统计商品目录》中的商品号列称为商品编号，为统计需要，每项商品编号后列出了该商品的计量单位，并增加了第二十二类“特殊交易品及未分类商品”。

《协调制度》中的编码只有 6 位数，而我国《税则》中的编码为 8 位数，其中第 7 位、第 8 位是我国根据实际情况加入的“本国子目”。2022 版《税则》共有 8930 个 8 位数税号。

编码的编排是有一定规律的，以 0301. 9210“鳗鱼苗”为例说明如下：

编码：	0 3	0 1	9	2	1	0
位数：	1 2	3 4	5	6	7	8
含义：	章号	顺序号	一级子目	二级子目	三级子目	四级子目

从以上可以看出：第 5 位编码代表一级子目，第 6 位编码代表二级子目，第 7 位、第 8 位依此类推。需要指出的是，若第 5~8 位上出现数字“9”，则通常情况下代表未具体列名的商品，即在“9”的前面一般留有空序号以便用于修订时增添新商品。如上述编码 0301. 9210 中第 5 位的“9”代表除观赏鱼以外的其他活鱼，其中1~9之间的空序号可以用于将来增添新的其他需要具体列名的活鱼。

第三节 进出口货物商品归类的海关管理

为了规范进出口货物的商品归类，保证商品归类结果的准确性和统一性，根据《海关法》《关税条例》，海关总署以第158号总署令发布了《中华人民共和国海关进出口货物商品归类管理规定》。

一、归类的依据

进出口货物的商品归类应当遵循客观、准确、统一的原则。具体来说，对进出口货物进行商品归类的依据是：

1.《税则》；

2.《进出口税则商品及品目注释》；

3.《本国子目注释》；

4. 海关总署发布的关于商品归类的行政裁定；

5. 海关总署发布的商品归类决定。

二、归类决定

海关总署可以根据有关法律、行政法规规定，对进出口货物作出具有普遍约束力的商品归类决定。进出口相同货物，应该适用相同的商品归类决定。

商品归类决定由海关总署对外公布。

作出商品归类决定所依据的法律、行政法规及其他相关规定发生变化的，商品归类决定同时失效。商品归类决定失效的，应当由海关总署对外公布。

海关总署发现商品归类决定需要修改或存在错误的，应当及时予以修改或予以撤销并对外公布。被撤销的商品归类决定自撤销之日起失效。

三、归类裁定

在海关注册登记的进出口货物经营单位，可以在货物实际进出口的3个月前，向海关总署或者直属海关书面申请就其拟进出口的货物预先进行商品归类裁定。

海关总署自受理申请之日起60日内作出裁定并对外公布。

归类裁定具有普遍约束力。但对于裁定生效前已经办理完毕裁定事项的进出口货物，不适用该裁定。

四、归类的申报要求

为了规范进出口企业申报行为，提高进出口商品申报质量，促进贸易便利化，海关总署制定了《中华人民共和国海关进出口商品规范申报目录》（以下简称《规范申报目录》）。《规范申报目录》按我国海关进出口商品分类目录的品目顺序编写，并根据需要在品目级或子目级列出了申报要素。

例如，品目2204“鲜葡萄酿造的酒”下各子目的申报要素分别为（按设置申报要素的目的又分为归类要素、价格要素、其他要素）：

子目2204.1000“汽酒”：1. 品名（中文及外文名称）；2. 种类（汽酒）；3. 酒精浓度；4. 级别；5. 年份（没有年份的申报无年份）；6. 产区（中文及外文名称）；7. 酒庄名（中文及外文名称）；8. 葡萄品种（中文及外文名称）；9. 包装规格；10. 品牌（征文或外文名称）。其中，第1、2、3项为归类申报要素，其他为价格申报要素。

再如，对于子目8705.4000“混凝土搅拌车”的申报要素为：1. 品名；2. 固定安装配置；3. 品牌（中文或外文名称）；4. 型号。其中，第1、2项为归类申报要素。

收发货人或者其代理人应当按照法律、行政法规规定以及海关的要求如实、准确申报进出口货物的商品名称、规格型号等，并且对其申报的进出口货物进行商品归类，确定相应的商品编码。

收发货人或者其代理人向海关提供的资料涉及商业秘密，要求海关予以保密的，应当事前向海关提出书面申请，并且具体列明需要保密的内容，海关应当依法为其保密。收发货人或者其代理人不得以商业秘密为理由拒绝向海关提供有关资料。

海关在审核收发货人或者其代理人申报的商品归类事项时，可以依照《海关法》和《关税条例》的规定行使下列权力，收发货人或者其代理人应当予以配合：

1. 查阅、复制有关单证、资料；

2. 要求收发货人或者其代理人提供必要的样品及相关商品资料；

3. 组织对进出口货物实施化验、检验，并且根据海关认定的化验、检验结果进行商品归类。

海关可以要求收发货人或者其代理人提供确定商品归类所需的资料，必要时可以要求收发货人或者其代理人补充申报。

收发货人或者其代理人隐瞒有关情况，或者拖延、拒绝提供有关单证、资料的，海关可以根据其申报的内容依法审核确定进出口货物的商品归类。

五、归类的修改

收发货人或者其代理人申报的商品编码需要修改的，应当按照报关单修改和撤销有关规定向海关提出申请。

海关发现收发货人或者其代理人申报的商品归类不准确的，按照商品归类的有关规定予以重新确定，并且按照报关单修改和撤销有关规定予以办理。

六、归类预裁定

根据《中华人民共和国海关预裁定管理暂行办法》（以下简称《海关预裁定管理暂行办法》），在货物实际进出口前，申请人可以向海关申请归类预裁定。具体办法如下：

（一）申请人资格

预裁定的申请人应当是与实际进出口活动有关，并且在海关注册登记的对外贸易经营者。

（二）申请时间及受理单位

申请人应当在货物拟进出口3个月之前向其注册地直属海关提出预裁定申请。特殊情况下，申请人确有正当理由的，可以在货物拟进出口前 3 个月内提出预裁定申请。

（三）申请程序及要求

1. 申请人向海关提交“预裁定申请书”及与归类有关的商品资料，一份“预裁定申请书”应当仅包含一项商品的归类。

2. 申请人所提交的材料如果需要海关为其保守商业秘密的，应当以书面方式向海关提出要求，并且列明需保密的具体内容。海关按照国家有关规定承担保密义务。

3. 申请人应当对提交材料的真实性、准确性、完整性、规范性承担法律责任。

4. 海关自收到“预裁定申请书”及相关材料之日起 10 日内审核决定是否受理该申请，制发“中华人民共和国海关预裁定申请受理决定书”或者“中华人民共和国海关预裁定申请不予受理决定书”。

申请材料不符合有关规定的，海关制发“中华人民共和国海关预裁定申请补正通知书”。申请人未在规定期限内提交材料进行补正的，视为未提出预裁定申请。

5. 海关自受理之日起 60 日内制发“预裁定决定书”。

（四）有效期及有效范围

1. “预裁定决定书”自送达之日起生效，有效期为 3 年。但对于其生效前已经实际进出口的货物没有溯及力。

2. “预裁定决定书”全国范围内有效。

（五）异议

申请人对预裁定决定不服的，可以向海关总署申请行政复议；对复议决定不服的，可以依法向人民法院提起行政诉讼。

（六）“预裁定决定书”的使用

申请人在预裁定决定有效期内进出口与预裁定决定列明情形相同的货物，应当按照预裁定决定的税号申报，海关予以认可。

七、其他管理要求

纳税义务人对海关确定的商品归类有异议的，可以申请行政复议。具体内容参见本教材第八章第六节的相关内容。

因商品归类引起退税或者补征、追征税款，以及征收滞纳金的，按照有关法律、行政法规及海关总署规章的规定办理。

违反《中华人民共和国海关进出口货物商品归类管理规定》，构成走私行为，违反海关监管规定行为或者其他违反《海关法》行为的，由海关依照《海关法》和《海关行政处罚实施条例》的有关规定予以处理。构成犯罪的，依法追究刑事责任。

第四节
《协调制度》归类总规则

一、 规则一

（一）条文内容

类、章及分章的标题，仅为查找方便而设；具有法律效力的归类，应按品目条文和有关类注或章注确定，如品目、类注或章注无其他规定，按以下规则确定。

（二）条文解释

1. 尽管 HS 系统地将商品按类、章（部分章内还设有分章）分类，每类、章、分章标有标题，并使这些标题尽可能地概括该类、章、分章所包含的商品。但是由于各类、章、分章所包含的商品种类繁多，类、章、分章的标题不可能将其一一列出而全部包括进去，例如第八十六章的标题是“铁道及电车道机车、车辆及其零件；铁道及电车道轨道固定装置及其零件、附件；各种机械（包括电动机械）交通信号设备”，但实际上，除了上述商品外，该章还包括章的标题所没有列出的“集装箱”。

反之，由于类、章、分章的标题只是一个大概，无法规定具体内容，即同一类的商品在不同条件下可能有不同的分类，而这种情况在标题上是无法得到体现的，所以类、章、分章的标题所列出的商品也有可能不归入该类、章、分章。例如第一章的标题是“活动物”，但实际上，马、牛、羊等活动物归入该章，而活的鱼、甲壳动物、软体动物及其他水生无脊椎动物却是归入第三章。

另外，标题之间还会产生交叉，例如“塑料鞋”既属于第三十九章标题“塑料及其制品”所列的商品，又属于第六十四章标题“鞋靴、护腿和类似品及其零件”所列的商品，所以仅根据这两章的标题无法确定“塑料鞋”应归入第三十九章还是第六十四章。

综上所述，类、章、分章标题只为方便查找，本身不是归类的依据。

2. 归类的法律依据应该是品目条文和类注、章注。例如“针织女式胸衣”，如果直接看标题，似乎符合第六十一章的标题“针织或钩编的服装及衣着附件”而可以归入第六十一章，但由于标题不是归类依据，所以应根据品目条文和类注、章注来确定。按第六十一章章注二（一）、第六十二章章注一和 6212 品目条文的规定，该商品应归入品目 6212。

3. 如果按品目条文、类注或章注还无法确定归类，则按下面的其他规则（规则二、三、四、五）确定品目的归类。

二、 规则二

（一）条文内容

（一）品目所列货品，应视为包括该项货品的不完整品或未制成品，只要在进口或出口时该项不完整品或未制成品具有完整品或制成品的基本特征；还应视为包括该货品的完整品或制成品（或按本款可作为完整品或制成品归类的货品）在进口或出口时的未组装件或拆散件。

（二）品目中所列材料或物质，应视为包括该种材料或物质与其他材料或物质混合或组合的物品。品目所列某种材料或物质构成的货品，应视为包括全部或部分由该种材料或物质构成的货品。由一种以上材料或物质构成的货品，应按规则三归类。

（二）条文解释

1. 规则二（一）将所有列出某一些物品的品目范围扩大为不仅包括完整的物品，而且还包括该物品的不完整品或未制成品，只要报验时它们具有完整品或制成品的基本特征。

不完整品指货品缺少某些部分、不完整；未制成品指货品尚未完全制成，需进一步加工才成为制成品。

但是，“基本特征”的判断有时是很困难的，例如缺少了多少零部件的冰箱仍具有冰箱的基本特征，仍可以按冰箱归类？由于商品的繁杂，寄希望于通过制定几条一刀切的规则来确定货品的基本特征是行不通的，所以对于具体的某种不完整品或未制成品，需要综合结构、性能、价值、作用等方面的因素进行具体分析才能确定。但作为一般原则可以这样判断：

对于不完整品而言，主要是看其关键部件是否存在，以冰箱为例，如果压缩机、蒸发器、冷凝器、箱体这些关键部件存在，则可以判断为具有冰箱的基本特征。当以上办法仍然难以判断时，实践中常采用价值判断方法，即如果不完整品的价值占到完整品价值的60%及以上，就可以认为具有完整品的基本特征。

对于未制成品而言，主要看其是否具有制成品的特征，例如齿轮的毛坯，须经进一步完善方可作为制成品或制成零件使用，但已具有制成品或制成零件的大概形状或轮廓，则可以判断为具有齿轮的基本特征。

2. 规则二（一）的第二部分规定，完整品或制成品的未组装件或拆散件应归入已组装物品的同一品目。例如，品目 8517 不仅包括已组装好的电话机，还应包括电话机的未组装件或拆散件。

未组装件或拆散件指货品尚未组装或已拆散。货品以未组装或拆散形式报验，通常是由于包装、装卸或运输上的需要，或是为了便于包装、装卸或运输。

本款规则也适用于以未组装或拆散形式报验的不完整品或未制成品，只要按照本规则第一部分的规定，它们可作为完整品或制成品看待。例如，缺少某些非关键零件（如螺丝、螺帽、垫圈等）的电话机的散件，同样应按电话机归入品目 8517。

鉴于第一类至第六类各品目的商品范围，规则二（一）的规定一般不适用于这六类所包括的货品。

3. 规则二（二）是针对混合及组合的材料或物质，以及由两种或多种材料或物质构成的货品而设的，目的在于将任何列出某种材料或物质的品目扩大为包括该种材料或物质与其他材料或物质的混合品或组合品，同时还将任何列出某种材料或物质构成的货品的品目扩大为包括部分由该种材料或物质构成的货品。它所适用的是列出某种材料或物质的品目。

例如，品目 4503 是“天然软木制品”，该品目属于“某种材料或物质构成的货品”，根据本规则，如果是“涂蜡的热水瓶软木塞子”（已加入了其他材料或物质），则仍应归入品目4503。

但是，本款规则绝不意味着将品目范围扩大到不按照规则一的规定，将不符合品目条文的货品也包括进来，即由于添加了另外一种材料或物质，使货品丧失了原品目所列货品特征的情况。例如，稻谷中加入了杀鼠剂，已经成为一种用于杀灭老鼠的毒饵，就不能再按品目1006的“稻谷”归类。

4. 只有在规则一无法解决时，方能运用规则二。例如，品目1503的品目条文规定为“液体猪油，未经混合”，而混合了其他油的液体猪油，不能运用规则二（二）归入品目1503。

三、 规则三

（一）条文内容

当货品按规则二（二）或由于其他原因看起来可归入两个或两个以上品目时，应按以下规则归类：

（一）列名比较具体的品目，优先于列名一般的品目。但是如果两个或两个以上品目都仅述及混合或组合货品所含的某部分材料或物质，或零售的成套货品中的某些货品，即使其中某个品目对该货品描述得更为全面、详细，这些货品在有关品目的列名应视为同样具体。

（二）混合物，不同材料构成或不同部件组成的组合物以及零售的成套货品，如果不能按照规则三（一）归类时，在本款可适用的条件下，应按构成货品基本特征的材料或部件归类。

（三）货品不能按照规则三（一）或（二）归类时，应按号列顺序归入其可归入的最末一个品目。

（二）条文解释

1. 对于根据规则二（二）或其他原因看起来可归入两个或两个以上品目的货品，本规则规定了三条归类办法。这三条办法应按照其在本规则的先后次序加以运用。据此，只有在不能按照规则三（一）归类时，才能运用规则三（二）；不能按照规则三（一）和（二）两款归类时，才能运用规则三（三）。因此，它们优先权的次序为：（1）具体列名；（2）基本特征；（3）从后归类。

2. 只有在品目条文和类注、章注无其他规定的条件下，才能运用本规则。例如，第九十七章章注四（二）规定，根据品目条文既可归入品目9701至9705中的一个品目，又可归入品目9706的货品，应归入品目9706以前的有关品目，即货品应按第九十七章章注四（二）的规定而不能根据本规则进行归类。

3. 规则三（一）是本规则的第一条归类办法，它规定列名比较具体的品目应优先于列名比较一般的品目。一般来说：

（1）列出品名比列出类名更为具体。例如，电动剃须刀应归入品目8510“电动剃须刀、电动毛发推剪及电动脱毛器”，而不应归入品目8509“家用电动器具”。

（2）如果某一品目所列名称更为明确地述及某一货品，则该品目要比所列名称不那么明确述及该货品的其他品目更为具体。例如，确定为用于小汽车的簇绒地毯，不应作为小汽车附件归入品目 8708“机动车辆的零件、附件”，而应归入品目 5703“簇绒地毯及纺织材料的其他簇绒铺地制品，不论是否制成的”，因为品目 5703 所列地毯更为具体。

4. 如果两个或两个以上品目都仅述及混合或组合货品所含的某部分材料或物质，或零售成套货品中的某些货品，即使其中某个品目比其他品目对该货品描述得更为全面、详细，这些货品在有关品目的列名应视为同样具体。在这种情况下，货品应按规则三（二）或（三）的规定进行归类。例如，由一面是塑料另一面是硫化橡胶的复合材料制成的传动带，该传动带属于不同材料的组合物，不能因为品目 4010“硫化橡胶制的传动带或输送带”是具体列名，而第三十九章并无传动带的列名，据此运用规则三（一）将该传动带归入品目 4010，而应该运用规则三（二）或（三）进行归类。

5. 规则三（二）是指不能按规则三（一）归类的混合物、组合物以及零售的成套货品的归类。它们应按构成货品基本特征的材料或部件归类。

但是，不同的货品，确定其基本特征的因素会有所不同。例如，可根据其所含材料或部件的性质、体积、数量、重量或价值来确定货品的基本特征，也可根据所含材料对货品用途的作用来确定货品的基本特征。例如，由快熟面条、调味包、塑料小叉构成的碗面，由于其中的快熟面条构成了这个零售成套货品的基本特征，所以应按面食归入品目 1902。

还要注意，本款规则所称“零售的成套货品”，是指同时符合以下三个条件的货品：

（1）由至少两种看起来可归入不同品目的不同物品构成的，例如，六把乳酪叉不能作为本款规则所称的成套货品；

（2）为了迎合某项需求或开展某项专门活动而将几件产品或物品包装在一起的；

（3）其包装形式适于直接销售给用户而货物无须重新包装的，例如，装于盒、箱内或固定于板上。

例如，成套理发工具，由一个电动理发推子、一把梳子、一把剪子、一把刷子及一条毛巾，装于一个皮匣子内组成，符合上述的三个条件，所以属于“零售的成套货品”。

不符合以上三个条件时，不能看成是规则三（二）中的零售成套货品。例如“包装在一起的手表与打火机”，由于不符合以上第二个条件，所以只能分开归类。

6. 货品如果不能按照规则三（一）或（二）归类时，应按号列顺序归入其可归入的最后一个品目。

例如，“等量的大麦与燕麦的混合麦”，由于其中大麦与燕麦含量相等，“基本特征”无法确定，所以应“从后归类”，即按品目 1003 与品目 1004 中的后一个品目 1004 归类。

四、 规则四

（一）条文内容

根据上述规则无法归类的货品，应归入与其最相类似的货品的品目。

（二）条文解释

由于时代的发展，科技的进步，可能会出现一些《协调制度》在分类时无法预见的情况，这时按以上规则一至规则三仍无法归类的货品，只能用最相类似的货品的品目来替代，即将报验货品与类似货品加以比较以确定其与哪种货品最相类似，然后将所报验的货品归入与其最相类似的货品的同一品目，所以总规则四的实质是“替代原则”，即用“最相类似”的商品替代待归类商品进行归类。这里的“最相类似”指名称、特征、功能、用途、结构等因素，需要综合考虑才能确定。

五、 规则五

（一）条文内容

除上述规则外，本规则适用于下列货品的归类：

（一）制成特殊形状仅适用于盛装某个或某套物品并适合长期使用的照相机套、乐器盒、枪套、绘图仪器盒、项链盒及类似容器，如果与所装物品同时进口或出口，并通常与所装物品一同出售的，应与所装物品一并归类。但本款不适用于本身构成整个货品基本特征的容器。

（二）除规则五（一）规定的以外，与所装货品同时进口或出口的包装材料或包装容器，如果通常是用来包装这类货品的，应与所装货品一并归类。但明显可重复使用的包装材料和包装容器可不受本款限制。

（二）条文解释

1. 规则五（一）仅适用于同时符合以下各条规定的容器：

（1）制成特定形状或形式，专门盛装某一物品或某套物品的，即专门按所要盛装的物品进行设计的，有些容器还制成所装物品的特殊形状；

（2）适合长期使用的，即容器的使用期限与所盛装的物品相比是相称的，在物品不使用期间（例如，运输或储藏期间），这些容器还起保护物品的作用；

（3）与所装物品一同报验的（单独报验的容器应归入其所应归入的品目）；

（4）通常与所装物品一同出售的；

（5）本身并不构成整个货品基本特征的。

例如，与所装电动剃须刀一同报验的电动剃须刀的皮套，由于符合以上条件，因此应与电动剃须刀一并归入品目 8510。

但是，本款规则不适用于本身构成整个货品基本特征的容器，例如，装有茶叶的银质茶叶罐。

2. 规则五（二）仅适用于同时符合以下各条规定的包装材料及包装容器：

（1）规则五（一）以外的；

（2）通常用于包装有关货品的；

（3）与所装物品一同报验的（单独报验的包装材料及包装容器应归入其所应归入的品目）；

（4）不属于明显可重复使用的。

例如，装有电视机的瓦楞纸箱，由于符合以上条件，因此应与电视机一并归入品目 8528。

但是，如果是明显可重复使用的包装材料和包装容器，则本款规定不适用。例如，“煤气罐装有液化煤气”，由于具有明显可重复使用的特性，所以不能与液化煤气一并归类，而应与液化煤气分开归类。

六、 规则六

（一） 条文内容

货品在某一品目项下各子目的法定归类，应按子目条文或有关的子目注释以及以上各条规则来确定，但子目的比较只能在同一数级上进行。除条文另有规定的以外，有关的类注、章注也适用于本规则。

（二） 条文解释

本规则是关于子目应当如何确定的一条原则，子目归类首先按子目条文和子目注释确定；如果按子目条文和子目注释还无法确定归类，则上述各规则的原则同样适用于子目的确定；除条文另有规定的以外，有关的类注、章注也适用于子目的确定。

在具体确定子目时，还应当注意以下两点：

1. 确定子目时，一定要按先确定一级子目，再二级子目，然后三级子目，最后四级子目的顺序进行。

2. 确定子目时，应遵循“同级比较”的原则，即一级子目与一级子目比较，二级子目与二级子目比较，依此类推。

例如，“中华绒螯蟹种苗”在归入品目 0306 项下子目时，应按以下步骤进行：

（1）先确定一级子目，即将三个一级子目“冻的”“活、鲜或冷的”“其他”进行比较后归入“活、鲜或冷的”（因为种苗肯定是“活的”）；

（2）再确定二级子目，即将二级子目“岩礁虾和其他龙虾”“螯龙虾”“蟹”“挪威海螯虾”“冷水小虾及对虾”“其他小虾及对虾”“其他”进行比较后归入“蟹”；

（3）然后确定三级子目，即将两个三级子目“种苗”与“其他”进行比较后归入“种苗”。

所以，中华绒螯蟹种苗应归入子目 0306. 3310。

第五节
商品归类的一般方法

进出口商品归类尽管复杂，但任何事情总是有一定的方法可循。一般情况下，归类应该按照以下步骤：

一、 确定品目（四位数）

商品特性分析—初判大概位置—查品目条文—查类注、章注—运用规则二、三—确定品目。具体如下：

第一步：根据有关资料分析商品特性（如组成、结构、加工、用途等）；

第二步：根据 HS 的分类规律初步分析该商品可能涉及的类、章和品目（可能有几个）；

第三步：查找涉及的几个有关品目的品目条文；

第四步：查看所涉及的品目所在章和类的注释，检查一下相关章注和类注是否有特别的规定；

第五步：仍然有几个品目可归而不能确定时，运用规则二、三（主要是规则三）。

通过以上几个步骤，一般即可确定该商品的品目归类。

例如，对于商品“食用调和油（含大豆油 60%、花生油 20%、菜籽油 15%、棕榈油 5%）”的归类，运用以上方法，按照以下步骤进行：

1. 该商品为植物油，由几种不同植物材料的油脂混合而成，属于混合的植物食用油；

2. 该商品可以考虑第十五章“动、植物油、脂及其分解产品；精制的食用油脂”；

3. 在第十五章查找合适的品目，该商品符合品目 1517“本章各种动、植物油、脂及其分离品混合制成的食用油、脂或制品”（注意不能误认为该商品符合品目 1507“豆油及其分离品”，因为该商品是混合油而不是单独的豆油）；

4. 查第十五章章注，没有发现对该商品的归类有其他规定，故确定该商品应归入品目 1517。

再如，对于商品“纯金烟斗”的归类，运用以上方法，按照以下步骤进行：

1. 该商品的材料为纯金，用途为烟斗；

2. 金为贵金属，“纯金烟斗”属于贵金属制品，可以考虑第七十一章“贵金属及其制品”，而如果按“烟斗”的用途考虑，则可以考虑第九十六章“杂项制品”；

3. 分别在第七十一章和第九十六章查找有关的品目，品目 7114 的条文为“贵金属或包贵金属制的金银器及其零件”，品目 9614 的条文为“烟斗（包括烟斗头）和烟嘴及其零件”，显然，仅仅根据品目条文无法确定该商品应该归入品目 7114 还是 9614；

4. 查阅第七十一章和第九十六章的有关注释，其中第七十一章章注三（十四）规定，第七十一章不包括“根据第九十六章章注四应归入该章的物品”，第九十六章章注四为“除品目 9601 至 9606 或 9615 的货品以外，本章的物品还包括全部或部分用贵金属、包贵金属、天然或养殖珍珠、宝石或半宝石（天然、合成或再造）制成的物品”。根据这两个注释可知，品目 9614 的烟斗可以用贵金属制成，因此本例商品应按功能和用途归入品目 9614，而不能按材料归入品目 7114。

二、 确定子目（八位数）

品目确定之后就是子目的确定，由于品目需要在很大的范围之内确定，并且还要仔细查找和对比很多有关的章注、类注，而相比较而言，子目只需要在品目项下确定，其范围要小得多，所以很多情况下子目的确定是很容易的。

例如，前面例题中的“食用调和油”在品目 1517 项下确定子目时，由于只有两个一级子目 1517.1000“人造黄油，但液态的除外”和 1517.9000“其他”，显然，该商品应该归入一级子目 1517.9000；然后再归入三级子目 1517.9090“其他”。

但是有时子目的确定也是有一定难度的，尤其是子目比较多的时候，所以掌握正确的方法仍然是关键。具体方法是：

查一级子目条文—查子目注释—查二级子目条文—……—确定子目。

例如，对于商品“猪肉制的婴儿均化食品，罐头装，重量 250 克”的归类，运用以上方法，按照以下步骤进行：

1. 该商品应该归入品目 1602 项下。在确定其子目时，查一级子目条文，发现该商品同时符合两个一级子目 1602. 1000 “均化食品” 和 1602. 4000 “猪的” 的规定；

2. 查第十六章子目注释一 “子目 1602. 10 的 ‘均化食品’，是指用肉、食用杂碎或动物血经精细均化制成供婴幼儿食用或营养用的零售包装食品（每件净重不超过 250 克）。归类时该子目优先于品目 1602 的其他子目”，该商品符合该子目注释的规定，并且根据该规定，子目 1602. 1000 优先于子目 1602. 4000，所以该商品应该归入子目 1602. 1000。

再如，对于商品 “针织印花棉制床单” 的归类，很多人往往会犯盲目 “跳级” 的错误：

品目 6302 项下的子目列名如下：

6302　　　床上、餐桌、盥洗及厨房用的织物制品：
　　　　　–针织或钩编的床上用织物制品：
6302. 1010 ---棉制
6302. 1090 ---其他纺织材料制
　　　　　–其他印花的床上用织物制品：
　　　　　--棉制：
6302. 2110 ---床单
6302. 2190 ---其他
……

很多人在归品目 6302 项下的子目时，容易直接按 “棉制床单” 的列名归入子目 6302. 2110，其错误的根源在于看到 “床单” 的列名就迫不及待地 “跳级” 归类，而没有按照 “子目的比较只能在同一数级上进行” 这一规则，先确定一级子目，再二级子目，然后三级子目，最后四级子目的步骤进行。如果按照正确的步骤，先确定一级子目，由于该床单是针织的，所以应归入品目 6302 项下的第一个一级子目 “针织或钩编的床上用织物制品”，然后再确定三级子目（这里没有二级子目），由于该床单是棉制的，所以应归入三级子目 6302. 1010。

第六节
各类进出口商品的归类

第一类　活动物；动物产品（第一章至第五章）

（一）主要内容

本类共 5 章，包括除特殊情况外的所有种类的活动物以及经过有限度的简单加工的动物产品。

其中活动物归入第一章，肉及食用杂碎归入第二章，鱼、甲壳动物、软体动物及其他水生无脊椎动物归入第三章，乳品、蛋品、天然蜂蜜、其他食用动物产品归入第四章，其他未加工或简单加工的各种未列名的动物产品归入第五章。

（二）归类方法

1. 活动物的归类

鱼、甲壳动物（例如，龙虾、大螯虾、淡水小龙虾、蟹、河虾及对虾）、软体动物［例如，牡蛎（蚝）、海扇、贻贝、蚌、墨鱼、鱿鱼、章鱼及蜗牛］及其他水生无脊椎动物（例如，海胆、海参及海蜇）归入第三章；其他的活动物（例如，马、牛、猪、羊、鸡、狗、蛇、蜂）归入第一章。

根据第一章章注三的规定，属于第一章的活动物如果与流动马戏团及流动动物园的设备同时报验并作为其组成部分，则应归入品目9508。

2. 动物杂碎的归类

（1）供人食用的杂碎（例如，头、脚、尾、心、舌），如果适合供人食用则归入第二章，不适合供人食用（如因保存不善导致变质）则归入第五章。例如，新鲜的猪脚应归入品目0206。

（2）专供制药用的杂碎（例如，胆囊、肾上腺、胎盘），如为鲜、冷、冻或用其他方法临时保藏的，归入品目0510；如经干制的则归入品目3001。

（3）既可供人食用，又可供制药用的杂碎（例如，肝、肾、肺、脑、胰腺、脾、脊髓）归类如下：

临时保藏（例如，用甘油、丙酮、酒精、甲醛、硼酸钠临时保藏）以供药用的，归入品目0510；干制的归入品目3001；其他如果适合供人食用则归入第二章，不适合供人食用则归入第五章。

（4）既可供人食用，又有其他用途的杂碎（例如，皮），如果适合供人食用则归入第二章；不适合供人食用则归入第五章或其他有关章。

（5）根据第二章章注二的规定，动物的肠、膀胱、胃或动物血必须按不可食用的动物产品归入第五章（动物血如果符合品目3002的规定，则归入品目3002）。例如，新鲜的猪大肠不能归入品目0206“鲜、冷、冻牛、猪、绵羊、山羊、马、驴、骡的食用杂碎”，应该根据该章注的规定归入品目0504。

3. 动物加工产品的归类

对于动物产品的归类，其关键是根据加工程度判断是一种可以归入本类的简单加工，还是应归入后面其他类（如第四类）的进一步深加工。

但是，由于第二章至第五章的动物产品种类比较多，各有关章的产品加工程度规定的标准也各不相同，应根据有关各章的注释和品目条文的规定来确定。所以具体到某一种动物产品，比如“鸡”，加工到什么程度属“简单加工”可以归入第二章，而加工到什么程度属超出“简单加工”的范围应归入第四类。其方法是首先查第二章的品目条文与相应的章注、类注，如果相符则归入第二章，否则归入第四类。

例如，“用盐腌制的咸鸡”应归入品目0210，而“油炸鸡腿”，经查第二章的品目条文与章注得知，其加工程度已超出第二章的范围，因此应归入品目1602。

再如，“经烫洗后冷冻真空包装的青口贝”，由于仅经过在运输或冷冻之前的瞬时热处理（但并不致其烹煮），故仍应按“冻的软体动物”归入品目 0307。

第二类 植物产品（第六章至第十四章）

（一）主要内容

本类共 9 章，包括各种活植物及经过有限度的简单加工的植物产品。

其中活树及其他活植物，鳞茎、根及类似品，插花及装饰用簇叶归入第六章；食用蔬菜、根及块茎归入第七章；食用水果及坚果，甜瓜或柑橘属水果的果皮归入第八章；咖啡、茶、马黛茶及调味香料归入第九章；谷物归入第十章；制粉工业产品、麦芽、淀粉、菊粉、面筋归入第十一章；含油子仁及果实，杂项子仁及果实，工业用或药用植物，稻草、秸秆及饲料归入第十二章；虫胶、树胶、树脂及其他植物液、汁归入第十三章；编结用植物材料，其他植物产品归入第十四章。

（二）归类方法

1. 干蔬菜的归类

根据第七章章注三的规定，品目 0712 包括干制的归入品目 0701 至 0711 的各种蔬菜，但下列各项除外：

（1）作蔬菜用的脱荚干豆（品目 0713）；

（2）品目 1102 至 1104 所列形状的甜玉米；

（3）马铃薯细粉、粗粉、粉末、粉片、颗粒及团粒（品目 1105）；

（4）用品目 0713 的干豆制成的细粉、粗粉及粉末（品目 1106）。

例如，马铃薯细粉尽管属于制成粉状的干蔬菜（马铃薯属于蔬菜），符合 0712 品目条文的规定，但根据该章注的规定，应归入品目 1105。

另外，鲜辣椒属于蔬菜，归入品目 0709，但是，根据第七章章注四的规定，辣椒干及辣椒粉则应作为调味香料归入品目 0904。

2. 混合调味香料的归类

根据第九章章注一的规定，品目 0904 至 0910 所列产品的混合物，应按下列规定归类：

（1）同一品目的两种或两种以上产品的混合物仍应归入该品目；

（2）不同品目的两种或两种以上产品的混合物应归入品目 0910。

品目 0904 至 0910 的产品［或上述第（1）或（2）项的混合物］如添加了其他物质，只要所得的混合物保持了原产品的基本特性，其归类应不受影响。基本特性已经改变的，则不应归入该章；构成混合调味品的，应归入品目 2103。

例如，肉桂（占 70%）与丁香（占 30%）的混合物，由于肉桂归品目 0906，丁香归品目 0907，属于不同品目的混合物，所以应归入品目 0910。而对于胡椒粉（占 70%）与辣椒粉（占 30%）的混合物，由于胡椒粉与辣椒粉都归入品目 0904，属于同一品目的混合物，所以仍应归入品目 0904。

3. 种植用种子的归类

根据第十二章章注三的规定，甜菜籽、草子及其他草本植物种子、观赏用花的种子、蔬菜种子、林木种子、果树种子、巢菜籽（蚕豆除外）、羽扇豆属植物种子，可一律视为种植用种子，归入品目 1209。

但下列各项即使作种子用，也不归入品目 1209：

（1）豆类蔬菜或甜玉米（第七章）；

（2）第九章的调味香料及其他产品；

（3）谷物（第十章）；

（4）品目 1201 至 1207 或 1211 的产品。

例如，种用蚕豆属于豆类蔬菜，根据该章注的规定，应归入品目 0713。

4. 植物加工产品的归类

植物产品与动物产品的归类思路基本一致，即对本类的植物产品也需特别注意其加工程度。只有简单加工的植物产品才归入本类，如果超出这一范围而进行了进一步的深加工，则应归入后面的其他类，如第四类。

但是，本类的植物产品与动物产品相比较，由于种类、用途更复杂，因而各有关章及具体的植物产品加工程度规定的标准更不相同，归类的方法仍是首先在第二类相应章的有关品目条文与章注、类注中查找，如果相符则归入本类，否则视为其加工程度已超出允许范围，应作为深加工而归入其他类。

例如，“生花生仁”归入品目 1202，而“水煮花生仁”，经查第十二章的品目条文与章注得知，已超出该章范围，所以应到第四类中查找而归入品目 2008。

第三类　动、植物或微生物油、脂及其分解产品；精制的食用油脂；动、植物蜡（第十五章）

（一）主要内容

本类只有 1 章，包括以第一类、第二类的动物、植物以及微生物为原料加工得到的动物、植物或微生物油脂，油脂的分解产品，混合食用油脂，动物、植物蜡，处理油脂或蜡所剩的残渣。

（二）归类方法

1. 动、植物或微生物油脂加工产品的归类

动、植物或微生物油脂根据其加工程度归类如下：

油脂（初榨、精制）{ 动物 ……………………品目 1501～1506
油脂（初榨、精制）{ 植物或微生物 …………品目 1507～1515
油脂（化学改性）……………………………品目 1516、1518
混合食用油脂…………………………………品目 1517
混合非食用油脂………………………………品目 1518
油脂分解产品（粗甘油）……………………品目 1520
动、植物蜡……………………………………品目 1521
残渣……………………………………………品目 1522

例如，“初榨的豆油”“精制的豆油”“氢化的豆油”“氧化的豆油”“混合的豆油”，它们的归类应随着加工方式和加工程度的不同而分别归入子目 1507.1000、1507.9000、1516.2000、1518.0000、1517.9090。

2. 动、植物或微生物油、脂分解产品的归类

动、植物或微生物油、脂分解产品中的粗甘油归入品目 1520，经过提纯的精制甘油则应按有机化合物归入品目 2905，而其他分解产品如脂肪酸、脂肪醇等粗产品归入品目 3823，经过提纯的精制产品则应按有机化合物归入第二十九章。

第四类 食品；饮料、酒及醋；烟草、烟草及烟草代用品的制品（第十六章至第二十四章）

（一）主要内容

本类共 9 章，包括以动物、植物为原料加工得到的食品、饮料、酒、醋、动物饲料、烟草等。

主要以第一类的动物为原料加工得到的食品归入第十六章；而主要以第二类的植物为原料加工得到的食品归入第十七章至第二十一章，其中，糖归入第十七章，可可及可可制品归入第十八章，谷物、粮食粉、淀粉或乳的制品归入第十九章，蔬菜、水果、坚果等的制品归入第二十章，其他杂项食品归入第二十一章；饮料、酒、醋归入第二十二章；食品工业的残渣及废料、饲料归入第二十三章；烟草及其制品归入第二十四章。

（二）归类方法

1. 动物类食品的归类

由第二章、第三章的肉、食用杂碎、动物血、鱼、甲壳动物、软体动物或其他水生无脊椎动物为原料制成的食品归入第十六章。

例如，银鳕鱼煮熟制成的罐头应归入品目 1604。

2. 面食的归类

品目 1902 的面食是用硬麦粗粉或用面粉、玉米粉、米粉、土豆粉等制成的未发酵产品。这些粉（或混合粉）先用水混合，然后揉成面团，也可加入其他配料（例如，菜汁、蛋、乳、香料等），揉好的面团通过挤出后切割、滚轧后切割、压制、模制等方法加工成为特定形状（例如，管状、条状、颗粒状、字母状）。面条、空心粉、饺子等就属于这一类。

3. 蔬菜、水果、坚果等食品的归类

由第七章的蔬菜、第八章的水果与坚果、第十二章的其他食用植物产品为原料制成的食品归入第二十章。

例如，马铃薯经清洗、切条、油炸并冷冻储藏的马铃薯条应归入品目 2004，苹果经加糖烹煮熬制的苹果酱应归入品目 2007，腰果经加入调料并烘炒制成的零食应归入品目 2008，青大豆经烘炒制成的零食应归入品目 2008，橙子经压榨制成的橙汁应归入品目 2009。

4. 混合食品的归类

根据第十六章章注二的规定，对于混合食品，如果动物类原料（即香肠、肉、食用杂碎、动物血、昆虫、鱼、甲壳动物、软体动物或其他水生无脊椎动物及其混合物）的含量在 20%以上（其中不同的动物原料的含量可以相加）则应归入第十六章。对于含有两种或两种以上前述产品的食品，则应按其中重量最大的产品归入第十六章的相应品目。

例如，“猪肉占 15%，牛肉占 20%，马铃薯占 65%的罐头食品”，因为猪肉加上牛肉合计为 35%，超过了 20%，所以可归入第十六章的品目 1602，又因为牛肉含量超过猪肉，所以应按牛肉食品归入子目 1602. 5010。

但是，如果该混合食品属于品目 1902 的包馅食品和品目 2103、2104 的食品，则不论其中的动物类原料的含量是否在 20%以上，一律不再归入第十六章，而应归入品目 1902、2103、2104。

例如，“猪肉占 30%，白菜占 20%，面粉占 50%的水饺”，尽管其中猪肉的含量在 20%以上，但由于水饺属于品目 1902 的包馅食品，所以仍应归入品目 1902。

5. 均化食品的归类

（1）子目 1602. 1000 的“均化食品”，是指用肉、食用杂碎或动物血经精细均化制成供婴幼儿食用或营养用的零售包装食品，每件净重不超过 250 克。为了调味、保藏或其他目的，均化食品中可以加入少量其他配料，还可以含有少量可见的肉粒或食用杂碎粒。归类时该子目优先于品目 1602 的其他子目。

例如，由猪肉经精细均化制成供婴幼儿食用的净重 250 克的食品，应作为“均化食品”归入子目 1602. 1000。但是，如果该商品为净重 350 克的包装，则应归入子目 1602. 40。

（2）子目 2005. 1000 所称“均化蔬菜”，是指蔬菜经精细均化制成供婴幼儿食用或营养用的零售包装食品，每件净重不超过 250 克。为了调味、保藏或其他目的，均化蔬菜中可以加入少量其他配料，还可以含有少量可见的蔬菜粒。归类时，该子目优先于品目 2005 的其他子目。

例如，由马铃薯经精细均化制成供婴幼儿食用的净重 200 克的食品，应作为“均化食品”归入子目 2005. 1000。

（3）子目 2007. 1000 所称“均化食品”，是指果实经精细均化制成供婴幼儿食用或营养用的零售包装食品，每件净重不超过 250 克。为了调味、保藏或其他目的，均化食品中可以加入少量其他配料，还可以含有少量可见的果粒。归类时，该子目优先于品目 2007 的其他子目。

例如，由苹果经精细均化制成供婴幼儿食用的净重 150 克的食品，应作为“均化食品”归入子目 2007. 1000。

6. 均化混合食品的归类

根据第二十一章章注三的规定，由两种或两种以上的基本配料，如肉、鱼、蔬菜或果实等，经精细均化制成供婴幼儿食用或营养用的零售包装食品（每件净重不超过 250 克，为了调味、保藏或其他目的，可以加入少量其他配料，还可以含有少量可见的小块配料）属于均化混合食品。符合上述条件的食品必须按“均化混合食品”归入品目 2104。

例如，猪肉占 60%、青菜占 30%，加上调料制成的专供婴幼儿食用的均化食品（净重 150 克包装），由于其是由猪肉和青菜两种基本配料制成，属于该章注规定的“均化混合食品”，所以应归入品目 2104。

7. 糖的归类

各种糖（例如，蔗糖、乳糖、麦芽糖、葡萄糖及果糖），以及糖浆、人造蜜、焦糖、提取或精炼糖时所剩的糖蜜以及糖食应归入第十七章。

但是，化学纯糖（蔗糖、乳糖、麦芽糖、葡萄糖及果糖除外）应归入品目 2940。糖食中如果含有可可，则应归入品目 1806“巧克力及其他含可可的食品”。

8. 可可食品的归类

第十八章“可可食品”的归类应注意该章章注一的规定，含可可的食品有些可归入该章，有些则应归入其他章。

例如，含可可的饮料不能按含可可食品归入品目 1806，而应按饮料归入品目 2202。

9. 酒的归类

应在能够正确区别各种常见酒的加工方法的基础上掌握不同酒的归类，即发酵酒归入品目 2203~2206，而蒸馏酒归入品目 2207~2208。

例如，黄酒属于发酵酒，应归入品目 2206，而威士忌酒属于蒸馏酒，应归入品目 2208。

10. 其他食品的归类

本类商品中第十六章至第二十一章的各种食品的归类难点主要在于与第一、第二类的动物、植物产品的区别。判断方法仍然是加工程度。具体方法见第一、第二类的相关部分。

11. 烟草的归类

收获的烟草原料归入品目 2401，加工成的卷烟或雪茄烟归入品目 2402，加工成的其他烟草制品（如烟丝、鼻烟、烟草和甘油混合制成的水烟料）归入品目 2403。

电子烟是通过电子加热、化学反应、碳热源或其他方式使“烟弹（或称烟油）”受热后产生烟雾或挥发性气体，供吸烟者吸用的新一代兴起的烟草产品。与传统香烟不同，其特点是吸烟者用燃烧之外的其他“非经燃烧”的方式吸用烟雾。这种电子烟所用的“烟弹”或“烟油”归入品目 2404，前提条件是必须含有烟草或尼古丁。

除吸用外，通过咀嚼、溶解、嗅闻、透皮吸收等其他任何方式将尼古丁摄入人体的含尼古丁但不含烟草的其他产品归入品目 2404。

例如，含有尼古丁的戒烟口香糖，该口香糖使用方式是通过咀嚼摄入人体，故应归入子目 2404.9100。

要注意的是，电子烟的烟具及类似的个人电子雾化设备是一种电子器具，而不是与本章烟草有关的产品，故应归入品目 8543“其他品目未列名的电气装置”。

第五类　矿产品（第二十五章至第二十七章）

（一）主要内容

本类共 3 章，包括原矿及经过一定程度加工的矿产品。其中燃料（主要是煤、石油、天然气）及其加工产品归入第二十七章，主要的金属矿归入第二十六章，其他矿则归入第二十五章。

（二）归类方法

1. 第二十五章矿物的归类

除条文及章注四另有规定的以外，第二十五章各品目只包括原产状态的矿产品，或只经过洗涤（包括用化学物质清除杂质而未改变产品结构的）、破碎、磨碎、研粉、淘洗、筛分，以及用浮选、磁选和其他机械—物理方法（不包括结晶法）精选过的矿产品，但不得经过焙烧、煅烧、混合或超过品目所列的加工范围。如果加工程度超出了上述范围、该章品目条文及该章章注四的规定，则不能再归入该章。

例如，“经简单切割的大理石”归入品目 2515，“表面经磨平的大理石”则因为进行了进一步的加工而应归入品目 6802。

2. 第二十六章矿物的归类

第二十六章尽管是“金属矿”，但这里的“金属矿”不是全部，而是有例外。根据第二十六章章注二的规定，品目 2601 至 2617 所称“矿砂”，是指冶金工业中提炼汞、品目 2844 的金属以及第十四类、第十五类金属的矿物，即使这些矿物不用于冶金工业，也被包括在内。

例如，“稀土金属矿”就不能归入第二十六章而应归入品目 2530。

与第二十五章类似，该章金属矿产品的加工也有一定的限定，即品目 2601 至 2617 不包括以非冶金工业正常加工方法处理的各种矿物。

例如，天然的铜矿应归入品目 2603，而用化学方法由天然铜矿提取出的硫化铜，则其加工程度已超出了简单加工的范围，应作为化工品归入品目 2830。

另外需注意，该章还包括了含铅汽油的淤渣（子目 2620. 2100）及焚烧城市垃圾所产生的灰、渣（子目 2621. 1000）。

3. 第二十七章矿物的归类

与第二十五章、第二十六章不同，第二十七章的煤、石油、天然气可以进行化学提取和其他加工，但经化学提取得到的矿物能归入该章的一般是一些粗产品，如果经进一步的化学提纯，则应归入第二十九章。

例如，“粗苯”归入品目 2707，“精苯”则因加工程度已超出该章范围而应归入品目 2902。

4. 其他归类注意事项

（1）注意有少数“纯的”化工产品不归入第六类而归入本类，例如“纯的氯化钠”“纯的氧化镁”“纯的甲烷”“纯的丙烷”，这些是特例。

（2）石油是一种重要的能源，石油原油应归入品目 2709，由石油原油加工得到的成品油应归入品目 2710。但生物柴油是指从动植物油脂（不论是否使用过）得到的用作燃料的脂肪酸单烷基酯（第三十八章章注七），所以应作为一种化工产品归入品目 3826。如果将生物柴油与石油成品油进行混合，则当石油含量≥70%时，应归入品目 2710；当石油含量<70%时，应归入品目 3826。

第六类　化学工业及其相关工业的产品（第二十八章至第三十八章）

（一）主要内容

本类共 11 章，可分成两部分。第一部分为第二十八章至第二十九章，主要为单独的已有化学定义的化学品，其中元素和无机化合物归入第二十八章，有机化合物归入第二十九章。第二部分为第三十章至第三十八章，主要为按用途分类的化工品，其中药品归入第三十章，该章还包括用于医疗、外科、牙科或兽医用的某些其他物质或物料；肥料归入第三十一章，包括通常作天然或人造肥料的绝大多数产品；染料、颜料、油漆、油墨等归入第三十二章，包括用于鞣料及软化皮革的制剂、植物鞣膏、合成鞣料以及人造脱灰碱液，也包括植物、动物或矿物着色料及有机合成着色料，以及用这些着色料制成的大部分制剂，还包括清漆、干燥剂及油灰等各种其他制品；精油及香膏、芳香料制品及化妆、盥洗品归入第三十三章；肥皂、有机表面活性剂、洗涤剂、润滑剂、光洁剂、蜡烛等归入第三十四章；蛋白质物质、改性淀粉、胶、酶归入第三十五章；炸药、烟火制品、火柴、易燃制品等归入第三十六章；照相及电影用品归入第三十七章；杂项化工产品归入第三十八章。

（二）归类方法

1. 化工品中的优先归类原则

（1）凡符合品目 2844 或 2845 规定的货品（放射性矿砂除外），应分别归入这两个品目而不归入 HS 的其他品目。即除了放射性矿砂以外，所有的放射性化学元素、同位素及它们的化合物，即使本来可以归入其他品目，也应一律归入品目 2844 或 2845。

例如，放射性甘油应归入品目 2844 而不归入品目 2905。

（2）除上述（1）另有规定的以外，凡符合品目 2843、2846 或 2852 规定的货品，应分别归入以上品目而不归入本类的其他品目。即除了品目 2844 或 2845 外，如果某化工产品既可以归入品目 2843、2846 或 2852，又可以归入本类的其他品目，也应一律归入品目 2843、2846 或 2852。

例如，“硝酸银”即使已制成零售包装供摄影用，也应归入品目 2843 而不归入品目 3707。

（3）除上述第（1）、（2）项外，凡由于按一定剂量或作为零售包装而可归入品目 3004、3005、3006、3212、3303、3304、3305、3306、3307、3506、3707 或 3808 的货品，应分别归入以上品目，而不归入 HS 的其他品目。即如果一种化工品制成一定剂量或制成零售包装而且同时符合品目 3004、3005、3006、3212、3303、3304、3305、3306、3307、3506、3707、3808 的规定，则应优先归入上述品目。

例如，零售包装的染料应归入品目 3212。

2. 本类第一部分与第二部分的归类区别

一般情况下，如果一种化工品是单独的化学元素及单独的已有化学定义的化合物（包括无机化合物和有机化合物），则应归入第二十八章或第二十九章；如果不符合这一点，而是由几种不同化学成分混合配制而成的，则主要按其用途归类，应归入第三十章至第三十八章，如果按其用途找不到相符的品目条文时，则按照未列名化工产品归入子目 3824. 9099。当然，品目条文、章注、类注另有规定的除外。

例如，“硫代硫酸钠”可用于摄影，起定影作用，但如果仅是硫代硫酸钠一种成分（未制成定量包装或零售包装，可立即使用的），则应归入子目 2832. 3000。当硫代硫酸钠中再配上其他成分制成定影剂，则按其用途归入子目 3707. 9010。

3. 第二十八章无机化工商品的归类

除条文另有规定外，第二十八章仅限于单独的化学元素及单独的已有化学定义的化合物。

单独的已有化学定义的化合物是由一分子种类（例如，通过共价键或离子键结合）组成的物质，此种物质的各种组成元素的比例是固定的而且可以用确定的结构图进行表示。

含有杂质或溶于水的单独化学元素和已有化学定义的单独化合物仍归入第二十八章。

（1）化学元素

化学元素可分为两类：非金属元素及金属元素。

非金属元素中，卤素（氟、氯、溴及碘）归入品目 2801；硫黄（包括升华硫黄、沉淀硫黄、胶态硫黄）归入品目 2802；碳归入品目 2803；氢、稀有气体（氦、氖、氩、氪、氙）和其他非金属（氮、氧、硼、碲、硅、磷、砷、硒）归入品目 2804。

金属元素中的碱金属（锂、钠、钾、铷、铯）、碱土金属（钙、锶、钡）、稀土金属、钪及钇、汞归入品目 2805，其他的金属元素则归入其他分章或其他章。例如，放射性化学元素和同位素归入品目 2844，稳定同位素归入品目 2845，贵金属归入第十四类，贱金属归入第十五类。

（2）无机化合物

根据分子结构的不同特征，可对无机化合物进行如下归类：

① 无机酸及非金属无机氧化物归入品目 2806~2811，例如硫酸属于无机酸，应归入品目 2807；

② 非金属卤化物及硫化物归入品目 2812~2813，例如二硫化碳属于非金属硫化物，应归入品目 2813；

③ 无机碱和金属氧化物、氢氧化物及过氧化物归入品目 2814~2825，例如烧碱属于无机碱，应归入品目 2815；

④ 无机酸盐、无机过氧酸盐及金属酸盐、金属过氧酸盐归入品目 2826~2842，例如硫酸铜属于无机酸盐，应归入品目 2833；

⑤ 其他杂项产品归入品目 2843~2853，例如过氧化氢应归入品目 2847。

4. 第二十九章有机化工商品的归类

根据分子结构的不同特征，可对有机化合物进行如下归类：

（1）烃归入品目 2901~2902，例如乙烯属于无环烃，应归入品目 2901；

（2）烃的卤化、磺化、硝化、亚硝化衍生物归入品目 2903~2904，例如氯仿属于烃的卤化衍生物，应归入品目 2903；

（3）醇归入品目 2905~2906，例如甲醇应归入品目 2905；

（4）酚归入品目 2907~2908，例如苯酚应归入品目 2907；

（5）醚归入品目 2909~2911，例如乙醚应归入品目 2909；

（6）醛、酮归入品目 2912~2914，例如丙酮应归入品目 2914；

（7）羧酸及其酸酐、酰卤化物、过氧化物和过氧酸归入品目 2915~2918，例如苯甲酸属于环一元羧酸，应归入品目 2916；

（8）非金属无机酸酯归入品目 2919~2920，例如亚磷酸三甲酯属于亚磷酸的无机酸酯，应归入品目 2920；

（9）含氮基化合物归入品目 2921~2929，例如苯胺应归入品目 2921；

（10）有机—无机化合物归入品目 2930~2931，例如二甲硫属于有机硫化合物，应归入品目 2930；

（11）杂环化合物及核酸归入品目 2932~2934，例如四氢呋喃属于含有氧杂原子的杂环化合物，应归入品目 2932；

（12）磺胺归入品目 2935，例如磺胺嘧啶应归入品目 2935；

（13）其他杂项有机产品（维生素、激素、生物碱、化学纯糖、抗菌素等）归入品目

2936~2942，例如青霉素属于抗菌素，应归入品目 2941。

5. 药品的归类

（1）治病、防病用的一般药品，首先，如果是已配定剂量或已制成零售包装，则归入品目 3004。

其次，如果是未配定剂量也未制成零售包装，则要看其是未混合产品还是混合产品，前者按其成分归入第二十九章或第二十八章，后者则归入品目 3003。

例如，“安乃近原药，粉状，5 千克装”，由于该商品未配定剂量也未制成零售包装，并且是未混合产品，所以应归入品目 2933。再如，“安乃近药片”，由于已配成一定剂量，所以应归入品目 3004。

（2）细菌、病毒、疫苗、细胞培养物、免疫制品归入品目 3002；医疗过程中用的辅助材料，如砂布、绷带、橡皮膏、无菌缝合线、X 光检查造影剂等归入品目 3005 或 3006。

（3）用于病人体内的诊断试剂归入品目 3006；药物研制过程中使用的安慰剂和盲法临床试验试剂盒，并且是已配定剂量的，如果用于经许可（即持有相应的进口监管证件）的临床试验，归入品目 3006；但如果不满足进口相应监管要求的，则应根据其不同的成分和形式，分别归入其他品目（例如，品目 1704、2106、3824）。

另外，还需注意以下问题：

（1）除供静脉摄入用的滋养品可作为药品归入第三十章以外，营养品、糖尿病食品、强化食品、保健食品、滋补饮料及矿泉水，即使具有某些有利于身体健康、抵御疾病的作用，也不能作为药品归入第三十章，只能作为食品、饮料而归入第四类。

例如，某品牌的运动饮料具有补充运动中流失的维生素、矿物质和增强体质的作用，仍应按一般饮料归入品目 2202。

（2）戒烟用的咀嚼胶或透皮贴片同样不能作为药品归入第三十章。如果含有尼古丁，则应作为“非经燃烧的、其他供人体吸用的烟草产品”归入品目 2404；如果不含尼古丁，则应分别按“其他未列名食品”和“其他未列名化工品”归入品目 2106 和 3824。

（3）品目 3303 至 3307 的化妆盥洗品，即使具有治疗及预防疾病的某些作用，也不能作为药品归入第三十章，仍应按化妆盥洗品归入第三十三章。

（4）非直接用于人体的疾病诊断及化验试剂不归入本章，而应归入品目 3822。例如，新冠肺炎诊断试剂盒，属于疾病诊断用试剂，应归入品目 3822。再如，血型鉴定用试剂，也应归入品目 3822。

例如，某品牌的洗发水具有去屑止痒的功效，仍应按护发品归入品目 3305。

6. 肥料的归类

首先，单独的已有化学定义的化合物，即使属于氮肥、磷肥、钾肥或其他肥料，只有符合第三十一章有关章注的规定，才能归入第三十一章，否则应归入第二十八章或第二十九章。下面以第三十一章章注二为例进行解释说明。

第三十一章章注二规定，品目 3102 只适用于下列货品，但未制成品目 3105 所述形状或包装：

（1）符合下列任何一条规定的货品：

① 硝酸钠，不论是否纯净；

② 硝酸铵，不论是否纯净；

③ 硫酸铵及硝酸铵的复盐，不论是否纯净；

④ 硫酸铵，不论是否纯净；

⑤ 硝酸钙及硝酸铵的复盐（不论是否纯净）或硝酸钙及硝酸铵的混合物；

⑥ 硝酸钙及硝酸镁的复盐（不论是否纯净）或硝酸钙及硝酸镁的混合物；

⑦ 氰氨化钙，不论是否纯净或用油处理；

⑧ 尿素，不论是否纯净。

（2）由上述（1）中任何货品相互混合的肥料。

（3）由氯化铵或上述（1）或（2）任何货品与白垩、石膏或其他无肥效无机物混合而成的肥料。

（4）由上述（1）的②或⑧项的货品或其混合物溶于水或液氨的液体肥料。

例如，“氯化铵肥料”不符合第三十一章章注二的规定，所以应作为无机化学品归入子目 2827.1010。

其次，如果是归入第三十一章的肥料，但制成片剂及类似形状或每包毛重不超过 10 千克，则应归入品目 3105。

例如，“5 千克包装的氯化钾”应归入品目 3105。

7. 染料和颜料的归类

（1）按染料和颜料的来源和加工归入品目 3203~3206。

（2）要注意，如果是无机颜料（不包括用作发光体的无机产品）并且是单独的符合化学定义的，则不能归入该章而应归入第二十八章。

例如，二氧化钛不能归入品目 3206，而应作为无机化合物归入品目 2823。

8. 油漆的归类

（1）以合成聚合物或化学改性天然聚合物之外的其他原料为基本成分制成的油漆，应归入品目 3210。

（2）以合成聚合物或化学改性天然聚合物为基本成分制成的油漆，则再看其所用介质，其中分散于或溶于非水介质的归入品目 3208，分散于或溶于水介质的归入品目 3209。

（3）根据第三十二章章注四的规定，品目 3208 包括由品目 3901 至 3913 所列产品溶于挥发性有机溶剂的溶液（胶棉除外），但溶剂重量必须超过溶液重量的 50%。

例如，“溶于松节油（一种具有挥发性的有机溶剂）中的丙烯酸聚合物，松节油占溶液总重量的 65%”，根据该章注的规定，应归入品目 3208。

9. 香料的归类

（1）天然香料，归入品目 3301，化学合成的单独化学成分的香料，则一般应作为有机化合物而归入第二十九章。

例如，“天然的薄荷油”归入品目 3301，而人工合成的“薄荷醇”则应归入品目 2906。

（2）几种香料的混合物或香料与其他成分的混合物，则一般应归入品目 3302。

10. 化妆品的归类

化妆品一般按其用途归入品目 3303~3307。例如，唇膏属于唇用化妆品，应归入子目 3304.1000。

另外，品目 3307 所称“芳香料制品及化妆盥洗品”，主要适用于下列产品：香袋，通过燃烧散发香气的制品，香纸及用化妆品浸渍或涂布的纸，隐形眼镜片或假眼用的溶液，用香水或化妆品浸渍、涂布、包覆的絮胎、毡呢及无纺织物，动物用盥洗品。

例如，隐形眼镜片专用护理液，应作为“芳香料制品及化妆盥洗品”归入子目 3307.9000。

根据本章章注一“本章不包括（二）品目 3401 的肥皂及其他产品”的规定，含有表面活性剂零售包装的沐浴剂应归入品目 3401 而不归入品目 3307。

11. 表面活性剂的归类

首先，在归类时，通常我们将具有表面活性的一类物质称为表面活性剂，但是，品目 3402 所称“有机表面活性剂”是不符合化学定义的有机化合物，而是指温度在 20℃时与水混合配成 0.5%浓度的水溶液，并在同样温度下搁置 1 小时后与下列规定相符的产品：

（1）成为透明或半透明的液体或稳定的乳浊液而未离析出不溶解物质；

（2）将水的表面张力减低到每厘米 45 达因及以下。

如果一种化工品符合上述关于表面活性剂的定义，则应归入品目 3402（肥皂除外）。

其次，表面活性剂可根据其在水中电离的性质相应地归入子目 3402.3100～3402.4900。其中，阴离子型表面活性剂归入子目 3402.3000，阳离子型表面活性剂归入子目 3402.4100，非离子型表面活性剂归入子目 3402.4200，阴阳离子型表面活性剂归入子目 3402.4900。但是，归入子目 3402.3100～3402.4900 的表面活性剂须仅含一种表面活性剂，如果同时含几种表面活性剂或表面活性剂溶于有机溶剂中，则应作为表面活性剂制品归类。

12. 洗涤用品的归类

（1）肥皂和作肥皂用或作洁肤用的表面活性剂产品制成的洗涤用品，如果符合 3401 品目条文的规定，则应归入品目 3401。

（2）其他表面活性剂产品制成的洗涤用品，如果符合 3405 品目条文的规定，则应归入品目 3405，否则归入品目 3402。

（3）如果表面活性剂产品属于洗发剂、洁齿品、剃须膏及沐浴用制剂，则必须优先归入第三十三章的相应品目。

例如，“含有表面活性剂的洗发香波”应归入品目 3305。

13. 照相用品的归类

（1）对于未曝光的照相用品根据其基材来判断归类，如果是纸、纸板、纺织物制的，归入品目 3703，其他材料制的，归入品目 3701 或品目 3702。

（2）在品目 3701 与品目 3702 中，如果是平片，归入品目 3701，如果是卷片，归入品目 3702。

例如，“医用 X 光卷片”，由于其基材是塑料，并且是卷片，所以应归入品目 3702。

14. 农药的归类

农药按其列名归入品目 3808，但如果是农药原药（未混合，未制成零售包装）则应归入第二十九章或第二十八章。

例如，农药原药 DV 菊酸甲酯应归入子目 2916.2010。

15. 杂项化学产品的归类

（1）第三十八章属于按用途分类时前面几章未涉及的杂项化工产品，归类时要特别注意与第二十八章、第二十九章的区别。

例如，用作增塑剂的邻苯二甲酸二辛酯应归入品目2917。

（2）在第六类的有关品目中未列名的化工品，应作为“其他品目未列名的化工品”归入“兜底”的品目3824。

第七类　塑料及其制品；橡胶及其制品（第三十九章至第四十章）

（一）主要内容

本类共2章，是由高分子聚合物组成的塑料与橡胶以及它们的制品。其中，塑料及其制品归入第三十九章，橡胶及其制品则归入第四十章。

（二）归类方法

1.“初级形状”塑料的判断

第三十九章章注六规定，品目3901~3914所称“初级形状”，只限于下列各种形状：

（1）液状及糊状，包括分散体（乳浊液及悬浮液）及溶液；

（2）不规则形状的块、团、粉（包括压型粉）、颗粒、粉片及类似的散装形状。

因此，该章塑料在归类时要注意其加工形状，归入第一分章（品目3901~3914）的是属于“初级形状”的塑料。所以应根据该章注的规定来判断某种塑料是否属于“初级形状”，从而确定其是否可以归入品目3901~3914。

例如，聚丙烯粒子属于“初级形状”的塑料，所以应归入品目3902。

2. 共聚物的归类

（1）品目的确定

第三十九章章注四规定，在该章中，除条文另有规定的以外，共聚物（包括共缩聚物、共加聚物、嵌段共聚物及接枝共聚物）应按聚合物中重量最大的那种共聚单体单元所构成的聚合物归入相应品目。在本注释中，归入同一品目的聚合物的共聚单体单元应作为一种单体单元对待。

如果没有任何一种共聚单体单元重量是最大的，共聚物应按税则号列顺序归入其可归入的最末一个品目。

具体归类方法如下：

首先，将属于同一品目下的单体单元的含量相加；

然后，按含量高的品目归类，如果含量相等则“从后归类”。

例1　由45%乙烯、35%丙烯及20%异丁烯的单体单元组成的初级形状的共聚物，由于丙烯与异丁烯的聚合物同属品目3902，二者的比例相加为55%，超过乙烯单体单元的含量，所以应归入品目3902。

例2　由50%乙烯与50%苯乙烯的单体单元组成的初级形状的共聚物，由于乙烯单体单元的含量与苯乙烯单体单元的含量相等，所以应归入品目3903。

（2）子目的确定

第三十九章子目注释一规定，属于该章任一品目项下的聚合物（包括共聚物）应按下列规则归类：

① 在同级子目中有一个“其他”子目的

A. 子目所列聚合物名称冠有“聚（多）”的（例如，聚乙烯及聚酰胺-6,6），是指列名的该种聚合物单体单元含量在整个聚合物中按重量计必须占95%及以上。

B. 子目 3901.30、3901.40、3903.20、3903.30 及 3904.30 所列的共聚物，如果该种共聚单体单元含量在整个聚合物中按重量计占 95%及以上，即应归入上述子目。

C. 不符合上述 A、B 两款规定的聚合物，应按聚合物中重量最大的那种单体单元（与其他各种单一的共聚单体单元相比）所构成的聚合物归入该级其他相应子目。为此，归入同一子目的聚合物单体单元应作为一种单体单元对待。只有在同级子目中的聚合物共聚单体单元才可以进行比较。

例 1 由 95%乙烯与 5%丙烯的单体单元组成的共聚物粒子（比重 0.93），应按聚乙烯归入子目 3901.1000。

例 2 由 45%乙烯、35%丙烯及 20%异丁烯的单体单元组成的初级形状的共聚物，由于丙烯与异丁烯的聚合物同属品目 3902，二者相加为 55%，超过乙烯单体单元的含量，所以应归入品目 3902。又由于丙烯单体单元的含量超过了异丁烯单体单元的含量，所以应归入子目 3902.3090。

② 在同级子目中没有“其他”子目的

聚合物应按聚合物中重量最大的那种单体单元（与其他各种单一的共聚单体单元相比）所构成的聚合物归入该级相应子目。为此，归入同一子目的聚合物单体单元应作为一种单体单元对待。只有在同级子目中的聚合物共聚单体单元才可以进行比较。

3. 聚合物混合体的归类

（1）聚合物混合体应按聚合物中重量最大的那种共聚单体单元所构成的聚合物归入相应品目。归入同一品目的聚合物的共聚单体单元应作为一种单体单元对待。

（2）如果没有任何一种共聚单体单元重量是最大的，聚合物混合体应按税则号列顺序归入其可归入的最末一个品目。

（3）聚合物混合体应按单体单元比例相等、种类相同的聚合物归入相应子目。

例 1 由 96%的聚乙烯和 4%的聚丙烯组成，比重大于 0.94 的聚合物混合体，应归入子目 3901.2000。

例 2 由 60%的聚酰胺-6 和 40%的聚酰胺-6,6 组成的聚合物混合体不能归入子目 3908.10（“聚酰胺-6”或“聚酰胺-6,6”），而应归入子目 3908.90（“其他”子目），因为聚合物中两者的单体单元含量均未达到整个聚合物含量的 95%及以上。

例 3 ABS（即丙烯腈-丁二烯-苯乙烯共聚物）与聚甲基丙烯酸甲酯组成的聚合物混合体，其中 ABS 占 60%、聚甲基丙烯酸甲酯占 40%，且 ABS 中丙烯腈单体单元占 15%、丁二烯单体单元占 20%、苯乙烯单体单元占 65%。由于在该聚合物混合体中，按单体单元计算，丙烯腈、丁二烯、苯乙烯、甲基丙烯酸甲酯各占 9%、12%、39%、40%，即甲基丙烯酸甲酯单体单元的比重最大，故应按“丙烯酸聚合物”归入品目 3906，并且由于品目 3906 项下有一级子目“其他”，故应归入子目 3906.9090。

4. 塑料半制品和制品的归类

（1）根据加工形状、程度判断属于塑料半制品还是塑料制品。

（2）塑料半制品根据其具体形状归入 3916~3921 的有关品目，而塑料制品则根据其用途归入 3922~3926 的有关品目。

例如，塑料管属于半制品，所以应归入品目 3917。再如，塑料茶杯属于制品，所以应归入品目 3924。

5. 塑料的废碎料和下脚料的归类

对于塑料的废碎料和下脚料，一般情况下可直接按3915的品目条文“塑料的废碎料及下脚料”归入该品目。但是如果其同时满足初级形状、单一种类、热塑性这3个条件，则不能归入品目3915，而应归入3901~3914的相应品目。

例如，由回收的饮料瓶（材质为聚对苯二甲酸乙二酯）打碎后再重新制成的废料粒子，应归入品目3907。

6. 天然橡胶和合成橡胶的归类

有一些橡胶由于不符合第四十章章注四关于“合成橡胶”的定义，所以尽管取了个“橡胶”的名称，还是要按“塑料”归入第三十九章。例如，“乙丙橡胶”“硅橡胶”等。

天然橡胶或合成橡胶根据其是否经硫化而分成未硫化橡胶和硫化橡胶，前者归入品目4001~4006，后者归入品目4007~4017。例如，新的轿车用橡胶轮胎属于硫化橡胶制品，应归入品目4011。

对于硫化橡胶根据其加工形状和用途来确定归类。而对于初级形状或板、片、带形状的未硫化橡胶，则需要根据以下规定决定归入品目4001、4002还是品目4005。

（1）品目4001及4002不适用于任何凝结前或凝结后与下列物质相混合的橡胶或橡胶混合物：

① 硫化剂、促进剂、防焦剂或活性剂（为制造预硫胶乳所加入的除外）；

② 颜料或其他着色料，但仅为易于识别而加入的除外；

③ 增塑剂或增量剂（用油增量的橡胶中所加的矿物油除外）、填料、增强剂、有机溶剂或其他物质，但以下（2）所述的除外。

（2）含有下列物质的橡胶或橡胶混合物，只要仍具有原料的基本特性，应归入品目4001或4002：

① 乳化剂或防黏剂；

② 少量的乳化剂分解产品；

③ 微量的下列物质：热敏剂（一般为制造热敏胶乳用）、阳离子表面活性剂（一般为制造阳性胶乳用）、抗氧剂、凝固剂、碎裂剂、抗冻剂、胶溶剂、保存剂、稳定剂、黏度控制剂或类似的特殊用途添加剂。

第八类　生皮、皮革、毛皮及其制品；鞍具及挽具；旅行用品、手提包及类似容器；动物肠线（蚕胶丝除外）制品（第四十一章至第四十三章）

（一）主要内容

第八类共3章。其中，第四十一章只包括生皮和皮革，不包括制品，其结构按加工程度由低到高排列；第四十二章大部分是由第四十一章的原料经进一步加工制得的制品，同时还包括几乎由任何材料制成的包及旅行用品；第四十三章主要包括生毛皮、毛皮、人造毛皮及其制品。

（二）归类方法

1. 带毛生皮或已鞣制带毛皮张的归类

一般情况下，带毛的生皮或已鞣制的带毛皮张归入第四十三章，但有些动物的生皮即使带毛也不归入第四十三章，而归入第四十一章，具体种类见第四十一章章注一（三）。

例如，生的带毛兔皮归入品目 4301，已鞣制的兔毛皮张归入品目 4302；而带毛的生绵羊皮归入品目 4102，已鞣制的带毛绵羊皮归入品目 4302。

2. 品目 4202 所含容器的归类

品目 4202 的条文分为两部分。

第一部分：衣箱、提箱、小手袋、公文箱、公文包、书包、眼镜盒、望远镜盒、照相机套、乐器盒、枪套及类似容器。这些容器基本上都装有固定的物品并长期使用，除第四十二章章注二（一）和二（二）另有规定的以外，这一部分所包括的物品可用任何材料制成。

第二部分：旅行包、食品或饮料保温包、化妆包、帆布包、手提包、购物袋、钱夹、钱包、地图盒、瓶盒、首饰盒、粉盒、刀叉餐具盒及类似容器，只能用皮革或再生皮革、塑料片、纺织材料、钢纸或纸板制成，或者全部或主要用上述材料或纸包覆制成。

3. 皮革服装和毛皮服装的归类

（1）皮革或再生皮革制的服装归入品目 4203。

（2）毛皮制服装归入品目 4303，即使毛皮作衬里的服装也归入品目 4303；人造毛皮服装归入品目 4304，即使人造毛皮作衬里的服装也归入品目 4304。

毛皮或人造毛皮仅作为装饰的服装一般不归入本类，按其服装的面料归入相应品目。

例如，貂皮大衣为毛皮制的服装，归入子目 4303. 1010；羊皮夹克为皮革制的服装，归入子目 4203. 1000；仅在衣领和袖口用毛皮装饰的粗花呢大衣则按纺织服装归入第六十二章的相关品目。

（3）用皮革与毛皮或用皮革与人造毛皮制成的分指手套、连指手套及露指手套应归入品目 4203，不应误归入第四十三章。

4. 用作机器零件的皮革制品的归类

用作机器零件的皮带、皮制垫圈等应归入子目 4205. 0020，而不按机器零件归入第十六类。

第九类　木及木制品；木炭；软木及软木制品；稻草、秸秆、针茅或其他编结材料制品；篮筐及柳条编结品（第四十四章至第四十六章）

（一）主要内容

第九类共 3 章。其中，第四十四章主要包括木及其制品，第四十五章主要包括软木及其制品，第四十六章主要包括各种编结材料制品。

第四十四章的结构是按照加工程度由低到高排列，规律如下：

木材原料（不包括竹的原料）………………………………… 品目 4401~4406
经简单锯、削、刨平、端接及制成连续形状的木材 ………… 品目 4407~4409
木质碎料板、纤维板、胶合板及强化木等 ………………… 品目 4410~4413
木制品 ………………………………………………………… 品目 4414~4421

（二）归类方法

树种及加工程度是第四十四章归类的重要因素。例如，木制的电线杆如果经过防腐处理，则归入子目 4403. 10；如果没有经过类似处理，则应根据其树种材质分别归入该品目的其他子目。

除另有规定的以外，竹的原料归入第十四章；竹及其他木质材料制品一般也按木制品归入同一品目，例如竹制筷子归入品目 4419、竹制牙签归入品目 4421；但竹制编结材料制品则归入第四十六章。

1. 木板材的归类

一般木头板材按其厚度归入品目 4407 或 4408；若在端部和侧面制成连续形状（如带有槽、榫等）则归入品目 4409；若将木材加工产生的木片或木粒压制而成的木质碎料板，或者将木头中分离出的纤维再压制而成的木纤维板，则归入品目 4410 或 4411；由两层及以上木板（包括木质碎料板和纤维板）胶合及压制而成的多层板得，则归入品目 4412。

要注意区别的是，品目 4411 项下的一级子目是按纤维板的生产工艺分类的。其中，子目 4411.1 的中密度纤维板（MDF）是指用干法生产工艺获得的纤维板，按其厚度和密度进行归类；而子目 4411.9 的其他木纤维板一般是指用湿法生产工艺获得的纤维板，只按其密度进行归类。

例 1　木纤维板（原料为花旗松），密度为每立方厘米 0.8 克，未经机械加工，规格为（长×宽×厚）2400 毫米×1200 毫米×8 毫米，采用湿法生产。此纤维板因采用湿法生产，所以归入子目 4411.9，然后根据其密度归入 4411.9390。

例 2　表面为巴栲红柳桉木薄板，其他两层为针叶木薄板制的三合板（每层厚度为 1 毫米）。此胶合板为仅由薄板制成的胶合板，且每层厚度不超过 6 毫米，所以归入子目 4412.3，又因巴栲红柳桉木属于热带木，所以归入子目 4412.3100。

2. 木地板的归类

天然木地板（又称实木地板，其侧面带有槽和榫）归入品目 4409；碎料板制木地板（其侧面不论是否制成品目 4409 所列的连续形状）归入品目 4410；纤维板制木地板（其侧面不论是否制成品目 4409 所列的连续形状）归入品目 4411；胶合板制木地板（其侧面不论是否制成品目 4409 所列的连续形状）归入品目 4412；已拼装的拼花木地板归入品目 4418。

3. 木制品的归类

大部分木制品归入品目 4414～4421，其中品目 4421 为其他木制品，但不是所有未列名的木制品都归入此品目，必须是其他品目未列名及该章章注一未排除的。例如，木制的衣箱应归入品目 4202；木制的家具应归入第九十四章，木制衣架归入子目 4421.1000，但若是落地式木制衣架，因具有家具的特征，应归入品目 9403。

4. 编结产品的归类

编结产品一般归入第四十六章，但归入该章的编结品所用材料范围具有一定的限制，即只适用于第四十六章章注一所列的“编结材料”。同时应注意，只有截面尺寸大于 1 毫米的塑料单丝及表观宽度大于 5 毫米的塑料扁条的编结制品才归入该章；截面尺寸不超过 1 毫米的塑料单丝及表观宽度不超过 5 毫米的塑料扁条制品，要按纺织品归入第十一类。

第十类　木浆及其他纤维状纤维素浆；回收（废碎）纸或纸板；纸、纸板及其制品（第四十七章至第四十九章）

（一）主要内容

第十类共3章，并按下列加工程度分列于各章：

纸浆、废纸（第四十七章）—纸张及其制品（第四十八章）—印刷品（第四十九章）。

（二）归类方法

1. 纸张的归类

（1）第四十八章根据纸的加工程度来排列，结构规律如下：

未涂布的机制或手工纸………………品目4801~4805
未涂布但经进一步加工的纸…………品目4806~4808
经涂布的纸……………………………品目4809~4811
特定用途的纸及其制品………………品目4812~4823

例如，目前应用较广的复印纸属未涂布的印刷及类似用途的纸，归入品目4802，印刷精美广告及书籍封面的铜版纸属于涂布高岭土（无机物）的纸，归入品目4810。

（2）品目4801~4805所列的纸张不能超出该章章注三所规定的加工方法。新闻纸和牛皮纸必须符合该章章注四和章注六规定的规格和纤维含量。

（3）若属于品目4803~4809列名的品种，还要判断其规格尺寸是否符合该章章注八的条件。一般情况下，品目4803~4809仅适用于大规格尺寸的纸，即成条或成卷时宽度要大于36厘米；成矩形（包括正方形）时一边超过36厘米，另一边要超过15厘米（以未折叠计）。对于品目4803~4809所列名的小规格尺寸的纸（即不符合该章章注八规定的尺寸要求），一般要归入品目4816~4823的相关品目。

例如，宽度为120厘米成卷的卫生纸归入品目4803，而宽度为12厘米（在36厘米以下）成卷的卫生纸应归入品目4818。

（4）在确定部分子目时，有些还要考虑所含纸浆的种类。木浆是造纸的主要原料，根据加工方法的不同可分为3种：机械浆、化学浆和化学—机械浆。如子目4802.5要求不含机械浆或化学—机械浆，或这些纸浆的含量不超过全部纤维含量的10%。

2. 涂布纸的归类

涂布纸是指在纸的单面或双面施以涂料，以使纸面产生特殊的光泽或使其适合特定需要。若是涂布高岭土或其他无机物质，则归入品目4810，如铜版纸等；若是涂布塑料、沥青、焦油、蜡或其他有机物质，则归入品目4811，如涂塑相纸、绝缘纸和热敏纸等。

3. 壁纸的归类

只有成卷状且宽度在45~160厘米之间的壁纸才归入品目4814。若不符合这些条件，即使用做壁纸也不能归入品目4814。若既可铺地又可作壁纸用则按铺地制品归入品目4823。

4. 已印刷的壁纸及标签的归类

品目4814的壁纸及品目4821的纸或纸板制各种标签，即使已经印制仍归入第四十八章，而不归入第四十九章。

5. 纸卫生巾的归类

纸制的卫生巾（护垫）及止血塞、婴儿尿布、尿布衬里和类似品不按材料归类，而应归入品目 9619。

6. 报纸、杂志的归类

一般的报纸、杂志归入品目 4902。但是，第四十九章章注三规定，用纸以外的材料装订成册的报纸、杂志和期刊，以及一期以上装订在同一封面里的成套报纸、杂志和期刊，应归入品目 4901，不论是否有广告材料。

例如，装订成册的《半月谈》杂志全年合订本应归入品目 4901。

7. 邮票的归类

我国发行未使用的新邮票按印刷品归入品目 4907；我国发行已使用的旧邮票按收藏品归入品目 9704；外国发行但我国不承认其面值的邮票（即在我国内不能用于邮寄的外国邮票），不论是否已使用均按收藏品归入品目 9704。

另外，归类时请注意，第四十九章所称的“印刷”，不仅包括以普通手工印刷或机械印刷的方法印制，还包括用胶版复印机、油印机印制，在自动数据处理设备控制下打印绘制、压印、冲印、感光复印、热敏复印或打字。

第十一类　纺织原料及纺织制品（第五十章至第六十三章）

（一）主要内容

本类共 14 章，包括纺织纤维、半成品及制成品，可分成两部分。

第一部分：第五十章至第五十五章，是按纤维类别划分的，每章内又按纺织品的加工程度由低到高排列，基本按“纺织纤维—纱线—机织物”的顺序列目。其中，第五十章蚕丝及其机织物；第五十一章羊毛、动物细毛或粗毛及其机织物；第五十二章棉花及其机织物；第五十三章其他植物纺织纤维、纸纱线及其机织物；第五十四章化学纤维长丝及其机织物；第五十五章化学纤维短纤及其机织物。

第二部分：第五十六章至第六十三章，包括以特殊的方式或工艺制成的或有特殊用途的半成品及制成品，并且除品目 5809 和 5902 外，品目所列产品一般不分纺织原料的性质。其中，第五十六章絮胎、毡呢及无纺织物、绳索及其制品；第五十七章地毯及纺织材料铺地用品；第五十八章特种机织物、刺绣品等；第五十九章浸渍、涂层、包覆或层压的纺织物、工业用纺织制品；第六十章针织物及钩编织物；第六十一章针织或钩编服装；第六十二章非针织或非钩编服装；第六十三章其他纺织制成品。

（二）归类方法

纺织产品是 HS 中的一个重要部分，只有熟悉纺织产品的分类、纺织加工工序，掌握 HS 对纺织品的归类要求，才能正确归类。

1. 纺织产品的结构规律

在对本类商品归类时，首先要对本类商品有一个基本认识，掌握其结构规律，从而为正确归类打下基础。

第一部分：第五十章至第五十五章（纤维、普通纱线、普通机织物）

- 天然
  - 丝…………第五十章
  - 毛…………第五十一章
  - 棉…………第五十二章
  - 麻…………第五十三章
- 化学
  - 长丝………第五十四章
  - 短纤………第五十五章

第二部分：第五十六章至第六十三章（特种纱线、特种织物、制成品）

无纺织物、特种纱线等………………………第五十六章
地毯等………………………………………第五十七章
特种机织物、刺绣品等………………………第五十八章
特殊处理的织物、工业用纺织制品………第五十九章
针织物、钩编织物…………………………第六十章
服装（针织或钩编）………………………第六十一章
服装（非针织、非钩编）…………………第六十二章
其他制成品…………………………………第六十三章

2. 纺织材料的分类

纺织纤维分为天然纤维与化学纤维，天然纤维主要有丝、毛、棉、麻，化学纤维又分为合成纤维和人造纤维。

合成纤维是将有机单体物质加以聚合而制成聚合物，例如聚酰胺、聚酯、聚丙烯、聚氨基甲酸酯；或通过上述加工将聚合物经化学改性制得，例如聚乙酸乙烯酯水解制得的聚乙烯醇。

人造纤维是将天然有机聚合物（如纤维素）溶解或化学处理制成聚合物，例如，铜铵纤维或粘胶纤维；或将天然有机聚合物（例如纤维素、酪蛋白及其他蛋白质、藻酸）经化学改性制成聚合物，例如，醋酸纤维素纤维或藻酸盐纤维。

常见的合成纤维有聚酯（俗称涤纶）和聚酰胺（俗称尼龙）等，常见的人造纤维有粘胶纤维和醋酸纤维等。

3. 混纺材料的归类

（1）混纺材料归类的原则

根据 HS 第十一类类注二的规定，可归入第五十章至第五十五章及品目 5809 或 5902 的由两种或两种以上纺织材料混合制成的货品，应按其中重量最大的那种纺织材料归类。

当没有一种纺织材料重量较大时，应按可归入的有关品目中最后一个品目所列的纺织材料归类。

应用上述规定时，应注意以下原则：

① 马毛粗松螺旋花线（品目 5110）和含金属纱线（品目 5605）均应作为一种单一的纺织材料，其重量应为它们在纱线中的合计重量；在机织物的归类中，金属线应作为一种纺织材料。

② 在选择合适的品目时，应首先确定章，然后再确定该章的有关品目，至于不归入该章的其他材料可不予考虑。

③ 当归入第五十四章及第五十五章的货品与其他章的货品进行比较时，应将这两章

作为一个单一的章对待。

④ 同一章或同一品目所列各种不同的纺织材料应作为单一的纺织材料对待。

（2）混纺材料归类的具体方法

首先确定所在章，并将属于同一章的不同纺织材料的重量合并后与其他章做比较，再归入重量较大的那一章，如果重量相等则从后归类。同时考虑到纺织纤维的特性，第五十四章和第五十五章同属化学纤维，所以当这两章与其他章比较时，这两章纺织材料的重量应合并计算。

其次确定品目，与确定章的方法一样，将属于同一品目的不同纺织材料的重量合并后与其他品目做比较，归入重量较大的那个品目，如果重量相等则从后归类。

特殊纱线，如马毛粗松螺旋花线和含金属纱线均作为一种单一的纺织材料计算，其重量应为它们在纱线中的合计重量，金属线视作一种纺织材料。

例 1 按重量计含 65%棉、35%聚酯短纤的每平方米重 80 克且漂白的平纹机织物。由于棉的含量超过了聚酯短纤（化学纤维短纤）的含量，所以归入第五十二章，然后根据棉的含量（65%，在 85%以下）和每平方米克重（80 克，不超过 200 克）及主要与化学纤维混纺的条件归入品目 5210，最后按漂白、平纹的机织物归入子目 5210. 2100。

例 2 按重量计含 40%合成纤维短纤、35%精梳羊毛、25%精梳兔毛的机织物。由于精梳羊毛和精梳兔毛同属于第五十一章的纤维，应合并计算（即 35%+25%=60%），其含量超过了第五十五章的合成纤维短纤，所以按动物毛的机织物归入第五十一章，在确定品目时，因精梳羊毛的含量超过了精梳兔毛的含量，故按精梳羊毛的机织物归入品目 5112，然后根据羊毛含量（35%，在 85%以下）和主要与化学纤维短纤混纺的条件归入子目 5112. 3000。

4. 纱线的归类

（1）纱线的细度

纱线细度在 HS 中一般用“特克斯”表示。

“特克斯”指 1000 米长的纱线、长丝等在公定回潮率下的重量，属于定长制。如1000 米长的纱线重 8 克（在公定回潮率下），则该纱线的细度为 8 特克斯（或 80 分特）。

表示细度的另一个计量指标为“公支”。公支指 1 克重的纱线的长度（米），属于定重制。如 1 克重的纱线长为 14 米，则该纱线的细度为 14 公支。

（2）纱线的捻向、捻度

捻向即加捻的方向，分为顺时针捻（又称“S”捻）和逆时针捻（又称“Z”捻）。

捻度指每米长纱线加捻的转数。

（3）纱线的归类

在对纱线归类时，首先确定其是特种纱线还是普通纱线，如果是普通纱线再按纱线原料的性质在相应章（第五十章至第五十五章）中寻找合适的品目，具体分布如下：

- 普通纱线（第五十章至第五十五章）
  - 缝纫线（符合类注五）……相应品目
  - 非缝纫线，供零售用（符合类注四）……相应品目
  - 非供零售用……相应品目
- 特种纱线（第五十六章）
  - 与橡胶或塑料复合的纱线……品目 5604
  - 含金属纱线……品目 5605
  - 绳绒线、粗松螺旋花线、纵行起圈纱线等……品目 5606
  - 线、绳、索、缆（符合类注三）……品目 5607

例如，"涤纶弹力丝"是一种普通纱线，并且涤纶属于合成纤维中的聚酯纤维，弹力丝一般由长丝加工而成，所以应归入第五十四章的子目 5402.3310。

注意截面尺寸超过 1 毫米的化纤单丝，表观宽度超过 5 毫米的化纤扁条，应作为塑料归入第三十九章。

5. 织物的归类

与纱线的归类相似，首先确定其是属于普通机织物还是属于其他织物，前者归入第五十章至第五十五章，后者归入第五十六章至第六十章。

织物按制法分以下几种：

- 机织物
  - 普通……第五十章至第五十五章
  - 特种……第五十八章
- 絮胎、毡呢、无纺织物……第五十六章
- 地毯……第五十七章
- 针织物、钩编织物……第六十章
- 其他特殊加工的织物……第五十八章至第五十九章

例如，普通的棉机织物归入第五十二章，棉针织物归入第六十章，用塑料涂布的棉机织物归入第五十九章。

注意，由絮胎制的卫生巾（护垫）及止血塞、婴儿尿布、尿布衬里和类似品不按材料归类，而应归入品目 9619。

6. 狭幅机织物的归类

符合下列条件之一的，应作为"狭幅机织物"归入品目 5806：

（1）幅宽不超过 30 厘米的机织物，不论是否织成或从宽幅料剪成，但两侧必须有织成的、胶粘的或用其他方法制成的布边；

（2）压平宽度不超过 30 厘米的圆筒机织物；

（3）折边的斜裁滚条布，其未折边时的宽度不超过 30 厘米。

但是，流苏状的狭幅机织物应归入品目 5808。

7. 纺织制成品的归类

符合下列条件之一的，应作为本类所称"制成的"纺织品归类：

（1）裁剪成除正方形或长方形以外的其他形状的；

（2）呈制成状态，无须缝纫或其他进一步加工（或仅需剪断分隔连线）即可使用的，例如，某些抹布、毛巾、台布、方披巾、毯子；

（3）已缝边或绲边，或者在任一边带有结制的流苏，但不包括为防止剪边脱纱而锁边

或用其他简单方法处理的织物；

（4）裁剪成一定尺寸并经抽纱加工的；

（5）缝合、胶合或用其他方法拼合而成的（将两段或两段以上同样料子的织物首尾连接而成的匹头，以及由两层或两层以上的织物，不论中间有无胎料，层叠而成的匹头除外）；

（6）针织或钩编成一定形状，不论报验时是单件还是以若干件相连成幅的。

例如，仅从大块布料裁剪下来的长方形（包括正方形）物品，如果未经加工和不带剪断分隔连线形成的流苏，不应视为“制成的”纺织品；而纺织材料的服装式样则可视为“制成的”纺织品。

8. 服装及衣着附件的归类

服装及衣着附件的归类是本类中较重要的内容。一般可采用以下归类方法：

（1）按下列织法判断应归入第六十一章还是第六十二章：

服装{针织或钩编……………………第六十一章（品目6212的商品除外）
　　　非针织或非钩编……………第六十二章

（2）在第六十一章或第六十二章内，优先考虑婴儿服装及衣着附件，然后再考虑用塑料、橡胶或其他材料处理过的织物制成的服装。第六十二章还包括用毡呢、无纺布制成的服装。

（3）注意服装及衣着附件的结构规律。以第六十一章为例：一般是由外到内，同类服装先男后女，再到不分性别的服装，然后是婴儿服装、其他服装、衣着附件。

对于服装，凡门襟为左压右的，应视为男式；右压左的，应视为女式。但本规定不适用于其式样已明显为男式或女式的服装。无法区别是男式还是女式的服装，应按女式服装归入有关品目。

（4）如果是套装（如西服套装、便服套装、滑雪套装）必须符合相应的章注规定，才能作为套装一并归类，否则必须分开归类。

例如，“西服套装”是指面料用完全相同的织物制成的两件套或三件套的成套服装。西服套装各件面料质地、颜色及构成必须完全相同，其款式、尺寸大小也须相互般配。

此外，品目6109的“T恤衫”一般以较薄的面料制成，无领，无扣，领口无门襟且下摆不能收紧。我们通常所穿的带领T恤应作为针织衬衫归类。

9. 婴儿服装及衣着附件的归类

所称“婴儿服装及衣着附件”，是指用于身高不超过86厘米幼儿的服装。

（1）针织或钩编的归类

既可归入品目6111，也可归入第六十一章其他品目的物品，应归入品目6111。例如，婴儿穿着的针织袜子，应归入品目6111。

（2）非针织或非钩编的归类

既可归入品目6209，也可归入第六十二章其他品目的物品，应归入品目6209。

10. 特殊面料制作的服装的归类

（1）既可归入品目6113，也可归入第六十一章其他品目的服装，除品目6111所列的仍归入该品目外，其余的应一律归入品目6113。

（2）既可归入品目6210，也可归入第六十二章其他品目的服装，除品目6209所列的仍归入该品目外，其余的应一律归入品目 6210。

例如，由单面涂布高分子树脂的涤纶机织物面料（涂层可明显看出）制成的雨衣，应归入品目 6210。

11. 纺织物与机电组件形成的组合产品的归类

随着科技与加工技术的发展，纺织物与化学、机械或电子组件的组合情况越来越常见。无论它们是作为内置组件还是组合在纤维或织物内，只要其基本特征是纺织物，则应按本类的纺织品、服装和其他纺织物归类。

例如，带有加热装置的男式机织上衣应归入品目 6203。

第十二类　鞋、帽、伞、杖、鞭及其零件；已加工的羽毛及其制品；人造花；人发制品（第六十四章至第六十七章）

（一）主要内容

第十二类共 4 章。其中，第六十四章主要包括各种鞋靴；第六十五章主要包括各种帽类；第六十六章主要包括雨伞、阳伞、手杖、鞭子等；第六十七章主要包括羽毛制品、人造花和人发制品等。

（二）归类方法

1. 鞋靴及其零件的归类

（1）鞋靴一般按其外底和鞋面的材料归入不同的品目。当鞋面和鞋底由不同材料构成时，则鞋面的材料应以占表面面积最大的那种材料为准，而鞋底的材料应以与地面接触最广的那种材料为准。

例如，尺寸为 26 码的旅游鞋，鞋面由皮革和帆布构成且皮革的表面积大于帆布的表面积，鞋底材料为橡胶。由于鞋底为橡胶，鞋面主要为皮革材料，所以该旅游鞋应归入子目 6403. 9900。

（2）当按“运动鞋靴”归类时应符合第六十四章子目注释的条件。例如，我国习惯所称的某些运动鞋，若不符合第六十四章子目注释规定的条件，仍不能按“运动鞋靴”归类。

（3）某些鞋靴不能误归入第六十四章。例如，装有冰刀或轮子的滑冰鞋应按运动用鞋归入第九十五章；明显已穿过的旧鞋应归入品目 6309；石棉制的鞋应归入品目 6812。

（4）鞋靴的零件不包括第六十四章章注二所列的货品。例如，鞋带、鞋钉等不能按鞋靴的零件归类，一般按材料属性归类。

2. 帽的归类

一般的帽类归入第六十五章，但下列帽类不归入该章，即旧的帽类归入品目 6309，石棉制的帽类归入品目 6812，玩偶用帽及其他玩具用帽或狂欢节的用品归入第九十五章。

第十三类　石料、石膏、水泥、石棉、云母及类似材料的制品；陶瓷产品；玻璃及其制品（第六十八章至第七十章）

（一）主要内容

第十三类共 3 章。其中，第六十八章主要包括石料、石膏、水泥、石棉等制品；第六十九章主要包括成形后经过烧制的陶瓷制品；第七十章主要包括各种玻璃及其制品。

本类所包含的商品大都是由第五类的矿产品经进一步加工所制得的制品，本类的商品基本上都是制成品，不包括原料。

（二）归类方法

1. 第六十八章产品的归类

第六十八章包括石料、石膏、水泥、石棉等制品，主要来源于第五类的原料，并且一般只是对第五类的矿产品改变原来的形状，而不改变其原料的性质，这也是该章的产品与后面两章产品的主要区别。另外，品目 6812 包括石棉织造的服装、鞋帽，因此注意不要将石棉织造的服装按纺织品归入第十一类。

2. 陶瓷制品的归类

有些陶瓷制品已在第六十九章章注二被排除的，不归入该章，例如，陶瓷制的电器用绝缘子归入品目 8546。但也有一些陶瓷制品即使具有第十六类机器或零件的特征，仍应归入该章，例如陶瓷泵、陶瓷水龙头等，根据第八十四章章注一（二）“本章不包括陶瓷材料制的机器或器具（例如，泵）及供任何材料制的机器或器具用的陶瓷零件（第六十九章）”的规定，应归入第六十九章。

对属于耐火材料的陶瓷制品，如果可归入 6901~6903 中的一个品目，又可归入 6904~6914 中的一个品目，应优先归入品目 6901~6903。

3. 玻璃及其制品的归类

第七十章既包括玻璃的半制成品（玻璃板、片、球等），也包括玻璃制品。该章的某些玻璃制品虽具专有用途，若已在该章列名，仍归入该章，例如，钟表玻璃仍归入该章的品目 7015，而不按钟表零件归入第九十一章；玩偶等用的玻璃假眼仍归入该章的品目 7018，而不按玩具的零件归入第九十五章。

只有玻璃纤维和未经光学加工的光学元件才归入品目 7019 和 7014，而光导纤维、经光学加工的光学元件应归入品目 9001，不归入该章；只有不带外壳的保温瓶胆才归入该章的品目 7020，带外壳的保温瓶应归入品目 9617，不归入该章。

火车、汽车、飞机等交通工具所用窗户玻璃，如果已经加有边框，或者装有加热装置或其他电气或电子装置的，则应该按这些交通工具的零件归入第十七类；否则，即使已经切割成窗户的规格形状，仍按玻璃归入本章。

例如，镀膜加热汽车前挡风玻璃，由夹有几片金属薄膜的夹层玻璃组成，当开关启动后，薄膜起到加热电阻器的作用，加热玻璃表面以除霜除雪。该玻璃由于装有加热装置，故根据本章章注一（五）的规定，应按汽车零件归入品目 8708。

第十四类　天然或养殖珍珠、宝石或半宝石、贵金属、包贵金属及其制品；仿首饰、硬币（第七十一章）

（一）主要内容

第十四类只有 1 章，主要包括贵金属及其制品、珍珠和宝石及其制品，同时也包括仿首饰和硬币。

（二）归类方法

1. 贵金属的归类

本类所称贵金属，包括银、金及铂，其中“铂”指铂族元素，包括铂、铱、锇、钯、铑及钌。例如，品目 7110 的品目条文中的“铂”及子目 7112.92 的子目条文中的“铂”，均指铂族元素。

但是，子目 7110.1 所指的“铂”只包括铂本身，不包括铂族元素的其他元素。例如，子目 7110.1910 的“板、片”只包括铂本身这一种元素的板、片。

2. 贵金属合金的归类

只要其中一种贵金属含量达到合金重量的 2%，便视为贵金属合金，这不同于第十五类贱金属合金的归类原则（按含量较高的金属归类）。

根据第七十一章章注五的规定，首先，只要铂含量在 2%及以上的，就按铂合金归类，铂含量不一定为合金中含量最高的贵金属；其次，只要金含量在 2%及以上的，不含铂或铂含量小于 2%，就按金合金归类，金含量不一定为合金中含量最高的贵金属；最后，银含量在 2%及以上的其他合金，按银合金归类。

因此，贵金属合金归类的先后顺序为：铂合金最优先，其次是金合金，最后银合金。

例如，按重量计含铁 80%、铜 15%、银 3%、金 2%的金属合金（未经锻造，非货币用），应按金合金归类，所以应归入子目 7108.1200。

3. 包贵金属和镀贵金属的归类

包贵金属是指以贱金属为底料，在其一面或多面用焊接、熔接、热轧或类似机械方法覆盖一层贵金属的材料，它与镀贵金属的区别及归类情况如下：

名称	相同点	加工方式	归类
包贵金属	表面均为贵金属	通过焊接、熔接、热轧等机械方法制得	按所包的贵金属(外层材料)归类
镀贵金属		通过电镀等化学方法制得	按被镀的材料(内层材料)归类

4. 首饰、金银器具的归类

首饰、金银器具及其他制品归入品目 7113~7116。

（1）首饰

首饰是指个人用小饰物（例如，戒指、手镯、项圈、饰针、耳环、表链、表链饰物、垂饰、领带别针、袖扣、饰扣、宗教性或其他勋章及徽章）以及通常放置在衣袋、手提包或佩戴在身上的个人用品（例如，烟盒、粉盒、链袋、口香丸盒、念珠）。

其中，完全由贵金属或包贵金属制的首饰归入品目 7113；完全由珍珠、宝石制的首饰归入品目 7116；镶嵌珍珠、宝石的贵金属或包贵金属制的首饰归入品目 7113。

例如，金制的手镯归入品目 7113，玛瑙制的手镯归入品目 7116。

（2）金银器具

金银器具，包括装饰品、餐具、梳妆用具、吸烟用具及类似的家庭、办公室或宗教用的其他物品，应归入品目 7114。

5. 仿首饰的归类

“仿首饰”是用珠宝、贵金属或包贵金属以外的物品制成的，其范围为个人用小饰物

（例如，戒指、手镯、项圈、饰针、耳环、表链、表链饰物、垂饰、领带别针、袖扣、饰扣、宗教性或其他勋章及徽章），应归入品目7117。

例如，铂制的戒指归入品目7113，而铜制的戒指应归入品目7117。

第十五类　贱金属及其制品（第七十二章至第八十三章）

（一）主要内容

第十五类共12章，主要包括贱金属材料及结构较简单的贱金属制品、金属陶瓷及其制品。其中，第七十二章主要包括钢铁锭、板、条杆及丝等，第七十三章主要包括钢铁制品，第七十四章至第八十一章主要包括有色金属、金属陶瓷及其制品，第八十二章主要包括贱金属工具等，第八十三章包括贱金属杂项制品。本类的排列结构如下：

钢铁及其制品 …………………………………………… 第七十二章至第七十三章
有色金属、金属陶瓷及其制品 ………………………… 第七十四章至第八十一章
其他贱金属制品 ………………………………………… 第八十二章至第八十三章

其中，第七十二章至第八十一章是按金属属性分章的，除第七十二章、第七十三章外，同一章内一般按加工程度由低到高的顺序排列，即初级形状—半制成品—制成品。钢铁作为最重要的贱金属被分为两章，即第七十二章只包括钢铁的初级形状和半制成品（即钢材），第七十三章主要包括钢铁制品。

第七十四章至第八十一章为有色金属、金属陶瓷及其制品，其中第七十四章铜及其制品，第七十五章镍及其制品，第七十六章铝及其制品，第七十七章为空章，第七十八章铅及其制品，第七十九章锌及其制品，第八十章锡及其制品，第八十一章其他贱金属、金属陶瓷及其制品。

第八十二章至第八十三章是按商品的功能及用途排列的，主要包括特定功能和用途的制成品，其中第八十二章包括贱金属工具等；第八十三章为杂项金属制品。

（二）归类方法

1.“通用零件”的归类

（1）第十五类类注二明确了HS“通用零件”的范围，主要包括：

① 品目7307的钢铁制管子附件，品目7312的线、绳、索、缆，品目7315的链，品目7317或7318的各种钉及其他贱金属制的类似品（第七十四章至第八十一章的相关品目），但医疗专用的植入物（如植入人体的治疗骨折的专用螺栓）除外，其应作为特殊物品而归入品目9021；

② 品目7320的钢铁制弹簧及弹簧片及其他贱金属制的弹簧及弹簧片（第七十四章至第八十一章的相关品目）；

③ 品目8301的锁等，品目8302的家具等用的五金件，品目8306的框架及贱金属镜子，品目8308的管形铆钉等，品目8310的标志牌等。

（2）由于HS中第十六类、第十七类、第十八类、第十九类、第二十类的类注或章注中均将第十五类类注二的“通用零件”排除掉，因此，即使这些零件作为其他机器设备、器具的零件，仍归入本类。

例如，内燃机排气门用合金钢制螺旋弹簧，属于本类类注二“通用零件”的范围，应

归入子目 7320.2090。

2. 第八十二章、第八十三章列名制品的归类

只要是贱金属制的第八十二章、第八十三章列名的制品，应优先归入这两章，而不再按材料属性归入前面各章。

例如，铝制的易拉罐盖应归入第八十三章的品目 8309，而不按铝制品归入第七十六章；钢铁制成条的订书机用订书钉应归入第八十三章的品目 8305，而不按普通钉归入第七十三章的品目 7317。

3. 合金及复合材料制品的归类

（1）贱金属与贱金属的合金按所含重量最大的那种金属归类；本类贱金属与非本类元素（贵金属除外）构成的合金，只有本类贱金属的总重量等于或超过其他类元素的总重量时才归入本类。但有两种特例：品目 7202 的铁合金及品目 7405 的铜母合金，它们不按含量最大的金属归类。

例如，由 65%的铜和 35%的锌构成的铜锌合金管材。该管材铜的含量高于锌的含量，故按铜的合金归入品目 7411。

（2）含有两种或两种以上贱金属的制品，应按其所含重量最大的那种贱金属的制品归类。

例如，多种材料制成的烟灰缸，包括一个铁制底座（占总重量的 30%），一个铝制的托盘（占总重量的 30%），一个钢制的托盘板（占总重量的 30%），一个铜制的按钮（占总重量的 10%）。该商品是由多种贱金属组成的制品，应把铁和钢的部分相加（30%+30%=60%），其总重量超过了铝的重量，也超过了铜的重量，故按钢铁制品归入第七十三章的品目 7323。

4. 钢及钢材的分类

第七十二章按钢的加工程度和类型分为 4 个分章。在 HS 中，钢按所含元素的不同分为非合金钢和合金钢。一般只含碳元素的钢称为非合金钢，或称为碳钢；除碳元素外，还含有其他元素的钢称为合金钢。钢的详细分类如下：

名称		特点
非合金钢		在冶金行业又称为碳钢
合金钢	不锈钢	主要含铬的合金钢，且各种元素含量符合 HS 定义
	硅电钢	主要含硅的合金钢，且各种元素含量符合 HS 定义
	高速钢	主要含钨、钒、钼等，且各种元素含量符合 HS 定义
	硅锰钢	主要含硅及锰的合金钢，且各种元素含量符合 HS 定义
	其他合金钢	加入不同元素，呈现不同性质，用于不同场合

其中，合金钢中最常见的为不锈钢，只有符合下列条件的合金钢才视为不锈钢：按重量计含碳量在 1.2%及以下，含铬量在 10.5%及以上，不论是否含有其他元素。

钢材在 HS 中一般分为平板轧材、条杆、丝和各种型材、异型材等。

5. 非合金钢平板轧材的归类

（1）截面为矩形（正方形除外）并且不符合第七十二章章注一（九）所述定义的下

列形状实心轧制产品才能作为平板轧材归类：

① 层叠的卷材；

② 平直形状，其厚度如果在 4.75 毫米以下，则宽度至少是厚度的 10 倍；其厚度如果在 4.75 毫米及以上，其宽度应超过 150 毫米，并且至少应为厚度的 2 倍。

平板轧材包括直接轧制而成并有凸起式样（例如，凹槽、肋条形、格槽、珠粒、菱形）的产品以及穿孔、抛光或制成瓦楞形的产品，但不具有其他品目所列制品或产品的特征。

（2）非合金钢平板轧材归类时还要考虑其他因素，如规格（宽度、厚度）、轧制方式（热轧还是冷轧）、有无镀涂层和包覆层、报验状态（卷状、非卷状）等，其归类流程如下：

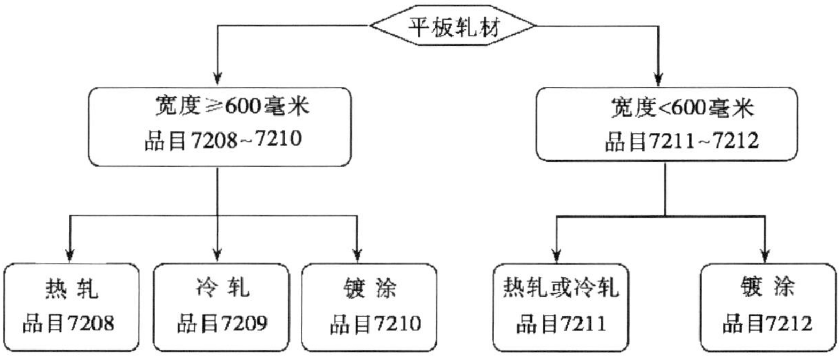

例如，非合金钢镀锌（热浸镀）平板轧材，长度为 2400 毫米，宽度为 1200 毫米，厚度为 1.2 毫米。该钢材符合平板轧材的条件，且宽度大于 600 毫米，所以归入子目 7210.4900。

6. 非合金钢条杆、型材、丝及空心材的归类

对这些钢材归类时，必须符合第七十二章章注一（十一）至（十四）的条件。

非合金钢条杆、型材、丝及空心材的归类归纳如下：

名称		特点	归类
条杆类	盘条	热轧不规则盘卷状	品目 7213
	热轧条杆	热轧直条状	品目 7214
	冷轧条杆	冷轧直条状	品目 7215
角材/型材/异型材		符合第七十二章章注一（十三）的要求	品目 7216
丝		冷加工规则盘卷状	品目 7217
空心材	空心钻钢	用于钻探，且外形尺寸在 15~52 毫米之间，最大内孔小于最大外形的 1/2	品目 7228
	管	全长截面相同并且只有一个闭合空间的同心中空产品	品目 7304~7306
	空心异型材	不符合“管”的定义，且主要是内外截面形状不同的空心产品	品目 7306

7. 钢铁容器的归类

盛装物料用的钢铁囤、柜、罐、桶、盒及类似容器一般按其容积的不同归入品目7309~7310，但这两个品目并不是包括所有的钢铁容器，一般只包括非家用的；若是家庭或厨房用的钢铁容器，如粗腰饼干桶、茶叶罐、糖听及类似容器应归入品目7323，这些容器不能误按容积小于300升的容器归入品目7310。

8. 各种钢铁钉的归类

在HS中有各种钢铁钉，如果类型、用途不同，它们的归类也不同。归纳如下：

商品描述	归类
普通钢铁钉、平头钉、图钉	品目7317
订书机用的订书钉	品目8305
带有铜或铜合金钉头的钢铁钉、平头钉	品目7415
钢铁制螺钉、普通铆钉（实心的）	品目7318
管形铆钉/开口铆钉（主要用于衣着、鞋帽、帐篷、皮革制品和工程技术）	品目8308

9. 可互换工具及刀具的归类

机床用可互换工具及刀具，如锻压、冲压用模具，机床上用的各种刀具，虽作为第十六类机器的零件，但仍要归入第八十二章。例如，钻床用的钻头、车床用的车刀、铣床用的铣刀等归入品目8207，但锯床用的锯片要归入品目8202。

10. 成套工具及餐具的归类

（1）由品目8205中不同种类的货品构成的成套工具仍归入该品目内，即子目8205.9000；

（2）由品目8202~8205中两个或多个品目所列工具组成的零售包装成套工具归入品目8206；

（3）由品目8211中不同种类的刀构成的成套刀具仍归入该品目内，即子目8211.1000；

（4）由品目8211中的一把或多把刀具与品目8215至少数量相同的物品构成的成套餐具，以及由品目8215中不同种类的贱金属货品构成的成套餐具，应归入品目8215。

例如，由10把品目8211的西餐用刀具和10把品目8215的西餐用餐叉（均为不锈钢制）组成成套餐具后一并归入子目8215.2000。

11. 手动机械器具的归类

手动机械器具一般归入第八十二章，有的还有重量的限制。例如，手摇的钻孔工具归入品目8205；用于加工或调制食品或饮料的手动机械器具（且重量不超过10千克）归入品目8210。

第十六类 机器、机械器具、电器设备及其零件；录音机及放声机、电视图像、声音的录制和重放设备及其零件、附件（第八十四章至第八十五章）

（一）主要内容

第十六类只包括2章。其中，第八十四章主要包括非电气的机器、机械器具及其零件，第八十五章主要包括电气电子产品及其零件。

（二）归类方法

1. 组合机器、多功能机器的归类

组合机器是指由两部及两部以上机器装配在一起形成的机器。一般是一台机器装在另一台机器的内部或上面，或者两者装在同一底座、支架上或同一个机壳内，且这组机器必须是永久性地连在一起。

多功能机器是指具有两种及两种以上互补或交替功能的机器。

组合机器与多功能机器的归类原则：按机器的主要功能归类，当不能确定其主要功能时，按“从后归类”的原则归类。

例如，具有提供热、冷水功能的饮水机。该设备具有加热和制冷两种功能，其用途为提供饮用水，属于多功能机器，比较两种功能，很难确定哪一种为主要功能，所以按“从后归类”的原则归入品目 8516。

2. 功能机组的归类

功能机组是由几个具有不同功能的机器（包括机组部件）结合在一起而构成的。这些机器通常由管道、传动装置、电缆或其他装置连接起来。

功能机组的归类原则：组合后的功能明显符合第八十四章或第八十五章某个品目所列功能时，全部机器或部件均归入该品目，而不再分别归类。

例如，番茄酱的成套加工设备，由番茄破碎设备、番茄汁浓缩设备、杀菌设备、电气控制柜等组成。这套设备的主要功能是食品加工，符合功能机组的条件，应将成套设备一并归入子目 8438. 6000。

3. 机器零件的归类

本类机器所属零件归类的一般步骤为：

（1）考虑是否是本类类注一、第八十四章章注一和第八十五章章注一排他条款中的商品，若已排除，则不能归入本类；

（2）考虑是否是第八十四章、第八十五章列名的商品，若已列名，则按列名归类；

（3）考虑是否是专用零件，若符合条件则与机器一并归类，或归入指定的专用零件品目；

（4）考虑是否可归入品目 8487 或 8548。

例 1　电冰箱用压缩机，作为电冰箱的一个部件，在品目 8414 内有列名，故应归入 8414. 30 项下的相关子目。

例 2　电冰箱用壳体，作为冰箱的专用零件，应归入 8418. 99 项下的相关子目。

4. 可归入多个品目的机器或零件的归类

（1）当出现既可按列名的功能归入品目 8401~8424 或 8486，又可按应用行业归入品目 8425~8480 的情况时，优先归入品目 8401~8424 或 8486。

例如，工业用火腿蒸煮器，既可按利用温度变化工作的机器归入品目 8419，又可按食品（肉类）的加工机器归入品目 8438，应优先归入品目 8419。

但下列情况除外：

① 品目 8419 不包括：

A. 催芽装置、孵卵器或育雏器（品目 8436）；

B. 谷物调湿机（品目 8437）；

C. 萃取糖汁的浸提装置（品目 8438）；

D. 纱线、织物及纺织制品的热处理机器（品目 8451）；

E. 温度变化（即使必不可少）仅作为辅助功能的机器设备。

② 品目 8422 不包括：

A. 缝合袋子或类似品用的缝纫机（品目 8452）；

B. 品目 8472 的办公室用机器。

③ 品目 8424 不包括：

喷墨印刷（打印）机器（品目 8443）或水射流切割机（品目 8456）。

（2）在对特种机床归类时，也会出现可归入多个品目的情况：既可按特种机床归入品目 8456，同时又可按功能归入品目 8457~8465，此时应优先按特种机床归入品目 8456。

例如，利用激光在各种材料上打孔的机床。该机床既可按加工方式（激光加工）归入品目 8456，又可按功能（钻孔）归入品目 8459，此时，应将该机床归入子目 8456. 1000。

（3）对于集成电路、晶体管等半导体器件，也会出现可归入多个品目的情况：既可按其功能归入品目 8542 或 8541，又可按所用机器设备的零件归入相关品目，此时应优先归入品目 8542 或 8541。

5. 第八十四章结构规律

第八十四章主要包含非电气的机器、机械器具及其零件，是 HS 中品目最多的一章，有 87 个品目，其结构主要按下列规律排列。

（1）品目 8401~8424，主要按商品的功能列目。详见下列结构：

核反应堆等……………………………………品目 8401
锅炉及其他气体发生器………………………品目 8402~8405
动力机器………………………………………品目 8406~8412
液体泵、气体泵或压缩机……………………品目 8413~8414
能量的转化机器………………………………品目 8415~8419
其他按功能列名的机器………………………品目 8420~8424

（2）品目 8425~8478，主要按商品的应用行业列目。详见下列结构：

起重与搬运机器………………………………品目 8425~8431
农、林、食品加工机器………………………品目 8432~8438
造纸、印刷机器………………………………品目 8439~8443
纺织及相关机器………………………………品目 8444~8452
皮革加工机器…………………………………品目 8453
冶金制造机器…………………………………品目 8454~8455
机床……………………………………………品目 8456~8466
办公机器………………………………………品目 8469~8473
其他……………………………………………品目 8474~8478

（3）品目 8479 包括不能归入该章该品目以前任何品目的机器及机械器具；品目 8480 包括金属铸造用的型箱及阳模，还包括模制某些材料用的手工模具或机器模具（锭模除外）；品目 8481～8484 包括某些可作为机器零件使用或可用做其他章货品零件的通用物品；品目 8486 包括专用于或主要用于制造半导体单晶柱或圆片、半导体器件、集成电路或平板显示器的机器及装置，以及该章章注九（三）所列的机器及装置；品目 8487 包括其他品目未列名的非电气零件。

6. 动力机器及其零部件的归类

动力机器（电动机除外）归入品目 8406～8412。其中内燃机为最广泛的动力机器之一，点燃式内燃发动机（主要包括汽油机）归入品目 8407，压燃式内燃发动机（即柴油机）归入品目 8408。

液压、气压动力装置（即以液体能或压缩气体作为动力源的装置）也作为动力装置归入品目 8412。

电动机（将电能转变成机械能的动力装置）归入品目 8501。

只有“主要用于或专用于”内燃机的零部件才归入品目 8409，如活塞、连杆、气缸体、气缸盖等。

例 1　别克轿车用发动机，气缸容量为 1.6 升，发动机为点燃往复式内燃发动机，应归入子目 8407.3410。

例 2　摩托车用气缸盖，属于内燃机专用的零件，应归入品目 8409，又因摩托车用的发动机一般为点燃式内燃发动机，所以归入子目 8409.9199。

7. 液体泵、气体泵和压缩机的归类

液体泵、气体泵和压缩机是应用较广泛的通用机器。

液体泵归入品目 8413。归入本品目的液体泵可以带有计量装置或计价装置，不要将计量泵按仪器归入第九十章。

气泵、压缩机等归入品目 8414。本品目还包括手动或动力驱动的用以压缩空气或其他气体（如氟利昂）或造成真空的机器设备，空气或其他气体循环用的机器（风机和风扇），手动的打气筒也归入此品目。

例 1　活塞式内燃机冷却用水泵。该水泵属于液体泵，按其功能归入品目 8413，然后根据其用途按活塞式内燃机用冷却剂泵归入子目 8413.3090。

例 2　轿车空调用压缩机。该压缩机用于制冷设备，按其功能归入品目 8414，又因轿车用的压缩机一般由发动机直接驱动，属于非电动机驱动的压缩机，所以归入子目 8414.3090。

8. 制冷设备的归类

制冷设备主要包括空调器和电冰箱等。空调器及其专用零件归入品目 8415，其他制冷设备及其零件归入品目 8418。

例如，家用壁式分体空调器，具有制冷和制热功能，制冷量为 3200 大卡/小时。此空调器应归入品目 8415，根据分体式和制冷量再归入子目 8415.1021。

9. 利用温度变化处理材料的设备的归类

利用温度变化处理材料的设备一般归入品目 8419，但品目 8419 的条文分成两部分，分号前面的商品必须是非家用的，不论是否用电加热，而分号后面的商品必须是非电热的，不论是否家用。

例如，电热医用消毒设备（将要消毒的物品或材料放入设备内加热至高温以杀灭细菌)。该消毒设备属于利用温度变化处理材料的设备，根据其功能归入品目 8419，然后按医用消毒器具归入子目 8419.2000。

10. 印刷机械及打印、复印、传真等多功能机器的归类

印刷（打印）、复印、传真等机器归入品目 8443。该品目项下的子目结构如下：

- 传统印刷机器（即采用品目 8442 的印版进行印刷的机器）………子目 8443.1
- 其他机器
  - 可与自动数据处理设备或网络相连的
    - 具有多功能 ……子目 8443.31
    - 具有单功能 ……子目 8443.32
  - 不可与自动数据处理设备或网络相连的 …………子目 8443.39
- 零件……………………子目 8443.9

归入本品目的机器在确定子目时，主要考虑的因素有：是否是传统的印刷机器，是否可与自动数据处理设备或网络（这里的网络既包括计算机网络，也包括电话网络、电报网络等）相连，是否具有打印、复印、传真等多种功能。

这里应注意，具有单一功能的打印机不能按自动数据处理设备的输出部件归入品目 8471，具有单一功能的传真机不能按通信设备归入品目 8517。

例 1　激光打印机（只有打印功能)。该打印机可与自动数据处理设备相连，归入子目 8443.3212。

例 2　激光打印机用硒鼓。硒鼓作为打印机的零件，应归入子目 8443.9990。

3D 打印机，是基于数字模型形成物体的增材制造机器（Machines for additive manufacturing)。该机器根据设计文件，以金属、塑料、橡胶、石膏、水泥、陶瓷、玻璃、木材、纸等为原材料，通过材料的连续添加、堆叠、凝结和固化来制造三维物体。由于 3D 打印机的原理、结构、功能与传统的打印机完全不同，故《协调制度》对其单独设置了一个新的品目 8485。

11. 各种加工机床及零件的归类

各种加工机床归入品目 8456~8465，机床的分类及归类归纳如下：

- 特种加工机床……………………品目 8456
- 金属加工机床
  - 金属切削
    - 加工中心、组合机床 ……………品目 8457
    - 车床 ……………品目 8458
    - 钻、镗、铣、攻丝机床 ……………品目 8459
    - 磨床（不含齿轮磨床） ……………品目 8460
    - 刨、插、拉、齿轮加工（含齿轮磨床)、锯机床 ……品目 8461
  - 压力加工机床 ……………品目 8462
  - 其他非切削加工机床 ……………品目 8463
- 其他加工机床
  - 加工矿物质等 ……………品目 8464
  - 加工木材、塑料、橡胶等 ……………品目 8465

机床的一般归类方法如下：

（1）判断其是否符合该章章注九有关品目 8486 的设备和装置的规定，若符合则优先归入品目 8486。

（2）判断其是否是用激光、光子束、超声波等加工各种材料的特种加工机床，若是则

优先归入品目8456；若不是，则根据加工对象的不同归类，加工金属的机床归入品目8457~8463，加工其他材料的机床归入品目8464~8465。而加工金属的机床，还要区分是金属切削机床（即加工过程中有切屑产生）还是压力加工机床或其他非切削加工机床，前者按加工方式归入品目8457~8461，后者则按压力加工机床或其他非切削加工机床归入品目8462~8463。

品目8457的加工中心不包括车削中心，因为车削中心以车削为主要加工方式，因此仍按车床归入品目8458。

（3）确定某些子目时还要考虑是立式机床还是卧式机床，立式指机床的回转主轴为垂直方向，卧式指机床的回转主轴为水平方向。

（4）品目8464的机床加工对象包括石料、陶瓷、混凝土、石棉水泥、玻璃等矿物质；品目8465的加工对象包括木材、软木、骨、硬质橡胶、硬质塑料等。例如，木工用刨床、钻床、铣床等应归入品目8465。

（5）只有专用于上述机床的零件、附件才归入零件专用品目8466，如工具夹具、工件夹具及分度头等；若是在其他品目列名的零件、附件，则归入其他相关品目，例如，机床上用的刀具（如车刀、铣刀、钻头等）归入品目8207。

例1 数控齿轮磨床。加工普通工件的一般磨床（如平面磨床、外圆磨床等）归入品目8460，但在品目8460的条文中已明确品目8461的用于加工齿轮的磨床除外，所以将此磨床归入品目8461，然后按功能及数控的条件归入子目8461.4011。

例2 非数控卷板机（用于将较厚的板材卷成圆筒状）。此卷板机通过压力使板材弯曲，属于通过压力加工金属的设备，应归入品目8462，然后按功能和非数控的条件归入子目8462.2990。

12. 自动数据处理设备及零部件的归类

（1）自动数据处理设备只有符合下列条件的才归入品目8471：

① 存储处理程序及执行程序直接需要的起码的数据；

② 按照用户的要求随意编辑程序；

③ 按照用户指令进行算术计算；

④ 在运行过程中，可不需人为干预而通过逻辑判断，执行一个处理程序，这个处理程序可改变计算机指令的执行。

（2）自动数据处理设备的部件如果单独报验，应归入品目8471。

常见的自动数据处理设备及部件的归类归纳如下：

便携式自动数据处理设备		子目8471.30
其他以系统形式报验的自动数据处理设备		子目8471.49
单独报验的部件	自动数据处理部件	子目8471.50
	输入输出部件	子目8471.60
	存储部件	子目8471.70
	其他部件	子目8471.80

例如，一起报验的微电脑主机（含CPU、主板、硬盘等）、键盘（输入设备）和显示器（输出设备）一并按“系统”归入子目8471.49，而单独报验的微电脑主机（含CPU、主板、硬盘等）归入子目8471.50，单独报验的键盘归入8471.6071，单独报验的微电脑

用内存条应作为自动数据处理设备的零件归入 8473.3090，而单独报验的显示器则应归入品目 8528 的相关子目。

（3）配有自动数据处理设备，或与数据处理设备连用，但却从事数据处理以外的某项专门功能的机器、仪器或设备不归入品目 8471，应按其功能归入相应的品目。

例如，与电脑连接使用的名片印刷机，主要功能是印刷，应归入品目 8443。

13. 半导体、集成电路及平板显示器制造设备的归类

半导体、集成电路及平板显示器制造设备归入品目 8486。根据第八十四章章注九（四），符合品目 8486 规定的设备和装置在归类时优先于 HS 的其他所有品目。

14. 通用机械零部件的归类

通用机械零部件归入品目 8480~8484 及 8487，其中：

（1）模具（包括金属铸造、玻璃热加工、陶瓷、水泥制品、橡胶、塑料制品等用的模具）归入品目 8480。

（2）机器设备用的各种阀门及龙头归入品目 8481。

（3）机器设备用的传动装置（如传动轴、变速箱及单个齿轮、离合器及联轴器等）归入品目 8483。

（4）滚动轴承和滑动轴承都属于轴承，但前者归入品目 8482，后者归入品目 8483，安装这些轴承的轴承座归入品目 8483。

（5）只有用金属片与其他材料制成或用双层或多层金属片制成的密封垫或类似接合衬垫才归入品目 8484，而用单一材料制的密封垫不归入品目 8484，应按所用材料归类；只有成套的各式密封垫（必须至少配有两个及两个以上由不同材料制成）才归入品目 8484。

例如，点燃式内燃发动机用的气缸密封垫（由两层铜片中间夹一层纸板构成）。该密封垫是用金属片与其他材料制成的，符合品目 8484 条文的描述，所以归入子目 8484.1000。

（6）该章其他品目未列名的通用机器零件归入品目 8487，如不同行业的机器上可通用的手轮就归入品目 8487。

15. 第八十五章结构规律

第八十五章主要包含电气电子产品及其零件，基本上是按商品的功能排列的。详见下列结构：

电能的产生、变换及储存设备	品目 8501~8504、8506~8507
电动机械器具	品目 8508~8510
依靠电性能工作的设备	品目 8505、8511~8518、8525~8531、8543
声音、图像录放设备	品目 8519~8522
记录媒体	品目 8523
电子元器件、电路开关、连接设备	品目 8532~8542、8545
绝缘电导体及绝缘体	品目 8544、8546~8547

16. 电池的归类

电池按其是否可充电分为原电池和蓄电池，一般不可充电的原电池归入品目 8506，可以充电的蓄电池归入品目 8507。例如，石英手表用的扣式锂电池为不可充电的电池，归入子目 8506.5000，而手机用锂离子电池为可充电电池，归入子目 8507.6000。

但与这两类电池工作原理不同的光电池则要归入品目 8541。

废的原电池、蓄电池归入品目 8548。

例如，由可充电锂离子电池组成的充电宝（英文 power bank）可以接受外部电源对充电宝充电，充电完成后再向手机等电子设备供电，这种功能符合品目 8507“蓄电池”的规定，故应归入子目 8507.6000。

17. 电动机械器具的归类

（1）一般电动机械器具归入品目 8508～8510。其中真空吸尘器不论是家用还是非家用，一律归入品目 8508，电动剃须刀归入品目 8510，其他家用的电动机械器具归入品目 8509。

（2）品目 8509 仅适用于“家用”和“电动”的器具，还应注意归入该品目的有些家用电动器具要受重量的限制（不超过 20 千克）。

例如，不同类型绞肉机的归类。小于 20 千克的家用电动绞肉机归入品目 8509，大于 20 千克的电动绞肉机则要按工业用的食品加工机器归入品目 8438，不超过 10 千克的手摇绞肉机则应按手工工具归入品目 8210。

另外，其他品目已列名的家用电动器具不归入本品目，例如，家用洗衣机在品目 8450 已有列名。

18. 加热器具的归类

加热器具归类时一般要考虑的因素包括：工业或实验室用还是家用，是炉具还是一般加热器具，是电加热还是非电加热。

一般将电加热的工业或实验室用炉具归入品目 8514，而非电加热的工业或实验室用炉具归入品目 8417；一般家用的电加热器具归入品目 8516，家用非电热的器具归入品目 7321、7322、7418 或 8419，非家用的加热器具归入品目 8419 或 7322。

例如，燃气热水器，由于其为非电热的，故应归入品目 8419。再如，农产品干燥用的器具，由于其为非家用的，故应归入品目 8419。

19. 焊接设备的归类

对焊接设备归类时，首先判断其工作方式，若是以电气、激光、光子束、超声波、电子束、等离子弧等方式工作的焊接设备，归入品目 8515；若是以其他方式工作的焊接设备（例如气焊设备、摩擦焊设备），则归入品目 8468。

20. 通信设备的归类

不论是有线通信设备还是无线通信设备，一律归入品目 8517，只有在确定子目时才区分是有线通信设备还是无线通信设备。常见的通信设备包括有线电话、蜂窝网络电话或其他无线网络电话（主要指手机），基站，电话交换机，光通信用设备（如光端机等），计算机网络通信用设备（如以太网交换机、路由器、集线器等），其他声音、图像或其他数据的转换及接收设备和发送设备。

这里应注意，无绳电话机不同于无线电话机，无绳电话机又称子母机，由主机和副机两部分组成，因主机与电话线相连，只是主机与副机的通信为无线方式，故无绳电话机仍属有线通信设备，而无线电话机属无线通信设备。

用于声音、图像或其他数据的发送设备不要误归入品目 8525，计算机通信用的路由器、集线器等不要误按自动数据处理设备的部件归入品目 8471；其他品目已列名的通信设备，不归入本品目，例如，传真机已在品目 8443 列名，不要误按通信设备归入本品目。

21. 音像设备及无线广播、电视接收设备的归类

音像设备主要包括声音的录制、播放设备，转化设备（话筒和喇叭）等，图像的录制、播放设备，摄像机等。音像设备及无线广播、电视接收设备的归类情况归纳如下：

信号种类	变换方式	归类
声音	话筒和喇叭（声音⇄电信号）	品目 8518
	放音（记录媒体→声音）	品目 8519
	录音（声音→记录媒体）	品目 8519
	收音（无线电广播信号→ 声音）	品目 8527
图像	录放像（图像电信号⇄记录媒体）	品目 8521
	摄像（图像→记录媒体）	品目 8525
	电视（无线电电视信号→图像、声音）	品目 8528

22. 记录媒体的归类

记录媒体一律归入品目 8523，只有在确定本国的七、八位子目时才考虑是否录制信息。目前常见的记录媒体主要包括磁性媒体、光学媒体和半导体媒体。磁性媒体常见的类型为磁带、磁盘及磁卡；光学媒体常见的类型主要是光盘；半导体媒体常见的类型有 U 盘、数码相机用的记忆棒、SD 卡、CF 卡、SM 卡等。

例如，DVD 光盘（内含国外获奖影片）。此光盘属光学记录媒体，归入品目 8523，因它既包含声音信息，又包含图像信息，所以归入子目 8523. 4990。

这里应注意，微电脑用内存条不能作为记录媒体归入品目 8523，应作为自动数据处理设备的零件归入 8473. 3090；移动硬盘不能作为记录媒体归入品目 8523，应作为自动数据处理设备的存储部件归入 8471. 7010（其中固态硬盘归入 8471. 7011，机械硬盘归入 8471. 7019）。

23. 灯、灯具的归类

对灯、灯具进行归类时，一般考虑的因素包括：是否带有灯座、何种用途等。不带灯座的各种灯泡、灯管等电光源归入品目 8539；带有灯座的灯具归入品目 9405；机动车辆（不含火车、飞机）的照明灯、信号灯归入品目 8512；火车和飞机的前灯等归入品目 9405；自供电源的灯（如手电筒、手提式应急灯）归入品目 8513；交通管理用的信号灯（交叉路口的红绿灯等）归入品目 8530；照相机用的闪光灯及灯泡归入品目 9006。

近几年发展迅速的 LED 灯泡、灯管按列名归入品目 8539，但是安装有 LED 灯泡或灯管的灯具仍然应归入品目 9405。

24. 通用电子元器件及简单电器装置的归类

（1）通用电子元器件一般按其不同的特性归入品目 8532～8533、8540～8542，这些元器件一般作为电气设备的零件。其中，无源元件主要包括归入品目 8532 的电容器，归入品目 8533 的电阻器（但加热电阻器归入品目 8516），还有归入品目 8504 的电感器；有源元件主要包括归入品目 8540 的热电子管、冷阴极管或光阴极管，归入品目 8541 的半导体器件（二极管、晶体管等）。

（2）集成电路归入品目8542。首先，按其用途（处理器、控制器用、存储器、放大器等）归入不同的子目；其次，集成电路按技术的发展分为单片集成电路、混合集成电路、多芯片集成电路和多元件集成电路（具体概念及区别方法由第85章章注十二确定），所以对于集成电路的归类，还需要按该章注的规定确定属于哪种类型。

（3）发光二极管（即LED）是一种可把电能变成可见光线、红外线或紫外线的半导体器件，可在控制系统中用作显示或传输数据，或用于照明和发光应用。

由于LED是一种半导体器件，无论是单个还是封装了多个LED芯片的LED器件，都归入品目8541；将LED器件安装在印刷电路板上形成的LED组件，也归入品目8541；如果再加上控制电路（目的是对交流电电源进行整流或将直流电控制在LED可用水平）则超出品目8541的范围，而应按LED模块归入子目8539.5100；如果还带有便于安装在灯座上的灯头（例如，螺旋式、卡口式或双引脚式），则应按LED灯泡或灯管归入子目8539.5210或8539.5220。

（4）简单的电器装置一般分为高压电器（电压>1000伏）和低压电器（电压≤1000伏），前者归入品目8535，后者归入品目8536。例如，耳机插座，属于连接电路的电气装置，且为低压电器（电压小于1000伏），归入品目8536，然后按插座归入子目8536.6900。

而由品目8535的高压电器或品目8536的低压电器组成的通常装于盘、板、台上或柜子里的组合体，应归入品目8537，如一些电器控制柜、数控装置等，本品目同时也包含一些较为复杂的装置，如可编程序控制器等。

25. 平板显示模组的归类

平板显示模组是指用于显示信息的装置或器具，该装置的基本组成是至少含有一个使用液晶（LCD）、有机发光二极管（OLED）、发光二极管（LED）或其他显示技术的显示屏。之所以称之为“模组”，是因为该装置设计为在使用前安装于其他品目所列货品中，例如安装于计算机、手机、摄像机、监视器、电视机上用作信息显示。

以LED显示屏为例，由液晶层夹于两片玻璃或塑料板片中制成，无论是否装有电子连接件或偏光板，这样的液晶装置归入子目8524.1100“不含驱动器或控制电路的液晶平板显示模组”。如果在此基础上增加驱动器或控制电路（驱动器用于接收视频信号或其他信号并控制显示屏各个像素点的开关，控制电路用于显示模组的电源供应或时序控制），则归入子目8524.91。

但是，根据第85章章注七的规定，如果在上述平板显示模组的基础上再增加装有转换视频信号的组件（例如，图像缩放集成电路、解码集成电路或程序处理器），则超出品目8524的范围，应归入其他品目（例如品目8528的监视器）。

另外，如果将平板显示模组集成到其他装置中，则应按该装置的整机归入相应的品目。例如，装有平板显示模组的视频游戏控制器应按“电子游戏机”归入品目9504。

26. 具有独立功能未列名机电产品的归类

具有独立功能且其他品目未列名的机电产品一般归入品目8479（机械设备）或8543（电气设备）。这两个品目又可看作第八十四章和第八十五章的兜底品目，归入这两个品目的商品必须满足下列条件：

（1）任何类注或章注中均未规定不包括在这两章内；

（2）未更为具体地列入 HS 其他各章的某一品目内；

（3）根据其功能和用途均不能归入这两章的其他品目。

例如，配有机械装置的潜水箱，应作为未列名的机械设备归入品目 8479。

第十七类　车辆、航空器、船舶及有关运输设备（第八十六章至第八十九章）

（一）主要内容

本类共 4 章，包括各种铁道车辆（第八十六章），其他陆上车辆（第八十七章），航空器及航天器（第八十八章），船舶及浮动结构体（第八十九章）。此外还包括与运输设备有关的具体列名的货品，如归入品目 8609 的集装箱，归入品目 8608 的铁道或电车轨道固定装置及附件和机械信号装置，归入品目 8804 的降落伞等。

（二）归类方法

1. 多用途运输设备的归类

（1）既能在道路上又能在轨道上行驶的车辆归入第八十七章；

（2）水陆两用的机动车辆归入第八十七章；

（3）可兼作地面车辆的航空器归入第八十八章；

（4）在导轨上运行的气垫火车归入第八十六章；

（5）水陆两用的气垫运输工具归入第八十七章；

（6）水上航行但只能在海滩或浮码头上登陆或在冰上行驶的气垫运输工具归入第八十九章。

2. 运输设备零件、附件的归类

根据本类类注二，其他类已列名的零件、附件不归入本类，常见的有第八十四章、第八十五章列名的机电产品，第十五类类注二规定的“通用零件”及塑料制的类似品。例如，汽车发动机是车辆的一个部件，在第八十四章有列名，故归入第八十四章，而不归入第八十七章。

只有专用于本类设备的零件、附件才与设备一并归类或归入零件专用的品目。同时应注意，本类只有第八十六章至第八十八章包括这些运输设备的零件、附件，第八十九章不包括零件、附件，只包括船舶及浮动结构体等运输设备，所以即使能确定专用于或主要用于船舶也不归入该章，一般按主要用途归入前面各章。例如，船舶用舵机作为船舶的一个部件，应归入子目 8479.8910，而不归入第八十九章。

3. 客车、货车的归类

（1）用于载人的机动车辆按座位数分为两种：10 座及以上的车辆和 10 座以下的车辆。

10 座及以上的车辆，主要按发动机类型和座位数等因素归入品目 8702 项下的相关子目，其中座位数包括驾驶员座位和折叠椅座位数。

10 座以下的车辆，主要按用途、发动机类型、气缸容量等因素归入品目 8703 项下的相关子目。

传统汽车使用汽油或柴油作为燃料，新能源汽车则全部或部分使用电力作为汽车动力来源。目前，新能源汽车主要分为纯电动汽车、非插电式混合动力汽车和插电式混合动力汽车。

纯电动汽车（如“特斯拉”），特点是动力仅由电动机提供，用蓄电池存储电力。

混合动力汽车，特点是动力由传统的内燃发动机和电动机混合提供。具体又分为两种：

① 非插电式混合动力汽车（如“丰田的‘普锐斯’”），电池容量很小，仅在起/停、加/减速的时候供应/回收能量，不能外部充电，不能用纯电模式较长距离行驶；

② 插电式混合动力汽车（如“比亚迪的‘秦’”），是采用外接电源（充电桩甚至接线板）对蓄电池进行直接充电的混合动力车。电池容量相对比较大，通过外部充电，可以用纯电模式长途行驶，也可适时向电池充电。

点燃式活塞内燃发动机主要包括用火花塞点火的汽油发动机；压燃式活塞内燃发动机主要包括柴油发动机。

气缸容量指发动机运转时气缸所排出气体的体积。

（2）用于载货的车辆按发动机类型（点燃式活塞内燃发动机、压燃式活塞内燃发动机）和车辆总重量归入品目 8704 项下的相关子目。

车辆的总重量=车辆的自重+最大设计载荷+加满油的油箱重量+驾驶员的重量

例如，旅游观光电瓶车，16 座（包括驾驶员座）。此车属 10 座以上载人的客运车辆，应归入品目 8702。

4. 特种车辆的归类

不以载人、载货为主要目的的特种车辆归入品目 8705，例如，消防车、起重车等。

而有些特殊用途的车辆仍以载人、载货为主要目的，例如，囚车、警车、灵车、赛车等仍以载人为主要目的，要归入品目 8702~8703，不按特种车辆归类；冷藏货车、液罐车、运钞车、自动装卸货车（装有绞车、提升机等装置，但主要用于运输）等仍以载货为主要目的，要归入品目 8704，不按特种车辆归类。

用于展示、教学用而无其他用途的未剖开或已剖开的模型车辆及真实车辆不归入第八十七章，而归入品目 9023。

5. 机动车辆底盘的归类

常见的机动车辆底盘有 3 种类型，分别归类如下：

（1）只装有发动机的机动车辆底盘归入品目 8706。

（2）装有驾驶室和发动机的机动车辆底盘，按相应的整车归入品目 8702~8704。

（3）未装有驾驶室和发动机的机动车辆底盘，按机动车辆的零件归入品目 8708。

6. 汽车零件、附件的归类

通常所称的汽车零件、附件，一般指品目 8701~8705 所列机动车辆用的零件、附件。

对这些零件、附件进行归类时，首先判断是否是本类类注二已排除掉的（即在其他类已列名），只有确定在其他类未列名的情况下，才归入品目 8708；其次根据零件所在车辆的部位（缓冲器、车身、制动器、变速箱、驱动桥、车轮、悬挂系统等）确定第五位子目；最后确定第六位至第八位子目，由于我国所列的某些第七、第八位子目是按前面整车类型所列，所以在确定这些子目前必须先确定整车的编码。

例 1　变速箱（车辆总重量为 12 吨的重型货车用，柴油发动机），应按货车专用零件归入品目 8708，然后按列名归入子目 8708.4，又因该货车整车归入子目 8704.2230，故最后将此变速箱归入子目 8708.4040。

例 2　带充气系统的安全气囊（小轿车用）。安全气囊属于轿车专用的零件，归入品目 8708，比较该品目下的一级子目，归入子目 8708.9，然后按列名归入子目 8708.9500。

7. 摩托车和自行车的归类

摩托车和自行车分别归入品目 8711 和 8712。摩托车按发动机类型和气缸容量归入不同的子目，自行车按用途和车轮直径（以英寸为单位）归入不同的子目。

电动自行车应按装有辅助动力的脚踏车归入子目 8711.6000。

摩托车及自行车的零件、附件归入品目 8714，但摩托车用的发动机及发动机的零件因在第八十四章已有列名，不归入本品目。

8. 其他运输设备的归类

坦克及其他机动装甲战斗车辆，不论是否装有武器，一律归入品目 8710，不能误按武器归入第九十三章。

第八十六章主要包括铁道运输设备及其零件，但也有部分设备即使不用于铁道运输仍归入该章。例如，用于内河航道、港口、停车场或机场等场所的机械交通信号设备归入品目 8608（若是电气的交通信号设备应归入品目 8530），集装箱即使不用于铁道运输（如用于海运）仍归入品目 8609。

第八十八章包括飞机、飞艇等航空器及卫星等航天器。现在比较流行的照相无人机，根据世界海关组织的归类决定，不按飞机归类，而是按数字照相机归入品目 8525。

第八十九章包括各种船舶及浮动结构体（如海上钻井平台），但非常特别的是，本章没有零件的税号，即单独报验的船舶零件或浮动结构体的零件（船体除外）不归入本章。例如，船舶用舵机归入品目 8479，钢铁制的船舶舷梯按“钢铁结构体”归入品目 7308，划船用的木桨按“木制品”归入品目 4421。

第十八类　光学、照相、电影、计量、检验、医疗或外科用仪器及设备、精密仪器及设备；钟表；乐器；上述物品的零件、附件（第九十章至第九十二章）

（一）主要内容

本类共 3 章，第九十章主要包括光学、计量、医疗仪器、精密仪器及设备等，第九十一章主要包括钟表，第九十二章主要包括乐器。

（二）归类方法

1. 第九十章的结构规律

第九十章的光学、计量、医疗仪器、精密仪器，在结构编排上有一定规律，掌握这个规律，有助于正确归类。其结构规律如下：

- 光学仪器设备
  - 简单光学元件（分未装配和已装配）…………品目 9001~9002
  - 简单光学器具（眼镜、眼镜架、望远镜）…………品目 9003~9005
  - 复杂光学器具（照相机、摄影机、显微镜等）…………品目 9006~9013
- 计量、测绘等仪器及器具…………品目 9014~9017 及 9028、9029
- 医疗仪器及器械…………品目 9018~9022
- 专供示范而无其他用途的仪器、装置及模型…………品目 9023
- 其他测试分析仪器及自动调节和控制装置…………品目 9024~9027、9030~9032

2. 光学元件的归类

对于玻璃制的光学元件，只有经过光学加工的光学元件（但未装配的）才归入品目 9001，未经光学加工的光学元件应按材料归入品目 7014；其他材料（如有机玻璃）制的光学元件不论是否经过光学加工，一律归入品目 9001。

已装配（即带有镜筒或框架）同时还要“作为仪器装置的零件、配件”的光学元件才归入品目 9002。例如，已装配的用于显微镜的物镜归入子目 9002.1990；而已装框的放大镜，因其不作为仪器装置的零件、配件，所以不归入本品目，应归入子目 9013.8010。

3. 光学仪器的归类

光学仪器一般按其功能和用途归入品目 9005~9013。其中：

（1）双筒望远镜、单筒望远镜等普通望远镜归入品目 9005，但用于机床上的校直望远镜和坦克上的潜望镜要归入品目 9013。

（2）印刷制版用的电子分色机、激光照相排版设备归入品目 9006，不能按制版的设备归入品目 8442。

（3）品目 9005~9013 包含的商品大部分是光学仪器，但也包括一些看起来不属于光学仪器的设备，例如，电子显微镜归入子目 9012.1000，液晶显示板归入子目 9013.8030。

4. 医疗器械及器具的归类

医疗器械及器具一般归入品目 9018~9022。

在确定其品目时，一般要根据其工作原理、特性及用途等因素。同样用于疾病诊断的医疗器械，因其工作原理不同而归入不同的品目。例如，B 型超声波检查仪、核磁共振成像仪和 X 射线断层检查仪均是通过影像进行疾病诊断的仪器，但因其成像原理不同而归入不同的品目，B 型超声波检查仪、核磁共振成像仪归入品目 9018，而 X 射线断层检查仪（又称 CT 机），利用 X 射线进行扫描成像，归入品目 9022。

机械疗法、氧疗法、臭氧疗法、吸入疗法、人工呼吸及按摩等用的设备及装置归入品目 9019。

矫形用具、人造假肢及骨折用具（包括兽用）、弥补人体生理缺陷的器具归入品目 9021。

X 射线或 α 射线、β 射线、γ 射线的应用设备归入品目 9022，不仅包括用于医疗上的，还包括用于其他行业（如工业）上的。例如，冶金工业中用于检查合金均匀性的 X 射线设备仍归入此品目。但是，用于探测 X 射线或 α 射线、β 射线、γ 射线的设备不归入本品目，应归入品目 9030。

其他用于医疗、外科、牙科或兽医的仪器及器具（未在其他品目列名）归入品目 9018。例如，电子眼压记录仪属于电子诊断设备，应归入品目 9018。但也有部分医疗仪器已在其他品目列名。例如，测量体温的体温表归入品目 9025，观察病理切片的生物显微镜归入品目 9011 或 9012，分析、检验血液、组织液、尿液等的仪器设备和检镜切片机归入品目 9027，眼底照相机归入品目 9006。

5. 第九十章设备所用零件、附件的归类

第九十章设备用零件、附件的归类流程归纳如下：

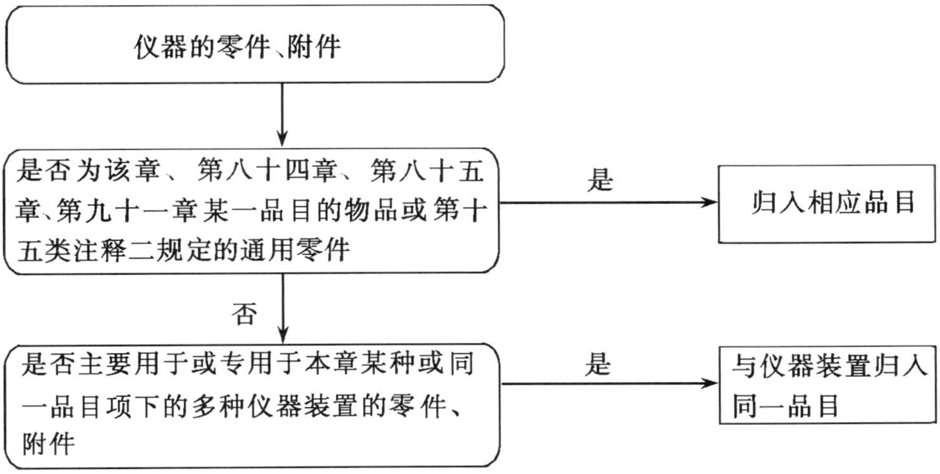

同时适用于该章不同品目的多种机器、器具、仪器或设备的零件或附件，应归入品目 9033，除非其本身构成其他品目具体列名的完整仪器等。

6. 钟表及计时器具的归类

用于计时或与时间有关的某些操作器具（如考勤钟、定时开关等）及其零件归入第九十一章。该章的排列结构顺序为：完整品—不完整品（如钟表芯）—零件。

品目 9101 与 9102 所列手表的区别：只有表壳全部用贵金属或包贵金属制得的表才归入品目 9101；若是表壳用贵金属或包贵金属以外的材料制成，表壳用贵金属或包贵金属制成而表背面用钢制成，或表壳用镶嵌贵金属的贱金属制成的表均归入品目 9102。

某些钟表零件已在第九十一章章注一中排除，不要归入该章。

7. 乐器的归类

各种乐器及其零件归入第九十二章。乐器归类的关键是确定其种类（弦乐器、管乐器、打击乐器、电子乐器、其他未列名乐器），例如，普通钢琴归入品目 9201，而目前市场上销售的电钢琴，不能按普通钢琴归类，因它属于电子乐器，应归入品目 9207。

归入第九十二章的乐器可以带有电拾音器及扩音器，但这类电气装置必须已构成乐器的不可分割部分或与乐器装在同一机壳内。

第十九类　武器、弹药及其零件、附件（第九十三章）

（一）主要内容

本类仅有 1 章，主要包括供军队、警察或其他有组织的机构（海关、边防等）在陆、海、空战斗中使用的各种武器，个人自卫、狩猎等用的武器等。

（二）归类方法

归类时应注意以下两点：

1. 装甲战斗车辆不能作为武器归入该章，应按车辆归入品目8710；弓、箭、钝头击剑等不能作为武器归入该章，应作为运动用品归入第九十五章。

2. 其他章已列名的武器及零件不应归入该章，例如，第九十章的武器瞄准用的望远镜。

第二十类　杂项制品（第九十四章至第九十六章）

（一）主要内容

本类所称的杂项制品是指前述各类、章及品目未包括的货品。本类共3章，其中第九十四章包括各种家具、寝具、其他章未列名灯具和活动房屋等；第九十五章包括各种玩具、运动或游戏用设备等；第九十六章包括雕刻或模塑制品，扫把、刷子和筛，书写及办公用品，烟具，化妆品用具及其他品目未列名的物品。

（二）归类方法

1. 家具及其零件的归类

具有实用价值的落地式可移动的家具（如桌、椅等），落地式或悬挂的、固定在墙壁上叠摞的碗橱、书柜、其他架式家具（包括与将其固定于墙上的支撑物一同报验的单层搁架）、坐具及床归入品目9401~9403；单独报验的组合家具各件均归入第九十四章，但落地灯不能按家具归类，应按灯具归入品目9405。

品目9402的医疗、外科、牙科或兽医用的家具不能带有医疗器械（设备），如带有牙科器械的牙科用椅不能归入本品目，而应按医疗器械归入品目9018。

具有特定用途或为安装特定用途的装置、设备而特制的家具，一般按特定用途的装置、设备归类。例如，有象棋盘桌面的桌子和台球桌归入品目9504，作为缝纫机台架用的家具归入品目8452。

品目9401~9403的家具可用木、柳条、竹、藤、塑料、贱金属、玻璃、皮革、石、陶瓷等材料制成，例如，玻璃制的柜台仍归入第九十四章，而不按玻璃制品归类。

专用于或主要用于第九十四章家具的零件归入该章相应品目；单独报验的玻璃或镜子、大理石等按材料归类。

第九十四章也包括机动车辆、飞机等用的坐具及零件（如座椅调角器），这些坐具及零件不能按车辆或飞机的零件归入第十七类。

2. 床上用品及寝具的归类

装有弹簧或内部填充棉花、羊毛、马毛、羽绒、合成纤维等，或以海绵橡胶或泡沫塑料制成的床上用品及寝具，如褥垫、被褥及床罩（内含填充物）、鸭绒被、棉被、枕头、靠垫、坐垫、睡袋等归入品目9404。

未装有内部填充物的床上用品及寝具，例如，床单、床罩、枕头套、鸭绒被套、靠垫套、毯子等则按纺织品归入第六十三章。

3. 玩具的归类

儿童乘骑的带轮玩具（如三轮车、踏板车、踏板汽车等），玩偶车，玩偶及其零件、附件（如玩偶的服装、鞋、靴、帽等）和其他供儿童或成人娱乐用的各种智力玩具或其他玩具均归入品目 9503，但宠物玩具（指专供宠物使用的玩具）不归入品目 9503。

4. 体育用品和游乐场用娱乐设备的归类

一般体育用品归入品目 9506 或 9507，游乐场用娱乐设备归入品目 9508。

体育用品中不同用途的球归入不同的子目，归纳如下：

（1）可充气的足球、篮球、排球归入子目 9506. 6210；

（2）草地网球归入子目 9506. 6100；

（3）乒乓球归入子目 9506. 4010；

（4）高尔夫球归入子目 9506. 3200；

（5）羽毛球归入子目 9506. 9900。

5. 杂项制品的归类

各种纽扣归入品目 9606，拉链归入品目 9607，梳子归入品目 9615。这些不应按制成材料的属性归入其他类。

打字机色带归入品目 9612，不应按打印机的零件归入第八十四章。

裁缝用和商品陈列或广告宣传用的人体活动模型归入品目 9618，不应按专供示范用模型归入品目 9023。

卫生巾（护垫）及止血塞、婴儿尿布及尿布衬里，以及具有吸收性的卫生护理垫、用于大小便失禁的成人尿布及内裤衬垫，不管是何种材料制成的，都应归入品目 9619。

由于越来越多的设备需要利用脚架来达到使用用途的多样性，且此类脚架的通用性越来越强，故本章为脚架单独设立了品目。因此，脚架不再考虑其用途、形式（独脚架、双脚架、三脚架及类似品），都属于品目 9620 的范围。例如，我们平时拍照喜欢用的“手机自拍杆”就应该归入品目 9620。

第二十一类　艺术品、收藏品及古物（第九十七章）

（一）主要内容

本类只有 1 章，一般归入本类商品的最大特点是具有一定的收藏价值，主要包括艺术品和收藏品。例如，完全手工绘制的油画、粉画，完全手工制作的雕版画、印制画、石印画原本，雕塑品原件，邮票，动物、植物、矿物等的标本和超过 100 年的古物。

（二）归类方法

1. 超过 100 年古物的归类

除天然或养殖珍珠、宝石和半宝石以及品目 9701~9705 以外的物品，若超过 100 年则优先归入品目 9706。例如，超过 100 年的乐器不按乐器归入第九十二章，而应归入品目 9706；而品目 9701~9705 的物品即使超过 100 年，仍归入原品目。

2. 雕版画、印制画、石印画原本和雕塑品原件的归类

只有完全用手工制作的印版直接印制出的原本才归入品目 9702，而使用机器或照相制版方法制作的印版印制出的原本不能归入本品目。

只有各种材料制的雕塑品原件才归入品目 9703，而成批生产的复制品不能归入本品目。

3. 其他艺术品、收藏品的归类

对于已装框的油画、粉画，若框架的种类、价值与作品相称，此时一并按作品归类，若框架种类、价值与作品不相称，则框架与作品应分别归类。

该章与第四十九章未使用过的邮票的区别：该章邮票具有收藏价值，以收藏为主要目的，不能用于正常邮寄信件或包裹的商业行为。例如，日本邮票在中国国内不能用于邮寄，只能用于个人收藏。

第十章 10

进出口税费

第一节 进出口税费概述

本章所列进出口税费是指在进出口环节中由海关依法征收的关税、消费税、增值税、滞纳金等税费。依法征收税费是海关的任务之一。依法缴纳税费是有关纳税义务人的基本义务。

进出口税费征收的法律依据主要是《海关法》《关税条例》及其他有关法律、行政法规。

另外，按照《船舶吨税法》，船舶吨税由海关征收，因此相关内容也在本章一并介绍。

一、关税

（一）关税的含义

关税是由海关代表国家，按照国家制定的关税政策和公布实施的税法及进出口税则，对进出关境的货物和物品征收的一种流转税。海关征收关税的依据是国家制定的法律和行政法规。

关税是国家税收的重要组成部分，是国家中央财政收入的重要来源，也是世界贸易组织允许缔约方保护其境内经济的一种手段，其基本作用在于体现国家主权，推动国家的经济建设。关税的起征点为人民币 50 元，低于 50 元的免征。

（二）关税的要素

1. 关税征税主体

关税征税主体，亦称关税征收主体。根据《海关法》的规定，行使征收关税职能的国家机关是中华人民共和国海关，征收关税是海关的一项主要任务。未经法律的授权，其他任何单位和个人均无权征收关税。

2. 关税征收对象

关税征收对象，亦称关税征收客体。法律规定，作为征收关税的标的物，是进出一国关境的货物或物品，它是区别关税和其他税种的重要标志。

3. 关税纳税义务人

关税纳税义务人，亦称关税纳税人或关税纳税主体，是指依法负有直接向国家缴纳关税义务的法人或自然人。《关税条例》规定，进口货物的收货人、出口货物的发货人、进出境物品的所有人是关税的纳税义务人。①

---

① 跨境电子商务零售进口商品，消费者（订购者）为纳税义务人。在海关注册登记的跨境电子商务平台企业、物流企业或申报企业作为税款的代收代缴义务人，代为履行纳税义务，并承担相应的补税义务及相关法律责任。参见《关于完善跨境电子商务零售进口税收政策的通知》（财关税〔2018〕49 号）。

以下情形相关责任人应承担缴纳税款责任：

（1）报关企业接受纳税义务人的委托，以纳税义务人的名义办理报关纳税手续，因报关企业违反规定而造成海关少征、漏征税款的，报关企业对少征或者漏征的税款、滞纳金与纳税义务人承担纳税的连带责任。

（2）报关企业接受纳税义务人的委托，以报关企业的名义办理报关纳税手续的，报关企业与纳税义务人承担纳税的连带责任。

（3）除不可抗力外，在保管海关监管货物期间，海关监管货物损毁或者灭失的，对海关监管货物负有保管义务的人应当承担相应的纳税责任。

（4）欠税的纳税义务人，有合并、分立情形的，在合并、分立前，应当向海关报告，依法缴清税款。纳税义务人合并时未缴清税款的，由合并后的法人或者其他组织继续履行未履行的纳税义务；纳税义务人分立时未缴清税款的，分立后的法人或者其他组织对未履行的纳税义务承担连带责任。

（5）纳税义务人在减免税货物、保税货物监管期间，有合并、分立或者其他资产重组情形的，应当向海关报告。按照规定需要缴税的，应当依法缴清税款；按照规定可以继续享受减免税、保税待遇的，应当到海关办理变更纳税义务人的手续。

（6）纳税义务人欠税或者在减免税货物、保税货物监管期间，有撤销、解散、破产或者其他依法终止经营情形的，应当在清算前向海关报告。海关应当依法对纳税义务人的应缴税款予以清缴。

（三）关税的分类

按照不同的标准可对关税进行多种分类，本教材从应用角度将关税做如下划分：

1. 按照货物的流向，可分为进口关税、出口关税和过境关税

（1）进口关税

进口关税是指一国（地区）海关以进入其境内的货物和物品为课税对象所征收的关税，这是关税中最主要的一种。我国征收的关税主要是进口关税。

（2）出口关税

出口关税是指一国（地区）海关以出境货物为课税对象所征收的关税。

为鼓励出口，世界各国（地区）一般不征收出口关税或仅对少数商品征收出口关税。征收出口关税的主要目的是限制和调控某些商品的过度、无序出口，特别是防止本国一些重要自然资源和原材料的无序出口。

（3）过境关税

过境关税亦称通过税，指一国（地区）海关对通过其关境的外国货物所征收的一种关税。

征收过境关税的目的是增加财政收入。随着国际贸易的发展，特别是交通条件的改善，目前过境关税已很少见，大多采取税款担保形式操作，以保障过境货物依法原状运出关境。

2. 按照计征标准或计税方法，可分为从价税、从量税、复合税、滑准税

（1）从价税

从价税是以货物的价格作为计税标准，以应征税额占货物价格的百分比为税率，价格和税额成正比例关系的关税。我国对进出口货物征收关税主要采用从价税计税标准。

从价税计征公式为：

应纳关税税额＝完税价格×进口关税税率

其中，对出口货物征收关税时：

货物完税价格＝FOB（中国境内口岸）÷（1+出口关税税率）

（2）从量税

从量税是以货物和物品的计量单位（如重量、数量、容量等）作为计税标准，按每一计量单位的应征税额计征的征收关税方式。

从量税计征公式为：

应纳关税税额＝完税数（重）量×进（出）口从量关税税率

（3）复合税

复合税是在《税则》中，一个税目中的商品同时使用从价、从量两种标准计税，计税时按两者之和作为应征税额的征收关税方式。目前，我国仅对进口货物采用该种计税方式。

复合税计征公式为：

应纳关税税额＝完税价格×进口关税税率+完税数（重）量×进口从量关税税率

（4）滑准税

滑准税是在《税则》中预先按产品的价格高低分档制定若干不同的税率，然后根据进口商品价格变动而增减税率的征收关税方式。当商品价格上涨时采用较低税率，当商品价格下跌时则采用较高税率，其目的是使该种商品的国内市场价格保持稳定。

我国目前仅对关税配额外进口的一定数量棉花适用滑准税形式暂定税率。

3. 按照是否施惠，可分为普通关税、优惠关税

（1）普通关税

普通关税又称一般关税，是指对与本国没有签署贸易或经济互惠等友好协定的国家或地区原产货物征收的非优惠关税。目前我国对非原产于适用最惠国待遇税率、协定优惠税率、特惠税率的国家或地区的进口货物，以及无法判明原产地的进口货物，适用普通税率。

（2）优惠关税

优惠关税是指对来自特定国家或地区的进口货物在关税方面给予优惠待遇，按照比普通关税税率低的税率征收的关税。

优惠关税一般有最惠国待遇关税、协定优惠关税、特定优惠关税、普遍优惠关税4种。

① 最惠国待遇关税

我国规定，原产于共同适用最惠国待遇条款的世界贸易组织成员的进口货物、原产于与我国签订含有相互给予最惠国待遇条款的双边贸易协定的国家或地区的进口货物，以及原产于我国关境内的进口货物，适用最惠国待遇关税。

② 协定优惠关税

我国规定，原产于与我国签订含有关税优惠条款的区域性贸易协定的国家或地区的进口货物，适用协定税率。目前，我国对亚太、东盟、中国香港 CEPA、中国澳门 CEPA、中国台湾农产品、ECFA、秘鲁、新加坡、智利、巴基斯坦、新西兰、哥斯达黎加、冰岛、瑞士、澳大利亚、韩国、格鲁吉亚、毛里求斯、《区域全面经济伙伴关系协定》（RCEP）、柬埔寨等自由贸易协定或优惠安排项下进口货物适用协定优惠关税。

③ 特定优惠关税

特定优惠关税又称特惠关税，原产于与我国签订含有特殊关税优惠条款的贸易协定国家或地区的进口货物，适用特惠税率。目前，我国对孟加拉国、老挝、缅甸、柬埔寨、埃塞俄比亚等 44 个国家（地区）的部分进口商品实施特惠关税。

④ 普遍优惠制关税

普遍优惠制关税指发达国家对进口原产于发展中国家的工业制成品、半制成品和某些初级产品降低或取消进口关税的一种关税优惠待遇。我国是发展中国家，对进口货物未设有普惠税率。

4. 按照是否根据税则征收，分为正税和附加税

（1） 正税

正税是按照《税则》中的进口税率征收的关税。正税具有规范性、相对稳定性的特点。从价税、从量税、复合税、滑准税等都属于正税。

（2） 附加税

附加税指国家由于特定需要，对货物除征收关税正税之外另行征收的关税，一般具有临时性特点。附加税包括反倾销税、反补贴税、保障措施关税、报复性关税等。

世界贸易组织不准其成员方在一般情况下随意征收附加税，只有符合世界贸易组织反倾销、反补贴等有关规定的，才可以征收。

① 反倾销税

反倾销税是为抵制外国商品倾销进口，保护国内相关产业而征收的一种进口附加税，即在倾销商品进口时除征收进口关税外，另外加征反倾销税。根据我国《反倾销条例》的规定，凡进口产品以低于其正常价值出口到我国且对我国相关企业造成实质性损害的即为倾销。

反倾销税由商务部提出建议，国务院关税税则委员会作出决定，海关负责征收，其税额不超出倾销幅度。我国目前征收的进口附加税主要是反倾销税。

② 反补贴税

反补贴税是指为抵消进口商品在制造、生产和输出时直接或间接接受的任何奖金或补贴而征收的附加税，即在补贴商品进口时除征收进口关税外，另外加征反补贴税。根据我国《反补贴条例》的规定，出口国（地区）政府或者任何公共机构提供的为接受者带来利益等的财政资助以及任何形式的收入或者价格支持的为补贴。进口产品存在补贴，并对已经建立的国内产业造成实质损害或者产生实质损害威胁，或者对建立国内产业造成实质阻碍的，采取反补贴措施。

反补贴税由商务部提出建议，国务院关税税则委员会作出决定，海关负责征收，其税额不超出补贴幅度。

③ 保障措施关税

保障措施关税是指因进口产品数量增加，并对生产同类产品或直接竞争产品的国内产业造成严重损害或严重威胁而征收的关税，分临时保障措施关税和最终保障措施关税两类。其不分国别，对来自所有国家和地区的同一产品，一般只适用一个税率。

根据我国《保障措施条例》的规定，保障措施关税由商务部提出建议，国务院关税税则委员会作出决定，海关负责征收。

④ 报复性关税

报复性关税是指当他国对本国出口货物有不利或歧视性待遇时，对从该国进口的货物予以报复而征收的一种附加税。

《关税条例》规定：任何国家或者地区违反与中华人民共和国签订或者共同参加的贸易协定及相关协定，对中华人民共和国在贸易方面采取禁止、限制、加征关税或者其他影响正常贸易的措施的，对原产于该国家或者地区的进口货物可以征收报复性关税，适用报复性关税税率。征收报复性关税的货物、适用国别、税率、期限和征收办法，由国务院关税税则委员会决定并公布。

反倾销、反补贴等附加税的征收公式均一致，以反倾销税为例：

应纳反倾销税税额=完税价格×反倾销税税率

征收反补贴等附加税税款计算时替换成相应反补贴税率。需要注意，同一货物同时征收关税正税与附加税时应分别计算正税及附加税；同一货物同时执行反倾销和反补贴措施及其他附加关税时，不同附加税亦应分别计算，最后合计的总额方为应缴关税额。

以上按照是否施惠及是否按税则征收标准对关税的分类，均只适用于进口关税。

（四）关税税率设置

1. 进口关税税率

（1）从价方式税率设置

我国对进口关税设置最惠国税率、协定税率、特惠税率、关税配额税率、普通税率等正税税率，在正常最惠国税率及关税配额等税率基础上，还可实施暂定进口关税。

① 最惠国税率

原产于共同适用最惠国待遇条款的世界贸易组织成员的进口货物，原产于与中华人民共和国签订含有相互给予最惠国待遇条款的双边贸易协定的国家或者地区的进口货物，以及原产于中华人民共和国境内的进口货物，适用最惠国税率。

在最惠国税率中，还包含非全税目信息技术产品最惠国税率，适用范围以货品名称栏中描述为准。

② 协定税率

原产于与中华人民共和国签订含有关税优惠条款的贸易协定的国家或者地区的进口货物，适用协定税率。2022 年，我国对 22 个自由贸易协定项下的部分商品实施协定税率。其中，对中国与东盟、新西兰、毛里求斯等 17 个已生效协定继续实施协定税率或进一步降税。对《区域全面经济伙伴关系协定》（RCEP）和中国—柬埔寨自由贸易协定 2 个新生效协定实施协定第一年降税。

③ 特惠税率

原产于与中华人民共和国签订含有特殊关税优惠条款的贸易协定的国家或者地区的进口货物，或者原产于中华人民共和国自主给予特别优惠关税待遇的国家或者地区的进口货物，适用特惠税率。

④ 关税配额税率

国家对部分重要商品（2022 年范围是小麦、玉米、稻谷和大米、糖、羊毛、毛条、棉花、化肥 8 类货物）实施关税配额管理。关税配额内的，适用关税配额税率。其中，对尿素、复合肥、磷酸氢铵 3 种化肥的配额税率继续实施 1%的暂定税率。

⑤ 暂定税率

在最惠国税率、协定税率、特惠税率和关税配额率基础上，国家在一定时期内可对进口的某些重要工农业生产原材料和机电产品关键部件制定暂时的关税税率。这种税率一般按照年度制定，并且随时可以根据需要恢复按照法定税率征税。

我国暂定关税还有一种特殊的形式。国家规定，对配额外进口的一定数量棉花，适用滑准税形式暂定关税。

⑥ 普通税率

上述之外的国家或者地区的进口货物及原产地不明的进口货物，适用普通税率。

除以上关税正税税率设置外，国务院设立的关税税则委员会还根据形势变化在不同时期设置反倾销税、反补贴税、保障措施关税、报复性关税等附加关税税率。

（2）从量方式税率设置

目前我国对冻整鸡及鸡产品、啤酒、石油原油、胶片等进口商品征收从量税①。

（3）复合关税税率设置

我国以复合方式计征关税目前仅针对进口货物，且最惠国税率已降为零。

2. 出口关税税率

国家对少数出口货物征收出口关税，在正常的出口关税税率基础上，对其中部分出口货物还施行暂定出口关税税率。暂定出口税率一般按照年度制订，并且随时可以根据需要恢复按照法定税率征税。自 2022 年 1 月 1 日起继续对铬铁等 106 项商品征收出口关税。我国目前对出口货物均以从价方式计征关税。

以上进口、出口关税税率设置详情见 2022 年《税则》。

二、 进口环节代征税

进口货物在办理海关手续放行后，进入国内流通领域，与国内货物同等对待，需缴纳应征的国内税。进口货物的国内税依法由海关在进口环节征收。目前，进口环节海关代征税（简称“进口环节代征税”）主要有增值税②、消费税两种，其中增值税征收采用从价计征方式，消费税征收采用从价、从量、复合 3 种计征方式，不同的应征消费税商品的计税方式均有明确规定。多数进口商品仅仅涉及关税及进口环节增值税的计算，少数特定范围的商品同时征收消费税。同一商品同时征收关税及进口环节代征增值税和消费税的，先计算关税（如有附加关税也先于进口环节代征税计算），后计算进口环节消费税，最后计算进口环节增值税。

（一）进口环节增值税

1. 含义

增值税是以商品的生产、流通和劳务服务各个环节所创造的新增价值为课税对象的一

① 啤酒和原油的最惠国从量税率已为零。

② 自 2018 年 6 月 1 日起，租赁进口飞机增值税的征收管理由国内税务机关实施，海关不再代征。

种流转税。进口环节增值税是在货物进口时，由海关依法向进口货物的法人或自然人征收的一种增值税。

采用并全面推行国际通行的增值税制，有利于促进专业分工与协作，体现税负的公平合理，稳定国家财政收入，同时也有利于出口退税的规范操作。

2. 征纳规定

进口环节增值税由海关依法向进口货物的法人或自然人征收，其他环节的增值税由税务机关征收。在中华人民共和国境内销售货物或者提供加工、修理修配劳务及进口货物的单位和个人，为增值税的纳税义务人，应当依照《中华人民共和国增值税暂行条例》缴纳增值税。进口货物由纳税义务人（进口人或者其代理人）向办理进口手续的海关申报纳税。

进口环节增值税税率的调整及增值税的免税、减税项目由国务院规定，任何地区、部门均不得规定免税、减税项目。进口环节增值税的起征点为人民币 50 元，低于 50 元的免征。进口环节增值税的征收管理，适用关税征收管理的规定。

进口环节增值税组成计税价格中包含关税税额和消费税税额（不征收消费税的，消费税为零）。

应纳税额=增值税组成计税价格×增值税税率

其中：

增值税组成计税价格=关税完税价格+关税税额+消费税税额

3. 征收范围和税率

在我国境内销售货物（销售不动产或免征的除外）或提供加工、修理修配劳务以及进口货物的单位和个人，都要依法缴纳增值税。在我国境内销售货物，是指所销售的货物启运地和所在地都在我国境内。

我国增值税的征收原则是中性、简便、规范，采取基本税率再加一档低税率的征收模式。适用基本税率（13%）的范围包括：纳税人销售或者进口除适用低税率的货物以外的货物，以及提供加工、修理修配劳务。

适用低税率（9%）的范围是指纳税人销售或者进口下列货物：

农产品（含粮食）、自来水、暖气、石油液化气、天然气、食用植物油、冷气、热水、煤气、居民用煤炭制品、食用盐、农机、饲料、农药、农膜、化肥、沼气、二甲醚、图书、报纸、杂志、音像制品、电子出版物。

（二）进口环节消费税

1. 含义

消费税是以消费品或消费行为的流转额作为课税对象而征收的一种流转税。我国开征消费税的目的是调节我国的消费结构，引导消费方向，确保国家财政收入，它是在对货物普遍征收增值税的基础上，选择少数消费品再予征收的税。进口环节消费税是在货物进口时，由海关依法向进口货物的法人或自然人征收的一种消费税。

2. 征纳规定

在中华人民共和国境内生产、委托加工和进口《中华人民共和国消费税暂行条例》

（以下简称《消费税暂行条例》）规定的消费品（以下简称“应税消费品”）的单位和个人，以及国务院确定的销售《消费税暂行条例》规定的消费品的其他单位和个人，为消费税的纳税义务人。我国的消费税由税务机关征收，进口的应税消费品的消费税由海关代征，由纳税义务人（进口人或者其代理人）在报关进口时向报关地海关申报纳税。

进口环节消费税的税目、税率，依照《消费税暂行条例》所附的“消费税税目税率表”执行；消费税税目、税率的调整，由国务院决定。进口环节消费税的起征点为人民币50元，低于50元的免征。进口环节消费税的征收管理，适用关税征收管理的规定。进口至我国的应税消费品的消费税，根据商品的不同有从价定率、从量定额、从价定率和从量定额的复合计税三种计征方式，计算时需要根据具体的应税商品选择正确的计税方法。不属于应征消费税征收范围的，无须进行消费税计算。

（1）从价定率方式计算公式

消费税应纳税额=消费税组成计税价格×消费税比例税率

其中：

消费税组成计税价格=（关税完税价格+关税税额）÷（1−消费税比例税率）

（2）从量定额方式计算公式

消费税应纳税额=应征消费税进口数量×消费税定额税率

目前，我国对啤酒、黄酒、成品油、生物柴油等进口商品实行从量计征方式。

（3）复合计税方式计算公式

消费税应纳税额=消费税组成计税价格×消费税比例税率+应征消费税进口数量×消费税定额税率

其中：

消费税组成计税价格=（关税完税价格+关税税额+应征消费税进口数量×消费税定额税率）÷（1−消费税税率）

目前，我国对香烟、白酒、威士忌、白兰地等烈性酒等进口商品实行复合计税方式，应缴税款是从价定率与从量定额方式应缴税款的总和。

3. 征收范围

消费税的征税范围，主要是根据我国经济社会发展现状和现行消费政策、人民群众的消费结构，以及财政需要，并借鉴国外的通行做法确定的。

消费税的征收范围，仅限于少数消费品。应税消费品大体可分为以下4种类型：

（1）一些过度消费会对人的身体健康、社会秩序、生态环境等方面造成危害的特殊消费品，如烟、酒、鞭炮、焰火、电池、涂料等；

（2）奢侈品、非生活必需品，如贵重首饰及珠宝玉石、化妆品等；

（3）高能耗消费品，如小轿车、气缸容量250毫升以上摩托车等；

（4）不可再生和替代的资源类消费品，如汽油、柴油等。

三、船舶吨税

按照《船舶吨税法》的规定，自中华人民共和国境外港口进入境内港口的船舶，应当缴纳船舶吨税。

（一）含义

船舶吨税（简称“吨税”）是由海关在设关口岸对自中华人民共和国境外港口进入境内港口的船舶（简称“应税船舶”）征收的一种使用税，是对船舶使用港口助航设施征收的税款，征收吨税的目的是用于航道设施的建设。

（二）征纳规定

1. 计征规定

吨税按照船舶净吨位（指由船籍国或地区政府签发或者授权签发的船舶吨位证明书上标明的净吨位）和吨税执照期限（指按照公历年、日计算的期间，分1年、90天与30天期缴纳3种）征收。应税船舶负责人在每次申报纳税时，可以自行选择申领一种期限的吨税执照。定期班轮选择1年期吨税期限为宜，单航程租船运输多选择30天期限缴纳吨税。

吨税纳税义务发生时间为应税船舶进入港口的当日。其中，进境后驶达锚地的，以船舶抵达锚地之日起计算；进境后直接靠泊的，以靠泊之日起计算。应税船舶在吨税执照期满后尚未离开港口的，应当申领新的吨税执照，自上一次执照期满的次日起续缴吨税。应税船舶在吨税执照有效期间进入境内其他港口的，免于缴纳吨税。

2. 税率设置

吨税的税目、税率依照“吨税税目税率表”执行。吨税设置优惠税率和普通税率，中华人民共和国籍的应税船舶，船籍国（地区）与中华人民共和国签订含有相互给予船舶税费最惠国待遇条款的条约或者协定的应税船舶，适用优惠税率。其他应税船舶，适用普通税率。

选用适用税率时根据“吨税税目税率表”中船舶净吨位与1年期、90天期和30天期对应的优惠税率或普通税率交叉点确定。

应税船舶在吨税执照期限内，因税目税率调整或者船籍改变而导致适用税率变化的，吨税执照继续有效。因船籍改变而导致适用税率变化的，应税船舶在办理出入境手续时，应当提供船籍改变的证明文件。

吨税税目税率表

税目（按船舶净吨位划分）	税率（元/净吨）					
	普通税率（按执照期限划分）			优惠税率（按执照期限划分）		
	1年	90日	30日	1年	90日	30日
不超过2000净吨	12.6	4.2	2.1	9.0	3.0	1.5
超过2000净吨，但不超过10000净吨	24.0	8.0	4.0	17.4	5.8	2.9
超过10000净吨，但不超过50000净吨	27.6	9.2	4.6	19.8	6.6	3.3
超过50000净吨	31.8	10.6	5.3	22.8	7.6	3.8
备注：拖船和非机动驳船分别按相同净吨位船舶税率的50%计征税款。						

3. 计税公式

船舶吨税税额=船舶净吨位×适用税率（元/净吨）

船舶净吨位按照船舶吨位证明书上标明的净吨位确定。适用税率按照“吨税税目税率表”确定。

特殊情形下的净吨位确定：

（1）应税船舶在吨税执照期限内，因修理、改造导致净吨位变化的，吨税执照继续有效。应税船舶办理出入境手续时，应当提供船舶经过修理、改造的证明文件。

（2）应税船舶为拖船或无法提供净吨位证明文件的游艇的，应税船舶负责人还应提供发动机功率（千瓦）等相关材料。其中，对申报为拖船的，应按照发动机功率每 1 千瓦折合净吨位 0.67 吨进行折算；申报为游艇的，按照发动机功率每 1 千瓦折合净吨位 0.05 吨进行折算。

（三）吨税执照申领

应税船舶负责人应通过“互联网+海关”、国际贸易“单一窗口”等关企事务平台登录“海关船舶吨税执照申请系统”，录入并向海关发送船舶吨税执照申请信息，如实填写“船舶吨税执照申请书”，同时应当交验如下证明文件：船舶国籍证书或者海事部门签发的船舶国籍证书收存证明，船舶吨位证明。由海关审核确定吨税金额。

在吨税执照有效期内的应税船舶，应税船舶负责人可选择申请验核船舶吨税执照电子信息。选择验核电子信息的，海关运输工具管理系统将予以自动验核；未选择验核吨税执照电子信息的，应税船舶负责人需要提交纸质船舶吨税执照。海关确认无误的，免于缴纳吨税。

（四）税款缴纳

吨税可通过柜台支付或电子形式支付（应根据海关总署公告 2014 年第 6 号的要求完成船舶吨税电子支付备案）。吨税的缴款期限为自海关填发海关船舶吨税专用缴款书之日起 15 日。缴款期限届满日遇星期六、星期日等休息日或者法定节假日的，顺延至休息日或者法定节假日之后的第一个工作日。国务院临时调整休息日与工作日的，按照调整后的情况计算缴款期限。未按期缴纳税款的，从滞纳税款之日起，按日加收滞纳税款 0.5‰的滞纳金。吨税税款、滞纳金以人民币计算。

（五）免征吨税

免征吨税的情形如下：

1. 应纳税额在人民币 50 元以下的船舶；
2. 自境外以购买、受赠、继承等方式取得船舶所有权的初次进口到港的空载船舶；
3. 吨税执照期满后 24 小时内不上下客货的船舶；
4. 非机动船舶（不包括非机动驳船）；
5. 捕捞、养殖渔船；
6. 避难、防疫隔离、修理、终止运营或者拆解，并不上下客货的船舶；
7. 军队、武装警察部队专用或者征用的船舶；
8. 警用船舶；
9. 依照法律规定应当予以免税的外国驻华使领馆、国际组织驻华代表机构及其有关人员的船舶；

10. 国务院规定的其他船舶。

对于符合上述第2~4项免征吨税规定的应税船舶，应税船舶负责人应当向海关提供书面免税申请，申明免税的依据和理由。

对于符合上述第5~10项规定的船舶，应税船舶负责人应当向海关提供海事部门、渔业船舶管理部门或机构出具的具有法律效力的证明文件或者使用关系证明文件，申明免税的依据和理由。

（六）延长吨税执照期限

在吨税执照期限内，应税船舶发生下列情形之一的，海关按照实际发生的天数批注延长吨税执照期限：

1. 避难、防疫隔离、修理、改造，并不上下客货；

2. 军队、武装警察部队征用。

应税船舶负责人应当向海关提供海事、渔业船舶管理等部门或机构出具的具有法律效力的证明文件或者使用关系证明文件申请延长吨税执照期限。

（七）办理担保

1. 办理担保情形

（1）申请先行申报。应税船舶到达我国境内港口前，应税船舶负责人经海关核准，可办理先行申报手续。

（2）申请先行签发吨税执照。应税船舶负责人在缴纳船舶吨税前可申请先行签发船舶吨税执照。

以上情形，均应当向海关提供与其依法履行吨税缴纳义务相适应的担保。

2. 担保期限

船舶吨税担保期限一般不超过6个月，特殊情况需要延期的，应当经主管海关核准。应税船舶负责人应当在海关核准的船舶吨税担保期限内履行纳税义务。

3. 担保的财产、权利

（1）人民币、可自由兑换货币；

（2）汇票、本票、支票、债券、存单；

（3）银行、非银行金融机构的保函；

（4）海关依法认可的其他财产、权利。

（八）船舶吨税的补征和退还

海关发现少征或者漏征税款的，应当自应税船舶应当缴纳税款之日起1年内，补征税款。但因应税船舶违反规定造成少征或者漏征税款的，海关可以自应当缴纳税款之日起3年内追征税款，并自应当缴纳税款之日起按日加征少征或者漏征税款0.5‰的滞纳金。

海关发现多征税款的，应当在24小时内通知应税船舶办理退还手续，并加算银行同期活期存款利息。应税船舶发现多缴税款的，可以自缴纳税款之日起3年内以书面形式要求海关退还多缴的税款并加算银行同期活期存款利息。应税船舶负责人或其代理人向海关申请退还税款及利息时，应当提交退税申请书及原船舶吨税缴款书和可以证明应予退税的材料。海关自受理退税申请之日起30日内查实并通知应税船舶办理退税手续或者不予退税的决定。应税船舶负责人或其代理人应当自收到海关准予退税的通知之日起3个月内办理退税手续。

第二节
进出口货物完税价格的确定

我国海关税收征管主要使用从价税计税方式，即以货物的价格为基础确定纳税义务人需向海关缴纳的税款。审定完税价格是海关根据一定的法律规范和判定标准，确定进出口货物海关计税价格的过程。准确认定进出口货物完税价格是贯彻关税政策的重要环节，也是海关依法行政的重要体现。

进出口关税、进口环节代征税的完税价格以人民币计算，采用四舍五入法计算至分。

一、 我国海关审价的法律依据

我国已加入世界贸易组织，并已全面实施世界贸易组织估价协定。目前，我国已基本建立起既与《海关估价协议》相衔接，又与我国国情相适应的审价体系。海关审价的依据大致可分为3个层次：

第一是法律层次，即《海关法》。《海关法》规定："进出口货物的完税价格，由海关以该货物的成交价格为基础审查确定。成交价格不能确定时，完税价格由海关估定。"

第二是行政法规层次，即《关税条例》。其作为《海关法》的配套法规，对估价定义、估价方法、海关和纳税义务人之间的权利义务做了原则性的规定。

第三是部门规章层次，如海关总署颁布施行的《中华人民共和国海关审定进出口货物完税价格办法》(以下简称《进出口货物审价办法》)和《内销保税货物审价办法》。上述办法结合我国加入世界贸易组织以来在探索实施《海关估价协议》过程中的经验及我国审价工作实际，完整、明确地体现了《海关估价协议》的基本原则和主要内容，进一步增强了规定的指导性和操作性，是较低层次的执法依据。需要注意的是，准许进口的进境旅客行李物品、个人邮递物品及其他个人自用物品的完税价格和涉嫌走私的进出口货物计税价格的核定不适用《进出口货物审价办法》，涉嫌走私的内销保税货物计税价格的核定不适用《内销保税货物审价办法》，上述特殊情况的货物及物品完税价格的审定方法由海关总署另行制定。

二、《进出口货物审价办法》关于完税价格审定的规定

(一) 进口货物完税价格的审定

按照货物交易形式的不同，《进出口货物审价办法》将进口货物主要划分为两大类，一类是特殊交易形式进口货物，另一类是特殊交易形式之外进口的其他货物。为便于理解，此处分别称之为特殊进口货物和一般进口货物。《进出口货物审价办法》对一般进口货物规定了6种完税价格的审核方法，对特殊进口货物的完税价格审核方法，区分不同交易形式分别作出了规定。

1. 一般进口货物完税价格的审定

《进出口货物审价办法》规定：进口货物的完税价格，由海关以该货物的成交价格为基础审查确定，并应包括货物运抵中华人民共和国境内输入地点起卸前的运输及相关费用、保险费。“相关费用”主要是指与运输有关的费用，如装卸费、搬运费等属于广义运费范围内的费用。

海关确定进口货物完税价格共有进口货物成交价格估价方法、相同货物成交价格估价方法、类似货物成交价格估价方法、倒扣价格估价方法、计算价格估价方法、合理方法6种估价方法。上述估价方法应当依次采用，纳税义务人向海关提供有关资料后，可以申请颠倒倒扣价格法和计算价格法的适用次序。

（1）进口货物成交价格估价方法

进口货物成交价格估价方法是《进出口货物审价办法》规定的第一种估价方法，进口货物的完税价格应首先以成交价格估价方法审查确定。

进口货物的成交价格，是指卖方向中华人民共和国境内销售该货物时买方为进口该货物向卖方实付、应付的，并按有关规定调整后的价款总额，包括直接支付的价款和间接支付的价款。

需要注意的是，成交价格不完全等同于贸易实际中的发票或合同价格。贸易中的发票或合同价格取决于买卖双方的约定，它的定价是自由的，但成交价格有其特定含义，必须符合“销售”的要求，并由实付、应付价格和直接、间接支付及调整因素构成，还要满足一定的条件。

① 成交价格定义方面

A. 关于“向中华人民共和国境内销售”

《进出口货物审价办法》要求：向中华人民共和国境内销售，是指将进口货物实际运入中华人民共和国境内，货物的所有权和风险由卖方转移给买方，买方为此向卖方支付价款的行为。成交价格存在的一个重要前提就是买卖双方之间存在销售行为。按照《进出口货物审价办法》，“销售”必须要同时符合：货物实际进入中华人民共和国关境内、货物的所有权和风险由卖方转移给买方、买方为此向卖方支付价款3个要件。例如，以下情形，可能导致海关拒绝使用成交价格方法进行审核：进口时不存在销售行为的寄售交易，国外卖方由于种种原因，未在国内设立子公司开展业务，这时，它通常会委托一家国内企业负责进口申报，但是销售行为全部控制在国外卖方手中。因此，在名义上，国内销售由委托人或代理人负责，但是货物的实际所有权及货物损益的风险均由国外卖方承担，国内的委托人或代理人只收取固定的代理费。在寄售情况下，国外卖方的申报行为只是为了把货物运至境内，而国内实际购买人在进口时尚未确定。此时，由于不存在导致货物跨越关境的销售，不符合成交价格中“出口销售”的概念，海关应认定上述货物不存在成交价格，应使用其他方法估定货物的完税价格。其他诸如免费赠送、捐赠的货物，经营租赁进口货物，免费提供样品等交易方式均不同时符合上述3个条件，同样不能适用成交价格方法审核确定完税价格。

B. 关于“买方”“卖方”

《进出口货物审价办法》规定，买方是指通过履行付款义务购入货物，并且为此承担风险、享有收益的自然人、法人或者其他组织，其中进口货物的买方是指向中华人民共和国境内购入进口货物的自然人、法人或者其他组织。卖方是指销售货物的自然人、法人或者其他组织，其中进口货物的卖方是指向中华人民共和国境内销售进口货物的自然人、法人或者其他组织。

《进出口货物审价办法》强调，判断“买方”不应简单地以进口单证上出现的名称为标准，而应以其在交易中承担的功能确定。“买方”可以是进口报关的企业，也可以是国内的最终用户，关键在于销售对应的主体。如果某一自然人、法人或其他组织通过与卖方进行交易，导致“向中华人民共和国境内销售”的条件成立，则该自然人、法人或其他组织应成为海关估价中的“买方”，其支付的款项应成为海关审核的对象，其中既包括根据实付或应付价格进行审核，也包括根据价格调整项目进行审核。即使“买方”没有出现在进口货物报关单相关栏目内，也不能免除其接受海关审核并估价的义务。例如，国内最终用户直接与国外卖方达成交易，并委托国内代理负责报关事宜，根据成交价格和“买方”的定义，则无论报关单上的经营单位和收货单位体现该国内最终用户与否，海关估价时均应按该国内最终用户与国外卖家达成交易的价格为基础审核认定成交价格，进而确定完税价格。与“买方”相对应，《进出口货物审价办法》把“卖方”定义为销售货物的自然人、法人或者其他组织，其中进口货物的卖方是指向中华人民共和国境内销售进口货物的卖方。这一定义同样是以其在交易中承担的功能为标准，判断是否符合估价中“卖方”的定义。

C. 关于“实付、应付价格”

按照《进出口货物审价办法》的要求，成交价格不仅应包括实付价格，还要包括应付价格，即作为卖方销售进口货物的条件，由买方向卖方或者为履行卖方义务向第三方已经支付或者将要支付的全部款项。实付或应付价格强调的是，只要买方为了获得进口货物，而承担了对应付款义务，则无论支付以何种形式发生，包括现金、信用证或可转让有价证券等，或者在进口申报之时支付行为是否发生，都不影响海关的估价结论。海关应根据买方承担的付款义务确定完税价格。

D. 关于“直接、间接支付”

成交价格应包括直接支付和间接支付，其中直接支付是买方直接向卖方支付的款项，而间接支付是指买方根据卖方的要求，将货款全部或者部分支付给第三方，或者冲抵买卖双方之间的其他资金往来的付款方式。对于买方为自己利益而非受卖方限制进行的活动而支付的费用，尽管有可能使卖方受益，但它还是不属于买方向卖方的间接支付，如由买方负担的市场调研和营销费用、广告费用、参展费用、检测费用或开立信用证的费用等。

E. 关于“调整因素”

调整因素包括计入项目和扣除项目。

a. 计入项目

下列项目若由买方支付，必须计入完税价格。

ⓐ 由买方负担的费用

——除购货佣金以外的佣金和经纪费

佣金通常可分为购货佣金和销售佣金。购货佣金指买方向其采购代理人支付的佣金，按照规定，购货佣金不应该计入进口货物的完税价格中。销售佣金指卖方向其销售代理人支付的佣金，但上述佣金如果由买方直接付给卖方的代理人，按照规定应该计入完税价格中。

经纪费指买方为购进进口货物向代表买卖双方利益的经纪人支付的劳务费用，根据规定应计入完税价格中。

——与进口货物作为一个整体的容器费

“与货物视为一体的容器”是指用于盛装某个或某套物品并与所装物品同时使用，且通常与所装物品一同出售的容器。一般情况下，其价值已经包含在被估货物的完税价格内。如果合同规定买方需另外支付容器费用的，或买方另行向第三方支付容器费用的，则应将该费用计入进口货物的完税价格。

——包装材料费用和包装劳务费用

按照商业惯例，除裸装、散装货物不需包装外，一般在销售时卖方均会提供货物的包装，且包装费（包括包装材料和包装劳务的成本、费用）一般已包含在合同货价内，不另行计算。如果合同规定包装费由买方在合同货价之外另行支付，或者买方为了运输或再销售的目的而额外对被估货物进行包装，这些费用应调整计入货物成交价格中。

ⓑ 协助的价值

在国际贸易中，买方以免费或以低于成本价的方式向卖方提供了一些货物或者服务，这些货物或服务的价值被称为协助的价值。

协助价值计入进口货物完税价格中应满足以下条件：

——由买方以免费或低于成本价的方式直接或间接提供；

——未包括在进口货物的实付或应付价格之中；

——与进口货物的生产和向中华人民共和国境内销售有关；

——可按适当比例分摊。

下列 4 项协助费用应计入：

——进口货物所包含的材料、部件、零件和类似货物的价值；

——在生产进口货物过程中使用的工具、模具和类似货物的价值；

——在生产进口货物过程中消耗的材料的价值；

——在境外完成的为生产该进口货物所需的工程设计、技术研发、工艺及制图等工作的价值。

协助费用计入的标准：

——由买方从与其无特殊关系的第三方购买的，应当计入的价值为购入价格；

——由买方自行生产或者从有特殊关系的第三方获得的，应当计入的价值为生产成本；

——由买方租赁获得的，应当计入的价值为买方承担的租赁成本；

——生产进口货物过程中使用的工具、模具和类似货物的价值，应当包括其工程设计、技术研发、工艺及制图等费用。

如果货物在被提供给卖方前已经被买方使用过，应当计入的价值为根据国内公认的会计原则对货物进行折旧后的价值。

ⓒ 特许权使用费

特许权使用费是指进口货物的买方为取得知识产权权利人及权利人有效授权人关于专利权、商标权、专有技术、著作权、分销权或者销售权的许可或者转让而支付的费用。

以成交价格为基础审查确定进口货物的完税价格时，未包括在该货物实付、应付价格中的特许权使用费需计入完税价格，但是符合下列情形之一的除外：一是特许权使用费与该货物无关，二是特许权使用费的支付不构成该货物向中华人民共和国境内销售的条件。

买方认为属于上述特许权使用费不应计入进口货物完税价格情形的，应保留作出上述判断的证据，并在进口申报时向海关出示特许权使用费与该货物无关，或者特许权使用费的支付不构成该货物向中华人民共和国境内销售的条件的证据。如果买方无法提供上述证据的，则海关将不接受其申报，并将该笔特许权使用费计入进口货物的完税价格。

符合下列条件之一的特许权使用费，应当视为与进口货物有关：一是特许权使用费是用于支付专利权或者专有技术使用权，且进口货物含有专利或者专有技术的，或用专利方法或者专有技术生产的，或为实施专利或者专有技术而专门设计或者制造的；二是特许权使用费是用于支付商标权，且进口货物附有商标的，或进口后附上商标直接可以销售的，或进口时已含有商标权，经过轻度加工后附上商标即可以销售的；三是特许权使用费是用于支付著作权，且进口货物含有软件、文字、乐曲、图片、图像或者其他类似内容的（包括磁带、磁盘、光盘或者其他类似载体的形式），或含有其他享有著作权内容的；四是特许权使用费是用于支付分销权、销售权或者其他类似权利，且进口货物进口后可以直接销售的，或经过轻度加工即可以销售的。

买方不支付特许权使用费则不能购得进口货物或该货物不能以合同议定的条件成交的，应当视为特许权使用费的支付构成进口货物向中华人民共和国境内销售的条件。

ⓓ 返回给卖方的转售收益

如果买方在货物进口之后，把进口货物的转售、处置或使用的收益的一部分返还给卖方，这部分收益的价格应该计入完税价格中。

上述所有项目的费用或价值计入完税价格中，必须同时满足 3 个条件：由买方负担，未包括在进口货物的实付或应付价格中，有客观量化的数据资料。如果缺乏客观量化的数据，导致无法确定应计入完税价格的准确金额的，则不应使用成交价格方法而使用其他估价方法确定货物的完税价格。

b. 扣减项目

进口货物的价款中单独列明的下列税收、费用，不计入该货物的完税价格：

ⓐ 厂房、机械或者设备等货物进口后发生的建设、安装、装配、维修或者技术援助费用，但是保修费用除外；

ⓑ 货物运抵境内输入地点起卸后发生的运输及其相关费用、保险费；

ⓒ 进口关税、进口环节代征税及其他国内税；

ⓓ 为在境内复制进口货物而支付的费用；

ⓔ 境内外技术培训及境外考察费用。

此外，同时符合下列条件的利息费用不计入完税价格：

ⓐ 利息费用是买方为购买进口货物而融资所产生的；

ⓑ 有书面的融资协议的；

ⓒ 利息费用单独列明的；

ⓓ 纳税义务人可以证明有关利率不高于在融资当时当地此类交易通常具有的利率水平，且没有融资安排的相同或者类似进口货物的价格与进口货物的实付、应付价格非常接近的。

进口货物的价款中单独列明的上述税收、费用，不计入该货物的完税价格，必须同时满足 3 个条件：一是有关税收或费用已经包括在进口货物的实付、应付价格中；二是有关费用是分列的，并且纳税义务人可以向海关提供客观量化的资料；三是有关费用应在合理范围内。如果贸易中存在上述规定的税收或费用之一的，但是买卖双方在贸易安排中未单独分列上述费用，或者缺乏客观量化资料，则本条所述的各项费用不得予以扣除。例如，买卖双方在交易中规定卖方应承担厂房、机械或者设备等货物进口后发生的建设、安装、装配、维修或者技术援助费用，且费用已经包括在合同总价中，卖方不再另行向买方收取。但是贸易单证中未单列厂房、机械或者设备等货物进口后发生的建设、安装、装配、维修或者技术援助的费用清单，同时买方也无法向海关提供上述费用的实际发生金额，则即使卖方承担了上述行为，其费用也不得从完税价格中进行扣除。

需注意，只有在使用成交价格估价方法时，海关才需使用本条规定的价格调整项目对买卖双方的交易价格进行调整。在使用其他估价方法时，因已不再使用买卖双方的交易金额，而另行参照其他价格估定，因此也不再涉及上述加项及减项价格调整项目。

② 成交价格本身须满足的条件方面

成交价格必须满足一定的条件才能被海关所接受，否则不能适用成交价格估价方法。根据规定，成交价格必须具备以下 4 个条件：

A. 买方对进口货物的处置和使用不受限制。

如果买方对进口货物的处置权或者使用权受到限制，则进口货物就不适用成交价格估价方法。

有下列情形之一的，视为对买方处置或者使用进口货物进行了限制：

a. 进口货物只能用于展示或者免费赠送的；

b. 进口货物只能销售给指定第三方的；

c. 进口货物加工为成品后只能销售给卖方或者指定第三方的；

d. 其他经海关审查，认定买方对进口货物的处置或者使用受到限制的。

但是以下 3 种限制并不影响成交价格的成立：国内法律、行政法规规定的限制，对货物转售地域的限制，对货物价格无实质影响的限制。

B. 进口货物的价格不应受到某些条件或因素的影响而导致该货物的价格无法确定。

有下列情形之一的，视为进口货物的价格受到了使该货物成交价格无法确定的条件或者因素的影响：

a. 进口货物的价格是以买方向卖方购买一定数量的其他货物为条件而确定的；

b. 进口货物的价格是以买方向卖方销售其他货物为条件而确定的；

c. 其他经海关审查，认定货物的价格受到使该货物成交价格无法确定的条件或者因素影响的。

C. 卖方不得直接或间接从买方获得因转售、处置或使用进口货物而产生的任何收益，除非上述收益能够被合理确定。

如果买方在购得进口货物后，仍需将部分再销售收益返还给卖方，则上述需返还的利润或收益应计入进口货物的完税价格。转售收益可视同于销售中的分期付款，即在进口时，买卖双方仅约定了部分款项，余额部分由买方在货物进口以后再逐步返还。判断是否存在转售收益的关键在于买方是否承担了未来的付款义务，上述款项向谁支付、支付行为是否发生并不是判断的依据。

D. 买卖双方之间没有特殊关系，或虽有特殊关系但不影响成交价格。

根据规定，有下列情形之一的，应当认定买卖双方有特殊关系：

a. 买卖双方为同一家族成员；

b. 买卖双方互为商业上的高级职员或董事；

c. 一方直接或间接地受另一方控制；

d. 买卖双方都直接或间接地受第三方控制；

e. 买卖双方共同直接或间接地控制第三方；

f. 一方直接或间接地拥有、控制或持有对方 5%以上（含 5%）公开发行的有表决权的股票或股份；

g. 一方是另一方的雇员、高级职员或董事；

h. 买卖双方是同一合伙的成员。

此外，买卖双方在经营上相互有联系，一方是另一方的独家代理、经销或受让人，若与以上规定相符，也应当视为有特殊关系。

买卖双方有特殊关系这个事实本身并不能构成海关拒绝成交价格的理由。买卖双方之间存在特殊关系，但能通过价格测试或销售环境测试的，视为特殊关系未对进口货物的成交价格产生影响。

a. 价格测试

纳税义务人能证明其成交价格与同时或者大约同时发生的下列任何一款价格相近的，视为特殊关系未对进口货物成交价格产生影响：

——向境内无特殊关系的买方出售的相同或者类似进口货物的成交价格；

——按照倒扣价格估价方法所确定的相同或者类似进口货物的完税价格；

——按照计算价格估价方法所确定的相同或者类似进口货物的完税价格。

海关在使用上述价格进行比较时，需考虑商业水平和进口数量的不同，以及买卖双方有无特殊关系造成的费用差异。

b. 销售环境测试

海关对与货物销售有关情况进行审查，认为符合一般商业惯例的，可以确定特殊关系未对进口货物的成交价格产生影响。

进口货物成交价格估价方法是海关估价中使用最多的一种估价方法，但是如果货物的进口价格不符合成交价格定义及条件方面的规定，就不能采用成交价格估价方法，而应该依次采用下列方法审查确定货物的完税价格。

（2）相同及类似货物成交价格估价方法

相同及类似进口货物成交价格估价方法，即以与被估货物同时或大约同时向中华人民共和国境内销售的相同货物及类似货物的成交价格为基础，审查确定进口货物完税价格的方法。

① 相同货物和类似货物

“相同货物”，指与进口货物在同一国家或者地区生产的，在物理性质、质量和信誉等所有方面都相同的货物，但是表面的微小差异允许存在。

“类似货物”，指与进口货物在同一国家或者地区生产的，虽然不是在所有方面都相同，但是却具有相似的特征、相似的组成材料、相同的功能，并且在商业中可以互换的货物。

② 相同或类似货物的时间要素

时间要素是指相同或类似货物必须与进口货物同时或大约同时进口，其中的“同时或大约同时”指在海关接受申报之日的前后各 45 天以内。

③ 关于相同及类似货物成交价格估价方法的运用

在运用这两种估价方法时，首先应使用和进口货物处于相同商业水平、大致相同数量的相同或类似货物的成交价格，只有在上述条件不满足时，才可采用以不同商业水平和不同数量销售的相同或类似进口货物的价格，但不能将上述价格直接作为进口货物的价格，还须对由此而产生的价格方面的差异作出调整。

此外，对进口货物与相同或类似货物之间由于运输距离和运输方式不同而在成本和其他费用方面产生的差异应进行调整。

上述调整都必须建立在客观量化的数据资料的基础上。

同时还应注意，在采用相同或类似货物成交价格估价方法确定进口货物完税价格时，首先应使用同一生产商生产的相同或类似货物的成交价格，只有在没有同一生产商生产的相同或类似货物的成交价格的情况下，才可以使用同一生产国或地区不同生产商生产的相同或类似货物的成交价格。如果有多个相同或类似货物的成交价格，应当以最低的成交价格为基础估定进口货物的完税价格。需要注意，本处的“同一生产国或地区”是指一个国家或其组成部分，包括某一国家规定的特别关税区；而由几个国家组成的关税同盟或地区联盟不属于相同或类似货物中的“同一生产国或地区”，例如欧盟、东盟等。

（3）倒扣价格估价方法

倒扣价格估价方法即以进口货物、相同或类似进口货物在境内第一环节的销售价格为基础，扣除境内发生的有关费用来估定完税价格。上述“第一环节”是指有关货物进口后进行的第一次转售，且转售者与境内买方之间不能有特殊关系。

① 用以倒扣的上述销售价格应同时符合的条件

A. 在被估货物进口时或大约同时，将该货物、相同或类似进口货物在境内销售的价格；

B. 按照该货物进口时的状态销售的价格；

C. 在境内第一环节销售的价格；

D. 向境内无特殊关系方销售的价格；

E. 按照该价格销售的货物合计销售总量最大。

② 倒扣价格法的核心要素

A. 按进口时的状态销售

必须首先以进口货物、相同或类似进口货物按进口时的状态销售的价格为基础。如果没有按进口时的状态销售的价格，应纳税义务人要求，可以使用经过加工后在境内销售的价格作为倒扣的基础。

B. 时间要素

必须是在被估货物进口时或大约同时转售给国内无特殊关系方的价格，其中“进口时或大约同时”为在进口货物接受申报之日的前后各 45 天以内。如果进口货物、相同或者类似货物没有在海关接受进口货物申报之日前后 45 天内在境内销售，可以将在境内销售的时间延长至接受货物申报之日前后 90 天内。

C. 合计的货物销售总量最大

必须使用被估的进口货物、相同或类似进口货物售予境内无特殊关系方合计销售总量最大的价格为基础估定完税价格。

③ 倒扣价格法的倒扣项目

确定销售价格以后，在使用倒扣价格法时，还必须扣除一些费用，这些倒扣项目根据规定有以下 4 项：

A. 该货物的同级或同种类货物在境内第一环节销售时通常支付的佣金及利润和一般费用；

B. 货物运抵境内输入地点之后的运输及其相关费用、保险费；

C. 进口关税、进口环节代征税及其他国内税；

D. 加工增值额，如果以货物经过加工后在境内转售的价格作为倒扣价格的基础，则必须扣除上述加工增值部分。

加工增值额应当依据与加工成本有关的客观量化数据资料，该行业公认的标准、计算方法及其他的行业惯例计算。

按照上述规定确定扣除的项目时，应当使用与国内公认的会计原则相一致的原则和方法。

（4）计算价格估价方法

计算价格估价方法既不是以成交价格，也不是以在境内的转售价格作为基础，它是以发生在生产国或地区的生产成本作为基础的价格。

① 计算价格的构成项目

按有关规定采用计算价格法时，进口货物的完税价格由下列各项目的总和构成：

A. 生产该货物所使用的料件成本和加工费用。

"料件成本"是指生产被估货物的原料成本，包括原材料的采购价值及原材料投入实际生产之前发生的各类费用。"加工费用"是指将原材料加工为制成品过程中发生的生产费用，包括人工成本、装配费用及有关间接成本。

B. 向境内销售同等级或者同种类货物通常的利润和一般费用（包括直接费用和间接费用）。

C. 货物运抵中华人民共和国境内输入地点起卸前的运输及其相关费用、保险费。

② 运用计算价格法的注意事项

按照上述方法确定有关价值或者费用时，应当使用与生产国或者地区公认的会计原则相一致的原则和方法。此外，海关在征得境外生产商同意并提前通知有关国家或者地区政府后，可以在境外核实该企业提供的有关资料。

（5）合理方法

合理方法，是指当海关不能根据成交价格估价方法、相同货物成交价格估价方法、类似货物成交价格估价方法、倒扣价格估价方法和计算价格估价方法确定完税价格时，根据公平、统一、客观的估价原则，以客观量化的数据资料为基础审查确定进口货物完税价格的估价方法。

合理方法本身不是一种具体的估价方法，实际运用时，应按顺序合理、灵活使用成交价格估价方法、相同货物成交价格估价方法、类似货物成交价格估价方法、倒扣价格估价方法和计算价格估价方法。例如，使用相同或类似货物成交价格估价方法估价时，必须采用与被估货物同一原产地的货物价格，依次使用合理方法时就可采用与被估货物国家发展程度相当的其他国家相同或类似货物价格估定。又如使用倒扣价格估价方法时有时间要素的要求限制，不得采用被估货物进口前后 90 天外的价格作为倒扣价格的基础，按照合理方法，这个期限就可以突破，只要不违背客观、公平、统一的海关估价原则。

在运用合理方法估价时，禁止使用以下 6 种价格：

① 境内生产的货物在境内的销售价格；

② 在两种价格中较高的价格；
③ 依据货物在出口地市场的销售价格；
④ 以计算价格法规定之外的价值或者费用计算的相同或者类似货物的价格；
⑤ 依据出口到第三国或地区货物的销售价格；
⑥ 依据最低限价或武断、虚构的价格。

进口货物确定完税价格流程图：

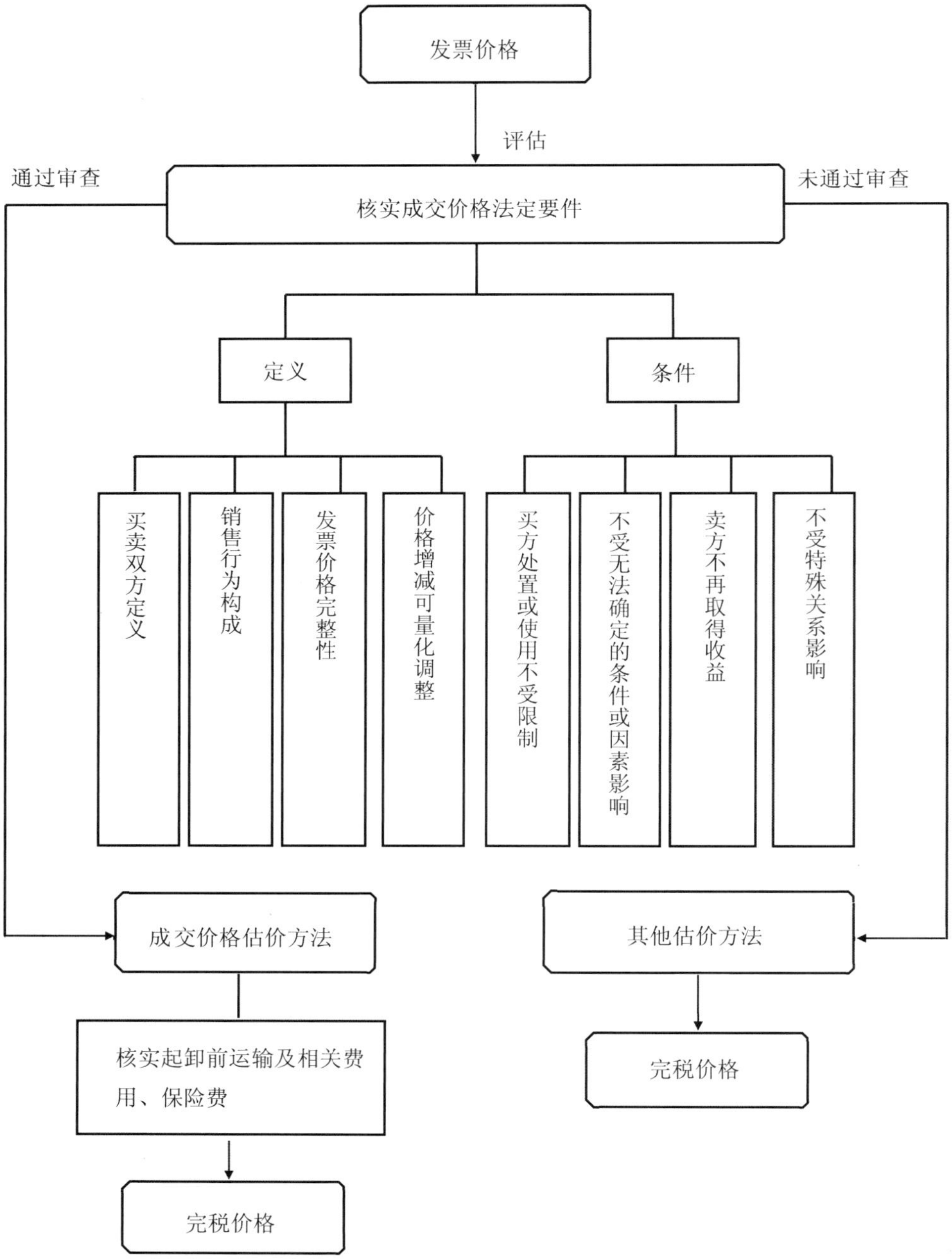

2. 特殊进口货物完税价格的审定

（1）出境修理复运进境货物的估价方法

运往境外修理的机械器具、运输工具或者其他货物，出境时已向海关报明，并在海关规定的期限内复运进境的，海关以境外修理费和料件费审查确定完税价格。需注意，此时确定完税价格无须计入运输及相关费用、保险费。

出境修理货物复运进境超过海关规定期限的，由海关按照审定一般进口货物完税价格的规定审查确定完税价格。

（2）出境加工复运进境货物的估价方法

运往境外加工的货物，出境时已向海关报明，并在海关规定期限内复运进境的，海关以境外加工费和料件费，以及该货物复运进境的运输及其相关费用、保险费审查确定完税价格。

出境加工货物复运进境超过海关规定期限的，由海关按照审定一般进口货物完税价格的规定审查确定完税价格。

（3）暂时进境货物的估价方法

经海关批准的暂时进境货物，应当缴纳税款的，由海关按照本节审定一般进口货物完税价格的规定审查确定完税价格。

经海关批准留购的暂时进境货物，以海关审查确定的留购价格作为完税价格。

（4）租赁进口货物的估价方法

① 以租金方式对外支付的租赁货物，在租赁期间以海关审定的该货物的租金作为完税价格，利息予以计入。

② 留购的租赁货物以海关审定的留购价格作为完税价格。

③ 纳税义务人申请一次性缴纳税款的，可以选择申请按照规定估价方法确定完税价格，或者按照海关审查确定的租金总额作为完税价格。

（5）减免税货物的估价方法

特定减免税货物在监管年限内不能擅自出售、转让，如果有特殊情况，经过海关批准可以出售、转让，须向海关办理纳税手续。减税或免税进口的货物需予征税时，海关以审定的该货物原进口时的价格，扣除折旧部分价值作为完税价格。

（6）无成交价格货物的估价方法

以易货贸易、寄售、捐赠、赠送等不存在成交价格的方式进口的货物，总体而言都不适用成交价格估价方法，海关与纳税义务人进行价格磋商后，依照《进出口货物审价办法》第六条列明的相同货物成交价格估价法、类似货物成交价格估价法、倒扣价格估价法、计算价格估价法及合理方法审查确定完税价格。

（7）软件介质的估价方法

进口载有专供数据处理设备用软件的介质，具有下列情形之一的，以介质本身的价值或者成本为基础审查确定完税价格：

① 介质本身的价值或者成本与所载软件的价值分列；

② 介质本身的价值或者成本与所载软件的价值虽未分列，但是纳税义务人能够提供介质本身的价值或者成本的证明文件，或者能提供所载软件价值的证明文件。

含有美术、摄影、声音、录像、影视、游戏、电子出版物的介质不适用上述规定，该类货物完税价格应为介质与介质所载内容的总价值。

（8）跨境电子商务零售进口商品的估价方法

跨境电子商务零售进口商品按照实际交易价格作为货物完税价格，实际交易价格包括货物零售价格、运费和保险费。

3. 进口货物完税价格中的运输及其相关费用、保险费的计算

（1）运费及其相关费用的计算标准

进口货物的运费及其相关费用，按照实际支付或应当支付的费用计算。如果进口货物的运费及其相关费用无法确定，海关应当按照该货物进口同期的正常运输成本审查确定。运输费用已包含在向海关申报的货物价格中的，不再重复计算。

运输工具作为进口货物，利用自身动力进境的，海关在审查确定完税价格时，不再另行计入运输及其相关费用。

（2）保险费的计算标准

进口货物的保险费，按照实际支付的费用计算。如果进口货物的保险费无法确定或者未实际发生，海关按照“货价加运费”两者总额的3‰计算保险费，其计算公式如下：

保险费＝（货价+运费）×3‰

保险费用已包含在向海关申报的货物价格中的，不再重复计算。

（3）邮运货物运费计算标准

邮运进口的货物，以邮费作为运输及其相关费用、保险费。

邮运进口的商品因超过一定价值而按货物属性进行管理的，其实际支付的邮费即为运保费。如邮费已包含在向海关申报的货物价格中，不再重复计算。

（二）出口货物完税价格的审定

出口货物的完税价格由海关以该货物的成交价格为基础审查确定，包括货物运至中华人民共和国境内输出地点装载前的运输及其相关费用、保险费。

1. 成交价格估价方法

出口货物成交价格估价方法是《进出口货物审价办法》规定的第一种出口估价方法。出口货物的成交价格，是指该货物出口销售时，卖方为出口该货物应当向买方直接收取和间接收取的价款总额。

判断出口货物申报价格是否符合成交价格的要求，需考虑以下几个方面：

（1）出口销售是否符合《进出口货物审价办法》的规定

出口销售是确定出口货物是否存在成交价格的前提条件。交易是否符合销售定义，应根据以下3项标准作出判断：

① 所有权是否发生转移，是否由该交易的卖方转移给买方；

② 买方是否为了获得该货物支付对价；

③ 货物的风险是否发生了转移，包括货物灭失的风险和货物损益的风险。

如果一项交易不能导致前述3个条件同时发生，则销售不存在，因此也就不能使用成交价格方法估价，而应采用其他方法估价。

（2）直接收取和间接收取是否符合《进出口货物审价办法》的规定

出口货物的成交价格应包括我国卖方向国外买方直接收取和间接收取的款项总额，其中直接收取是指我国卖方直接向国外买方收取款项，而间接收取是指国外买方根据我国卖方的要求，将货款全部或部分支付给第三方，或冲抵买卖双方之间的其他资金往来。通常情况下，我国卖方会要求国外买方直接向其支付款项。但是，如果卖方出于某种考虑，要求买方将全部或部分款项支付给第三方，只要上述支付义务是买方为了购买被估的出口货物而必须承担的，则无论买方根据我国卖方的要求将货款支付给谁，均应以买方应支付的全部款项确定完税价格。

但应注意，需征收出口关税的货物销售价格中多包含了出口关税税额，按照相关规定，确定完税价格时应将出口货物价格中包含的出口关税税额予以扣除。此外，货物价款中单独列明的货物运至中华人民共和国境内输出地点装载后的运输及其相关费用、保险费也应扣除。但前述费用如未单独列明或无法证明各段费用则不予扣除。

2. 成交价格估价方法以外的其他估价方法

在审查出口单位合同或发票金额中，包括但不限于以下情况，则不能使用成交价格估价方法确定完税价格，应在磋商后依次使用其他估价方法进行确定：一是申报价格不符合出口货物成交价格的定义，例如出口货物不存在成交价格，我国出口商将货物交付给国外卖方时，不要求对方承担付款义务；二是海关对申报价格的真实性或准确性有怀疑，启动质疑程序，出口商不能作出合理的解释，或者未能在法定的期限内作出合理解释的。其他估价方法具体为：

（1）同时或者大约同时向同一国家或者地区出口的相同货物的成交价格；

（2）同时或者大约同时向同一国家或者地区出口的类似货物的成交价格；

（3）根据境内生产相同或者类似货物的成本、利润和一般费用（包括直接费用和间接费用）、境内发生的运输及其相关费用、保险费计算所得的价格；

（4）按照合理方法估定的价格。

操作层面，我国出口货物完税价格以 FOB 价格为基础审核确定，如出口货物采用其他术语成交，均需视情况将其他术语转换为 FOB 术语价格，并且按照规定，需将出口货物价格中包含的出口关税税额扣除，故出口货物完税价格 = FOB（中国境内口岸）价格 - 出口关税。而出口关税 = 出口货物完税价格×出口关税税率，由此得到：出口货物完税价格 = FOB/（1+出口关税税率）。

出口货物以其他贸易术语成交时，例如，在 CIF 术语下成交时，出口货物完税价格 =（CIF - 国际运输及相关费用、保险费）/（1+出口关税税率），在 EXW 术语下成交时，出口货物完税价格 =（EXW+国内运输及相关费用、保险费）/（1+出口关税税率）。

出口货物确定完税价格流程图：

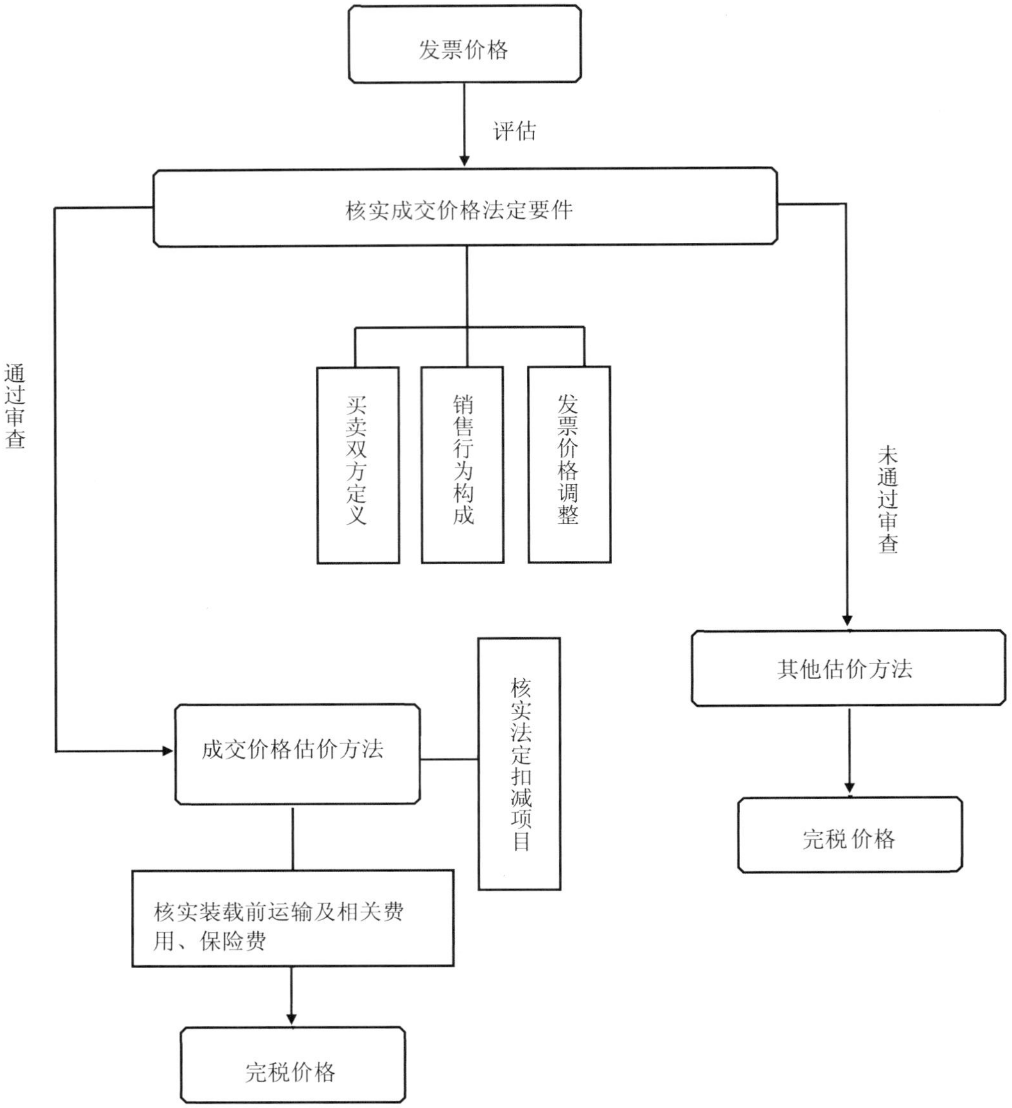

三、《内销保税货物审价办法》关于完税价格审定的规定

内销保税货物，包括因故转为内销需要征税的加工贸易货物、海关特殊监管区域内货物、保税监管场所内货物和因其他原因需要按照内销征税办理的保税货物，但不包括以下项目：海关特殊监管区域、保税监管场所内生产性的基础设施建设项目所需的机器、设备和建设所需的基建物资；海关特殊监管区域、保税监管场所内企业开展生产或综合物流服务所需的机器、设备、模具及其维修用零配件；海关特殊监管区域、保税监管场所内企业和行政管理机构自用的办公用品、生活消费用品和交通运输工具。

《内销保税货物审价办法》规定，内销保税货物的完税价格，由海关以该货物的成交价格为基础审查确定。

（一）非海关特殊监管区域（保税监管场所）内加工贸易企业内销货物一般估价方法

1. 进料加工进口料件或者其制成品（包括残次品）内销时，海关以料件原进口成交价格为基础审查确定完税价格。

（1）属于料件分批进口，并且内销时不能确定料件原进口对应批次的，海关可按照同项号、同品名和同税号的原则，以其合同有效期内或电子账册核销周期内已进口料件的成交价格计算所得的加权平均价为基础审查确定完税价格。

（2）合同有效期内或电子账册核销周期内已进口料件的成交价格加权平均价难以计算或者难以确定的，海关以客观可量化的当期进口料件成交价格的加权平均价为基础审查确定完税价格。

2. 来料加工进口料件或者其制成品（包括残次品）内销时，因来料加工料件在原进口时没有成交价格，所以海关以接受内销申报的同时或者大约同时进口的与料件相同或者类似的保税货物的进口成交价格为基础审查确定完税价格。需注意，前述情形下确定完税价格时，不能采用相同或者类似货物一般贸易价格作为进口成交价格。

3. 加工企业内销的加工过程中产生的边角料或者副产品，以其内销价格为基础审查确定完税价格。副产品并非全部使用保税料件生产所得的，海关以保税料件在投入成本核算中所占比重计算结果为基础审查确定完税价格。边角料、副产品经海关允许采用拍卖方式内销时，海关以其拍卖价格为基础审查确定完税价格。

4. 按照规定需要以残留价值征税的受灾保税货物，海关以其内销价格为基础审查确定完税价格。按照规定应折算成料件征税的，海关以各项保税料件占构成制成品（包括残次品）全部料件的价值比重计算结果为基础审查确定完税价格。按照规定需要以残留价值征税的受灾保税货物经海关允许采用拍卖方式内销时，海关以其拍卖价格为基础审查确定完税价格。

5. 深加工结转货物内销时，海关以该结转货物的结转价格为基础审查确定完税价格。

（二）海关特殊监管区域及保税监管场所内销货物一般估价方法

1. 海关特殊监管区域保税加工货物内销估价办法

（1）保税区内保税加工企业内销进口料件或者其制成品

保税区内企业内销的保税加工进口料件或者其制成品，海关以其内销价格为基础审查确定完税价格。保税区内企业内销的保税加工制成品中，如果含有从境内采购的料件，海关以制成品所含从境外购入料件的原进口成交价格为基础审查确定完税价格。保税区内企业内销的保税加工进口料件或者其制成品的完税价格依据前述两种方法不能确定的，海关以接受内销申报的同时或者大约同时内销的相同或者类似的保税货物的内销价格为基础审查确定完税价格。

（2）除保税区以外海关特殊监管区域内保税加工企业内销进口料件或者其制成品

除保税区以外的海关特殊监管区域内保税加工企业内销的保税加工料件或者其制成品，以其内销价格为基础审查确定完税价格。上述内销价格不能确定的，海关以接受内销申报的同时或者大约同时内销的相同或者类似的保税货物的内销价格为基础审查确定完税价格。前述与企业内销的保税加工制成品、相同或者类似的保税货物内销价格不能确定的，海关以生产该货物的成本、利润和一般费用计算所得的价格为基础审查确定完税价格。

（3）海关特殊监管区域内保税加工企业内销边角料、废品、残次品和副产品

海关特殊监管区域内企业内销的保税加工过程中产生的边角料、废品、残次品和副产品，以其内销价格为基础审查确定完税价格。经海关允许采用拍卖方式内销的边角料、废品、残次品和副产品，海关以其拍卖价格为基础审查确定完税价格。

需注意，上述边角料、废品、残次品和副产品估价办法的无须区分保税区内外。

2. 海关特殊监管区域、保税监管场所内保税物流货物内销估价办法

海关特殊监管区域、保税监管场所内企业内销的保税物流货物，海关以该货物运出海关特殊监管区域、保税监管场所时的内销价格为基础审查确定完税价格，该内销价格包含的能够单独列明的海关特殊监管区域、保税监管场所内发生的保险费、仓储费和运输及其相关费用，不计入完税价格。

3. 海关特殊监管区域内企业内销的研发货物，检测、展示货物估价方法

海关特殊监管区域内企业内销的研发货物，检测、展示货物，海关以其内销价格为基础审查确定完税价格。

上述内销价格是指向国内企业销售保税货物时买卖双方订立的价格，是国内企业为购买保税货物而向卖方（保税企业）实际支付或者应当支付的全部价款，但不包括关税和进口环节海关代征税。拍卖价格是指国家注册的拍卖机构对海关核准参与交易的保税货物履行合法有效的拍卖程序，竞买人依拍卖规定获得拍卖标的物的价格。结转价格是指深加工结转企业间买卖加工贸易货物时双方订立的价格，是深加工结转转入企业为购买加工贸易货物而向深加工结转转出企业实际支付或者应当支付的全部价款。

（三）内销保税货物的其他估价方法

内销保税货物完税价格不能依照以上估价方法确定时，应依次按照下列价格估定其完税价格：

1. 与该货物同时或者大约同时向中华人民共和国境内销售的相同货物的成交价格。

2. 与该货物同时或者大约同时向中华人民共和国境内销售的类似货物的成交价格。

3. 与该货物进口的同时或者大约同时，将该进口货物、相同或者类似进口货物在第一级销售环节销售给无特殊关系买方最大销售总量的单位价格，但应当扣除以下项目：

（1）同等级或者同种类货物在中华人民共和国境内第一级销售环节销售时通常的利润和一般费用及通常支付的佣金；

（2）进口货物运抵境内输入地点起卸后的运输及其相关费用、保险费；

（3）进口关税及国内税收。

4. 按照下列各项总和计算的价格：生产该货物所使用的料件成本和加工费用，向中华人民共和国境内销售同等级或者同种类货物通常的利润和一般费用，该货物运抵境内输入地点起卸前的运输及其相关费用、保险费。

5. 以合理方法估定的价格。

纳税义务人向海关提供有关资料后，可以申请颠倒前述第 3 项和第 4 项的适用次序。

四、海关在审定货物完税价格中的价格质疑和价格磋商程序

（一）价格质疑程序

1. 价格质疑提出

在确定完税价格过程中，海关对进出口单位申报价格的真实性或准确性有疑问，或有理由认为买卖双方的特殊关系可能影响到成交价格时，将向纳税义务人或者其代理人制发“中华人民共和国海关价格质疑通知书”，将质疑的理由书面告知纳税义务人或者其代理人。

价格质疑程序的履行是为了核实成交价格的真实性、准确性和完整性，如进出口货物没有成交价格，如卖方以免费提供方式交由买方进口的货物、易货贸易货物、寄售货物等，海关可无须履行价格质疑程序，可直接进入价格磋商程序。

2. 价格质疑回复要求

（1）规定期限内提供资料

纳税义务人或者其代理人应自收到价格质疑通知书之日起 5 个工作日内，以书面形式提供相关资料或者其他证据，证明其申报价格真实、准确或者双方之间的特殊关系未影响成交价格。纳税义务人或者其代理人确有正当理由无法在规定时间内提供资料或证据的，可以在规定期限届满前以书面形式向海关申请延期。除特殊情况外，延期不得超过 10 个工作日。

（2）证据资料齐全有效

在规定时间内提交的证明申报价格真实性及准确性或者是否受到特殊关系影响的证据资料，务必保证按照海关质疑通知书上列明的需要提供的单证项目，逐一核对，避免遗漏。提交的单证之间能够相互印证，不发生矛盾。

（二）价格磋商程序

1. 价格磋商程序启动

价格磋商是指海关在使用除成交价格以外的估价方法时，在保守商业秘密的基础上，与纳税义务人交换彼此掌握的用于确定完税价格的数据资料的行为，也即在利用成交价格方法确定进出口货物完税价格时，无须价格磋商。

海关制发价格质疑通知书后，有下列情形之一的，海关应进行价格磋商程序，按照相关规定列明的方法审查确定进出口货物的完税价格：

（1）纳税义务人未在海关规定期限内，提供进一步说明的；

（2）纳税义务人提供有关资料、证据后，海关经审核其所提供的资料、证据后仍有理由怀疑申报价格的真实性、准确性的；

（3）纳税义务人提供有关资料、证据后，海关经审核其所提供的资料、证据后仍有理由认为买卖双方之间的特殊关系影响成交价格的。

2. 价格磋商时限

海关按照相关规定通知纳税义务人进行价格磋商时，纳税义务人需自收到“中华人民共和国海关价格磋商通知书”之日起 5 个工作日内与海关进行价格磋商。纳税义务人未在规定的时限内与海关进行磋商的，视为其放弃价格磋商的权利，海关可以直接按照规定的方法审查确定进出口货物的完税价格。

海关与纳税义务人进行价格磋商时，将制作“中华人民共和国海关价格磋商记录表”，将价格磋商中相互提交的价格信息等内容书面记录并双方签字。

进行价格磋商的目的不是为了达成一个海关与纳税义务人都可以接受的价格，而是交换彼此掌握的价格信息。比如，有时纳税义务人掌握着海关纳税义务人所不知道的相同或类似货物的成交价格，有时则恰好相反，只有通过双方的充分交流，才便于得出海关估价的适当依据。

（三）价格质疑与价格磋商的特殊情形

对符合下列情形之一的，经纳税义务人书面申请，海关可以不进行价格质疑或价格磋商，直接依法审查确定进出口货物的完税价格：

1. 同一合同项下分批进出口的货物，海关对其中一批货物已经实施估价的；

2. 进出口货物的完税价格在人民币 10 万元以下或者关税及进口环节代征税总额在人民币 2 万元以下的；

3. 进出口货物属于危险品、鲜活品、易腐品、易失效品、废品、旧品等的。

海关径行审定货物完税价格有严格的作业要求，主要有：申报货物属于上述三种情形之一，申报价格低于海关掌握的同类商品价格，经进出口企业书面提出申请海关可不经质疑和磋商程序。不满足上述任何情形之一，海关不得径行审定完税价格。

（四）价格质疑与磋商程序的无纸化

为配合全国通关一体化改革，进一步提高通关效率，海关总署已于 2018 年年初在全国海关推广审价作业单证无纸化。进口货物纳税义务人可通过“海关事务联系系统”接收和反馈海关价格质疑通知书、价格磋商通知书、价格磋商记录表等审价文书及随附单证资料的电子数据，并可接收和查看估价告知书。在无纸模式下，海关与企业间互相发送电子文书的发送时间即视为对方接收时间，相关电子文书上生成的海关和进口货物纳税义务人经办人员信息即视为具有法律效力的电子签名。随附单证资料的电子扫描或转换文件格式标准，参照海关总署公告 2014 年第 69 号相关规定执行。

海关根据管理需要要求提供纸质单证资料的，进口货物纳税义务人应积极配合并按要求提供。进口货物纳税义务人需要纸本盖章文书的，可打印电子文书后到海关盖章。

五、 纳税义务人在海关审定完税价格时的权利和义务

（一）纳税义务人的权利

1. 要求具保放行货物的权利，即在海关审查确定进出口货物的完税价格期间，纳税义务人可以在依法向海关提供担保后，先行提取货物。

2. 选择估价方法的权利，即纳税义务人向海关提供有关资料后，可以提出申请，颠倒倒扣价格估价法和计算价格估价法的适用次序。

3. 对海关如何确定进出口货物完税价格的知情权，即纳税义务人可以提出书面申请，要求海关就如何确定其进出口货物的完税价格作出书面说明。

4. 获得救济的权利，即对海关估价决定有权提出复议、诉讼。

（二）纳税义务人的义务

1. 如实提供单证及其他相关资料的义务，即纳税义务人向海关申报时，应当按照有关规定，向海关如实提供发票、合同、提单、装箱清单等单证。根据海关要求，纳税义务

人还应当如实提供与货物买卖有关的支付凭证，以及证明申报价格真实、准确的其他商业单证、书面资料和电子数据。

2. 如实申报及提供相关资料的义务，即货物买卖中发生相关规定中所列的价格调整项目的，纳税义务人应当如实向海关申报。价格调整项目如果需要分摊计算的，纳税义务人应当根据客观量化的标准进行分摊，并同时向海关提供分摊的依据。

六、 价格预裁定

进出口货物收发货人，应当在货物拟进出口 3 个月前（确有正当理由的，可以在货物拟进出口前 3 个月内提出）通过单一窗口“海关事务联系系统”或“互联网+海关”提交“中华人民共和国海关预裁定申请书”及规定的所需资料，向其注册地直属海关提出进出口货物完税价格相关要素或估价方法的预裁定申请。完税价格相关要素主要指特殊关系、特许权使用费、运保费、佣金、其他与审定完税价格有关的要素。

海关将自收到预裁定申请书及相关材料之日起 10 日内作出是否受理的决定，如决定受理，自受理之日起 60 日内制发预裁定决定书，并送达申请人，自送达之日起在全国关境内生效，但对决定下发前已经进出口的货物，没有溯及力。已作出价格预裁定决定的货物，自预裁定生效之日起 3 年内申请人进出口预裁定合同项下的进出口货物，应按预裁定决定向海关申报，经海关审核其实际进出口的货物与预裁定决定所述情形相符，海关不再重新确定估价方法及调整完税价格要素认定结果。经海关审核其实际进出口的货物与预裁定决定所述情形不相符的，海关应当重新审核确定该进出口货物的估价方法及相关完税价格要素。需要注意，海关受理价格预裁定申请后，并不针对申请裁定的合同完税价格具体金额予以审定，而仅是裁定使用何种估价方法或有关涉税要素是否应计入完税价格。

预裁定属于海关的具体行政行为，仅对申请人有效，但除涉及商业秘密情形外，海关可以将预裁定决定对外公开，为从事进出口相关贸易活动的从业者提供借鉴参考。

第三节
进出口货物原产地的确定

在国际贸易中，原产地这个概念是指货物生产的国家（地区），就是货物的“国籍”。

随着经济全球化和生产国际化的发展，准确认定进出口货物的“国籍”变得更为重要。因为确定了进口货物“国籍”，就确定了其依照进口国的贸易政策所适用的关税和非关税待遇。原产地的不同决定了进口商品所享受的待遇不同。

一、 原产地规则的含义

为适应国际贸易的需要，并为执行本国关税及非关税方面的贸易措施，进口国必须对进出口商品的原产地进行认定。为此，各国以本国立法形式制定出其鉴别货物“国籍”的标准，这就是原产地规则。

世界贸易组织《原产地规则协议》将原产地规则定义为：一国（地区）为确定货物的原产地而实施的普遍适用的法律、法规和行政决定。

二、 原产地规则的类别

从是否适用优惠贸易协定来分，原产地规则分为两大类：一类为优惠原产地规则，另一类为非优惠原产地规则。这是当今世界上最普遍的原产地规则分类方法。

（一）优惠原产地规则

优惠原产地规则是指一国为了实施国别优惠政策而制定的法律、法规，是以优惠贸易协定通过双边、多边协定形式或者是由本国自主制定的一些特殊原产地认定标准，因此也称为协定原产地规则。优惠原产地规则具有很强的排他性，优惠范围以原产地为受惠国（地区）的进口产品为限，其目的是促进协议方之间的贸易发展。优惠原产地规则主要有以下 2 种实施方式：一是通过自主方式授予，如欧盟普惠制（GSP）、中国对最不发达国家的特别优惠关税待遇；二是通过协定以互惠性方式授予，如《北美自由贸易协定》《中华人民共和国与东南亚国家联盟全面经济合作框架协议》（以下简称《中国—东盟自由贸易协定》）等。由于优惠原产地规则是用于认定进口货物能否享受比最惠国更优惠待遇的依据，因此其认定标准通常会与非优惠原产地规则不同，其宽或严完全取决于成员方。进口国（地区）为了防止此类优惠措施被滥用或规避，一般都制定了货物直接运输的条款。

我国加入世界贸易组织后，为了进一步改善所处的贸易环境，推进市场多元化进程，目前，共签订了《亚太贸易协定》（即原《亚洲及太平洋经济和社会理事会发展中国家成员国关于贸易谈判的第一协定》，又称《曼谷协定》）、《中国—东盟自由贸易协定》、《内地与香港关于建立更紧密经贸关系的安排》（以下称香港 CEPA）、《内地与澳门关于建立更紧密经贸关系的安排》（以下称澳门 CEPA）、对我国台湾地区农产品零关税优惠措施、《中华人民共和国政府与巴基斯坦伊斯兰共和国政府自由贸易协定》（以下简称《中国—巴基斯坦自由贸易协定》）、《中华人民共和国政府与智利共和国政府自由贸易协定》（以下简称《中国—智利自由贸易协定》）、《中华人民共和国政府和新西兰政府自由贸易协定》（以下简称《中国—新西兰自由贸易协定》）、《中华人民共和国政府和新加坡共和国政府自由贸易协定》（以下简称《中国—新加坡自由贸易协定》）、《中华人民共和国政府和秘鲁共和国政府自由贸易协定》（以下简称《中国—秘鲁自由贸易协定》）、对埃塞俄比亚等最不发达国家给予的特别优惠关税待遇（以下称最不发达国家特别优惠关税待遇）、《海峡两岸经济合作框架协议》（ECFA）、《中华人民共和国政府和哥斯达黎加共和国政府自由贸易协定》（以下简称《中国—哥斯达黎加自由贸易协定》）、《中华人民共和国政府和冰岛政府自由贸易协定》（以下简称《中国—冰岛自由贸易协定》）、《中华人民共和国政府和瑞士联邦自由贸易协定》（以下简称《中国—瑞士自由贸易协定》）、《中华人民共和国政府和澳大利亚政府自由贸易协定》（以下简称《中国—澳大利亚自由贸易协定》）、《中华人民共和国政府和大韩民国政府自由贸易协定》（以下简称《中国—韩国自由贸易协定》）、《中华人民共和国政府和格鲁吉亚政府自由贸易协定》（以下简称《中国—格鲁吉亚自由贸易协定》）、《中华人民共和国政府和毛里求斯共和国政府自由贸易协定》（以下简称《中国—毛里求斯自由贸易协定》）、《区域全面经济伙伴关系协定》（RCEP）、《中华人民共和国政府和柬埔寨王国政府自由贸易协定》（以下简称《中国—柬埔寨自由贸易协定》）等自由贸易协定。上述自由贸易协定中均包含有相应的优惠原产地规则。

上述贸易协定中，《亚太贸易协定》适用国家包括中国、韩国、印度、斯里兰卡、孟加拉国、老挝和蒙古国；《中国—东盟自由贸易协定》适用国家包括中国、越南、泰国、新加坡、马来西亚、印度尼西亚、文莱、缅甸、老挝、柬埔寨和菲律宾。《区域全面经济伙伴关系协定》适用国家包括东盟成员方和中国、日本、韩国、澳大利亚、新西兰。①

（二）非优惠原产地规则

非优惠原产地规则，是一国根据实施其海关税则和其他贸易措施的需要，由本国立法自主制定的，因此也称为自主原产地规则。按照世界贸易组织的规定，适用于非优惠性贸易政策措施的原产地规则，其实施必须遵守最惠国待遇原则，即必须普遍地、无差别地适用于所有原产地为最惠国的进口货物。它包括实施最惠国待遇、反倾销和反补贴税、保障措施、数量限制或关税配额、原产地标记或贸易统计、政府采购时所采用的原产地规则。《WTO协调非优惠原产地规则》正由各国进行磋商，待谈判达成一致并正式实施后，世界贸易组织成员将实施统一的协调非优惠原产地规则，以取代各国自主制定的非优惠原产地规则。

三、 原产地认定标准

在认定货物的原产地时，会出现以下两种情况：一种是货物完全是在一个国家（地区）获得或生产制造，另一种是货物由两个或两个以上国家（地区）生产或制造。目前，世界各国（地区）原产地规则，无论是优惠原产地规则还是非优惠原产地规则，都包含这两种货物的原产地认定标准。

（一）完全获得标准

对于完全在一国（地区）获得的产品，如农产品或矿产品，各国（地区）的原产地认定标准基本一致，即以产品的种植、开采或生产国（地区）为原产国（地区），这一标准通常称为“完全获得标准”（Wholly Obtained Standard）。

世界海关组织《京都公约》规定可视为完全获得产品的各种情况有：

1. 在该国（地区）土地、领水或海床开采的矿产品；
2. 在该国（地区）收获或采集的植物产品；
3. 在该国（地区）出生和饲养的活动物；
4. 在该国（地区）从活动物所得产品；
5. 在该国（地区）狩猎或捕捞所得产品；
6. 海上捕捞所得产品及该国（地区）船只在海上得到的其他产品；
7. 由该国（地区）加工船完全使用上述第6项的产品加工制得产品；
8. 在该国（地区）领水以外的海洋积土或底土开采的产品，只要该国（地区）对这些海洋积土或底土拥有单独开发权；
9. 在该国（地区）收集并只适于原材料回收的、在制造或加工过程中得到的废碎料及废旧物品；
10. 在该国（地区）完全使用上述第1项至第9项的产品生产而制得的货物。

在确定货物是否在一个国家（地区）完全获得时，为运输、储存期间保存货物而做的

---

① 截至2022年5月1日，尚未生效实施的国家有菲律宾和印度尼西亚。

加工或者处理，为货物便于装卸而进行的加工或者处理，为货物销售而进行的包装等加工或者处理等，不予考虑。

（二）实质性改变标准

对于经过几个国家（地区）加工、制造的产品，各国（地区）多以最后完成实质性加工的国家（地区）为原产国（地区），这一标准通常称为“实质性改变标准”（Substantial Transformation Standard）。

实质性改变标准包括税则归类改变标准、从价百分比标准（或称增值百分比标准、区域价值成分标准等）、加工工序标准、混合标准等。

1. 税则归类改变标准是指在某一国家（地区）对非该国（地区）原产材料进行加工、制造后，所得货物在《协调制度》中的某位数级税目归类发生了变化。

2. 从价百分比标准是指在某一国家（地区）对非该国（地区）原产材料进行加工、制造后的增值部分超过了所得货物价值的一定比例。

3. 加工工序标准是指在某一国家（地区）进行的赋予制造、加工后所得货物基本特征的主要工序。

4. 混合标准是指将上述两种或两种以上标准结合起来制定货物的原产地标准。

另外，在国际通行的原产地规则中，除了原产地标准外，还包括一些补充或辅助规则，以确保原产地规则的完整性。补充规则或辅助规则主要分为累积规则、微小加工及处理规则、微小含量规则等。累积规则主要用于优惠原产地规则当中。

为保障缔约各方的优惠贸易利益，目前大多数国家（地区）的优惠原产地规则中都设有直接运输规则条款。

四、我国优惠原产地管理

为加强我国优惠原产地的统一管理，海关总署于2009年1月发布了《优惠原产地管理规定》。《优惠原产地管理规定》与各项自由贸易协定和优惠贸易安排项下的原产地管理办法，初步构成我国优惠原产地管理的基本框架。

（一）适用范围

适用于对优惠贸易项下进出口货物原产地管理。

（二）原产地标准

《优惠原产地管理规定》就优惠贸易项下普遍适用的原产地认定作了统领性规定。对于完全在一国（地区）获得或者生产的货物，适用完全获得标准。对于非完全在一国（地区）获得或者生产的货物，适用实质性改变标准。

1. 完全获得标准

完全获得，即从优惠贸易协定成员方（以下简称“成员方”）直接运输进口的货物是完全在该成员方获得或者生产的，这些货物指：

（1）在该成员方境内收获、采摘或者采集的植物产品；

（2）在该成员方境内出生并饲养的活动物；

（3）在该成员方领土或者领海开采、提取的矿产品；

（4）其他符合相应优惠贸易协定项下完全获得标准的货物。

原产于优惠贸易协定某一成员方的货物或者材料在同一优惠贸易协定另一成员方境内

用于生产另一货物，并构成另一货物组成部分的，该货物或者材料应当视为原产于另一成员方境内。

为便于装载、运输、储存、销售进行的加工、包装、展示等微小加工或者处理，不影响货物原产地确定。在货物生产过程中使用，本身不构成货物物质成分，也不成为货物组成部件的材料或者物品，其原产地不影响货物原产地确定。

2. 实质性改变标准

主要分税则归类改变标准、区域价值成分标准、制造加工工序标准、其他标准。

（1）税则归类改变，是指原产于非成员方的材料在出口成员方境内进行制造、加工后，所得货物在《协调制度》中税则归类发生了变化。

（2）区域价值成分，是指出口货物船上交货价格（FOB）扣除该货物生产过程中该成员方非原产材料价格后，所余价款在出口货物船上交货价格（FOB）中所占的百分比。

区域价值成分＝［货物的出口价格（FOB）－非原产材料价格］÷货物的出口价格（FOB）×100%

不同协定框架下的优惠原产地规则均包含区域价值成分标准，但各有不同。

（3）制造加工工序，是指赋予加工后所得货物基本特征的主要工序。

（4）其他标准，是指除上述标准之外，成员方一致同意采用的确定货物原产地的其他标准。

（三）直接运输规则

“直接运输”是指优惠贸易协定项下进口货物从该协定成员方直接运输至中国境内，途中未经过该协定成员方以外的其他国家或者地区。

原产于优惠贸易协定成员方的货物，经过其他国家或者地区运输至中国境内，不论在运输途中是否转换运输工具或者作临时储存，同时符合下列条件的，视为“直接运输”：

1. 该货物在经过其他国家或者地区时，未做除使货物保持良好状态所必须处理以外的其他处理；

2. 该货物在其他国家或者地区停留的时间未超过相应优惠贸易协定规定的期限；

3. 该货物在其他国家或者地区作临时储存时，处于该国家或者地区海关监管之下。

不同协定框架下的优惠原产地规则均包含“直接运输”规则。

为便利各优惠贸易安排中“直接运输”条款的实施，对于经我国香港或澳门之外的第三方中转的自由贸易协定项下货物，进口单位申报适用协定税率或特惠税率时向海关提交符合要求的运输单证；对经我国香港或澳门中转的货物，可提交“中转确认书”或符合规定的运输单证，海关可不再要求提交中转地海关出具的证明文件。

（四）原产地证书及签证机构

原产地证书是证明产品原产地的书面文件，是受惠国的产品出口到给惠国时享受关税优惠的重要凭证。香港 CEPA、澳门 CEPA、《海峡两岸经济合作框架协议》项下原产地证书所列货物税则号列与海关认定的实际进口货物税则号列前 8 位原则上应当相同；其他优惠贸易协定货物原产地证书所列货物税则号列与海关认定的实际进口货物税则号列前 6 位原则上应当相同。为便利自由贸易协定和其他优惠贸易安排实施，进一步推动原产地管理从单证管理向实体管理转变，在进口货物原产地无疑问且无其他不符合相应自由贸易协定或者其他优惠贸易安排项下规定的情况下，符合一定条件情形的（例如，原产地证书载明货物适用完全获得或生产标准；原产地证书载明货物适用完全从原产材料生产标准；原产地证书载明货物适用加工工序标准，与海关认可的《协调制度》编码所适用的加工工序标准一致等），不仅因《协调制度》编码不一致而认定原产地证书无效。进口原产地证书签发机构在各自由贸易协定或优惠贸易安排中均有明确的规定，进口申报时必须提供指定机构签发的原产地证书。另外，部分自由贸易协定项下进口货物规定了可凭规定格式的原产地声明代替原产地证书。对低于一定金额的货物，部分自由贸易协定还规定了可免于提交原产地证书或原产地声明。各自规定的具体情形见后附的“各优惠贸易协定代码、电子信息交换、免原产地证书限额、原产地声明情况表”。

按照规定，我国海关、中国国际贸易促进会及其地方分会（以下称“贸促机构”）有权签发优惠贸易协定项下出口货物原产地证书。

出口优惠原产地证书申领流程与非优惠原产地证书基本一致（参见本节“五、我国非优惠原产地管理”中相应内容）。但需要注意以下主要区别：优惠原产地证书项下原产地的确定依据是各优惠贸易协定或安排规定的标准，有资质签证机构签发的原产地证书需要按照协议约定签字盖章。对需要在原产地证书上手工签字的，申请人需要注意签证机构手签笔迹是否工整、清晰、易于识别，并与备案笔迹一致。目前，我国签发中国—东盟自由贸易协定原产地证书和中国—巴基斯坦优惠原产地证书，需要手工签字且与备案一致。

（五）申报及审核要求

1. 申报要求

货物申报进口时，进口货物收货人或者其代理人（以下称“进口人”）应当按照海关的申报规定填制“中华人民共和国海关进口货物报关单”，申明适用协定税率或者特惠税率。

（1）选择“通关无纸化”方式申报

对尚未实现原产地电子信息交换的优惠贸易协定项下进口货物，通过“优惠贸易协定原产地要素申报系统”填报原产地证据文件电子数据和直接运输规则承诺事项，在申报进口时以电子方式扫描上传原产地证明。电子方式提交的原产地证明应当与纸质文件一致，必要时，应按照海关要求补充提交纸质文件。进口货物具备优惠贸易协定有关原产资格但进口人未按照规定以电子方式上传原产地证明的，应当在办结海关手续前，就进口货物具备优惠贸易协定有关原产资格事宜补充申报并提供税款担保。商业发票、运输单证和未再加工证明文件等单证正本也应以电子方式上传。

对已实现原产地电子信息交换的优惠贸易协定项下进口货物，无须填报原产地证明电子数据和直接运输规则承诺事项，也无须以电子方式提交原产地证明。

（2）选择“有纸报关”方式申报

进口人按规定提交原产地单证纸质文件及提交符合直接运输规则的证明文件。

除以上直接自境外进口货物外，列入有关优惠协定或安排下的保税监管转内销货物同样适用《优惠原产地管理规定》。其中，非海关特殊监管区域及保税监管场所内的保税货物内销时拟适用协定税率或者特惠税率的，需要满足以上直接自境外进口货物的所有条件。对于海关特殊监管区域及保税监管场所内销的保税货物，应当如实填报报关单商品项“优惠贸易协定享惠”类栏目，同时在商品项对应的“原产国（地区）”栏如实正确填报货物原产地。自境外首次进入区域（场所）时无须按照有关优惠贸易协定项下进口货物填制要求填报进境备案清单商品项“优惠贸易协定享惠”类栏目，在转为内销时进口人应按照优惠贸易协定项下报关单填制要求填报，并可自行选择“通关无纸化”或“有纸报关”方式申报原产地单证。但需注意，对于《中国—新西兰自由贸易协定》和《中国—澳大利亚自由贸易协定》项下实施特殊保障措施的农产品出区域（场所）内销申请适用协定税率的，进口人仍应当在有关货物从境外首次入区域（场所）时按照优惠贸易协定项下报关单填制要求填报进口报关单或者进境备案清单，并以“通关无纸化”方式申报原产地单证。

上述保税货物内销拟适用协定税率或者特惠税率时，货物实际报验状态与其从境外入区域（场所）时的状态相比，如超出相关优惠贸易协定所规定的微小加工或处理范围的，则不得享受协定税率或者特惠税率。另外，进口人也务必注意，内销货物适用协定税率或者特惠税率时原产地证书需在有效期内。

我国货物申报出口时，出口货物发货人应当按照海关的申报规定填制“中华人民共和国海关出口货物报关单”，并向海关提交原产地证书电子数据或者原产地证书正本的复印件。

2. 审核要求

进口人向海关提交的原产地证书，应当符合相应优惠贸易协定关于证书格式、填制内容、签章、提交期限等规定，并与商业发票、报关单等单证的内容相符。报关单所列货物数量不得超过原产地证书上该商品的数量。原产地证书“收货人”栏（或“货物运至”栏）所列的收货人应当为中国境内企业。当“收货人”栏（或“货物运至”栏）不是中方实际收货人或者非中国境内企业时，我方境内实际收货人应当出示合同、发票等商业单证，证明其与原产地证书上的收货人存在商业贸易关系。出具货物商业发票的出口商是否为货物原产地的出口商，不影响海关对货物原产地的认定。在进口货物原产地无疑问且无其他不符合相应自由贸易协定或者其他优惠贸易安排项下规定的情况下，可有条件接受海关审定后的进口货物商品编码与原产地证书所载商品编码不一致情形，或视情启动对外核查程序。

原产地证书与报关单的关系：一份报关单应当对应一份原产地证书；一份原产地证书应当对应同一批次进口货物。“同一批次”进口货物指由同一运输工具同时运抵同一口岸，并且属于同一收货人，使用同一提单的进口货物。对于客观原因（集装箱货物因海河联运需大船换小船、因海陆联运需分车运输，陆路运输集装箱货物需大车换小车以及其他多式联运情况下同一批次货物在中转地需要分拆由多个小型运输工具进行中转运输的情况等）导致有关进口货物在运抵中国关境（运抵口岸）前必须分批运输的情况，不影响同一批次的认定。同一批次出口货物比照上述规定进行审核认定。

海关对上述单证有疑问的，进出口人应当补充提交相关资料。

（六）补充申报及保证金收取

进口申报时未按照规定提交原产地证书或原产地声明的，进口货物收货人或其代理人应就货物是否具备原产地资格进行补充申报。按照规定补充申报的，海关可根据申请，按照协定税率或特惠税率收取等值保证金后放行货物。保证期限内提交相应原产地证书或原产地声明的，正常核销结案；超过保证期限的，海关将不准予适用协定税率计征税款。

（七）原产地标记

优惠贸易协定项下进出口货物及其包装上标有原产地标记的，其原产地标记所标明的原产地应当与依照《优惠原产地管理规定》有关规定确定的货物原产地一致。

（八）货物查验

按照规定，为确定货物原产地是否与进出口货物收发货人提交的原产地证书及其他单证相符，海关可以对进出口货物进行查验，通过验核原产地标记、规格型号、品质、货柜号码及封志，必要时采取取样化验等方式判定货物原产地。具体程序依照《中华人民共和国海关进出口货物查验管理办法》的有关规定办理。

（九）原产地核查

海关认为需要对进口货物收货人或其代理人提交的原产地证书的真实性、货物是否原产于优惠贸易协定成员方进行核查的，应当按照该货物适用的最惠国税率、普通税率或者其他税率收取相当于应缴税款的等值保证金放行货物。

海关认为必要时，可以对优惠贸易协定项下出口货物原产地进行核查，以确定其原产地。应优惠贸易协定成员方要求，海关可以对出口货物原产地证书或者原产地进行核查，并应当在相应优惠贸易协定规定的期限内反馈核查结果。

（十）不适用协定或者特惠税率情形

1. 进口货物收货人或其代理人在货物申报进口时没有提交有效原产地证书、原产地声明，也未就进口货物是否具备原产地资格向海关补充申报的；

2. 进口货物收货人或其代理人未提供商业发票、运输单证等其他商业单证，也未提交其他证明文件的；

3. 经查验或原产地核查，确认货物原产地与申报内容不符，或者无法确定货物真实原产地的；

4. 未按补充申报相关规定，在货物申报进口之日起一年内补交有效的原产地证书的；

5. 我国海关已要求优惠贸易协定有关成员方签证机构或原产地主管机构开展核查，在规定期限内未收到核查反馈结果的。

（十一）原产地预裁定

进出口货物收发货人，应当在货物拟进出口 3 个月前（确有正当理由的，可以在货物拟进出口前 3 个月内提出）通过单一窗口“海关事务联系系统”或“互联网+海关”提交“中华人民共和国海关预裁定申请书”及规定的所需资料，向其注册地直属海关提出原产地或原产资格预裁定申请。

海关将自收到预裁定申请书及相关材料之日起 10 日内作出是否受理的决定，如决定受理，自受理之日起 60 日内制发预裁定决定书，并送达申请人，自送达之日起在全国关境内生效，但决定下发前已经进出口的货物，没有溯及力。已作出原产地预裁定决定的货物，自预裁定生效之日起 3 年内实际进出口时，申请人进出口预裁定列明的同一厂商使用相同材料生产的同一型号货物，应按原产地预裁定决定向海关申报。经海关审核其实际进出口的货物与预裁定决定所述货物相符，且原产地确定标准未发生变化的，海关不再重新确定该进出口货物的原产地；经海关审核其实际进出口的货物与预裁定决定所述货物不相符的，海关应当重新审核确定该进出口货物的原产地。

我国目前实施的各个优惠贸易协定“实质性改变”标准的基本判定标准比较表

优惠贸易协定名称	“实质性改变”标准的基本判定标准
亚太贸易协定	大于45%区域价值成分，并制定部分税号商品的清单列出具体标准（包括税则归类改变标准、加工工序标准与混合标准）
中国—东盟自由贸易协定	不小于40%区域价值成分，并制定部分税号商品的清单列出具体标准（包括税则归类改变标准、加工工序标准与混合标准）
香港/澳门CEPA	以清单列出具体标准（包括加工或制造工序、4位税号归类改变标准、区域价值成分按扣减法计算不小于40%或按累加法计算不小于30%加工增值标准、其他标准或混合标准）
中国—巴基斯坦自由贸易协定	不小于40%区域价值成分，并制定部分税号商品的清单列出具体标准（包括税则归类改变标准、加工工序标准与混合标准）
中国—智利自由贸易协定	不小于40%区域价值成分，并制定部分税号商品的清单列出具体标准（包括税则归类改变标准与50%的区域价值成分标准）
中国—新西兰自由贸易协定	以清单列出具体标准（包括税则归类改变标准、区域价值成分标准、加工工序标准与混合标准）
中国—新加坡自由贸易协定	不小于40%区域价值成分，并制定部分税号商品的清单列出具体标准（包括税则归类改变标准、加工工序标准与混合标准）
中国—秘鲁自由贸易协定	以清单列出具体标准（包括税则归类改变标准、区域价值成分标准、加工工序标准与混合标准）
对最不发达国家特别关税优惠措施	4位税号归类改变或者不小于40%区域价值成分
海峡两岸经济合作框架协议	以清单列出具体标准（包括税则归类改变标准、区域价值成分标准、加工工序标准与混合标准）
中国—哥斯达黎加自由贸易协定	以清单列出具体标准（包括税则归类改变标准、区域价值成分标准、加工工序标准与混合标准）
中国—冰岛自由贸易协定	以清单列出具体标准（包括税则归类改变标准、区域价值成分标准、加工工序标准与混合标准）
中国—瑞士自由贸易协定	以清单列出具体标准（包括税则归类改变标准、区域价值成分标准、加工工序标准与混合标准）
中国—澳大利亚自由贸易协定	以清单列出具体标准（包括税则归类改变标准、区域价值成分标准、加工工序标准与混合标准）
中国—韩国自由贸易协定	以清单列出具体标准（包括税则归类改变标准、区域价值成分标准、加工工序标准与混合标准）
中国—格鲁吉亚自由贸易协定	以清单形式列出特定原产地规则具体标准（包括税则归类改变标准、区域价值成分标准、加工工序标准与其他规定）
中国—毛里求斯自由贸易协定	以清单形式列出特定原产地规则具体标准（包括税则归类改变标准、区域价值成分标准、加工工序标准与其他规定）
区域全面经济伙伴关系协定	以清单形式列出特定原产地规则具体标准（包括税则归类改变标准、区域价值成分标准、加工工序标准与其他规定）
中国—柬埔寨自由贸易协定	以清单形式列出特定原产地规则具体标准（包括税则归类改变标准、区域价值成分标准、加工工序标准与其他规定）

各优惠贸易协定代码、电子信息交换、免原产地证书限额、原产地声明情况表

优惠贸易协定名称	协定代码	是否实现电子信息交换	同批次货物免原产地证书限额	同批次货物限额下是否需原产地申明	原产地声明有无固体格式
亚太贸易协定	01	是（仅限韩国）	无	—	无
		否（其他成员）			
中国—东盟自由贸易协定	02	是（新加坡、印尼）	≤FOB 200 美元	需要	无
		否（其他成员）			
内地与香港关于建立更紧密经贸关系的安排	03	是	无	—	无
内地与澳门关于建立更紧密经贸关系的安排	04	是	无	—	无
大陆对台湾地区部分农产品零关税措施	06	否	≤600 美元	需要	有
中国—巴基斯坦自由贸易协定	07	是	≤FOB 200 美元	需要	无
中国—智利自由贸易协定	08	是	≤1000 美元	无需	无
中国—新西兰自由贸易协定	10	是（仅限原产地证书）	≤1000 美元	需要	有（由经核准出口商出具；基于预裁定货物英文填制原产地声明）
中国—新加坡自由贸易协定	11	是	≤FOB 600 美元	需要	无
中国—秘鲁自由贸易协定	12	否	≤600 美元	需要	有
对最不发达国家特别优惠关税待遇	13	是（孟加拉国、尼日尔、埃塞俄比亚、莫桑比克、东帝汶，在线签发的“E”作为首位编号的证书）	≤6000 元人民币	无需	有（中文填制，且经预裁定的货物可用原产地申明代替原产地证书）
		否（其他国家）			
海峡两岸经济合作框架协议	14	是	无	—	无

续表

优惠贸易协定名称	协定代码	是否实现电子信息交换	同批次货物免原产地证书限额	同批次货物限额下是否需原产地申明	原产地声明有无固体格式
中国—哥斯达黎加自由贸易协定	15	否	≤600 美元	需要	有
中国—冰岛自由贸易协定	16	否	≤600 美元	无需	有（由经核准出口商出具）
中国—瑞士自由贸易协定	17	否	≤600 美元	无需	有（由经核准出口商出具，且可代替原产地证书）
中国—澳大利亚自由贸易协定	18	否	≤6000 元人民币	无需	有（中文填制，且经过预裁定的货物可用原产地申明代替原产地证书）
中国—韩国自由贸易协定	19	是	≤700 美元	无需	无
中国—格鲁吉亚自由贸易协定	20	是	≤600 美元	无需	无
中国—毛里求斯自由贸易协定	21	否	无	—	有（英文填制，由经核准出口商出具，且可代替原产地证书）
区域全面经济伙伴关系协定	22	否	无	—	有（由经核准出口商出具）
中国—柬埔寨自由贸易协定	23	否	≤FOB 200 美元	无需	无

五、 我国非优惠原产地管理

为加强我国原产地的统一管理，国务院颁布了《原产地条例》。条例适用于实施最惠国待遇、反倾销和反补贴、保障措施、原产地标记管理、国别数量限制、关税配额等非优惠性贸易措施，以及进行政府采购、贸易统计等活动对进出口货物原产地的确定。实施优惠贸易措施进出口货物的原产地规则，依照我国缔结或参加的国际条约、协定的有关规定另行制定。依据《原产地条例》，海关总署会商商务部、原国家质检总局发布了《关于非优惠原产地规则中实质性改变标准的规定》（以下称《实质性改变标准规定》），与《原产地条例》同时实施。《原产地条例》与《实质性改变标准规定》初步构成了我国非优惠进出口货物原产地管理的法制框架。

（一）原产地认定标准

分完全获得标准和实质性改变标准。

1. 完全获得标准

适用于完全在一个国家（地区）获得的货物。符合以下条件的，视为在一国（地区）“完全获得”，以该国（地区）为原产地：

（1）在该国（地区）出生并饲养的活的动物；

（2）在该国（地区）野外捕捉、捕捞、收集的动物；

（3）从该国（地区）的活的动物获得的未经加工的物品；

（4）在该国（地区）收获的植物和植物产品；

（5）在该国（地区）采掘的矿物；

（6）在该国（地区）获得的上述第（1）～（5）项范围之外的其他天然生成的物品；

（7）在该国（地区）生产过程中产生的只能弃置或者回收用作材料的废碎料；

（8）在该国（地区）收集的不能修复或者修理的物品，或者从该物品中回收的零件或者材料；

（9）由合法悬挂该国（地区）旗帜的船舶从其领海以外海域获得的海洋捕捞物和其他物品；

（10）在合法悬挂该国（地区）旗帜的加工船上加工上述第（9）项所列物品获得的产品；

（11）从该国领海以外享有专有开采权的海床或者海床底土获得的物品；

（12）在该国（地区）完全从上述第（1）～（11）项所列物品中生产的产品。

在确定货物是否在一个国家（地区）完全获得时，为运输、储存期间保存货物而做的加工或者处理，为货物便于装卸而进行的加工或者处理，为货物销售而进行的包装等加工或者处理等，不予考虑。

2. 实质性改变标准

该实质性改变标准规定适用于非优惠性贸易措施项下两个及以上国家（地区）所参与生产货物原产地的确定，确定时以最后一个对货物进行实质性改变的国家（地区）作为原产地。实质性改变标准以税则归类改变为基本标准，税则归类改变不能反映实质性改变的，以从价百分比、制造或者加工工序等为补充标准。海关总署会同商务部制定《适用制造或者加工工序及从价百分比标准的货物清单》并对外公告，以制造、加工工序和从价百分比为标准判定实质性改变的货物在该货物清单中具体列明，并按列明的标准判定是否发生实质性改变。实践中，虽然实质性改变标准的基本标准是税则归类改变，但对列入清单货物应优先适用清单所列标准判断是否经实质性改变。对未列入清单的货物，应当适用税则归类改变标准。

税则归类改变标准，是指在某一国家（地区）对非该国（地区）原产材料进行制造、加工后，所得货物在《税则》中的4位级税目归类发生了改变。

“制造、加工工序”标准，是指在某一国家（地区）进行的赋予制造、加工后所得货物基本特征的主要工序。

从价百分比标准，是指在某一国家（地区）对非该国（地区）原产材料进行制造、加工后的增值部分超过了所得货物的30%。用公式表示如下：

$$\frac{\text{工厂交货价}-\text{非该国（地区）原产材料价值}}{\text{工厂交货价}}\times100\%\geqslant30\%$$

这里应注意：上述“工厂交货价”是指支付给制造厂所生产的成品的价格；“非该国（地区）原产材料价值”是指直接用于制造或装配最终产品而进口原料、零部件的价值（含原产地不明的原料、零配件），以其进口的成本、保险费加运费价格（CIF 价）计算。

以上述“制造、加工工序”和“从价百分比”作为标准来判定实质性改变的货物在《实质性改变标准规定》所附的“适用制造或者加工工序及从价百分比标准的货物清单”中具体列明，并按列明的标准判定是否发生实质性改变。对未列入上述清单货物的，其实质性改变的判定，应当适用税则归类改变标准。

“适用制造或者加工工序及从价百分比标准的货物清单”由海关总署会同商务部根据实施情况修订并公告。

（二）原产地预裁定

非优惠原产地预裁定，在程序方面与“四、我国优惠原产地管理”中“（十一）原产地预裁定”内容一致，但货物原产地预裁定的依据有所不同，非优惠贸易协定或安排项下原产地预裁定的依据是我国的《原产地条例》和《实质性改变标准规定》，而优惠原产地预裁定的依据是《优惠原产地管理规定》及各自由贸易协定或安排下的原产地规则与管理办法。

（三）原产地证书申领

非优惠原产地项下，出口货物发货人申请领取出口货物原产地证书。进口方要求出具官方机构签发的原产地证书的，申请人应当向海关申请办理；未明确要求的，申请人可以向海关、中国国际贸易促进委员会或者其地方分会申请办理。

1. 企业备案

出口货物发货人在初次申请办理原产地证书时，应向其所在地签证机构提供下列材料进行企业备案：

（1）填制真实准确的“中华人民共和国非优惠原产地证书申请企业备案表”；

（2）“原产地证书申报员授权书”及申报人员相关信息；

（3）原产地标记样式；

（4）中华人民共和国非优惠原产地证书申请书。

签证机构对申请人及其申报产品、原产地申报人员相关信息、原产地标记等信息进行核对无误后，向申请人发放“原产地证书申请企业备案证”。

2. 申请

申请人应当于货物出运前向申请人所在地、货物生产地或者出境口岸的签证机构申请办理原产地证书签证。申请原产地证书应提交：

（1）按规定填制的“中华人民共和国非优惠原产地证书”；

（2）出口货物商业发票；

（3）申请签证的货物属于异地生产的，应当提交货源地签证机构出具的异地货物原产地调查结果；

（4）对含有两个以上国家（地区）参与生产或者签证机构需核实原产地真实性的货物，申请人应当提交“产品成本明细单”。

一批货物只能申领一份原产地证书，申请人对于同一批货物不得重复申请原产地证书。

国家鼓励申请人采用电子方式申办原产地证书。以电子方式申请原产地证书的，还应当提交“原产地证书电子签证申请表”和“原产地证书电子签证保证书”。

3. 签证申请审核

签证机构接到原产地证书签证申请后，签证人员应当按照《原产地条例》和《实质性改变标准规定》规定，对申请人的申请进行审核，并可以对申请人申报的产品进行实地调查，核实生产设备、加工工序、原料及零部件的产地来源、制成品及其说明书和内外包装等，填写“原产地调查记录”。申请签证的货物属于异地生产的，申请人应当向货源地签证机构申请出具货物原产地调查结果。

4. 证书签发

签证机构应当在受理签证申请之日起 2 个工作日内完成审核。审核合格的，按照国家有关规定收取费用后签发证书。原产地证书为正本 1 份、副本 3 份，证书内容用英文填制。其中，正本和两份副本交申请人，另一份副本及随附资料由签证机构存档 3 年。原产地证书自签发之日起有效期为 1 年。

5. 证书更改、重发、补发

（1）更改、重发。在货物出运前，原产地证书有效期内，申请人可提供相应资料申请更改、重发。申请人可凭“中华人民共和国非优惠原产地证书更改申请书”，并退回原发证书申请更改。已签发的证书正本遗失或者毁损，申请人可凭“中华人民共和国非优惠原产地证书重发申请书”申请重发。更改、重发证书的有效期同原签发证书。

（2）补发。特殊情况下，申请人可以在货物出运后申请补发原产地证书。申请补发原产地证书，除原申请签发产地证书提供的相关资料外，还应当提交下列资料：

① 补发原产地证书申请书；

② 申请补发证书原因的书面说明；

③ 货物的提单等货运单据。

签证机构应当在原产地证书的签证机构专用栏内加注“补发”字样。

（四）原产地验核

海关在审核确定进口货物原产地时，可以要求进口货物的收货人提交该进口货物的原产地证书，并予以审验；必要时，可以请求该货物出口国（地区）的有关机构对该货物的原产地进行核查。

应出口货物进口国（地区）有关机构的请求，海关、签证机构可以对出口货物的原产地情况进行核查，并及时将核查情况反馈进口国（地区）有关机构。

（五）原产地标记管理

国家对出口货物原产地标记实施管理。申请原产地证书的货物及其内、外包装或者说明书上，不得出现其他国家或者地区制造、生产的字样或者标记。出口货物的原产地标记标明的原产地与真实原产地不一致的，海关应当责令当事人改正。

（六）适用非优惠原产地规则的原产地证书

1. 对适用反倾销、反补贴措施的进口商品原产地证要求

（1）进口经营单位申报进口与反倾销、反补贴措施相同的货物时，应向海关提交原产地证书，对于原产地证标注为涉案国（地区）的，进口货物收货人还需向海关提交原厂商发票，包括通过境外贸易商间接进口的。仅能提交由境外贸易商制发的商业发票时，发票应包含原厂商名称和原厂商发票编号；对于涉案国（地区）企业已经与商务部签署价格承诺协议的，进口货物收货人还应提交签署价格承诺协议企业出具的出口证明信。

进口货物收货人应当以电子方式提交上述所有单证。进口货物收货人以电子方式提交的单证内容应当与持有的单证正本一致；单证纸质文件无须提交，但应当按照海关有关规定留存。海关认为必要时，进口货物收货人应当补充提交单证纸质正本。

（2）对于进口经营单位确实无法提交原产地证书，经海关实际查验不能确定货物原产地的，海关按与该货物相同的被诉产品的最高反倾销、反补贴税率或保证金征收比率征收反倾销、反补贴税或现金保证金。

（3）进口经营单位在反倾销、反补贴保证金或其他临时措施存续期间补交原产地证明或原厂商发票的，海关可以接受，并根据查证核实后的原产地证明或原厂商发票，对征收的保证金或实施的其他临时措施予以调整。

（4）进口经营单位在海关征收反倾销、反补贴税后补交原产地证明或原厂商发票的，海关不予接受，对已征税款不予调整。

2. 对适用保障措施的进口商品的要求

进口企业申报进口涉案产品时，不能提供不适用保障措施的国家（地区）的原产地证书或尚不应加征关税的适用保障措施的国家（地区）的原产地证书，或者海关对其所提供的原产地证书的真实性有怀疑的，如经海关审核有关单证（包括合同、发票、提运单等）及对货物实际验估能够确定原产地的，应按照相关规定处理；如仍不能确定原产地，且进口企业也不能进一步提供能够证明原产地的其他材料的，应在现行适用的关税税率基础上，按照相应的涉案产品适用的加征关税税率加征关税。

在海关审核认定原产地期间，进口企业可在提供相当于全部税款的保证金担保后，要求先行验放货物。

原产地证书并不是确定货物原产地的唯一标准。若海关通过查验货物或审核单证认为所提供的原产地证书可能不真实，海关可以请求出口国（地区）的有关机构对该货物的原产地进行核查。

第四节 进出口税收征管作业

一、税收征管方式改革

按照海关深化改革总体方案，全国海关通关作业一体化改革已经全面铺开。按照改革方案，货物通关作业已实现由进出口企业自行确定涉税要素向海关申报，由海关分析验证货物品名、数量、禁限等准入属性，通过安全准入风险排查后，企业按照自行申报的税款缴税或提供有效担保后海关放行货物。海关在放行前对安全准入等风险进行排查，通关环节原则上不对涉税要素进行审核①，进出口企业的货物流将基本不受海关行政审核的影响。货物放行后，再由海关分析验证货物归类、价格、原产地等税收属性，通过批量抽核与事后验估、核查、稽查等手段完成货物放行后的税收征管作业。海关的管理模式已由逐票审定企业申报要素是否准确，变为企业自主按照规则申报归类、价格、原产地等涉税要素，并自行完成应缴税款核算及自行办理税款支付的作业流程。因为作业流程的调整，进出口企业通关成本大大降低，通关时效得以提高。

随着通关作业一体化改革的全面实施，海关税费征收管理方式也发生极大变化。按照海关对确立新型税收征管方式的改革思路，变化主要体现在：

在征纳关系上，改革后，税收征管由海关主导型向企业自律型转变，通过建立智能化、便捷化、自动化的自主申报模式和事后自我纠错机制，推动企业守法自律。通过实施属地纳税人管理，以企业信用为基础，结合税收风险分析，实施诚信守法便利和失信违法惩戒的差别化税收征收管理。

在征管体制上，转变以往直属海关、隶属海关多层级、串联式的管理格局，在全国设立3个税收征管局，建立由海关总署关税征管司统一领导，各分管税收征管中心集中指挥，业务一线具体响应，关税技术部门、直属海关关税处职能辅助的扁平化管理体制，实行上下联动，协同作战。

在征管流程上，转变以往逐票报关单审定制，以企业为单元，企业信用管理与税收风险管理有机结合，通过前置税收风险分析，实施通关中验估，放行后批量审核、验估和稽（核）查等，对归类、价格、原产地等税收征管要素进行抽查审核。

在管理手段上，转变低水平分散的税收风险作业模式，通过属地纳税人管理、要素抽核、专业监控和评估考核等渠道排查税收风险，由税收征管中心结合企业信用统一预设税收风险参数和模型，筛选风险，批量审核，下达验估和稽（核）查指令，跟踪指令执行情况，提高征管效能。

在纳税方式上，转变先税后放为主的纳税方式，允许企业在自缴税款或提供有效担保前提下放行货物，丰富税收担保形式和担保方式。推广无纸化操作和税款便捷支付，方便企业足不出户即可办理纳税手续。

二、 税费征缴方式

税费征缴方式是指海关征收税费和纳税义务人缴纳税费的方法和形式。税费征缴方式包括税费征收和税费缴纳2个方面。

（一）税费征收方式

税费征收方式是指海关确定关税纳税义务具体内容的方式。2017年7月1日后，海关税费征收方式由海关审核方式已全面向自报自缴方式转变，仅存个别类型单据实施海关审核纳税方式。

1. 自报自缴方式

“自主申报、自行缴纳”以企业诚信管理为前提，企业自主申报报关单的涉税要素，

① 税收征管局针对部分高税收风险单据下达事中验估指令，由相关现场完成并反馈至税收征管局最终确认。

自行完成税费金额的核算，自行完成税费缴纳后，货物即可放行（放行前如需查验则查验后放行）。海关在放行后根据风险分析结果对纳税义务人申报的价格、归类、原产地等税收要素进行抽查审核。

2. 审核纳税方式

审核纳税方式，是指海关在货物放行前对纳税义务人申报的价格、归类、原产地等税收要素进行审核，并进行相应的查验（如需要），确定货物的完税价格后核定应缴税款，纳税义务人缴纳税款后货物方予放行。

（二）税费缴纳方式

按照不同角度，缴纳海关税费可有不同区分方式：

1. 以支付方式为区分点，可分为柜台支付方式、电子支付方式

电子支付方式，是目前税费支付的主要方式，通过联网操作，因便捷、高效等优势明显。

（1）电子支付方式

电子支付系统通过财、关、库、银横向联网，实现海关税费信息在海关、国库、商业银行等部门之间的电子流转和税款电子入库。使用电子支付方式缴纳税款，需要具备一定的条件，并通过“单一窗口”“互联网+海关”与海关和经批准的商业银行签订电子支付三方合作协议，在报关前事先进行资格备案，进出口环节通过电子支付税费后货物即可放行。

电子支付以税单为单位，对同一份报关单所发生的税费，报关人员可全部选择电子支付，也可部分选择电子支付。目前，通过电子支付方式可以缴纳进出口关税、反倾销税、反补贴税、进口环节代征税、废弃电器电子产品处理基金、缓税利息、滞纳金、船舶吨税、税款类保证金、滞报金等。

（2）柜台支付方式

海关税款传统的缴纳方式为柜台支付。海关作出征税决定后，海关填发税款缴款书，纳税义务人或其代理报关人员办理签收手续。海关税款缴款书一式六联。第一联为收据联，由银行收款签章后交缴款单位或者纳税义务人；第二联为付款凭证联，由缴款单位开户银行作为付出凭证；第三联为收款凭证联，由收款国库作为收入凭证；第四联为回执联，由国库盖章后退回海关财务部门；第五联为报查联，由国库收款后，关税专用缴款书退回海关，海关代征税专用缴款书送当地税务机关；第六联为存根联，由填发单位存查。

签收后，纳税义务人或其代理报关人应在规定的时限内前往指定银行，在指定银行缴纳税款后，相关人员应当及时将盖有证明银行已收讫税款业务印章的税款缴款书第一联原件送交填发海关验核，海关据此办理核注及货物放行等后续手续。

2. 以缴纳频度为区分点，可分为逐票缴纳方式、汇总征税缴纳方式

（1）逐票缴纳方式

逐票缴纳方式即海关以纳税义务人纳税申报行为为单元，针对每一次申报应纳税款单独计征。逐票缴纳税费，可以是柜台方式支付，也可以是电子支付方式。

（2）汇总征税方式

除海关企业信用管理中“失信企业”外，所有在海关注册登记的进出口报关单上的收发货人均可申请适用汇总征税模式，即在一定的时限内多次进出口产生的税款集中进行汇总计征的方式，以满足进出口企业对通关时效的需要。有汇总征税需求的企业需要在进出口货物通关前向属地直属海关提交税款总担保，总担保应当依法以担保机构提交的保函等海关认可的形式，通过后即可在申请的多个直属海关范围内通用。应税企业采用无纸化申报时选择汇总征税模式的，无布控查验等海关要求事项的汇总征税报关单担保额度扣减成功，海关即放行。应税企业采用有纸申报时选择汇总征税模式的，同无纸化申报流程一致，在担保额度扣减成功后货物即放行。适用汇总征税的企业需在每月第五个工作日结束前，完成上月应缴税款的汇总电子支付。

汇总征税是海关对进出口税收征缴的一种新型作业模式，其支付方式本质上也属于电子支付。海关对符合条件的进出口纳税义务人某一段时间内多次进出口产生的税款集中进行汇总计征，这与电子支付及柜台支付下的逐票征缴税方式明显不同。

（三）税单自行打印全面推广

传统操作中，海关专用缴款书均由海关方面开具。随着税收征管改革的逐步深入，海关总署决定自 2018 年 11 月 19 日起，全面推广企业自行打印改革。进出口企业通过自报自缴模式申报后，还可以通过“互联网+海关”一体化网上办事平台或国际贸易“单一窗口”标准版自行下载并打印海关专用缴款书，即涉税要素的自报、税款的自缴、税单的自打功能已全面实现。不便于自打税单的进出口企业，仍可向海关现场申请打印纸质海关专用缴款书。

三、 税率及汇率的适用

（一）税率适用

税率适用是指进出口货物在征税、补税、追税或退税时选择适用的各种税率。

1. 关税正税税率适用

我国实行复式进口税则，即同一进口商品对应两种及以上的税率设置，实际工作中应按照一定的原则和步骤选择正确的适用税率。一般情况下，选择适用税率需要遵从以下基本程序：

（1）适用时间

① 税率适用时间的基本规定

按照《关税条例》规定，进出口货物应当适用海关接受该货物申报进口或者出口之日实施的税率。确定进出口货物关税税率应首先确定货物被海关接受申报的时间。

② 税率适用时间的特殊情况

在实际运用时应区分以下不同情况：

A. 进口货物到达前，经海关核准先行申报的，应当适用装载该货物的运输工具申报进境之日实施的税率。

B. 进口转关运输货物，应当适用指运地海关接受该货物申报进口之日实施的税率；货物运抵指运地前，经海关核准先行申报的，应当适用装载该货物的运输工具抵达指运地之日实施的税率。

C. 出口转关运输货物，应当适用启运地海关接受该货物申报出口之日实施的税率。

D. 经海关批准，实行集中申报的进出口货物，应当适用每次货物进出口时海关接受该货物申报之日实施的税率。

E. 因超过规定期限未申报而由海关依法变卖的进口货物，其税款计征应当适用装载该货物的运输工具申报进境之日实施的税率。

F. 因纳税义务人违反规定需要追征税款的进出口货物，应当适用违反规定的行为发生之日实施的税率；行为发生之日不能确定的，适用海关发现该行为之日实施的税率。

G. 已申报进境并放行的保税货物、减免税货物、租赁货物或者已申报进出境并放行的暂时进出境货物，有下列情形之一需缴纳税款的，应当适用海关接受纳税义务人再次填写报关单申报办理纳税及有关手续之日实施的税率：

a. 保税货物经批准不复运出境的；

b. 保税仓储货物转入国内市场销售的；

c. 减免税货物经批准转让或者移作他用的；

d. 可暂不缴纳税款的暂时进出境货物，经批准不复运出境或者进境的；

e. 租赁进口货物，分期缴纳税款的。

（2）选用税率

按照以上规定确定完毕海关接受进出口货物申报时间后，对照《税则》复式税率设置及随附关税税率附表，并从中选取正确适用税率。

① 从低选用税率

对同时适用协定税率、特惠税率的进口货物有暂定税率的，应当从低适用税率。

② 暂定税率优先

对适用最惠国税率、关税配额税率的进口货物同时设有暂定税率的，应当适用暂定税率；出口货物征收出口关税并同时设有出口暂定税率的，适用出口暂定税率。

需注意几点特别规定：

A. 实行关税配额管理的进口货物，如能提供关税配额证明，则应适用关税配额税率①；

B. 执行国家有关进出口关税减征政策时，首先应当在最惠国税率基础上计算有关税目的减征税率，然后根据进口货物的原产地及各种税率形式的适用范围，将这一税率与同一税目的特惠税率、协定税率、进口暂定税率进行比较，税率从低执行，但不得在暂定税率基础上再进行减免；

C. 适用普通税率的进口货物，其他税率均不适用，此时税率是“从高适用”。

同时有两种及以上税率可适用的进口货物最终适用税率汇总表

货物可选用的税率	适用税率
同时适用最惠国税率、进口暂定税率	应当适用暂定税率
同时适用最惠国税率、减征税率	优先适用减征税率
同时适用减征税率、进口暂定税率、协定税率、特惠税率	应当从低适用税率
适用普通税率的进口货物，存有进口暂定等税率	适用普通税率

① 八类货物中，国家对尿素、复合肥、磷酸氢铵 3 种化肥在关税配额税率基础上又实施了 1%的进口暂定税率，此时优先执行暂定税率。

续表

货物可选用的税率	适用税率
适用关税配额税率、其他税率	关税配额内的，适用关税配额税率，配额税率基础上，还设有暂定税率的，适用暂定税率；关税配额外的，根据具体情况可从低适用不同税率

2. 关税附加税税率

国家规定对某类商品征收反倾销等附加关税的，应在选择关税正税税率适用基础上，同时加征附加税。

（1）反倾销、反补贴、保障措施等附加税率

按照有关法律、行政法规的规定对进口货物采取反倾销、反补贴、保障措施的，除征收关税正税外，其附加关税税率的适用按照《反倾销条例》《反补贴条例》《保障措施条例》的有关规定执行。其中，凡进口原产于与我国达成优惠贸易协定的国家或地区并享受协定税率的商品，同时该商品又属于我国实施反倾销或反补贴措施范围内的，应按照优惠贸易协定税率计征进口关税，并同时实施反倾销税、反补贴措施；凡进口原产于与我国达成优惠贸易协定的国家或地区并享受协定税率的商品，同时该商品又属于我国采取保障措施范围内的，应在该商品全部或部分中止、撤销、修改关税减让义务后所确定的适用税率基础上计征进口关税。

（2）报复性关税附加税率

任何国家或者地区违反与中华人民共和国签订或者共同参加的贸易协定及相关协定，对中华人民共和国在贸易方面采取禁止、限制、加征关税或者其他影响正常贸易的措施的，对原产于该国家或者地区的进口货物可以加征报复性关税，在正常的关税正税之外加征报复性关税税率。征收报复性关税的货物、适用国别、税率、期限和征收办法，由国务院关税税则委员会决定并公布。

3. 退、补税税率适用

进出口货物关税的补征和退还时适用的税率，适用按照上述规定确定的税率。

（二）汇率的适用

进出口货物的成交价格及有关费用以外币计价的，海关按照该货物适用税率之日所适用的计征汇率折合为人民币计算完税价格。完税价格采用四舍五入法计算至分。

海关每月使用的计征汇率为上一个月第三个星期三（第三个星期三为法定节假日的，顺延采用第四个星期三）中国人民银行公布的外币对人民币的基准汇率；以基准汇率币种以外的外币计价的，采用同一时间中国银行公布的现汇买入价和现汇卖出价的中间值（人民币元后采用四舍五入法保留 4 位小数）。如果上述汇率发生重大波动，海关总署认为必要时，可另行规定计征汇率，并对外公布。

四、 纳税期限及滞纳金

为保证海关作出的征税决定得到执行，保证税款及时入库，必须规定纳税义务人缴纳税款的时间限制，逾期缴纳即构成滞纳。

（一）纳税期限

1. 法定纳税期限

《关税条例》规定："进出口货物的纳税义务人，应当自海关填发税款缴款书之日起 15 日内向指定银行缴纳税款。"

2. 延期纳税期限

纳税义务人因不可抗力或者国家税收政策调整不能按期缴纳税款的，依法提供税款担保后，可以直接向海关办理延期缴纳税款手续。延期缴纳税款的期限，自货物放行之日起最长不超过 6 个月。6 个月内未缴纳税款的，海关应按照规定征收滞纳金，并在必要时采取税收保全和税收强制措施。

（二）滞纳金

1. 征收目的

征收滞纳金，其目的在于使纳税义务人承担增加的经济制裁责任，促使其尽早履行纳税义务。征收滞纳金并不影响海关采取的其他税收强制措施的执行。

2. 征收范围

按照规定，关税、进口环节增值税、进口环节消费税的纳税义务人或其代理人，应当自海关填发税款缴款书之日起 15 日内向指定银行缴纳税款，逾期缴纳的，海关依法在原应纳税款的基础上，按日加收滞纳税款万分之五的滞纳金。

根据规定，对逾期缴纳税款应征收滞纳金的，还有以下几种情况：

（1）进出口货物放行后，海关发现因纳税义务人违反规定造成少征或者漏征税款的，可以自缴纳税款或货物放行之日起 3 年内追征税款，并从缴纳税款或货物放行之日起至海关发现之日止，按日加收少征或者漏征税款万分之五的滞纳金。

（2）因纳税义务人违反规定造成海关监管货物少征或者漏征税款的，海关应当自纳税义务人应缴纳税款之日起 3 年内追征税款，并自应缴纳税款之日起至海关发现违规行为之日止，按日加收少征或者漏征税款万分之五的滞纳金。

这里所述"应缴纳税款之日"是指纳税义务人违反规定的行为发生之日；该行为发生之日不能确定的，应当以海关发现该行为之日作为应缴纳税款之日。

（3）租赁进口货物分期支付租金的，纳税义务人应当在每次支付租金后的 15 日内向海关申报办理纳税手续，逾期办理申报手续的，海关除了征收税款外，还应当自申报办理纳税手续期限届满之日起至纳税义务人申报纳税之日止，按日加收应缴纳税款万分之五的滞纳金。

租赁进口货物自租期届满之日起 30 日内，应向海关申请办结海关手续，逾期办理手续的，海关除按照审定进口货物完税价格的有关规定和租期届满后第 30 日该货物适用的计征汇率、税率，审核确定其完税价格、计征应缴纳的税款外，还应当自租赁期限届满后 30 日起至纳税义务人申报纳税之日止，按日加收应缴纳税款万分之五的滞纳金。

（4）暂时进出境货物未在规定期限内复运出境或者复运进境，且纳税义务人未在规定期限届满前向海关申报办理进出口及纳税手续的，海关除按照规定征收应缴纳的税款外，还应当自规定期限届满之日起至纳税义务人申报纳税之日止，按日加收应缴纳税款万分之五的滞纳金。

（5）海关采取强制措施时，对纳税义务人、担保人未缴纳的滞纳金应当同时强制执行。滞纳金应当从税款缴纳期限届满的次日起至海关执行强制措施之日止，按日计算。

（6）办理延期缴税的货物，在货物放行之日起6个月内未缴纳税款的，海关按照规定征收滞纳金。

3. 滞纳期间

按照规定，纳税义务人应当自海关填发税款缴款书之日起15日内通过指定银行缴纳税款。逾期缴纳税款的，由海关自缴款期限届满之日起至缴清税款之日止，按日加收滞纳金。实践中，海关征收滞纳金自缴款期限届满次日起算，至纳税义务人缴纳税款之日截止。税款缴纳期限内含有星期六、星期日或法定节假日不予扣除。缴纳期限届满日遇星期六、星期日等休息日或者法定节假日的，应当顺延至休息日或法定节假日之后的第一个工作日。国务院临时调整休息日与工作日的，则按照调整后的情况计算缴款期限。例如，某税款缴款书开具时间为2019年3月8日（星期五），正常缴款时限为2019年3月23日（星期六）前，因3月23日为休息日，则缴款期限按照规定顺延至2019年3月25日（星期一）前。如纳税义务人在3月27日缴款，则自3月26日起发生，合计滞纳2天。再如，缴款期限的最后一天是9月30日，恰好是星期日，国务院决定将9月29日、30日与10月4日、5日调休，即9月29日、30日成为工作日，如果纳税义务人在9月30日仍未缴纳税款，则从10月1日开始即构成滞纳。

4. 征收标准

滞纳金按每票货物的关税、进口环节增值税和消费税单独计算，起征点为人民币50元，不足人民币50元的免予征收。

其计算公式为：

关税滞纳金金额=滞纳关税税额×0.5‰×滞纳天数

进口环节海关代征税滞纳金金额=滞纳进口环节海关代征税税额×0.5‰×滞纳天数

5. 滞纳金减免

海关对未履行税款给付义务的纳税义务人征收税款滞纳金，符合下列情形的，直属海关可以依法减免税款滞纳金：纳税义务人确因经营困难，自海关填发税款缴款书之日起在规定期限内难以缴纳税款，但在规定期限届满后3个月内补缴税款的；因不可抗力或者国家政策调整导致纳税义务人自海关填发税款缴款书之日起在规定期限内无法缴纳税款，但在相关情形解除后3个月内补缴税款的；货物放行后，纳税义务人通过自查发现少缴或漏缴税款并主动补缴的；经海关总署认可的其他特殊情形。

在办理税款滞纳金减免手续时，纳税义务人应按照海关要求提交以下材料：报关单及随附资料复印件，滞纳金缴款书复印件，已补缴税款的税单复印件，自查情况报告（经海关总署认可的其他特殊情形需减免的除外），海关认为需要提供的其他材料。

纳税义务人应声明对上述材料的真实性、合法性、有效性承担法律责任。

五、特殊货物税款征收

（一）无代价抵偿货物

1. 进口无代价抵偿货物

进口货物在海关放行后，因残损、短少、品质不良或者规格不符，由原进口货物的发货人、承运人或者保险公司免费补偿或者更换的与原货物相同或者与合同规定相符的货物时，海关不征收进口关税和进口环节海关代征税。

纳税义务人应当在原进口合同规定的索赔期内且不超过原货物进口之日起 3 年，向海关申报办理无代价抵偿货物的进口手续。以无代价抵偿货物申报进口时，应当提交原进口货物报关单，买卖双方签订的索赔协议，原进口货物退运出境的出口报关单或者原进口货物交由海关处理的货物放弃处理证明（因原进口货物短少而进口无代价抵偿货物时不需要提交），原进口货物税款缴款书或者征免税证明，具有资质的商品检验机构出具的原进口货物残损、短少、品质不良或者规格不符的检验证明书或者其他有关证明文件（海关认为必要时）。

以无代价抵偿货物方式申报时，要求抵偿进口货物与原进口货物完全相符。如不完全相符，海关可能拒绝以该种方式进口，而应当按照一般进口货物的有关规定征收税款。如经海关审核理由正当且税则号列未发生改变的，应当按照审定进口货物完税价格的有关规定和原进口货物适用的计征汇率、税率，审核确定其完税价格、计算应征税款。应征税款高于原进口货物已征税款的，应当补征税款的差额部分。应征税款低于原进口货物已征税款，且原进口货物的发货人、承运人或者保险公司同时补偿货款的，海关应当退还补偿货款部分的相应税款；未补偿货款的，税款的差额部分不予退还。

纳税义务人申报进口无代价抵偿货物，被更换的原进口货物不退运出境且不放弃交由海关处理的，海关应当按照接受无代价抵偿货物申报进口之日适用的税率、计征汇率和有关规定对原进口货物重新估价征税。

2. 出口无代价抵偿货物

出口货物在海关放行后，因残损、短少、品质不良或者规格不符，由原出口货物的发货人、承运人或者保险公司免费补偿或者更换的与原货物相同或者与合同规定相符的货物时，海关不征收出口关税。

纳税义务人应当在原出口合同规定的索赔期内且不超过原货物出口之日起 3 年，向海关申报办理无代价抵偿货物的出口手续。以无代价抵偿货物申报出口时，应当提交原出口货物报关单，买卖双方签订的索赔协议，原出口货物退运进境的进口报关单（因原出口货物短少而出口无代价抵偿货物时不需要提交），原出口货物税款缴款书或者征免税证明，具有资质的商品检验机构出具的原进口货物残损、短少、品质不良或者规格不符的检验证明书或者其他有关证明文件（海关认为必要时）。

出口无代价抵偿货物的其他规定比照上述“1. 进口无代价抵偿货物”执行。

（二）租赁进出口货物

1. 租赁进口货物

纳税义务人进口租赁货物，应当提交租赁合同、发票及相应监管证件（如需要），一般需在所在地海关办理申报进口及申报纳税手续。

申报进口租赁货物时，需要考虑两方面的资金成本。其一，纳税义务人在申报进口租赁货物时，海关一般会按照租赁货物进口状态审查确定完税价格，并按此价格要求进口单位提供税款担保，以便于海关监管；其二，需缴纳租赁期间发生的租金对应税款。

（1）提供税款担保

需按照租赁货物进口状态审查确定货物完税价格，并适用租赁货物进口申报时对应的税率、汇率计算税款担保总额。

（2）对租金部分缴税

海关允许进口人在一次性缴纳税款或分期缴纳税款方案中进行选择。

① 一次性缴税

对选择一次性缴纳税款的，可选择申请按照依次审查确定该货物完税价格的方法，或者按照海关审查确定的租金总额作为完税价格，并对应租赁货物进口申报时对应的税率、汇率计算税款。一次性缴税情形下，因已支付全部税款，无须再另行提供租赁货物对应全额税款担保。

② 分期缴税

对选择分期缴纳税款的，除首期缴纳税款需按照海关审查确定的租金（如有发生的利息，应当予以计入）确定完税价格及进口申报时对应的税率、汇率计征税款外，在其他期缴纳税款时适用海关接受纳税义务人再次填写报关单申报办理纳税及有关手续之日实施的税率及汇率计算税款。

按照首次租金缴税后，纳税义务人需在其后的每次支付租金 15 日内（含第 15 日）按支付租金额向海关申报，并缴纳相应的进口关税和进口环节海关代征税，直到最后一期租金支付完毕。逾期办理申报手续的，海关除了征收税款外，还应当自申报办理纳税手续期限届满之日起至纳税义务人申报纳税之日止，按日加收应缴纳税款万分之五的滞纳金。

（3）租赁期满复运进出境

进出口租赁货物，应当自租赁进出口货物租期届满之日起 30 日内，向海关申请办结监管手续，将租赁进出口货物复运出进境，原缴纳担保退还。逾期办理的，海关可将原税款担保转为税款，不足部分还需补缴，还应当自租赁期限届满后 30 日起至纳税义务人申报纳税之日止，按日加收应缴纳税款万分之五的滞纳金。

（4）租赁期满续租

续租租赁进口货物的，应向海关提交续租合同，申报办理相关手续应当不迟于租赁进口货物租期届满后的第 30 日，海关审核同意后可展期。相关单位未在规定的期限内申报办理续租租赁进口货物的相关手续的，除按规定征收续租租赁进口货物应缴纳的税款外，还应当自租赁期限届满后 30 日起至纳税义务人申报纳税之日止，按日加收应缴纳税款万分之五的滞纳金。

（5）留购租赁货物

留购租赁进口货物的，应向海关提交留购合同，申报办理相关手续应当不迟于租赁进口货物租期届满后的第 30 日，并应当按照海关审核确定的留购价格及接受申报办理留购的相关手续之日该货物适用的计征汇率、税率，审核确定其完税价格、计算应缴纳的税款。未在规定的期限内申报办理留购租赁进口货物的相关手续的，除按规定征收留购租赁进口货物应缴纳的税款外，还应当自租赁期限届满后 30 日起至纳税义务人申报纳税之日止，按日加收应缴纳税款万分之五的滞纳金。

2. 租赁出口货物

对租赁货物出口，出口企业需要提供租赁合同、发票、箱单、提单等商业单证及相关许可证件（如需要）。按照规定，非应税的出口租赁货物免于缴纳税款。

（三）暂时进出境货物

《关税条例》将暂时进出境货物区分为两种：一是列明的 9 类暂时进出境货物，主要有在展览会、交易会、会议及类似活动中展示或者使用的货物，文化、体育交流活动中使用的表演、比赛用品，进行新闻报道或者摄制电影、电视节目使用的仪器、设备及用品，开展科研、教学、医疗活动使用的仪器、设备及用品，前述4项所列活动中使用的交通工具及特种车辆，货样，供安装、调试、检测设备时使用的仪器、工具，盛装货物的容器，其他用于非商业目的的货物；二是上述九类之外的其他暂时进出境货物。

暂时进境货物应当在进境之日起6个月内复运出境。因特殊情况需要延长期限的，收发货人应当向主管地海关办理延期手续，延期最多不超过3次，每次延长期限不超过6个月。国家重点工程、国家科研项目使用的暂时进出境货物及参加展期在24个月以上展览会的展览品，在上述所规定的延长期届满后仍需要延期的，由主管地直属海关批准。

1.《关税条例》列明的9类暂时进出境货物

（1）暂时进境货物

在海关规定期限内，可以暂不缴纳税款，但需要按照海关接受暂时进口货物申报进境之日的计征汇率、税率，按照进口货物状态审查确定完税价格并计算税款担保①。

在规定期限内原状复运出境的，提供复运出境报关单，海关退还原担保。暂时进境货物未在规定期限内复运出境，且纳税义务人未在规定期限届满前向海关申报办理转正式进口及纳税手续的，海关将按照规定将原税款担保转为税款，原担保不足的需补缴，还应当自规定期限届满之日起至纳税义务人申报纳税之日止，按日加收应缴纳税款万分之五的滞纳金。

在规定期限届满后不再复运出境或者复运进境的，纳税义务人应当在规定期限届满前向海关申报办理留购进出口及纳税手续。经海关批准留购的暂时进境货物，以海关审查确定的留购价格作为完税价格，并适用海关接受纳税义务人再次填写报关单申报办理纳税及有关手续之日实施的税率、汇率。

（2）暂时出境货物

出口货物多数不征税，暂时出境货物不予缴税及提供担保。对应税暂时出口货物，在海关规定期限内，可以暂不缴纳税款，但需要按照海关接受暂时出口货物申报出境之日的计征汇率、税率，按照出口货物状态审查确定完税价格并计算税款担保。

在规定期限内原状复运进境的，提供复运进境报关单。应税暂时出境货物未在规定期限内复运进境的，且纳税义务人未在规定期限届满前向海关申报办理转正式出口及纳税手续的，海关将按照规定将原税款担保转为税款，原担保不足的需补缴，还应当自规定期限届满之日起至纳税义务人申报纳税之日止，按日加收应缴纳税款万分之五的滞纳金。

2.《关税条例》列明的9类之外的暂时进出境货物

（1）暂时进境货物

此类暂时进境货物进口时需按照海关接受暂时进口货物申报进境之日的计征汇率、税率，根据进口货物状态审查确定完税价格并计算税款担保②，并需根据货物在境内留置时间缴纳税款。有两种缴纳税款方式，其一是按月缴纳，其二是在货物复运出境时一次性缴纳。

选择按月缴纳的，按照审定进口货物完税价格的有关规定和海关接受暂时进境货物申

① 使用货物暂时进口单证册（ATA单证册）暂时进境的货物可免于担保。

② 使用货物暂时进口单证册（ATA单证册）暂时进境的货物可免于担保。

报进境之日适用的计征汇率、税率计算税款。计征税款的期限为 60 个月。不足 1 个月但超过 15 天的，按 1 个月计征；不超过 15 天的，免予计征。计算税款的期限自货物放行之日起计算。

按月征收税款的计算公式为：

每月关税税额 = 关税总额×1/60

每月进口环节代征税税额=进口环节代征税总额×1/60

选择在规定期限内货物复运出境时一次性征收税款的，按照货物在境内留置时间——多少个月则合并计算多少个月税款。

暂时进境货物在规定期限届满后不再复运出境的，纳税义务人应当在规定期限届满前向海关申报办理正式进口及纳税手续，缴纳剩余税款。暂时进境货物未在规定期限内复运出境，且纳税义务人未在规定期限届满前向海关申报办理转为进口及纳税手续的，海关除按照规定征收应缴纳的税款外，还应当自规定期限届满之日起至纳税义务人申报纳税之日止，按日加收应缴纳税款万分之五的滞纳金。

（2）暂时出境货物

出口货物多数不征税，暂时出境货物不予缴税及提供担保。对应税暂时出口货物，在海关规定期限内，比照上述 9 类之内暂时进境货物征收税款，且需要按照海关接受暂时出口货物申报出境之日的计征汇率、税率，按照出口货物状态审查确定完税价格并计算税款担保。

在规定期限内原状复运进境的，提供复运进境报关单。应税暂时出境货物未在规定期限内复运进境的，且纳税义务人未在规定期限届满前向海关申报办理转正式出口及纳税手续的，海关将按照规定将原税款担保转为税款，原担保不足的需补缴，还应当自规定期限届满之日起至纳税义务人申报纳税之日止，按日加收应缴纳税款万分之五的滞纳金。

（四）进出境修理货物

1. 进境修理货物

海关对进境修理并按期出境的货物（含进口只限用于进境修理货物的原材料、零部件）不予征税，但纳税义务人在办理进口申报手续时应向海关提供进口税款担保（或事先经海关同意由海关对其按保税货物实施管理），税款担保暂按一般进口货物价值核定。进口时应提交该货物的维修合同（或者含有保修条款的原出口合同）。进境修理货物及剩余进境原材料、零部件按期复运出境的，海关应当办理修理货物及原材料、零部件进境时纳税义务人提供的税款担保的退还手续（按照保税货物实施管理的，按照有关保税货物的管理规定核销结案）。

进境修理货物应当在海关规定的期限内复运出境。因正当理由不能在海关规定期限内将进境修理货物复运出境的，纳税义务人应当在规定期限届满前向海关说明情况，申请延期复运出境。进境修理货物未在海关允许期限内复运出境的，海关对其按照一般进口货物审核确定货物完税价格，将该货物进境时纳税义务人提供的税款担保转为税款，如有不足部分需补缴。

进口维修货物因故无法复运出境的，进口单位应及时向海关报明，经海关同意后方可留置境内，并由海关对其按照一般进口货物审核确定货物完税价格后计征税款。

对剩余的原材料、零部件不再复运出境的，经海关同意后按照一般进口货物进行管理。

2. 出境修理货物

海关对出境修理货物复运进境时征收税款。计征税款时，适用海关接受该货物申报复运进境之日的计征汇率、税率，并以境外修理费和料件费为基础审查确定完税价格。复运进境申报环节，纳税义务人应提供修理货物原出境报关单、该货物维修合同及维修发票等相关单证。

出境修理货物应当在海关规定的期限内复运进境。因正当理由不能在海关规定期限内将出境修理货物复运进境的，纳税义务人应当在规定期限届满前向海关说明情况，申请延期复运进境。对于不能提供修理货物原出境报关单及超过原出境修理货物海关允许期限复运进境的，海关对其按照一般进口货物的征税管理规定即按照货物价值审核确认价格并征收进口税款。

对于出境修理的货物属于原进口货物的，在原进口货物合同规定的保修期内出境免费维修，复运进境时海关不予征税。对该种不予征税情形，纳税义务人应注意，在办理货物出境修理申报手续时应当向海关提交含有保修条款的原进口合同。

对于出境修理货物，因故无法维修等情况不再复运进境的，原出口单位应及时向出口申报地海关报明后续处置情况，视情对原出口监管方式予以修改，对其中应征出口关税的，照章缴纳。

（五）出境加工货物

海关对出境加工货物实施保税账册方式管理，复运进口应与出口在同一口岸。纳税义务人应在出境加工货物复进口时缴纳税款。计征税款时，按海关接受该货物申报复运进境之日适用的计征汇率、税率，以境外加工费、料件费、复运进境的运输及相关费用和保险费为基础审查确定完税价格，计算并缴纳进口税款。

出境加工货物账册核销期为 1 年，超过 1 年规定期限的企业应按一般贸易管理规定办理进口手续。出境加工因品质和规格等原因需退运的，企业应按退运货物（监管代码 4561）有关规定，在账册核销周期内办理，超过 1 年的退运期限再复运进境的，亦需要按照一般贸易管理规定办理进口手续。

（六）退运货物

1. 原出口货物退运至境内

由于品质或者规格原因，出口货物自出口放行之日起 1 年内原状退货复运进境的，纳税义务人在办理进口申报手续时，应当按照规定提交有关单证和证明文件。经海关确认后，对复运进境的原出口货物不予征收进口关税和进口环节海关代征税。

有关单证及证明文件主要有原出口报关单、收发货人双方关于退货的协议、税务部门出具的未退税证明（或已补税征税）等。海关认为需要时，纳税义务人还应当提交具有资质的商品检验机构出具的原出口货物品质不良或者规格不符的检验证明书或者其他有关证明文件。

海关对原出口货物退运至境内不予征收进口关税和进口环节海关代征税的必备条件有：必须是品质或规格原因；必须是出口货物放行之日 1 年内复运进境；必须是原状复运进境，但原状并不要求货物全部退运，部分货物原状退运进境亦可。不符合上述任一条件则需缴纳税款。

2. 原进口货物退运至境外

由于品质或者规格原因，进口货物自进口放行之日起 1 年内原状退货复运出境的，纳税义务人在办理出口申报手续时，应当按照规定提交有关单证和证明文件。经海关确认后，对复运出境的原进口货物不予征收出口关税。

有关单证及证明文件主要有原进口报关单、收发货人双方关于退货的协议等。海关认为需要时，纳税义务人还应当提交具有资质的商品检验机构出具的原进口货物品质不良或者规格不符的检验证明书或者其他有关证明文件。

如自我国退运境外货物属于应征出口关税范围，海关对原进口货物不予征收出口关税的必备条件有：必须是品质或规格原因；必须是进口货物放行之日 1 年内退运出境；必须是原状复运出境，但原状并不要求货物全部退运，部分货物原状退运出境亦可。不符合上述任一条件则需缴纳税款。

对原已缴纳税款的进口货物，由于品质或者规格原因原状退货复运出境的，纳税义务人自缴纳税款之日起 1 年内，还可以向海关申请退税。

六、 税款退还、追补

（一） 税款退还

纳税义务人按照规定缴纳税款后，因误征、溢征及其他国家政策调整应予退还的税款可由海关依法退还。进出口税收的起退点为 0 元。①

1. 多征税款退税

（1） 海关发现多征税款的，应立即通知纳税义务人办理退税手续。纳税义务人应当自收到海关通知之日起 3 个月内办理退税手续。

（2） 纳税义务人发现多征税款的，自缴纳税款之日起 1 年内，可以向海关申请退还多缴的税款并加算银行同期活期存款利息。

“多征税款”一般指由于某种差错或工作失误，造成海关所征收的税款大于应征税款，不包括由于政策调整导致的征税差异。

2. 品质或者规格原因退税

（1） 已缴纳税款的进口货物，因品质或者规格原因原状退货复运出境的，纳税义务人自缴纳税款之日起 1 年内，可以向海关申请退税。

（2） 已缴纳出口关税的出口货物，因品质或者规格原因原状退货复运进境并已重新缴纳因出口而退还的国内环节有关税收的，纳税义务人自缴纳税款之日起 1 年内，可以向海关申请退税。

3. 退关退税

已缴纳出口关税的货物，因故未装运出口申报退关的，纳税义务人自缴纳税款之日起 1 年内，可申请退税。

4. 短装退税

散装进出口货物发生短装并已征税放行的，如该货物发货人、承运人、保险公司已对

① 本处所述退税不包含根据国家鼓励出口政策对出口产品退还已缴纳税款内容，该部分退税主管部门是国家税务机关。

短装部分退还或者赔偿相应货款，纳税义务人自缴纳税款之日起 1 年内，可申请退还短装部分相应税款。

5. 赔偿退税

因进出口货物残损、品质不良、规格不符等原因或发生上述散装货物短装以外的货物短少情形，由进出口货物的发货人、承运人或保险公司赔偿相应货款的，纳税义务人自缴纳税款之日起 1 年内，可申请退还赔偿货款部分的相应税款。

上述申请退税情形，海关应当自受理退税申请之日起 30 日内查实并通知纳税义务人办理退还手续。纳税义务人应当自收到通知之日起 3 个月内办理有关退税手续。

退税必须在原征税海关办理。办理退税时，纳税义务人应填写“退税申请表”并持凭原进口或出口报关单、原盖有银行印章的税款缴纳书正本及其他必要单证（如合同、发票、协议、第三方商检机构证明、已经赔偿货款的证明文件、税务机关出具证明等）送海关审核。海关同意后，应按原征税或者补税之日所实施的税率计算退税额。

进口环节增值税已予抵缴的，除国家另有规定外不予退还。已征收的滞纳金不予退还。

（二）税款追补

1. 补税

（1）少征税款补税

进出口货物放行后，海关发现少征税款，即海关对该进出口货物实际征收的税款少于应当征收的税款的，应当自纳税义务人缴纳税款之日起 1 年内，由海关补征。

（2）漏征税款补税

海关发现漏征税款，即海关对进出口货物应当征收但未征收税款的，应当自货物放行之日起 1 年内，向纳税义务人补征漏征的税款。

2. 追税

（1）少征税款追税

因纳税义务人违反规定导致海关对进出口货物少征税款的，海关应当自缴纳税款之日起 3 年内追征税款。因纳税义务人违反规定造成海关监管货物少征税款的，海关应当自纳税义务人应缴纳税款之日起 3 年内追征税款。

（2）漏征税款追税

因纳税义务人违反规定导致海关对进出口货物漏征税款的，海关应当自该货物放行之日起 3 年内追征税款。因纳税义务人违反规定造成海关监管货物漏征税款的，海关应当自纳税义务人应缴纳税款之日起 3 年内追征税款。

“应缴纳税款之日”是指纳税义务人违反规定的行为发生之日，该行为发生之日不能确定的，应当以海关发现该行为之日作为应缴纳税款之日。

少征或漏征税款部分涉及滞纳金的应一并征收。补征关税、进口环节代征税、滞纳金起征点均为 50 元。

七、 税款担保

税款担保是海关事务担保的一种，是指纳税义务人以法定形式向海关承诺在一定期限内履行其纳税义务的行为。

（一）办理税款担保的情形

纳税义务人针对以下情形要求海关先放行货物的，应当按照海关初步确定的应缴税款向海关提供足额税款担保：

1. 海关尚未确定商品归类、完税价格、原产地等征税要件的；
2. 正在海关办理减免税审核确认手续的；
3. 正在海关办理延期缴纳税款手续的；
4. 暂时进出境的；
5. 进境修理和出境加工的，按保税货物实施管理的除外；
6. 因残损、品质不良或者规格不符，纳税义务人申报进口或者出口无代价抵偿货物时，原进口货物尚未退运出境或者尚未放弃交由海关处理的，或者原出口货物尚未退运进境的；
7. 其他按照有关规定需要提供税款担保的。

（二）担保期限及方式

1. 担保期限

除另有规定外，税款担保期限一般不超过 6 个月，特殊情况需要延期的，应当经主管海关核准。税款保函明确规定保证期间的，保证期间应当不短于海关批准的担保期限。

2. 担保方式

海关税款担保一般采用保证金、银行及非银行金融机构出具连带责任保证保函方式。采用保证金形式办理的担保，一般采取逐票方式。采用银行及非银行金融机构出具保函办理的担保，可采取逐票方式，也可采取办理汇总征税及循环担保方式。

目前，银行类金融机构均可办理汇总征税担保，其中可进行汇总征税担保数据电子传输的银行有中国银行、兴业银行、中国民生银行、招商银行、光大银行、广发银行、中国农业银行和杭州银行。经批准的保险公司类机构也可办理汇总征税担保，目前，海关总署、银保监会批准参与税款类担保的关税保证保险改革试点保险公司有中国人民财产保险股份有限公司、中国太平洋财产保险股份有限公司和中银保险有限公司等 8 家公司。企业可凭“关税保证保险单”办理汇总征税业务，并可根据企业税款缴纳情况在保险期间内循环使用。

海关总署在创新税收担保方式方面正进行许多有益尝试，以进一步适应现代金融与担保体制机制改革趋势，主要有：结合企业信用管理制度改革，建立差别化担保制度；根据海关事务担保条例相关规定，结合企业信用管理，对符合条件的企业，实施免除担保制度；加快实施除银行或非银行金融机构保函外的第三方担保形式，对资信良好、供应链信息对海关透明的企业，尤其是生产型企业，考虑引入第三方信用担保模式。此外，已经在部分直属海关成功试点采用经同意的企业财务公司参与总担保备案；增加可以用于担保的财产和权利种类，允许企业以汇票、本票、支票、债券、存单等海关认可的财产、权利提供担保。

八、税收保全与强制措施

（一）保全措施

进出口货物的纳税义务人在规定的纳税期限内有明显的转移、藏匿其应税货物及其他财产迹象的，海关可以要求纳税义务人在海关规定的期限内提供海关认可的担保。纳税义务人不能在海关规定的期限内按照海关要求提供担保的，经直属海关关长或者其授权的隶属海关关长批准，海关应当采取税收保全措施。

1. 暂停支付存款

海关书面通知纳税义务人开户银行或者其他金融机构（以下统称“金融机构”）暂停支付纳税义务人相当于应纳税款的存款。

纳税义务人在规定的纳税期限内缴纳税款的，海关书面通知金融机构解除对纳税义务人相应存款实施的暂停支付措施。

纳税义务人在规定的纳税期限内未缴纳税款的，海关书面通知金融机构从暂停支付的款项中扣缴相应税款。海关确认金融机构已扣缴税款的，书面告知纳税义务人。

2. 暂扣货物或财产

因无法查明纳税义务人账户、存款数额等情形不能实施暂停支付措施的，书面通知（随附扣留清单）纳税义务人扣留其价值相当于应纳税款的货物或者其他财产。货物或者其他财产本身不可分割，又没有其他财产可以扣留的，被扣留货物或者其他财产的价值可以高于应纳税款。

纳税义务人在规定的纳税期限内缴纳税款的，海关书面通知纳税义务人解除扣留措施，随附发还清单，办理确认手续后将有关货物、财产发还纳税义务人。

（二）强制措施

进出口货物的纳税义务人、担保人自规定的纳税期限届满之日起超过 3 个月未缴纳税款或经海关总署批准延期缴纳税款的，自延期缴税时限届满之日起超过 3 个月仍未缴纳税款的，经直属海关关长或其授权的隶属海关关长批准，依次采取下列强制措施：

1. 书面通知金融机构从其存款中扣缴税款；
2. 将应税货物依法变卖，以变卖所得抵缴税款；
3. 扣留并依法变卖其价值相当于应纳税款的货物或者其他财产，以变卖所得抵缴税款。

实施强制措施的，海关书面通知金融机构从纳税义务人、担保人的存款中扣缴相应税款，同时书面告知纳税义务人、担保人。海关采取强制措施时，对纳税义务人未缴纳的税款滞纳金同时强制执行。

海关决定以应税货物、被扣留的价值相当于应纳税款的货物或者其他财产变卖并抵缴税款的，书面告知纳税义务人、担保人。变卖所得不足以抵缴税款的，海关继续采取强制措施抵缴税款的差额部分；变卖所得抵缴税款及扣除相关费用后仍有余款的，应当发还纳税义务人、担保人。

无法采取税收保全措施、强制措施，或者采取税收保全措施、强制措施仍无法足额征收税款的，海关依法向人民法院申请强制执行，并按照法院要求提交相关材料。

纳税义务人、担保人对海关采取税收保全措施、强制措施不服的，可以依法申请行政复议或者提起行政诉讼。

九、 纳税争议及解决

在海关税款征收过程中，海关与纳税义务人之间发生争议在所难免。制定纳税争议的海关行政复议制度十分重要，用以维护纳税人的合法权益和海关正确合法的行政行为，确保海关执法的行政效率，纠正和制止违法和不当的行政行为。

（一）纳税争议

纳税争议，是指当事人对海关作出的具体征税行政行为不服而发生的争议，包括对海关确定纳税义务人、完税价格、商品归类、原产地及计征税率或汇率、减征或免征税款、补税、退税、征收滞纳金、计征方式及纳税地点等行政行为不服的争议。纳税义务人对海关在征税程序上的其他行为有异议的，如关税强制措施、税收保全措施不属于纳税争议，而应当视为不服海关其他行政行为的行政争议。

（二）纳税争议的行政复议

复议的受理、审理及决定具体内容详见本教材第十二章第六节“海关行政复议制度”。

第五节 进出口税费计算实例

进出口货物完税价格、关税、进口环节代征税、滞纳金、船舶吨税一律以人民币计征，采用四舍五入法计算至分。

一、进口关税的计算

（一）从价税

1. 计算公式

进口关税税额=进口货物完税价格×进口从价关税税率

减税征收的进口关税税额=进口货物完税价格×减按进口从价关税税率

其中：

（1）进口货物完税价格使用CIF贸易术语成交并经海关审定

进口关税税额=CIF×进口从价关税税率

（2）进口货物完税价格使用FOB贸易术语成交并经海关审定

进口关税税额=（FOB+运输及相关费用+保险费）×进口从价关税税率

（3）进口货物完税价格使用CFR贸易术语成交并经海关审定

进口关税税额=（CFR+保险费）×进口从价关税税率或$\frac{\text{CFR}}{1-\text{保险费率}}$×进口从价关税税率

2. 计算程序

（1）按照归类原则确定税则归类，将应税货物归入适当的税号；

（2）根据原产地规则和税率适用规定，确定应税货物所适用的税率；
（3）根据审定完税价格办法的有关规定，确定应税货物的 CIF 价格；
（4）根据汇率适用规定，将以外币计价的 CIF 价格折算成人民币（完税价格）；
（5）按照计算公式正确计算应征税款。

3. 计算实例

实例一：

国内某企业于 2018 年 4 月中旬申报进口美国产瓶装葡萄酒 1 批，成交价格为 FOB 洛杉矶 150000 美元。已知运费 2000 美元，保险费 150 美元，设 1 美元 = 6.5 元人民币，计算应征进口关税。

计算方法：

（1）确定税则归类，瓶装葡萄酒归入税号 2204.2100；
（2）原产国美国适用最惠国税率 14%，4 月 2 日起加征关税 15%；
（3）审定 CIF 价格为 150000 美元+2000 美元+150 美元 = 152150 美元；
（4）审定完税价格为 152150 美元×6.5 = 988975.00 元；
（5）计算应征税款：

应征进口关税税额 = 完税价格×关税税率
= 988975.00×（14%+15%）
= 286802.75（元）

实例二：

国内某企业于 2019 年 1 月申报进口韩国产低密度聚乙烯颗粒 100 吨，成交价格为 CFR 上海 151600 美元，保险费金额 380 元人民币，卖方提供了符合《亚太贸易协定》规定的原产地证书，协定税率 6%。设 1 美元 = 6.85 元人民币，计算应征进口关税。

计算方法：

（1）确定税则归类，该塑料颗粒归入税号 3901.1000；
（2）原产国韩国适用最惠国税率 6.5%，且韩国属于《亚太贸易协定》成员方，故按协定税率 6%计征；
（3）审定 CIF 价格为 151600 美元+380 元；
（4）审定完税价格为 151600 美元×6.85+380 元 = 1038840.00 元；
（5）计算应征税款：

应征进口关税税额 = 完税价格×协定税率
= 1038840.00×6%
= 62330.40（元）

实例三：

国内某企业于 2017 年 4 月自德国购进国内性能不能满足需要的船用导航设备 3 台，成交价格为 FOB 汉堡 145503 美元，运费 896 美元，保险费金额 256 元人民币。经批准该船用导航设备进口关税税率减按 1%计征。已知适用的外汇折算价为 1 美元 = 6.2716 元人民币，计算应征进口关税。

计算方法：

（1）确定税则归类，该设备归入税号 8526.9190；

（2）原产国德国适用最惠国税率 2%，减按 1%计征；
（3）审定 CIF 价格为 145503 美元+896 美元+256 元；
（4）审定完税价格为（145503 美元+896 美元）×6.2716+256 元=918411.97 元；
（5）计算应征税款：

应征进口关税税额=完税价格×减按进口关税税率
=918411.97×1%
=9184.12（元）

（二）从量税

1. 计算公式

应征税额=进口货物数量×单位税额

2. 计算程序

（1）按照归类原则确定税则归类，将应税货物归入适当的税号；
（2）根据原产地规则和税率适用规定，确定应税货物所适用的税率；
（3）确定其实际进口量；
（4）如需计征进口环节代征税，根据审定完税价格的有关规定，确定应税货物的 CIF 价格；
（5）根据汇率适用规定，将外币折算成人民币（完税价格）；
（6）按照计算公式正确计算应征税款。

3. 计算实例

实例四：

内地某公司从香港购进巴西产冻带骨鸡块 100 吨，成交价格为 CIF 境内某口岸 7800 港币/吨。设 1 港币=0.8032 元人民币，计算应征进口关税。

计算方法：

（1）确定税则归类，冻带骨鸡块归入税号 0207.1411；
（2）冻带骨鸡块适用从量关税，巴西产冻带骨鸡块适用最惠国税率 0.6 元/千克；
（3）确定其实际进口量 100 吨=100000 千克；
（4）计算应征关税税款：

应征进口关税税额=货物数量×单位税额
=100000×0.6
=60000.00（元）

（三）复合关税

1. 计算公式

应征税额=进口货物数量×单位税额+进口货物完税价格×进口从价税税率

2. 计算程序

（1）按照归类原则确定税则归类，将应税货物归入适当的税号；
（2）根据原产地规则和税率适用规定，确定应税货物所适用的税率；

（3）确定其实际进口量；

（4）根据审定完税价格的有关规定，确定应税货物的 CIF 价格；

（5）根据汇率适用规定，将外币折算成人民币（完税价格）；

（6）按照计算公式正确计算应征税款。

3. 计算实例

实例五：

国内某公司于 2019 年 1 月 7 日申报进口日本产非特种用途的广播级电视摄像机 100 台，其中有 20 台成交价格为 CIF 境内某口岸 4900 美元/台，其余 80 台成交价格为 CIF 境内某口岸 5800 美元/台。设 1 美元=6.85 元人民币，计算应征进口关税。

计算方法：

（1）确定税则归类，该批非特种用途的广播级电视摄像机归入税号 8525.8012。

（2）货物适用复合税率。原产国为日本，适用最惠国税率，经查关税税率为 17.5%或“完税价格不高于 5000 美元/台的，关税税率为单一从价税率 35%；完税价格高于 5000 美元/台的，关税税率为 3%，每台加 9728 元从量税”，从低执行。对价格低于 5000 美元/台的，从低适用 17.5%关税。对价格高于 5000 美元/台的，按照 17.5%和复合税率计算后的税款，从低选择适用税率。

（3）审定 CIF 价格分别合计为 98000 美元（20 台×4900 美元）和 464000 美元（80 台×5800 美元）。

（4）审定完税价格分别为 98000 美元×6.85 = 671300.00 元和 464000 美元×6.85 =3178400.00 元。

（5）按照计算公式分别计算进口关税税款：

① 对 20 台单价低于 5000 美元/台的摄像机从低适用 17.5%税率

20 台单一从价进口关税税额=完税价格×关税税率
=671300.00×17.5%
=117477.50（元）

② 对 80 台单价高于 5000 美元/台的摄像机的税率计算后从低适用

A. 80 台复合税计征方式进口关税税额=货物数量×单位税额+完税价格×关税税率
=80×9728+3178400.00×3%
=778240+95352
=873592.00（元）

B. 80 台从价计征进口关税税额=完税价格×关税税率
=3178400.00×17.5%
=556220.00

③ 100 台合计进口关税税额

100 台合计进口关税税额=从价进口关税税额+从价进口关税税额
=117477.50+556220.00
=673697.50（元）

（四）滑准税

1. 确定滑准税暂定关税税率的具体方式

（1）当进口棉花完税价格高于或等于 15.000 元/千克时，暂定从量税率为 0.300 元/千克。

（2）当进口棉花完税价格低于 15.000 元/千克时，暂定关税税率按下述公式计算：

$$Ri=\frac{9.45}{Pi}+2.6\%\times Pi-1$$

上述计算结果四舍五入保留 3 位小数。其中，Ri 为暂定从价税率，当按上式计算值高于 40%时，Ri 取值 40%；Pi 为完税价格，单位为元/千克。

2. 计算公式

从价应征进口关税税额=完税价格×暂定关税税率
从量应征进口关税税额=进口货物数量×暂定从量税率

3. 计算程序

（1）按照归类原则确定税则归类，将应税货物归入适当的税号；

（2）根据审定完税价格的有关规定，确定应税货物的 CIF 价格，根据汇率适用规定，将外币折算成人民币（完税价格）；

（3）根据原产地规则和税率适用规定，确定应税货物所适用的税率种类；

（4）根据关税税率计算公式确定暂定关税税率；

（5）按照计算公式正确计算应征税款。

4. 计算实例

实例六：

国内某公司于 2019 年 1 月 7 日申报进口原产于阿根廷的配额外未梳棉花（已取得配额外数量份额）1000 吨，成交价格为 CIF 国内某口岸 1060.72 美元/吨。设 1 美元=6.85 元人民币，计算应征进口关税税款。

计算方法：

（1）确定税则归类，未梳棉花归入税号 5201.0000。

（2）确定货物完税价格为 1060.72 美元/吨×1000 吨×6.85=7265932.00 元，每千克货物完税价格为 7265932.00 元÷1000 吨÷1000 千克=7.266 元/千克。

（3）根据税率计算公式确定暂定滑准税税率。

根据当配额外进口棉花完税价格低于 15.000 元/千克时，暂定关税税率按公式计算，当公式计算值高于 40%时取值 40%的规定，该批棉花完税价格折算后每千克为 7.266 元，按照公式计算该货物的暂定关税税率：

暂定关税税率=9.45÷完税价格(元/千克)+2.60%×完税价格(元/千克)-1
=9.45÷7.266+2.60%×7.266-1
=0.490

该滑准关税税率计算后为 49%，大于 40%，按照 40%的关税税率计征关税。

(4) 计算应征关税税款：

应征进口关税税额＝完税价格×暂定关税税率

＝7265932.00×40%

＝2906372.80（元）

(五) 反倾销税

1. 计算公式

反倾销税税额＝完税价格×反倾销税税率

2. 计算程序

(1) 按照归类原则确定税则归类，将应税货物归入适当的税号；
(2) 根据反倾销税有关规定，确定应税货物所适用的反倾销税税率；
(3) 根据审定完税价格的有关规定，确定应税货物的 CIF 价格；
(4) 根据汇率适用规定，将外币折算成人民币（完税价格）；
(5) 按照计算公式正确计算应征反倾销税税款。

3. 计算实例

实例七：

国内某公司于 2019 年 1 月 7 日申报进口韩国 LG 化学公司产初级形状丁腈橡胶一批，成交总价为 CIF 国内某口岸 68000 美元。已知该货物需要征收反倾销税 15%，设 1 美元＝6.85 元人民币，计算应征的反倾销税税款。

计算方法：

(1) 确定税则归类，该货物归入税号 4002.5910；
(2) 根据该批货物原产国和原产商确定，反倾销税税率为 15%；
(3) 审定 CIF 价格为 68000 美元；
(4) 审定完税价格为 68000 美元×6.85＝465800.00 元；
(5) 计算应征税款：

反倾销税税额＝完税价格×反倾销税税率

＝465800.00×15%

＝69870.00（元）

二、 出口关税的计算

(一) 计算公式

出口关税税额＝出口货物完税价格×出口关税税率

其中：

$$出口货物完税价格=\frac{\text{FOB（中国境内口岸）}}{1+出口关税税率}$$

即出口货物是以 FOB 价成交的，应以该价格扣除出口关税后作为完税价格。如果以其他价格成交的，应换算成 FOB 价后再按上述公式计算，具体如下：

以 CIF 方式成交，出口关税计算公式为：

出口关税税额=出口货物完税价格×出口关税税率

其中：

$$出口货物完税价格=\frac{CIF-运费-保险费}{1+出口关税税率}$$

以 CFR 方式成交，出口关税计算公式为：

出口关税税额=出口货物完税价格×出口关税税率

其中：

$$出口货物完税价格=\frac{CFR-运费}{1+出口关税税费}$$

（二）计算程序

1. 按照归类原则确定税则归类，将应税货物归入适当的税号；
2. 根据审定完税价格的有关规定，确定应税货物 FOB 价格；
3. 根据汇率适用规定，将外币折算成人民币；
4. 按照计算公式正确计算应征出口关税税款。

（三）计算实例

实例八：

国内某企业于 2019 年 1 月 7 申报出口活鳗鱼苗一批，合同采用 CIF 贸易术语。已知成交总价为 9090 美元，运费为 987 美元，保险费用 50 美元，适用的外汇折算价为 1 美元=6.85 元人民币，计算出口关税。

计算方法：

1. 确定税则归类，该批货物归入税号 0301.9210，出口税率为 20%；
2. 审定 FOB 美元价格为 8053 美元（9090 美元-987 美元-50 美元）；
3. 将外币价格折算成人民币为 55163.05 元（8053 美元×6.85）；
4. 计算应征税款：

出口关税税额=[成交价格÷(1+出口关税税率)]×出口关税税率
=[55163.05÷(1+20%)]×20%
=45969.21×20%
=9193.84（元）

三、 进口环节消费税的计算

（一）计算公式

1. 实行从价定率办法计算纳税额，采用价内税的计税方法，即计税价格的组成中包括了消费税税额。其计算公式为：

消费税应纳税额=消费税组成计税价格×消费税比例税率

其中：

$$消费税组成计税价格=\frac{关税完税价格+关税税额}{1-消费税比例税率}$$

2. 从量定额征收的消费税的计算公式为：

消费税应纳税额=应征消费税进口数量×消费税定额税率

3. 实行从价定率和从量定额复合计税办法计算纳税的组成计税价格，其计算公式为：

消费税应纳税额=消费税组成计税价格×消费税比例税率+应征消费税进口数量×消费税定额税率

其中：

消费税组成计税价格=（关税完税价格+关税税额+应征消费税进口数量×消费税定额税率）÷（1-消费税税率）

（二）计算程序

1. 按照归类原则确定税则归类，将应税货物归入适当的税号；
2. 根据有关规定，确定应税货物所适用的消费税税率/消费税税额；
3. 根据审定完税价格的有关规定，确定应税货物的 CIF 价格；
4. 根据汇率适用规定，将外币折算成人民币（完税价格）；
5. 按照计算公式正确计算消费税税款。

（三）计算实例

实例九：

国内某公司于 2018 年 12 月申报进口英国产某品牌香烟 10 标准箱（1 标准箱=250 标准条，1 标准条=200 支），成交价格为 CIF 国内某口岸 2200 英镑/标准箱。设 1 英镑=8.75 元人民币，关税税率 25%，计算应征的进口环节消费税税款。

计算方法：

1. 确定税则归类，香烟归入税号 2402.2000。
2. 香烟征收复合消费税：每标准条进口完税价格≥70 元人民币时，按 56%从价税率+150 元/标准箱从量税征收；每标准条进口完税价格<70 元人民币时，按 36%从价税率+150 元/标准箱从量税征收。
3. 计算完税价格：2200 英镑×10 标准箱×8.75=192500.00 元。
4. 每标准条完税价格：192500.00 元÷10 箱÷250 条=77.00 元/条。
5. 适用消费税税率为 56%+150 元/标准箱。
6. 按照公式计算进口环节消费税：

关税=192500.00×25%=48125.00（元）

从量消费税=10×150=1500（元）

消费税组成计税价格=（关税完税价格+关税税额+应征消费税进口数量×消费税定额税率）÷（1−消费税税率）
=（192500.00+48125.00+1500）÷（1−56%）
=550284.09（元）

消费税应纳税额=消费税组成计税价格×消费税比例税率+应征消费税进口数量×消费税定额税率
=550284.09×56%+10×150
=309659.09（元）

四、进口环节增值税的计算[①]

（一）计算公式

应纳税额=增值税组成计税价格×增值税税率

增值税组成计税价格=关税完税价格+关税税额+消费税税额

（二）计算程序

1. 按照归类原则确定税则归类，将应税货物归入适当的税号；
2. 根据有关规定，确定应税货物所适用的关税及增值税税率、消费税税率；
3. 根据审定完税价格的有关规定，确定应税货物的 CIF 价格；
4. 根据汇率适用规定，将外币折算成人民币（完税价格）；
5. 按照计算公式正确计算关税税款；
6. 按照计算公式正确计算消费税税款、增值税税款。

（三）计算实例

实例十：

国内某公司于 2019 年 4 月申报进口加拿大产扫雪机 1 台，申报价格为 CIF 境内某口岸 90000 美元。设 1 美元=6.85 元人民币，计算应征增值税税额。

计算方法：

1. 确定税则号列，扫雪机归类在 8430.2000；
2. 加拿大产扫雪机适用最惠国关税率 10%，增值税率为 13%，无须征收消费税。
3. 审定扫雪机成交价格为 90000 美元；
4. 将外币折算为人民币，完税价格为 616500.00（90000 美元×6.85）；
5. 应征关税税额=关税完税价格×关税税率
=616500.00×10%
=61650.00（元）

① 我国自 2019 年 4 月 1 日起对进口货物增值税实施降税，原 16%和 10%的增值税分别降至 13%和 9%。

6. 应征增值税税额=（关税完税价格+关税税额）×增值税税率

=（616500.00+61650.00）×13%

=678150×13%

=88159.50（元）

实例十一：

国内某公司于2019年1月7日申报进口西班牙产散装葡萄酒一批，经海关审核其成交价格总值为CIF境内某口岸32640欧元。已知该批货物的关税税率为20%，消费税税率为10%，增值税税率为16%，设1欧元=7.85元人民币，计算应征增值税税额。

计算方法：

首先计算关税税额，然后计算消费税税额，最后再计算增值税税额。

1. 审定完税价格为32640欧元×7.85=256224.00元；
2. 计算关税税额：

应征关税税额=关税完税价格×关税税率

=256224.00×20%

=51244.80（元）

3. 计算消费税税额：

应征消费税税额=[（关税完税价格+关税税额）÷(1−消费税税率)]×消费税税率

=[（256224.00+51244.80）÷(1−10%)]×10%

=341632×10%

=34163.20(元)

4. 计算增值税税额：

应征增值税税额=(关税完税价格+关税税额+消费税税额)×增值税税率

=(256224.00+51244.80+34163.20)×16%

=341632×16%

=54661.12(元)

五、 滞纳金的计算

滞纳金需按每票货物的关税、进口环节增值税、消费税单独计算。

（一）计算公式

关税滞纳金=滞纳关税税额×0.5‰×滞纳天数

进口环节消费税滞纳金=滞纳消费税税额×0.5‰×滞纳天数

进口环节增值税滞纳金=滞纳增值税税额×0.5‰×滞纳天数

（二）计算程序

1. 根据有关规定，确定滞纳关税及代征税税额；
2. 根据滞纳金管理规定，确定滞纳天数；
3. 按照公式分别正确计算关税、进口环节增值税、消费税滞纳金。

（三）计算实例

实例十二：

国内某公司于2019年1月7日申报进口西班牙产散装葡萄酒一批，经海关审核其成交价格总值为CIF境内某口岸32640欧元。已知该批货物的关税税率为20%，消费税税率为10%，增值税税率为16%，设1欧元=7.85元人民币，滞纳天数为5天。计算进口环节海关代征增值税滞纳金。

计算方法：

首先计算关税税额，然后计算消费税税额，最后再计算增值税税额。

1. 审定完税价格为32640欧元×7.85=256224.00元；
2. 计算关税税额：

应征关税税额=关税完税价格×关税税率
=256224.00×20%
=51244.80（元）

3. 计算消费税税额：

应征消费税税额=[（关税完税价格+关税税额）÷（1−消费税税率）]×消费税税率
=[（256224.00+51244.80）÷（1−10%）]×10%
=341632×10%
=34163.20（元）

4. 计算增值税税额：

应征增值税税额=（关税完税价格+关税税额+消费税税额）×增值税税率
=（256224.00+51244.80+34163.20）×16%
=341632×16%
=54661.12（元）

5. 计算应缴滞纳金：

进口环节增值税滞纳金=滞纳增值税税额×0.5‰×滞纳天数
=54661.12×0.5‰×5
=136.65（元）

六、船舶吨税的计算

（一）计算公式

船舶吨税税额=船舶净吨位×适用税率（元/净吨）

（二）计算程序

1. 确定适用的税率种类；
2. 确定船舶吨位和申报纳税期所适用的税率额；
3. 按照计算公式计算应征税额。

（三）计算实例

实例十三：

一艘进入我国境内某口岸的希腊籍船舶（净吨位 58000），船舶负责人申报纳税期 90 日。计算应征税额。

计算方法：

首先，确定适用的税率种类，希腊与我国签订了船舶税费最惠国待遇条款的条约或者协定，适用优惠税率；其次，确定船舶吨位和申报纳税期所适用的税率额为 7.6 元/净吨；最后，按照计算公式计算应征税额。

船舶吨税税额＝船舶净吨位×适用税率（元/净吨）

＝58000×7.6

＝440800.00（元）

第十一章 11

进出口货物报关单填制

为规范进出口收发货人的申报行为，统一进出口货物报关单填制要求，保证报关单数据质量，根据《海关法》及有关法规，制定《报关单填制规范》。本章主要依据公告要求，重点讲述进出口货物报关单各栏目填制的基本要求及应注意事项。

第一节 进出口货物报关单概述

一、含义

“中华人民共和国海关进（出）口货物报关单”是指进出口货物收发货人或其代理人，按照海关规定的格式对进出口货物的实际情况作出的书面申明，以此要求海关对其货物按适用的海关制度办理通关手续的法律文书。

二、类别

进出口货物报关单分为以下几种类型：

（一）按进出口流向分类

1. 进口货物报关单；
2. 出口货物报关单。

（二）按载体表现形式分类

1. 纸质报关单；
2. 电子数据报关单。

三、进出口货物报关单的法律效力

《海关法》规定：“进口货物的收货人、出口货物的发货人应当向海关如实申报，交验进出口许可证件和有关单证。”

进出口货物报关单及其他进出境报关单（证）在对外经济贸易活动中具有十分重要的法律效力，是货物的收发货人向海关报告其进出口货物实际情况及适用海关业务制度、申请海关审查并放行货物的必备法律文书。它既是海关对进出口货物进行监管、征税、统计，以及开展稽查、调查的重要依据，又是出口退税和外汇管理的重要凭证，也是海关处理进出口货物走私、违规案件及税务、外汇管理部门查处骗税、逃套汇犯罪活动的重要书证。因此，申报人对所填报的进出口货物报关单的真实性和准确性应承担法律责任。

四、海关对进出口货物报关单填制的一般要求

第一，进出口货物收发货人或其代理人应按照《中华人民共和国海关进出口货物申报

管理规定》《报关单填制规范》《统计商品目录》《规范申报目录》等有关规定要求向海关申报，并对申报内容的真实性、准确性、完整性和规范性承担相应的法律责任。

第二，报关单的填报应做到“两个相符”：一是单证相符，即所填报关单各栏目的内容必须与合同、发票、装箱单、提单及批文等随附单据相符；二是单货相符，即所填报关单各栏目的内容必须与实际进出口货物的情况相符，不得伪报、瞒报、虚报。

第三，不同运输工具、不同航次、不同提运单、不同监管方式、不同备案号、不同征免性质的货物，均应分单填报。

同一份报关单上的商品不能同时享受协定税率和减免税。

一份原产地证书，只能用于同一批次进口货物。含有原产地证书管理商品的一份报关单，只能对应一份原产地证书。

同一批次货物中实行原产地证书联网管理的，如涉及多份原产地证书应分单填报，如同时含有非原产地证书商品，港澳 CEPA 项下应分单填报，但《海峡两岸经济合作框架协议》（ECFA）项下可在同一张报关单中填报。

第四，一份报关单所申报的货物，须分项填报的情况主要有：商品编号不同的，商品名称不同的，计量单位不同的，原产国（地区）/最终目的国（地区）不同的，币制不同的，征免不同的等。

五、进出口货物报关单模版

中华人民共和国海关进口货物报关单

预录入编号：　　海关编号：　　（××海关）　　页码/页数：

境内收货人	进境关别	进口日期	申报日期	备案号
境外发货人	运输方式	运输工具名称及航次号	提运单号	货物存放地点
消费使用单位	监管方式	征免性质	许可证号	启运港
合同协议号	贸易国（地区）	启运国（地区）	经停港	入境口岸

包装种类	件数	毛重（千克）	净重（千克）	成交方式	运费	保费	杂费

随附单证及编号

标记唛码及备注

项号	商品编号	商品名称及规格型号	数量及单位	单价/总价/币制	原产国（地区）	最终目的国（地区）	境内目的地	征免

报关人员　　报关人员证号　　电话　　兹申明对以上内容承担如实申报、依法纳税之法律责任 申报单位　　申报单位（签章）	海关批注及签章

中华人民共和国海关出口货物报关单

预录入编号：　　　　海关编号：　　　　（××海关）　　　　页码/页数：

境内发货人	出境关别		出口日期		申报日期	备案号	
境外收货人	运输方式		运输工具名称及航次号		提运单号		
生产销售单位	监管方式		征免性质		许可证号		
合同协议号	贸易国（地区）		运抵国（地区）		指运港	离境口岸	
包装种类	件数	毛重（千克）	净重（千克）	成交方式	运费	保费	杂费
随附单证及编号							
标记唛码及备注							

项号	商品编号	商品名称及规格型号	数量及单位	单价/总价/币制	原产国（地区）	最终目的国（地区）	境内货源地	征免

报关人员　　报关人员证号　　电话　　兹申明对以上内容承担如实申报、依法纳税之法律责任 申报单位　　申报单位（签章）	海关批注及签章

第二节
进出口货物报关单表头栏目的填报

进出口货物报关单上方的预录入编号是指预录入单位录入报关单的编号。一份报关单对应一个预录入编号，由系统自动生成。进出口货物报关单上方的海关编号是指海关接受申报时给予报关单的18位顺序编号。一份报关单对应一个海关编号，由系统自动生成。

报关单海关编号为18位，其中第1~4位为接受申报海关的代码（海关规定的“关区代码表”中相应海关代码），第5~8位为海关接受申报的公历年份，第9位为进出口标志（“1”为进口，“0”为出口；集中申报清单“I”为进口，“E”为出口），后9位为顺序编号。

一、境内收货人/境内发货人

境内收货人或境内发货人指在海关备案的对外签订并执行进出口贸易合同的中国境内法人、其他组织名称及编码。编码填报18位法人和其他组织统一社会信用代码，没有统一社会信用代码的，填报其在海关的备案编码。

（一）统一社会信用代码

当前我国机构代码不统一，缺乏有效的协调管理和信息共享工作机制，大多数代码仅应用于各部门内部管理，法人和其他组织在设立和办理相关业务时，多个代码共存现象较为普遍，影响了同一主体信息比对，增加了社会负担，降低了行政效率。从唯一、统一、共享、便民和低成本转换等角度综合考虑，国家统一机构代码设计。新的社会信用代码为18位，由登记管理部门代码、机构类别代码、登记管理机关行政区划码、主体标识码（组织机构代码）、校验码5个部分组成。

1. 第1位是登记管理部门代码，使用阿拉伯数字或英文字母表示。例如，机构编制、民政、工商3个登记管理部门分别使用1、2、3表示，其他登记管理部门可使用相应阿拉伯数字或英文字母表示。

2. 第2位是机构类别代码，使用阿拉伯数字或英文字母表示。登记管理部门根据管理职能，确定在本部门登记的机构类别编码。例如，机构编制部门可用1表示机关单位，2表示事业单位，3表示由中央编办直接管理机构编制的群众团体；民政部门可用1表示社会团体，2表示民办非企业单位，3表示基金会；工商部门可用1表示企业，2表示个体工商户，3表示农民专业合作社。

3. 第3~8位是登记管理机关行政区划码，使用阿拉伯数字表示。例如，国家用100000，北京用110000，注册登记时由系统自动生成，体现法人和其他组织注册登记及其登记管理机关所在地，既满足登记管理部门按地区管理需求，也便于社会对注册登记主体所在区域进行识别。

4. 第9~17位是主体标识码（组织机构代码），使用阿拉伯数字或英文字母表示。

5. 第 18 位是校验码，使用阿拉伯数字或英文字母表示。

统一代码及其 9 位主体标识码（组织机构代码）在全国范围内是唯一的。

（二）海关注册编码

海关注册编码适用于在海关注册的进出口货物收发货人、报关企业、报关企业跨关区（或关区内）分支机构、临时注册登记单位、从事对外加工的生产企业、海关保税仓库、出口监管仓库等行政管理相对人。该编码是我国原有机构代码管理体制下的“衍生码”，海关凭申请单位提交的工商营业执照、组织机构代码证和税务登记证等证（照）办理注册备案手续。海关注册编码共 10 位，由数字和 24 个英文大写字母（I、O 除外）组成。其结构为：

1. 第 1~4 位为企业注册地行政区划代码。其中，第 1、2 位表示省、自治区或直辖市，如北京市为 11，江苏省为 32；第 3、4 位表示省所直辖的市、地区、自治州、盟或其他省直辖的县级行政区划，如北京西城区 1102，广州市 4401。

2. 第 5 位为企业注册地经济区划代码。

“1”：经济特区；

“2”：经济技术开发区；

“3”：高新技术产业开发区；

“4”：保税区；

“5”：出口加工区/珠澳跨境工业园区；

“6”：保税港区/综合保税区；

“7”：保税物流园区；

“8”：综合实验区；

“9”：其他；

“A”：国际边境合作中心；

“W”：保税物流中心。

例如，珠海市为 4404，包括珠海特区 44041、珠海保税区 44044、珠海国家高新技术产业开发区 44043、珠澳跨境工业区（珠海园区）44045、珠海市其他地区 44049。

3. 第 6 位为企业经济类型代码。

“1”：国有企业；

“2”：中外合作企业；

“3”：中外合资企业；

“4”：外商独资企业；

“5”：集体企业；

“6”：民营企业；

“7”：个体工商户；

“8”：报关企业；

“9”：其他，包括外国驻华企事业机构、外国驻华使领馆和临时进出口货物的企业、单位和个人等；

“A”：国营对外加工企业（无进出口经营权）；

“B”：集体对外加工企业（无进出口经营权）；

“C”：私营对外加工企业（无进出口经营权）。

4. 第7位为企业注册用海关经营类别代码，表示海关行政管理相对人的类别。如数字0~9为进出口货物收发货人/报关企业，英文大写字母D~I为各类保税仓库，L为临时注册登记单位，Z为报关企业分支机构，J为国内结转型出口监管仓库，P为出口配送型出口监管仓库。

5. 第8~10位为企业注册流水编号。

（三）本栏目特殊填报要求

1. 存在代理进出口关系的，“收发货人”栏应填报对外签订并执行进出口贸易合同的企业，即代理方的中文名称及编码。但属外商投资企业委托其他企业进口投资设备、物品的（监管方式为合资合作设备“2025”、外资设备物品“2225”），“收发货人”栏仍填报该外商投资企业的中文名称及编码，并在“标记唛码及备注”栏注明“委托××公司进口”，同时注明被委托企业的18位法人和其他组织统一社会信用代码。

2. 进出口货物合同的签订者和执行者非同一企业的，填报执行合同的企业。

3. 有代理报关资格的报关企业代理其他进出口企业办理进出口报关手续时，填报委托的进出口企业的代码。

4. 海关特殊监管区域收发货人填报该货物的实际经营单位或海关特殊监管区域内经营企业。

5. 免税品经营单位经营出口退税国产商品的，填报免税品经营单位名称。

二、 进境关别/出境关别

报关单中的“进出境关别”特指根据货物实际进出境的口岸海关，本栏目应填报海关规定的“关区代码表”中相应口岸海关的名称及代码。

关区名称指直属海关、隶属海关或海关监管场所的中文名称。关区代码由四位数字组成，前两位为直属海关关别代码，后两位为隶属海关或海关监管场所的代码。例如，货物由天津新港口岸进境，“进口口岸”栏不能填报为“天津关区”+“0200”，亦不应填报为“天津海关”+“0201”，而应填报为“新港海关”+“0202”。

（一）特殊填报要求

进口转关运输货物应填报货物进境地海关名称及代码，出口转关运输货物应填报货物出境地海关名称及代码。按转关运输方式监管的跨关区深加工结转货物，出口报关单填报转出地海关名称及代码，进口报关单填报转入地海关名称及代码。

在不同海关特殊监管区域或保税监管场所之间调拨、转让的货物，填报对方特殊监管区域或保税监管场所所在的海关名称及代码。

无实际进出境的货物，填报接受申报的海关名称及代码。

（二）限定口岸要求

国家实行许可证件管理的货物，按证件核准口岸限定进出口。

加工贸易进出境货物，应填报主管海关备案时所限定或指定货物进出的口岸海关名称及其代码。限定或指定口岸与货物实际进出境口岸不符的，应向合同备案主管海关办理变更手续后填报。

三、 进口日期/出口日期

进口日期是指运载所申报进口货物的运输工具申报进境的日期。

出口日期是指运载所申报出口货物的运输工具办结出境手续的日期。

填报要求：

第一，日期均为8位数字，顺序为年（4位）、月（2位）、日（2位）。例如，2015年8月10日申报进口一批货物，运输工具申报进境日期为2015年8月8日，“进口日期”栏填报为：“20150808”。

第二，进口货物进口日期以运载进口货物的运输工具申报进境日期为准，进口货物申报时无法确知运输工具的实际进境日期的，申报时可免予填报。海关与运输企业实行舱单数据联网管理的，进口日期由海关自动生成。

第三，出口日期以运载出口货物的运输工具实际离境日期为准，海关与运输企业实行舱单数据联网管理的，出口日期由海关自动生成。本栏目在申报时免予填报。

第四，集中申报的报关单，进出口日期以海关接受报关单申报的日期为准。

第五，无实际进出境的报关单，以海关接受申报的日期为准。

四、 申报日期

申报日期是指海关接受进出口货物收发货人、受其委托的报关企业向海关申报数据的日期。

以电子数据报关单方式申报的，申报日期为海关计算机系统接受申报数据时记录的日期。以纸质报关单方式申报的，申报日期为海关接受纸质报关单并对报关单进行登记处理的日期。

申报日期为8位数字，顺序为年（4位）、月（2位）、日（2位）。本栏目在申报时免予填报。

五、 备案号

填报进出口货物收发货人、消费使用单位、生产销售单位在海关办理加工贸易合同备案或征、减、免税审核确认等手续时，海关核发的加工贸易手册、海关特殊监管区域和保税监管场所保税账册、“征免税证明”或其他备案审批文件的编号。

一份报关单只允许填报一个备案号。

填报要求：

（一）加工贸易项下货物，除少量低值辅料按规定不使用加工贸易手册及以后续补税监管方式办理内销征税的外，填报加工贸易手册编号。

使用异地直接报关分册和异地深加工结转出口分册在异地口岸报关的，填报分册号；本地直接报关分册和本地深加工结转分册限制在本地报关，填报总册号。

加工贸易成品凭“征免税证明”转为减免税进口货物的，进口报关单填报“征免税证明”编号，出口报关单填报加工贸易手册编号。

对加工贸易设备、使用账册管理的海关特殊监管区域内减免税设备之间的结转，转入和转出企业分别填制进、出口报关单，在报关单“备案号”栏目填报加工贸易手册编号。

（二）涉及征、减、免税审核确认的报关单，填报“征免税证明”编号。

（三）减免税货物退运出口，填报“中华人民共和国海关进口减免税货物准予退运证明”的编号；减免税货物补税进口，填报“减免税货物补税通知书”的编号；减免税货物进口或结转进口（转入），填报“征免税证明”的编号；相应的结转出口（转出），填报“中华人民共和国海关进口减免税货物结转联系函”的编号。

（四）免税品经营单位经营出口退税国产商品的，免予填报。

六、境外收货人/境外发货人

境外收货人通常指签订并执行出口贸易合同中的买方或合同指定的收货人，境外发货人通常指签订并执行进口贸易合同中的卖方。

填报境外收发货人的名称及编码，名称一般填报英文名称，检验检疫要求填报其他外文名称的，在英文名称后填报，以半角括号分隔；对于AEO互认国家（地区）的企业，编码填报AEO编码，填报样式为“国别（地区）代码+海关企业编码”，例如，新加坡AEO企业填报“SG123456789012”（新加坡国别代码+12位企业编码）；非互认国家（地区）AEO企业等其他情形，编码免于填报。

特殊情况下无境外收发货人的，名称及编码填报“NO”。

七、运输方式

报关单中的运输方式包括实际运输方式和海关规定的特殊运输方式，前者指货物实际进出境的运输方式，按进出境所使用的运输工具分类；后者指货物无实际进出境的运输方式，按货物在境内的流向分类。

“运输方式”栏应根据货物实际进出境的运输方式或货物在境内流向的类别按海关规定的“运输方式代码表”选择填报相应的运输方式名称或代码。

（一）实际进出境货物填报要求

1. 非邮件方式进出境的快递货物，按实际运输方式填报。

2. 进口转关运输货物，按载运货物抵达进境地的运输工具填报；出口转关运输货物，按载运货物驶离出境地的运输工具填报。

3. 不复运出（入）境而留在境内（外）销售的进出境展览品、留赠转卖物品等，填报“其他运输”（代码9）。

4. 进出境旅客随身携带的货物，填报“旅客携带”（代码L）。

5. 以固定设施（包括输油、输水管道和输电网等）运输货物的，填报“固定设施运输”（代码G）。

（二）无实际进出境货物在境内流转时填报要求

1. 境内非保税区运入保税区货物和保税区退区货物，填报“非保税区”（代码0）。

2. 保税区运往境内非保税区货物，填制进口报关单，“运输方式”填报“保税区”（代码7）。

3. 境内存入出口监管仓库和出口监管仓库退仓货物，填报“监管仓库”（代码1）。

4. 保税仓库转内销货物或转加工贸易货物，填报“保税仓库”（代码8）。

5. 从境内保税物流中心外运入中心或从中心运往境内中心外的货物，填报“物流中心”（代码W）。

6. 从境内保税物流园区外运入园区或从园区运往境内园区外的货物，填报“物流园区”（代码X）。

7. 保税港区、综合保税区与境内（区外）（非特殊区域、保税监管场所）之间进出的货物，填报“保税港区/综合保税区”（代码 Y）。

8. 出口加工区、珠澳跨境工业区（珠海园区）、中哈霍尔果斯边境合作区（中方配套区）与境内（区外）（非特殊区域、保税监管场所）之间进出的货物，填报“出口加工区”（代码 Z）。

9. 境内运入深港西部通道港方口岸区的货物，以及境内进出中哈霍尔果斯边境合作中心中方区域的货物，填报“边境特殊海关作业区”（代码 H）。

10. 经横琴新区和平潭综合试验区二线指定申报通道运往境内区外或从境内经二线指定申报通道进入综合试验区的货物，以及综合试验区内按选择性征收关税申报的货物，填报“综合试验区”（代码 T）。

11. 海关特殊监管区域内的流转、调拨货物，海关特殊监管区域、保税监管场所之间的流转货物，海关特殊监管区域与境内区外之间进出的货物，海关特殊监管区域外的加工贸易余料结转、深加工结转、内销货物，以及其他境内流转货物，填报“其他运输”（代码 9）。

八、 运输工具名称及航次号

运输工具名称指载运货物进出境的运输工具的名称或运输工具编号。

航次号指载运货物进出境的运输工具的航次编号。报关单“运输工具名称”与“航次号”的填报内容应与运输部门向海关申报的舱单（载货清单）所列相应内容一致。

一份报关单只允许填报一个运输工具名称及其航次号。

（一）运输工具名称的填报要求

1. 非转关运输货物直接在进出境地办理报关手续的报关单填报要求如下：

（1）水路运输：填报船舶编号（来往港澳小型船舶为监管簿编号）或者船舶英文名称。

（2）公路运输：启用公路舱单前，填报该跨境运输车辆的国内行驶车牌号，深圳提前报关模式的报关单填报国内行驶车牌号+“/”+“提前报关”。启用公路舱单后，免予填报。

（3）铁路运输：填报车厢编号或交接单号。

（4）航空运输：填报航班号。

（5）邮件运输：填报邮政包裹单号。

（6）其他运输：填报具体运输方式名称，如管道、驮畜等。

2. 转关运输货物的报关单填报要求如下：

（1）进口

① 水路运输：直转、提前报关填报“@”+16 位转关申报单预录入号（或 13 位载货清单号），中转填报进境英文船名。

② 铁路运输：直转、提前报关填报“@”+16 位转关申报单预录入号，中转填报车厢编号。

③ 航空运输：直转、提前报关填报“@”+16 位转关申报单预录入号（或 13 位载货清单号），中转填报“@”。

④ 公路及其他运输：填报“@”+16 位转关申报单预录入号（或 13 位载货清单号）。

⑤ 以上各种运输方式使用广东地区载货清单转关的提前报关的货物应填报“@”+13

位载货清单号。

（2）出口

① 水路运输：非中转的，填报“@”+16位转关申报单预录入号（或13位载货清单号），如多张报关单需要通过一张转关单转关的，运输工具名称字段填报“@”；中转的，境内水路运输填报驳船船名，境内铁路运输填报车名［主管海关4位关别代码+“TRAIN”］，境内公路运输填报车名［主管海关4位关别代码+“TRUCK”］。

② 铁路运输：填报“@”+16位转关申报单预录入号（或13位载货清单号），如多张报关单需要通过一张转关单转关的，填报“@”。

③ 航空运输：填报“@”+16位转关申报单预录入号（或13位载货清单号），如多张报关单需要通过一张转关单转关的，填报“@”。

④ 其他运输方式：填报“@”+16位转关申报单预录入号（或13位载货清单号）。

3. 无实际进出境货物，运输工具名称为空。

4. 采用“集中申报”通关方式办理报关手续的，填报“集中申报”。

5. 免税品经营单位经营出口退税国产商品的，免予填报。

（二）航次号的填报要求

1. 非转关运输货物直接在进出境地办理报关手续的报关单填报要求如下：

（1）水路运输：填报船舶的航次号。

（2）公路运输：启用公路舱单前，填报运输车辆的8位进出境日期［顺序为年（4位）、月（2位）、日（2位）］。启用公路舱单后，填报货物运输批次号。

（3）铁路运输：填报进出境日期。

（4）航空运输：免予填报。

（5）邮件运输：填报进出境日期。

（6）其他各类运输方式：免予填报。

2. 转关运输货物的报关单填报要求如下：

（1）进口

① 水路运输：中转转关方式填报“@”+进境干线船舶航次，直转、提前报关免予填报。

② 公路运输：免予填报。

③ 铁路运输：“@”+8位进境日期。

④ 航空运输：免予填报。

⑤ 其他各类运输方式：免予填报。

（2）出口

① 水路运输：非中转货物免予填报。中转货物，境内水路运输填报驳船航次号；境内铁路、公路运输填报6位启运日期［顺序为年（2位）、月（2位）、日（2位）］。

② 铁路拼车拼箱捆绑出口：免予填报。

③ 航空运输：免予填报。

④ 其他运输方式：免予填报。

3. 无实际进出境货物，航次号免予填报。

4. 免税品经营单位经营出口退税国产商品的，免予填报。

九、 提运单号

提运单号是指进出口货物提单或运单的编号。报关单“提运单号”栏所填报的运输单证编号，主要包括海运提单号、海运单号、铁路运单号、航空运单号。提运单号必须与舱单数据一致。

一份报关单只允许填报一个提单或运单号，一票货物对应多个提单或运单时，应分单填报。

（一）非转关运输货物直接在进出境地办理报关手续的报关单填报要求

1. 水路运输：填报进出口提单号；如有分提单的，填报进出口提单号+“＊”+分提单号。

2. 公路运输：启用公路舱单前，免予填报；启用公路舱单后，填报进出口总运单号。

3. 铁路运输：填报运单号。

4. 航空运输：填报总运单号+“_”+分运单号，无分运单的填报总运单号。

5. 邮件运输：填报邮运包裹单号。

（二）转关运输货物的报关单填报要求

1. 进口

（1）水路运输：直转、中转填报提单号，提前报关免予填报。

（2）铁路运输：直转、中转填报铁路运单号，提前报关免予填报。

（3）航空运输：直转、中转货物填报总运单号+“_”+分运单号，提前报关免予填报。

（4）其他运输方式：免予填报。

（5）以上运输方式进境货物，在广东省内用公路运输转关的，填报车牌号。

2. 出口

（1）水路运输：中转货物填报提单号；非中转货物免予填报；广东省内汽车运输提前报关的转关货物，填报承运车辆的车牌号。

（2）其他运输方式：免予填报；广东省内汽车运输提前报关的转关货物，填报承运车辆的车牌号。

（三）非实际进出境货物

非实际进出境货物，本栏目免予填报。

（四）采用“集中申报” 通关方式办理报关手续的

采用“集中申报”通关方式办理报关手续的，报关单填报归并的集中申报清单的进出口起止日期［按年（4位）月（2位）日（2位）—年（4位）月（2位）日（2位）］。

十、 货物存放地点

填报货物进境后存放的场所或地点，包括海关监管作业场所、分拨仓库、定点加工厂、隔离检疫场、企业自有仓库等。

十一、 消费使用单位/生产销售单位

消费使用单位是指已知的进口货物在境内的最终消费、使用单位的名称，包括自行从

境外进口货物的单位、委托进出口企业进口货物的单位等。

生产销售单位是指出口货物在境内的生产或销售单位，包括自行出口货物的单位、委托进出口企业出口货物的单位等。

填报要求：

第一，本栏目可选填18位法人和其他组织统一社会信用代码。无18位统一社会信用代码的，填报“NO”。

第二，减免税货物报关单的消费使用单位/生产销售单位应与“中华人民共和国海关进出口货物征免税证明”（以下简称“征免税证明”）的“减免税申请人”一致；保税监管场所与境外之间的进出境货物，消费使用单位/生产销售单位填报保税监管场所的名称［保税物流中心（B型）填报中心内企业名称］。减免税货物报关单的消费使用单位/生产销售单位，应与征免税证明的“减免税申请人”一致。

第三，海关特殊监管区域的消费使用单位/生产销售单位填报区域内经营企业（“加工单位”或“仓库”）。

第四，进口货物在境内的最终消费或使用，以及出口货物在境内的生产或销售的对象为自然人的，填报身份证号、护照号、台胞证号等有效证件号码及姓名。

第五，免税品经营单位经营出口退税国产商品的，填报该免税品经营单位统一管理的免税店。

十二、 监管方式

进出口货物报关单上所列的监管方式专指以国际贸易中进出口货物的交易方式为基础，结合海关对进出口货物征税、统计及监管条件综合设定的海关对进出口货物的管理方式。一份报关单只允许填报一种监管方式。

监管方式代码为4位数字。前两位按照海关监管要求和计算机管理需要划分的业务分类代码，例如02～08、44、46表示加工贸易货物，11～12表示保税仓储、转口货物，20～22表示外商投资企业进口货物，45表示退运货物，50～53表示特殊区域货物。后两位是参照国际标准编制的贸易方式代码，其中10～39表示列入海关贸易统计，41～66表示列入单项统计；00表示不列入海关贸易统计和单项统计。

根据实际对外贸易情况按海关规定的“监管方式代码表”选择填报相应的监管方式简称及代码。一份报关单只允许填报一种监管方式。

常见监管方式的名称、代码、适用范围及主要填报要求如下：

（一）一般贸易

一般贸易是指我国境内有进出口经营权的企业单边进口或单边出口的贸易。

本监管方式代码“0110”，简称“一般贸易”，适用范围包括：

1. 以正常交易方式成交的进出口货物；
2. 贷款援助的进出口货物；
3. 外商投资企业为加工内销产品而进口的料件，属于非保税加工的；
4. 外商投资企业用国产原材料加工成品出口或采购产品出口；
5. 供应外国籍船舶、飞机等运输工具的国产燃料、物料及零配件；
6. 保税仓库进口供应给中国籍国际航行运输工具使用的燃料、物料等保税货物；
7. 境内企业在境外投资以实物投资进出口的设备、物资；

8. 来料养殖、来料种植进出口货物；

9. 国有公益性收藏单位通过合法途径从境外购入的藏品。

（二）加工贸易项下进口料件和出口成品

1. 来料加工

来料加工是指进口料件由境外企业提供，经营企业不需要付汇进口，按照境外企业的要求进行加工或装配，只收取加工费，制成品由境外企业销售的经营活动。

本监管方式代码“0214”，简称“来料加工”，主要适用于来料加工项下进口的料件和加工出口的成品。

来料加工进出口货物报关单“备案号”栏目应填报加工贸易手册或电子账册编号。成品出口报关单“征免”栏方式应填报“全免”，应征出口税的，应填报“照章征税”。

2. 进料加工

进料加工贸易是指进口料件由经营企业付汇进口，制成品由经营企业外销出口的经营活动。进料加工对口合同是指买卖双方分别签订进出口对口合同，料件进口时，我方先付料件款，加工成品出口时再向对方收取出口成品款项的交易方式，包括动用外汇的对口合同或不同客户的对口联号合同，以及对开信用证的对口合同。

本监管方式代码“0615”，简称“进料对口”，主要适用于进料加工项下进口料件和出口成品，以及进料加工贸易中外商免费提供进口的主、辅料和零部件。

进料加工进出口货物报关单“备案号”栏目应填报加工贸易手册或电子账册编号。成品出口报关单“征免”栏方式应填报“全免”，应征出口税的，应填报“照章征税”。

（三）加工贸易项下其他货物

1. 结转

加工贸易经营企业将保税进口料件所加工的产品在境内结转给另一个加工贸易企业，用于再加工后复出口的，转入、转出企业分别填制进、出口报关单，监管方式填报“来料深加工”（0255）或“进料深加工”（0654）。

加工贸易经营企业将加工过程中剩余的进口料件，结转到本企业同一加工监管方式下的另一个加工贸易合同，继续加工为制成品后复出口的，应分别填制进、出口报关单，监管方式填报“来料余料结转”（0258）或“进料余料结转”（0657）。

2. 内销

（1）料件内销

加工贸易加工过程产生的剩余料件、制成品、未完成品、残次品及受灾保税货物，经批准转为国内销售，不再加工复出口的，以及海关事后发现企业擅自转内销并准予补办进口补税手续的加工贸易项下货物，应填制进口报关单，监管方式填报“来料料件内销”（0245）或“进料料件内销”（0644）。

（2）边角料内销

加工贸易加工过程中有形损耗产生的边角料，以及加工副产品，有商业价值且经批准在境内销售的，应填制进口报关单，监管方式填报“来料边角料内销”（0845）或“进料边角料内销”（0844）。

（3）成品转减免税

加工贸易项下制成品，在境内销售给凭征免税证明进口的货物的企业，加工贸易经营企业填制出口报关单，监管方式填报“来料成品减免”（0345）或“进料成品减免”（0744）。

3. 退运（复出）

加工贸易进口料件因品质、规格等原因退运出境，或加工过程中产生的剩余料件、边角料退运出境，且不再更换同类货物进口的，分别填报“来料料件复出”（0265）、“来料边角料复出”（0865）、“进料料件复出”（0664）、“进料边角料复出”（0864）。

4. 退换

（1）料件退换

加工贸易保税料件因品质、规格等原因退运出境，更换料件后复进口的，退运出境报关单和复运进境报关单的监管方式应填报为“来料料件退换”（0300）或“进料料件退换”（0700）。

（2）成品退换

加工贸易出口成品因品质、规格等原因退运进境，经加工、维修或更换同类商品复出口的，退运进境报关单和复运出境报关单的监管方式应填报为“来料成品退换”（4400）或“进料成品退换”（4600）。

5. 销毁

企业销毁处置加工贸易货物未获得收入，销毁处置货物为料件、残次品的，填报“料件销毁”（0200）；销毁处置货物为边角料、副产品的，填报“边角料销毁”（0400）。企业销毁处置加工贸易货物获得收入的，填报为“进料边角料内销”或“来料边角料内销”。

（四）加工贸易进口设备

1. 加工贸易设备

加工贸易设备，指来料加工、进料加工贸易项下外商作价提供、不扣减企业投资总额的进口设备，以及服务外包企业履行国际服务外包合同，由国际服务外包业务境外发包方免费提供的进口设备。

本监管方式代码“0420”，对应征免性质为“一般征税”（101）或“加工设备”（501）。

2. 不作价设备

加工贸易项下外商提供的不作价设备，指境外企业与境内企业开展来料、进料业务，外商免费向境内加工贸易收发货人提供加工生产所需设备，境内收发货人不需支付外汇、不需用加工费或差价偿还。

本监管方式代码“0320”，简称“不作价设备”，对应征免性质为“加工设备”（501）。

加工贸易进口不作价设备由加工贸易合同备案地海关办理备案手续，核发加工贸易手册，手册编号第一位标记为“D”。进口《外商投资项目不予免税的进口商品目录》所列商品范围外的不作价设备，且符合规定条件的，免征进口关税。

与加工贸易免税进口不作价设备相关的监管方式有：

（1）加工设备内销，指海关监管期内的加工贸易免税进口设备经批准转售给境内非加工企业，代码“0446”。

（2）加工设备结转，指海关监管期内的加工贸易免税进口设备经批准转让给另一加工企业，或从本企业一本加工贸易手册结转入另一本加工贸易手册，代码“0456”。

（3）加工设备退运，指加工贸易免税进口设备退运出境，代码“0466”。

（五）外商投资企业进口自用设备、物品

1. 投资总额内进口设备、物品

外商投资企业作为投资进口的设备、物品，是指外商投资企业投资总额内的资金（包括中方投资）进口的机器设备、零部件和其他建厂（场）物料，安装、加固机器所需材料，以及进口本企业自用合理数量的交通工具、生产用车辆、办公用品（设备）。

中外合资、合作企业进口设备、物品，监管方式代码“2025”，简称“合资合作设备”；外商独资企业（以下简称“外资企业”）进口设备、物品，监管方式代码“2225”，简称“外资设备物品”。

2. 投资总额外自有资金免税进口设备

鼓励类外商投资企业，以及符合中西部利用外资优势产业和优势项目目录的项目，利用企业投资总额以外的自有资金，在原批准的生产经营范围内，对设备进行更新维修，进口国内不能生产或性能不能满足需要的自用设备及其配套的技术、配件、备件，进口报关单监管方式应为“一般贸易”（0110），对应征免性质为“自有资金”（799）。

3. 减免税设备结转

这是指海关监管年限内的减免税设备，从进口企业结转到另一享受减免税待遇的企业，监管方式代码“0500”，简称“减免设备结转”。减免设备结转的转入、转出企业应分别填写进、出口报关单向海关申报，具体栏目填制要求见本章第五节对应表格内容。

需注意的是，加工贸易项下免税进口的不作价设备结转给另一加工贸易企业，不适用本监管方式，应适用“加工设备结转”（0456）。

（六）暂准进出境货物

1. 进出境展览品

进出境展览品指外国为来华或我国为到外国举办经济、文化、科技等展览或参加博览会而进出口的展览品，以及与展览品有关的宣传品、布置品、招待品、小卖品和其他物品。

本监管方式代码“2700”，简称“展览品”，对应征免性质为“其他法定”（299）。

进出境展览品的范围主要包括在展览会、交易会、会议及类似活动中展示或者使用的货物。不复运出入境而留在境内外销售的进出境展览品，应按实际监管方式填报，不适用本监管方式。ATA 单证册项下的暂准进出展览品，持证人免填报关单，无须使用本监管方式。

2. 暂时进出境货物

暂时进出境货物是指暂时进出关境并且在规定的期限内复运出境或进境的货物，包括国际组织、外国政府或外国和我国香港、澳门及台湾地区的企业、群众团体及个人为开展经济、技术、科学、文化合作交流而暂时运入或运出我国关境及复运出入境的货物。

本监管方式代码“2600”，简称“暂时进出货物”，对应征免性质为“其他法定”（299）。

对符合《中华人民共和国海关暂时进出境货物管理办法》所述暂予免征税率的货物，“征免性质”栏填报“299 其他法定”；对符合规定应予征税的货物，“征免性质”栏填报“101 一般征税”。

申请人可以直接办理暂时进出境货物进出口申报手续，提交有关材料，无须事前办理审批手续；申请人办理暂时进出境货物延期手续的，海关按照现行程序采取内部核批，不再出具法律文书。

暂时进出境货物包括如下：

（1）在展览会、交易会、会议及类似活动中展示或者使用的货物；

（2）文化、体育交流活动中使用的表演、比赛用品；

（3）进行新闻报道或者摄制电影、电视节目使用的仪器、设备及用品；

（4）开展科研、教学、医疗活动使用的仪器、设备和用品；

（5）在第（1）项至第（4）项所列活动中使用的交通工具及特种车辆；

（6）货样；

（7）慈善活动使用的仪器、设备及用品；

（8）供安装、调试、检测、修理设备时使用的仪器及工具；

（9）盛装货物的容器；

（10）旅游用自驾交通工具及其用品；

（11）工程施工中使用的设备、仪器及用品；

（12）海关批准的其他暂时进出境货物。

除我国缔结或者参加的国际条约、协定及国家法律、行政法规和海关总署规章另有规定外，暂时进出境货物可以免于交验许可证件。

（七）租赁贸易

租赁贸易是指经营租赁业务的企业与外商签订国际租赁合同项下境内企业租赁进口或出租出口的货物。

相关监管方式包括：租赁期在一年及以上的进出口货物，监管方式代码“1523”，简称“租赁贸易”；租赁期在一年及以上的进出口货物分期办理征税手续时，每期征税适用监管方式代码“9800”，简称“租赁征税”；租赁期不满一年的进出口货物，监管方式代码“1500”，简称“租赁不满一年”。

上述监管方式的适用范围不包括：经营租赁业务的企业进口自用的设备、办公用品，监管方式为“一般贸易”（0110）；加工贸易租赁进口的机器设备，监管方式应为“加工贸易设备”（0420）。

租赁贸易货物报关单的主要填制要求如下：

1. 首次进口时，分期支付租金的，应填制两份报关单，一份监管方式为“租赁贸易”（1523）或“租赁不满一年”（1500），申报租赁货物的全值，用于监管和统计；另一份监管方式为“租赁征税”（9800），用于计征税款。纳税义务人申请一次性缴纳税款的，可以选择申请按照依次审查确定该货物的完税价格的方法，或者按照海关审查确定的租金总额作为完税价格。

2. 进口后，按合同约定支付各期租金并征税的，报关单监管方式均为“租赁征税”

(9800)，并将首次进口的报关单号作为“关联报关单”填报于“标记唛码及备注”栏。

3. 退运时：“租赁贸易”(1523) 期满复运出(进)口的货物，监管方式为“退运货物”(4561)；“租赁不满一年”(1500) 期满复运出(进)口境的货物，监管方式为“租赁不满一年”(1500)。

(八) 修理物品

进出境修理物品是指进境或出境维护修理的货物、物品。

本监管方式代码“1300”，简称“修理物品”。

本监管方式适用于各类进出境维修的货物，以及修理货物维修所用的原材料、零部件，但不包括：按加工贸易保税货物管理的进境维修业务，以及加工贸易项下进口料件和出口成品的进出境维修退换(0300、0700、4400、4600) 业务。

修理物品进口报关单对应征免性质为“一般征税”(101) 或“其他法定”(299)。进出境维修货物复运出进境，进出口报关单需将关联的出、进口报关单号作为关联报关单号填报在“标记唛码及备注”栏。

(九) 无代价抵偿进出口货物

无代价抵偿进出口货物是指进出口货物经海关征税或免税放行后，因货物残损、短少或品质不良及规格不符等原因，而由进出口货物的发货人、承运人或保险公司免费补偿或更换的与原货物相同或者与合同规定相符的货物。

本监管方式代码“3100”，简称“无代价抵偿”。

无代价抵偿进出口货物相关申报要求如下：

1. 如原进出口货物退运出进境，其报关单的“监管方式”栏应填报为“其他”(9900)。补偿进口货物的报关单监管方式填报“无代价抵偿”(3100)，“征免性质”填报“其他法定”(299) 或“一般征税”(101)；补偿出口报关单“征免性质”填报“其他法定”(299)。

2. 退运出进境货物报关单(9900) 及补偿进出口货物报关单(3100)，均应在“标记唛码及备注”栏内填报原进出口货物报关单号。

(十) 退运货物

退运进出口货物是指原进、出口货物因残损、缺少、品质不良、规格不符、延误交货或其他原因退运出、进境的货物。

本监管方式代码“4561”，简称“退运货物”。

1. 适用范围

本监管方式适用于以下货物的退运出、进境：一般贸易(0110)、易货贸易(0130)、旅游购物商品(0139)、租赁贸易(1523)、寄售代销(1616)、外商投资企业设备物品(2025)/(2225)、外汇免税商品(1831)、货样广告品(3010)、其他进出口免费(3339)、承包工程进口(3410)、对外承包出口(3422)、无偿援助(3511)、捐赠物资(3612)、边境小额(4019)、对台小额(4039)、其他贸易(9739)。

本监管方式不适用于以下货物：

(1) 加工贸易项下料件、成品维修退换，监管方式为“来料料件退换”(0300)、“进料料件退换”(0700)、“来料成品退换”(4400)、“进料成品退换”(4600)。

(2) 加工贸易项下料件、边角料退运，监管方式为“来料料件复出”(0265)、“来料边角料复出”（0865）、“进料料件复出”（0664）、“进料边角料复出”（0864）。

（3）加工贸易设备退运，监管方式为“加工设备退运”（0466）。

（4）货物进境后、放行结关前退运的货物，监管方式“直接退运”（4500）。

（5）“租赁不满一年”货物退运，监管方式为“租赁不满一年”（1500）。

（6）进出口无代价抵偿货物，被更换的原进口货物退运出境，监管方式为“其他”（9900）。

2. 相关申报要求

退运货物进出口时，应随附原出（进）口货物报关单，并将原出（进）口货物报关单号填报在“标记唛码及备注”栏内。

（十一）直接退运货物

直接退运货物是指进口货物收发货人、原运输工具负责人或者其代理人在货物进境后、办结海关放行手续前，因海关责令或有正当理由获准退运境外的货物。

本监管方式代码“4500”，简称“直接退运”。

1. 适用范围包括

（1）在货物进境后、办结海关放行手续前，由于客观原因需向海关申请办理直接退运手续的，包括错发、误卸、溢卸货物、残损货物等；

（2）在货物进境后，办结海关放行手续前，由于不符合有关法令，依法应当退运的，由海关责令当事人将进口货物直接退运境外的，包括违反有关进口法令，经海关处理后责令退运境外的；

（3）保税区、出口加工区及其他海关特殊监管区域和保税监管场所进口货物直接退运的。

2. 适用范围不包括

海关放行后需办理退运出境的进口货物，以及进口转关货物在进境地海关放行后申请办理退运手续的货物。两者均应按“退运货物”（4561）手续办理报关手续。

3. 相关申报要求

按照“先报出、后报进”的原则先办理出口手续，后办理进口手续，进口报关单“标记唛码及备注”栏将对应的出口报关单号作为“关联报关单号”填报，进出口报关单监管方式均为“直接退运货物”，“标记唛码及备注”栏均应填报“进口货物直接退运表”或“海关责令进口货物直接退运通知书”的编号。

（十二）国家或国际组织无偿援助和赠送的物资

国家或国际组织无偿援助和赠送的物资是指我国根据两国政府间的协议或临时决定，对外提供无偿援助的物资、捐赠品，或我国政府、组织基于友好关系向对方国家政府、组织赠送的物资，以及我国政府、组织接受国际组织、外国政府或组织无偿援助、捐赠或赠送的物资。

本监管方式代码“3511”，简称“援助物资”。本监管方式对应征免性质为“无偿援助”（201）。

商务部负责管理的援外项目实施企业应当持由商务部、紧急援助部际工作机制领导小组或项目管理机构出具的“援外项目任务通知函”向海关办理援外物资出口手续。监管方式填报为“援助物资”（代码为3511），且免于提交“出口许可证”。

（十三）进出口捐赠物资

进出口捐赠物资是指境外捐赠人以扶贫、慈善、救灾为目的向我国境内捐赠的直接用于扶贫、救灾、兴办公益福利事业的物资，以及境内捐赠人以扶贫、慈善、救灾为目的向境外捐赠的直接用于扶贫、救灾、兴办公益福利事业的物资。

本监管方式代码“3612”，简称“捐赠物资”。对应征免性质为“救灾捐赠”（801）、“扶贫慈善”（802）、“公益收藏”（698）、“科教用品”（401）、“残疾人”（413）等。

（十四）其他免费提供的进出口货物

其他免费提供的进出口货物指除已具体列名的礼品、无偿援助和赠送物资、捐赠物资、无代价抵偿进口货物、国外免费提供的货样、广告品等归入列名监管方式的免费提供货物以外，进出口其他免费提供的货物。

本监管方式代码“3339”，简称“其他进出口免费”。适用范围包括：外商在经贸活动中赠送的物品，外国人捐赠品，驻外中资机构向国内单位赠送的物资，经贸活动中由外商免费提供的试车材料、消耗性物品等。

本监管方式对应征免性质：“一般征税”（101）、“其他法定”（299）。

（十五）保税仓库进出境仓储、转口货物

保税仓库进出境仓储及转口货物指从境外进口直接存入保税仓库、保税仓库出境的仓储、转口货物，以及出口监管仓库出境的货物。

本监管方式代码“1233”，简称“保税仓库货物”。

本监管方式无对应征免性质代码，报关单“运输方式”栏应为实际进出境的运输方式。

相关申报要求如下：

1. 保税仓库进境货物销往境内，按货物运出保税仓库的实际用途填报相应的监管方式，运输方式为“保税仓库”（8）。

2. 境内存入出口监管仓库和出口监管仓库退仓货物，按实际监管方式填报，运输方式为“监管仓库”（1）。

3. 保税仓库货物出仓运往境内其他地方转为正式进口的，在仓库主管海关办结出仓报关手续，填制出口报关单，监管方式填写“1200”，进口报关单按实际进口监管方式填报。

（十六）物流中心进出境货物

保税物流中心进出境仓储货物是指从境外直接存入保税物流中心和从保税物流中心运出境的仓储、转口货物。

本监管方式代码“6033”，简称“物流中心进出境货物”。

相关申报要求如下：

1. 从境内（海关特殊监管区域除外）运入保税物流中心货物应填制出口报关单，从保税物流中心提取运往境内的货物应填制进口报关单，监管方式按实际情况选择填报。

2. 保税物流中心与保税区、出口加工区、保税物流园区、保税仓库、出口监管仓库及保税物流中心之间等海关特殊监管区域或保税监管场所之间往来的货物，监管方式填报“保税间货物”（1200）。

（十七）保税区进出境仓储、转口货物

保税区进出境仓储、转口货物是指从境外存入保税区、保税物流园区和从保税区、保税物流园区运出境的仓储、转口货物。

本监管方式代码“1234”，简称“保税区仓储转口”。

保税区、保税物流园区进出境仓储、转口货物实行“备案制”，区内企业凭“保税区、保税物流园区进（出）境货物备案清单”向保税区、保税物流园区海关办理申报手续。保税区仓储、转口货物无须填报征免性质代码。

相关申报要求如下：

1. 保税区、保税物流园区除仓储、转口货物以外的其他进出境货物，应按实际监管方式填报。如区内企业开展加工贸易业务所需进口料件和制成品出口，监管方式应填报为“来料加工”（0214）或“进料对口”（0615）。

2. 从保税区、保税物流园区运往境内非海关特殊监管区域、保税监管场所的货物，按实际监管方式填报，运输方式为“保税区”（7）。

3. 从境内非海关特殊监管区域、保税监管场所运入保税区、保税物流园区的货物，以及从境内非海关特殊监管区域、保税监管场所运入保税区、保税物流园区后又退司境内的货物，按实际监管方式填报，运输方式为“非保税区”（0）。

（十八）保税区加工贸易内销货物

保税区进料加工、来料加工成品不复运出境，转为国内使用，按征税方式区分适用以下监管方式：

1. 区内加工企业来料、进料加工全部用境外运入料件加工的制成品销往非保税区，以及来料、进料加工内销制成品所含进口料件的品名、数量、价值难以区分的，按照制成品征税。监管方式分为“保区来料成品”（0445）和“保区进料成品”（0444）。

2. 区内企业来料、进料加工用含有部分境外运入料件加工的制成品销往非保税区时，对其制成品按照所含进口料件征税，监管方式分为“保区来料料件”（0545）和“保区进料料件”（0544）。

相关申报要求如下：

保税区加工贸易成品转内销货物填报进口报关单，运输方式均为“保税区”（7），“0444”和“0445”备案号栏目应填报加工贸易手册编号，原产国（地区）填报中国（142）；“0544”和“0545”备案号为空，原产国（地区）填报原进口料件的原产国（地区）。

（十九）海关特殊监管区域、保税监管场所间往来的货物

指保税区、保税物流园区、出口加工区、出口监管仓库、保税仓库、保税物流中心等海关特殊监管区域、保税监管场所间往来的货物。本监管方式代码“1200”，简称“保税间货物”。

本监管方式不适用出口加工区间结转货物。不同出口加工区企业结转货物适用“成品进出区”（5100）和“料件进出区”（5000）。

本监管方式下的货物，转出企业和转入企业应分别填制出口货物报关单或进口货物报关单，监管方式“保税间货物”（1200），征免性质代码免予填报，运输方式“其他”（9），启运国或运抵国为“中国”（142），原产国或最终目的国按照实际国别填报。

（二十）海关特殊监管区域进出境货物

下述 5014、5015、5034、5335、5361、5010 六种监管方式，适用于保税港区、综合保税区、出口加工区、珠澳跨境工业园区（珠海园区）、中哈霍尔果斯边境合作区（中方配套区）内企业申报使用，不适用于区外企业和保税区、保税物流园区内企业。

1. 5014“区内来料加工”指海关特殊监管区域与境外之间进出的来料加工货物，适用于海关特殊监管区域内企业在来料加工贸易业务项下的料件从境外进口及制成品出境。

2. 5015“区内进料加工货物”指海关特殊监管区域与境外之间进出的进料加工货物，适用于海关特殊监管区域内企业在进料加工贸易业务项下的料件从境外进口及制成品出境。

3. 5034“区内物流货物”指海关特殊监管区域与境外之间进出的物流货物，适用于海关特殊监管区域内企业从境外运进或运往境外的仓储、分拨、配送、转口货物，包括流通领域的物流货物及供区内加工生产用的仓储货物。

4. 5335“境外设备进区”指海关特殊监管区域从境外进口的设备及货物，适用于海关特殊监管区域内企业从境外进口用于区内业务所需的设备、物资，以及区内企业和行政管理机构自用合理数量的办公用品等。

5. 5361“区内设备退运”指海关特殊监管区域设备及货物退运境外，适用于海关特殊监管区域内企业将监管方式代码“5335”项下的设备、物资退运境外。

6. 5010“特殊区域研发货物”指海关特殊监管区域与境外之间进出的研发货物，适用于海关特殊监管区域内企业从境外购进的用于研发的材料、成品，或研发后将上述货物退回境外，但不包括企业自用或其他用途的设备。

7. 海关监管方式代码“1239”，全称“保税跨境贸易电子商务 A”，简称“保税电商A”，适用于境内电子商务企业通过海关特殊监管区域或保税物流中心（B 型）一线进境的跨境电子商务零售进口商品。

上述监管方式中，“区内进料加工货物”（5015）适用征免性质代码“进料加工”（503），监管方式“区内物流货物”（5034）无须填报征免性质代码。

（二十一）海关特殊监管区域进出区货物

下述 5000、5100、5300 三种监管方式，适用于保税港区、综合保税区、出口加工区、珠澳跨境工业园区（珠海园区）、中哈霍尔果斯边境合作区（中方配套区）内企业申报使用，不适用于区外企业和保税区、保税物流园区内企业。

5000“料件进出区”指料件进出海关特殊监管区域，适用于海关特殊监管区域内保税加工、保税物流或研发企业与境内（区外）之间进出的料件，包括此类料件在境内的退运、退换。

5100“成品进出区”指成品进出海关特殊监管区域，适用于海关特殊监管区域内保税加工、保税物流或研发企业与境内（区外）之间进出的成品，包括此类成品在境内的退运、退换。

5300“设备进出区”指设备及物资进出海关特殊监管区域，适用于海关特殊监管区域内企业从境内（区外）购进的自用设备、物资，或将设备、物资销往区外，结转到同一海关特殊监管区域或另一海关特殊监管区域的企业，以及在境内的退运、退换。

相关申报要求如下：

1. 出区货物

（1）区外企业填制“中华人民共和国海关进口货物报关单”，监管方式填报区外企业提取区内货物适用的监管方式；原产国按实际填报（对于未经加工的进口货物，按货物原进口时的原产国统计；对于经加工的成品或未完成品，按现行进口原产地规则确定原产国）；启运国填写“中国”（142）。

（2）区内企业填制出境货物备案清单，监管方式分别适用“料件进出区”（5000）、“成品进出区”（5100）、“设备进出区”（5300）。

2. 进区货物

（1）区外企业填制“中华人民共和国海关出口货物报关单”，监管方式填报区外企业将货物运入区内货物适用的监管方式，目的国和运抵国填写“中国”（142）。

（2）区内企业填制进境货物备案清单，监管方式分别适用“料件进出区”（5000）、“成品进出区”（5100）、“设备进出区”（5300）。

5000、5100、5300监管方式下进出区货物均无须填报征免性质代码。

上述第（二十）、（二十一）项特殊区域进出货物不包括下列情形：

第一，出口加工区企业加工贸易进口料件退换进出境或在区内企业间退换，监管方式代码“0700”，简称“进料料件退换”。

第二，出口加工区企业加工贸易成品退换进出境或在区内企业间退换，监管方式代码“4600”，简称“进料成品退换”。

第三，出口加工区企业进境料件退运出境，监管方式代码“0664”，简称“进料料件复出”。

第四，出口加工区企业边角料退运出境，监管方式代码“0864”，简称“进料边角料复出”。

第五，出口加工区企业加工设备运出境外、区外维修及维修后运回，监管方式代码“1300”，简称“修理物品”。

第六，出口加工区企业产品运出区外展览及展览完毕运回区内，监管方式代码“2700”，简称“展览品”。

第七，出口加工区企业产品、设备运往区外测试、检验及复运回区内，加工区企业委托区外加工产品运出、运回加工区，监管方式代码“2600”，简称“暂时进出货物”。

（二十二）货样广告品

进出口货样广告品是指进出口用以宣传有关商品内容的广告宣传品。监管方式代码“3010”，简称“货样广告品”，全称“进出口的货样广告品”，适用于有进出口经营权的单位进出口货样广告品。暂时进出口的货样、广告品和驻华商业机构不复运出口的进口陈列样品不适用本监管方式。

（二十三）低值辅料

进口少量低值辅料（即5000美元以下，78种以内的低值辅料）按规定不使用加工贸易手册的，填报“低值辅料”。使用加工贸易手册的，按加工贸易手册上的监管方式填报。

（二十四）网购保税进口业务

是指在海关特殊监管区域或保税物流中心（B型）［以下简称“区域（中心）”］内以保税模式开展的跨境电子商务零售进口业务。

网购保税进口商品一线进境［一线入区域（中心）］申报环节，申报进入天津、上海、杭州、宁波、福州、平潭、郑州、广州、深圳、重庆等 10 个城市区域（中心）的，监管方式应填报“保税电商”（监管代码 1210），暂不验核通关单，暂不执行《跨境电子商务零售进口商品清单》备注中关于化妆品、婴幼儿配方奶粉、医疗器械、特殊食品（包括保健食品、特殊医学用途配方食品等）的首次进口许可证、注册或备案要求；申报进入其他城市区域（中心）的，监管方式应填报“保税电商 A”（监管代码 1239）。

网购保税进口商品可以在区域（中心）间流转，流转商品应符合正面清单的要求。转入地与转出地主管海关分别审核企业的申报单证，海关监管方式应填报“保税间货物”（监管代码“1200”），备注应填报“网购保税进口商品”。电子账册底账数据进行相应核增核减。

网购保税进口商品零售出区域（中心）申报时，主管海关审核电子商务企业或其代理人申报的“中华人民共和国海关跨境电子商务零售进口商品申报清单”，海关监管方式应与一线入区域（中心）时申报的监管方式一致，运输方式应为二线出区域（中心）对应的运输方式。电子账册底账数据进行相应核减。

（二十五）免税品经营单位经营出口退税国产商品的，填报“其他”

监管方式代码表

代码	简称	全称
0110	一般贸易	一般贸易
0130	易货贸易	易货贸易
0139	旅游购物商品	用于旅游者 5 万美元以下的出口小批量订货
0200	料件销毁	加工贸易料件、残次品（折料）销毁
0214	来料加工	来料加工装配贸易进口料件及加工出口货物
0245	来料料件内销	来料加工料件转内销
0255	来料深加工	来料深加工结转货物
0258	来料余料结转	来料加工余料结转
0265	来料料件复出	来料加工复运出境的原进口料件
0300	来料料件退换	来料加工料件退换
0314	加工专用油	国有贸易企业代理来料加工企业进口柴油
0320	不作价设备	加工贸易外商提供的不作价进口设备
0345	来料成品减免	来料加工成品凭征免税证明转减免税
0400	边角料销毁	加工贸易边角料、副产品（按状态）销毁
0420	加工贸易设备	加工贸易项下外商提供的进口设备
0444	保区进料成品	按成品征税的保税区进料加工成品转内销货物
0445	保区来料成品	按成品征税的保税区来料加工成品转内销货物
0446	加工设备内销	加工贸易免税进口设备转内销

续表1

代码	简称	全称
0456	加工设备结转	加工贸易免税进口设备结转
0466	加工设备退运	加工贸易免税进口设备退运出境
0500	减免设备结转	用于监管年限内减免设备的结转
0513	补偿贸易	补偿贸易
0544	保区进料料件	按料件征税的保税区进料加工成品转内销货物
0545	保区来料料件	按料件征税的保税区来料加工成品转内销货物
0615	进料对口	进料加工
0642	进料以产顶进	进料加工成品以产顶进
0644	进料料件内销	进料加工料件转内销
0654	进料深加工	进料深加工结转货物
0657	进料余料结转	进料加工余料结转
0664	进料料件复出	进料加工复运出境的原进口料件
0700	进料料件退换	进料加工料件退换
0744	进料成品减免	进料加工成品凭征免税证明转减免税
0815	低值辅料	低值辅料
0844	进料边角料内销	进料加工项下边角料转内销
0845	来料边角料内销	来料加工项下边角料内销
0864	进料边角料复出	进料加工项下边角料复出口
0865	来料边角料复出	来料加工项下边角料复出口
1139	国轮油物料	中国籍运输工具境内添加的保税油料、物料
1200	保税间货物	海关保税场所及保税区域之间往来的货物
1210	保税电商	
1233	保税仓库货物	保税仓库进出境货物
1234	保税区仓储转口	保税区进出境仓储转口货物
1239	保税电商 A	保税跨境贸易电子商务 A
1300	修理物品	进出境修理物品
1371	保税维修	保税维修
1427	出料加工	出料加工
1500	租赁不满 1 年	租期不满 1 年的租赁贸易货物
1523	租赁贸易	租期在 1 年及以上的租赁贸易货物
1616	寄售代销	寄售、代销贸易
1741	免税品	免税品

续表2

代码	简称	全称
1831	外汇商品	免税外汇商品
2025	合资合作设备	合资合作企业作为投资进口设备物品
2210	对外投资	对外投资
2225	外资设备物品	外资企业作为投资进口的设备物品
2439	常驻机构公用	外国常驻机构进口办公用品
2600	暂时进出货物	暂时进出口货物
2700	展览品	进出境展览品
2939	陈列样品	驻华商业机构不复运出口的进口陈列样品
3010	货样广告品	有经营权单位进出口的货样广告品
3100	无代价抵偿	无代价抵偿进出口货物
3339	其他进出口免费	其他进出口免费提供货物
3410	承包工程进口	对外承包工程进口物资
3422	对外承包出口	对外承包工程出口物资
3511	援助物资	国家和国际组织无偿援助物资
3611	无偿军援	无偿军援
3612	捐赠物资	进出口捐赠物资
3910	军事装备	军事装备
4019	边境小额	边境小额贸易（边民互市贸易除外）
4039	对台小额	对台小额贸易
4139	对台小额商品交易市场	进入对台小额商品交易专用市场的货物
4200	驻外机构运回	我驻外机构运回旧公用物品
4239	驻外机构购进	我驻外机构境外购买运回国的公务用品
4400	来料成品退换	来料加工成品退换
4500	直接退运	直接退运
4539	进口溢误卸	进口溢卸、误卸货物
4561	退运货物	因质量不符、延误交货等原因退运进出境货物
4600	进料成品退换	进料成品退换
5000	料件进出区	料件进出海关特殊监管区域
5010	特殊区域研发货物	海关特殊监管区域与境外之间进出的研发货物
5014	区内来料加工	海关特殊监管区域与境外之间进出的来料加工货物
5015	区内进料加工货物	海关特殊监管区域与境外之间进出的进料加工货物
5033	区内仓储货物	加工区内仓储企业从境外进口的货物

续表3

代码	简称	全称
5034	区内物流货物	海关特殊监管区域与境外之间进出的物流货物
5100	成品进出区	成品进出海关特殊监管区域
5300	设备进出区	设备及物资进出海关特殊监管区域
5335	境外设备进区	海关特殊监管区域从境外进口的设备及物资
5361	区内设备退运	海关特殊监管区域设备及物资退运境外
6033	物流中心进出境货物	保税物流中心与境外之间进出仓储货物
9600	内贸货物跨境运输	内贸货物跨境运输
9610	电子商务	跨境贸易电子商务
9639	海关处理货物	海关变卖处理的超期未报货物、走私违规货物
9700	后续补税	无原始报关单的后续补税
9739	其他贸易	其他贸易
9800	租赁征税	租赁期1年及以上的租赁贸易货物的租金
9839	留赠转卖物品	外交机构转售境内或国际活动留赠放弃特批货物
9900	其他	其他

十三、征免性质

征免性质应根据实际情况按海关规定的“征免性质代码表”选择填报相应的征免性质简称及代码；持有海关核发的征免税证明的，应按照征免税证明中批注的征免性质填报。

（一）常见征免性质及其适用范围

1. 一般征税（101），适用于依照《海关法》《关税条例》《税则》及其他法律、行政法规和规章所规定的税率征收进出口关税、进口环节增值税和其他税费的进出口货物，包括除其他征免性质另有规定者外的一般照章（包括按照公开暂定税率、关税配额、反倾销、反补贴、保障措施等）征税或补税的进出口货物。

2. 其他法定（299），适用于依照《海关法》《关税条例》，对除无偿援助进出口物资外的其他实行法定减免税的进出口货物，以及根据有关规定非按全额货值征税的部分进出口货物。具体适用范围如下：

（1）无代价抵偿进出口货物（照章征税的除外）；

（2）无商业价值的广告品和货样；

（3）进出境运输工具装载的途中必需的燃料、物料和饮食用品；

（4）因故退还的境外进口货物（包括料件退运出口）；

（5）因故退还的我国出口货物（包括成品退运进口）；

（6）在境外运输途中或者在起卸时遭受损坏或损失的货物；

（7）起卸后海关放行前，因不可抗力遭受损坏或者损失的货物；

（8）因不可抗力因素造成的受灾保税货物；

（9）海关查验时已经破漏、损坏或者腐烂，经证明不是保管不慎造成的货物；

（10）我国缔结或者参加的国际条约规定减征、免征关税的货物和物品；
（11）暂准进出境货物；
（12）展览会货物；
（13）出料加工项下的出口料件及复进口的成品；
（14）进出境的修理物品；
（15）租赁期不满1年的进出口货物；
（16）边民互市进出境货物；
（17）非按全额货值征税的进出口货物（如按租金、修理费征税的进口货物）；
（18）其他不按“进出口货物征免税证明”管理的减免税货物。

3. 保税区（307），适用于对保税区单独实施征减免税政策的进口自用物资，包括保税区用于基础设施建设的物资，以及保税区内企业（外商投资企业除外）进口的生产设备、其他自用物资和出口货物、保税区行政管理机构自用合理数量的管理设备和办公用品等。

4. 科教用品（401），适用于为促进科学研究和教育事业的发展，科学研究机构和学校以科学研究、教学为目的按照有关征减免税政策，在合理数量范围以内，进口国内不能生产的或性能不能满足需要的、直接用于科研或教学的货物。

5. 科技开发用品（405），指为鼓励科学研究和技术开发，促进科技进步，科学研究、技术开发机构在规定的时间内，在合理数量范围内进口国内不能生产或者性能不能满足需要的科技开发用品。

6. 加工设备（501），适用于加工贸易收发货人按照有关征减免税政策进口的外商免费（即不需收发货人付汇，也不需用加工费或差价偿还）提供的加工生产所需设备。

7. 来料加工（502），适用于来料加工装配项下进口所需的料件等，以及经加工后出口的成品、半成品。

8. 进料加工（503），适用于为生产外销产品用外汇购买进口的料件，以及加工后返销出口的成品、半成品。

9. 中外合资（601），目前一般适用于中外合资企业自产的出口产品。

10. 中外合作（602），目前一般适用于中外合作企业自产的出口产品。

11. 外资企业（603），目前一般适用于外商独资企业自产的出口产品。

12. 鼓励项目（789），适用于1998年1月1日后经主管部门审批并确认的国家鼓励发展的国内投资项目、外商投资项目、利用外国政府贷款和国际金融组织贷款项目，以及从1999年9月1日起，按国家规定程序审批的外商投资研究开发中心及中西部省、自治区、直辖市利用外资优势产业和优势项目目录的项目，在投资总额内进口的自用设备，以及按合同随设备进口的技术及数量合理的配套件、备件。

13. 自有资金（799），适用于已设立的鼓励类外商投资企业（外国投资者的投资比例不低于25%），以及符合中西部利用外资优势产业和优势项目目录的项目，在投资总额以外利用自有资金（包括企业储备基金、发展基金、折旧和税后利润），在原批准的生产经营范围内进口国内不能生产或性能不能满足需要的（即不属于《国内投资项目不予免税的进口商品目录》的）自用设备及其配套的技术、配件、备件，用于本企业原有设备更新（不包括成套设备和生产线）或维修。

“鼓励项目”和“自有资金”的使用，须依程序取得海关核发的征免税证明并与之

“征免性质”栏批注内容相符。

征免性质代码表

代码	简 称	全称
101	一般征税	一般征税进出口货物
118	整车征税	构成整车特征的汽车零部件纳税
119	零部件征税	不构成整车特征的汽车零部件纳税
201	无偿援助	无偿援助进出口物资
299	其他法定	其他法定减免税进出口货物
301	特定区域	特定区域进口自用物资及出口货物
307	保 税 区	保税区进口自用物资
399	其他地区	其他执行特殊政策地区出口货物
401	科教用品	大专院校及科研机构进口科教用品
402	示范平台用	
403	技术改造	企业技术改造进口货物
405	科技开发用品	科学研究、技术开发机构进口科技开发用品
406	重大项目	国家重大项目进口货物
407	动漫用品	动漫开发生产用品
408	重大技术装备	生产重大技术装备进口关键零部件及原材料
409	科技重大专项	科技重大专项进口关键设备、零部件和原材料
412	基础设施	通信、港口、铁路、公路、机场建设进口设备
413	残疾人	残疾人组织和企业进出口货物
417	远洋渔业	远洋渔业自捕水产品
418	国产化	国家定点生产小轿车和摄录机企业进口散件
420	远洋船舶	远洋船舶及设备部件
421	内销设备	内销远洋船用设备及关键部件
422	集成电路	集成电路生产企业进口货物
423	新型显示器件	新型显示器件生产企业进口货物
499	ITA 产品	非全税号信息技术产品
501	加工设备	加工贸易外商提供的不作价进口设备
502	来料加工	来料加工装配和补偿贸易进口料件及出口成品
503	进料加工	进料加工贸易进口料件及出口成品
506	边境小额	边境小额贸易进口货物
510	港澳 OPA	港澳在内地加工的纺织品获证出口
601	中外合资	中外合资经营企业自产出口货物

续表1

代码	简 称	全称
602	中外合作	中外合作经营企业自产出口货物
603	外资企业	外商独资企业自产出口货物
605	勘探开发煤层气	勘探开发煤层气
606	海洋石油	勘探、开发海洋石油进口货物
608	陆上石油	勘探、开发陆上石油进口货物
609	贷款项目	利用贷款进口货物
611	贷款中标	国际金融组织贷款、外国政府贷款中标机电设备零部件
698	公益收藏	国有公益性收藏单位进口藏品
704	花卉种子	花卉种子
705	科普影视	科普影视
707	博览会留购展品	博览会留购展品
710	民用卫星	民用卫星
711	救助船舶设备	救助船舶设备
789	鼓励项目	国家鼓励发展的内外资项目进口设备
799	自有资金	外商投资额度外利用自有资金进口设备、备件、配件
801	救灾捐赠	救灾捐赠进口物资
802	扶贫慈善	境外向我境内无偿捐赠用于扶贫慈善的免税进口物资
803	抗艾滋病药物	进口抗艾滋病病毒药物
811	种子种源	进口种子（苗）、种畜（禽）、鱼种（苗）和种用野生动植物种源
818	中央储备粮油	中央储备粮油免征进口环节增值税政策
819	科教图书	进口科研教学用图书资料
888	航材减免	经核准的航空公司进口维修用航空器材
898	国批减免	国务院特准减免税的进出口货物
899	选择征税	选择征税
901	科研院所	科研院所进口科学研究、科技开发和教学用品
902	高等院校	高等院校进口科学研究、科技开发和教学用品
903	工程研究中心	国家工程研究中心进口科学研究、科技开发和教学用品
904	国家企业技术中心	国家企业技术中心进口科学研究、科技开发和教学用品
905	转制科研机构	转制科研机构进口科学研究、科技开发和教学用品
906	重点实验室	国家重点实验室及企业国家重点实验室进口科学研究、科技开发和教学用品
907	国家工程技术研究中心	国家工程技术研究中心进口科学研究、科技开发和教学用品

续表2

代码	简 称	全称
908	科技民非单位	科技类民办非企业单位进口科学研究、科技开发和教学用品
909	示范平台	国家中小企业公共服务示范平台（技术类）进口科学研究、科技开发和教学用品
910	外资研发中心	外资研发中心进口科学研究、科技开发和教学用品
911	科教图书	出版物进口单位进口用于科研、教学的图书、文献、报刊及其他资料
921	大型客机研制物资	大型客机、大型客机发动机研制进口物资
922	进博会留购展品	进博会留购展品
997	自由贸易协定	
998	内部暂定	享受内部暂定税率的进出口货物
999	例外减免	例外减免税进出口货物

（二）填报要求

1. 报关单“征免性质”栏应按照海关核发的进出口货物征免税证明中批注的征免性质填报，或根据实际情况按“征免性质代码表”选择填报相应的征免性质简称或代码。

2. 一份报关单只允许填报一种征免性质，涉及多个征免性质的，应分单填报。

3. 加工贸易货物特殊情况填报要求：

（1）加工贸易转内销货物，按实际应享受的征免性质填报，如“一般征税”“科教用品”“其他法定”等。

（2）贸易料件退运出口、成品退运进口的货物填报“其他法定”。

（3）加工贸易结转货物，免予填报。

（4）免税品经营单位经营出口退税国产商品的，填报“其他法定”。

十四、 许可证号

许可证号是指商务部配额许可证事务局、驻各地特派员办事处，以及各省、自治区、直辖市、计划单列市及商务部授权的其他省会城市商务厅（局）、外经贸委（厅、局）签发的进出口许可证编号。包括：进（出）口许可证、两用物项和技术进（出）口许可证、两用物项和技术出口许可证（定向）、纺织品临时出口许可证、出口许可证（加工贸易）、出口许可证（边境小额贸易）的编号。

需注意，进出口货物中含甲苯、丙酮、丁酮、硫酸4种易制毒化学品之一且比率高于40%的货物应当办理“两用物项和技术进出口许可证”（以下简称“两用物项许可证”）。含甲苯、丙酮、丁酮、硫酸4种易制毒化学品之一且比率高于40%的货物是指：

（一）上述4种物项的单一成分含量超过40%的混合物；

（二）上述4种物项的单一成分含量不超过40%，但其总含量超过40%的混合物。

加工监管方式在境内产生的副产品属于易制毒化学品的货物，企业办理其内销手续时无须申领两用物项许可证。含易制毒化学品的混合物办理深加工结转手续时，转入方企业无须提交两用物项许可证。

免税品经营单位经营出口退税国产商品的，免予填报。

一份报关单只允许填报一个许可证号。

常用监管证件代码表

代码	监管证件名称	代码	监管证件名称
1	进口许可证	5	纺织品临时出口许可证
2	两用物项和技术进口许可证	G	两用物项和技术出口许可证（定向）
3	两用物项和技术出口许可证	x	出口许可证（加工贸易）
4	出口许可证	y	出口许可证（边境小额贸易）

十五、 启运港

启运港是指进口货物在运抵我国关境前的第一个境外装运港。

启运港按海关规定的“港口代码表”填报相应的港口名称及代码，由3位英文和3位数据组成。例如：缅甸仰光的港口代码为“MMR018”。

（一）未在“港口代码表”列明的，填报相应的国家名称及代码。

（二）货物从海关特殊监管区域或保税监管场所运至境内区外的，填报“港口代码表”中相应海关特殊监管区域或保税监管场所的名称及代码，未在“港口代码表”中列明的，填报“未列出的特殊监管区”及代码。

（三）无实际进出境的，本栏目填报“中国境内”。

十六、 合同协议号

合同（协议）号是指在进出口贸易中，买卖双方或数方当事人根据国际贸易惯例或国家有关法律、法规，自愿按照一定条件买卖某种商品签订的合同（包括协议或订单）的编号。

本栏目填报进（出）口货物合同（包括协议或订单）的全部字头和号码。在原始单据上合同号一般表示为“Contract No.：××××××”，此处的“××××××”即为“合同协议号”所应填报内容。

进出口报关单所申报货物必须是在合同中明确包含的货物。

免税品经营单位经营出口退税国产商品的，免予填报。

十七、 贸易国（地区）

发生商业性交易的按海关规定的“国别（地区）代码表”选择填报相应的贸易国（地区）中文名称及代码。进口填报购自国（地区），出口填报售予国（地区）。

未发生商业性交易的填报货物所有权拥有者所属的国家（地区）。

十八、 启运国（地区）/运抵国（地区）

启运国（地区）是指进口货物起始发出直接运抵我国或在运输中转国（地区）未发生任何商业性交易的情况下运抵我国的国家（地区）。例如：申报进口货物的启运国为美国时，可以选择填报“USA-美国”，也可在本栏录入中文“美国”。

运抵国（地区）是指出口货物离开我国关境直接运抵或在运输中转国（地区）未发生任何商业性交易的情况下最后运抵的国家（地区）。例如：申报出口货物的运抵国为马来西亚时，可以选择填报代码为“MYS-马来西亚”，也可在本栏录入中文“马来西亚”。

（一）不经过第三国（地区）转运的直接运输进出口货物，应在启运国（地区）项目中填报进口货物的装货港所在国（地区），在运抵国（地区）项目中填报出口货物的指运港所在国（地区）。

（二）经过第三国（地区）转运的进出口货物，如在中转国（地区）发生商业性交易，则以中转国（地区）作为启运/运抵国（地区）填报在本栏。

所谓中转（转运）货物，指船舶、飞机等运输工具从装运港将货物装运后，不直接驶往目的港，而在中途的港口卸下后，再换装另外的船舶、飞机等运输工具转运往目的港。货物中转的原因很多，如至目的港无直达船舶（飞机），或目的港虽有直达船舶（飞机）而时间不定或航次间隔时间太长，或目的港不在装载货物的运输工具的航线上，或货物属于多式联运等。

货物是否中转，可根据随附单据中的有关信息来判断。例如“FROM LONDON TO PARIS VIA DOVER”意为从伦敦多佛中转运至巴黎；又如“HAMBURG IN TRANSIT TO ZURICH SWITZERLAND”意为经汉堡中转运至瑞士苏黎世。

对于中转货物，启运国（地区）或运抵国（地区）分两种不同情况填报：

1. 发生运输中转而未发生任何买卖关系的货物，其启运国（地区）或运抵国（地区）不变，仍以进口货物的始发国（地区）为启运国（地区）填报，以出口货物的最终目的国（地区）为运抵国（地区）填报。

例 1 上海某进出口公司与日本某公司签约，进口 100 台日本产丰田面包车从日本某港口启运，经中国香港中转运抵中国内地。进口报关单“启运国（地区）”“原产国（地区）”均应为日本。

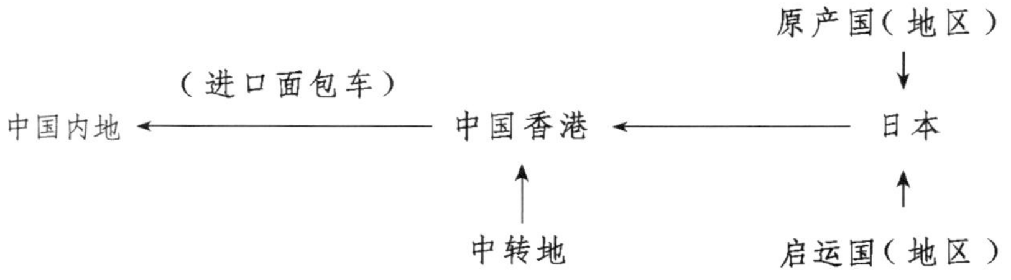

例 2 深圳某公司与日本某公司签约，出口 1 万台自产 DVD 机，经中国香港中转运至日本名古屋。出口报关单“运抵国（地区）”“最终目的国（地区）”均应为日本。

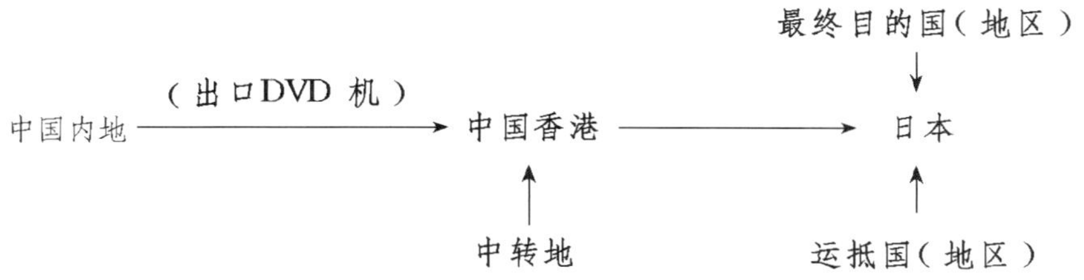

2. 发生运输中转并发生了商业性交易（买卖关系）的货物，其中转地为启运国（地区）或运抵国（地区）。可通过发票等商业单证来判断货物中转时是否发生了买卖关系。

例 3 上海某进出口公司与香港某公司签约，进口 100 台日本产丰田面包车从日本某港口启运，经中国香港中转运抵中国内地。进口报关单“原产国（地区）”应为日本，“启运国（地区）”应为中国香港，因为签约人中国香港某公司所在地是中转地中国香港。

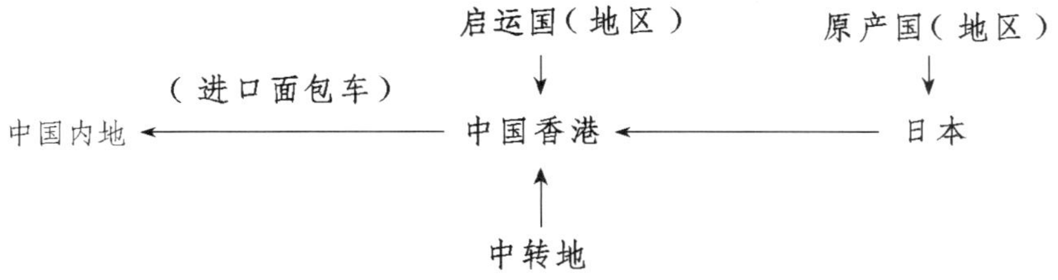

例 4 深圳某公司与香港某公司签约，出口 1 万台自产 DVD 机，经中国香港中转运至日本名古屋。出口报关单“最终目的国（地区）”应为日本，“运抵国（地区）”应为中国香港，因为签约人中国香港某公司所在地是中转地中国香港。

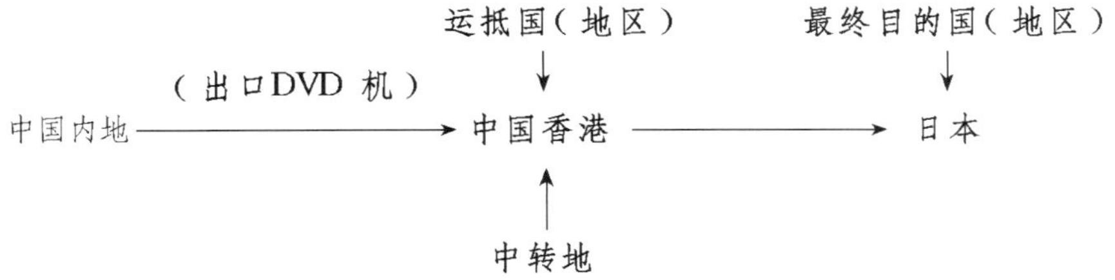

无实际进出境的货物，填报“中国”或“CHN”。

十九、 经停港/指运港

经停港填报进口货物在运抵我国关境前的最后一个境外装运港。

指运港填报出口货物运往境外的最终目的港；最终目的港不可预知的，按尽可能预知的目的港填报。

根据实际情况，按海关规定的“港口代码表”选择填报相应的港口名称及代码。经停港/指运港在“港口代码表”中无港口名称及代码的，可选择填报相应的国家名称及代码。

无实际进出境的货物，填报“中国境内”及代码。

二十、入境口岸/离境口岸

入境口岸填报进境货物从跨境运输工具卸离的第一个境内口岸的中文名称及代码；采取多式联运跨境运输的，填报多式联运货物最终卸离的境内口岸中文名称及代码；过境货物填报货物进入境内的第一个口岸的中文名称及代码；从海关特殊监管区域或保税监管场所进境的，填报海关特殊监管区域或保税监管场所的中文名称及代码。其他无实际进境的货物，填报货物所在地的城市名称及代码。

离境口岸填报装运出境货物的跨境运输工具离境的第一个境内口岸的中文名称及代码；采取多式联运跨境运输的，填报多式联运货物最初离境的境内口岸中文名称及代码；过境货物填报货物离境的第一个境内口岸的中文名称及代码；从海关特殊监管区域或保税监管场所出境的，填报海关特殊监管区域或保税监管场所的中文名称及代码。其他无实际出境的货物，填报货物所在地的城市名称及代码。

入境口岸、离境口岸类型包括港口、码头、机场、机场货运通道、边境口岸、火车站、车辆装卸点、车检场、陆路港、坐落在口岸的海关特殊监管区域等。按海关规定的“国内口岸编码表”选择填报相应的境内口岸名称及代码。

二十一、包装种类

进出口货物报关单所列的“包装种类”栏是指进出口货物的所有包装材料，包括运输包装和其他包装。一般情况下，应以装箱单或提运单据所反映的货物处于运输状态时的最外层包装或运输包装作为“包装种类”向海关申报，并相应计算件数。

其中，运输包装即提运单所列货物件数单位对应的包装，按照海关规定的“包装种类代码表”，填报运输包装对应的2位包装种类代码。例如：使用再生木托作为运输包装的，在本栏填报中文“再生木托”或代码“92”。

若还有其他包装，包括货物的各类包装、植物性铺垫材料等，则在“其他包装”栏目的“包装材料种类”中，按照海关规定的“包装种类代码表”填报2位包装种类代码，在“包装件数”栏目中填报对应件数数字。例如：其他包装中含有纸制或纤维板制盒（箱）包装的，在本栏填报中文“纸制或纤维板制盒（箱）”或代码“22”。

二十二、件数

件数是指进出口货物运输包装的实际件数。运输包装指提运单所列货物件数单位对应的包装。

报关单件数栏目不得为空，件数应大于或等于1，不得填报“0”。

舱单件数为集装箱的，填报集装箱个数；舱单件数为托盘的，填报托盘数。

散装、裸装货物填报“1”。

二十三、毛重

毛重是指商品重量加上商品的外包装物料的重量。

毛重栏填报进出口货物及其包装材料的重量之和，不得为空。

毛重的计量单位为千克，毛重应大于或等于1千克，不足1千克的填报为“1”千克。

应以合同、发票、提运单、装箱单等有关单证中“GROSS WEIGHT”（缩写G.W.）

栏所显示的重量确定进出口货物的毛重。但空运货物中，货物计费重量并非实际毛重，会根据体积计算出抛重，具体公式为：

空运货物抛重（千克）= 货物长（厘米）×宽（厘米）×高（厘米）/6000

抛重如果大于实际毛重，则按照抛重计费，反之按照毛重计费。

此栏目企业应向海关申报最终计费重量，即“CHARGE WEIGHT”。

二十四、 净重

净重是指货物的毛重扣除外包装材料后的重量，即商品本身的实际重量。部分商品的净重还包括直接接触商品的销售包装物料的重量（如罐头装食品等）。

净重栏填报进出口货物实际净重，不得为空。

净重的计量单位为千克，净重应大于或等于 1 千克，不足 1 千克的填报为“1” 千克。

商品的净重一般都在合同、发票、装箱单或提运单据的“Net Weight”（缩写 N. W.）栏体现。合同、发票等有关单证不能确定净重的货物，可以估重填报。

以毛重作为净重计价的，可填毛重。按照国际惯例以公量重计价的货物，如未脱脂羊毛、羊毛条等，填报公量重。

二十五、 成交方式

成交方式是指在进出口贸易中，进出口商品的价格构成和买卖双方各自应承担的责任、费用和风险，以及货物所有权转移的界限，以贸易术语（价格术语）进行约定的方式。

在填制进出口货物报关单时，应依据发票中的实际成交价格条款，按照海关“成交方式代码表”选择填报相应的成交方式代码。

成交方式代码表

成交方式名称	成交方式代码	成交方式名称	成交方式代码
CIF	1	市场价	5
CFR（C&F/CNF）	2	垫仓	6
FOB	3	EXW	7
C&I	4		

应注意的是，海关规定的“成交方式”与国际贸易术语解释通则中的贸易术语内涵并非完全一致。“CIF”“CFR”“FOB” 等常见的成交方式，并不仅限于水路运输方式，而适用于任何国际货物运输方式，主要体现成本、运费、保险费等成交价格构成因素。

《2000 通则》中 13 种贸易术语与报关单“成交方式”栏一般对应关系如下：

组别	E 组	F 组			C 组				D 组				
术语	EXW	FCA	FAS	FOB	CFR	CPT	CIF	CIP	DAF	DES	DEQ	DDU	DDP
成交方式	FOB				CFR		CIF						

《2010 通则》中 11 种贸易术语与报关单“成交方式”栏一般对应关系如下：

组别	E 组	F 组			C 组				D 组		
术语	EXW	FCA	FAS	FOB	CFR	CPT	CIF	CIP	DAT	DAP	DDP
成交方式	FOB				CFR		CIF				

《2020 通则》中 11 种贸易术语与报关单“成交方式”栏一般对应关系如下：

组别	E 组	F 组			C 组				D 组		
术语	EXW	FOB	FAS	FCA	CFR	CPT	CIF	CIP	DAP	DPU	DDP
成交方式	FOB				CFR		CIF				

无实际进出境的货物，进口成交方式为 CIF 或其代码，出口成交方式为 FOB 或其代码。

采用集中申报的归并后的报关单，进口的成交方式必须为 CIF 或其代码，出口的成交方式必须为 FOB 或其代码。

二十六、 运费

运费为进口货物运抵我国境内输入地点起卸前的运输费用，出口货物运至我国境内输出地点装载后的运输费用。运费可按运费单价、总价或运费率三种方式之一填报。

（一）“运费标记”

当按照运费率申报时，“运费标记”栏选择填报“1-率”；当按照每吨货物的运费单价申报时，“运费标记”栏选择填报“2-单价”；按照运费总价申报时，“运费标记”栏选择填报“3-总价”。

（二）“运费/率”

当“运费标记”为“1-率”时，在本栏填报运费率；当“运费标记”为“2-单价”时，在本栏填报运费单价；当“运费标记”为“3-总价”时，在本栏填报运费总价。

（三）“运费币制”

当“运费标记”栏为“1-率”时，本栏免予录入；当“运费标记”为“2-单价”或“3-总价”时，本栏按海关规定的“货币代码表”录入相应的币种代码。

免税品经营单位经营出口退税国产商品的，免予填报。

二十七、 保险费

保险费为进口货物运抵我国境内输入地点起卸前的保险费用，出口货物运至我国境内输出地点装载后的保险费用。保险费可按保险费总价或保险费率两种方式之一填报。

（一）“保险费标记”

当按照保险费率申报时，“保险费标记”栏选择填报“1-率”；按照保险费总价申报时，“保险费标记”栏选择填报“3-总价”。

（二）“保险费/率”

当“保险费标记”为“1-率”时，在本栏填报保险费率；当“保险费标记”为“3-

总价”时，在本栏填报保险费总价。

(三)“保险费币制”

当“保险费标记”栏为“3-总价”时，本栏按海关规定的“货币代码表”录入相应的币种代码；当“保险费标记”栏为“1-率”时，本栏无须填报。

免税品经营单位经营出口退税国产商品的，免予填报。

二十八、 杂费

杂费为成交价格以外的、按照《关税条例》相关规定应计入完税价格或应从完税价格中扣除的费用。杂费可按杂费总价或杂费率两种方式之一填报。

(一)“杂费标记”

当按照杂费率申报时，“杂费标记”栏选择填报“1-率”；按照杂费总价申报时，“杂费标记”栏选择填报“3-杂费总价”。

(二)“杂费/率”

当“杂费标记”为“1-率”，在本栏填报杂费率；当“杂费标记”为“3-杂费总价”，在本栏填报杂费总价。

提醒注意：应计入完税价格的杂费填报为正值或正率，应从完税价格中扣除的杂费填报为负值或负率。

(三)“杂费币制”

当“杂费标记”栏为“3-杂费总价”时，本栏按海关规定的“货币代码表”录入相应的币种代码；当“杂费标记”栏为“1-率”，本栏无须填报。

免税品经营单位经营出口退税国产商品的，免予填报。

二十九、 随附单证

随附单证是指根据海关规定的“监管证件代码表”和“随附单据代码表”选择填报除本规范第十六条规定的许可证件以外的其他进出口许可证件或监管证件、随附单据代码及编号。

本栏目分为随附单证代码和随附单证编号两栏，其中代码栏按海关规定的“监管证件代码表”和“随附单据代码表”选择填报相应证件代码；随附单证编号栏填报证件编号。

(一) 随附单证代码

随附单证代码是指除进（出）口许可证、两用物项和技术进（出）口许可证、两用物项和技术出口许可证（定向）、纺织品临时出口许可证、出口许可证（加工贸易）、出口许可证（边境小额贸易）以外的其他进出口许可证件或监管证件，按海关规定的“监管证件代码表”选择填报的相应证件代码。

提醒注意：

1. 加工贸易内销征税报关单，“随附单证代码”栏填报“c”。

2. 一般贸易进出口货物“随附单证代码”栏填报“Y”。

海关特殊监管区域和保税监管场所内销货物申请适用优惠税率的，有关货物进出海关特殊监管区域和保税监管场所及内销时，“随附单证代码”栏按照上述一般贸易要求填报。

向香港或澳门特别行政区出口用于生产香港 CEPA 或者澳门 CEPA 项下货物的原材料时，“随附单证代码”栏按照上述一般贸易要求填报。

3. 各优惠贸易协定项下，免提交原产地证据文件的小金额进口货物“随附单证代码”栏填报“Y”。

（二）随附单证编号

随附单证编号是指除进（出）口许可证、两用物项和技术进（出）口许可证、两用物项和技术出口许可证（定向）、纺织品临时出口许可证、出口许可证（加工贸易）、出口许可证（边境小额贸易）以外的其他进出口许可证件或监管证件，选择填报的相应证件编号。

1. 加工贸易内销征税报关单（使用金关二期加贸管理系统的除外），随附单证代码栏填报“c”，随附单证编号栏填报海关审核通过的内销征税联系单号。

2. 一般贸易进出口货物，只能使用原产地证书申请享受协定税率或者特惠税率（以下统称优惠税率）的（无原产地声明模式），在“随附单证编号”栏填报“<优惠贸易协定代码>”和“原产地证书编号”；可以使用原产地证书或者原产地声明申请享受优惠税率的（有原产地声明模式），“随附单证编号”栏填报“<优惠贸易协定代码>”“C”（凭原产地证书申报）或“D”（凭原产地声明申报），以及“原产地证书编号（或者原产地声明序列号）”。一份报关单对应一份原产地证书或原产地声明。

各优惠贸易协定代码如下：

“01”为“亚太贸易协定”；

“02”为“中国—东盟自由贸易协定”；

“03”为“内地与香港关于建立更紧密经贸关系的安排”（香港 CEPA）；

“04”为“内地与澳门关于建立更紧密经贸关系的安排”（澳门 CEPA）；

“06”为“大陆对台湾地区部分农产品零关税措施”；

“07”为“中国—巴基斯坦自由贸易协定”；

“08”为“中国—智利自由贸易协定”；

“10”为“中国—新西兰自由贸易协定”；

“11”为“中国—新加坡自由贸易协定”；

“12”为“中国—秘鲁自由贸易协定”；

“13”为“对最不发达国家特别优惠关税待遇”；

“14”为“海峡两岸经济合作框架协议（ECFA）”；

“15”为“中国—哥斯达黎加自由贸易协定”；

“16”为“中国—冰岛自由贸易协定”；

“17”为“中国—瑞士自由贸易协定”；

“18”为“中国—澳大利亚自由贸易协定”；

“19”为“中国—韩国自由贸易协定”；

“20”为“中国—格鲁吉亚自由贸易协定”；

“21”为“中国—毛里求斯自由贸易协定”；

“22”为“区域全面经济伙伴关系协定”；

“23”为“中国—柬埔寨自由贸易协定”。

海关特殊监管区域和保税监管场所内销货物申请适用优惠税率的，有关货物进出海关特殊监管区域和保税监管场所，以及内销时，已通过原产地电子信息交换系统实现电子联网的优惠贸易协定项下货物报关单，按照上述一般贸易要求填报；未实现电子联网的优惠贸易协定项下货物报关单，“随附单证编号”栏填报“<优惠贸易协定代码>”和“原产地证据文件备案号”。“原产地证据文件备案号”为进出口货物收发货人或者其代理人填报原产地证据文件电子信息后，系统自动生成的号码。

向香港或澳门特别行政区出口用于生产香港 CEPA 或澳门 CEPA 项下货物的原材料时，按照上述一般贸易填报要求填制报关单。

“单证对应关系表”中填报报关单上的申报商品项与原产地证书（原产地声明）上的商品项之间的对应关系。报关单上的商品序号与原产地证书（原产地声明）上的项目编号应一一对应，不要求顺序对应。同一批次进口货物可以在同一报关单中申报，不享受优惠税率的货物序号不填报在“单证对应关系表”中。

3. 各优惠贸易协定项下，免提交原产地证据文件的小金额进口货物“随附单证编号”栏填报“Y”，“随附单证编号”栏填报“<优惠贸易协定代码>XJE00000”，“单证对应关系表”享惠报关单项号按实际填报，对应单证项号与享惠报关单项号相同。

三十、 标记唛码及备注

（一） 标记唛码

本栏用于填报标记唛码中除图形以外的文字、数字，无标记唛码的填报“N/M”。

标记唛码英文表示为 Marks、Marking、MKS、Marks & No.、Shipping Marks 等，通常是由一个简单的几何图形和一些字母、数字及简单的文字组成，包含收货人代号、合同号和发票号、目的地、原产国（地区）、最终目的国（地区）、目的港或中转港和件数号码等内容。

例 1

Marks & No.	（唛头）
HAMBURG	（中转港：汉堡）
IN TRANSIT TO ZURICH SWITZERLAND	[目的国（地区）/港：瑞士/苏黎世]
C/NO. 1～1533	（件数：1533 件）
MADE IN CHINA	（原产国：中国）

例 2

MKS/Marking	（唛头）
SHANGHAI WORLDBEST	（收货人）
98L～025SH	（合同号）
SHANGHAI	（目的地：上海）
C/NO. 1～420	（件数：420 件）

（二） 备注

备注是指除按报关单固定栏目申报进出口货物有关情况外，需要补充或特别说明的事项，包括关联备案号、关联报关单号，以及其他需要补充或特别说明的事项。有以下情况的需按照填制规范的要求录入相关信息：

1. 受外商投资企业委托代理其进口投资设备、物品的，在本栏填报进出口企业名称。

2. 与本报关单有关联关系的，同时在业务管理规范方面又要求填报的备案号，填报在电子数据报关单中“关联备案”栏。

保税间流转货物、加工贸易结转货物及凭“征免税证明”转内销货物，其对应的备案号填报在“关联备案”栏。

减免税货物结转进口（转入），在“关联备案”栏填报本次减免税货物结转所申请的“中华人民共和国海关进口减免税货物结转联系函”的编号。

减免税货物结转出口（转出），在“关联备案”栏填报与其相对应的进口（转入）报关单“备案号”栏中“征免税证明”的编号。

3. 与本报关单有关联关系的，同时在业务管理规范方面又要求填报的报关单号，填报在电子数据报关单中“关联报关单”栏。

保税间流转、加工贸易结转类的报关单，应先办理进口报关，并将进口报关单号填入出口报关单的“关联报关单”栏。

办理进口货物直接退运手续的，除另有规定外，应先填制出口报关单，再填制进口报关单，并将出口报关单号填报在进口报关单的“关联报关单”栏。

减免税货物结转出口（转出），应先办理进口报关，并将进口（转入）报关单号填入出口（转出）报关单的“关联报关单”栏。

4. 办理进口货物直接退运手续的，填报“<ZT”+“海关审核联系单号或者‘海关责令进口货物直接退运通知书’编号”+“>”。办理固体废物直接退运手续的，填报“固体废物，直接退运表××号/责令直接退运通知书××号”。

5. 保税监管场所进出货物，在“保税/监管场所”栏填报本保税监管场所编码［保税物流中心（B型）填报本中心的国内地区代码］，其中涉及货物在保税监管场所间流转的，在本栏填报对方保税监管场所代码。

6. 涉及加工贸易货物销毁处置的，填报海关加工贸易货物销毁处置申报表编号。

7. 当监管方式为“暂时进出货物”（2600）和“展览品”（2700）时，填报要求如下：

（1）根据《中华人民共和国海关暂时进出境货物管理办法》（海关总署令第233号，以下简称《管理办法》）第三条第一款所列项目，填报暂时进出境货物类别，如：暂进六，暂出九；

（2）根据《管理办法》第十条规定，填报复运出境或者复运进境日期，期限应在货物进出境之日起6个月内，如：20180815前复运进境，20181020前复运出境；

（3）根据《管理办法》第七条，向海关申请对有关货物是否属于暂时进出境货物进行审核确认的，填报“中华人民共和国××海关暂时进出境货物审核确认书”编号，如：<ZS海关审核确认书编号>，其中英文为大写字母；无此项目的，无须填报。

上述内容依次填报，项目间用“/”分隔，前后均不加空格。

（4）收发货人或其代理人申报货物复运进境或复运出境的：

货物办理过延期的，根据《管理办法》填报“货物暂时进/出境延期办理单”的海关回执编号，如：<ZS海关回执编号>，其中英文为大写字母；无此项目的，无须填报。

8. 跨境电子商务进出口货物，填报“跨境电子商务”。

9. 加工贸易副产品内销，填报“加工贸易副产品内销”。

10. 服务外包货物进口，填报“国际服务外包进口货物”。

11. 公式定价进口货物填报公式定价备案号，格式为：“公式定价”+备案编号+“@”。对于同一报关单下有多项商品的，如某项或某几项商品为公式定价备案的，则备注栏内填写为：“公式定价”+备案编号+“#”+商品序号+“@”。

12. 进出口与“预裁定决定书”列明情形相同的货物时，按照“预裁定决定书”填报，格式为：“预裁定+‘预裁定决定书’编号”（例如：某份“预裁定决定书”编号为R-2-0100-2018-0001，则填报为“预裁定 R-2-0100-2018-0001”）。

13. 含归类行政裁定报关单，填报归类行政裁定编号，格式为：“c”+四位数字编号，例如 c0001。

14. 在进入特殊监管区时已经完成检验的货物，在出区入境申报时，填报“预检验”字样，同时在“关联报检单”栏填报实施预检验的报关单号。

15. 进口直接退运的货物，填报“直接退运”字样。

16. 企业提供 ATA 单证册的货物，填报“ATA 单证册”字样。

17. 不含动物源性低风险生物制品，填报“不含动物源性”字样。

18. 货物自境外进入境内特殊监管区或保税仓库的，填报“保税入库”或者“境外入区”字样。

19. 海关特殊监管区域与境内区外之间采用分送集报方式进出的货物，填报“分送集报”字样。

20. 军事装备出入境的，填报“军品”或“军事装备”字样。

21. 申报 HS 为 3821000000、3002300000 的，属于下列情况的，填报要求为：属于培养基的，填报“培养基”字样；属于化学试剂的，填报“化学试剂”字样；不含动物源性成分的，填报“不含动物源性”字样。

22. 属于修理物品的，填报“修理物品”字样。

23. 属于下列情况的，填报“压力容器”“成套设备”“食品添加剂”“成品退换”“旧机电产品”等字样。

24. HS 为 2903890020（入境六溴环十二烷），用途为“其他（99）”的，填报具体用途。

25. 集装箱体信息填报集装箱号（在集装箱箱体上标示的全球唯一编号），集装箱规格，集装箱商品项号关系（单个集装箱对应的商品项号，半角逗号分隔），集装箱货重（集装箱箱体自重+装载货物重量，单位为千克）。

26. 申报 HS 为 3006300000、3504009000、3507909010、3507909090、3822001000、3822009000，不属于“特殊物品”的，填报“非特殊物品”字样。“特殊物品”定义见《出入境特殊物品卫生检疫管理规定》（国家质量监督检验检疫总局令第 160 号公布，根据国家质量监督检验检疫总局令第 184 号，海关总署令第 238 号、第 240 号、第 243 号修改）。

27. 进出口列入目录的进出口商品及法律、行政法规规定须经出入境检验检疫机构检验的其他进出口商品实施检验的，填报“应检商品”字样。

28. 申报时其他必须说明的事项。

第三节
进出口货物报关单表体栏目的填报

一、项号

项号是指所申报货物在报关单中的商品排列序号及该项商品在“加工贸易手册”“征免税证明”等备案单证中的顺序编号。分两行填报。第一行填报报关单中的商品顺序编号；第二行填报备案序号，专用于加工贸易及保税、减免税等已备案、审批的货物，填报该项货物在“加工贸易手册”或“征免税证明”等备案、审批单证中的顺序编号。有关优惠贸易协定项下报关单填制要求按照海关总署相关规定执行。其中第二行特殊情况填报要求如下：

（一）深加工结转货物，分别按照“加工贸易手册”中的进口料件项号和出口成品项号填报。

（二）料件结转货物（包括料件、成品和半成品折料），出口报关单按照转出“加工贸易手册”中进口料件的项号填报；进口报关单按照转进“加工贸易手册”中进口料件的项号填报。

（三）加工贸易料件转内销货物及按料件办理进口手续的转内销制成品、残次品、未完成品填制进口报关单，填报“加工贸易手册”中对应的进口料件的项号；加工贸易边角料、副产品内销，填报“加工贸易手册”中对应的进口料件项号。如边角料或副产品对应一个以上料件项号时，填报主要料件项号。

（四）料件复出货物（包括料件、边角料），出口报关单按照“加工贸易手册”中进口料件的项号填报；如边角料对应一个以上料件项号时，填报主要料件项号。料件退换货物（包括料件，不包括未完成品），进出口报关单按照“加工贸易手册”中进口料件的项号填报。

（五）成品退换货物，退运进境报关单和复运出境报关单按照“加工贸易手册”中原出口成品的项号填报。

（六）加工贸易成品凭“征免税证明”转为减免税货物进口的，应先办理进口报关手续。进口报关单填报“征免税证明”中的项号，出口报关单填报“加工贸易手册”中原出口成品项号，进、出口报关单货物数量应一致。

（七）加工贸易料件销毁，填报“加工贸易手册”中对应的料件项号。

（八）加工贸易副产品退运出口、结转出口，填报“加工贸易手册”中新增成品的出口项号。

（九）经海关批准实行加工贸易联网监管的企业，按海关联网监管要求，企业需申报报关清单的，应在向海关申报货物进出口（包括形式进出口）报关单前，向海关申报清单。一份报关清单对应一份报关单，报关单商品由报关清单归并而得。加工贸易电子账册报关单中项号、品名、规格等栏目的填制规范比照“加工贸易手册”。

二、 商品编号

填报由10位数字组成的商品编号。前8位为《税则》和《统计商品目录》确定的编码；9、10位为监管附加编号。

三、 商品名称、 规格型号

商品名称是指国际贸易缔约双方同意买卖的商品名称。报关单中的商品名称是指进出口货物规范的中文名称。

（一）商品名称应据实填报，并与进出口货物收发货人或受委托的报关企业所提交的合同、发票等相关单证相符。

（二）商品名称应当规范，以能满足海关归类、审价及许可证件管理要求为准，可参照《规范申报目录》中对商品名称的要求进行填报。

例1 ZIPPO牌打火机用液体燃料，100%石脑油制，125毫升/支。

商品编码3606.1000的申报要素为：

商品编码	商品名称	申报要素归类及价格要素
3606.1000	-直接灌注香烟打火机及类似打火器用的液体燃料或液化气体燃料，其包装容器的容积不超过300立方厘米。	1. 品名；2. 用途；3. 包装容器的容积。

“商品名称、规格型号”栏应填报为：

打火机液体燃料 ZIPPO牌打火机用，125毫升/支

例2 粗锯成方的柚木原木，直径40~50厘米，长400~500厘米。

商品编码	商品名称	申报要素归类及价格要素	
44.03	原木，不论是否去皮、去边材或粗锯成方：		
44034	-其他，热带木的：	1. 品名；2. 种类（中文及拉丁学名）。	3. 截面尺寸（直径或宽度×厚度）；4. 长度；5. 级别（锯材级、切片级等）。
	--其他：		
4403.4910	---柚木		

“商品名称、规格型号”栏应填报为：

粗锯成方的柚木原木 Tectona Grandis L. F. 截面尺寸 40~50 厘米，长 400~500 厘米，锯材级

商品规范申报标准：

1. 保证报关单规格型号栏显示的完整性，要素应填写明确，不能简单填报“是/否/有/无/非”等字样。如“是否野生”可填报“非野生”；没有品牌，应注明“无品牌”或“无牌”。

2. 申报要素附带有括号提示说明内容的，应根据实际商品判断其提示的说明内容之间是“或（or）”还是“和（and）”的关系，并准确申报。主要有三种情形：

（1）说明内容之间是“或（or）”关系的，应选择实际对应的项目申报，如品目2519 的申报要素“外观（粉末、粒状、块状等）”，应按实际申报“粉末”“粒状”或“块状”，或说明内容未列明的其他外观形状；

（2）说明内容之间是“和（and）”关系的，应逐项具体申报，如品目 4811 的申报要素“规格（成条等、浸渍或涂布物、每平方米克重）”，应按实际逐项具体申报为“成条、浸渍甘油、300 克/平方米”；

（3）说明内容之间既有“或（or）”又有“和（and）”关系的，应选择实际对应的项目分别申报，如品目 0802 的申报要素“制作或保存方法（鲜、干、去壳、未去壳）”，应按实际分别申报“鲜、未去壳”或“干、去壳”。

3.《规范申报目录》注解对申报要素作具体要求的，应按照注解要求填报。如 2013 版《规范申报目录》注解要求第二十八、二十九、三十、三十二、三十三、三十四、三十八等章节商品的要素“包装”内容应足以判断是否零售包装，则具体格式应填写为“××计量单位（如千克等）/包装容器（如桶等）”。

4. 其他要素的填报内容应能够满足归类、价格审核等要求。如品目 8482 项下滚珠轴承，申报要素“结构类型”应根据归类要求选择填写“调心球轴承”“深沟球轴承”“角接触轴承”“推力球轴承”等。

5. 对于针对某一级税号项下部分商品申报要求，如申报商品确属无须填报的特殊情形的，应填报为“无须报”。如税号 28299000，按照其申报要素 2“如为高氯酸铵请注明粒度”的要求，如申报商品为高氯酸铵需注明粒度，如申报商品为溴酸盐、碘酸盐等，该要素的对应内容应填报为“无须报”。

6.《规范申报目录》中要求填写中英文的，应填写中文和英文。

7.“拉丁学名”要素应填写国际通用的拉丁文或拉丁化的希腊文表达的正式学名，不应填写成英文名。

8.“成分含量”要素应同时申报商品的成分及含量。成分指货品所构成的部分或要素，一般指所含物质的种类；含量一般指所含物质的数量。第二十八、二十九章的化工品原则上应将各成分报清且含量相加为 100%，除非未明确申报的残留物质不影响归类。

9.“规格型号”要素应同时申报货品的规格及型号。规格，主要表示货品大小尺寸，应申报完整，如块状、板状物申报长度、宽度、厚度，卷状申报宽幅、单层厚度、长度，管状物申报外径、内径长度等，原则上不能申报为无规格，不规则品应填报为“不规则形状”；型号，一般由一组文字或字母和数字以一定规律编号组成，反映货品性质等级等，如无型号，应据实申报，不应用其他数据代替。

10. “包装规格”要素，应注明具体包装和规格（单位包装容量×每包装单位数/包装单位），如 750 毫升×6 瓶/箱。

11. “外观”要素主要指货品的颜色形状等表观性状，《规范申报目录》中有特别标明的除外。如品目 3915 废塑料的要素“外观”包含颜色、尺寸，对于尺寸范围较固定的，应申报尺寸范围；对于无法判断尺寸的，应填“不规则，无固定尺寸”。

12. “材质”要素，应以不影响商品归类为前提进行具体申报。如塑料材质的货物应填写为“聚乙烯”“PET”等，钢铁类应填写为“不锈钢”“硅锰钢”等。

13. “用途”要素主要指适用的最小化场合及其具体作用，并且申报内容能够满足归类需要，《规范申报目录》中有特别标明的除外。对于同时要求申报功能和用途的，用途主要指适用的最小化场合。如果影响归类的，特别是机械、电器设备的零部件税号，不能仅注明“某某机器用”，应要求企业注明“某某机器的某某部位用”。

14. “功能”要素指商品所发挥的作用或所具有的本有属性，并且申报内容能够满足归类需要，如贴片式电感“功能”应填写“在交流电路中起阻流等作用”。

15. “原理”要素指商品在运行机制中存在的基本规律，并且申报内容能够满足归类需要。如归入 9027.5000 的“全自动生化分析仪”原理应填写“通过单色光照射到被测物上，检测被测物的消光度”。

16. “适用车型”要素，应注明汽车品牌和型号，如“日产天籁 2.3 升小轿车用”，而不能简单填写为“小汽车用”；如多种车型通用，则应填写为“日产天籁 2.3 升等小轿车通用”。

17. “技术指标”要素应填报相应的指标单位，如合模力××KN、细度××微米、电池容量××安时（Ah）等。

18. 第三十九章塑料原料的“成分含量”与“单体单元的种类和比率”应明确区分。如乙烯-丙烯共聚物，其“成分含量”可申报为：乙烯-丙烯共聚物 99%，炭黑 1%。其单体单元可申报为：乙烯 8%，丙烯 92 %。

19. 第四十八章纸张的“纤维种类及含量”“规格（成条等、浸渍或涂布物、每平方米克重）”应填写具体，如“机械方法制木纤维 100%，硫酸盐化学制浆”“成条，甘油涂布，200 克/平方米”。

20. 固体废物应结合海关总署 2010 年第 16 号公告要求及《规范申报目录》要求填报。

21. 葡萄酒应结合海关总署 2010 年第 17 号公告要求及《规范申报目录》要求填报。

22. 汽车零配件应结合海关总署 2006 年第 64 号公告要求及《规范申报目录》要求填报。

23. 品目 2710 项下的成品油申报应结合海关总署 2013 年第 10 号公告要求及《规范申报目录》要求填报。

24. 上述 20~23 项公告中，如果对品名及其他项目的申报要求能够在规格型号栏目中的规范申报要素中进行体现的话，则仅申报规范申报要素即可。如海关总署 2006 年第 64 号公告要求汽车零配件品名栏应申报“品名/品牌”，如果规范申报要素已要求申报“品牌”，则品名栏可以不再申报。

（三）已备案的加工贸易及保税货物，填报的内容必须与备案登记中同项号下货物的商品名称一致。

（四）对需要海关签发“货物进口证明书”的车辆，商品名称栏填报“车辆品牌+排气量（注明cc）+车型（如越野车、小轿车等）”。进口汽车底盘不填报排气量。车辆品牌按照《进口机动车辆制造厂名称和车辆品牌中英文对照表》中“签注名称”一栏的要求填报。规格型号栏可填报“汽油型”等。

（五）由同一运输工具同时运抵同一口岸并且属于同一收货人、使用同一提单的多种进口货物，按照商品归类规则应当归入同一商品编号的，应当将有关商品一并归入该商品编号。商品名称填报一并归类后的商品名称。

（六）加工贸易边角料和副产品内销，边角料复出口，填报其报验状态的名称。

（七）进口货物收货人以一般贸易方式申报进口属于《需要详细列名申报的汽车零部件清单》（海关总署公告2006年第64号）范围内的汽车生产件的，按以下要求填报：

1. 商品名称填报进口汽车零部件的详细中文商品名称和品牌，中文商品名称与品牌之间用“/”相隔，必要时加注英文商业名称；进口的成套散件或毛坯件应在品牌后加注“成套散件”“毛坯”等字样，并与品牌之间用“/”相隔。

2. 规格型号填报汽车零部件的完整编号。在零部件编号前应当加注“S”字样，并与零部件编号之间用“/”相隔，零部件编号之后应当依次加注该零部件适用的汽车品牌和车型。汽车零部件属于可以适用于多种汽车车型的通用零部件的，零部件编号后应当加注“TY”字样，并用“/”与零部件编号相隔。与进口汽车零部件规格型号相关的其他需要申报的要素，或者海关规定的其他需要申报的要素，如“功率”“排气量”等，应当在车型或“TY”之后填报，并用“/”与之相隔。汽车零部件报验状态是成套散件的，应当在“标记唛码及备注”栏内填报该成套散件装配后的最终完整品的零部件编号。

（八）进口货物收货人以一般贸易方式申报进口属于《需要详细列名申报的汽车零部件清单》（海关总署公告2006年第64号）范围内的汽车维修件的，填报规格型号时，应当在零部件编号前加注“W”，并与零部件编号之间用“/”相隔；进口维修件的品牌与该零部件适用的整车厂牌不一致的，应当在零部件编号前加注“WF”，并与零部件编号之间用“/”相隔。其余申报要求同上条执行。

（九）品牌类型。品牌类型为必填项目。可选择“无品牌”（代码0）、“境内自主品牌”（代码1）、“境内收购品牌”（代码2）、“境外品牌（贴牌生产）”（代码3）、“境外品牌（其他）”（代码4）如实填报。其中，“境内自主品牌”是指由境内企业自主开发、拥有自主知识产权的品牌；“境内收购品牌”是指境内企业收购的原境外品牌；“境外品牌（贴牌生产）”是指境内企业代工贴牌生产中使用的境外品牌；“境外品牌（其他）”是指除代工贴牌生产以外使用的境外品牌。上述品牌类型中，除“境外品牌（贴牌生产）”仅用于出口外，其他类型均可用于进口和出口。

（十）出口享惠情况。出口享惠情况为出口报关单必填项目。可选择“出口货物在最终目的国（地区）不享受优惠关税”“出口货物在最终目的国（地区）享受优惠关税”“出口货物不能确定在最终目的国（地区）享受优惠关税”如实填报。进口货物报关单不填报该申报项。

（十一）申报进口已获CCC认证的机动车辆时，填报以下信息：

1. 提运单日期。填报该项货物的提运单签发日期。

2. 质量保证期。填报机动车的质量保证期。

3. 发动机号或电机号。填报机动车的发动机号或电机号，应与机动车上打刻的发动机号或电机号相符。纯电动汽车、插电式混合动力汽车、燃料电池汽车为电机号，其他机动车为发动机号。

4. 车辆识别代码（VIN）。填报机动车车辆识别代码，须符合国家强制性标准《道路车辆　车辆识别代号（VIN）》（GB 16735）的要求。该项目一般与机动车的底盘（车架号）相同。

5. 发票所列数量。填报对应发票中所列进口机动车的数量。

6. 品名（中文名称）。填报机动车中文品名，按《进口机动车辆制造厂名称和车辆品牌中英文对照表》（原国家质量监督检验检疫总局 2004 年第 52 号公告）的要求填报。

7. 品名（英文名称）。填报机动车英文品名，按《进口机动车辆制造厂名称和车辆品牌中英文对照表》（原国家质量监督检验检疫总局 2004 年第 52 号公告）的要求填报。

8. 型号（英文）。填报机动车型号，与机动车产品标牌上整车型号一栏相符。

（十二）进口货物收货人申报进口属于实施反倾销反补贴措施货物的，填报“原厂商中文名称”“原厂商英文名称”“反倾销税率”“反补贴税率”“是否符合价格承诺”等计税必要信息。

格式要求为：“|<><><><><>”。“|”、“<”和“>”均为英文半角符号。第一个“|”为在规格型号栏目中已填报的最后一个申报要素后系统自动生成或人工录入的分割符（若相关商品税号无规范申报填报要求，则需要手工录入“|”），“|”后面 5 个“<>”内容依次为“原厂商中文名称”、“原厂商英文名称”（如无原厂商英文名称，可填报以原厂商所在国或地区文字标注的名称，具体可参照商务部实施贸易救济措施相关公告中对有关原厂商的外文名称写法）、“反倾销税率”、“反补贴税率”、“是否符合价格承诺”。其中，“反倾销税率”和“反补贴税率”填写实际值，例如，税率为 30%，填写“0.3”。“是否符合价格承诺”填写“1”或者“0”，“1”代表“是”，“0”代表“否”。填报时，5 个“<>”不可缺项，如第 3、4、5 项“<>”中无申报事项，相应的“<>”中内容可以为空，但“<>”需要保留。

四、数量及单位

报关单上的“数量及单位”栏指进出口商品的成交数量及计量单位，以及海关法定计量单位和按照海关法定计量单位计算的数量。

海关法定计量单位又分为海关法定第一计量单位和海关法定第二计量单位。海关法定计量单位以《统计商品目录》中规定的计量单位为准。例如，天然水为千升/吨，卷烟为千支/千克，牛皮为千克/张，毛皮衣服为千克/件。

（一）填报格式

本栏目分三行填报。

1. 第一行按进出口货物的法定第一计量单位填报数量及单位，法定计量单位以《统计商品目录》中的计量单位为准。

2. 凡列明有法定第二计量单位的，在第二行按照法定第二计量单位填报数量及单位。无法定第二计量单位的，第二行为空。

3. 成交计量单位及数量填报在第三行。

（二）填报要求

1. 法定计量单位为“千克”的数量填报，特殊情况下填报要求如下：

（1）装入可重复使用的包装容器的货物，按货物扣除包装容器后的重量填报，如罐装同位素、罐装氧气及类似品等。

（2）使用不可分割包装材料和包装容器的货物，按货物的净重填报（包括内层直接包装的净重重量），如采用供零售包装的罐头、药品及类似品等。

（3）按照商业惯例以公量重计价的商品，按公量重填报，如未脱脂羊毛、羊毛条等。

（4）采用以毛重作为净重计价的货物，可按毛重填报，如粮食、饲料等大宗散装货物。

（5）采用零售包装的酒类、饮料、化妆品，按照液体/乳状/膏状/粉状部分的重量填报。

2. 成套设备、减免税货物如需分批进口，货物实际进口时，按照实际报验状态确定数量。

3. 具有完整品或制成品基本特征的不完整品、未制成品，根据《协调制度》归类规则按完整品归类的，按照构成完整品的实际数量填报。

4. 已备案的加工贸易及保税货物，成交计量单位必须与“加工贸易手册”中同项号下货物的计量单位一致，加工贸易边角料和副产品内销、边角料复出口，填报其报验状态的计量单位。

5. 优惠贸易协定项下进出口商品的成交计量单位必须与原产地证书上对应商品的计量单位一致。

6. 法定计量单位为立方米的气体货物，折算成标准状况（摄氏零度及 1 个标准大气压）下的体积进行填报。

五、单价、总价、币制

单价是指进出口货物实际成交的商品单位价格的金额部分。

总价是指进出口货物实际成交的商品总价的金额部分。

币制是指进出口货物实际成交价格的计价货币的名称。

填报要求：

第一，“单价”栏填报同一项号下进出口货物实际成交的商品单位价格的数字部分。无实际成交价格的，填报单位货值。

第二，“总价”栏填报同一项号下进出口货物实际成交的商品总价的数字部分。无实际成交价格的，填报货值。

第三，“币制”栏根据实际成交情况按海关规定的“货币代码表”选择填报相应的货币名称或代码。如“货币代码表”中无实际成交币种，需将实际成交币种按照申报日外汇折算率折算成“货币代码表”列明的货币填报。

常用货币代码表

货币代码	货币符号	货币名称	货币代码	货币符号	货币名称	货币代码	货币符号	货币名称
110	HKD	港币	116	JPY	日本元	132	SGD	新加坡元
142	CNY	人民币	133	KRW	韩国元	300	EUR	欧元
302	DKK	丹麦克朗	303	GBP	英镑	330	SEK	瑞典克朗
331	CHF	瑞士法郎	344	RUB	俄罗斯卢布	501	CAD	加拿大元
502	USD	美元	601	AUD	澳大利亚元	609	NZD	新西兰元

六、 原产国（地区）/最终目的国（地区）

原产国（地区）是指进口货物的生产、开采或加工制造的国家或地区。

最终目的国（地区）是指已知的出口货物最后交付的国家或地区，即最终实际消费、使用或做进一步加工制造的国家或地区。

进口报关单“原产国（地区）”栏目按“国别（地区）代码表”选择填报相应的国家（地区）名称或代码，出口报关单“最终目的国（地区）”栏目按“国别（地区）代码表”选择填报相应的国家（地区）名称或代码。

（一）原产国（地区）栏目的一般填报要求

1. 原产国（地区）应依据《原产地条例》《中华人民共和国海关关于执行〈非优惠原产地规则中实质性改变标准〉的规定》及海关总署关于各项优惠贸易协定原产地管理规章规定的原产地确定标准，按海关规定的“国别（地区）代码表”选择填报相应的国家（地区）名称及代码。

例如：某进口货物的原产国为“美国”，可在本栏下拉菜单中选择“USA-美国”或录入“USA”，栏目自动生成“USA-美国”。

2. 同一批进出口货物的原产地不同的，应当分别填报原产国（地区）。

3. 进出口货物原产国（地区）无法确定的，填报“国别（地区）不详”（701）。

海关可以通过审核原产地证明、实际查验或审核原产地证明以外的其他相关单证三种方法审核确定进出口货物的原产地，并以此计征相关货物的税款。上述方法之间是并列关系，满足其一即可。

（二）最终目的国（地区）栏目的一般填报要求

1. 最终目的国（地区）填报已知的进出口货物的最终实际消费、使用或进一步加工制造的国家（地区）。

2. 同一批进出口货物的最终目的国（地区）不同的，应分别填报最终目的国（地区）。

3. 不经过第三国（地区）转运的直接运输货物，以运抵国（地区）为最终目的国（地区）；经过第三国（地区）转运的货物，以最后运往国（地区）为最终目的国（地区）。

4. 进出口货物不能确定最终目的国（地区）时，以尽可能预知的最后运往国（地区）为最终目的国（地区）。

七、境内目的地/境内货源地

境内目的地是指已知的进口货物在国内的消费、使用地区或最终运抵地，其中最终运抵地为最终使用单位所在的地区。最终使用单位难以确定的，填报货物进口时预知的最终收货单位所在地。

境内货源地是指出口货物在国内的产地或原始发货地。出口货物产地难以确定的，填报最早发运该出口货物的单位所在地。

海关特殊监管区域、保税物流中心（B 型）与境外之间的进出境货物，境内目的地/境内货源地填报本海关特殊监管区域、保税物流中心（B 型）所对应的国内地区。

按海关规定的“国内地区代码表”选择填报相应的国内地区名称及代码，境内目的地还需根据“中华人民共和国行政区划代码表”选择填报其对应的县级行政区名称及代码。无下属区县级行政区的，可选择填报地市级行政区。

八、征免

征免是指海关依照《海关法》《关税条例》及其他法律、行政法规，对进出口货物进行征税、减税、免税或特案处理的实际操作方式。

同一份报关单上可以填报不同的征减免税方式。

（一）主要征减免税方式

1. 照章征税

照章征税指对进出口货物依照法定税率计征各类税、费。

2. 折半征税

折半征税指依照主管海关签发的“征免税证明”或海关总署的通知，对进出口货物依照法定税率折半计征关税和增值税，但照章征收消费税。

3. 全免

全免指依照主管海关签发的“征免税证明”或海关总署的通知，对进出口货物免征关税和增值税，但消费税是否免征应按有关批文的规定办理。

4. 特案减免

特案减免指依照主管海关签发的“征免税证明”或海关总署通知规定的税率或完税价格计征各类税、费。

5. 随征免性质

随征免性质指对某些特定监管方式下进出口的货物按照征免性质规定的特殊计税公式或税率计征税、费。

6. 保证金

保证金指经海关批准具保放行的货物，由担保人向海关缴纳现金的一种担保形式。

7. 保函

保函指担保人根据海关的要求，向海关提交的定有明确权利义务的一种担保形式。

（二）填报要求

1. 根据海关核发的“征免税证明”或有关政策规定，对报关单所列每项商品选择填报海关规定的“征减免税方式代码表”中相应的征减免税方式的名称。

2. 加工贸易报关单应根据登记手册中备案的征免规定填报。“加工贸易手册”中备案的征免规定为“保金”或“保函”的，不能按备案的征免规定填报，而应填报“全免”。

征减免税方式代码表

代码	名称	代码	名称
1	照章征税	5	随征免性质
2	折半征税	6	保证金
3	全免	7	保函
4	特案		

九、 特殊关系确认

本栏目根据《进出口货物审价办法》第十六条，填报确认进出口行为中买卖双方是否存在特殊关系，有下列情形之一的，应当认为买卖双方存在特殊关系，在本栏目应填报“是”，反之填“否”：

（一）买卖双方为同一家族成员的；

（二）买卖双方互为商业上的高级职员或者董事的；

（三）一方直接或者间接地接受另一方控制的；

（四）买卖双方都直接或者间接地受第三方控制的；

（五）买卖双方共同直接或者间接地控制第三方；

（六）一方直接或者间接地拥有、控制或者持有对方5%以上（含5%）公开发行的有表决权的股票或者股份的；

（七）一方是另一方的雇员、高级职员或者董事的；

（八）买卖双方是同一合伙成员的。

买卖双方在经营上相互有联系，一方是另一方的独家代理、独家经销商或者独家受让人，如果符合前款的规定，也应当视为存在特殊关系。

买卖双方存在特殊关系并不是海关重新确定的理由。存有特殊关系对价格有无产生影响，需按照下列“价格影响确认”项目进行判断并准确申报。

本栏目出口货物免予填报，加工贸易及保税监管货物（内销保税货物除外）免予填报。

十、 价格影响确认

本栏目根据《进出口货物审价办法》第十七条，填报确认进出口行为中买卖双方存在特殊关系是否影响成交价格，纳税义务人如不能证明其成交价格与同时或者大约同时发生的下列任何一款价格相近的，应当视为特殊关系对进出口货物的成交价格产生影响，在本栏目应填报“是”，反之填报“否”：

（一）向境内无特殊关系的买方出售的相同或者类似进出口货物的成交价格；

（二）按照《进出口货物审价办法》倒扣价格估价方法的规定所确定的相同或者类似

进出口货物的完税价格；

（三）按照《进出口货物审价办法》计算价格估价方法的规定所确定的相同或者类似进出口货物的完税价格。

本栏目出口货物免予填报，加工贸易及保税监管货物（内销保税货物除外）免予填报。

十一、 支付特许权使用费确认

本栏目根据《进出口货物审价办法》第十一条和第十三条，填报确认进出口行为中买方是否存在向卖方或者有关方直接或者间接支付特许权使用费，且未包括在进口货物的实付、应付价格中。

特许权使用费是指进出口货物的买方为取得知识产权权利人及权利人有效授权人关于专利权、商标权、专有技术、著作权、分销权或者销售权的许可或者转让而支付的费用，包括专利权使用费、商标权使用费、著作权使用费、专有技术使用费、分销或转售权费、其他类似费用。

（一）特许权使用费与该货物有关

符合下列条件之一的特许权使用费，应当视为与进口货物有关：

1. 特许权使用费是用于支付专利权或者专有技术使用权，且进口货物属于下列情形之一的：

（1）含有专利或者专有技术的；

（2）用专利方法或者专有技术生产的；

（3）为实施专利或者专有技术而专门设计或者制造的。

2. 特许权使用费是用于支付商标权，且进口货物属于下列情形之一的：

（1）附有商标的；

（2）进口后附上商标直接可以销售的；

（3）进口时已含有商标权，经过轻度加工后附上商标即可以销售的。

3. 特许权使用费是用于支付著作权，且进口货物属于下列情形之一的：

（1）含有软件、文字、乐曲、图片、图像或者其他类似内容的进口货物，包括磁带、磁盘、光盘或者其他类似载体的形式；

（2）含有其他享有著作权内容的进口货物。

4. 特许权使用费是用于支付分销权、销售权或者其他类似权利，且进口货物属于下列情形之一的：

（1）进口后可以直接销售的；

（2）经过轻度加工即可以销售的。

（二）特许权使用费的支付构成该货物向中华人民共和国境内销售的条件

买方不支付特许权使用费则不能购得进口货物，或者买方不支付特许权使用费则该货物不能以合同议定的条件成交的，应当视为特许权使用费的支付构成进口货物向中华人民共和国境内销售的条件。

如果进出口行为中买方存在向卖方或者有关方直接或者间接支付特许权使用费，且未包含在进口货物成交价格中，并且符合《进出口货物审价办法》第十三条的，在本栏目应填报“是”；如果买方存在向卖方或者有关方直接或者间接支付特许权使用费，且未包含在进口货物成交价格中，但纳税义务人无法确认是否符合《进出口货物审价办法》第十三条的，在本栏目应填报“是”；如果买方存在向卖方或者有关方直接或者间接支付特许权使用费，且未包含在进口货物成交价格中的，纳税义务人根据《进出口货物审价办法》第十三条，可以确认需支付的特许权使用费与进口货物无关，在本栏目应填报“否”；如果买方不存在向卖方或者有关方直接或者间接支付特许权使用费的，或者特许权使用费已包含在进口货物成交价格中的，本栏目应填报“否”。

本栏目出口货物免予填报，加工贸易及保税监管货物（内销保税货物除外）免予填报。

需要说明的是，买方存在向卖方或有关方直接或者间接支付特许权使用费的，经海关审核认定需计入完税价格的，或者正在接受海关审核的，在该栏目填“是”，并将有关海关的审核认定情况在“标记唛码及备注”栏目进行填报。例如，某直属海关某部门正在处置，或某直属海关某部门于某年某月已认定计入完税价格。

十二、 自报自缴

进出口企业、单位采用“自主申报、自行缴税”（自报自缴）模式向海关申报时，填报“是”；反之则填报“否”。

十三、 申报单位

自理报关的，填报进出口企业的名称及编码；委托代理报关的，填报报关企业名称及编码。编码填报 18 位法人和其他组织统一社会信用代码。

报关人员填报在海关备案的姓名、编码、电话，并加盖申报单位印章。

十四、 海关批注及签章

本栏目供海关作业时签注。

第四节 进出口报关单关联申报项目

根据中国国际贸易“单一窗口”标准版货物申报系统的要求，企业向海关申报时，除按照《报关单填制规范》的要求填制相关栏目外，还需要录入其他申报项目，实现申报人通过电子口岸平台一点接入、一次性提交，以满足口岸管理和国际贸易相关部门要求的标准化单证和电子信息，相关部门通过电子口岸平台共享数据信息、实施职能管理。

一、 报关单类型

有纸报关通过下拉菜单选择“0-有纸报关”，有纸带清单报关选择“L-有纸带清单报关”，无纸带清单报关选择“D-无纸带清单报”，通关无纸化选择“M-通关无纸化”。

特殊说明：

（一）有纸报关指没有与海关签订通关无纸化企业报关填报用，报关单不传输随附单据。

（二）有纸带清单报关指没有与海关签订通关无纸化企业报关带有清单的集中申报报关单用，报关单不传输随附单据。

（三）无纸带清单报关指没有与海关签订通关无纸化企业报关带有清单的集中申报报关单用，报关单上传输随附单据（后改为“M-通关无纸化”）。

（四）通关无纸化指与海关签订通关无纸化企业报关填报用，报关单上传输随附单据。

二、 货物存放地点

货物存放地点是指货物进境后存放的场所或地点，包括海关监管作业场所、分拨仓库、定点加工厂、隔离检疫场、企业自有仓库等。

三、 企业资质类别

按进出口货物种类及相关要求，须在本栏选择填报货物的生产商/进出口商/代理商必须取得的资质类别。多个资质的须全部填写。包括：

（一）进口食品、食品原料类填写：进口食品境外出口商代理商备案、进口食品进口商备案；

（二）进口水产品填写：进口食品境外出口商代理商备案、进口食品进口商备案、进口水产品储存冷库备案；

（三）进口肉类填写：进口肉类储存冷库备案、进口食品境外出口商代理商备案、进口食品进口商备案、进口肉类收货人备案；

（四）进口化妆品填写：进口化妆品收货人备案；

（五）进口水果填写：进境水果境外果园/包装厂注册登记；

（六）进口非食用动物产品填写：进境非食用动物产品生产、加工、存放企业注册登记；

（七）饲料及饲料添加剂：饲料进口企业备案、进口饲料和饲料添加剂生产企业注册登记；

（八）进口可用作原料的固体废物：进口可用做原料的固体废物国内收货人注册登记、国外供货商注册登记号及名称，两者须对应准确；

（九）其他：进境植物繁殖材料隔离检疫圃申请、进出境动物指定隔离场使用申请、进境栽培介质使用单位注册、进境动物遗传物质进口代理及使用单位备案、进境动物及动物产品国外生产单位注册、进境粮食加工储存单位注册、境外医疗器械捐赠机构登记、进出境集装箱场站登记、进口棉花境外供货商登记注册、对出口食品包装生产企业和进口食品包装的进口商实行备案。

四、 企业资质编号

按进出口货物种类及相关要求，须在本栏填报货物生产商/进出口商/代理商必须取得的资质对应的注册/备案编号。多个资质的须全部填写。

五、 启运日期

启运日期是指装载入境货物的运输工具离开启运口岸的日期。

本栏目为 8 位数字，顺序为年（4 位）、月（2 位）、日（2 位），格式为“YYYYMMDD”。

六、 UN 编码

进出口货物为危险货物的，须按照“关于危险货物运输的建议书”，在“危险货物信息”中填写危险货物对应的 UN 编码。

七、 危险货物名称

进出口货物为危险货物的，须在“危险货物信息”项下的“危险货物名称”中，填写危险货物的实际名称。

八、 货物属性代码

根据进出口货物的 HS 编码和货物的实际情况，按照海关规定的“货物属性代码表”，在本栏下拉菜单中勾选货物属性的对应代码。有多种属性的要同时选择。

（一）入境强制性认证产品：必须在入境民用商品认证（11 目录内、12 目录外、13 无须办理 3C 认证）中勾选对应项；

（二）食品、化妆品是否预包装、是否首次进口，必须在食品及化妆品（14 预包装、15 非预包装、18 首次进口）中勾选对应项；

（三）凡符合原国家质量监督检验检疫总局 2004 年第 62 号令规定含转基因成分须申报的，必须在转基因（16 转基因产品、17 非转基因产品）中勾选对应项；

（四）“成套设备”“旧机电”产品，必须在货物属性（18 首次进出口、19 正常、20 废品、21 旧品、22 成套设备）中勾选对应项；

（五）特殊物品、化学试剂，必须在特殊物品（25-28ABCD 级特殊物品、29V/W 非特殊物品）中勾选对应项；

（六）木材（含原木）板材是否带皮，必须在是否带皮木材（23 带皮木材/板材、24 不带皮木材/板材）中勾选对应项。

九、 用途代码

根据进境货物的使用范围或目的，按照海关规定的“货物用途代码表”在本栏下拉菜单中填报。例如：进口货物为核苷酸类食品添加剂（HS2934999001）时，用于工业时，应在本栏选择“工业用途”；用于食品添加剂时，应在本栏选择“食品添加剂”。

十、 产品许可/审批/备案号码

进出口货物取得了许可、审批或备案等资质时，应在“产品资质”项下的“产品许可/审批/备案号码”中填报对应的许可、审批或备案证件编号。

同一商品有多个许可、审批或备案证件号码时，须全部录入。

十一、 产品许可/审批/备案核销货物序号

进出口货物取得了许可、审批或备案等资质时，应在“产品资质”项下的“产品许可/审批/备案核销货物序号”中填报被核销文件中对应货物的序号。

特殊物品审批单支持导入。

十二、 产品许可/审批/备案核销数量

进出口货物取得了许可、审批或备案等资质时，应在“产品资质”项下的“产品许可/审批/备案核销数量”中，填报被核销文件中对应货物的本次实际进出口数（重）量。

特殊物品审批单支持导入。

十三、 产品许可/审批/备案类别代码

进出口货物取得了许可、审批或备案等资质时，应在“产品资质”项下的“产品许可/审批/备案类别代码”中填报对应的许可、审批或备案证件类别。

同一商品涉及多个许可、审批或备案证件类别的，须全部录入相应的证件类别。

十四、 产品许可/审批/备案名称

进出口货物取得了许可、审批或备案等资质时，应在“产品资质”项下的“产品许可/审批/备案名称”中填报对应的许可、审批或备案证件名称。

同一商品有多个许可、审批或备案证件名称时，须全部录入。

十五、 集装箱商品项号关系

当使用集装箱装载货物时，需填报集装箱体信息，包括集装箱号、集装箱规格、集装箱商品项号关系、集装箱货重。

其中，集装箱商品项号关系信息填报单个集装箱对应的商品项号，半角逗号分隔。例如：“APJU4116601”箱号的集装箱中装载了项号为1、3和5的商品时，应在“商品项号关系”录入“1，3，5”。

十六、 集装箱货重

当使用集装箱装载货物时，需填报集装箱体信息，包括集装箱号、集装箱规格、集装箱商品项号关系、集装箱货重。

其中，集装箱货重录入集装箱箱体自重（千克）+装载货物重量（千克）。例如：集装箱重量和箱内装载的200箱商品重量合计为15555千克时，在本栏录入“15555千克”。

本栏只能填报以“千克”为单位的重量数字，其他计量单位应该转换为“千克”后填报。

十七、 关联号码及理由

进出口货物报关单有关联报关单时，在本栏中填报相关关联报关单号码，并在下拉菜单中选择关联报关单的关联理由。

十八、 检验检疫签证申报要素

填报“所需单证”项下“检验检疫签证申报要素”时，在确认境内收发货人名称（外文）、境外收发货人名称（中文）、境外收发货人地址、卸毕日期和商品英文名称后，根据现行相关规定和实际需要，勾选申请单证类型，确认申请单证正本数和申请单证副本数后保存数据。

十九、 VIN 信息

申报进口已获 CCC 认证的机动车辆时，填报机动车车辆识别代码，包括：VIN 序号、车辆识别代码（VIN）、单价、底盘（车架号）、发动机号或电机号、发票所列数量、品名（英文名称）、品名（中文名称）、提运单日期、型号（英文）、质量保质期等 11 项内容。

（一）车辆识别代码（VIN）一般与机动车的底盘（车架号）相同。

（二）支持导入 VIN 码信息。

二十、 关联报关单

关联报关单是指与本报关单有关联关系的，同时在业务管理规范方面又要求填报的报关单编号。

保税间流转、加工贸易结转类的报关单，应先办理进口报关，并将进口报关单号填入出口报关单的“关联报关单”栏。

办理进口货物直接退运手续的，除另有规定外，应先填制出口报关单，再填制进口报关单，并将出口报关单号填报在进口报关单的“关联报关单”栏。

减免税货物结转出口（转出），应先办理进口报关，并将进口（转入）报关单号填入出口（转出）报关单的“关联报关单”栏。

二十一、 关联备案

关联备案是指与本报关单有关联关系的，同时在业务管理规范方面又要求填报的备案号。

保税间流转货物、加工贸易结转货物及凭“征免税证明”转内销货物，其对应的备案号填报在“关联备案”栏。

减免税货物结转进口（转入），“关联备案”栏填报本次减免税货物结转所申请的“中华人民共和国海关进口减免税货物结转联系函”的编号。

减免税货物结转出口（转出），“关联备案”栏填报与其相对应的进口（转入）报关单“备案号”栏中“征免税证明”的编号。

向香港或者澳门特别行政区出口用于生产香港 CEPA 或者澳门 CEPA 项下货物的原材料时，香港或澳门生产厂商在香港工贸署或者澳门经济局登记备案的有关备案号填报在“关联备案”栏。

二十二、 自主报税

进出口企业、单位采用“自主申报、自行缴税”（自报自缴）模式向海关申报时，勾选本栏目；反之则不勾选。

二十三、担保验放

担保验放指与海关总署签署“使用担保验放通关程序责任担保书”的双A类企业所进出口货物的报关单电子数据经海关接受申报后，经确定商品归类、海关估价和提供有效报关单证的基础上，在缴清税费或者办结其他海关手续前，企业可以凭“进（出）口货物担保验放清单”向海关先行办理货物验放手续（国家对进出口货物有限制性规定，应当提供许可证而不能提供的除外）的便利通关措施。

进出口企业、单位采用“担保验放”模式向海关申请通关放行，勾选本栏目；反之则不勾选。

二十四、税单无纸化

进出口企业、单位采用“税单无纸化”模式向海关申报时，勾选本栏目；反之则不勾选。

二十五、保税监管场所

保税监管场所进出货物，在“保税监管场所”栏目填报本保税监管场所编码［保税物流中心（B型）填报本中心的国内地区代码］，其中涉及货物在保税监管场所间流转的，在本栏目填报对方保税监管场所代码。

二十六、货场代码（黄埔海关专用）

按照进出口货物海关实际监管点，根据海关规定的“海关货场代码表”准确填报本栏目。

提醒注意：

（一）一般进出口货物报关单，按照进出口货物海关实际监管点场所如实填写；

（二）通关一体化报关单，如企业在某直属海关（黄埔海关）申报、在外关区（非黄埔海关）实际监管验放的报关单，填报“5298”；

（三）加工贸易形式报关单，参照原报关单填写；

（四）除上述类型报关单，填写“5299”。

二十七、货号

申报加工贸易货物进出口报关单时，根据“加工贸易手册”中备案的料件、成品货号填报本栏目。

二十八、加工成品单耗版本号

申报加工贸易货物出口报关单时，系统自动返填与“加工贸易手册”中备案成品单耗一致的版本号。

二十九、集装箱号

集装箱号是在每个集装箱箱体两侧标示的全球唯一的编号。其组成规则是：箱主代号（3位字母）+设备识别号“U”+顺序号（6位数字）+校验码（1位数字）。例如：

CRCU5682365。

一份报关单有多个集装箱的，则在本栏分别填报集装箱号。

三十、 集装箱规格

使用集装箱装载进出口商品的，在填报集装箱号后，在本栏按照“集装箱规格代码表”选择填报集装箱规格。例如：装载商品的集装箱规格为“普通 2 标准箱（L）”，在本栏下拉菜单选择“11-普通 2 标准箱（L）”。

三十一、 境外收/发货人代码

境外收货人通常指签订并执行出口贸易合同中的买方或合同指定的收货人，境外发货人通常指签订并执行进口贸易合同中的卖方。

对于 AEO 互认国家（地区）企业的，编码填报 AEO 编码，填报样式按照海关总署发布的相关公告要求填报（如新加坡 AEO 企业填报样式为：SG123456789012，韩国 AEO 企业填报样式为 KR1234567）。

三十二、 特殊业务标识

属于国际赛事、特殊进出军工物资、国际援助物资、国际会议、直通放行、外交礼遇、转关等特殊业务的，根据实际情况勾选。

不属于以上情况的无须勾选。

三十三、 B/L 号

B/L 号是指入境货物的提货单或出库单号码。运输方式为“航空运输”时无须填写。

三十四、 原箱运输

申报使用集装箱运输的货物，根据是否原集装箱原箱运输，勾选“是”或“否”。

三十五、 使用单位联系人

使用单位联系人填报进境货物销售、使用单位的联系人名字。

三十六、 使用单位联系电话

使用单位联系电话是指进境货物销售、使用单位的联系人的电话。

三十七、 非危险化学品

企业申报的商品 HS 编码可能是危险化学品时，会弹出“危险货物信息”窗口进行提示，企业可在“非危险化学品 ”栏目选择“是”或“否”。

三十八、 危包规格

进出口货物为危险货物的，须根据危险货物包装规格实际情况，按照海关规定的“危险货物包装规格代码表”在“危险货物信息”项下的“危包规格”中，选择填报危险货物的包装规格代码。

三十九、危包类别

进出口货物为危险货物的，须按照《危险货物运输包装类别划分方法》，在“危险货物信息”项下的“危包类别”中，勾选危险货物的包装类别。

危险货物包装根据其内装物的危险程度划分为三种包装类别：

一类：盛装具有较大危险性的货物；

二类：盛装具有中等危险性的货物；

三类：盛装具有较小危险性的货物。

四十、所需单证

进出口企业申请出具检验检疫证单时，应根据相关要求，在“所需单证”项下的“检验检疫签证申报要素”中，勾选申请出具的检验检疫证单类型。

申请多个的可多选。

四十一、检验检疫货物规格

在“检验检疫货物规格”项下，填报“成分/原料/组分”“产品有效期”“产品保质期”“境外生产企业”“货物规格”“货物型号”“货物品牌”“生产日期”“生产批次”等栏目。

（一）品牌以合同或装箱单为准，需要录入中英文品牌的，录入方式为“中文品牌/英文品牌”。

（二）境外生产企业名称默认为境外发货人。

（三）特殊物品、化妆品、其他检疫物等所含的关注成分或者其他检疫物的具体成分、食品农产品的原料等，在“成分/原料/组分”栏填报。

四十二、集装箱拼箱标识

进出口货物装运集装箱为拼箱时，在本栏下拉菜单中选择“是”或“否”。

另外，还需要填报领证机关、口岸检验检疫机关、目的地检验检疫机关等项目。

第五节 报关单各栏目内容与主要商业、货运单证对应关系

由于现已改为无纸报关单，申报单位须将纸本单据电子扫描件上传填报于随附单据栏中，海关审单人员可直接调取企业相关单据。

一、 发票

根据发票填制的栏目内容一般有：收发货人、收/发货单位、成交方式、运费、保险费、杂费、商品名称、规格型号、数量及单位、原产国（地区）/最终目的国（地区）、单价、总价、币制、合同协议号、集装箱号等。

发票由出口企业自行拟制，无统一格式，但基本栏目大致相同。一般标明“发票”（Invoice）或“商业发票”（Commercial Invoice）字样，用粗体字印刷在单据的明显位置。发票的主要栏目内容如下：

（一）出票人的名称与地址。发票的出票人一般为出口人，其名称和地址相对固定，故出口商通常将此项内容事先印制在发票的正上方或右上方。这个栏目是判断进口货物中转时是否发生买卖关系的指标之一。如果出票人的地址与进口货物启运地一致，则说明进口货物中转时没有发生买卖关系；如果出票人的地址与进口货物运输的中转地一致，与启运地不一致，则说明进口货物中转时发生了买卖关系。

（二）启运及目的地。该栏标明了货物运输的实际起止地点。如货物需要转运，则注明转运地。有的还注明运输方式。例如，FROM SHANGHAI TO TOKYO VIA HONGKONG（从上海经香港到达东京）。

（三）抬头，即收货人。此栏前通常印有“To”“Sold to Messrs”或者“For Account and Risk of Messrs”等字样，在这些字样后，一般注明买方的名称和地址。例如：

TO WINNING TEXTILE CO. LTD.,

UNIT H，6/F WORLD TECH CTR，

95 HOW MING ST，TOKYO，JAPAN

（四）唛头及编号（Marks & Nos.）。该栏一般注明包装的运输标记及包装的件数。例如：

MADE IN CHINA（产地）

PORT：LOS ANGELES（指运港）

C/No.：1~117（件数）

（五）品名和货物描述。该栏一般印有“Description of Goods”或者“Name of Commodity”的字样，在其下一般注明了具体装运的货物的名称、品质、规格及包装状况等内容。例如：

FOOTWEAR（货物名称）

COL：WHITE SZ：5~10（规格型号）

TOTAL PACKED IN 117 CARTONS ONLY（包装状况）

（六）数量、单价和总价。数量为实际装运的数量。单价包括计价货币、具体价格数、计价单位、贸易术语 4 部分。总价一般由大小写组成。如果合同单价含有佣金（Commission）或折扣（Rebate/Discount/Allowance），发票上一般也会注明。有时发票上还列明运费（Freight/F）、保险费（Insurance/I）及杂费（Extras）等。

二、 装箱单和提运单

根据装箱单和提运单查找的栏目内容一般有：运输方式、运输工具名称、航次、提运单号、启运国（地区）/运抵国（地区）、装货港/指运港、件数、包装种类、毛重、净

重、标记唛码及备注。

发票/装箱单主要内容中英文对照表

中英文	英文缩写	中英文	英文缩写
合同 Contract	CONT.	单价 Unit Price	
货物描述 Description of Goods		总额 Amount	AMT
规格、型号 Model		总价 Total Amount	
尺寸 Size		件数 Packages	PKGS
数量 Quantity	Q'TY	毛重 Gross Weight	G. W.
原产国 Made In / Origin		净重 Net Weight	N. W.
装货港 Port of Loading	P. O. L.	保险费 Insurance	
目的国 Destination Country		杂费 Extras	
指运港 Port of Destination	P. O. D.	佣金 Commission	
运费 Freight		折扣 Discount /Rebate/ Allowance	
集装箱 Container	CTNR	唛头及编号 Marks & Nos.	
包装种类 Packing		所附单证 Document Attached	DOC. ATT.

提运单主要内容中英文对照表

中英文	英文缩写	中英文	英文缩写
提单 Bill of Lading	B/L	到达港 Port of Arrival	P. A
提单号 Bill of Lading No.	B/L No.	指运港 Port of Destination	P. O. D.
承运人 Carrier		托运人 Shipper	
收货人 Consignee		被通知人 Notify Party	
空运运单 Air Way Bill	A. W. B.	卸货港 Port of Discharge	P. O. D
空运总运单 Master Air Way Bill	M. A. W. B	装货港 Port of Loading	P. O. L
空运分运单 House Air Way Bill	H. A. W. B	转运港 Port of Transshipment	
原产国 Made In/Country of Origin		转运到 In transit to	
船名 Ocean Vessel		航次 Voyage No.	Voy. No.

以下举例说明提单、发票、装箱单等原始单证与进口报关单有关栏目的基本对应关系，报关单标有带圈数字的栏目内容，可以从随附的原始单证中标注对应带圈数字的内容中查找、填报。

资料 1：报关单

中华人民共和国海关进口货物报关单

预录入编号：　　　　海关编号：　　　　页码/页数：

境内收货人	进境关别 ①	进口日期	申报日期	备案号
境外发货人	运输方式 ②	运输工具名称及航次号 ③	提运单号 ④	货物存放地点
消费使用单位	监管方式	征免性质	许可证号	启运港
合同协议号 ⑧	贸易国（地区）	启运国（地区） ⑤	经停港 ⑥	入境口岸

包装种类 ⑩	件数 ⑨	毛重（千克） ⑪	净重（千克） ⑫	成交方式 ⑦	运费	保费	杂费

随附单证

随附单证 1：　　　　随附单证 2：

标记唛码及备注

⑬　　　　⑭

项号	商品编号 ⑮	商品名称及规格型号 ⑯	数量及单位 ⑰ ⑱	单价/总价/币制 ⑳ ㉑ ㉒	原产国（地区） ⑲	最终目的国（地区）	境内目的地	征免
1								
2								
3								
4								
5								
6								
7								

特殊关系确认：　　价格影响确认：　　支付特许权使用费确认：　　自报自缴：

报关人员　报关人员证号　电话　兹申明以上内容承担如实申报、依法纳税之法律责任 申报单位　　　　申报单位（签章）	海关批注及签章

资料 2：提单

BILL OF LADING ②

For Combined Transport Shipment Or Port To Port Shipment

Shipper: KOREA.CHEMICAL CO.LTD 1301-4,SEOCHO-DONG,SEOCHO-KU,SEOUL,KOREA	Page: 1 of 1 B/L No.: MISC200000537 ④ Reference No.:
Consignee or Order: TO THE ORDER OF SHANGHAI FAR EAST CONTAINER CO.,LTD 1729-1731, YANG GAO ROAD. PUDONG,SHANGHAI,CHINA	Carrier: MALAYSIA INTERNATIONAL SHIPPING CORPORATION BERHAD
Notify Party / Address: It is agreed that no responsibility shall attach to the Carrier or his Agents For failure to notify (See Clause 20 on reverse of this Bill of Lading): SAME AS CONSIGNEE	Place of Receipt (Applicable only when this document is used as Transport Bill of lading): SINGAPORE CY
Vessel and VOY No.: ESSEN EXPRESS 28ED09 ③	Place of Delivery (Applicable only when this document is used as Transport Bill of lading): SHANGHAI CY
Port of Loading: SINGAPORE ⑤ ⑥	
Port of Transhipment:	Port of Discharge: SHANGHAI ①

Marks & Nos.	Number & Kind of Packages	Description of Goods	Gross Weight	Measurement(CBM)
			161 492.00 ⑪	281

FAR EAST　　SHIPPER'S LOAD COUNT AND SEALED

SHANGHAI ⑭　　12×20'CONTAINER(S)

C/NO.:　　SAID TO CONTAIN:

234 CRATES ⑨ ⑩

PAINT ⑯

FREIGHT PREPAID

TOTAL: TWELVE TWENTY FOOT CONTAINERS ONLY

SIZE/TYPE/CONTAINER#/TARE WGNT/GROSS WGHT/SEAL NUMBER/QUANTITY/STAT/STATU

20/DRY/TPHU8290658 ⑬	/2300	/.00	/0464	0/FCL/FCL
20/DRY/TEXU2391475	/2300	/.00	/0384	0/FCL/FCL
20/DRY/MISU2369721	/2300	/.00	/00977	0/FCL/FCL
20/DRY/MISU1173640	/2300	/.00	/04959	0/FCL/FCL
20/DRY/MISU1123306	/2300	/.00	/04980	0/FCL/FCL
20/DRY/MISU1107429	/2300	/.00	/04973	0/FCL/FCL
20/DRY/MISU1171114	/2300	/.00	/04958	0/FCL/FCL
20/DRY/MISU1328245	/2300	/.00	/04979	0/FCL/FCL
20/DRY/MISU1304351	/2300	/.00	/04963	0/FCL/FCL
20/DRY/MISU1306797	/2300	/.00	/165529	0/FCL/FCL
20/DRY/MISU1418038	/2300	/.00	/166671	0/FCL/FCL
20/DRY/MISU1113376	/2300	/.00	/165576	0/FCL/FCL

ABOVE PARTICULARS AS DECLARED BY SHIPPER

资料 3：发票

MR'02 02:25PM KCCS' PORE OFFICE 65 8630679 P.2

COMMERCIAL INVOICE

Seller : KOREA CHEMICAL CO.LTD. 1301-4.SEOCHO-DONG BEOCHO-KU, SEOUL.KOREA	Invoice No. and Date : EX80320 15th MAR 2008 L/C No. and Date :
Consignee : TO THE ORDER OF SHANGHAI FAR EAST CONTAINER CO., LTD. 1729-1731 YANG GAO RD.PUDONG SHANGHAI,CHINA	Buyer (If any than consignee) : AS PER CONSIGNEE
Departure Date : ETD: 20 MAR 2008	Terms of Delivery and Payment : T/T SHANGHAI T/T 60 DAYS FROM B/L DATE
Vessel : ESSEN EXPRESS v.28ED09 ③	Other Reference : CONTRACT No : SFEC/KCC803-01 ⑧
From : SINGAPORE ⑤ ⑥ To : SHANGHAI,CHINA ①	

Shipping Marks	No. & Kinds of Packing	Goods Description	Quantity	Unit Price	Amount
				CIF SHANGHAI CHINA ⑦	
FAR EAST SHANGHAI ⑭ C/NO.:		PAINT ⑯	114 056 LTR ⑰ ⑱	2.00/LTR ⑳	USD ㉒ 228 112.00 ㉑

Country of Origin: SINGAPORE ⑲

KOREA CHEMICAL CO., LTD.

Signed By: ____________________

资料4：装箱单

PACKING LIST

Seller : KOREA CHEMICAL CO.LTD. 1301-4.SEOCHO-DONG BEOCHO-KU, SEOUL.KOREA	Invoice No. and Date : EX80320 15th MAR 2008
Consignee: TO THE ORDER OF SHANGHAI FAR EAST CONTAINER CO, LTD. 1729-1731 YANG GAO RD.PUDONG SHANGHAI,CHINA	Buyer (If any than consignee) : AS PER CONSIGNEE
Departure Date : ETD: 20 MAR 2008	Other Reference : CONTRACT NO: SFEC/KCC803-01 ⑧
Vessel : ESSEN EXPRESS v.28ED09 ③	
From : SINGAPORE ⑤ ⑥ To: SHANGHAI,CHINA ①	

Shipping Marks	No. & Kinds of Packing	Goods Description	Quantity	N/Weight	G/Weight	Measurement
			LTR ⑱	KG	KG	
		PAINT ⑯				
TOTAL:	234 CRATES ⑨ ⑩		114 056 ⑰	136 256 ⑫	161 492 ⑪	

KOREA CHEMICAL CO., LTD.

Signed By: ____________________

第六节 其他进出境报关单

其他进出境报关单指除了《报关单填制规范》所规定的报关单格式以外，专用于特定区域、特定货物及特定运输方式的进出境报关单证。

一、 进出境货物备案清单

海关特殊监管区域（以下简称“特殊区域”）企业向海关申报货物进出境、进出区，以及在同一特殊区域内或者不同特殊区域之间流转货物的双方企业，应填制进（出）境货物备案清单，特殊区域与境内（区外）之间进出的货物，区外企业应同时填制进（出）口货物报关单，向特殊区域主管海关办理进出口报关手续。

货物流转应按照“先报进，后报出”的原则，在同一特殊区域企业之间、不同特殊区域企业之间流转的，先办理进境备案手续，后办理出境备案手续，在特殊区域与区外之间流转的，由区内企业、区外企业分别办理备案和报关手续。进（出）境货物备案清单原则上按《报关单填制规范》的要求填制。

保税区内企业从境外进口自用的机器设备、管理设备、办公用品，以及区内工作人员自用的应税物品，填制进（出）口货物报关单。

特殊区域（保税区除外）内企业从境外进口自用的机器设备、管理设备、办公用品，填制进（出）境货物备案清单。

进出境货物备案清单商品项数上限 50 项，单页备案清单最多打印 8 个商品项。

中华人民共和国海关进境货物备案清单

预录入编号： 海关编号： （××海关） 页码/页数：

<table>
<tr><td colspan="2">境内收货人</td><td colspan="2">进境关别</td><td colspan="2">进境日期</td><td colspan="2">申报日期</td><td>备案号</td></tr>
<tr><td colspan="2">境外发货人</td><td colspan="2">运输方式</td><td colspan="2">运输工具名称及航次号</td><td colspan="2">提运单号</td><td>货物存放地点</td></tr>
<tr><td colspan="2">消费使用单位</td><td colspan="4">监管方式</td><td colspan="2">许可证号</td><td>启运港</td></tr>
<tr><td colspan="2">合同协议号</td><td colspan="2">贸易国（地区）</td><td colspan="2">启运国（地区）</td><td colspan="2">经停港</td><td>入境口岸</td></tr>
<tr><td colspan="2">包装种类</td><td>件数</td><td>毛重（千克）</td><td>净重（千克）</td><td>成交方式</td><td>运费</td><td>保费</td><td>杂费</td></tr>
<tr><td colspan="9">随附单证及编号</td></tr>
<tr><td colspan="9">标记唛码及备注</td></tr>
<tr><td colspan="9">项号　商品编号　商品名称及规格型号　数量及单位　单价/总价/币制　原产国（地区）　最终目的国（地区）　境内目的地</td></tr>
<tr><td colspan="9"></td></tr>
<tr><td colspan="9"></td></tr>
<tr><td colspan="9"></td></tr>
<tr><td colspan="9"></td></tr>
<tr><td colspan="9"></td></tr>
<tr><td colspan="9"></td></tr>
<tr><td colspan="9"></td></tr>
<tr><td colspan="6">报关人员　报关人员证号　电话　兹中明对以上内容承担如实申报、依法纳税之法律责任
申报单位　申报单位（签章）</td><td colspan="3">海关批注及签章</td></tr>
</table>

中华人民共和国海关出境货物备案清单

预录入编号：　　　　海关编号：　　　　（××海关）　　　　页码/页数：

境内发货人	出境关别		出境日期		申报日期		备案号
境外收货人	运输方式		运输工具名称及航次号		提运单号		
生产销售单位	监管方式				许可证号		
合同协议号	贸易国（地区）		运抵国（地区）		指运港		离境口岸
包装种类	件数	毛重（千克）	净重（千克）	成交方式	运费	保费	杂费
随附单证及编号							
标记唛码及备注							

项号	商品编号	商品名称及规格型号	数量及单位	单价/总价/币制	原产国（地区）	最终目的国（地区）	境内货源地

报关人员　　报关人员证号　　电话　　兹申明对以上内容承担如实申报、依法纳税之法律责任 申报单位　　　　申报单位（签章）	海关批注及签章

二、 保税核注清单

保税核注清单是金关二期保税底账核注的专用单证，属于办理加工贸易及保税监管业务的相关单证。为推进实施以保税核注清单核注账册的管理改革，实现与加工贸易及保税监管企业料号级数据管理有机衔接，海关总署全面启用保税核注清单。加工贸易及保税监管企业已设立金关二期保税底账的，在办理货物进出境，进出海关特殊监管区域、保税监管场所，以及开展海关特殊监管区域、保税监管场所、加工贸易企业间保税货物流（结）转业务的，相关企业应按照金关二期保税核注清单系统设定的格式和填制要求向海关报送保税核注清单数据信息，再根据实际业务需要办理报关手续。

三、 过境货物报关单

过境货物报关单是指由过境货物经营人向海关递交申请过境货物进（出）境的法律文书，是海关依法监管货物过境的重要凭证。

四、 进（出）境快件报关单

进（出）境快件报关单是指进出境快件运营人向海关提交的申报以快件运输方式进出口货物、物品的报关单证。

进（出）境快件报关单包括 A 类报关单、B 类报关单、C 类报关单，其适用范围见本书第三章。

五、 暂准进口单证册

暂准进口单证册，即 ATA 单证册，是指由世界海关组织通过的《货物暂准进口公约》及其附约 A 和《ATA 公约》中规定的，用于替代各缔约方海关暂准进出口货物报关单和税费担保的国际统一通用的海关报关单证。

由于我国目前只加入了展览品暂准进口使用 ATA 单证册的有关国际公约，因此，我国目前只接受属于展览品范围的 ATA 单证册。有关单位向海关递交 ATA 单证册时，应递交中文或英文填报的 ATA 单证册。如递交英文时，应提供中文译本；用其他文字填写的，必须同时递交忠实于原文的中文或英文译本。

六、 集中申报清单

集中申报是指经向海关备案，进出口货物收发货人在同一口岸多批次进出口属于《中华人民共和国海关进出口货物集中申报管理办法》规定范围内的货物，可以先以“海关进（出）口货物集中申报清单”申报货物进出口，然后在海关规定的期限内再以进（出）口货物报关单集中办理海关申报手续的特殊通关方式。

第十二章 与通关业务相关的其他海关法律制度

12

第一节 海关统计制度

一、 海关统计概述

（一）海关统计的含义

《海关统计条例》第二条对海关统计做了明确定义，即海关统计是海关依法对进出口货物贸易的统计，是国民经济统计的组成部分。而海关统计工作、海关统计资料和海关统计理论，则是理解“海关统计”含义的3个重要概念。

海关统计工作，是指收集、整理、分析我国对外贸易进出口货物原始资料，并形成海关统计资料的工作过程。

海关统计资料，是指海关统计原始资料以及以海关统计原始资料为基础采集、整理的海关统计信息。其中，海关统计原始资料，是指经海关确认的“中华人民共和国进出口货物报关单”等报关单证及其随附单证和其他相关资料，以及海关实施抽样调查、重点调查和补充调查采集的原始资料；海关统计信息，是指海关统计电子数据、海关统计快报、月报、年报以及海关统计分析报告等信息。

海关统计理论，是指我国海关统计在实践中不断总结，逐步形成并不断完善的一整套较为系统的制度、原则和方法，是统计学原理与海关管理理论和海关具体业务的有机结合。

（二）海关统计的性质

海关统计的性质可以从以下5个方面来理解：

1. 海关统计是国家进出口货物贸易的统计。编制海关统计是海关的四大任务之一。《海关法》第二条规定：“中华人民共和国海关是国家的进出关境监督管理机关。海关依照本法和其他有关法律、行政法规，监督进出境的运输工具、货物、行李物品、邮递物品和其他物品，征收关税和其他税、费，查缉走私，并编制海关统计和办理其他海关业务。”

2. 海关统计是国民经济统计的重要组成部分。我国海关不仅负责收集、汇总和整理进出口统计数据，而且负责海关统计资料的编制、发布和分析。海关在执行对进出口货物的监督管理中取得的报关资料，经过整理后，可以全面地反映我国货物进出口和对外贸易运行的状况。国家公布国民经济计划执行结果和国际收支平衡表时所使用的对外贸易的进出口数据就是海关统计资料，海关统计是我国对外贸易的官方统计。

3. 海关统计是国家制定对外贸易政策、进行宏观经济调控的重要依据。海关统计是对进出关境的货物统计，能够全面地反映进出口商品的品种、数量、金额、贸易方式、经营单位和国别情况等。海关统计提供的对外贸易统计资料，为国务院及有关主管部门了解对外贸易的运行状况和发展趋势，制定有关经济贸易政策和管理措施，以及检查、监督政策措施的执行效果提供了决策依据。

4. 海关统计是研究我国对外贸易发展和国际经济贸易关系的重要资料。我国现行海关统计制度是参照联合国的国际贸易统计标准制定的，统计范围和统计口径同国际标准的要求基本相符。我国定期向联合国报送海关统计数据。因此，海关统计具有国际可比性，是研究对外贸易发展和国际经济贸易关系的重要资料。

5. 海关统计客观地反映了我国的对外贸易和海关依法行政的过程和结果。因此，海关统计是海关管理决策、确定管理方式和方法，以及评估海关执法状况和水平的重要依据。

（三）海关统计的特点

我国的海关统计，除具有社会经济统计的一般特点外，还具有全面性、可靠性和国际可比性等特点。

1. 全面性

《海关法》明确规定，进口货物的收货人、出口货物的发货人应当向海关如实申报，接受海关监督管理，从而为海关及时收集全面的进出境货物统计资料提供了法律依据和根本保证。

2. 可靠性

海关统计的原始资料是经海关实际监管的进出口货物报关单及有关单证。海关统计是海关监管过程和结果的记录，因此，其可靠性由海关在对外贸易活动中所处的客观地位所决定。

3. 国际可比性

海关统计全面采用国际标准，统计方法与统计口径同各国通行的贸易统计方法是一致的，因此，海关统计数据具有国际可比性。

（四）海关统计的任务和作用

1. 海关统计的任务

海关统计是国家赋予海关的一项基本职能，海关统计的任务包括以下 4 项：

（1）依法开展统计调查，全面收集、审核进出口货物收发货人或者其代理人的原始报关资料，并对统计数据进行汇总、整理。

（2）依法对进出口贸易统计数据进行统计分析，研究对外贸易运行特点、趋势和规律，根据进出口贸易统计数据及国内外有关宏观经济统计数据开展进出口实时监测和动态预警工作。

（3）利用海关统计数据依法开展统计监督，对企业进出口行为和过程进行监督，对海关执法活动进行分析评估，并检查、纠正虚报、瞒报、伪造、篡改统计资料的行为。

（4）根据国家有关规定开展统计咨询服务。除依法公布及无偿提供的综合统计资料以外，海关还对进出口贸易统计的数据资料提供有偿咨询服务。

2. 海关统计的作用

（1）有助于强化国家宏观经济管理与宏观调控

① 海关统计全面运用现代计算机技术和科学的统计分析方法，可以客观、真实、及

时、正确地反映国家对外贸易的总体情况，有利于国家及时掌握对外贸易情况，适时制定和调整对外贸易政策，进行宏观调控。

② 政府及其管理部门可以通过海关统计数据反映的现实情况，运用经济杠杆调整市场供求，避免主观性和盲目性。海关统计通过进出口数据，在一定程度上可以及时、正确地反映国内外市场供求变化情况，有利于政府及其管理部门对市场运行过程所产生的、不可避免的盲目性进行及时有效的干预；有助于经济实体知己知彼，有效组织生产和经营活动。

③ 海关统计还可以对国家有效引进和利用外资提供依据。海关统计能及时、正确地反映我国进出口国外物质资源的基本情况，有利于国家对引进和利用外资政策的制定和适时调整。

（2）有助于国家对进出口情况进行监测、预警

海关统计部门可以通过对海关所采集的数据进行整合分析，向政府及有关管理部门反映进出口环节的不正常情况，引起政府及有关管理部门的重视，促使其进一步加强管理，从而起到对企业进行守法监督和规范进出口秩序的作用。

（3）有助于海关对业务管理、执法状况进行监控

通过对海关贸易统计和业务统计数据的监控分析，对海关业务管理、执法状况进行执法评估和统计监督，加强海关科学管理，防范海关执法风险和廉政风险，打击各种走私、违法活动。

（五）海关统计的工作方针

海关统计的工作方针是：准确及时、科学完整、国际可比、服务监督。

二、 海关统计制度的基本内容

《海关法》、《中华人民共和国统计法》、《海关统计条例》、《中华人民共和国统计法实施条例》、《中华人民共和国海关统计工作管理规定》（以下简称《海关统计工作管理规定》）等法律、行政法规是关于海关统计的法律规范，它们明确了进出口货物统计的性质、任务、组织机构、职责、统计范围、统计项目、海关及当事人的权利、义务等，是指导海关统计工作的行政法规和海关规章。其基本内容包括：

（一）统计调查与统计监督

1. 统计调查

（1）统计调查的对象

海关根据统计工作需要，可以向进出口货物收发货人或者其代理人以及有关政府部门、行业协会和相关企业等统计调查对象开展统计调查。

统计调查对象应当配合海关统计调查，提供真实、准确、完整的有关资料和信息。

（2）统计调查的方法

海关利用行政记录全面采集统计原始资料。行政记录不能满足统计调查需要的，海关通过抽样调查、重点调查和补充调查等方法采集统计原始资料。

（3）统计调查时的查询

海关对统计原始资料有疑问的，可以直接向统计调查对象提出查询，收集相关资料，必要时可以进行实地检查、核对。

海关可以委托社会中介机构收集有关资料或者出具专业意见。

（4）统计调查所获资料的处置

对统计调查中获得的统计原始资料，海关可以进行整理、筛选和审核。海关进出口货物贸易的统计原始资料包括：

①“中华人民共和国海关进（出）口货物报关单”；

②“中华人民共和国海关进（出）境货物备案清单”；

③“中华人民共和国海关跨境电子商务零售进（出）口商品申报清单”；

④“中华人民共和国海关进（出）境快件货物报关单”；

⑤ 边民互市进（出）境货物申报单证；

⑥ 其他经海关确认的与进出口货物相关的单证及资料；

⑦ 海关公布的其他统计调查表式；

⑧ 其他编制进出口货物贸易统计所需要的资料。

以上统计原始资料同样适用于海关单项统计。

2. 统计监督

（1）统计监督的目的

海关运用统计数据，对业务运行情况和海关执法活动进行监测、评估，为海关管理提供决策依据。

（2）统计监督的工作内容

海关可以运用统计数据开展以下工作：

① 对进出口商品等情况进行监测；

② 对进出口企业贸易活动进行监督，依法处置弄虚作假行为。

（3）统计监督的工作内容

① 对进出口商品等情况进行监测；

② 对进出口企业贸易活动进行监督，依法处置弄虚作假行为。

（4）统计监督结果的用途

海关统计监督结果可以用于评估海关业务运行绩效，并作为海关实施风险管理、企业信用管理及行政处罚等执法措施的依据。

（二）统计分析与统计服务

1. 统计分析

（1）统计分析的目的

海关应当对统计数据进行分析，研究对外贸易和海关业务运行特点、趋势和规律，开展动态预警工作。

（2）统计分析的方法

海关应当综合运用定量与定性等统计分析方法，对统计数据进行加工整理，形成分析报告。

海关可以联合其他政府部门、科研机构、行业协会等共同开展统计分析。

2. 统计服务

（1）统计信息的上报

海关总署向党中央、国务院报送海关统计快报、月报、分析报告等统计信息。

（2）统计信息的共享

海关总署与国务院其他部门共享全国海关统计信息。经海关总署批准，各直属海关统计信息根据地方政府实际需要予以共享。

（3）统计信息的社会公布

海关统计快报、月报、年报等统计信息通过海关门户网站、新闻发布会等便于公众知晓的方式向社会公布。

① 公布的途径

海关统计“快讯”为海关统计月度初步汇总数据，由海关总署通过门户网站（www. customs. gov. cn，下同）和新闻媒体公布。

海关统计“月刊”为以进一步修正差错后形成的月度正式数据为基础编制的系列报表，由海关总署通过门户网站公布。

海关统计“在线查询数据”为按照海关总署公告 2018 年第 156 号对社会公众开放查询的月度正式数据，通过海关门户网站链接访问。

海关统计“年鉴”指以上一年度的海关统计正式数据为基础编制的系列报表。年鉴公布后对上年度数据不再更正。

② 公布的时间

海关总署每年 12 月对外公告下一年度向社会公布海关统计信息的时间。

（4）按需提供统计服务

除依法主动公开的海关统计信息外，海关可以根据社会公众的需要，提供统计服务。

为方便国内外用户获取和使用海关统计数据，海关总署及各直属海关有关部门可根据用户的不同要求，加工制作数据软盘、光盘、磁带或点对点网络传输数据；用户要求按约定时间连续提供数据的，可与有关部门签订提供数据协议书。

海关统计咨询服务严格遵守国家安全、保密及对外贸易的有关法律、法规。不对外提供涉及国家保密规定范围的进出口商品统计资料。公众可以从海关总署信息中心统计咨询室及海关总署信息中心设立的对外提供全国进出口统计资料咨询服务的部门获取海关统计数据资料。

2022 年中国海关统计数据公布时间表

时间	快讯	月刊	在线查询数据	年鉴
1 月	14 日 星期五	18 日 星期二	20 日 星期四	
2 月	—	—	—	
3 月	7 日 星期一	18 日 星期五	20 日 星期日	
4 月	13 日 星期三	18 日 星期一	20 日 星期三	
5 月	9 日 星期一	18 日 星期三	20 日 星期五	

续表

时间	快讯	月刊	在线查询数据	年鉴
6 月	9 日 星期四	18 日 星期六	20 日 星期一	
7 月	13 日 星期三	18 日 星期一	20 日 星期三	
8 月	7 日 星期日	18 日 星期四	20 日 星期六	
9 月	7 日 星期三	18 日 星期日	20 日 星期二	30 日 星期五
10 月	14 日 星期五	18 日 星期二	20 日 星期四	
11 月	7 日 星期一	18 日 星期五	20 日 星期日	
12 月	7 日 星期三	18 日 星期日	20 日 星期二	

注：除特别规定外，本表公布的内容为上月及累计数据。

（三）统计资料编制与管理

1. 统计资料的分级管理

海关总署负责管理全国海关统计资料。直属海关负责管理本关区统计资料。

2. 统计项目的调整

根据国民经济发展和海关监管需要，海关可以对统计项目进行调整。

3. 统计资料的汇总编制

海关统计快报、月报和年报等统计资料分别按照公历月和公历年汇总编制。

4. 统计信息的保存

海关统计电子数据及海关统计月报、年报等海关统计信息永久保存。

（四）海关统计范围

《海关统计条例》《海关统计工作管理规定》规定，海关对实际进出境并引起境内物质存量增加或者减少的货物实施进出口货物贸易统计；根据管理需要，对其他海关监管货物实施单项统计；对海关进出境监督管理活动和内部管理事务实施海关业务统计。这表明列入我国海关统计范围的货物必须同时具备两个条件：一是跨越我国经济领土边界的物质商品流动；二是改变我国的物质资源存量。

1. 列入海关统计的进出口货物

列入海关统计的进出口货物，以贸易方式进行分类。

列入海关统计的货物包括：一般贸易、国家间或者国际组织间无偿援助与赠送的物资、其他捐赠物资、补偿贸易、来料加工贸易、进料加工贸易、寄售与代销贸易、边境小额贸易、加工贸易进口设备、对外承包工程出口货物、租赁贸易、外商投资企业作为投资进口的设备、物品、出境加工贸易、易货贸易、免税外汇商品、免税品、海关保税监管场所进出境货物、海关特殊监管区域物流货物、海关特殊监管区域进口设备及其他。自洋山特殊综合保税区通过验收封关运行之日起，货物从境外运入洋山特殊综合保税区，以及从洋山特殊综合保税区运往境外的，列入海关进出口货物贸易统计。进出境物品超过自用、合理数量的，列入海关统计。

2. 不列入海关统计的货物

根据国际惯例和我国确定的海关统计范围，对于没有实际进出境或虽然实际进出境但没有引起境内物质资源存量增加或减少的货物、物品，不列入海关统计。

不列入海关统计的货物包括：过境货物、转运货物或通运货物，暂时进出口货物，用于国际收支手段的流通中的货币及货币用黄金，租赁期在 1 年以下的租赁货物，由于货物残损、短少、品质不良或规格不符而由该进出口货物的承运人、发货人或保险公司免费补偿或更换的同类货物，退运货物，中国籍船舶在公海捕获的水产品，中国籍或外国籍的运输工具在境外添装的燃料、物料、食品及放弃的废旧物料等，无商业价值的货样或广告品，海关特殊监管区域之间、保税监管场所之间及海关特殊监管区域和保税监管场所之间转移的货物，检测物品，进出境旅客的自用物品（汽车除外），我国驻外国和外国驻我国使领馆进出境的公务物品及使领馆人员的自用物品，其他以有形实物方式进出境的服务贸易项下货物，其他不列入海关统计的货物。

所称其他不列入海关统计的货物、物品，包括：修理物品，打捞物品，无商业价值的广告品或货样，我国籍船舶或飞机在境内添装的燃料、物料、食品等。

3. 不列入海关统计但实施单项统计的货物

为了更好地发挥海关统计在国民经济核算和海关管理中的作用，对于部分不列入海关统计的货物，海关可以根据管理需要对其实施单项统计，其统计数值不列入国家进出口货物贸易统计的总值。

对不列入海关统计的货物实施以下单项统计：免税品，进料加工转内销货物，来料加工转内销货物，转销内地的特区进口货物，保税区运往非保税区和非保税区运入保税区的货物（分各种贸易方式），保税仓库转内销和境内存入保税仓库的货物（分各种贸易方式），退运货物，过境货物。

（五）海关统计项目

进出口货物的统计项目包括：品名及编码、统计数量、统计价格、原产国（地区）、最终目的国（地区）、启运国（地区）、运抵国（地区）、贸易国（地区）、境内目的地、境内货源地、收发货人、贸易方式、运输方式、统计日期、关别、毛重与净重、品牌类型等 17 项。

进出口货物的品种、数（重）量、价格、国别（地区）和运输方式等，是各国（地区）对外贸易统计的常规项目。在海关统计中，对这些项目的定义和统计方法是全面采用了联合国建议的国际标准制定的；而境内目的地、境内货源地、贸易方式和关别等，则是为满足国家（地区）对外贸实施有效的宏观调控和海关对进出口货物实施有效监督管理的需要而设置的项目。对这些项目的定义和统计方法是以相关的海关法规和海关业务制度为基础制定的。

1. 对列入海关统计项目的统计规范

（1）品名及编码

进出口货物的名称及编码按照《统计商品目录》所列的商品名称及编码进行归类统计。

《统计商品目录》由海关总署公布。

（2）统计数量

进出口货物的数量按照《统计商品目录》规定的计量单位统计。

（3）统计价格

进口货物的价格按照货价、货物运抵中华人民共和国境内输入地点起卸前的运输及其相关费用、保险费之和（即“到岸价格”）统计。

出口货物的价格按照货价、货物运抵中华人民共和国境内输出地点装卸前的运输及其相关费用、保险费之和（即“离岸价格”）统计。

“到岸价格”和“离岸价格”可按以下办法计算：

① 进口货物按境外口岸离岸价格成交的，应加上该货物从境外发货或交货口岸运抵我国关境口岸前所实际支付各段的运费和保险费。

② 出口货物按到达境外口岸的到岸价格成交，或者在离岸价格中包括支付给境外的佣金、折扣等费用的，应扣除境外的运杂费、保险费或佣金、折扣等费用。

③ 租赁贸易的进出口货物按照货物的到、离岸价格做全值统计。无法取得实际到、离岸价格的，可按租金总额统计；租赁期满复运出进口时，则按货物原到、离岸价格扣除已付的租金统计。

④ 来料加工装配贸易进口的料件按照料件的到岸价格统计，加工装配产品出口时，按照原料费加工缴费作全值统计。

⑤ 出料加工贸易的出口料件按照料件的离岸价格统计，加工产品复运进口时，按照原料费加工缴费作全值统计。

⑥ 无偿援助、捐赠或免费提供的进出口货物，不能确定其到、离岸价格时，可按照相同或类似货物的到、离岸价格统计。

进出口货物的价格分别按照人民币和美元统计。

各种货币折算美元，按照国家外汇管理局印发的各种货币对美元内部统一折算率计算。

各种货币折算人民币，按照国家外汇管理部门上月末日发布的人民币基准汇价表的买卖中间价折算。进口货物也可以海关完税价格为人民币统计价格。

（4）原产国（地区）

进出口货物的原产国（地区）按照《原产地条例》及海关总署有关规定进行统计。

进出口货物原产国（地区）无法确定的，按照“国别不详”统计。

（5）最终目的国（地区）

出口货物的最终目的国（地区）按照出口货物已知的消费、使用或者进一步加工制造的国家（地区）统计。

不经过第三国（地区）转运的出口直接运输货物，可以运抵国（地区）为最终目的国（地区）。

经过第三国（地区）转运的出口货物，以最后运往国（地区）为最终目的国（地区）。对于成交条款订为选择港的，以第一选择港为最终目的国（地区）。

出口货物不能确定最终目的国（地区）的，按照出口时尽可能预知的最后运往国（地区）统计。

（6）启运国（地区）

进口货物的启运国（地区）按照货物起始发出直接运抵我国或者在运输中转国（地区）未发生任何商业交易的情况下运抵我国的国家（地区）统计。

不经过第三国（地区）转运的直接运输货物，可以进口货物的装货港为起运国。

经过第三国（地区）转运的进口货物，未在中转国发生买卖行为的，以进口货物的始发国为起运国；在中转国发生了买卖行为的，以中转国为起运国

（7）运抵国（地区）

出口货物的运抵国（地区）按照出口货物从我国直接运抵或者在运输中转国（地区）未发生买卖行为的情况下最后运抵的国家（地区）统计。

不经过第三国（地区）转运的直接运输货物，以出口货物的指运港为运抵国（地区）。

经过第三国（地区）转运的出口货物，未在中转国（地区）发生买卖行为的，以出口货物的最终目的国（地区）为运抵国（地区）；在中转国（地区）发生买卖行为的，以中转国（地区）为运抵国（地区）。

（8）贸易国（地区）

进出口货物的贸易国（地区）按照对外贸易中与境内企业签订贸易合同的外方所属的国家（地区）统计。

进口统计购自国（地区），出口统计售予国（地区）。未发生商业性交易的，按照货物所有权拥有者所属的国家（地区）统计。

（9）境内目的地

进口货物的境内目的地按照进口货物在我国境内的消费、使用地或者最终运抵地统计，其中最终运抵地为最终使用单位所在的地区。

最终使用单位难以确定的，按照货物进口时预知的最终收货单位所在地统计。

（10）境内货源地

出口货物的境内货源地按照出口货物在我国境内的产地或者原始发货地统计。

出口货物在境内多次转换运输工具、难以确定其生产地的，按照最早发运该出口货物的单位所在地统计。

（11）收发货人

进出口货物收发货人按照已经在海关注册登记、从事进出口经营活动的境内法人、其他组织或者个人进行统计。

（12）贸易方式

进出口货物的贸易方式，按照买卖双方交易形式及海关监管要求分类统计。

（13）运输方式

进出口货物的运输方式按照水路运输、铁路运输、公路运输、航空运输、邮件运输和其他运输等方式统计。

进境货物的运输方式应当按照货物运抵我国境内第一个口岸时的运输方式统计；出境货物的运输方式应当按照货物运离我国境内最后一个口岸时的运输方式统计。

海关根据管理和单项统计需要，设置货物境内流转运输方式。

（14）统计日期

进口货物的日期按照海关报关单证放行日期统计；出口货物的日期按照海关报关单证结关日期统计。

（15）关别

进出口货物的报关关别按照接受申报的海关统计。

进出口货物的进出境关别按照货物进出境的口岸海关统计。

（16）毛重与净重

进出口货物的毛重按货物本身的实际重量及其包装材料的重量之和统计。

进出口货物的净重按货物本身的实际重量统计。

（17）品牌类型

进出口货物的品牌类型按进出口货物的品牌属性分类统计。

以上统计项目同样适用于海关单项统计。

2. 对不列入海关统计但实施单项统计的规范

（1）免税品的统计项目：同海关统计。

（2）进料、来料加工转内销货物（包括经济特区或保税区的加工贸易转内销货物）的统计项目：商品编号（转内销的成品按原进口料件的编号统计）、数量、金额（转内销的成品按原进口料件的价格统计）、原产国别、贸易方式、经营单位、境内目的地、关别。

（3）销往内地的特区进口货物（指经批准转销内地的特区减免税进口货物）的统计项目：商品编号、数量、金额、原产国别、贸易方式、经营单位、境内目的地、关别。

（4）保税区运往非保税区和非保税区运入保税区货物的统计项目：同海关统计。

（5）保税仓库转内销和境内存入保税仓库货物的统计项目：同海关统计。

（6）退运货物的统计项目：商品编号、数量、金额、起抵国别、贸易方式、经营单位、关别。

（7）过境货物的统计项目：商品编号（两位数）、重量（毛重）、来自国别、运往国别、运输路线、关别。

（六）进出口监测预警

对国家对外贸易进出口进行统计分析和监测预警是《海关统计条例》赋予中国海关的重要职责。我国加入世界贸易组织后，为了有效促进贸易效益，维护国家产业安全和经济安全，海关总署历时 3 年开发应用了进出口监测预警系统，对进出口货物的全过程进行实时监测、快速反应、科学预测和动态预警。

该系统包括快速反应、贸易指数、预测和预警四个子系统，本栏目展现的便是该系统运行产生的部分信息。包括：

1. 监测报表：及时反映月度全国进出口总体情况及主要分类项目的进出口情况；

2. 高贸易摩擦风险监测表：对当月我国进口数量增长较快而价格下降较大的商品来源地的监测，从中可以发现对我国进行商品倾销等不正当竞争的倾向；

3. 商品预警：是对我国部分重要商品的进口量值是否过多或过少的一种判断，用预警灯表示，红灯表示进口过多，黄灯表示偏多，绿灯表示正常，浅蓝灯表示进口偏少，蓝灯表示过少；

4. 监测报告：根据预警和监测结果所撰写的分析报告，表达作者对情况的描述、原因的分析、影响的判断及政策措施建议等。

第二节
海关稽查制度

一、 海关稽查概述

（一）海关稽查的含义

海关稽查是指海关自进出口货物放行之日起 3 年内或者在保税货物、减免税进口货物的海关监管期限内及其后的 3 年内，对与进出口货物直接有关的企业、单位的会计账簿、会计凭证、报关单证及其他有关资料（以下统称账簿、单证等有关资料）和有关进出口货物进行核查，监督其进出口活动的真实性和合法性。

对此，我们可从以下几方面来理解海关稽查的含义：

1. 海关享有依法实施稽查的权力。海关稽查的执法主体是海关本身，而不能为其他机关、组织所代替。《海关法》第四十五条将海关稽查制度以法律形式予以确认，使海关稽查有了法律授权。而《海关稽查条例》则是对实施稽查时海关享有的权利、义务等实体性和程序性规范的内容作出的具体规定。

2. 海关稽查具有特定期限。海关稽查必须在法定的期限内，对与进出口货物直接有关的企业、单位实施才具有法律效力，才能产生合法的法律效果。

对于一般进出口货物，海关的稽查期限是自货物放行之日起 3 年内；对于保税货物和特定减免税进口货物等，海关的稽查期限是海关监管期限内及其后的 3 年内。

3. 海关稽查针对特定的对象。海关稽查的相对人是与进出口活动直接有关的企业、单位。只有与海关在进出口监督管理活动中产生法律关系的当事人，海关才能对其实施稽查。

4. 海关稽查具有特定的内容。海关稽查的内容主要是被稽查人的会计账簿、会计凭证、报关单证，以及其他有关资料（以下统称账簿、单证等有关资料）和有关进出口货物。

5. 海关稽查具有特定的目的。海关实施稽查是为了评估被稽查人进出口信用状况和风险状况，检查其进出口活动的真实性、合法性和规范性。

（二）海关稽查的特征

从本质上看，海关稽查是海关监督管理职能的实现方式，也是海关监管制度的主要组成部分。然而，海关稽查与传统的海关监管相比又有着显著的区别，其特征主要表现在：

1. 海关监管“前推后移”，将原有海关监管的时间、空间进行了大范围的延伸和拓展。海关监管不仅局限于进出口的实时监控和进出境口岸，而是通过评估验证企业守法状况、贸易安全情况以及税收征管风险状况等，有针对性地规范企业内部经营管理，引导企业守法自律，保障其更好地享受海关监管便利。海关对放行未结关货物的使用、管理情况和在货物结关放行之后的一定期限内，对与进出口货物直接有关的企业和单位的会计资料、报关单证及其他相关资料进行稽查。

2. 海关监管“由企及物”，将海关监管的主要目标从控制进出口货物转变为控制货物的经营主体——进出口企业，不再人为地将企业与货物割裂开来。海关围绕企业的进出口活动实施动态和全方位的监管，通过监管企业的进出口行为来达到监管进出口货物的目的。

（三）海关稽查的目标

根据海关实施稽查针对的内容和产生的影响，海关稽查的目标可以分为直接目标和最终目标。

1. 直接目标

即海关稽查直接作用于被稽查人（企业、单位），通过对被稽查人的会计资料、报关单证及其他相关资料和进出口货物的稽核，监督被稽查人进出口活动的真实性、合法性。因而，所追求的目标是具体的、有形的、现实的。

2. 最终目标

即通过有计划、分步骤的海关稽查，全面规范企业的进出口行为，提高进出口企业守法自律意识，防范或减少企业违法行为的发生，维护正常的进出口秩序。因而，所追求的目标是整体的、无形的、长远的。

3. 实现海关稽查目标的主要手段

为了防范和查究在进出口货物的通关过程中和在保税货物、减免税货物的海关监管期间可能发生或者已经发生的各种走私违法情事，引导和规范从事进出口活动的企业守法经营，海关在进出口货物已经放行或实现脱离海关控制后的规定期限内，以稽查的方式有针对性稽核与进出口货物直接有关的企业账册、文件单证等商业记录，并实地核查有关进出口货物的使用情况或实际去向，以此保证海关对企业进出口活动的合法性、真实性进行有效监管。

二、 海关稽查制度的基本内容

（一）海关稽查的对象

1. 海关稽查的企业、单位

根据《海关稽查条例》第三条的规定，海关对下列与进出口货物直接有关的企业、单位实施稽查：

（1）从事对外贸易的企业、单位，包括具备进出口业务经营权的专业对外贸易公司、工贸公司和有进出口业务经营权的企业、单位；

（2）从事保税加工业务的企业，包括承接来料加工业务的企业、承接进料加工业务的企业等；

（3）经营保税物流及仓储业务的企业；

（4）使用或者经营减免税进口货物的企业、单位，包括外商投资企业、使用减免税进口物资的企业、单位；

（5）报关企业，包括专业从事报关服务的企业，经营对外贸易仓储、运输、国际运输工具或国际运输工具服务及代理等业务又兼营报关服务的企业；

（6）海关总署规定的从事与进出口货物直接有关的其他企业、单位。

上述企业、单位是海关稽查的对象，亦称为被稽查人。

2. 海关稽查的进出口活动

根据《〈中华人民共和国海关稽查条例〉实施办法》（以下简称《〈海关稽查条例〉实施办法》）的规定，海关对被稽查人实施稽查所涉及的进出口活动包括：

（1）进出口申报；

（2）进出口关税和其他税费的缴纳；

（3）进出口许可证件的交验；

（4）与进出口货物有关资料的记载、保管；

（5）保税货物的进口、使用、储存、加工、销售、运输、展示和复出口；

（6）减免税进口货物的使用、管理；

（7）转关运输货物的承运、管理；

（8）暂准进出境货物的使用、管理；

（9）其他进出口活动。

（二）海关稽查的方式

海关稽查包括专项稽查和验证稽查 2 种方式。

1. 专项稽查是指海关根据关区的实际情况，以查缉企业各类问题，为税收和防范走私违法活动提供保障为目标，以风险程度较高或政策敏感性较强的企业或行业为重点，采用风险分析、贸易调查等方式，对某些企业或某些商品实施的行业式、重点式、通关式稽查。

2. 验证稽查是指海关以验证企业守法状况或贸易安全情况，动态监督企业进出口活动，规范企业内部管理，促进企业守法自律为目标，对申请评为认证企业的准入资质实施的稽查。

与专项稽查方式相比，验证稽查的“工作目标”特殊，是海关分类管理工作的配套措施；“管理对象”特殊，是具备条件的申请评为认证企业；“管理方式”特殊，是“事前准入验证”与“后续监控管理”两种方式的有机结合；“验证内容”特殊，不仅要验证企业的守法状况，还要验证其贸易安全情况。

（三）海关稽查的常用方法

海关稽查方法是指海关稽查人员采用审计、稽核、检查等方式和技术手段，对特定的稽查对象进行核查，以核实被稽查人的进出口行为是否合法、规范，有无违反海关法行为。海关稽查常用的方法有：

1. 查账法

查账法是海关稽查最主要、最基本的方法。海关稽查人员根据会计凭证、会计账簿和财务报表等的内在关系，通过对被稽查人会计资料记录及其所反映的经济业务的稽核、检查，以核查被稽查人的进出口行为是否合法、规范。它以被稽查人的各种会计资料为稽查的直接对象。

查账法，按照检查会计资料的记账顺序的不同划分，可分为顺查法和逆查法；按照检查会计资料的数量（范围）的大小划分，可分为详查法和抽查法；按照检查会计资料的技术内容划分，可分为核对法和审阅法。

2. 调查法

调查法是指海关稽查人员通过观察、询问、检查、比较等方式，对被稽查人的进出口活动进行全面综合的调查了解，以核实其进出口行为是否真实合法、规范的方法。

3. 盘存法

盘存法是指海关在检查进出口货物的使用状况时，通过盘点实物库存等方法，具体查证核实现金、商品、材料、在产品、产成品、固定资产和其他商品的实际结存量的方法。

4. 分析法

分析法是指海关利用现有的各种信息数据系统，充分依靠现代信息技术，对海关监管对象及其进出口活动全面综合统计、汇总，进行定量定性分析、评估，以确定被分析对象进出口活动的风险情况的基本方法。

此外，海关可以委托具有法定资质的社会中介机构就有关事项出具专业评估报告。专业评估报告经海关认可的，可以作为海关稽查的参考依据。

（四）对企业管理账簿、单证等有关资料的规范性要求

1. 账簿、单证等有关资料的真实性

与进出口活动直接有关的企业、单位，所设置和编制的会计账簿、会计凭证、会计报表及其他会计资料，应当真实、准确、完整地记录和反映进出口业务的有关情况。与进出口货物直接有关的企业、单位会计制度健全，能够通过计算机正确、完整地记账、核算的，其计算机储存和输出的会计记录视同会计资料。

2. 账簿、单证等有关资料的保管

（1）会计资料的保管

与进出口活动直接有关的企业、单位应当按照有关法律和行政法规规定的保管期限，保管会计账簿、会计凭证、会计报表和其他会计资料。

（2）与进出口业务有关的海关统计原始资料的保管

经海关确认的进出口货物报关单，以及与进出口业务直接有关的其他资料的保管期限按照海关稽查期限确定。

（五）海关稽查的实施

1. 海关稽查实施的基本规则

（1）海关稽查由被稽查人注册地海关实施。被稽查人注册地与货物报关地或者进出口地不一致的，也可以由报关地或者进出口地海关实施。海关总署可以指定或者组织下级海关实施跨关区稽查。直属海关可以指定或者组织下级海关在本关区范围内实施稽查。

（2）海关将按照海关监管的要求，根据与进出口货物直接有关的企业、单位的进出口信用状况和风险状况，以及进出口货物的具体情况，确定海关稽查重点，制订稽查工作计划。

（3）海关稽查应当由具备稽查执法资格的人员实施，实施稽查时应当向被稽查人出示海关稽查证。海关进行稽查时，将组成稽查组，其成员不少于 2 人。

（4）海关根据稽查工作需要，可以向有关行业协会、政府部门和相关企业等收集特定商品、行业的与进出口活动有关的信息。收集的信息涉及商业秘密的，海关应当予以保密。

（5）海关进行稽查时，可以委托会计、税务等方面的专业机构就相关问题作出专业结论。被稽查人委托会计、税务等方面的专业机构作出的专业结论，可以作为海关稽查的参考依据。

（6）海关稽查人员实施稽查时，有下列情形之一的，应当回避：

① 海关稽查人员与被稽查人的法定代表人或者主要负责人有近亲属关系的；

② 海关稽查人员或者其近亲属与被稽查人有利害关系的；

③ 海关稽查人员或者其近亲属与被稽查人有其他关系，可能影响海关稽查工作正常进行的。

被稽查人有正当理由，可以对海关稽查人员提出回避申请。但在海关作出回避决定前，有关海关稽查人员不停止执行稽查任务。

2. 海关稽查的实施程序

按照《海关稽查条例》和《〈海关稽查条例〉实施办法》的有关规定，海关稽查的实施由下列环节组成。

（1）稽查通知

海关实施稽查3日前，应当向被稽查人制发“海关稽查通知书”。海关不经事先通知实施稽查的，应当在开始实施稽查时向被稽查人制发“海关稽查通知书”。

被稽查人在收到稽查通知书后，正本留存，副本加盖被稽查人印章并由被稽查人代表签名后交海关留存。

在被稽查人有重大违法嫌疑，其账簿、单证等有关资料及进出口货物可能被转移、隐匿、毁弃等紧急情况下，经直属海关关长或者其授权的隶属海关关长批准，海关可以不经事先通知进行稽查。

（2）稽查实施

稽查实施是指海关依照稽查的程序，采用各种有效的稽查方法，对被稽查人进出口活动的合法性、真实性和规范性进行核查的行政执法活动。稽查实施主要包括以下几项内容。

① 查阅和复制被稽查人账簿、单证等有关资料

海关稽查人员查阅、复制被稽查人的会计账簿、会计凭证、报关单证及其他有关资料（以下统称账簿、单证等有关资料）时，被稽查人的法定代表人或者主要负责人或者其指定的代表（以下统称被稽查人代表）应当到场，按照海关要求如实提供并协助海关工作。海关稽查人员复制被稽查人的账簿、单证等有关资料或对计算机文件进行拷贝时，被稽查人代表应当到场，按照海关要求如实提供并协助海关工作。

对被稽查人的账簿、单证等有关资料进行复制的，被稽查人代表应当在确认复制资料与原件无误后，在复制资料上注明出处、页数、复制时间及“本件与原件一致，核对无误”，并签章。

被稽查人以外文记录账簿、单证等有关资料的，应当提供符合海关要求的中文译本。

被稽查人利用计算机、网络通信等现代信息技术手段进行经营管理的，应当向海关提供账簿、单证等有关资料的电子数据，并根据海关要求开放相关系统，提供使用说明及其

他有关资料。对被稽查人的电子数据进行复制的，应当注明制作方法、制作时间、制作人、数据内容及原始载体存放处等，并由制作人和被稽查人代表签章。

② 异地查阅或者复制账簿、单证等有关资料

被稽查人所在场所不具备查阅、复制工作条件的，经被稽查人同意，海关可以在其他场所查阅、复制。海关需要在其他场所查阅、复制的，应当填写“海关稽查调审单”，经双方清点、核对后，由海关稽查人员签名和被稽查人代表在“海关稽查调审单”上签章。

③ 检查与进出口有关的生产经营和货物情况

海关稽查人员进入被稽查人的生产经营场所、货物存放场所，检查与进出口活动有关的生产经营情况和货物时，被稽查人代表应当到场，按照海关的要求开启场所，搬移货物，开启、重封货物的包装等。检查结果应当由海关稽查人员填写“检查记录”，由海关稽查人员签名和被稽查人代表在“检查记录”上签章。

④ 向被稽查人询问与进出口活动有关的情况和问题

海关稽查人员询问被稽查人的法定代表人、主要负责人和其他有关人员时，应当制作“询问笔录”，并由询问人、记录人和被询问人签名确认。

⑤ 收集与进出口活动有关的资料和证明材料

海关实施稽查时，可以向与被稽查人有财务往来或者其他商务往来的企业、单位收集与进出口活动有关的资料和证明材料，有关企业、单位应当配合海关工作。

⑥ 查询被稽查人在商业银行或者其他金融机构的存款账户

经直属海关关长或者其授权的隶属海关关长批准，海关可以凭“协助查询通知书”向商业银行或者其他金融机构查询被稽查人的存款账户。

⑦ 查封、扣押被稽查人账簿、单证等资料或者进出口货物

海关实施稽查时，发现被稽查人有可能转移、隐匿、篡改、毁弃账簿、单证等有关资料的，经直属海关关长或者其授权的隶属海关关长批准，可以查封、扣押其账簿、单证等有关资料及相关电子数据存储介质。

海关实施稽查时，发现被稽查人的进出口货物有违反海关法或者其他有关法律、行政法规嫌疑的，经直属海关关长或者其授权的隶属海关关长批准，可以查封、扣押有关进出口货物。

海关实施查封、扣押应当依据《中华人民共和国行政强制法》及其他有关法律、行政法规。海关发现被稽查人未按照规定设置或者编制账簿，或者转移、隐匿、篡改、毁弃账簿的，应当将有关情况通报被稽查人所在地的县级以上人民政府财政部门。

（3）稽查报告与稽查结论

海关稽查组实施稽查后，应当向海关报送稽查报告。稽查报告认定被稽查人涉嫌违法的，在报送海关前应当就稽查报告认定的事实征求被稽查人的意见。被稽查人应当自收到相关材料之日起 7 日内，将其书面意见送交海关。海关应当在收到稽查报告之日起 30 日内作出“海关稽查结论”，并送达被稽查人。海关应当在稽查结论中说明作出结论的理由，并告知被稽查人的权利。

（4）稽查终结

有下列情形之一的，经直属海关关长或者其授权的隶属海关关长批准，海关可以终结稽查：

① 被稽查人下落不明的；

② 被稽查人终止，无权利义务承受人的。

（六）主动披露

1. 与“主动披露”相关的重要概念

（1）“主动披露”的定义

“主动披露”指进出口企业、单位主动向海关书面报告其违反海关监管规定的行为并接受海关处理。走私行为、走私犯罪不在适用范围。

（2）不能认定为主动披露的情形

符合主动披露的定义，但存在以下情形的，不能认定为主动披露：

① 报告前海关已经掌握违法线索的；

② 报告前海关已经通知被稽查人实施稽查的；

③ 报告内容严重失实或者隐瞒其他违法行为的。

2. “主动披露”制度的基本内容

（1）进出口企业、单位主动披露应当向海关提交账簿、单证等有关证明材料，并对所提交材料的真实性、准确性、完整性负责。海关应当核实主动披露的进出口企业、单位的报告，可以要求其补充有关材料。

（2）主动披露的进出口企业、单位违反海关监管规定的，海关应当对其从轻或者减轻行政处罚；违法行为轻微并及时纠正，没有造成危害后果的，不予行政处罚。对主动披露并补缴税款的进出口企业、单位，海关可以减免滞纳金。

3. “主动披露”涉税违规行为的处理

（1）适用范围

适用于进出口企业、单位在海关发现前主动披露影响税款征收的违反海关监管规定行为（以下简称“涉税违规行为”），不适用于不影响税款征收的其他违规行为，如影响海关统计准确性、影响许可证件管理等违规行为。

（2）不予行政处罚的情形

进出口企业、单位主动披露涉税违规行为，有下列情形之一的，依据《行政处罚法》第二十七条的规定，不予行政处罚：

① 在涉税违规行为发生之日起 3 个月内向海关主动披露，主动消除危害后果的；

② 在涉税违规行为发生之日起 3 个月后向海关主动披露，漏缴、少缴税款占应缴纳税款比率 10%以下，或者漏缴、少缴税款在人民币 50 万元以下，且主动消除危害后果的。

（3）企业、单位的“主动披露”涉税违规行为的报告及受理海关

进出口企业、单位向海关主动披露的，需填制“主动披露报告表”，并随附账簿、单证等材料，向原税款征收地海关或企业所在地海关报告。

在执行中，各直属海关将明确各关区及其隶属海关接收进出口企业、单位主动披露报告的部门和联系方式，并通过门户网站等方式向社会公布。

（4）“主动披露”涉税违规行为对企业、单位信用管理的影响

① 对企业信用状况的影响

进出口企业、单位主动披露且被海关处以警告或者 50 万元以下罚款行政处罚的行为，不列入海关认定企业信用状况的记录。

② 对企业管理措施的影响

认证企业主动披露涉税违规行为的，海关立案调查期间不暂停对该企业适用相应管理措施。

（七）海关稽查发现问题的处理

海关稽查是海关监督被稽查人进出口活动真实性和合法性的一种措施。稽查中发现税款少征或漏征或者被稽查人存在违法活动的应按《海关稽查条例》的规定分别作出相应的处理。

1. 经海关稽查，发现关税或者其他进口环节的税收少征或者漏征的，由海关依照《海关法》和有关税收法律、行政法规的规定向被稽查人补征；因被稽查人违反规定而造成少征或者漏征的，由海关依照《海关法》和有关税收法律、行政法规的规定追征。

被稽查人在海关规定的期限内仍未缴纳税款的，海关可以依法采取强制执行措施。

2. 封存的有关进出口货物，经海关稽查排除违法嫌疑的，海关应当立即解除封存；经海关稽查认定违法的，由海关依照《海关法》和《海关行政处罚实施条例》的规定处理。

3. 经海关稽查，认定被稽查人有违反海关监管规定的行为的，由海关依照《海关法》和《海关行政处罚实施条例》的规定处理。

与进出口货物直接有关的企业、单位主动向海关报告其违反海关监管规定的行为，并接受海关处理的，应当从轻或者减轻行政处罚。

4. 经海关稽查，发现被稽查人有走私行为，构成犯罪的，依法追究刑事责任；尚不构成犯罪的，由海关依照《海关法》和《海关行政处罚实施条例》的规定处理。

5. 海关通过稽查决定补征或者追征的税款、没收的走私货物和违法所得及收缴的罚款，全部上缴国库。

6. 被稽查人同海关发生纳税争议的，依照《海关法》的规定办理。

（八）与海关稽查相关的法律责任

1. 被稽查人的法律责任

（1）被稽查人有下列行为之一的，由海关责令限期改正，逾期不改正的，处 2 万元以上 10 万元以下的罚款；情节严重的，禁止其从事报关活动；对负有直接责任的主管人员和其他直接责任人员处 5000 元以上 5 万元以下的罚款；构成犯罪的，依法追究刑事责任：

① 向海关提供虚假情况或者隐瞒重要事实的；

② 拒绝、拖延向海关提供账簿、单证等有关资料，以及相关电子数据存储介质的；

③ 转移、隐匿、篡改、毁弃报关单证、进出口单证、合同、与进出口业务直接有关的其他资料，以及相关电子数据存储介质的。

（2）被稽查人未按照规定编制或者保管报关单证、进出口单证、合同，以及与进出口业务直接有关的其他资料的，由海关责令限期改正，逾期不改正的，处 1 万元以上 5 万元以下的罚款；情节严重的，禁止其从事报关活动，并对负有直接责任的主管人员和其他直接责任人员处 1000 元以上 5000 元以下的罚款。

（3）被稽查人未按照规定设置或者编制账簿，或者转移、隐匿、篡改、毁弃账簿的，依照会计法的有关规定追究法律责任。被稽查人有上述（1）、（2）所列行为之一的，海关应当制发“海关限期改正通知书”，告知被稽查人改正的内容和期限，并对改正情况进行检查。被稽查人逾期不改正的，海关可以依据相关规定调整其信用等级。

2. 海关工作人员的法律责任

海关工作人员在稽查中玩忽职守、徇私舞弊、滥用职权或者利用职务上的便利，收受、索取被稽查人的财物，构成犯罪的，依法追究刑事责任；不构成犯罪的，由海关依照《中华人民共和国公务员法》《海关法》和其他有关法律、行政法规予以处理。

第三节 海关事务担保制度

一、海关事务担保概述

（一）海关事务担保的含义

所谓海关事务担保，是指与进出境活动有关的自然人、法人或者其他组织（以下统称“当事人”）在向海关申请从事特定的经营业务或者办理特定的海关事务时，以向海关提交保证金、保证函等担保，承诺在一定期限内履行其法律义务的法律行为。

（二）海关事务担保的性质

1. 履行性

当事人提供的担保，具有在规定期限内由当事人履行其在正常情况下应当履行其承诺义务的性质。

2. 惩罚性

若由于当事人的过错，不能履行担保事项所列明的义务，海关将依法对当事人给予惩罚，让其承担一定的法律责任，以达到惩戒和教育的目的。

3. 补偿性

对涉及税款的担保，无论是责令补缴税款，还是将保证金抵作税款，或是通知银行扣缴税款，主要目的还是在于补偿进出口税的收入。

（三）海关事务担保的作用

海关事务担保制度从本质上讲，是海关支持和促进对外贸易发展和科技文化交流的措施，既保障国家利益不被侵害，又便利进出境活动，促进对外贸易效率的提高。同时，担保制度对进出境活动的当事人也将产生较强的制约作用，促进企业守法自律，按时履行其承诺的诸如补交单证、补缴税款、按规定复出（进）口等义务。

二、 海关事务担保制度的基本内容

（一） 海关事务担保的适用

1. 海关事务担保的一般适用

为使当事人获得提前放行、办理特定海关业务及免于扣留财产等便利，《中华人民共和国海关事务担保条例》（以下简称《海关事务担保条例》）主要规定了4种情形下的海关事务担保：

（1）当事人申请提前放行货物的担保

当事人申请提前放行货物的担保是指在办结商品归类、估价和提供有效报关单证等海关手续前，当事人向海关提供与应纳税款相适应的担保，申请海关提前放行货物。

有下列情形之一的，当事人可以在办结海关手续前向海关申请提供担保，要求提前放行货物：

① 进出口货物的商品归类、完税价格、原产地尚未确定的；

② 有效报关单证尚未提供的；

③ 在纳税期限内税款尚未缴纳的；

④ 滞报金尚未缴纳的；

⑤ 申请按“两步申报”模式通关的；

⑥ 其他海关手续尚未办结的。

国家对进出境货物、物品有限制性规定，应当提供许可证件而不能提供的，以及法律、行政法规规定不得担保的其他情形，海关不予办理担保放行。

（2）当事人申请办理特定海关业务的担保

当事人申请办理特定海关业务的担保是指当事人在申请办理内地往来港澳货物运输，办理货物、物品暂时进出境，将海关监管货物抵押或者暂时存放在海关监管区外等特定业务时，根据海关监管需要或者税收风险大小向海关提供的担保。

当事人申请办理下列特定海关业务的，按照海关规定提供担保：

① 运输企业承担来往内地与港澳公路货物运输、承担海关监管货物境内公路运输的；

② 货物、物品暂时进出境的；

③ 货物进境修理和出境加工的；

④ 租赁货物进口的；

⑤ 货物和运输工具过境的；

⑥ 将海关监管货物暂时存放在海关监管区外的；

⑦ 将海关监管货物向金融机构抵押的；

⑧ 为保税货物办理有关海关业务的。

当事人不提供或者提供的担保不符合规定的，海关不予办理所列特定海关业务。

（3）税收保全担保

进出口货物的纳税义务人在规定的纳税期限内有明显的转移、藏匿其应税货物及其他财产迹象的，海关可以责令纳税义务人提供担保；纳税义务人不能提供担保的，海关依法采取税收保全措施。

（4）免予扣留财产的担保

① 有违法嫌疑的货物、物品、运输工具应当或者已经被海关依法扣留、封存的，当事人可以向海关提供担保，申请免予或者解除扣留、封存。

② 有违法嫌疑的货物、物品、运输工具无法或者不便扣留的，当事人或者运输工具负责人应当向海关提供等值的担保；未提供等值担保的，海关可以扣留当事人等值的其他财产。

有违法嫌疑的货物、物品、运输工具属于禁止进出境，或者必须以原物作为证据，或者依法应当予以没收的，海关不予办理担保。

③ 法人、其他组织受到海关处罚，在罚款、违法所得或者依法应当追缴的货物、物品、走私运输工具的等值价款未缴清前，其法定代表人、主要负责人出境的，应当向海关提供担保；未提供担保的，海关可以通知出境管理机关阻止其法定代表人、主要负责人出境。（受海关处罚的自然人出境的，适用上述规定）

2. 海关事务担保的其他适用

进口已采取临时反倾销措施、临时反补贴措施的货物应当提供担保的，或者进出口货物收发货人、知识产权权利人申请办理知识产权海关保护相关事务等，依照海关事务担保一般适用的规定办理海关事务担保。法律、行政法规有特别规定的，从其规定。

3. 海关事务担保的免除

《海关法》的有关条款规定，如其他法律、行政法规根据实践需要规定在特定情形下可以免除担保提前放行货物的，这种“免除担保”的特别规范优先于“凭担保放行”的一般规范。因此，在这种特别规范的适用范围内，因各种原因未办结海关手续的货物，可以免除担保而被收发货人先予提取或装运出境。但同时规定，海关对享受免除担保待遇的进出口企业实行动态管理，当事人不再符合规定条件的，海关应当停止对其适用免除担保。

按照海关总署的规定，经海关认定的高级认证企业可以申请免除担保，并按照海关规定办理有关手续。

4. 海关事务总担保

为了使进出口货物品种、数量相对稳定且业务频繁的企业免于反复办理担保，《海关事务担保条例》规定，当事人在一定期限内多次办理同一类海关事务的，可以向海关申请提供总担保；提供总担保后，当事人办理该类海关事务，不再单独提供担保。同时规定，总担保的适用范围、担保金额、担保期限、终止情形等由海关总署规定。

可申请总担保的常见情形有：

（1）ATA 单证册项下暂准出口货物由中国国际商会统一向海关总署提供总担保；

（2）经海关同意，知识产权权利人可以向海关提供总担保，总担保金额不得低于人民币 20 万元；

（3）由银行对纳税义务人在一定时期内通过网上支付方式申请缴纳的进出口税费提供总担保。

（二）海关事务担保担保人的资格及担保责任

1. 担保人的资格

《海关法》规定：“具有履行海关事务担保能力的法人、其他组织或者公民，可以成为担保人。法律规定不得为担保人的除外。”

具有履行海关担保义务能力是对自然人、法人或其他组织作为担保人的基本要求。对于担保人而言，其履行义务的能力主要表现在应当拥有足以承担担保责任的财产。公民作为担保人还应当具有民事行为能力，无民事行为能力或者限制行为能力的公民，即使拥有足以承担担保责任的财产，也不能作为担保人。

如其他有关法律对担保人资格已作出限制性规定的，则这种法人、其他组织或公民就不能作为担保人。

2. 担保人的担保责任

《海关法》规定：“担保人应当在担保期限内承担担保责任。担保人履行担保责任的，不免除被担保人应当办理有关海关手续的义务。”海关则应当及时为被担保人办理有关海关手续。

（1）担保责任的含义

担保人应承担的担保责任，主要是指被担保人应当在规定的期限内全面、正确地履行其承诺的海关义务。根据担保个案的不同情况，其责任范围也有区别。

（2）担保的期间

这是指担保人承担担保责任的起止时间。担保人在规定的担保期间内承担担保责任，逾期，即使被担保人未履行海关义务，担保人也不再承担担保责任。鉴于法律规定可适用担保的范围内所涉及的事项千差万别，不可能对此做统一规定，因而担保期间主要由海关行政法规及海关规章来制定。

（3）担保责任的解除

被担保人如能在规定的期间内履行担保承诺的义务或者规定的担保期间届满，担保人的担保责任则应依法予以解除，由海关及时办理销案手续，退还有关保证金等。

（三）海关事务担保的方式

《海关法》明确规定的海关事务担保方式分为4种：

1. 以人民币、可自由兑换的货币提供担保

人民币是我国的法定货币，支付我国境内的一切公共的和私人的债务，任何单位或个人均不能拒收。

可自由兑换货币，指国家外汇管理局公布挂牌的作为国际支付手段的外币现钞。

2. 以汇票、本票、支票、债券、存单提供担保

汇票是指由出票人签发的委托付款人在见票时或者在指定日期无条件支付确定的金额给收款人或持票人的票据，分为银行承兑汇票和商业承兑汇票两种。

本票是由出票人签发的，承诺自己在见票时无条件支付确定的金额给收款人或持票人的票据。

支票是指出票人签发的，委托办理支票存款业务的银行或者其他金融机构在见票时无条件支付确定的金额给收款人或者持票人的票据。

债券是指依照法定程序发行的，约定在一定期限还本付息的有价证券，包括国库债券、企业债券、金融债券等。

存单是指储蓄机构发给存款人的证明其债权的单据。

3. 以银行或者非银行金融机构出具的保函提供担保

保函，即法律上的保证，属于人的担保范畴。保函不是以具体的财产提供担保，而是以保证人的信誉和不特定的财产为他人的债务提供担保；保证人必须是第三人；保证人应当具有清偿债务的能力。

根据《中华人民共和国中国人民银行法》的规定，中国人民银行作为中央银行不能为任何单位和个人提供担保，故不属担保银行的范畴。

对于 ATA 单证册项下进出口的货物，可由中国国际商会这一特殊的第三方作为担保人，为展览品等暂准进出口货物提供保函方式的担保。

4. 以海关依法认可的其他财产、权利提供担保

这是指除上述财产、权利外的其他财产和权利。

为优化口岸营商环境，提升跨境贸易便利化水平，海关深化多元化税收担保改革创新，推出关税保证保险、企业增信担保、企业集团财务公司担保、以企业为单元的海关税款担保等方式。

（1）关税保证保险，是指企业提供由经银保监会设立的保险公司出具的关税履约担保保单，向海关申请办理担保通关手续。企业可以无须缴纳保证金，也无须向银行申请保函，采用关税保证保险保单即可办理海关事务担保，实现“先放行后缴税”。

（2）企业增信担保，是指进出口企业通过第三方机构为其向银行提供担保等增信方式，可以方便地取得银行的税收保函，向海关申请办理担保通关手续。

（3）企业集团财务公司担保，是指企业集团内进出口公司由集团财务公司提供税收保函，向海关申请办理担保通关手续。

（4）以企业为单元的海关税款担保，是指整合原汇总征税、纳税期限和征税要素类担保保函，统一保函格式，多项海关税款担保业务共用保函额度，有效期内可循环使用。

（四）海关事务担保的实施

1. 以保涵提供担保的受益人与应载明的事项

当事人以保函向海关提供担保的，保函应当以海关为受益人，并且载明下列事项：

（1）担保人、被担保人的基本情况；

（2）被担保的法律义务；

（3）担保金额；

（4）担保期限；

（5）担保责任；

（6）需要说明的其他事项。

2. 涉及担保金额的确定标准

当事人提供的担保应当与其需要履行的法律义务相当，除有违法嫌疑的货物、物品、运输工具无法或者不便扣留的情形外，担保金额按照下列标准确定：

（1）为提前放行货物提供的担保，担保金额不得超过可能承担的最高税款总额；

（2）为办理特定海关业务提供的担保，担保金额不得超过可能承担的最高税款总额或者海关总署规定的金额；

（3）因有明显的转移、藏匿应税货物以及其他财产迹象被责令提供的担保，担保金额不得超过可能承担的最高税款总额；

（4）为有关货物、物品、运输工具免予或者解除扣留、封存提供的担保，担保金额不得超过该货物、物品、运输工具的等值价款；

（5）为罚款、违法所得或者依法应当追缴的货物、物品、走私运输工具的等值价款未缴清前出境提供的担保，担保金额应当相当于罚款、违法所得数额或者依法应当追缴的货物、物品、走私运输工具的等值价款。

3. 办理海关事务担保的程序

（1）当事人申请担保

凡符合申请担保条件的货物，由当事人向办理有关货物进出口手续的海关申请担保。办理担保，当事人应当提交书面申请，以及真实、合法、有效的财产、权利凭证和身份或者资格证明等材料，并按海关审核确定的担保方式提供担保。

当事人以保函向海关提供担保的，相关保函除应当载明规定事项外，担保人应当在保函上加盖印章，并注明日期。

（2）海关受理担保

海关应当自收到当事人提交的材料之日起 5 个工作日内对相关财产、权利等进行审核，并决定是否接受担保。当事人申请办理总担保的，海关应当在 10 个工作日内审核并决定是否接受担保。

符合规定的担保，自海关决定接受之日起生效。对不符合规定的担保，海关应当书面通知当事人不予接受，并说明理由。

担保财产、权利不足以抵偿被担保人有关法律义务的，海关应当书面通知被担保人另行提供担保或履行法律义务。

（3）担保的变更

被担保人履行法律义务期限届满前，担保人和被担保人因特殊原因要求变更担保内容的，应当向接受担保的海关提交书面申请及有关证明材料。海关应当自收到当事人提交的材料之日起 5 个工作日内作出是否同意变更的决定，并书面通知当事人；不同意变更的，应当说明理由。

（4）担保责任的履行

被担保人在规定的期限内未履行有关法律义务的，海关可以依法从担保财产、权利中抵缴。当事人以保函提供担保的，海关可以直接要求承担连带责任的担保人履行担保责任。

担保人履行担保责任的，不免除被担保人办理有关海关手续的义务。海关应当及时为被担保人办理有关海关手续。

担保财产、权利不足以抵偿被担保人有关法律义务的，海关应当书面通知被担保人另行提供担保或者履行法律义务。

（5）担保财产、权利的退还

当事人已经履行有关法律义务、不再从事特定海关业务，或者担保财产、权利被海关采取抵缴措施后仍有剩余的及其他需要退还的情形，海关应当书面通知当事人办理担保财产、权利的退还手续。

自海关要求办理担保财产、权利退还手续的书面通知送达之日起 3 个月内，当事人无正当理由未办理退还手续的，海关应当发布公告。

自海关公告发布之日起 1 年内，当事人仍未办理退还手续的，海关应当将担保财产、权利依法变卖或者兑付后，上缴国库。

（6）担保的销案

当事人必须于规定的担保期限届满前，凭担保金支付收据或留存的保函向海关办理销案手续。在当事人履行了向海关承诺的义务后，海关将退还当事人已缴纳的担保资金，或注销已提交的保函。

4. 担保人、被担保人的法律责任

担保人、被担保人违反《海关事务担保条例》，使用欺骗、隐瞒等手段提供担保的，由海关责令其继续履行法律义务，处5000元以上50000元以下的罚款；情节严重的，可以暂停被担保人从事有关海关业务或者撤销其从事有关海关业务的注册登记。

担保人、被担保人对海关有关海关事务担保的具体行政行为不服的，可以依法向上一级海关申请行政复议或者向人民法院提起行政诉讼。

（五）以企业为单元海关税款担保业务

这是以企业为单元，使用一份担保可以同时在全国海关用于多项进出口货物的税款担保业务。

1. 以企业为单元海关税款担保业务的适用范围

（1）汇总征税担保，是指为办理汇总征税业务向海关提供的担保；

（2）纳税期限担保，是指符合《海关事务担保条例》第四条第一款第三项“在纳税期限内税款尚未缴纳的”规定的担保；

（3）征税要素担保，是指符合《海关事务担保条例》第四条第一款第一项“进出口货物的商品归类、完税价格、原产地尚未确定的”、第二项“有效报关单证尚未提供的”、第五项“其他海关手续尚未办结的”规定的担保。

以企业为单元海关税款担保业务也可适用符合《海关事务担保条例》第五条第一款第二、三、四项规定的特定海关业务担保。

2. 企业办理以企业为单元海关税款担保业务的凭证

除失信企业外，进出口货物收发货人（企业）可凭银行或非银行金融机构（以下统称“金融机构”）开具的海关税款担保保函（以下简称“保函”）、关税保证保险单（以下简称“保单”）办理海关税款担保业务。

3. 企业办理以企业为单元海关税款担保及相关货物通关业务的程序

（1）企业申请获取金融机构的税款担保

企业应在办理货物通关手续前向金融机构申请获取保函或保单。保函受益人或保单被保险人应包括企业注册地和报关单申报地直属海关。

（2）海关验核并备案金融机构的税款担保

企业注册地直属海关关税职能部门（以下统称“属地关税职能部门”）根据金融机构传输的保函、保单电子数据或验核企业提交的保函、保单正本，为企业在海关业务系统备案担保信息，系统生成担保备案编号。

已联网的金融机构向海关传输的保函、保单电子数据与正本具有同等效力，海关不再验核正本；未联网的金融机构应向企业出具保函、保单正本。

（3）企业凭税款担保办理货物通关

企业选择办理汇总征税或纳税期限担保通关的，应在报关单申报界面选取担保备案编号。

企业选择办理征税要素担保通关的，应通过“单一窗口”的“征税要素担保备案”模块提交征税要素担保备案申请，海关核批同意后再选取担保备案编号或按照海关规定缴纳保证金。

（4）海关核扣、核注后货物监管放行

海关系统成功核扣担保额度或海关核注保证金后，满足放行条件的报关单即可担保放行。

企业缴纳税款或担保核销后，保函、保单的担保额度自动恢复。企业在保函、保单列明的申报地海关办理不同税款担保业务均可共用一份保函或保单，担保额度在有效期内可循环使用。

4. 以企业为单元海关税款担保的撤销

已备案且尚在有效期的保函、保单，企业确认担保责任已解除的，经与金融机构协商一致，可向属地关税职能部门申请撤销。联网传输的保函、保单，应由金融机构向海关发送撤销的电子数据。人工备案的保函、保单，应由企业向海关提交撤销的书面申请。

5. 企业、金融机构在海关税款担保业务中的责任

企业未在规定的纳税期限内缴纳税款的，海关可以停止其使用保函、保单办理担保通关业务。

金融机构拒不履行担保责任、不配合海关税收征管工作，或海关对其偿付能力存疑的，属地关税职能部门可不再备案其保函、保单担保信息。

第四节
知识产权海关保护制度

一、 知识产权海关保护概述

（一）知识产权海关保护的含义

知识产权，概括地说是指公民、法人或其他组织对其在科学技术和文学艺术等领域内，主要基于脑力劳动创造完成的智力成果所依法享有的专有权利，因此又称智力成果权。

知识产权海关保护，则是指海关对与进出口货物有关并受中华人民共和国法律、行政法规保护的商标专用权、著作权和与著作权有关的权利、专利权（以下统称知识产权）实施的保护。

（二）知识产权海关保护的范围

知识产权具有无形性、专有性、地域性、时间性和可复制性的特点。世界贸易组织关于《与贸易措施有关的知识产权协议》将与贸易有关的知识产权的范围确定为：著作权和与著作权有关的权利、商标权、地理标志权、工业品外观设计权、专利权、集中电路布图设计权、未披露过的信息专有权。

根据《知识产权海关保护条例》及其他法律、行政法规的规定，我国知识产权海关保护的适用范围为：与进出口货物有关并受中华人民共和国法律、行政法规保护的知识产权，包括商标专用权、著作权和与著作权有关的权利、专利权、奥林匹克标志专有权、世界博览会标志专有权。具体地说，以下知识产权可以向海关申请备案保护：

1. 国家工商行政主管部门核准注册的商标；

2. 在世界知识产权组织注册并延伸至我国的国际注册商标；

3. 国家专利行政主管部门授予专利权的发明、外观设计、实用新型专利；

4. 《保护文学和艺术作品的伯尔尼公约》成员方的公民或者组织拥有的著作权和与著作权有关的权利。

《知识产权海关保护条例》同时规定，侵犯受法律、行政法规保护的知识产权的货物禁止进出口。此外，根据《奥林匹克标志保护条例》和《世界博览会标志保护条例》的规定，我国海关也应当对奥林匹克标志和世界博览会标志实施保护。

国家禁止侵犯知识产权的货物进出口。

（三）知识产权海关保护的模式

中国海关对知识产权的保护可以划分为“依申请保护”和“依职权[①]保护”两种模式：

1. 依申请保护，是指知识产权权利人发现侵权嫌疑货物即将进出口时，根据《知识产权海关保护条例》第十二、十三和十四条的规定向海关提出采取保护措施的申请，由海关对侵权嫌疑货物实施扣留的措施。由于海关对依申请扣留的侵权嫌疑货物不进行调查，知识产权权利人需要就有关侵权纠纷向人民法院起诉，所以依申请保护也被称作海关对知识产权的“被动保护”模式。

2. 依职权保护，是指海关在监管过程中发现进出口货物有侵犯在海关总署备案的知识产权的嫌疑时，根据《知识产权海关保护条例》第十六条的规定，主动中止货物的通关程序并通知有关知识产权权利人，并根据知识产权权利人的申请对侵权嫌疑货物实施扣留的措施。由于海关依职权扣留侵权嫌疑货物属于主动采取措施制止侵权货物进出口，而且海关还有权对货物的侵权状况进行调查和对有关当事人进行处罚，所以依职权保护也被称作海关对知识产权的“主动保护”模式。

知识产权权利人向海关申请采取依职权保护措施前，应当按照《知识产权海关保护条例》第七条的规定，将其知识产权及其他有关情况向海关总署进行备案。

（四）知识产权海关保护的作用

1. 通过保护与进出口货物有关的知识产权来履行我国作为世界贸易组织成员应尽的义务

我国加入世界贸易组织之后，一个全方位、宽领域、多层次的对外开放的格局逐渐形成，中国与世界各国（地区）在科技、经济、文化等方面的合作与交流日益频繁。为给开展国际科技、经济、文化等方面的合作与交流创造一个良好的环境和提供有利的条件，我

---

① “依职权”一词源于《与贸易措施有关的知识产权协议》中的 ex-officio。

国通过建立和完善既符合国际通行做法，又具有中国特色的知识产权海关保护法律制度，从而严格遵循了《与贸易措施有关的知识产权协议》的各项规定，全面履行了我国在双边协议中承诺的知识产权保护义务。

2. 通过保护与进出口货物有关的知识产权来规范进出口秩序

随着国家逐渐放开对进出口经营权和进出口商品经营品种的限制，越来越多的企业可以直接从事进出口贸易，这对促进对外贸易的发展产生了十分重要的作用。但同时一些企业为抢占市场，不惜采取低价竞销和冒用他人注册商标的手段大肆进出口侵权商品。针对在对外贸易中侵犯知识产权的情况比较严重的状况，国家通过立法授权海关在进出境环节保护知识产权，对与进出口货物有关的知识产权进行保护，从而有效地规范了进出口秩序。

二、 知识产权海关保护制度的基本内容

（一）知识产权海关保护的备案

1. 知识产权海关保护备案的含义

知识产权海关保护备案，是指知识产权权利人按照《知识产权海关保护条例》的规定，将其知识产权的法律状况、有关货物的情况、知识产权合法使用情况和侵权货物进出口情况以书面形式通知海关总署，以便海关在对进出口货物的监管过程中能够主动对有关知识产权实施保护。

2. 知识产权海关保护备案的意义

根据《知识产权海关保护条例》，知识产权权利人在向海关申请保护前不要求必须进行知识产权备案。但是，对商标专用权权利人等某些知识产权权利人而言，备案与否有很大的差异，主要体现：

（1）是海关采取主动保护措施的前提条件。根据《知识产权海关保护条例》的规定，知识产权权利人如果事先没有将其知识产权向海关备案，海关即便发现侵权货物即将进出境，也没有权力主动中止其进出口，也无权对侵权货物进行调查处理。

（2）有助于海关发现侵权货物。由于知识产权权利人在备案时，需要提供有关知识产权的法律状况、权利人的联系方式、合法使用知识产权情况、侵权嫌疑货物情况、有关图片和照片等情况，使海关有可能在日常监管过程中发现侵权嫌疑货物并主动予以扣留。所以，事先进行知识产权备案，可以使权利人的合法权益得到及时的保护。

（3）知识产权权利人的经济负担较轻。根据海关总署有关《知识产权海关保护条例》的实施办法规定，在海关依职权保护模式下，知识产权权利人向海关提供的担保最高不超过人民币 10 万元。如果知识产权权利人事先未进行知识产权备案，则不能享受上述待遇，必须提供与其要求扣留的货物等值的担保。

（4）可以对侵权人产生震慑作用。由于海关对进出口侵权货物予以没收并给予进出口企业行政处罚，尽早进行知识产权备案，可以对那些过去毫无顾忌地进出口侵权货物的企业产生警告和震慑作用，促使其自觉地尊重有关知识产权。此外，有些并非恶意出口侵权产品的企业也可以通过查询备案，了解其承揽加工和出口的货物是否可能构成侵权。

3. 知识产权海关保护的备案申请

（1）知识产权海关保护备案的申请人

知识产权海关保护备案的申请人应为知识产权权利人，知识产权权利人可以委托代理人办理知识产权海关保护备案。

（2）知识产权海关保护备案申请的文件及证据

① 申请书

知识产权权利人向海关总署申请知识产权海关保护备案的，应当向海关总署提交申请书。

申请书应当包括以下内容：

A. 知识产权权利人的名称或者姓名、注册地或者国籍等。

B. 知识产权的名称、内容及其相关信息；

C. 知识产权许可行使状况；

D. 知识产权权利人合法行使知识产权的货物的名称、产地、进出境地海关、进出口商、主要特征、价格等。

E. 已知的侵犯知识产权货物的制造商、进出口商、进出境地海关、主要特征、价格等。

② 随附文件、证据

知识产权权利人向海关总署提交备案申请书的内容有证明文件的，知识产权权利人应当附送证明文件。

知识产权权利人向海关总署提交的上述文件和证据应当齐全、真实和有效。有关文件和证据为外文的，应当另附中文译本。海关总署认为必要时，可以要求知识产权权利人提交有关文件或者证据的公证、认证文书。

（3）知识产权海关保护备案申请的受理

海关总署应当自收到申请人全部申请文件之日起30个工作日内作出是否准予备案的决定，并书面通知申请人。不予备案的，海关须说明理由。

有下列情形之一的，海关总署不予受理：

① 申请文件不齐全或者无效的；

② 申请人不是知识产权权利人的；

③ 知识产权不再受法律、行政法规保护的。

4. 知识产权海关保护备案的时效

（1）备案有效期

知识产权海关保护备案自海关总署核准备案之日起生效，有效期为10年。自备案生效之日起知识产权的有效期不足10年的，备案的有效期以知识产权的有效期为准。

（2）续展备案有效期

知识产权有效的，知识产权权利人可以在知识产权海关保护备案有效期届满前6个月内，向海关总署申请续展备案。每次续展备案的有效期为10年。

知识产权海关保护备案有效期届满而不申请续展或者知识产权不再受法律、行政法规保护的，知识产权海关保护备案随即失效。

5. 知识产权海关保护备案的变更或注销

知识产权备案情况发生改变的，知识产权权利人应当自发生改变之日起30个工作日内，向海关总署办理备案变更或者注销手续。

6. 知识产权海关保护备案的撤销

（1）海关发现知识产权权利人申请知识产权备案未如实提供有关情况或者文件的，海关总署可以撤销其备案。

（2）知识产权权利人未依照规定办理备案变更或者注销手续，给他人合法进出口或者海关依法履行监管职责造成严重影响的，海关总署可以根据有关利害关系人的申请撤销有关备案，也可以主动撤销有关备案。

（二）扣留侵权嫌疑货物的申请及其处理

知识产权权利人发现侵权嫌疑货物即将进出口，或者接到海关就实际监管中发现进出口货物涉嫌侵犯在海关总署备案的知识产权而发出的书面通知的，可以向货物进出境地海关提出扣留侵权嫌疑货物的申请，并按规定提供相应的担保。

1. 知识产权权利人发现侵权嫌疑货物的扣留申请及其处理

（1）申请扣留侵权嫌疑货物的文件

知识产权权利人发现侵权嫌疑货物即将进出口并请求海关予以扣留的，应当向货物进出境地海关提交申请书及相关证明文件，并提供足以证明侵权事实明显存在的证据。

申请书应当包括下列主要内容：

① 知识产权权利人的名称或者姓名、注册地或者国籍等；

② 知识产权的名称、内容及其相关信息；

③ 侵权嫌疑货物收货人或发货人的名称；

④ 侵权嫌疑货物名称、规格等；

⑤ 侵权嫌疑货物可能进出境的口岸、时间、运输工具等；

侵权嫌疑货物涉嫌侵犯备案知识产权的，申请书还应当包括海关备案号。

（2）请求扣留侵权嫌疑货物的担保

知识产权权利人请求海关扣留侵权嫌疑货物的，应当向海关提供不超过货物等值的担保，用于赔偿可能因申请不当给收货人、发货人造成的损失，以及支付货物由海关扣留后的仓储、保管和处置等费用；知识产权权利人直接向仓储商支付仓储、保管费用的，从担保中扣除。

（3）海关扣留侵权嫌疑货物

知识产权权利人申请扣留侵权嫌疑货物，符合有关扣留申请的规定，并提供担保的，海关应当扣留侵权嫌疑货物，书面通知知识产权权利人，并将海关扣留凭单送达收货人或者发货人。

知识产权权利人申请扣留侵权嫌疑货物，不符合有关扣留申请的规定，或者未按规定提供担保的，海关应当驳回申请，并书面通知知识产权权利人。

2. 海关发现侵权嫌疑货物的扣留申请及其处理

（1）海关书面通知知识产权权利人

海关发现进出口货物有侵犯备案知识产权嫌疑的，应当立即书面通知知识产权权利人。

（2）知识产权权利人的回复及其扣留申请

知识产权权利人在接到海关书面通知送达之日起 3 个工作日内应予以回复，认为有关货物侵犯其在海关总署备案的知识产权并要求海关予以扣留的，向海关提出扣留侵权嫌疑货物的申请，并按照规定向海关提供担保。

其扣留申请办法与知识产权权利人发现侵权嫌疑的扣留申请相同。

（3）海关扣留侵权嫌疑货物

海关接到知识产权权利人扣留申请及担保后，应当扣留侵权嫌疑货物，书面通知知识产权权利人，并将海关扣留凭单送达收货人或者发货人。

经海关同意，知识产权权利人和收货人或发货人可以查看有关货物。

知识产权权利人逾期未提出申请或者未提供担保的，海关不得扣留货物。

（4）收货人或者发货人的反制措施

收货人或者发货人认为其货物未侵犯知识产权权利人的知识产权的，应当向海关提出书面说明并附送相关证据。

涉嫌侵犯专利权货物的收货人或者发货人认为其进出口货物未侵犯专利权的，可以在向海关提供货物等值的担保金后，请求海关放行其货物。知识产权权利人未能在合理期限内向人民法院起诉的，海关应当退还担保金。

（三）海关对侵权嫌疑货物的调查处理

1. 海关的调查、认定

海关发现进出口货物有侵犯备案知识产权嫌疑并通知知识产权权利人后，知识产权权利人请求海关扣留侵权嫌疑货物的，海关应当自扣留之日起30个工作日内对被扣留的侵权嫌疑货物是否侵犯知识产权进行调查、认定；不能认定的，应当立即书面通知知识产权权利人。

2. 海关调查、认定时的协助、配合

（1）海关与知识产权主管部门的协助

对被扣留的侵权嫌疑货物进行调查，请求知识产权主管部门提供协助的，有关知识产权主管部门应当予以协助；知识产权主管部门处理涉及进出口货物的侵权案件请求海关提供协助的，海关应当予以协助。

（2）权利人和收发货人对海关的配合

海关对被扣留的侵权嫌疑货物及有关情况进行调查时，知识产权权利人和收货人或者发货人应当予以配合。

3. 权利人申请采取责令停止侵权行为或者财产保全的措施

知识产权权利人在向海关提出采取保护措施的申请后，可以依照《中华人民共和国商标法》《中华人民共和国著作权法》《中华人民共和国专利法》或者其他有关法律的规定，就被扣留的侵权嫌疑货物向人民法院申请采取责令停止侵权行为或者财产保全的措施。

海关收到人民法院有关责令停止侵权行为或者财产保全的协助执行通知的，应当予以协助。

4. 放行被扣留的侵权嫌疑货物

有下列情形之一的，海关应当放行被扣留的侵权嫌疑货物：

（1）海关依照本条例第十五条的规定扣留侵权嫌疑货物，自扣留之日起20个工作日内未收到人民法院协助执行通知的；

（2）海关依照本条例第十六条的规定扣留侵权嫌疑货物，自扣留之日起50个工作日

内未收到人民法院协助执行通知，并且经调查不能认定被扣留的侵权嫌疑货物侵犯知识产权的；

（3）涉嫌侵犯专利权货物的收货人或者发货人在向海关提供与货物等值的担保金后，请求海关放行其货物的；

（4）海关认为收货人或者发货人有充分的证据证明其货物未侵犯知识产权权利人的知识产权的；

（5）在海关认定被扣留的侵权嫌疑货物为侵权货物之前，知识产权权利人撤回扣留侵权嫌疑货物的申请的。

5. 权利人支付费用

海关依照规定扣留侵权嫌疑货物，知识产权权利人应当支付有关仓储、保管和处置等费用。知识产权权利人未支付有关费用的，海关可以从其向海关提供的担保金中予以扣除，或者要求担保人履行有关担保责任。

侵权嫌疑货物被认定为侵犯知识产权的，知识产权权利人可以将其支付的有关仓储、保管和处置等费用计入其为制止侵权行为所支付的合理开支。

海关实施知识产权保护发现涉嫌犯罪案件的，应当将案件依法移送公安机关处理。

（四）法律责任

1. 海关没收侵权货物

被扣留的侵权嫌疑货物，经海关调查后认定侵犯知识产权的，由海关予以没收。

海关没收侵犯知识产权货物后，应当将侵犯知识产权货物的有关情况书面通知知识产权权利人。

2. 侵权货物没收后的处理

（1）被没收的侵犯知识产权货物可以用于社会公益事业的，海关应当转交给有关公益机构用于社会公益事业；知识产权权利人有收购意愿的，海关可以有偿转让给知识产权权利人。

（2）被没收的侵犯知识产权货物无法用于社会公益事业且知识产权权利人无收购意愿的，海关可以在消除侵权特征后依法拍卖，但对进口假冒商标货物，除特殊情况外，不能仅清除货物上的商标标识即允许其进入商业渠道。

（3）侵权特征无法消除的，海关应当予以销毁。

3. 须由权利人承担的法律责任

（1）权利人自行承担责任的情形

海关接受知识产权保护备案和采取知识产权保护措施的申请后，因知识产权权利人未提供确切情况而未能发现侵权货物、未能及时采取保护措施或者采取保护措施不力的，由知识产权权利人自行承担责任。

（2）权利人承担赔偿责任的情形

知识产权权利人请求海关扣留侵权嫌疑货物后，海关不能认定被扣留的侵权嫌疑货物侵犯知识产权权利人的知识产权，或者人民法院判定不侵犯知识产权权利人的知识产权的，知识产权权利人应当依法承担赔偿责任。

4. 构成犯罪的处置

进口或者出口侵犯知识产权货物，构成犯罪的，依法追究刑事责任。

第五节
海关行政处罚制度

一、 海关行政处罚概述

（一）海关行政处罚的含义

海关行政处罚是指海关依法对公民、法人或者其他组织违反海关法的行为实施的处罚。

（二）海关行政处罚的性质

海关行政处罚作为一种行政制裁行为，通过对违反海关法的当事人财产、资格或声誉予以一定的剥夺或者限制，以达到规范进出境监管秩序、保护国家利益和他人合法权益的目的。海关行政处罚以当事人的行为违反海关法律、行政法规，并需要追究当事人的行政法律责任为前提，因此不能把海关行政处罚和海关行政强制措施相混淆。同时，对于应追究刑事法律责任的违反海关法的行为也不能以罚代刑，即不能用海关行政处罚代替刑事惩罚。

（三）海关行政处罚的基本原则

1. 公正、公开原则

（1）公正原则

公正原则是指海关对公民、法人或者其他组织的行政处罚，应当同其违反海关法行为的事实、性质、情节及危害程度相当；对有基本相同的违法行为的两个以上的公民、法人或者其他组织，如果其违法行为发生的环境条件、危害程度基本相同，受到的处罚也应基本相同。

（2）公开原则

公开原则是指有关海关行政处罚的法律、行政法规及规章应当公布；海关执法人员应当公开执法身份，出示执法证件；海关行政处罚的依据、证据、理由等应当向当事人公开。

2. 法定原则

法定原则包括海关行政处罚的法律依据是法定的，海关行政处罚的程序是法定的，海关行政处罚的主体及其职权是法定的等。

3. 处罚与教育相结合的原则

海关行政处罚的功能不只是单纯的处罚和惩戒，而是通过制裁手段，使违法者改正违法行为，形成守法自律意识，因此海关行政处罚的过程包含着教育的内容。

4. 救济原则

按照现代行政法治的要求，“有处罚即有救济”。也就是说，行为人受到处罚，同时应具有救济手段。海关行政处罚中的救济手段包括行政申诉、行政复议、行政诉讼和行政赔偿。

二、 海关行政处罚制度的基本内容

(一) 海关行政处罚的范围

《行政处罚法》《海关法》《海关行政处罚实施条例》仅适用于应受海关行政处罚行为的处理。应受海关处罚行为包括不予追究刑事责任的走私行为、违反海关监管规定行为和违反出入境检验检疫法律法规的行为，以及法律、行政法规规定由海关实施行政处罚的行为。

根据《海关法》的规定，走私情节严重的（主要以走私物的品种、数量和逃税额为标准），构成走私罪。认定和惩罚走私罪（追究刑事责任）属于司法机关的职能，不在海关行政处罚范围内；而依法不追究刑事责任的走私行为，以及涉嫌走私罪但人民检察院依法不追究刑事责任、构成走私犯罪但人民法院依法决定免于追究刑事责任的，应由海关依据《海关行政处罚实施条例》进行行政处罚。

1. 依法不追究刑事责任的走私行为

（1）走私行为

① 走私行为的含义

根据《海关行政处罚实施条例》的规定，违反《海关法》及其他有关法律、行政法规，逃避海关监管，偷逃应纳税款、逃避国家有关进出境的禁止性或者限制性管理，并有《海关行政处罚实施条例》第七条所列行为之一的是走私行为。

《海关行政处罚实施条例》第七条所列行为包括：

A. 未经国务院或者国务院授权的机关批准，从未设立海关的地点运输、携带国家禁止或者限制进出境的货物、物品或者依法应当缴纳税款的货物、物品进出境的；

B. 经过设立海关的地点，以藏匿、伪装、瞒报、伪报或者其他方式逃避海关监管，运输、携带、邮寄国家禁止或者限制进出境的货物、物品或者依法应当缴纳税款的货物、物品进出境的；

C. 使用伪造、变造的手册、单证、印章、账册、电子数据或者以其他方式逃避海关监管，擅自将海关监管货物、物品、进境的境外运输工具，在境内销售的；

D. 使用伪造、变造的手册、单证、印章、账册、电子数据或者以伪报加工贸易制成品单位耗料量等方式，致使海关监管货物、物品脱离监管的；

E. 以藏匿、伪装、瞒报、伪报或者其他方式逃避海关监管，擅自将保税区、出口加工区等海关特殊监管区域内的海关监管货物、物品，运出区外的；

F. 有逃避海关监管，构成走私的其他行为的。

走私行为在客观上首先表现为违反《海关法》及其他有关法律、行政法规，其次表现为逃避海关监管，这是构成走私行为必不可少的两个前提条件，二者缺一不可。

② 走私行为的构成特征

走私行为的构成特征可以从 4 个方面来理解：

第一，违反的法律。走私行为违反的是《海关法》及其他有关法律、行政法规。

第二，走私的目的。走私行为的目的是偷逃应纳税款、逃避国家有关进出境的禁止性或者限制性管理。

第三，走私的行为特征。走私的行为特征是逃避海关监管，非法运输、携带、邮寄进出境，或者擅自在境内销售等。

第四，走私的对象。走私的对象是国家禁止、限制进出口或者依法应当缴纳税款的货物、物品，或者是未经海关许可并且未缴应纳税款、交验有关许可证件的保税货物、特定减免税货物，以及其他海关监管货物、物品、进境的境外运输工具等。

（2）按走私行为论处的行为

① 按走私行为论处的行为范围及条件

有下列行为之一的，按走私行为论处：

A. 明知是走私进口的货物、物品，直接向走私人非法收购的。

该项行为要以走私行为论处，必须同时符合 3 个条件：

一是行为人必须明知收购的货物、物品是走私进口的货物、物品；

二是行为人必须明知对方是走私人，而直接向走私人非法收购走私进口的货物、物品，即所谓的“第一手交易”，如果不是直接向走私分子收购走私进境的货物、物品，而是经过第二手、第三手，甚至更多的收购环节，则不能以走私行为论处；

三是收购的行为是非法进行的。

B. 在内海、领海、界河、界湖，船舶及所载人员运输、收购、贩卖国家禁止或者限制进出境的货物、物品，或者运输、收购、贩卖依法应当缴纳税款的货物，没有合法证明的。

该项行为要以走私行为论处，必须符合 4 个条件：

一是区域，行为人必须是在特定的区域，即在内海、领海、界河、界湖运输、收购、贩卖国家禁止或者限制进出境的货物、物品，或者运输、收购、贩卖依法应当缴纳税款的货物，如果是在内地运输、收购、贩卖，则不是本项规定的以走私论处的行为；

二是行为方式，即运输、收购、贩卖；

三是运输、收购、贩卖的对象是国家禁止、限制进出境的货物、物品，或者是依法应当缴纳税款的货物；

四是在上述特定区域运输、收购、贩卖上述货物、物品，必须没有合法证明。

“合法证明”是指船舶及其所载人员依照国家有关规定或者依照国际运输惯例所必须持有的证明其运输、携带、收购、贩卖所载货物、物品真实、合法、有效的商业单证、运输单证及其他有关证明、文件。

② 按走私行为论处的行为特征

《海关行政处罚实施条例》规定了上述两项以走私行为论处的行为。这些行为不具有典型的走私特征，但这些行为与走私行为联系密切，为走私货物、物品提供了销售、流通渠道，成为完成走私的一个重要环节，其违法性质、危害后果与直接走私行为相近，因此，为严厉打击走私违法行为，海关法规定应当按走私行为论处。

（3）以走私的共同当事人论处的行为

与走私人通谋为走私人提供贷款、资金、账号、发票、证明、海关单证的，与走私人通谋为走私人提供走私货物、物品的提取、发运、运输、保管、邮寄或者其他方便的，以走私的共同当事人论处。

2. 违反海关监管规定的行为

（1）违反海关监管规定的行为的含义及范围

违反海关监管规定的行为是指海关管理相对人在从事运输工具、货物、物品的进出境活动或从事海关监管货物的运输、储存、加工、装配、寄售、展示等业务活动中，违反《海关法》及其他有关法律、行政法规的规定，且未构成走私的行为。主要是违反海关关于进出境监管的具体要求、监管程序和监管手续，没有按照海关规定履行应尽的义务，执法实践中简称为“违规”行为。

根据《海关行政处罚实施条例》，违反海关监管规定的行为主要有：

① 违反国家进出口管理规定，进出口国家禁止进出口货物的；

② 违反国家进出口管理规定，进出口国家限制进出口的货物或属于自动进出口许可管理的货物，进出口货物收发货人向海关申报时不能提交许可证件的；

③ 进出口货物的品名、税则号列、数量、规格、价格、贸易方式、原产地、启运地、运抵地、最终目的地或者其他应当申报的项目未申报或者申报不实的；

④ 擅自处置监管货物，违规存放监管货物，监管货物短少灭失且不能提供正当理由的，未按规定办理保税手续，单耗申报不实，过境、转运、通运货物违规，暂时进出口货物违规的；

⑤ 非法代理、行贿、未经许可从事报关业务、骗取许可的；

⑥ 其他违法（中断监管程序、伪造、变造、买卖单证、进出口侵犯知识产权货物等）。

（2）走私行为与违规行为的区别

《海关法》和《海关行政处罚实施条例》将违反《海关法》及其他有关法律、行政法规的行为分为走私行为和违规行为。这是两类性质完全不同的行为，有着本质的不同：

① 主观故意不同。走私具有很强的主观目的性，其行为的目的就在于偷逃国家应缴税款或逃避国家对进出境运输工具、货物、物品的禁止或限制性管制，并往往有针对性地采取各种伪装欺骗手法，企图逃避海关监管；而违规行为在主观认识上通常表现为“过失”状态，没有很明确的追求逃税、逃证的主观目的性，通常也不会采取有针对性的欺骗手法来逃避海关监管。

② 客观行为不同。走私为了达到逃税、逃证的目的，通常会采取欺骗手法逃避海关监管，而且这种逃避海关监管的手法是行为人在明知或应知条件下有针对性采取的。而违规行为一般都不会采取欺骗手法来掩饰自己的过失行为，其行为往往没有明确的逃税、逃证的针对性和目的性，发生的环节也多是在程序和手续方面不履行海关规定的义务。

③ 行为危害结果不同。走私行为侵害的主体是国家关于运输工具、货物、物品进出境税收和管制的实体性规定，通常会产生逃税、逃证的实质性危害，《海关行政处罚实施条例》规定的走私行为和以走私行为论处的行为都会直接产生逃税、逃证的结果。而违规行为侵害的是海关监管的程序、手续，以及具体要求等进出境管理秩序。

走私与违规还有很多不同之处，但上述 3 个方面的区别是最基本、最直观并易于把握的。

3. 违反出入境检验检疫法律法规的行为

（1）违反进出口商品检验法律法规的行为

① 逃避进出口商品法定检验、验证的行为。

根据《进出口商品检验法》和《进出口商品检验法实施条例》的规定，逃避进出口商品法定检验、验证的行为包括以下几类：

A. 擅自销售、使用未申报或者未经检验的属于法定检验的进口商品的；

B. 擅自销售、使用应当申请进口验证而未申请的进口商品的；

C. 擅自出口未申报或者未经检验的属于法定检验的出口商品的；

D. 擅自出口应当申请出口验证而未申请的出口商品的。

② 销售、使用不合格进口商品或出口不合格商品的行为。

这是指按照《进出口商品检验法实施条例》第四十七条的规定，销售、使用经法定检验、抽查检验或者验证不合格的进口商品的，或者出口经法定检验、抽查检验或者验证不合格的商品，尚不构成犯罪的。

③ 违反报关管理规定的行为。

A. 进出口商品的收货人、发货人、代理报关企业或者出入境快件运营企业、报关人员不如实提供进出口商品的真实情况，取得海关的有关单证；

B. 进出口商品的收货人、发货人、代理报关企业或者出入境快件运营企业、报关人员对法定检验的进出口商品不予申报，逃避进出口商品检验；

C. 进出口商品的收货人或者发货人委托代理报关企业、出入境快件运营企业办理报关手续，未按照规定向代理报关企业、出入境快件运营企业提供所委托申报事项的真实情况，取得海关的有关单证的；

D. 代理报关企业、出入境快件运营企业、报关人员对委托人所提供情况的真实性未进行合理审查或者因工作疏忽，导致骗取海关有关证单的结果的；

E. 未经注册登记擅自从事报关业务的；

F. 代理报关企业、出入境快件运营企业违反国家有关规定，扰乱报关秩序的；

G. 报关人员违反国家有关规定，扰乱报关秩序的。

④ 伪造、变造、买卖、盗窃检验证单、印章、标志、封识、质量认证标志、货物通关单或者使用伪造、变造的检验证单、印章、标志、封识、货物通关单的行为。

⑤ 进出口假冒伪劣商品的行为。

⑥ 擅自调换海关抽取的样品或者检验合格的进出口商品的行为。

⑦ 违反出口商品注册登记、进口可用作原料固体废物、进口旧机电产品、出口危险货物包装、适载检验等管理规定的行为。

⑧ 擅自调换、损毁商检标志和封识的行为。

⑨ 非法从事进出口商品检验鉴定业务的行为等。

（2）违反动植物检疫法律法规的行为

① 动植物、动植物产品或者其他检疫物进出境，货主或者其代理人不向海关申报的行为。

A. 在动植物、动植物产品或者其他检疫物进境前和进境时，不向海关申报的；

B. 在动植物、动植物产品或者其他检疫物出境前，不向海关申报的；

C. 动植物、动植物产品或者其他检疫物出境前更改输入国家或者地区，没有重新申报的，或者改换包装或原来没有拼装后来拼装，没有重新申报的；或者超过检疫规定有效期限，没有重新申报的；

D. 运输过境的动植物、动植物产品或者其他检疫物，未向海关申报的；

E. 携带动植物、动植物产品或者其他检疫物进境，未向海关申报的；

F. 邮寄动植物、动植物产品或者其他检疫物进境，未向海关申报的；

② 输入动物、动物产品、植物种子、种苗等其他繁殖材料等没有办理检疫审批手续的行为。

③ 伪造、变造动植物检疫单证、印章、标志、封识的行为。

④ 从事进出境动植物检疫熏蒸、消毒处理业务的单位和人员，不按照规定进行熏蒸和消毒处理的行为。

⑤ 引起重大动植物疫情的行为。

（3）违反国境卫生检疫法律法规的行为

① 应当接受入境检疫的船舶，不悬挂检疫信号的行为；

② 入境、出境的交通工具，在入境检疫之前或者在出境检疫之后，擅自上下人员，装卸行李、货物、邮包等物品的行为；

③ 拒绝接受检疫或者抵制卫生监督，拒不接受卫生处理的，伪造或者涂改检疫单、证，不如实申报疫情的行为；

④ 瞒报携带禁止进口的微生物、人体组织、生物制品、血液及其制品或者其他可能引起传染病传播的动物和物品的行为；

⑤ 未经检疫的入境、出境交通工具，擅自离开检疫地点，逃避查验的行为；

⑥ 隐瞒疫情或者伪造情节的行为；

⑦ 未经卫生检疫机关实施卫生处理，擅自排放压舱水，移运垃圾、污物等控制的物品的行为；

⑧ 未经卫生检疫机关实施卫生处理，擅自移运尸体、骸骨的行为；

⑨ 废旧物品、废旧交通工具，未向卫生检疫机关申报，未经卫生检疫机关实施卫生处理和签发卫生检疫证书而擅自入境、出境或者使用、拆卸的行为。

（4）违反进出口食品法律法规的行为

① 进口不符合我国食品安全国家标准的食品的行为；

② 进口尚无食品安全国家标准的食品，或者首次进口食品添加剂新品种、食品相关产品新品种，未经过安全性评估的行为；

③ 生产经营者生产、销售不符合法定要求出口食品的行为；

④ 生产经营者违法使用原料、辅料、添加剂、农业投入品的行为。

4. 法律、行政法规规定由海关实施行政处罚的行为

除《海关法》规定了走私行为和违反海关监管规定的行为，以及违反出入境检验检疫法律法规的行为由海关处理外，还包括其他法律、行政法规，以及国务院的规范性文件规定由海关实施处罚的行为的处理。

（二）海关行政处罚的管辖

海关行政处罚的管辖是指海关实施行政处罚权限的划分和分工。根据《海关行政处罚实施条例》，海关行政处罚的管辖主要是：

1. 由发现违法行为的海关管辖，也可以由违法行为发生地海关管辖；
2. 两个以上海关都有管辖权的案件，由最先发现违法行为的海关管辖；
3. 对管辖发生争议的，应当协商解决，协商不成的，报请共同的上一级海关指定管辖，也可以直接由共同的上一级海关指定管辖；

4. 重大、复杂的案件，可以由海关总署指定管辖。

（三）海关行政处罚的基本形式与具体方式

1. 海关行政处罚的基本形式

由于海关行政处罚的违法标的物分别为禁止、限制进出口的货物及物品，应缴纳税款的货物，既属限制进出口又属应税的货物，需实施进出境检验检疫等货物，以及法律规定的其他特殊货物等，其造成的危害后果是不同的。因此，《海关行政处罚实施条例》对上述不同违法行为所涉及的违法标的作出了不同的处罚规定。其形式主要包括：

（1）责令改正。所谓责令改正或者限期改正违法行为，是指海关责令违法行为人停止和纠正违法行为，以恢复原状，维持法定的秩序或者状态，具有事后救济性。

（2）给予警告。警告作为一种正式的海关行政处罚类型，在依据《海关行政处罚实施条例》的规定对有关违法行为给予警告处罚时，应严格按照《行政处罚法》所规定的程序实施（单独给予警告处罚的，可以适用行政处罚简易程序）。

（3）暂停或禁止其从事有关业务。暂停有关企业从事有关业务，使海关对违规行为的处罚有更多的选择性和针对性，对整顿和规范企业行为具有深远影响。而禁止其从事有关业务，在本质上是为预防违法、保障社会公众安全和维护社会公众利益而根据企业违法情况，对其所采取的一项预防性的处分措施。

（4）撤销其注册登记。撤销其注册登记是指海关依法对在海关注册的从事海关监管货物经营业务的企业，因走私违法而收缴其营业执照、公章等，撤销其注册号，取消其法人资格的行政行为。

（5）责令停产停业。责令停产停业是海关要求从事海关监管货物违法经营活动的公民、法人或其他组织停止生产、停止经营的处罚形式，具有下列特点：

① 责令停产停业是限制和剥夺公民、法人或其他组织行为能力的处罚。它要求受处罚人停止正在进行的生产经营及各种业务活动，与罚款、没收等财产处罚不同，它限制和剥夺的是受处罚人的行为能力，是行为罚的一种。

② 责令停产停业是要求公民、法人或其他组织履行不作为义务的处罚。也就是说，受到该种处罚的人负有不作为的义务，即不得继续从事生产经营活动。

③ 责令停产停业通常附有期限要求。受处罚人在一定期限内纠正了违法行为，就可以恢复生产和经营。

（6）暂扣或者吊销许可证、暂扣或者吊销执照。吊销、暂扣许可证和执照属于行政处罚中行为罚，行为罚是剥夺被处罚人已经取得的许可权利或资格，使其丧失继续从事许可行为的资格。行为罚又称能力罚，这是海关对违反海关行政法律规范的行政相对方所采取的限制或剥夺其特定行为能力或资格的一种处罚措施。行为罚包括前述责令停产停业，和暂扣或吊销许可证、执照两种形式。

（7）没收走私货物、物品、运输工具。这是指强制性地将进出境走私犯罪的个人或集团财产收归公有。没收，即将个人或企业单位的财、物等进出境违法违规所得罚没，收缴。更深层次的理解可分为：刑罚的一种，即没收财产；诉讼上的一种强制措施；行政管理上的一种强制措施；行政处罚的一种。

（8）没收违法所得。违法所得是指行政相对人从事违反国家法律、法规规定的活动，即实施了国家法律、法规禁止的行为，或未履行法定义务的获利额。没收违法所得是《海关行政处罚实施条例》中增加的对违规行为的处罚种类，使处罚更加具有针对性。

（9）处以罚款或并处罚款。罚款是对违规行为的一种重要的处罚种类，几乎涉及违反《海关行政处罚实施条例》关于海关监管行为处罚的所有条款。同时，《海关行政处罚实施条例》在处罚幅度上还做了上下限规定，减少了处罚的随意性。

（10）法律、行政法规规定的其他行政处罚。

2. 海关行政处罚的具体方式

（1）对走私行为的行政处罚

《海关行政处罚实施条例》对走私行为的处罚规定了下列处罚方式：

① 撤销其注册登记；

② 禁止其从事报关活动；

③ 没收走私货物、物品、运输工具；

④ 没收违法所得；

⑤ 并处罚款。

（2）对违反海关监管规定的行为的行政处罚

《海关行政处罚实施条例》对违规行为的处罚规定了下列处罚方式：

① 责令改正；

② 给予警告；

③ 没收走私货物、物品；

④ 没收违法所得；

⑤ 处以罚款；

⑥ 暂停或禁止其从事有关业务。

（3）对违反出入境检验检疫法律法规行为的行政处罚

《行政处罚法》对违反出入境检验检疫法律法规行为的行政处罚规定了下列处罚方式：

① 给予警告；

② 责令改正；

③ 暂扣或者吊销许可证、暂扣或者吊销执照；

④ 没收走私货物、物品；

⑤ 没收违法所得；

⑥ 责令停产停业；

⑦ 暂停其 6 个月以内从事有关业务。

（四）海关行政处罚的适用

1. 未成年人有违法行为的处罚

不满 14 周岁的未成年人有违法行为的，不予行政处罚，但是应当责令其监护人加以管教；已满 14 周岁不满 18 周岁的未成年人有违法行为的，应当从轻或者减轻行政处罚。

2. 精神病人、智力残疾人有违法行为的处罚

精神病人、智力残疾人在不能辨认或者不能控制自己行为时有违法行为的，不予行政处罚，但是应当责令其监护人严加看管和治疗。间歇性精神病人在精神正常时有违法行为的，应当给予行政处罚。尚未完全丧失辨认或者控制自己行为能力的精神病人、智力残疾人有违法行为的，可以从轻或者减轻行政处罚。

3. 违法行为轻微的处罚

违法行为轻微并及时改正，没有造成危害后果的，不予行政处罚。初次违法且危害后果轻微并及时改正的，可以不予行政处罚。

对当事人的违法行为依法不予行政处罚的，海关应当对当事人进行教育。

4. 没有主观过错的处罚

当事人有证据足以证明没有主观过错的，不予行政处罚。法律、行政法规另有规定的，从其规定。

5. 从轻或者减轻行政处罚

当事人有下列情形之一，应当从轻或者减轻行政处罚：

（1）主动消除或者减轻违法行为危害后果的；

（2）受他人胁迫或者诱骗实施违法行为的；

（3）主动供述海关尚未掌握的违法行为的；

（4）配合海关查处违法行为有立功表现的；

（5）法律、行政法规、海关规章规定其他应当从轻或者减轻行政处罚的。

当事人积极配合海关调查且认错认罚的或者违法行为危害后果较轻的，可以从轻或者减轻处罚。

6. 快速、从重处罚

发生重大传染病疫情等突发事件，为了控制、减轻和消除突发事件引起的社会危害，海关对违反突发事件应对措施的行为，依法快速、从重处罚。

7. 期限内违法行为未被发现的处罚

违法行为在 2 年内未被发现的，不再给予行政处罚；涉及公民生命健康安全、金融安全且有危害后果的，上述期限延长至 5 年。法律另有规定的除外。

前款规定的期限，从违法行为发生之日起计算；违法行为有连续或者继续状态的，从行为终了之日起计算。

8. 行政处罚法律、行政法规、海关规章的时效

实施行政处罚，适用违法行为发生时的法律、行政法规、海关规章的规定。但是，作出行政处罚决定时，法律、行政法规、海关规章已被修改或者废止，且新的规定处罚较轻或者不认为是违法的，适用新的规定。

9. 海关行政处罚裁量基准与裁量权

海关可以依法制定行政处罚裁量基准，规范行使行政处罚裁量权。行政处罚裁量基准应当向社会公布。

（五）实施海关行政处罚的一般规定

1. 信息公示

海关行政处罚的立案依据、实施程序和救济渠道等信息应当公示。

2. 记录与归档保存

海关应当依法以文字、音像等形式，对行政处罚的启动、调查取证、审核、决定、送达、执行等进行全过程记录，归档保存。

3. 执法人员

海关行政处罚应当由具有行政执法资格的海关执法人员（以下简称“执法人员”）实施。执法人员不得少于两人，法律另有规定的除外。

执法人员应当文明执法，尊重和保护当事人合法权益。

4. 委托代理人

在案件办理过程中，当事人委托代理人的，应当提交授权委托书，载明委托人及其代理人的基本信息、委托事项及代理权限、代理权的起止日期、委托日期和委托人签名或者盖章。

委托人变更委托内容或者提前解除委托的，应当书面告知海关。

5. 案件移送

海关发现的依法应当由其他行政机关或者司法机关处理的违法行为，应当制作案件移送函，及时将案件移送有关行政机关或者司法机关处理。

6. 执法回避

（1）执法人员自行回避

执法人员有下列情形之一的，应当自行回避，当事人及其代理人有权申请其回避：

① 是案件的当事人或者当事人的近亲属；

② 本人或者其近亲属与案件有直接利害关系；

③ 与案件有其他关系，可能影响案件公正处理的。

执法人员自行回避的，应当提出书面申请，并且说明理由，由海关负责人决定。

（2）当事人要求执法人员回避

当事人及其代理人要求执法人员回避的，应当提出申请，并且说明理由。当事人口头提出申请的，海关应当记录在案。

海关应当依法审查当事人的回避申请，并在 3 个工作日内由海关负责人作出决定，并且书面通知申请人。

海关驳回回避申请的，当事人及其代理人可以在收到书面通知后的 3 个工作日内向作出决定的海关申请复核一次；作出决定的海关应当在 3 个工作日内作出复核决定并且书面通知申请人。

（3）海关负责人指令回避

执法人员具有应当回避的情形，其本人没有申请回避，当事人及其代理人也没有申请其回避的，有权决定其回避的海关负责人可以指令其回避。

（4）回避的其他适用

听证主持人、记录员、检测、检验、检疫、技术鉴定人和翻译人员的回避，适用上述执法回避的规定。

（5）回避决定前的执法及其效力

在海关作出回避决定前，执法人员不停止办理行政处罚案件。在回避决定作出前，执法人员进行的与案件有关的活动是否有效，由作出回避决定的海关根据案件情况决定。

7. 证据

（1）证据的收集及保管

海关收集的物证、书证应当是原物、原件。收集原物、原件确有困难的，可以拍摄、复制足以反映原物、原件内容或者外形的照片、录像、复制件，并且可以指定或者委托有关单位或者个人对原物、原件予以妥善保管。

（2）证据的签收

海关收集物证、书证的原物、原件的，应当开列清单，注明收集的日期，由有关单位或者个人确认后盖章或者签字。

海关收集由有关单位或者个人保管书证原件的复制件、影印件或者抄录件的，应当注明出处和收集时间，经提供单位或者个人核对无异后盖章或者签字。

提供单位或者个人拒绝盖章或者签字的，执法人员应当注明。

8. 期间与期限

（1）期间

期间以时、日、月、年计算。期间开始的时和日，不计算在期间内。期间届满的最后一日是节假日的，以其后的第一个工作日为期间届满日期。

期间不包括在途时间，法定期满前交付邮寄的，不视为逾期。

（2）期限

当事人因不可抗拒的事由或者其他正当理由耽误期限的，在障碍消除后的十日内可以向海关申请顺延期限，是否准许，由海关决定。

9. 海关法律文书的送达

（1）送达方式

经当事人或者其代理人书面同意，海关可以采用传真、电子邮件、移动通信、互联网通信工具等方式送达行政处罚决定书等法律文书。

（2）送达地址

海关可以要求当事人或者其代理人书面确认法律文书送达地址。

当事人及其代理人提供的送达地址的，应当包括邮政编码、详细地址以及受送达人的联系电话或者其确认的电子送达地址等。

海关应当书面告知送达地址确认书的填写要求和注意事项以及提供虚假地址或者提供地址不准确的法律后果，并且由当事人或者其代理人确认。

当事人变更送达地址的，应当以书面方式告知海关。当事人未书面变更的，以其确认的地址为送达地址。

（3）送达日期

① 传真等方式的送达日期

海关采用传真、电子邮件、移动通信、互联网通信工具等方式送达行政处罚决定书等法律文书的，以传真、电子邮件、移动通信、互联网通信工具等到达受送达人特定系统的日期为送达日期。

② 邮寄的送达日期

海关邮寄送达法律文书的，应当附送达回证并且以送达回证上注明的收件日期为送达日期；送达回证没有寄回的，以挂号信回执、查询复单或者邮寄流程记录上注明的收件日期为送达日期。

以上述传真等方式的送达，因当事人提供的送达地址不准确、送达地址变更未书面告知海关，导致法律文书未能被受送达人实际接收的，直接送达的，法律文书留在该地址之日为送达之日；邮寄送达的，法律文书被退回之日为送达之日。

③ 公告的送达日期

海关依法公告送达法律文书的，应当将法律文书的正本张贴在海关公告栏内。行政处罚决定书公告送达的，还应当在报纸或者海关门户网站上刊登公告。

（六）海关行政处罚案件的调查

除依法可以当场作出的行政处罚外，海关发现公民、法人或者其他组织有依法应当由海关给予行政处罚的行为的，必须全面、客观、公正地调查，收集有关证据；必要时，依照法律、行政法规的规定，可以进行检查。符合立案标准的，海关应当及时立案。

1. 海关调查案件的执法证件

执法人员在调查或者进行检查时，应当主动向当事人或者有关人员出示执法证件。

当事人或者有关人员有权要求执法人员出示执法证件。执法人员不出示执法证件的，当事人或者有关人员有权拒绝接受调查或者检查。

当事人或者有关人员对海关调查或者检查应当予以协助和配合，不得拒绝或者阻挠。

2. 查问与询问

（1）查问、询问相关人的要求

执法人员查问违法嫌疑人、询问证人应当个别进行，并且告知其依法享有的权利和作伪证应当承担的法律责任。

违法嫌疑人、证人应当如实陈述、提供证据。

（2）查问、询问的地点

执法人员查问违法嫌疑人，可以到其所在单位或者住所进行，也可以要求其到海关或者指定地点进行。

执法人员询问证人，可以到其所在单位、住所或者其提出的地点进行。必要时，也可以通知证人到海关或者指定地点进行。

（3）查问、询问的笔录

查问、询问应当制作查问、询问笔录。查问、询问笔录上所列项目，应当按照规定填写齐全，并且注明查问、询问开始和结束的时间；执法人员应当在查问、询问笔录上签字。

查问、询问笔录应当当场交给被查问人、被询问人核对或者向其宣读。被查问人、被询问人核对无误后，应当在查问、询问笔录上逐页签字或者捺指印，拒绝签字或者捺指印的，执法人员应当在查问、询问笔录上注明。如记录有误或者遗漏，应当允许被查问人、被询问人更正或者补充，并且在更正或者补充处签字或者捺指印。

（4）语言沟通不便时的查问、询问

查问、询问聋、哑人时，应当有通晓聋、哑手语的人作为翻译人员参加，并且在笔录上注明被查问人、被询问人的聋、哑情况。

查问、询问不通晓中国语言文字的外国人、无国籍人，应当为其提供翻译人员；被查问人、被询问人通晓中国语言文字不需要提供翻译人员的，应当出具书面声明，执法人员应当在查问、询问笔录中注明。翻译人员的姓名、工作单位和职业应当在查问、询问笔录中注明。翻译人员应当在查问、询问笔录上签字。

（5）首次查问、询问的必要内容

海关首次查问违法嫌疑人、询问证人时，应当问明违法嫌疑人、证人的姓名、出生日期、户籍所在地、现住址、身份证件种类及号码、工作单位、文化程度，是否曾受过刑事处罚或者被行政机关给予行政处罚等情况；必要时，还应当问明家庭主要成员等情况。

（6）对未成年人查问、询问的必要条件

违法嫌疑人或者证人不满 18 周岁的，查问、询问时应当依法通知其法定代理人或者其成年家属、所在学校的代表等合适成年人到场，并且采取适当方式，在适当场所进行，保障未成年人的名誉权、隐私权和其他合法权益。

（7）被查问、询问人的书面陈述

被查问人、被询问人要求自行提供书面陈述材料的，应当准许；必要时，执法人员也可以要求被查问人、被询问人自行书写陈述。

被查问人、被询问人自行提供书面陈述材料的，应当在陈述材料上签字并且注明书写陈述的时间、地点和陈述人等。执法人员收到书面陈述后，应当注明收到时间并且签字确认。

执法人员对违法嫌疑人、证人的陈述必须充分听取，并且如实记录。

（8）相关存款、汇款的查询

在调查走私案件时，执法人员查询案件涉嫌单位和涉嫌人员在金融机构、邮政企业的存款、汇款，应当经直属海关关长或者其授权的隶属海关关长批准。

执法人员查询时，应当主动向当事人或者有关人员出示执法证件和海关协助查询通知书。

3. 检查、查验及其记录

（1）对“物”的检查、查验及其记录

执法人员依法检查运输工具和场所，查验货物、物品，应当制作检查、查验记录。

检查、查验记录应当由执法人员、当事人或者其代理人签字或者盖章；当事人或者其代理人不在场或者拒绝签字或者盖章的，执法人员应当在检查、查验记录上注明，并且由见证人签字或者盖章。

（2）对“人”的检查、查验及其记录

执法人员依法检查走私嫌疑人的身体，应当在隐蔽的场所或者非检查人员视线之外，由 2 名以上与被检查人同性别的执法人员执行，并且制作人身检查记录。检查走私嫌疑人身体可以由医生协助进行，必要时可以前往医疗机构检查。

人身检查记录应当由执法人员、被检查人签字或者盖章；被检查人拒绝签字或者盖章的，执法人员应当在人身检查记录上注明。

4. 提取样品

（1）提取样品的机构

为查清事实或者固定证据，海关或者海关依法委托的机构可以提取样品。

（2）提取样品的作业规范

提取样品时，当事人或者其代理人应当到场；当事人或者其代理人未到场的，海关应当邀请见证人到场。海关认为必要时，可以径行提取货样。

提取的样品应当予以加封确认，并且填制提取样品记录，由执法人员或者海关依法委托的机构人员、当事人或者其代理人、见证人签字或者盖章。

海关或者海关依法委托的机构提取的样品应当一式两份以上；样品份数及每份样品数量以能够满足案件办理需要为限。

5. 专门事项的检测、检验、检疫和技术鉴定

（1）实施机构

为查清事实，需要对案件中专门事项进行检测、检验、检疫、技术鉴定的，应当由海关或者海关依法委托的机构实施。

（2）检测等结果应载明的内容及确认签章

检测、检验、检疫、技术鉴定结果应当载明委托人和委托事项、依据和结论，并且应当有检测、检验、检疫、技术鉴定人的签字和海关或者海关依法委托的机构的盖章。

（3）其他规定

检测、检验、检疫、技术鉴定的费用由海关承担。

检测、检验、检疫、技术鉴定结果应当告知当事人。

6. 扣留

（1）海关实施扣留应当遵守的规定

① 实施前须向海关负责人报告并经批准，但是根据《海关法》第六条第四项实施的扣留，应当经直属海关关长或者其授权的隶属海关关长批准；

② 由两名以上执法人员实施；

③ 出示执法证件；

④ 通知当事人到场；

⑤ 当场告知当事人采取扣留的理由、依据以及当事人依法享有的权利、救济途径；

⑥ 听取当事人的陈述和申辩；

⑦ 制作现场笔录；

⑧ 现场笔录由当事人和执法人员签名或者盖章，当事人拒绝的，在笔录中予以注明；

⑨ 当事人不到场的，邀请见证人到场，由见证人和执法人员在现场笔录上签名或者盖章；

⑩ 法律、行政法规规定的其他程序。

海关依法扣留货物、物品、运输工具、其他财产及账册、单据等资料，可以加施海关封志。

（2）海关对扣留“物”的处置

① 行政处罚决定作出前不得处理

海关依法扣留的货物、物品、运输工具，在人民法院判决或者海关行政处罚决定作出之前，不得处理。

② 依法先行变卖

危险品或者鲜活、易腐、易烂、易失效、易变质等不宜长期保存的货物、物品以及所有人申请先行变卖的货物、物品、运输工具，经直属海关关长或者其授权的隶属海关关长批准，可以先行依法变卖，变卖所得价款由海关保存。

海关在变卖前，应当通知先行变卖的货物、物品、运输工具的所有人。变卖前无法及时通知的，海关应当在货物、物品、运输工具变卖后，通知其所有人。

③ 依法先行处置

依照法律、行政法规的规定，应当采取退运、销毁、无害化处理等措施的货物、物品，可以依法先行处置。

（3）海关依法解除扣留

海关依法解除对货物、物品、运输工具、其他财产及有关账册、单据等资料的扣留，应当制发解除扣留通知书送达当事人。解除扣留通知书由执法人员、当事人或者其代理人签字或者盖章；当事人或者其代理人不在场，或者当事人、代理人拒绝签字或者盖章的，执法人员应当在解除扣留通知书上注明，并且由见证人签字或者盖章。

（4）当事人申请免予或者解除扣留

有违法嫌疑的货物、物品、运输工具应当或者已经被海关依法扣留的，当事人可以向海关提供担保，申请免予或者解除扣留。

（5）无法或者不便扣留的处理

有违法嫌疑的货物、物品、运输工具无法或者不便扣留的，当事人或者运输工具负责人应当向海关提供等值的担保。

（6）与扣留相关的担保

① 担保的提供与收取

当事人或者运输工具负责人向海关提供担保时，执法人员应当制作收取担保凭单并送达当事人或者运输工具负责人，执法人员、当事人、运输工具负责人或者其代理人应当在收取担保凭单上签字或者盖章。

海关收取担保后，可以对涉案货物、物品、运输工具进行拍照或者录像存档。

② 担保的解除

海关依法解除担保的，应当制发解除担保通知书送达当事人或者运输工具负责人。解除担保通知书由执法人员及当事人、运输工具负责人或者其代理人签字或者盖章；当事人、运输工具负责人或者其代理人不在场或者拒绝签字或者盖章的，执法人员应当在解除担保通知书上注明。

海关依法对走私犯罪嫌疑人实施人身扣留，依照《中华人民共和国海关实施人身扣留规定》规定的程序办理。

7. 终结调查

经调查，行政处罚案件有下列情形之一的，海关可以终结调查并提出处理意见：

（1）违法事实清楚、法律手续完备、据以定性处罚的证据充分的；

（2）违法事实不能成立的；

（3）作为当事人的自然人死亡的；

（4）作为当事人的法人或者其他组织终止，无法人或者其他组织承受其权利义务，又无其他关系人可以追查的；

（5）案件已经移送其他行政机关或者司法机关的；

（6）其他依法应当终结调查的情形。

（七）海关行政处罚案件处理决定的执行

1. 当事人在限期内履行行政处罚决定

（1）在限期内履行

海关作出行政处罚决定后，当事人应当在行政处罚决定书载明的期限内，予以履行。

海关作出罚款决定的，当事人应当自收到行政处罚决定书之日起 15 日内，到指定的银行或者通过电子支付系统缴纳罚款。

（2）申请延期或者分期缴纳罚款

当事人确有经济困难向海关提出延期或者分期缴纳罚款的，应当以书面方式提出申请。

海关收到当事人延期、分期缴纳罚款的申请后，应当在 10 个工作日内作出是否准予延期、分期缴纳罚款的决定，并且制发通知书送达申请人。

（3）逾期不履行的海关措施

当事人逾期不履行行政处罚决定的，海关可以采取下列措施：

① 到期不缴纳罚款的，每日按照罚款数额的百分之三加处罚款，加处罚款的数额不得超出罚款的数额；

② 当事人逾期不履行海关的处罚决定又不申请复议或者向人民法院提起诉讼的，海关可以将其保证金抵缴或者将其被扣留的货物、物品、运输工具依法变价抵缴，也可以申请人民法院强制执行；

③ 根据法律规定，采取其他行政强制执行方式。

2. 海关阻止未缴清罚款、等值价款（或上述款项担保）的当事人等出境

（1）制作阻止出境协助函，通知出境管理机关阻止其出境

受海关处罚的当事人或者其法定代表人、主要负责人在出境前未缴清罚款、违法所得和依法追缴的货物、物品、走私运输工具等值价款的，也未向海关提供相当于上述款项担保的，海关可以依法制作阻止出境协助函，通知出境管理机关阻止其出境。

（2）随附法律文书及应载明或注明的内容

阻止出境协助函应当随附行政处罚决定书等相关法律文书，并且载明被阻止出境人员的姓名、性别、出生日期、出入境证件种类和号码。被阻止出境人员是外国人、无国籍人员的，应当注明其英文姓名。

（3）解除阻止出境

当事人或者其法定代表人、主要负责人缴清罚款、违法所得和依法追缴的货物、物品、走私运输工具等值价款的，或者向海关提供相当于上述款项担保的，海关应当及时制作解除阻止出境协助函通知出境管理机关。

3. 以保证金或将货物等变价抵缴罚款

将当事人的保证金抵缴或者将当事人被扣留的货物、物品、运输工具依法变价抵缴罚款之后仍然有剩余的，应当及时发还或者解除扣留、解除担保。

4. 海关对限期内未办退还手续的处置

（1）对解除扣留限期内未办货物等退还手续的处置

① 发布货物等退还公告

自海关送达解除扣留通知书之日起 3 个月内，当事人无正当理由未到海关办理有关货物、物品、运输工具或者其他财产的退还手续的，海关应当发布公告。

② 将货物等提取变卖

自公告发布之日起 30 日内，当事人仍未办理退还手续的，海关可以依法将有关货物、物品、运输工具或者其他财产提取变卖，并且保留变卖价款。

③ 从货物等变卖价款中扣除相关费用，余款上缴国库

变卖价款在扣除自海关送达解除扣留通知书之日起算的仓储等相关费用后，尚有余款

的，自海关公告发布之日起 1 年内，当事人仍未办理退还手续的，海关应当将余款上缴国库。

④ 对未予变卖的货物等依法处置

未予变卖的货物、物品、运输工具或者其他财产，自海关公告发布之日起 1 年内，当事人仍未办理退还手续的，由海关依法处置。

（2）对解除担保限期内未办财产、权利退还手续的处置

① 发布财产、权利退还公告

自海关送达解除担保通知书之日起 3 个月内，当事人无正当理由未办理财产、权利退还手续的，海关应当发布公告。

② 将担保财产、权利依法变卖或者兑付后，上缴国库

自海关公告发布之日起 1 年内，当事人仍未办理退还手续的，海关应当将担保财产、权利依法变卖或者兑付后，上缴国库。

5. 有关处理决定执行的其他事项

当事人实施违法行为后，发生企业分立、合并或者其他资产重组等情形，对当事人处以罚款、没收违法所得或者依法追缴货物、物品、走私运输工具等值价款的，应当以承受其权利义务的法人、组织作为被执行人。

当事人对行政处罚决定不服，申请行政复议或者提起行政诉讼的，行政处罚不停止执行，法律另有规定的除外。

当事人申请行政复议或者提起行政诉讼的，加处罚款的数额在行政复议或者行政诉讼期间不予计算。

6. 中止执行

有下列情形之一的，中止执行：

（1）处罚决定可能存在违法或者不当情况的（根据该情形中止执行，应经海关负责人批准）；

（2）申请人民法院强制执行，人民法院裁定中止执行的；

（3）行政复议机关、人民法院认为需要中止执行的；

（4）海关认为需要中止执行的其他情形。

中止执行的情形消失后，海关应当恢复执行。对没有明显社会危害，当事人确无能力履行，中止执行满 3 年未恢复执行的，海关不再执行。

7. 终结执行

有下列情形之一的，终结执行：

（1）据以执行的法律文书被撤销的；

（2）作为当事人的自然人死亡，无遗产可供执行，又无义务承受人的；

（3）作为当事人的法人或者其他组织被依法终止，无财产可供执行，又无义务承受人的；

（4）海关行政处罚决定履行期限届满超过 2 年，海关依法采取各种执行措施后仍无法执行完毕的，但是申请人民法院强制执行的除外；

（5）申请人民法院强制执行的，人民法院裁定中止执行后超过 2 年仍无法执行完毕的；

（6）申请人民法院强制执行后，人民法院裁定终结本次执行程序或者终结执行的；

（7）海关认为需要终结执行的其他情形。

8. 海关申请人民法院强制执行

海关申请人民法院强制执行，应当自当事人的法定起诉期限届满之日起 3 个月内提出。

海关批准延期、分期缴纳罚款的，申请人民法院强制执行的期限，自暂缓或者分期缴纳罚款期限结束之日起计算。

三、 实施海关行政处罚的程序

（一）实施海关行政处罚的普通程序

1. 法制审核

海关对已经调查终结的行政处罚普通程序案件，应当由从事行政处罚决定法制审核的人员进行法制审核；未经法制审核或者审核未通过的，不得作出处理决定。但是依法快速办理的案件除外。

海关初次从事行政处罚决定法制审核的人员，应当通过国家统一法律职业资格考试取得法律职业资格。

海关对行政处罚案件进行法制审核时，应当重点审核以下内容，并提出审核意见：

（1）执法主体是否合法；

（2）执法人员是否具备执法资格；

（3）执法程序是否合法；

（4）案件事实是否清楚，证据是否合法充分；

（5）适用法律、行政法规、海关规章等依据是否准确；

（6）自由裁量权行使是否适当；

（7）是否超越法定权限；

（8）法律文书是否完备、规范；

（9）违法行为是否依法应当移送其他行政机关或者司法机关处理。

经审核存在问题的，法制审核人员应当提出处理意见并退回调查部门。

仅存在以上（4）、（5）项所列问题的，法制审核人员也可以直接提出处理意见，依照“告知、复核和听证”和“处理决定”的规定作出处理决定

2. 告知、复核和听证

（1）海关告知当事人书面陈述、申辩和要求听证等权利

① 告知的内容、时限及方式

海关在作出行政处罚决定或者不予行政处罚决定前，应当告知当事人拟作出的行政处罚或者不予行政处罚内容及事实、理由、依据，并且告知当事人依法享有的陈述、申辩、要求听证等权利。

在履行告知义务时，海关应当制发行政处罚告知单或者不予行政处罚告知单，送达当事人。

② 未履行告知义务不得做相关决定

海关未依照前款规定履行告知义务，或者拒绝听取当事人的陈述、申辩，不得作出行

政处罚决定或者不予行政处罚决定。

（2）当事人提出书面陈述、申辩和要求听证

① 提出的期限

除因不可抗力或者海关认可的其他正当理由外，当事人应当在收到行政处罚或者不予行政处罚告知单之日起 5 个工作日内提出书面陈述、申辩和要求听证。逾期视为放弃陈述、申辩和要求听证的权利。

② 书面记录及确认

当事人当场口头提出陈述、申辩或者要求听证的，海关应当制作书面记录，并且由当事人签字或者盖章确认。

③ 放弃及确认

当事人明确放弃陈述、申辩和听证权利的，海关可以直接作出行政处罚或者不予行政处罚决定。当事人放弃陈述、申辩和听证权利应当有书面记载，并且由当事人或者其代理人签字或者盖章确认。

（3）海关对当事人提出书面陈述、申辩和要求听证的复核及处置

① 复核的基本要求

海关必须充分听取当事人的陈述、申辩和听证意见，对当事人提出的事实、理由和证据，应当进行复核；当事人提出的事实、理由、证据或者意见成立的，海关应当采纳。

海关不得因当事人陈述、申辩、要求听证而给予更重的处罚，但是海关发现新的违法事实的除外。

② 变更原告知

经复核后，变更原告知的行政处罚或者不予行政处罚内容及事实、理由、依据的，应当重新制发海关行政处罚告知单或者不予行政处罚告知单，并且依照《中华人民共和国海关办理行政处罚件程序规定》（以下简称《海关办理行政处罚案件程序规定》）第六十六条至第六十九条的规定办理。

③ 维持原告知

经复核后，维持原告知的行政处罚或者不予行政处罚内容及事实、理由、依据的，依照《海关办理行政处罚案件程序规定》第四章第四节的规定作出处理决定。

3. 处理决定

（1）海关作出处理决定的基本要求

海关作出行政处罚决定，应当做到认定违法事实清楚、定案证据确凿充分、违法行为定性准确、适用法律正确、办案程序合法、处罚合理适当。

违法事实不清、证据不足的，不得给予行政处罚。

对情节复杂或者重大违法行为给予行政处罚的，应当由海关负责人集体讨论决定。

（2）处理决定的主要形式

海关负责人应当对行政处罚案件进行审查，根据不同情况，分别作出以下决定：

① 确有应受行政处罚的违法行为的，根据情节轻重及具体情况，作出行政处罚决定；

② 符合《海关办理行政处罚案件程序规定》第五十四条至第五十六条规定的不予行政处罚情形之一的，作出不予行政处罚决定；

③ 符合《海关办理行政处罚案件程序规定》第五十三条第二项规定的情形的，不予行政处罚，撤销案件；

④ 符合《海关办理行政处罚案件程序规定》第五十三条第三项、第四项规定的情形之一的，撤销案件；

⑤ 符合法定收缴条件的，予以收缴；

⑥ 应当由其他行政机关或者司法机关处理的，移送有关行政机关或者司法机关依法办理。

（3）行政处罚决定书

海关依法作出行政处罚决定或者不予行政处罚决定的，应当制发行政处罚决定书或者不予行政处罚决定书。

① 行政处罚决定书应当载明的内容

A. 当事人的基本情况，包括当事人姓名或者名称、地址等；

B. 违反法律、行政法规、海关规章的事实和证据；

C. 行政处罚的种类和依据；

D. 行政处罚的履行方式和期限；

E. 申请行政复议或者提起行政诉讼的途径和期限；

H. 作出行政处罚决定的海关名称和作出决定的日期，并且加盖作出行政处罚决定海关的印章。

② 不予行政处罚决定书应当载明的内容

A. 当事人的基本情况，包括当事人姓名或者名称、地址等；

B. 违反法律、行政法规、海关规章的事实和证据；

C. 不予行政处罚的依据；

D. 申请行政复议或者提起行政诉讼的途径和期限；

E. 作出不予行政处罚决定的海关名称和作出决定的日期，并且加盖作出不予行政处罚决定海关的印章。

（4）作出行政处罚决定

① 海关作出行政处罚决定的期限

海关应当自行政处罚案件立案之日起 6 个月内作出行政处罚决定；确有必要的，经海关负责人批准可以延长期限，延长期限不得超过 6 个月。案情特别复杂或者有其他特殊情况，经延长期限仍不能作出处理决定的，应当由直属海关负责人集体讨论决定是否继续延长期限，决定继续延长期限的，应当同时确定延长的合理期限。

上述期间不包括公告、检测、检验、检疫、技术鉴定、复议、诉讼的期间。

在案件办理期间，发现当事人另有违法行为的，自发现之日起重新计算办案期限。

② 行政处罚决定书的交付或送达

行政处罚决定书应当在宣告后当场交付当事人；当事人不在场的，海关应当在 7 个工作日内将行政处罚决定书送达当事人。

③ 行政处罚决定的公开

具有一定社会影响的行政处罚决定，海关应当依法公开。

公开的行政处罚决定被依法变更、撤销、确认违法或者确认无效的，海关应当在 3 个工作日内撤回行政处罚决定信息并公开说明理由。

(5) 海关依法收缴

① 制作并送达收缴清单

海关依法收缴有关货物、物品、违法所得、运输工具、特制设备的，应当制作收缴清单并送达被收缴人。

② 无法查清案件的制发收缴公告

走私违法事实基本清楚，但是当事人无法查清的案件，海关在制发收缴清单之前，应当制发收缴公告，公告期限为3个月，并且限令有关当事人在公告期限内到指定海关办理相关海关手续。公告期满后仍然没有当事人到海关办理相关海关手续的，海关可以依法予以收缴。

③ 收缴清单应载明或注明的内容

收缴清单应当载明予以收缴的货物、物品、违法所得、运输工具、特制设备的名称、规格、数量或者重量等。有关货物、物品、运输工具、特制设备有重要、明显特征或者瑕疵的，执法人员应当在收缴清单中予以注明。

④ 收缴清单的签字或盖章

收缴清单由执法人员、被收缴人或者其代理人签字或者盖章。

被收缴人或者其代理人拒绝签字或者盖章，或者被收缴人无法查清但是有见证人在场的，应当由见证人签字或者盖章。

没有被收缴人签字或者盖章的，执法人员应当在收缴清单上注明原因。

⑤ 无法查清案件收缴清单的公告送达

海关对走私违法事实基本清楚，但是当事人无法查清的案件制发的收缴清单应当公告送达。

（二）实施海关行政处罚的听证程序

1. 一般规定

(1) 听证的适用

海关拟作出下列行政处罚决定，应当告知当事人有要求听证的权利，当事人要求听证的，海关应当组织听证：

① 对公民处1万元以上罚款、对法人或者其他组织处10万元以上罚款；

② 对公民处没收1万元以上违法所得、对法人或者其他组织处没收10万元以上违法所得；

③ 没收有关货物、物品、走私运输工具；降低资质等级、吊销许可证件；

④ 责令停产停业、责令关闭、限制从业；

⑤ 其他较重的行政处罚；

⑥ 法律、行政法规、海关规章规定的其他情形。

当事人不承担组织听证的费用。

(2) 听证的组织

听证由海关负责行政处罚案件法制审核的部门组织。

(3) 听证的主持及职权

听证应当由海关指定的非本案调查人员主持。听证主持人履行下列职权：

① 决定延期、中止听证；

② 就案件的事实、拟作出行政处罚的依据与理由进行提问；

③ 要求听证参加人提供或者补充证据；

④ 主持听证程序并维持听证秩序，对违反听证纪律的行为予以制止；

⑤ 决定有关证人、检测、检验、检疫、技术鉴定人是否参加听证。

（4）听证的参加人

① 听证参加人

听证参加人包括当事人及其代理人、第三人及其代理人、案件调查人员；其他人员包括证人、翻译人员、检测、检验、检疫、技术鉴定人。

② 关于听证第三人

与案件处理结果有直接利害关系的公民、法人或者其他组织要求参加听证的，可以作为第三人参加听证；为查明案情，必要时，听证主持人也可以通知其参加听证。

③ 关于听证代理人

当事人、第三人可以委托 1 至 2 名代理人参加听证。

（5）案件调查人员

① 案件调查人员的身份

案件调查人员是指海关负责行政处罚案件调查取证并参加听证的执法人员。

② 案件调查人员的职责

在听证过程中，案件调查人员陈述当事人违法的事实、证据、拟作出的行政处罚决定及其法律依据，并同当事人进行质证、辩论。

（6）可被要求参加听证的人

经听证主持人同意，当事人及其代理人、第三人及其代理人、案件调查人员可以要求证人、检测、检验、检疫、技术鉴定人参加听证，并在举行听证的 1 个工作日前提供相关人员的基本情况。

（7）听证的申请与决定

① 当事人要求听证的申请

当事人要求听证的，应当在海关告知其听证权利之日起 5 个工作日内向海关提出。

② 海关组织听证的决定

海关决定组织听证的，应当自收到听证申请之日起 20 个工作日以内举行听证，并在举行听证的 7 个工作日前将举行听证的时间、地点通知听证参加人和其他人员。

③ 海关不予听证的决定

有下列情形之一的，海关应当作出不予听证的决定：

A. 申请人不是本案当事人或者其代理人；

B. 未在收到行政处罚告知单之日起 5 个工作日内要求听证的；

C. 不属于海关组织听证的规定范围的。

决定不予听证的，海关应当在收到听证申请之日起 3 个工作日以内制作海关行政处罚不予听证通知书，并及时送达申请人。

2. 听证的举行

（1）听证纪律

听证参加人及其他人员应当遵守以下听证纪律：

① 听证参加人及其他人员应当遵守听证秩序，经听证主持人同意后，才能进行陈述

和辩论；

② 旁听人员不得影响听证的正常进行；

③ 准备进行录音、录像、摄影和采访的，应当事先报经听证主持人批准。

（2）听证程序

听证应当按照下列程序进行：

① 听证主持人核对当事人及其代理人、第三人及其代理人、案件调查人员的身份；

② 听证主持人宣布听证参加人、翻译人员、检测、检验、检疫、技术鉴定人名单，询问当事人及其代理人、第三人及其代理人、案件调查人员是否申请回避；

③ 宣布听证纪律；

④ 听证主持人宣布听证开始并介绍案由；

⑤ 案件调查人员陈述当事人违法事实，出示相关证据，提出拟作出的行政处罚决定和依据；

⑥ 当事人及其代理人陈述、申辩，提出意见和主张；

⑦ 第三人及其代理人陈述，提出意见和主张；

⑧ 听证主持人就案件事实、证据、处罚依据进行提问；

⑨ 当事人及其代理人、第三人及其代理人、案件调查人员相互质证、辩论；

⑩ 当事人及其代理人、第三人及其代理人、案件调查人员做最后陈述；

⑪ 宣布听证结束。

（3）听证延期、中止、终止举行

① 听证延期举行

有下列情形之一的，应当延期举行听证：

A. 当事人或者其代理人因不可抗力或者有其他正当理由无法到场的；

B. 临时决定听证主持人、听证员或者记录员回避，不能当场确定更换人选的；

C. 作为当事人的法人或者其他组织有合并、分立或者其他资产重组情形，需要等待权利义务承受人的；

D. 其他依法应当延期举行听证的情形。

延期听证的原因消除后，由听证主持人重新确定举行听证的时间，并在举行听证的 3 个工作日前书面告知听证参加人及其他人员。

② 听证中止举行

有下列情形之一的，应当中止举行听证：

A. 需要通知新的证人到场或者需要重新检测、检验、检疫、技术鉴定、补充证据的；

B. 当事人因不可抗力或者有其他正当理由暂时无法继续参加听证的；

C. 听证参加人及其他人员不遵守听证纪律，造成会场秩序混乱的；

D. 其他依法应当中止举行听证的情形。

中止听证的原因消除后，由听证主持人确定恢复举行听证的时间，并在举行听证的 3 个工作日前书面告知听证参加人及其他人员。

③ 听证终止举行

有下列情形之一的，应当终止举行听证：

A. 当事人及其代理人撤回听证申请的；

B. 当事人及其代理人无正当理由拒不出席听证的；

C. 当事人及其代理人未经许可中途退出听证的；

D. 当事人死亡或者作为当事人的法人、其他组织终止，没有权利义务承受人的；

E. 其他依法应当终止听证的情形。

（4）听证笔录

① 听证笔录应当载明的事项

听证应当制作笔录，听证笔录应当载明下列事项：

A. 案由；

B. 听证参加人及其他人员的姓名或者名称；

C. 听证主持人、听证员、记录员的姓名；

D. 举行听证的时间、地点和方式；

E. 案件调查人员提出的本案的事实、证据和拟作出的行政处罚决定及其依据；

F. 陈述、申辩和质证的内容；

G. 证人证言；

H. 按规定应当载明的其他事项。

② 听证笔录的确认

听证笔录应当由听证参加人及其他人员确认无误后逐页进行签字或者盖章。对记录内容有异议的可以当场更正后签字或者盖章确认。

听证参加人及其他人员拒绝签字或者盖章的，由听证主持人在听证笔录上注明。

听证结束后，海关应当根据听证笔录，依照《海关办理行政处罚案件程序规定》第六十八条至第七十二条的规定进行复核及作出决定。

（三）实施海关行政处罚的简易程序和快速办理

1. 简易程序

（1）简易程序的适用情形

违法事实确凿并有法定依据，对公民处以200元以下、对法人或者其他组织处以3000元以下罚款或者警告的行政处罚的，海关可以适用简易程序当场作出行政处罚决定。

（2）简易程序的实施

① 行政处罚决定书的出示、交付

执法人员当场作出行政处罚决定的，应当向当事人出示执法证件，填写预定格式、编有号码的行政处罚决定书，并当场交付当事人。当事人拒绝签收的，应当在行政处罚决定书上注明。

② 行政处罚决定书应载明的内容

行政处罚决定书应当载明当事人的违法行为，行政处罚的种类和依据、罚款数额、时间、地点，申请行政复议、提起行政诉讼的途径和期限，以及海关名称，并由执法人员签名或者盖章。

③ 当场作出行政处罚决定的报备

执法人员当场作出的行政处罚决定，应当报所属海关备案。

2. 快速办理

（1）快速办理的适用情形

对不适用简易程序，但是事实清楚，当事人书面申请、自愿认错认罚且有其他证据佐证的行政处罚案件，符合以下情形之一的，海关可以通过简化取证、审核、审批等环节，快速办理案件：

① 适用《海关行政处罚实施条例》第十五条第一项、第二项规定进行处理的；

② 报关企业、报关人员对委托人所提供情况的真实性未进行合理审查，或者因为工作疏忽致使发生《海关行政处罚实施条例》第十五条第一项、第二项规定情形的；

③ 适用《海关行政处罚实施条例》第二十条至第二十三条规定进行处理的；

④ 违反海关监管规定携带货币进出境的；

⑤ 旅检渠道查获走私货物、物品价值在 5 万元以下的；

⑥ 其他违反海关监管规定案件货物价值在 50 万元以下或者物品价值在 10 万元以下，但是影响国家出口退税管理案件货物申报价格在 50 万元以上的除外；

⑦ 法律、行政法规、海关规章规定处警告、最高罚款 3 万元以下的；

⑧ 海关总署规定的其他情形。

（2）海关可以不再开展其他调查取证工作的条件

快速办理行政处罚案件，当事人在自行书写材料或者查问笔录中承认违法事实、认错认罚，并有查验、检查记录和鉴定意见等关键证据能够相互印证的，海关可以不再开展其他调查取证工作。

（3）录音录像的效力

使用执法记录仪等设备对当事人陈述或者海关查问过程进行录音录像的，录音录像可以替代当事人自行书写材料或者查问笔录。必要时，海关可以对录音录像的关键内容及其对应的时间段作文字说明。

（4）制发决定书的时限

海关快速办理行政处罚案件的，应当在立案之日起 7 个工作日内制发行政处罚决定书或者不予行政处罚决定书。

（5）特殊情形的处置

快速办理的行政处罚案件有下列情形之一的，海关应当依照《海关办理行政处罚案件程序规定》第三章至第五章的规定办理，并告知当事人：

① 海关对当事人提出的陈述、申辩意见无法当场进行复核的；

② 海关当场复核后，当事人对海关的复核意见仍然不服的；

③ 当事人要求听证的；

④ 海关认为违法事实需要进一步调查取证的；

⑤ 其他不宜适用快速办理的情形。

快速办理阶段依法收集的证据，可以作为定案的根据。

第六节 海关行政复议制度

一、 海关行政复议概述

（一）海关行政复议的含义

海关行政复议是指公民、法人或者其他组织不服海关及其工作人员作出的具体行政行为，认为该行政行为侵犯其合法权益，依法向海关复议机关提出复议申请，请求重新审查并纠正原具体行政行为，海关复议机关按照法定程序对上述具体行政行为的合法性和适当性（合理性）进行审查并作出决定的海关法律制度。

（二）海关行政复议的特征

海关行政复议具有如下特征：

1. 海关行政复议的申请人是公民、法人或者其他组织；

2. 海关行政复议的被申请人是作出具体行政行为的海关；

3. 海关行政复议是因公民、法人或其他组织认为海关具体行政行为侵犯其合法权益而引起的；

4. 海关行政复议机关是作出具体行政行为海关的上一级海关。对海关总署直接作出的具体行政行为不服而申请复议的，海关总署是复议机关。

（三）海关行政复议的作用

1. 保护公民、法人或其他组织的合法权益

海关行政复议是保护海关相对人的合法权益，为相对人提供的一种法律救济途径。

2. 维护和监督海关依法行使职权

海关行政复议是为了维护海关具体行政行为的合法性，防止和纠正违法的或者不当的海关具体行政行为，使得作出具体行政行为的海关依法行使职权。

（四）海关行政复议的原则

1. 合法原则

合法原则是海关行政复议的重要原则，包括复议的主体要合法、复议的程序要合法、复议的法律依据要合法等。

2. 公开原则

公开原则是行政法合理性原则的核心内容，在整个复议过程中，应当通过公开原则来保证申请人的权益，同时也便于申请人行使自己的权利，加强执法监督。

3. 公正原则

在海关行政复议中遵循公正原则主要包括适用法律依据正确、裁决适当、解决矛盾和争议且不得回避或不作为 3 个方面。

4. 及时原则

及时原则是实现行政复议的效率性和行政复议制度目的的要求。海关行政复议机关必须按照《中华人民共和国行政复议法》规定的期限执行，延长期限也必须严格按照法律规定。

5. 便民原则

即在尽量节省费用、时间、精力的情况下，保证公民、法人或者其他组织充分行使复议申请权，同时，在为申请人提供便利时，也照顾到海关行政复议机关的行政效率。

6. 有错必纠原则

在海关行政复议中只要坚持上述原则，就能坚持依法行政、有错必纠，保障法律、行政法规的正确实施，保证海关相对人的合法权益。

二、 海关行政复议制度的基本内容

（一）海关行政复议的范围

根据《中华人民共和国行政复议法》、《中华人民共和国行政复议法实施条例》及《中华人民共和国海关行政复议办法》（以下简称《海关行政复议办法》）的规定，公民、法人或者其他组织对海关下列具体行政行为不服的，可以申请行政复议：

1. 对海关作出的警告，罚款，没收货物、物品、运输工具和特制设备，追缴无法没收的货物、物品、运输工具的等值价款，没收违法所得，暂停从事有关业务，撤销注册登记及其他行政处罚决定不服的；

2. 对海关作出的收缴有关货物、物品、违法所得、运输工具、特制设备决定不服的；

3. 对海关作出的限制人身自由的行政强制措施不服的；

4. 对海关作出的扣留有关货物、物品、运输工具、账册、单证或者其他财产，封存有关进出口货物、账簿、单证等行政强制措施不服的；

5. 对海关收取担保的具体行政行为不服的；

6. 对海关采取的强制执行措施不服的；

7. 对海关确定纳税义务人、完税价格、商品归类、原产地、适用税率和汇率、减征或者免征税款、补税、退税、征收滞纳金、计征方式、纳税地点，以及其他涉及税款征收的具体行政行为有异议的；

8. 认为符合法定条件，申请海关办理行政许可事项或者行政审批事项，海关未依法办理的；

9. 对海关检查运输工具和场所，查验货物、物品或者采取其他监管措施不服的；

10. 对海关作出的责令退运、不予放行、责令改正、责令拆毁和变卖等行政决定不服的；

11. 对海关稽查决定或者其他稽查具体行政行为不服的；

12. 对海关作出的企业分类决定及按照该分类决定进行管理的措施不服的；

13. 认为海关未依法采取知识产权保护措施，或者对海关采取的知识产权保护措施不服的；

14. 认为海关未依法办理接受报关、放行等海关手续的；

15. 认为海关违法收取滞报金或者其他费用，违法要求履行其他义务的；

16. 认为海关没有依法履行保护人身权利、财产权利的法定职责的；

17. 认为海关在政府信息公开工作中的具体行政行为侵犯其合法权益的；

18. 认为海关的其他具体行政行为侵犯其合法权益的。

对于上述第 7 点因纳税争议而产生的事项，公民、法人或者其他组织应当依据《海关法》的规定先向海关行政复议机关申请行政复议，对海关行政复议决定不服的，再向人民法院提起行政诉讼，即实行复议前置的原则。

公民、法人或者其他组织认为海关的具体行政行为所依据的规定不合法，在对具体行政行为申请行政复议时，可以一并向海关行政复议机关提出对该规定的审查申请。如果申请人在对具体行政行为提起行政复议申请时尚不知道该具体行政行为所依据的规定的，可以在海关行政复议机关作出行政复议决定前提出。

（二）海关行政复议的管辖

海关行政复议的管辖，是指有关海关复议机关在受理海关行政复议案件上的分工和权限。

海关行政复议实行上级复议的原则，即对海关具体行政行为不服申请复议的，作出该具体行政行为海关的上一级海关为复议机关。对海关总署作出的具体行政行为不服申请复议的，海关总署为复议机关。两个以上海关以共同的名义作出具体行政行为的，其共同的上一级海关为复议机关。海关与其他行政机关以共同的名义作出具体行政行为的，海关和其他行政机关的共同上一级行政机关为复议机关。对海关总署与国务院其他部门共同作出的具体行政行为不服，由海关总署、国务院其他部门共同作出处理决定。海关设立的派出机构、内设机构或者其他组织，未经法律、行政法规授权，对外以自己名义作出具体行政行为的，该海关的上一级海关为复议机关。

（三）海关行政复议的程序

1. 海关行政复议的申请

（1）申请人

海关行政复议申请人，是指认为自己的合法权益受到海关具体行政行为的侵犯，依法向海关复议机关申请行政复议的公民、法人或者其他组织。

有权申请行政复议的公民死亡的，其近亲属可以申请行政复议。有权申请行政复议的法人或者其他组织终止的，承受其权利的公民、法人或者其他组织可以申请行政复议。法人或者其他组织实施违反海关法的行为后，有合并、分立或者其他资产重组情形，海关以原法人、组织作为当事人予以行政处罚并且以承受其权利义务的法人、组织作为被执行人的，该被执行人可以以自己的名义申请行政复议。

（2）被申请人

公民、法人或者其他组织对海关作出的具体行政行为不服申请行政复议的，作出该具体行政行为的海关是被申请人。两个以上海关以共同的名义作出具体行政行为的，以作出具体行政行为的海关为共同被申请人。海关与其他行政机关以共同的名义作出具体行政行为的，海关和其他行政机关为共同被申请人。下级海关经上级海关批准后以自己的名义作出具体行政行为的，以作出批准的上级海关为被申请人。海关设立的派出机构、内设机构或者其他组织，未经法律、行政法规授权，对外以自己名义作出具体行政行为的，以该海关为被申请人。

（3）第三人

在行政复议期间，申请人以外的公民、法人或者其他组织认为与被审查的海关具体行政行为有利害关系的，可以向海关行政复议机构申请作为第三人参加行政复议；海关行政复议机构认为申请人以外的公民、法人或者其他组织与被审查的具体行政行为有利害关系的，应当通知其作为第三人参加行政复议。

（4）申请的期限

公民、法人或者其他组织认为海关具体行政行为侵犯其合法权益的，可以自知道该具体行政行为之日起60日内提出行政复议申请。因不可抗力或者其他正当理由耽误法定申请期限的，期限自障碍消除之日起继续计算。

（5）申请的方式

申请人可以书面形式，也可以口头形式申请行政复议。口头申请的，复议机构应当当场制作行政复议申请笔录，交申请人核对或者向申请人宣读，并且由其签字确认。

申请人提出行政复议申请时错列被申请人的，海关行政复议机构应当告知申请人变更被申请人。

2. 海关行政复议申请的受理

海关行政复议机关收到行政复议申请后，对复议申请进行审核。不予受理的，应制作行政复议申请不予受理决定书，并送达申请人。凡是符合法定的范围、条件和要求的，自收到复议申请书之日起5个工作日内作出受理决定，并制作行政复议申请受理通知书和行政复议答复通知书分别送达申请人和被申请人，行政复议申请自海关行政复议机构收到之日起即为受理。

申请人就同一事项向两个或者两个以上有权受理的海关申请行政复议的，由最先收到行政复议申请的海关受理；同时收到行政复议申请的，由双方在10日内协商确定；协商不成的，由共同上一级海关在10日内指定受理海关。

两个以上的复议申请人对同一海关具体行政行为分别向海关复议机关申请复议，或同一申请人对同一海关的数个相同类型或者具有关联性的具体行政行为分别向海关行政复议机关申请行政复议的，海关复议机关可以并案审理，并以后一个申请复议的日期为正式受理的日期。

3. 海关行政复议的审理

海关行政复议的审理工作是指海关行政复议机关受理复议案件后，对复议案件的事实是否清楚，适用依据是否准确，程序是否合法等方面进行的全面审查。

每一个海关行政复议案件由不得少于3人的单数的行政复议人员实行合议制审理，由其中一名行政复议人员担任主审。对事实清楚、案情简单、争议不大的案件，也可以不适用合议制，但是应当由2名以上行政复议人员参加审理。

申请人、被申请人或者第三人认为合议人员或者案件审理人员与本案有利害关系或者有其他关系可能影响公正审理行政复议案件的，可以说明理由，申请合议人员或者案件审理人员回避。合议人员或者案件审理人员认为自己具有上述情形的应当主动申请回避。此外，复议机构负责人也可以指令合议人员或者案件审理人员回避。

案件审理中，复议机构应当向有关组织和人员调查情况，听取申请人、被申请人和第三人的意见；海关行政复议机构认为必要时可以实地调查核实证据；对于事实清楚、案情简单、争议不大的案件，可以采取书面审查的方式进行审理。同时，申请人、第三人也可以申请查阅被申请人提出的书面答复、提交的作出具体行政行为的证据、依据和其他有关材料。审理后，复议机关对复议案件提出处理意见。行政复议期间海关具体行政行为不停止执行，但具有法定情形的，可以停止执行。

案件受理后，对于申请人提出听证要求的，申请人与被申请人对事实争议较大的，申请人对具体行政行为适用依据有异议的，案件重大复杂或者争议的标的价值较大的，以及海关行政复议机构认为有必要听证的其他情形，海关行政复议机构可以采取听证的方式审理。除涉及国家秘密、商业秘密、海关工作秘密或者个人隐私的案件外，听证应当公开举行。

4. 海关行政复议的决定

海关复议机构在对案件依法审理后，提出处理意见，经海关行政复议机关负责人审查批准后，作出复议决定。

（1）作出复议决定的期限

行政复议机关应当自受理复议申请之日起 60 日内作出行政复议决定。有下列情形之一的，经海关行政复议机关负责人批准，可以延长 30 日：

① 复议案件案情重大、复杂、疑难的；

② 经申请人或其代理人同意的；

③ 有第三人参加复议的；

④ 申请人或第三人提出新的事实或证据需进一步调查的；

⑤ 决定举行行政复议听证的。

海关行政复议机关延长复议期限，应当制作延长行政复议审查期限通知书，并送达申请人、第三人、被申请人。

（2）复议决定的种类

① 决定维持

海关行政复议机关对于原海关的行政行为适用依据正确，具体行政行为所认定的事实清楚、证据确凿，符合法定权限、法定程序，内容适当的复议案件应给予维持的决定。所谓事实清楚、证据确凿，符合法定权限、法定程序，内容适当，即指海关作出的具体行政行为有事实依据，该事实经得起时间的考验，有足够的证据支持，适用的法律依据准确，海关缉私部门办理案件的程序合法，行政处罚决定的内容适当，未畸轻畸重。

② 决定被申请人限期履行法律职责

对于复议申请人要求被申请人履行某一法定职责有事实和法律上的依据、被申请人具有这一法定职责且被申请人未履行此法定职责无正当理由的，海关行政复议机关经审理后认为被申请人的不作为行为属于未履行法定职责的，应作出责令其在一定期限内履行法定职责的决定。“未履行法定职责”是指被申请人负有法律、行政法规等规定的职责，有能力履行而明示拒绝履行或不予答复的行为。这种行为是一种不作为的行为，是被申请人主观上不肯履行或者疏于履行法定职责的行为。被申请人拒绝履行法定职责，通常表现为失职行为。海关复议机关作出被申请人应履行法定职责的决定是以被申请人有法定义务为前提的。

③ 责令被申请人在一定期限内重新作出具体行政行为

海关行政复议机关认定原海关行政行为具有主要事实不清、证据不足、适用法律错误、违反法定程序、超越或滥用职权或具体行政行为明显不当的，应决定撤销、变更或者确认该具体行政行为违法。对于决定撤销或者确认该具体行政行为违法的，可以责令被申请人在一定期限内重新作出具体行政行为。行政复议机关责令被申请人重新作出具体行政行为的，被申请人不得以同一的事实和理由作出与原具体行政行为相同或者基本相同的具体行政行为。

④ 变更决定

对于案件认定事实清楚、证据确凿、程序合法，但是明显不当或者适用依据错误的；或案件认定事实不清、证据不足，但是经海关行政复议机关审理查清事实、证据确凿的，海关行政复议机关可以决定变更。复议机关全部或者部分改变具体行政行为的内容，变更决定所变更的是原具体行政行为的内容。具体行政行为具有可变更的情形，主要是指具体行政行为的内容明显不当或者适用依据错误。复议机关一旦作出变更决定，原具体行政行为即不存在，代之以复议机关作出的新的具体行政行为。

⑤ 撤销决定

对于被申请人作出的具体行政行为应予撤销的，作出撤销决定。对某个具体行政行为申请行政复议，如果海关复议机关经审查确认该具体行政行为应该被撤销或者被确认违法，应符合下列条件之一：

A. 主要事实不清、证据不足的；

B. 适用依据错误；

C. 违反法定程序；

D. 超越或者滥用职权；

E. 具体行政行为明显不当。

海关复议机关决定撤销或者确认具体行政行为违法的，可以责令被申请人在一定期限内重新作出具体行政行为。

⑥ 复议决定的特殊形式

除上述 5 种情形外，《海关行政复议办法》还规定了其他的情形，主要有：

A. 决定驳回行政复议申请

决定驳回行政复议申请有两种情形：

a. 申请人认为海关不履行法定职责而申请行政复议，海关行政复议机关受理后发现被申请人没有相应法定职责或者被申请人在海关行政复议机关受理该行政复议申请之前已经履行法定职责的。

b. 行政复议申请受理后，行政复议机关发现该行政复议申请不符合《海关行政复议办法》规定的受理条件。海关复议机关在制作“驳回行政复议申请决定书”时就要告知申请人，如果对驳回复议申请决定不服的，可以根据《中华人民共和国行政诉讼法》有关规定，自收到“驳回行政复议申请决定书”之日起 15 日内向人民法院起诉。

B. 申请人自愿撤回行政复议申请

《海关行政复议办法》规定，申请人在行政复议决定作出前自愿撤回行政复议申请的，经海关行政复议机关同意，可以撤回。申请人自愿撤回复议申请，需要注意几个环节：

a. 自愿撤回的时间

一是要在海关复议机关正式受理该复议申请之后，二是申请人撤回复议申请要在海关复议机关作出行政复议决定之前。

b. “一事不再理”

申请人撤回复议申请后不得再以同一事实理由提出复议申请。由于申请人撤回复议申请是自愿的，完全是出于自身的考虑和自觉的行为，因此从基本的诚信原则出发，也是不允许其出尔反尔的。但是，申请人能够证明撤回行政复议申请违背其真实意思表示的除外。如果申请人再次提出复议申请的事实和理由有所变化，海关复议机关应当允许。

c. 被申请人主动改变原具体行政行为

被申请人主动意识到原来作出的具体行政行为在事实、证据、适用依据等方面存在问题，决定改变原来作出的具体行政行为，并得到申请人认可，申请人自愿撤回复议申请，海关复议机关终结该复议案件审查。

C. “复议变更不利禁止”

“复议变更不利禁止”原则是指海关复议机关在申请人的行政复议请求范围内，不得作出对申请人更为不利的复议决定。广义上说，这也是复议决定的一种特殊形式。

5. 海关行政复议和解与复议调解

海关行政复议中，对于符合条件的案件，可以遵循自愿、合法、公正、合理、及时、便民原则，进行复议和解、调解。但是，行政复议和解、调解不是办理行政复议案件的必经程序。

海关行政复议和解，是指公民、法人或者其他组织，对海关行使法律、行政法规或者海关规章规定的自由裁量权作出的具体行政行为不服申请行政复议，在海关行政复议机关作出行政复议决定之前，申请人和被申请人双方在自愿、合法基础上达成和解协议，并报请海关行政复议机关审查批准的活动。

海关行政复议调解，是指公民、法人或者其他组织，对海关行使法律、行政法规或者海关规章规定的自由裁量权作出的具体行政行为不服申请行政复议，以及行政赔偿、查验赔偿或者行政补偿纠纷的行政复议处理中，海关行政复议机关在查明事实基础上依法进行协调，引导申请人和被申请人在自愿、合法基础上达成调解协议的活动。

第七节 海关行政申诉制度

一、海关行政申诉制度概述

（一）海关行政申诉制度的含义

海关行政申诉制度是指公民、法人或者其他组织不服海关作出的具体行政行为但在法定期限内未申请行政复议或提起行政诉讼，或者不服海关行政复议决定但在法定期限内未提起行政诉讼的，向海关提出申诉请求，海关对原具体行政行为的合法性和适当性进行审查并作出处理决定的法律救济制度。这是对已经丧失行政复议和诉讼救济权利的当事人，本着保护当事人合法权益、实事求是、有错必纠的原则，再给当事人一次陈述理由、申辩意见的机会。

（二）海关办理申诉案件的基本制度

1996 年颁布实施的《行政处罚法》对当事人针对行政机关作出的行政处罚的申诉权做了原则规定。随着行政领域执法实践的发展，申诉成为行政复议、行政诉讼之外公民、法人和其他组织寻求法律救济的重要途径。

为了规范海关申诉案件的办理，保护公民、法人或者其他组织的合法权益，保障和监督海关依法行使职权，海关总署依据《海关法》《行政处罚法》，以及其他有关法律、行政法规，制定了《中华人民共和国海关办理申诉案件暂行规定》（以下简称《申诉规定》）。

（三）海关行政申诉制度的作用

海关申诉制度，作为一种为公民、法人和其他组织提供法律救济手段的制度，是围绕着有错必纠，便民利民，切实保护公民、法人和其他组织合法权益的原则和目标模式设计和运作的。《申诉规定》的实施，对及时解决行政争议，提高行政效率，监督海关依法行使行政职权，进一步贯彻执法为民、依法行政理念，减轻信访压力，缓解社会矛盾都会产生积极的作用。

二、 海关行政申诉制度的基本内容

《申诉规定》对海关办理申诉案件制定了具体的要求，在受案范围、审查机关、办理程序、审查要求、决定形式等方面做了明确规定，规范和统一了全国海关有关申诉案件的处理和执行。

（一）海关办理申诉案件的范围

海关办理的申诉案件包括：

1. 公民、法人或者其他组织不服海关作出的具体行政行为但在法定期限内未申请行政复议或提起行政诉讼，向海关提出申诉请求的案件；

2. 公民、法人或者其他组织不服海关行政复议决定但在法定期限内未提起行政诉讼的，向海关提出申诉请求的案件；

3. 海关有关部门接到公民、法人或者其他组织的信访、投诉，如涉及海关具体行政行为或者行政复议决定的合法性问题，由申诉人按规定提出申诉要求而转送海关申诉审查部门的申诉案件。

（二）海关办理申诉案件的管辖

1. 申诉案件的管辖海关

申诉人可以向作出原具体行政行为或者复议决定的海关提出申诉，也可以向其上一级海关提出申诉。

对海关总署作出的具体行政行为或者复议决定不服的，应当向海关总署提出申诉。

海关总署认为必要时，可以将不服广东省内直属海关作出的具体行政行为或者行政复议决定向海关总署提出申诉的案件，交由广东分署办理。

2. 海关申诉审查部门

对海关调查、缉私部门经办的具体行政行为不服的申诉案件由调查、缉私部门具体负责办理；对其他海关具体行政行为和复议决定不服的申诉案件由负责法制工作的机构具体负责办理。

（三）海关办理申诉案件的程序

1. 申诉人提出申诉申请

申诉人提出申诉应当递交书面申诉材料，申诉材料中应写明申诉人的基本情况、明确要求撤销或者变更海关原具体行政行为的申诉请求、具体事实和理由。

2. 海关受理申诉申请

（1）海关受理申诉的时限

海关申诉审查部门收到申诉人的书面申诉材料后，应当在5个工作日内进行审查，作出受理或不予受理的决定。决定受理申诉的，海关申诉审查部门收到书面申诉材料之日为受理之日。

（2）海关受理与不予受理的处理规则

对符合相关要求的，决定予以受理，并制发受理申诉决定书；

对不符合相关规定，有下列情形之一的，决定不予受理，并书面告知申诉人不予受理的理由：

① 申诉针对的具体行政行为或者复议决定不是海关作出的；

② 申诉事项已经人民法院或者行政复议机关受理，正在审查处理中的；

③ 申诉事项已经人民法院作出判决的；

④ 申诉事项已经其他海关作为申诉案件受理或者处理的；

⑤ 申诉事项已经海关申诉程序处理，申诉人重复申诉的；

⑥ 仅对海关制定发布的行政规章或者具有普遍约束力的规定、决定提出不服的；

⑦ 请求事项已超过法律、行政法规规定的办理时限的；

⑧ 其他依法不应受理的情形。

具体行政行为尚在行政复议、诉讼期限内，或者行政复议决定尚在行政诉讼期限内的，应当及时告知申诉人有权依法申请行政复议或者向人民法院提起行政诉讼。

（3）转送其他海关处理

符合海关办理申诉案件规定，但需要转送其他海关处理的，应当将申诉材料转送相应海关，同时书面通知申诉人，由接受转送的海关办理。

3. 海关审查申诉案件

（1）申诉案件的审查内容

申诉审查部门应当对原具体行政行为、行政复议决定是否合法进行审查。

（2）申诉案件的审查方法

申诉案件的审查，原则上采取书面审查的办法。申诉人提出要求或者申诉审查部门认为有必要时，可以向有关组织和人员调查情况，听取申诉人、与申诉案件有利害关系的第三人的意见，听取作出原具体行政行为或者复议决定的海关或者原经办部门的意见。

调查情况、听取意见必要时可以采用听证的方式。

申诉审查部门认为需要向作出原具体行政行为或者复议决定的海关或者原经办部门了解情况的，可以在受理申诉之日起7个工作日内，将申诉材料副本发送该海关或者经办部门，该海关或者经办部门应当自收到申诉材料副本之日起10日内，书面说明有关情况，并提交当初作出具体行政行为或者复议决定的有关证据材料。

（3）申诉案件的审理人员

原具体行政行为、复议决定的经办人员不得担任申诉案件的审理人员。

申诉人认为申诉案件的审理人员与本案有利害关系或者有其他关系可能影响公正审理的，有权申请该审理人员回避。审理人员认为自己与本案有利害关系或者有其他关系的，应当申请回避。

审理人员的回避由申诉审查部门负责人决定，申诉审查部门负责人的回避由其所属海关负责人决定。

4. 申诉案件的撤销、撤诉

（1）申诉案件的撤销

海关在受理申诉之后，作出处理决定之前，发现有上述“决定不予受理”情形之一的，应当撤销申诉案件，并书面告知申诉人。

（2）申诉案件的撤诉

申诉案件处理决定作出前，申诉人可以撤回申诉，撤回申诉应当以书面形式提出。

申诉人撤回申诉的，海关应当终止申诉案件的审查。

5. 申诉案件的处理决定

（1）海关作出处理决定的时限

海关应当在受理申诉之日起 60 日内作出处理决定，情况复杂的案件，经申诉审查部门负责人批准，可以适当延长，但延长期限最多不超过 30 日。延长审查期限应当书面通知申诉人。

（2）海关处理决定的种类

海关经对申诉案件进行审查，应当分下列情况作出处理决定：

① 原具体行政行为、复议决定认定事实清楚，证据确实充分，适用依据正确，程序合法，内容适当的，决定维持，驳回申诉人的申诉请求；

② 海关有不履行法定职责情形的，决定在一定期限内履行或者责令下级海关在一定期限内履行；

③ 原具体行政行为有下列情形之一的，决定撤销、变更或者确认违法；需要重新作出具体行政行为的，由原作出具体行政行为的海关重新作出：

A. 主要事实不清，证据不足的；

B. 适用依据错误的；

C. 违反法定程序，可能影响公正处理的；

D. 超越或者滥用职权的；

E. 具体行政行为明显不当的。

④ 原复议决定违反法定程序，可能影响公正处理的，决定撤销，由原复议机关重新作出复议决定。

（3）申诉案件处理决定的送达

对申诉案件作出处理决定应当制发法律文书，加盖海关行政印章，并在 7 个工作日内将法律文书送达申诉人。

上级海关办理的对下级海关的具体行政行为或者复议决定不服的申诉案件，处理决定应当同时送达下级海关。

（四）申诉人的救济途径

经申诉后，申诉人对海关改变原行政行为或者作出新的行政行为仍不服的，可以依据《中华人民共和国行政复议法》和《中华人民共和国行政诉讼法》的规定向复议机关申请行政复议，或者是向人民法院提起行政诉讼。对于驳回当事人的申诉请求的，根据《最高人民法院关于执行〈中华人民共和国行政诉讼法〉若干问题的解释》，驳回当事人对行政行为提起申诉的重复处理行为，不属于人民法院行政诉讼的受案范围，同理，也不属于行政复议的受案范围。

第八节 海关行政裁定制度

一、海关行政裁定概述

（一）海关行政裁定的含义

海关行政裁定是指海关在货物实际进出口前，应对外贸易经营者的申请，依据有关海关的法律、行政法规和规章，对与实际进出口活动有关的海关事务作出的具有普遍约束力的决定。

（二）海关行政裁定的适用范围

海关行政裁定主要适用于以下海关事务：

1. 进出口商品的归类；
2. 进出口货物原产地的确定；
3. 禁止进出口措施和许可证件的适用；
4. 海关总署决定可以适用行政裁定的其他海关事务。

（三）海关行政裁定的作用

1. 保证各海关执法的统一性和规范性，避免不同的对外贸易经营者在不同的海关、于不同的时间受到不同的待遇。

2. 促进海关法律规范解释的透明度，促成对外贸易经营者知法、守法经商。

3. 增强海关执法和对外贸易经营者贸易活动的可预知性，加快通关速度，降低贸易成本，提高贸易效率。

4. 通过在法律制度上限制海关的自由裁量权，防范执法风险。

二、 海关行政裁定制度的基本内容

（一）海关行政裁定的程序

1. 海关行政裁定的申请

（1）申请人

海关行政裁定的申请人只能是在海关注册登记的进出口货物经营单位。进出口货物经营单位可以自行向海关申请，也可以委托他人向海关提出申请。

（2）申请的期限和方式

除特殊情况外，申请人一般应当在货物拟进口或出口的3个月前向海关总署或者直属海关提交书面申请。

申请人每一份申请只能就一项海关事务请求行政裁定，如果申请人有多项海关事务要求裁定必须逐项申请。

（3）申请书的主要内容

海关行政裁定申请书的内容主要包括：

① 申请人的基本情况；

② 申请行政裁定的事项；

③ 申请行政裁定的货物的具体情况；

④ 货物的预计进出口日期及进出口口岸；

⑤ 海关认为需要说明的其他情况。

（4）提交申请书及其他申请资料的要求

① 申请人应当按照海关要求提供足以说明申请事项的资料，包括进出口合同或意向书的复印件、图片、说明书、分析报告等；

② 申请书所附文件如为外文，申请人应同时提供外文原件及中文译文；

③ 申请书应当加盖申请人印章，所提供文件与申请书应当加盖骑缝章；

④ 申请人委托他人申请的，应当提供授权委托书及代理人的身份证明。

海关认为必要时，可要求申请人提供货物样品。

（5）商业秘密的保护

申请人为申请行政裁定向海关提供的资料，如果涉及商业秘密，可以要求海关予以保密。申请人对所提供资料的保密要求，应当书面向海关提出，并具体列明需要保密的内容，除司法程序要求提供的以外，未经申请人同意，海关不应泄露。

2. 海关行政裁定的受理

直属海关收到行政裁定申请书后，应予初审。对符合规定的申请，应在接受申请之日起3个工作日内移送海关总署或其授权机构。申请资料不符合有关规定的，海关应当书面通知申请人在10个工作日内补正。申请人逾期不补正的，视为撤回申请。

海关总署或其授权机构收到申请书后，应自收到之日起的15个工作日内作出受理或不受理的决定，并应书面告知申请人。对于不受理的还应说明理由。具有下列情况之一的，海关不予受理：

（1）申请超出行政裁定范围的；

（2）申请人不具备资格的；

(3) 申请与实际进出口活动无关的;

(4) 海关已就同一事项作出有效的行政裁定或有其他明确规定的;

(5) 经海关认定不予受理的其他情形。

3. 海关行政裁定的审查

海关行政裁定的审查机构应为海关总署或海关总署授权的机构。

海关在受理申请后，作出行政裁定以前，可以要求申请人补充提供相关资料或货物样品。

申请人主动向海关提供新的资料或样品作为补充的，应当说明原因。海关审查决定是否采用。

审查过程中，海关可以征求申请人以及其他利害关系人的意见。

申请人可以在海关作出行政裁定前以书面形式向海关申明撤回其申请。

申请人在规定期限内未能提供有效、完整的资料或样品，影响海关作出行政裁定的，海关可以终止审查。

4. 海关作出行政裁定

海关对申请人申请的海关事务应当根据有关事实和材料，依据有关法律、行政法规、规章进行审查并作出行政裁定。裁定应当自受理申请之日起 60 日内作出。

海关作出的行政裁定应当书面通知申请人，并对外公布。

(二) 海关行政裁定的法律效力

行政裁定与海关规章具有同等法律效力，在关境内具有普遍约束力。对于裁定生效前已经办理完毕裁定事项的进出口货物，不适用该裁定。

(三) 海关行政裁定的失效与撤销

1. 海关行政裁定的失效

海关作出行政裁定所依据的法律、行政法规及规章中的相关规定发生变化，影响行政裁定效力的，原行政裁定自动失效。

2. 海关行政裁定的撤销

有下列情形之一的，由海关总署撤销原行政裁定:

(1) 原行政裁定错误的;

(2) 因申请人提供的申请文件不准确或者不全面，造成原行政裁定需要撤销的;

(3) 其他需要撤销的情形。

海关撤销行政裁定的，应当书面通知原申请人，并对外公布。撤销行政裁定的决定，自公布之日起生效。

经海关总署撤销的行政裁定对已经发生的进出口活动无溯及力。

海关总署应公布自动失效或被撤销的行政裁定，并应告知申请人。

(四) 海关行政裁定的异议审查

进出口活动的当事人对于海关作出的具体行政行为不服，并对该具体行政行为依据的行政裁定持有异议的，可以在对具体行政行为申请复议的同时一并提出对行政裁定的审查申请。复议海关受理该复议申请后应将其中对于行政裁定的审查申请移送海关总署，由总署作出审查决定。

第九节
海关预裁定制度

一、 海关预裁定概述

（一）海关预裁定的含义与适用范围

1. 海关预裁定的含义

海关预裁定是指有关直属海关应对外贸易经营者的申请，对其与实际进出口活动有关的海关事务，在货物实际进出口前的规定时间内作出的仅对申请人具有约束力，并在海关全关境适用的处理决定。

2. 海关预裁定的适用范围

申请人可以就下列海关事务申请预裁定：

（1）进出口货物的商品归类。

（2）进出口货物的原产地或者原产资格。

进出口货物的原产资格预裁定，即对货物是否具备所申请的优惠贸易协定项下中国或伙伴方原产资格进行预裁定。

（3）进口货物完税价格相关要素、估价方法。

完税价格相关要素包括特许权使用费、佣金、运保费、特殊关系，以及其他与审定完税价格有关的要素。

（4）海关总署规定的其他海关事务。

（二）海关预裁定的作用

世界贸易组织《贸易便利化协定》已生效实施。在预裁定领域，我国此前已推行了“三预”制度（商品预归类、原产地预确定、价格预审核），基本都符合《贸易便利化协定》关于预裁定制度的有关规定。在《贸易便利化协定》实施后，根据该协定的有关要求，海关在整合、优化“三预”制度的基础上，健全完善海关预裁定制度，以更好地落实和执行《贸易便利化协定》的有关规定。

预裁定制度的实施，不但能够简化企业通关流程，提高通关效率，还能帮助企业提前准确了解关税政策及涉税要素，有效评估交易成本，降低不合规申报的风险，进一步增强企业对进出口贸易活动的可预见性，便于企业合理安排生产和贸易活动。

（三）海关预裁定决定的效力

《海关预裁定管理暂行办法》明确，预裁定决定对申请人和海关均具有约束力。对申请人而言，其进出口与预裁定决定列明情形相同的货物，应当按照预裁定决定向海关申报；对海关而言，对于申请人按照预裁定决定进行的申报，海关应当予以认可。

关于预裁定决定的法律效力主要涉及以下 3 方面内容：

1. 预裁定决定的有效期

结合海关“三预”制度实施情况，《海关预裁定管理暂行办法》将《贸易便利化协定》的“合理时间”即预裁定决定的有效期确定为 3 年。在有效期内，预裁定决定所依据的法律、行政法规、海关规章和海关总署公告发生变化，影响其效力的，预裁定决定自动失效。

2. 预裁定决定的溯及力

预裁定决定作为海关具体行政行为，自作出之日起发生法律效力，不溯及既往。预裁定决定对其生效前已经实际进出口的货物没有溯及力。

3. 预裁定决定的效力范围

预裁定决定不仅适用于企业申请预裁定所指向的进出口货物，对于申请人在其有效期内进出口与该决定列明情形相同的所有货物均具有法律效力，并且鉴于全国海关对预裁定信息已实现互联共享，任何一份预裁定决定都可在全国海关适用。

（四）海关预裁定与海关“三预”、海关行政裁定的区别

1. 海关预裁定与海关“三预”的区别

（1）适用的区域范围不同

预裁定制度在海关全关境适用，“三预”制度只适用于作出决定的直属海关关区。

（2）法律效力的延续性不同

预裁定决定有效期为 3 年，有效期内申请人进出口与预裁定决定所列情形相同的货物均可适用该裁定，“三预”决定的有效期不具有延续性，仅适用于当事人申请所指向的货物，“一事一申请”。目前，预裁定制度已全面取代原“三预”制度。

2. 海关预裁定与海关行政裁定的区别

两者的差异主要体现在以下方面：

（1）裁定机关不同

预裁定的裁定机关是有关直属海关，行政裁定的裁定机关是海关总署。

（2）法律效力不同

预裁定决定仅对申请该预裁定的申请人具有约束力，属于海关具体行政行为，对预裁定决定不服可以申请行政复议或提起行政诉讼；行政裁定不仅适用于申请人，对从事行政裁定所指向的有关海关事务的对外贸易经营者均具有约束力，属于海关抽象行政行为，与海关规章具有同等效力，对行政裁定不服不能申请行政复议或者提起行政诉讼。

二、海关预裁定的实施

海关预裁定的基本流程为对外贸易经营者申请—海关受理（不予受理）—海关作出决定—海关制发预裁定决定书。另外，根据企业自身情况和海关审核情况，可能还包括补正、补充、撤回、终止等状态。

（一）对外贸易经营者申办海关预裁定

1. 预裁定的申请人

预裁定的申请人应当是与实际进出口活动有关，并且在海关注册登记的对外贸易经

营者。

2. 预裁定申请的方式

申请人需要海关为其保守商业秘密的，应当以书面方式向海关提出要求，并且列明具体内容。海关按照国家有关规定承担保密义务。一份“中华人民共和国海关预裁定申请书”（以下简称“预裁定申请书”）应当仅包含一类海关事务。

3. 预裁定申请的时限

预裁定的申办程序申请人应当在货物拟进出口3个月之前向其注册地直属海关提出预裁定申请。

特殊情况下，申请人确有正当理由的，可以在货物拟进出口前3个月内提出预裁定申请。

4. 预裁定申请的材料

申请人申请预裁定的，应当提交“预裁定申请书”及海关要求的有关材料。材料为外文的，申请人应当同时提交符合海关要求的中文译本。申请人应当对提交材料的真实性、准确性、完整性、规范性承担法律责任。

5. 预裁定的申办程序

申请人可以通过电子口岸“海关事务联系系统”（QP 系统）或“互联网+海关”一体化平台向海关提交预裁定申请。对通过中国电子口岸（www. chinaport. gov. cn）登录“海关事务联系系统”的，应进入预裁定模块，选择“价格预裁定”“归类预裁定”或“原产地裁定”实现申请、补正、查询、打印等各类操作。

（1）在“价格预裁定”（“归类预裁定”或“原产地裁定”）模块的“新增”项下进行“预裁定申请书”的录入与申报操作。

（2）在“价格预裁定”（“归类预裁定”或“原产地裁定”）模块的“查询修改”项下完成对“预裁定申请书”的状态查询、撤回、补正和补充。

（3）在“预裁定文书查询”模块的“文书查询”项下查询“中华人民共和国海关预裁定受理决定书”（以下简称“预裁定受理决定书”）等相关文书。在“决定书查询”项下查询“中华人民共和国海关预裁定决定书”（以下简称“预裁定决定书”）状态、内容及打印。

（二）海关受理及作出预裁定决定

1. 海关办理预裁定的时间周期

海关应当自收到“预裁定申请书”及相关材料之日起10日内作出是否受理的决定；海关应当自受理之日起60日内作出预裁定决定，制发“预裁定决定书”。

申请人补证材料所需时间不计入10日的预裁定申请受理期限内；海关作出预裁定过程中，化验、检测、鉴定、专家论证或者其他方式确定有关情况所需时间不计入60日的作出预裁定期限内。

2. 预裁定申请的受理机关和裁定机关

综合考虑预裁定的具体行政行为属性及海关管理资源匹配性等相关因素，《海关预裁定管理暂行办法》将预裁定申请的受理机关和裁定机关确定为预裁定申请人注册地直属海关（与纳税人属地管理保持一致）。属地海关所作预裁定决定不仅在本关区有效，而且在全关境适用。

3. 预裁定受理与决定的作业程序

（1）受理或不予受理

海关应当自收到“预裁定申请书”及相关材料之日起 10 日内审核决定是否受理该申请，制发“预裁定申请受理决定书”或者“预裁定申请不予受理决定书”。

有下列情形之一的，海关应当作出不予受理决定，并且说明理由：

① 申请不符合《海关预裁定管理暂行办法》相关规定的；

② 海关规章、海关总署公告已经对申请预裁定的海关事务有明确规定的；

③ 申请人就同一事项已经提出预裁定申请并且被受理的。

（2）告知申请人补正申请材料

对于申请人申请材料不符合有关规定的，海关应当在决定是否受理前一次性告知申请人在规定期限内进行补正，制发“预裁定申请补正通知书”。补正申请材料的期间，不计入《海关预裁定管理暂行办法》规定的期限内。

对于申请人提供虚假材料或者隐瞒相关情况的，海关给予警告，可以处 1 万元以下罚款。

（3）作出预裁定决定并制发“预裁定决定书”

海关对申请人申请预裁定的海关事务应当依据有关法律、行政法规、海关规章及海关总署公告作出预裁定决定，制发“预裁定决定书”。作出预裁定决定过程中，海关可以要求申请人在规定期限内提交与申请海关事务有关的材料或者样品；申请人也可以向海关补充提交有关材料。

海关应当自受理之日起 60 日内制发“预裁定决定书”。

需要通过化验、检测、鉴定、专家论证或者其他方式确定有关情况的，所需时间不计入上述规定的期限内。

（4）海关预裁定决定送达申请人

“预裁定决定书”应当送达申请人，并且自送达之日起生效。

4. 预裁定决定的公布

《海关预裁定管理暂行办法》第十七条规定，“除涉及商业秘密内容外，海关可以将预裁定决定对外公开”，为从事相关进出口贸易活动的其他对外贸易经营者提供参考借鉴。该规定属于对《贸易便利化协定》的履约条款。《海关预裁定管理暂行办法》施行过程中，除涉及商业秘密外，预裁定机关会在海关门户网站公布预裁定决定，海关总署在中国海关门户网站公布全国数据。

5. 对预裁定决定的复议与诉讼

申请人对预裁定决定不服的，可以向海关总署申请行政复议；对复议决定不服的，可以依法向人民法院提起行政诉讼。

行政复议和行政诉讼期间，申请人进口相关货物时仍需按照预裁定决定申报。

三、 海关预裁定相关货物的进出口申报

申请人进出口与“海关预裁定决定书”列明情形相同的货物时，应当作为报关单的“收发货人”，按照“预裁定决定书”申报，并在报关单备注栏内逐项填写：“预裁定+

‘预裁定决定书’编号”（例如：某份预裁定决定书编号为R-2-0100-2018-0001，则应当在备注栏内填写“预裁定R-2-0100-2018-0001”）。

“情形相同货物”是指：对于归类预裁定，为同一商品；对于完税价格相关要素和估价方法预裁定，为申请有关预裁定合同项下的进口货物；对于原产地预裁定，为同一厂商使用相同材料生产的同一型号商品。